Molter´s Brauerei mini Trucks 2003/2004

Katalog für Brauerei-, Getränke- und Werbefahrzeuge

ISBN 3-935976-13-5

Molter´s
Brauerei mini Trucks
2003/2004

ISBN 3-935976-13-5

Fantasia Verlag GmbH
Postfach 301142 · D-63274 Dreieich
Info - Line: ++49 (0)6103 699503 · Fax: ++49 (0)6103 697072
Email: info@fantasiaverlag.de · Internet: http://www.fantasiaverlag.de

Firma Molter
Weimarerstr. 35
96487 Dörfles-Esbach
Telefon: 09561 54373 · Handy: 0170 2447622

Printed 2003 in Germany

Liebe Sammler,

die 3. Auflage des Brauerei- und Getränketruckkataloges liegt vor Ihnen.

Diesmal können wir Ihnen über 6.800 verschiedene Trucks vorstellen. Damit haben Sie ein äußerst umfangreiches Werk über dieses Sammelgebiet vorliegen. Nicht nur die Katalogisierung der Neuheiten war für uns von Wichtigkeit, sondern auch die möglichst lückenlose Erfassung der ersten Ausgaben und damit verbunden, deren Bewertung.

Diese Bewertungen wurden aufgrund der erhaltenen Informationen (Händlerpreise, Tauschbörsen, Flohmärkte, Auktionsfirmen) vorgenommen. Gerade bei Trucks aus den Anfangsjahren haben sich die Preise nach oben entwickelt. Aber auch einige neuere Ausgaben haben im Preis angezogen – hier vor allem Trucks, die auch von Sammlern anderer Sammelgebiete nachgefragt werden. Durch Nachauflage verschiedener Trucks können die Preise differieren.

Eine zusätzliche Belebung hat das Sammelgebiet durch die Ausgabe verschiedenster Fahrzeugarten und Fahrzeuggrößen erfahren.

Durch die völlige Überarbeitung und vor allem Dank der tatkräftigen Mithilfe von Sammlern und Händlern sollte es uns gelungen sein, den hohen Ansprüchen, die ein Sammler an „seinen“ Katalog stellt, gerecht zu werden. Vielen Dank!

Für die Unterstützung in Bezug auf Auflagezahlen und Erscheinungsdaten möchten wir uns bei den Brauereien und Werbeagenturen ebenfalls bedanken.

Wir möchten Sie auch diesmal wieder bitten, den Katalog kritisch zu „durchleuchten“. Ihre Anregungen und Ihre Vorschläge sind uns immer Willkommen.

Für Rückfragen und Verbesserungsvorschläge stehen Ihnen die Herausgeber gerne zur Verfügung.

Ihr Team vom Fantasia Verlag & Firma Molter

Zu unserer Bewertung

Als wir 2001 unseren ersten Katalog mit ca. 2.000 Modellen veröffentlichten, wurde als Eingangsbewertung 15,00 DM angesetzt. Bis dahin gab es nur wenige Händler und Anbieter, bei denen man eine noch überschaubare Zahl von Neuerscheinungen, nicht unter 12,00 bis 15,00 DM, erwerben konnte. Nicht selten wurde bei Auktionen im Internet auch das Doppelte und mehr bei den ersten Exemplaren dieser „Neuen" geboten. Die Bewertung entsprach also damals auch dem aktuellen Marktpreis.

In der Zwischenzeit hat sich vieles verändert. Bei unserem zweiten Katalog, ein Jahr später, hatten wir schon über 4.000 Modelle abgebildet. In einem Jahr erschienen genauso viele Fahrzeuge, wie die ganzen Jahre zuvor. Auch die Neuerscheinungen waren teilweise schon günstiger zu bekommen. Dennoch hatten wir uns entschlossen, die Grundbewertung, nur umgerechnet in Euro, zu belassen. In dieser Ausgabe sind inzwischen fast 7.000 Fahrzeuge aufgelistet. Dies zeigt deutlich, dass das Sammelgebiet regelrecht „explodiert" ist. Dafür gibt es mehrere Ursachen:

- Zum einen sind bei vielen Brauereien und Getränkeherstellern Beigaben ein fester Bestandteil der Werbestrategie geworden - in vielen Gebieten Deutschlands gilt inzwischen: Ohne Beigabe kein Getränkeverkauf, möglichst mit einem völlig neuen Fahrzeugtyp oder einer neuen Modellart. Hier ist der Phantasie keinen Grenzen mehr gesetzt und hat oft mit der Realität nichts mehr zu tun - aber schön sind sie doch!

- Zum anderen wurde auch das „Geschäft Werbetrucks" entdeckt. War das Sammeln dieser Fahrzeuge in den ersten Jahren vor allem in den Neuen Bundesländern und Bayern verbreitet, ist heute ganz Deutschland vom Sammelfieber infiziert und jeden Tag werden mehr von diesem Virus angesteckt. Dies haben natürlich auch viele Brauereien, Händler und Handelsketten entdeckt, so dass es mittlerweile auch für Wein, Milch, Käse, Wurst, Fleisch, Schokolade, Waschmittel usw. als Verkaufsförderer Trucks gibt. Einige Brauereien produzieren mehr Trucks als abgefüllte Flaschen. Andere Brauereien haben eigentlich schon seit Jahren die Bierproduktion eingestellt, Trucks werden aber trotzdem reichlich vertrieben. Vor allem diese Fahrzeuge sind inzwischen weit verbreitet.

Sie sind erhältlich bei einer Vielzahl von Händlern auf Flohmärkten, in Tankstellen, Supermärkten usw. Der Angebotspreis wurde immer niedriger. Schön für den Sammler, Konkurrenz belebt das Geschäft und drückt den Preis. Die „echten“ Trucks, die es nur als Beigabe gibt, sind nach wir vor meistens schwerer zu bekommen, teilweise auch über die Brauereien oder den Fachhandel, selten jedoch zum Dumpingpreis.

All diese Hintergründe haben auch uns „Kopfschmerzen“ bereitet, als wir die Bewertung für diesen Katalog vornahmen, vor allem für die Eingangsbewertung. Unabhängig und neutral, haben wir uns entschlossen, alle Neuerscheinungen gleich zu behandeln und es dem mündigen Sammler zu überlassen, was er ausgeben möchte. Durch die Vielzahl hat bereits eine Spezialisierung stattgefunden. Nicht zuletzt auch aus Platzgründen haben sich viele Sammler auf einen Teilgebiet festgelegt.

Wie aber kommen wir zu den anderen Bewertungen?

Recherchen und Umfragen bei Händlern, auf Tauschbörsen, Flohmärkten und Auktionen bilden die Grundlage. Dabei können viele Faktoren den Preis beeinflussen: Alter, Auflage, Modelltyp, Motiv, Bekanntheitsgrad der Brauerei, Nachfrage, usw.. Gerade bei den Trucks aus den Anfangsjahren haben sich die Preise in den letzten zwei Jahren stetig nach oben entwickelt. Aber auch einige neuere Ausgaben haben im Preis angezogen - hier vor allem bei Fahrzeugen, die auch von Sammlern anderer Sammelgebiete nachgefragt werden. Sehr alte, sehr seltene oder auch nur vom Motiv gesuchte Trucks werden Sie oft selten unter dem Katalogpreis bekommen, während die meisten anderen für 60 bis 80% zu bekommen sind. Stetige Suche und etwas Geduld wird dabei meist belohnt! Auch regional gibt es große Unterschiede.

Sehen Sie deshalb nicht jeden Preis als verbindlich an. Er soll aber als Anhaltspunkt dienen.

Und nun viel Spaß beim Stöbern!

Ihr Team vom Fantasia Verlag & Firma Molter

Inhaltsverzeichnis

Brauerei

und Getränke-Trucks

Teil 1

A

Ackermann´s — 10 €

Hersteller	Grell
Jahr	2000
Packung	Blister
Vorbild	MB Actros Auflieger
Sonst.	
Molter Nr.	36

Ackermann´s — 10 €

Hersteller	Grell
Jahr	2000
Packung	Blister
Vorbild	MB Actros Auflieger
Sonst.	
Molter Nr.	37

Ackermann´s — 8 €

Hersteller	Grell
Jahr	2002
Packung	Blister
Vorbild	Bus
Sonst.	
Molter Nr.	4954

Adelbodner Mineralwasser — 15 €

Hersteller	Hümmer
Jahr	2000
Packung	Blister
Vorbild	MB Actros Auflieger
Sonst.	
Molter Nr.	38

Adldorfer — 8 €

Hersteller	Hümmer
Jahr	2003
Packung	Blister
Vorbild	MB Actros LKW
Sonst.	
Molter Nr.	6597

A

Adler Bräu — 9 €

Hersteller	Vierke
Jahr	2001
Packung	Blister
Vorbild	MB Actros Hängerzug
Sonst.	
Molter Nr.	2191

Adlerbrauerei Götz — 40 €

Hersteller	Grell
Jahr	1998
Packung	Blister
Vorbild	Mack Auflieger
Sonst.	
Molter Nr.	666

Adlerbrauerei Götz — 35 €

Hersteller	Grell
Jahr	1998
Packung	Blister
Vorbild	Mack Auflieger
Sonst.	
Molter Nr.	669

Adlerbrauerei Götz — 25 €

Hersteller	Grell
Jahr	1999
Packung	Blister
Vorbild	Mack Auflieger
Sonst.	
Molter Nr.	668

Adlerbrauerei Götz — 12 €

Hersteller	Grell
Jahr	2000
Packung	Blister
Vorbild	Mack Auflieger
Sonst.	
Molter Nr.	670

A

Adlerbrauerei Götz — 10 €

Hersteller	Grell
Jahr	2000
Packung	Blister
Vorbild	Mack Auflieger
Sonst.	
Molter Nr.	667

Adlerbrauerei Götz — 10 €

Hersteller	Grell
Jahr	2001
Packung	Blister
Vorbild	Mack Auflieger
Sonst.	
Molter Nr.	2640

Adlerbrauerei Götz — 9 €

Hersteller	Grell
Jahr	2001
Packung	Blister
Vorbild	MB Actros Auflieger
Sonst.	
Molter Nr.	4291

Adlerbrauerei Götz — 9 €

Hersteller	Grell
Jahr	2002
Packung	Blister
Vorbild	Scania 124L Tankzug
Sonst.	
Molter Nr.	4959

Afri-Cola — 12 €

Hersteller	Tri Plex
Jahr	2000
Packung	Blister
Vorbild	MB Actros Auflieger
Sonst.	
Molter Nr.	39

Afri-Cola — 10 €

Hersteller	Tri Plex
Jahr	2001
Packung	Blister
Vorbild	MAN F2000 Auflieger
Sonst.	
Molter Nr.	2190

Afri-Cola — 40 €

Hersteller	Hümmer
Jahr	2002
Packung	Blister
Vorbild	US Classic -Truck
Sonst.	XXL
Molter Nr.	7347

Afri-Cola — 8 €

Hersteller	dgd
Jahr	2002
Packung	Blister
Vorbild	Scania Hängerzug
Sonst.	
Molter Nr.	4929

Afri-Cola — 8 €

Hersteller	dgd
Jahr	2002
Packung	Blister
Vorbild	Scania Hängerzug
Sonst.	Light
Molter Nr.	4779

Afri-Cola — 8 €

Hersteller	dgd
Jahr	2002
Packung	Blister
Vorbild	VW Bus
Sonst.	
Molter Nr.	4643

A

Ahornberger Landbrauerei	35 €
Hersteller	Hümmer
Jahr	1997
Packung	Blister
Vorbild	MB klein Auflieger
Sonst.	
Molter Nr.	40

Ahornberger Landbrauerei	30 €
Hersteller	NWA
Jahr	1998
Packung	Blister
Vorbild	US Auflieger
Sonst.	
Molter Nr.	41

Ahornberger Landbrauerei	30 €
Hersteller	Elasto Form
Jahr	1998
Packung	Plastikschachtel
Vorbild	Volvo Auflieger
Sonst.	
Molter Nr.	42

Ahornberger Landbrauerei	30 €
Hersteller	Elasto Form
Jahr	1998
Packung	Plastikschachtel
Vorbild	MB groß Auflieger
Sonst.	
Molter Nr.	43

Ahornberger Landbrauerei	25 €
Hersteller	NWA
Jahr	1999
Packung	Blister
Vorbild	US Auflieger
Sonst.	
Molter Nr.	44

Ahornberger Landbrauerei 12 €

Hersteller	NWA
Jahr	2000
Packung	Blister
Vorbild	MB Actros Auflieger
Sonst.	
Molter Nr.	45

Ahornberger Landbrauerei 15 €

Hersteller	Gack
Jahr	2000
Packung	Blister
Vorbild	Mack Auflieger
Sonst.	
Molter Nr.	46

Ahornberger Landbrauerei 11 €

Hersteller	dgd
Jahr	2000
Packung	Blister
Vorbild	MB Actros Auflieger
Sonst.	
Molter Nr.	47

Ahornberger Landbrauerei 40 €

Hersteller	dgd
Jahr	2000 (Aufl.: 80)
Packung	Blister
Vorbild	MB Actros Auflieger
Sonst.	Fehldruck a. GöltzschtalBlister
Molter Nr.	48

Ahornberger Landbrauerei 10 €

Hersteller	dgd
Jahr	2000
Packung	Blister
Vorbild	MAN F2000 Auflieger
Sonst.	
Molter Nr.	49

A

Ahornberger Landbrauerei — 9 €

Hersteller	dgd
Jahr	2002
Packung	Blister
Vorbild	DAF 95 XF Auflieger
Sonst.	
Molter Nr.	5808

Ahornberger Landbrauerei — 9 €

Hersteller	dgd
Jahr	2002
Packung	Blister
Vorbild	DAF 95 XF Auflieger
Sonst.	
Molter Nr.	5252

Ahornberger Landbrauerei — 8 €

Hersteller	dgd
Jahr	2002
Packung	Blister
Vorbild	MB Axor Tankzug
Sonst.	
Molter Nr.	4615

Ahornberger Landbrauerei — 8 €

Hersteller	dgd
Jahr	2002
Packung	Blister
Vorbild	Renault Magnum Tankzug
Sonst.	
Molter Nr.	5732

Aichinger — 8 €

Hersteller	dgd
Jahr	2002 (Aufl.: 2500)
Packung	Blister
Vorbild	MB Axor Auflieger
Sonst.	
Molter Nr.	5437

Aktien-Brauerei Pilsburg — 10 €

Hersteller	dgd
Jahr	
Packung	Plastikschachtel
Vorbild	MB Actros Auflieger
Sonst.	
Molter Nr.	6448

Albi — 10 €

Hersteller	Hümmer
Jahr	2000
Packung	Blister
Vorbild	MB Actros Hängerzug
Sonst.	
Molter Nr.	54

Albi — 9 €

Hersteller	Hümmer
Jahr	2001
Packung	Blister
Vorbild	MB Actros Hängerzug
Sonst.	
Molter Nr.	2197

Albi — 8 €

Hersteller	Connect
Jahr	2002
Packung	Blister
Vorbild	Büssing Hängerzug
Sonst.	
Molter Nr.	5592

Albi — 8 €

Hersteller	Gabotex
Jahr	2003
Packung	Blister
Vorbild	MB Actros Hängerzug
Sonst.	
Molter Nr.	7015

A

Aldersbacher — 40 €

Hersteller	Hümmer
Jahr	1998
Packung	Blister
Vorbild	US Auflieger
Sonst.	
Molter Nr.	55

Aldersbacher — 20 €

Hersteller	Hümmer
Jahr	1999
Packung	Blister
Vorbild	MB Actros Auflieger
Sonst.	gelochte Felg., 4 Achsen
Molter Nr.	56

Aldersbacher — 12 €

Hersteller	Hümmer
Jahr	2000
Packung	Blister
Vorbild	MB Actros Auflieger
Sonst.	volle Felgen, 5 Achsen
Molter Nr.	57

Aldersbacher — 9 €

Hersteller	Hümmer
Jahr	2001
Packung	Blister
Vorbild	MB Actros Hängerzug
Sonst.	
Molter Nr.	2199

Aldersbacher — 8 €

Hersteller	Hümmer
Jahr	2002
Packung	Blister
Vorbild	US Auflieger
Sonst.	
Molter Nr.	4761

Aldersbacher	40 €
Hersteller	Hümmer
Jahr	2002
Packung	Blister
Vorbild	Peterbuilt Auflieger
Sonst.	XXL-Truck
Molter Nr.	8055

Aldersbacher	8 €
Hersteller	Hümmer
Jahr	2002
Packung	Blister
Vorbild	MAN TG-A Auflieger
Sonst.	Kloster Weisse, m. Flasche
Molter Nr.	4510

Aldersbacher	8 €
Hersteller	Hümmer
Jahr	2002
Packung	Blister
Vorbild	MAN TG-A Auflieger
Sonst.	Klosterhell, mit Flasche
Molter Nr.	7350

Aldersbacher	8 €
Hersteller	Hümmer
Jahr	2003
Packung	Blister
Vorbild	Scania 164L Auflieger
Sonst.	Freiherren Pils, m. Flasche
Molter Nr.	6869

Aldersbacher	8 €
Hersteller	Hümmer
Jahr	2003
Packung	Blister
Vorbild	Scania 164L Auflieger
Sonst.	Alkoholfr. Spezialitäten
Molter Nr.	7874

A

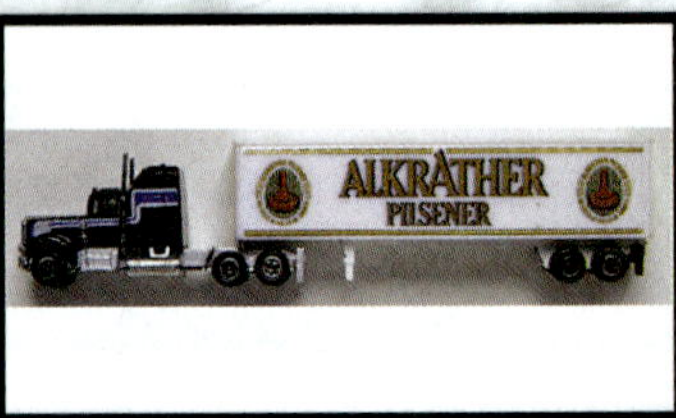

Alkrather Gansenbrauerei — 250 €

Hersteller	
Jahr	
Packung	Plastikschachtel
Vorbild	US Auflieger
Sonst.	
Molter Nr.	58

Allersheimer — 15 €

Hersteller	Grell
Jahr	2000
Packung	Blister
Vorbild	MB Actros Auflieger
Sonst.	
Molter Nr.	59

Allersheimer — 8 €

Hersteller	Vierke
Jahr	2001
Packung	Blister
Vorbild	MB Actros LKW
Sonst.	
Molter Nr.	2200

Allersheimer — 8 €

Hersteller	Grell
Jahr	2003
Packung	Blister
Vorbild	MB Actros Hängerzug
Sonst.	mit Schankwagen
Molter Nr.	7351

Allgäu-Bräu — 8 €

Hersteller	EKBG
Jahr	2002 (Aufl.: 200)
Packung	Plastikschachtel
Vorbild	MAN TG-A Auflieger
Sonst.	
Molter Nr.	6304

Allgäuer Brauhaus — 30 €

Hersteller	
Jahr	1998
Packung	Plastikschachtel
Vorbild	Ford Cargo LKW
Sonst.	
Molter Nr.	60

Allgäuer Brauhaus — 20 €

Hersteller	Elasto Form
Jahr	2000
Packung	Plastikschachtel
Vorbild	Ford Cargo LKW
Sonst.	
Molter Nr.	2202

Allgäuer Brauhaus — 10 €

Hersteller	Hümmer
Jahr	2001
Packung	Blister
Vorbild	MB Actros Auflieger
Sonst.	
Molter Nr.	4330

Allgäuer Brauhaus — 8 €

Hersteller	Hümmer
Jahr	2002
Packung	Blister
Vorbild	MAN Oldtimer Hängerzug
Sonst.	
Molter Nr.	5407

Allgäuer Mineralwasser — 12 €

Hersteller	
Jahr	2001 (Aufl.: 100)
Packung	Plastikschachtel
Vorbild	MAN M2000 Auflieger
Sonst.	
Molter Nr.	2203

Allgäuer Mineralwasser — 12 €

Hersteller	
Jahr	2001 (Aufl.: 100)
Packung	Plastikschachtel
Vorbild	MAN M2000 Auflieger
Sonst.	
Molter Nr.	2204

Almdudler — 11 €

Hersteller	Top-Style
Jahr	2000
Packung	Blister
Vorbild	MB Actros Hängerzug
Sonst.	graue Felgen
Molter Nr.	61

Almdudler — 8 €

Hersteller	Top-Style
Jahr	2001
Packung	Blister
Vorbild	MB Actros Hängerzug
Sonst.	silberne Felgen
Molter Nr.	7352

Almdudler — 9 €

Hersteller	Gefra
Jahr	2001
Packung	Blister
Vorbild	MB Actros Hängerzug
Sonst.	graue Felgen
Molter Nr.	7353

Almdudler — 8 €

Hersteller	Gefra
Jahr	2002
Packung	Blister
Vorbild	MB Axor Auflieger
Sonst.	
Molter Nr.	7151

A

Alpen-Weizen 8 €

Hersteller	Hümmer
Jahr	2002
Packung	Blister
Vorbild	MAN TG-A Auflieger
Sonst.	mit Flasche
Molter Nr.	4710

Alpen-Weizen 10 €

Hersteller	WMS
Jahr	2002
Packung	Blister
Vorbild	MB Axor Tieflader
Sonst.	mit Silo
Molter Nr.	5008

Alpirsbacher Klosterbräu 80 €

Hersteller	
Jahr	
Packung	Plastikschachtel
Vorbild	MB klein LKW
Sonst.	
Molter Nr.	6443

Alpirsbacher Klosterbräu 50 €

Hersteller	Hümmer
Jahr	
Packung	Blister
Vorbild	US Auflieger
Sonst.	
Molter Nr.	62

Alpirsbacher Klosterbräu 35 €

Hersteller	Hümmer
Jahr	
Packung	Blister
Vorbild	MB klein Auflieger
Sonst.	
Molter Nr.	2205

A

Alpirsbacher Klosterbräu 30 €

Hersteller	Hümmer
Jahr	1998
Packung	Blister
Vorbild	MB klein Auflieger
Sonst.	
Molter Nr.	63

Alpirsbacher Klosterbräu 12 €

Hersteller	Hümmer
Jahr	1999
Packung	Blister
Vorbild	MB klein Auflieger
Sonst.	
Molter Nr.	64

Alpirsbacher Klosterbräu 9 €

Hersteller	Hümmer
Jahr	2001
Packung	Blister
Vorbild	MB Actros LKW
Sonst.	
Molter Nr.	2207

Alpirsbacher Klosterbräu 40 €

Hersteller	Hümmer
Jahr	2002
Packung	Blister
Vorbild	Peterbuilt Auflieger
Sonst.	XXL-Truck
Molter Nr.	8057

Alpirsbacher Klosterbräu 8 €

Hersteller	Hümmer
Jahr	2002
Packung	Blister
Vorbild	MB Hängerzug
Sonst.	mit Fässern
Molter Nr.	4521

Alsfelder 15 €

Hersteller	dgd
Jahr	1999
Packung	Blister
Vorbild	US Auflieger
Sonst.	
Molter Nr.	66

Alsfelder 10 €

Hersteller	Hümmer
Jahr	2000
Packung	Blister
Vorbild	MB Actros Hängerzug
Sonst.	
Molter Nr.	67

Alsfelder 10 €

Hersteller	Hümmer
Jahr	2001
Packung	Blister
Vorbild	MB Actros Hängerzug
Sonst.	
Molter Nr.	2209

Alsfelder 9 €

Hersteller	Grell
Jahr	2001
Packung	Blister
Vorbild	MAN TG-A Hängerzug
Sonst.	
Molter Nr.	5918

Alsfelder 8 €

Hersteller	Grell
Jahr	2002
Packung	Blister
Vorbild	MAN TG-A Hängerzug
Sonst.	
Molter Nr.	5327

Alsfelder	8 €
Hersteller	Rathert Creativ
Jahr	2003
Packung	Blister
Vorbild	Bus
Sonst.	
Molter Nr.	6596

Altenauer	25 €
Hersteller	Hümmer
Jahr	1999
Packung	Plastikschachtel
Vorbild	Ford Cargo LKW
Sonst.	
Molter Nr.	68

Altenauer	10 €
Hersteller	Müller Chemnitz
Jahr	2001
Packung	Plastikschachtel
Vorbild	Majorette Auflieger
Sonst.	Dunkel Bier
Molter Nr.	65

Altenauer	10 €
Hersteller	Müller Chemnitz
Jahr	2001
Packung	Plastikschachtel
Vorbild	Majorette Auflieger
Sonst.	Bad Suderöder
Molter Nr.	2206

Altenauer	8 €
Hersteller	Lauterbach
Jahr	2002
Packung	Blister
Vorbild	Scania 124L Auflieger
Sonst.	
Molter Nr.	6365

Altenberger Brauerei — 10 €

Hersteller	
Jahr	2002
Packung	Blister
Vorbild	Ford 9000 Auflieger
Sonst.	
Molter Nr.	7687

Altenburger — 25 €

Hersteller	Hümmer
Jahr	1998
Packung	Blister
Vorbild	US Auflieger
Sonst.	
Molter Nr.	69

Altenburger — LHP €

Hersteller	
Jahr	
Packung	Plastikschachtel
Vorbild	MAN F90 Hängerzug
Sonst.	Liebhaberpreis
Molter Nr.	2211

Altenburger — 30 €

Hersteller	Hümmer
Jahr	1998
Packung	Blister
Vorbild	MAN F90 Hängerzug
Sonst.	einzeln verpackt
Molter Nr.	70

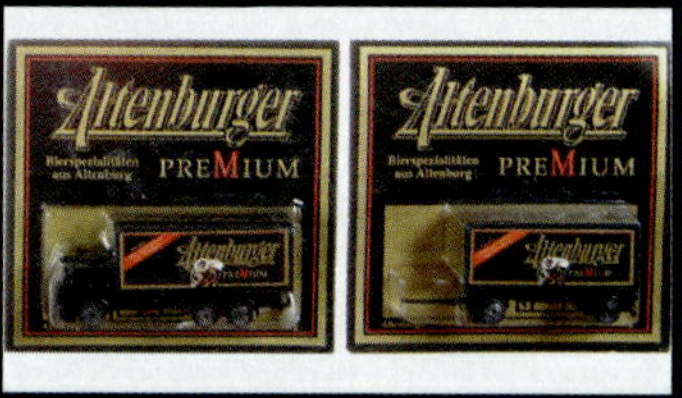

Altenburger — 10 €

Hersteller	Hümmer
Jahr	2000
Packung	Blister
Vorbild	MB Actros Auflieger
Sonst.	
Molter Nr.	71

Altenburger	10 €
Hersteller	dgd
Jahr	2000
Packung	Blister
Vorbild	MB Actros Auflieger
Sonst.	
Molter Nr.	73

Altenburger	9 €
Hersteller	Hümmer
Jahr	2000
Packung	Blister
Vorbild	MB Actros Auflieger
Sonst.	
Molter Nr.	72

Altenburger	9 €
Hersteller	dgd
Jahr	2000
Packung	Blister
Vorbild	MB Actros Auflieger
Sonst.	
Molter Nr.	2210

Altenburger	8 €
Hersteller	dgd
Jahr	2001
Packung	Blister
Vorbild	Scania Auflieger
Sonst.	
Molter Nr.	2212

Altenburger	8 €
Hersteller	dgd
Jahr	2001
Packung	Blister
Vorbild	MAN Phönix Auflieger
Sonst.	
Molter Nr.	2214

A

Altenburger — 8 €

Hersteller	dgd
Jahr	2002
Packung	Blister
Vorbild	Renault Auflieger
Sonst.	
Molter Nr.	4774

Altenburger — 8 €

Hersteller	dgd
Jahr	2002
Packung	Blister
Vorbild	MAN F2000 Hängerzug
Sonst.	mit Schankwagen
Molter Nr.	5276

Altenburger — 10 €

Hersteller	dgd
Jahr	2002
Packung	Blister
Vorbild	MB Axor Silotieflader
Sonst.	
Molter Nr.	6007

Altenburger — 8 €

Hersteller	dgd
Jahr	2002
Packung	Blister
Vorbild	Volvo FH 16 Tankzug
Sonst.	
Molter Nr.	5376

Altenburger — 8 €

Hersteller	dgd
Jahr	2003
Packung	Blister
Vorbild	VW Bus mit Hänger
Sonst.	
Molter Nr.	6988

Altenburger Brennerei — 8 €

Hersteller	Hümmer
Jahr	2001
Packung	Blister
Vorbild	MB Actros Auflieger
Sonst.	
Molter Nr.	4267

Altenburger Brennerei — 10 €

Hersteller	
Jahr	2002
Packung	Blister
Vorbild	Ford 9000 Tankzug
Sonst.	
Molter Nr.	6615

Altenmünster — 30 €

Hersteller	Hümmer
Jahr	
Packung	Blister
Vorbild	US Auflieger
Sonst.	Verkehrsschild unt. Zugmasch.
Molter Nr.	74

Altenmünster — 30 €

Hersteller	Hümmer
Jahr	
Packung	Blister
Vorbild	US Auflieger
Sonst.	Verkehrsschild über Führerh
Molter Nr.	74a

Altenmünster — 18 €

Hersteller	Hümmer
Jahr	1999
Packung	Blister
Vorbild	MB Actros Auflieger
Sonst.	
Molter Nr.	75

A

Altenmünster 18 €

Hersteller	Grell
Jahr	1999
Packung	Blister
Vorbild	MB Actros Auflieger
Sonst.	
Molter Nr.	76

Altenmünster 18 €

Hersteller	Grell
Jahr	1999
Packung	Blister
Vorbild	MB Actros Auflieger
Sonst.	
Molter Nr.	77

Altenmünster 12 €

Hersteller	Grell
Jahr	2000
Packung	Blister
Vorbild	MB Actros Auflieger
Sonst.	
Molter Nr.	78

Altenmünster 15 €

Hersteller	Grell
Jahr	2000
Packung	Blister
Vorbild	IFA W50 Hängerzug
Sonst.	
Molter Nr.	79

Altenmünster 15 €

Hersteller	Grell
Jahr	2000
Packung	Blister
Vorbild	IFA W50 Hängerzug
Sonst.	
Molter Nr.	80

A

Altenmünster	12 €
Hersteller	Grell
Jahr	2000
Packung	Blister
Vorbild	Kraz Truck
Sonst.	mit Wechselaufbau
Molter Nr.	81

Altenmünster	25 €
Hersteller	Grell
Jahr	2000
Packung	Blister
Vorbild	Kraz Auflieger
Sonst.	
Molter Nr.	82

Altenmünster	12 €
Hersteller	Grell
Jahr	2000
Packung	Blister
Vorbild	Kraz Auflieger
Sonst.	
Molter Nr.	83

Altenmünster	20 €
Hersteller	Grell
Jahr	2000
Packung	Blister
Vorbild	Kraz Hängerzug
Sonst.	
Molter Nr.	84

Altenmünster	12 €
Hersteller	Grell
Jahr	2000
Packung	Blister
Vorbild	Kraz Hängerzug
Sonst.	
Molter Nr.	85

A

Altenmünster 18 €

Hersteller	Grell
Jahr	2001
Packung	Blister
Vorbild	Kraz Truck
Sonst.	mit Wechselaufbau
Molter Nr.	2215

Altenmünster 12 €

Hersteller	Grell
Jahr	2001
Packung	Blister
Vorbild	Kraz Auflieger
Sonst.	
Molter Nr.	2217

Altenmünster 10 €

Hersteller	Grell
Jahr	2001
Packung	Blister
Vorbild	Kraz Auflieger
Sonst.	
Molter Nr.	2221

Altenmünster 18 €

Hersteller	Grell
Jahr	2001
Packung	Blister
Vorbild	Krupp Mustang Hängerzug
Sonst.	
Molter Nr.	2218

Altenmünster 20 €

Hersteller	Grell
Jahr	2001
Packung	Blister
Vorbild	MAN TG-A Auflieger
Sonst.	
Molter Nr.	2219

A

Altenmünster — 12 €

Hersteller	Grell
Jahr	2001
Packung	Blister
Vorbild	Kraz Tankzug
Sonst.	
Molter Nr.	2220

Altenmünster — 10 €

Hersteller	Grell
Jahr	2001
Packung	Blister
Vorbild	Kraz Auflieger
Sonst.	
Molter Nr.	2216

Altenmünster — 9 €

Hersteller	Grell
Jahr	2002
Packung	Blister
Vorbild	Kraz Tankzug
Sonst.	
Molter Nr.	5284

Altenmünster — 15 €

Hersteller	Grell
Jahr	2002
Packung	Blister
Vorbild	Büssing Hängerzug
Sonst.	Holzgas-Anlage
Molter Nr.	5675

Altenmünster — 28 €

Hersteller	Grell
Jahr	2002
Packung	Blister
Vorbild	Freightliner FLD Tieflader
Sonst.	18 Karat vergoldet
Molter Nr.	5231

A

Altenmünster — 15 €

Hersteller	Grell
Jahr	2002
Packung	Blister
Vorbild	Freightliner FLD
Sonst.	
Molter Nr.	7491

Altenmünster — 12 €

Hersteller	Grell
Jahr	2002
Packung	Blister
Vorbild	Kraz NVA Brückenfahrzeug
Sonst.	
Molter Nr.	4583

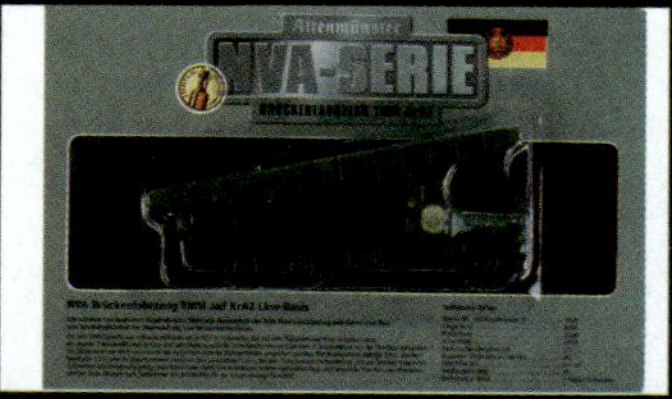

Altenmünster — 12 €

Hersteller	Grell
Jahr	2002
Packung	Blister
Vorbild	NVA Kraz Autobagger
Sonst.	
Molter Nr.	7116

Altenmünster — 15 €

Hersteller	Grell
Jahr	2002
Packung	Blister
Vorbild	Freightliner FLD Hängerzug
Sonst.	Road Train
Molter Nr.	4597

Altenmünster — 20 €

Hersteller	Grell
Jahr	2002
Packung	Blister
Vorbild	MAN TG-A Auflieger
Sonst.	echt versilb., R. Schumacher
Molter Nr.	7214

A

Altenmünster — 25 €

Hersteller	Grell
Jahr	2002
Packung	Blister
Vorbild	Freightliner FLD Auflieger
Sonst.	18 K.vergoldet
Molter Nr.	7215

Altenmünster — 15 €

Hersteller	Grell
Jahr	2002
Packung	Blister
Vorbild	Krupp Mustang Silozug
Sonst.	
Molter Nr.	4596

Altenmünster — 10 €

Hersteller	Grell
Jahr	2002
Packung	Blister
Vorbild	Freightliner FLD Auflieger
Sonst.	mit Flasche
Molter Nr.	4717

Altenmünster — 8 €

Hersteller	Grell
Jahr	2003
Packung	Blister
Vorbild	Freightliner FLD Auflieger
Sonst.	
Molter Nr.	6248

Altenmünster — 8 €

Hersteller	Grell
Jahr	2003
Packung	Blister
Vorbild	MAN TG-A Auflieger
Sonst.	
Molter Nr.	7027

A

Altenmünster 15 €

Hersteller	Grell
Jahr	2003
Packung	Blister
Vorbild	MAN TG-A Auflieger
Sonst.	18 Karat vergoldet
Molter Nr.	7558

Altenmünster 15 €

Hersteller	Grell
Jahr	2003
Packung	Blister
Vorbild	MAN TG-A Tankzug
Sonst.	18 Karat vergoldet
Molter Nr.	7559

Altenmünster 12 €

Hersteller	Grell
Jahr	2003
Packung	Blister
Vorbild	Freightliner FLD Auflieger
Sonst.	
Molter Nr.	7560

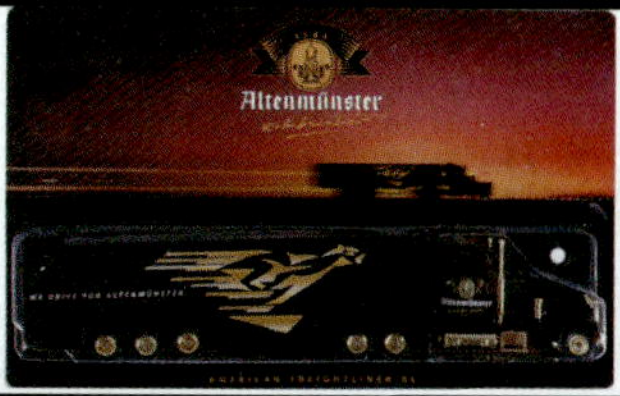

Alter Senator 8 €

Hersteller	Top-Style
Jahr	2002
Packung	Blister
Vorbild	Mack Auflieger
Sonst.	Kunstoff-Zugmaschine
Molter Nr.	5782

Altes Brauhaus 8 €

Hersteller	Grell
Jahr	2001
Packung	Blister
Vorbild	Scania Tankzug
Sonst.	
Molter Nr.	8002

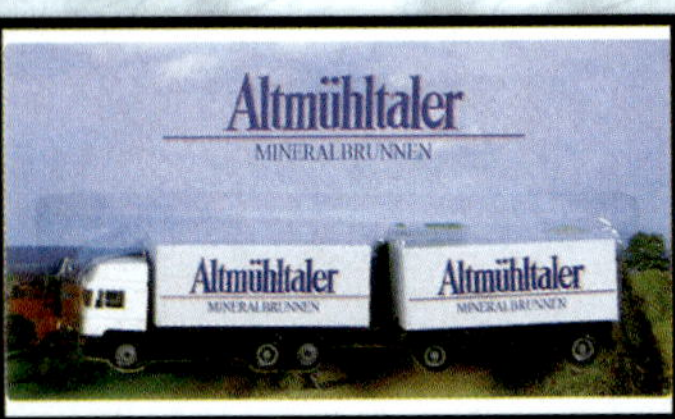

Altmühltaler Mineralbrunnen 10 €

Hersteller	dgd
Jahr	2000
Packung	Blister
Vorbild	MAN F2000 Hängerzug
Sonst.	
Molter Nr.	87

Altöttinger 10 €

Hersteller	Top-Style
Jahr	2000
Packung	Blister
Vorbild	MB Actros Hängerzug
Sonst.	
Molter Nr.	86

Altöttinger 8 €

Hersteller	dgd
Jahr	2002
Packung	Blister
Vorbild	Scania Hängerzug
Sonst.	
Molter Nr.	7354

Altöttinger 8 €

Hersteller	Top-Style
Jahr	2002
Packung	Blister
Vorbild	Renault Tankzug
Sonst.	grauer Auflieger
Molter Nr.	4891

Altöttinger 8 €

Hersteller	Top-Style
Jahr	2002
Packung	
Vorbild	Renault Tankzug
Sonst.	mit blauem Auflieger
Molter Nr.	4881

Alwa — 8 €

Hersteller	Hümmer
Jahr	2003
Packung	Blister
Vorbild	MB Actros Auflieger
Sonst.	
Molter Nr.	7563

Amecke — 12 €

Hersteller	dgd
Jahr	2001 (Aufl.: 500)
Packung	Blister
Vorbild	MB Actros Auflieger
Sonst.	
Molter Nr.	2222

Amecke — 8 €

Hersteller	Eurosun
Jahr	2001
Packung	Blister
Vorbild	MAN TG-A Auflieger
Sonst.	
Molter Nr.	5500

Amecke — 8 €

Hersteller	Eurosun
Jahr	2001
Packung	Blister
Vorbild	Büssing LKW
Sonst.	
Molter Nr.	4592

Andreas Pils — 70 €

Hersteller	Grell
Jahr	1998
Packung	Blister
Vorbild	Mack Auflieger
Sonst.	
Molter Nr.	88

A

Andreas Pils — 50 €

Hersteller	Grell
Jahr	1999
Packung	Blister
Vorbild	MB Actros Auflieger
Sonst.	
Molter Nr.	89

Angermann — 8 €

Hersteller	Grell
Jahr	2001
Packung	Blister
Vorbild	Scania Auflieger
Sonst.	von Markgrafen
Molter Nr.	4286

Ankerbräu Nördlingen — 8 €

Hersteller	Grell
Jahr	2002
Packung	Blister
Vorbild	MAN TG-A Hängerzug
Sonst.	
Molter Nr.	5599

Ankerbräu Nördlingen — 8 €

Hersteller	Grell
Jahr	2003
Packung	Blister
Vorbild	Scania 124L Tankzug
Sonst.	
Molter Nr.	7239

Apoldaer — 80 €

Hersteller	
Jahr	
Packung	Plastikschachtel
Vorbild	MAN F90 LKW
Sonst.	
Molter Nr.	94

Apoldaer 25 €

Hersteller	Grell
Jahr	1999
Packung	Blister
Vorbild	Mack Auflieger
Sonst.	
Molter Nr.	95

Apoldaer 18 €

Hersteller	Gack
Jahr	2000
Packung	Blister
Vorbild	MB Actros Auflieger
Sonst.	
Molter Nr.	96

Apoldaer 12 €

Hersteller	Grell
Jahr	2001
Packung	Blister
Vorbild	Ford 9000 Auflieger
Sonst.	
Molter Nr.	2225

Apoldaer 10 €

Hersteller	Grell
Jahr	2001
Packung	Blister
Vorbild	MAN F2000 Auflieger
Sonst.	
Molter Nr.	2226

Apoldaer 10 €

Hersteller	Grell
Jahr	2001
Packung	Blister
Vorbild	Scania Auflieger
Sonst.	
Molter Nr.	2227

A

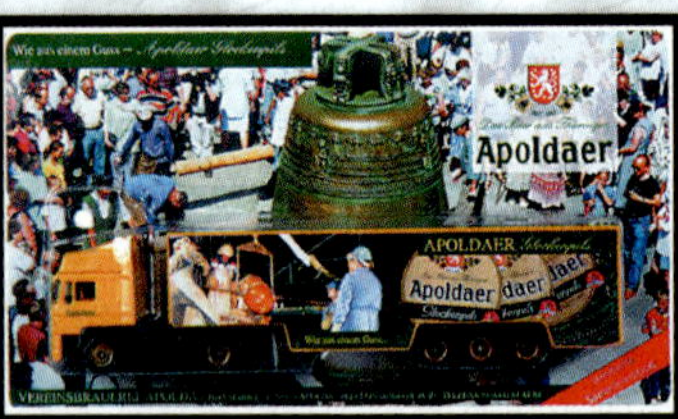

Apoldaer	9 €
Hersteller	Grell
Jahr	2001
Packung	Blister
Vorbild	MAN F2000 Auflieger
Sonst.	
Molter Nr.	2228

Apoldaer	9 €
Hersteller	Grell
Jahr	2001
Packung	Blister
Vorbild	MB Actros Auflieger
Sonst.	
Molter Nr.	2229

Apoldaer	8 €
Hersteller	Grell
Jahr	2001
Packung	Blister
Vorbild	Renault Magnum Tankzug
Sonst.	
Molter Nr.	5692

Apoldaer	8 €
Hersteller	Grell
Jahr	2002
Packung	Blister
Vorbild	Scania Hauber Hängerzug
Sonst.	
Molter Nr.	7355

Apoldaer	10 €
Hersteller	Grell
Jahr	2002
Packung	Blister
Vorbild	Ballon
Sonst.	
Molter Nr.	7356

Apoldaer	12 €
Hersteller	Grell
Jahr	2002
Packung	Blister
Vorbild	Krupp Mustang Hängerzug
Sonst.	Sonderausg. Brauereifest
Molter Nr.	4762

Apoldaer	35 €
Hersteller	Grell
Jahr	2002 (Aufl.: 500)
Packung	Blister
Vorbild	Freightliner FLD Auflieger
Sonst.	XXL
Molter Nr.	5012

Apoldaer	8 €
Hersteller	Grell
Jahr	2002
Packung	Blister
Vorbild	Freightliner FLD Tankzug
Sonst.	mit Silo
Molter Nr.	4754

Apoldaer	8 €
Hersteller	Grell
Jahr	2002
Packung	Blister
Vorbild	Scania 124L Hängerzug
Sonst.	mit Schankwagen
Molter Nr.	5924

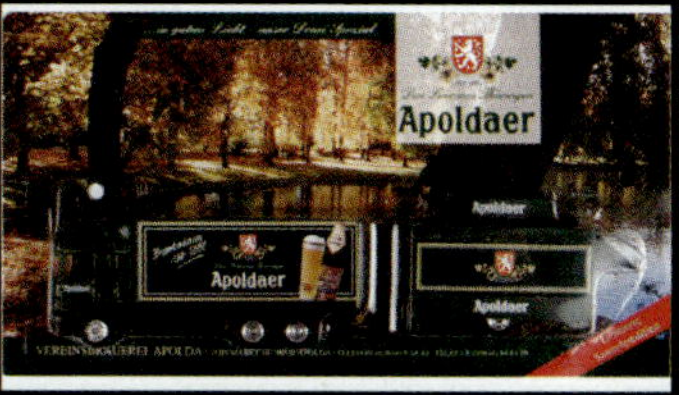

Apoldaer	8 €
Hersteller	Grell
Jahr	2003
Packung	Blister
Vorbild	Krupp LKW mit Hänger
Sonst.	
Molter Nr.	6360

Apollinaris	25 €
Hersteller	
Jahr	1999
Packung	Plastikschachtel
Vorbild	Mack Auflieger
Sonst.	
Molter Nr.	90

Apollinaris	10 €
Hersteller	
Jahr	2000
Packung	Blister
Vorbild	MB Actros Auflieger
Sonst.	
Molter Nr.	91

Apollinaris	8 €
Hersteller	Grell
Jahr	2001
Packung	Blister
Vorbild	Scania Auflieger
Sonst.	
Molter Nr.	2224

Apollinaris	8 €
Hersteller	
Jahr	2003
Packung	Blister
Vorbild	MB Actros Hängerzug
Sonst.	
Molter Nr.	7012

Apostel Bräu	30 €
Hersteller	Pro Marketing
Jahr	2000
Packung	Blister
Vorbild	Mack Auflieger
Sonst.	Eichbaum Brauerei
Molter Nr.	100

Apostelbräu — 8 €

Hersteller	Top-Style
Jahr	2002
Packung	Blister
Vorbild	MB Actros Auflieger
Sonst.	
Molter Nr.	5806

Aqua Römer — 9 €

Hersteller	dgd
Jahr	2001
Packung	Blister
Vorbild	MB Actros Hängerzug
Sonst.	
Molter Nr.	4240

Aqua Römer — 8 €

Hersteller	dgd
Jahr	2002
Packung	Blister
Vorbild	MB Actros Auflieger
Sonst.	
Molter Nr.	7357

Aqua Römer — 8 €

Hersteller	dgd
Jahr	2002
Packung	Blister
Vorbild	MB Axor Auflieger
Sonst.	
Molter Nr.	7358

Arcobräu — 15 €

Hersteller	Hümmer
Jahr	2000
Packung	Blister
Vorbild	MB Actros Auflieger
Sonst.	
Molter Nr.	690

Arcobräu — 10 €

Hersteller	Hümmer
Jahr	2001
Packung	Blister
Vorbild	MB Actros Hängerzug
Sonst.	
Molter Nr.	2232

Arcobräu — 10 €

Hersteller	Hümmer
Jahr	2001
Packung	Blister
Vorbild	MB Actros Auflieger
Sonst.	
Molter Nr.	2234

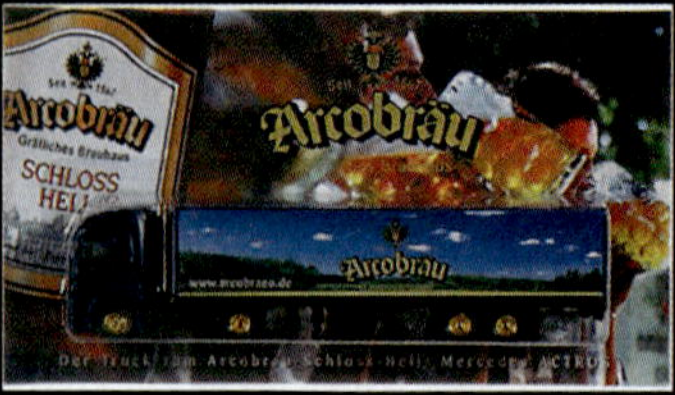

Arcobräu — 9 €

Hersteller	Hümmer
Jahr	2001
Packung	Blister
Vorbild	MB Actros Auflieger
Sonst.	
Molter Nr.	2235

Arcobräu — 9 €

Hersteller	Hümmer
Jahr	2001
Packung	Blister
Vorbild	MB Actros Auflieger
Sonst.	
Molter Nr.	2236

Arcobräu — 9 €

Hersteller	Hümmer
Jahr	2001
Packung	Blister
Vorbild	MB Actros Auflieger
Sonst.	
Molter Nr.	5804

Arcobräu — 8 €

Hersteller	Hümmer
Jahr	2002
Packung	Blister
Vorbild	MB Actros Auflieger
Sonst.	
Molter Nr.	5049

Arcobräu — 8 €

Hersteller	Hümmer
Jahr	2002
Packung	Blister
Vorbild	MB Actros Auflieger
Sonst.	
Molter Nr.	5162

Arcobräu — 10 €

Hersteller	Hümmer
Jahr	2002
Packung	Blister
Vorbild	MB Actros Auflieger
Sonst.	mit Flasche
Molter Nr.	5081

Arcobräu — 8 €

Hersteller	Hümmer
Jahr	2002
Packung	Blister
Vorbild	MB Actros Auflieger
Sonst.	
Molter Nr.	5816

Arcobräu — LHP €

Hersteller	Hümmer
Jahr	2002
Packung	Blister
Vorbild	MB Actros Auflieger
Sonst.	TSV 1860 München
Molter Nr.	6918

A

Ardey Quelle	9 €
Hersteller	Grell
Jahr	2001
Packung	Blister
Vorbild	MB Actros Auflieger
Sonst.	
Molter Nr.	6379

Arnegger	40 €
Hersteller	Hümmer
Jahr	
Packung	Blister
Vorbild	MAN F90 LKW
Sonst.	
Molter Nr.	97

Arnstädter	18 €
Hersteller	dgd
Jahr	2000
Packung	Blister
Vorbild	Framo
Sonst.	
Molter Nr.	98

Arnsteiner	20 €
Hersteller	Grell
Jahr	1999 (Aufl.: 6000)
Packung	Blister
Vorbild	MB Actros Auflieger
Sonst.	
Molter Nr.	790

Arnsteiner	12 €
Hersteller	Grell
Jahr	2001
Packung	Blister
Vorbild	MB Actros Auflieger
Sonst.	
Molter Nr.	2237

A

Arnsteiner — 10 €

Hersteller	Grell
Jahr	2001
Packung	Blister
Vorbild	MB Actros Auflieger
Sonst.	
Molter Nr.	2767

Arnsteiner — 8 €

Hersteller	Grell
Jahr	2001
Packung	Blister
Vorbild	MAN TG-A Auflieger
Sonst.	
Molter Nr.	5184

Arnsteiner — 8 €

Hersteller	Grell
Jahr	2002
Packung	Blister
Vorbild	Renault Auflieger
Sonst.	
Molter Nr.	4680

Arnsteiner — 8 €

Hersteller	Grell
Jahr	2003
Packung	Blister
Vorbild	Scania 124L Tankzug
Sonst.	
Molter Nr.	7082

Arolsen — 8 €

Hersteller	Lauterbach
Jahr	2002
Packung	Blister
Vorbild	DAF 95 XF Auflieger
Sonst.	
Molter Nr.	5810

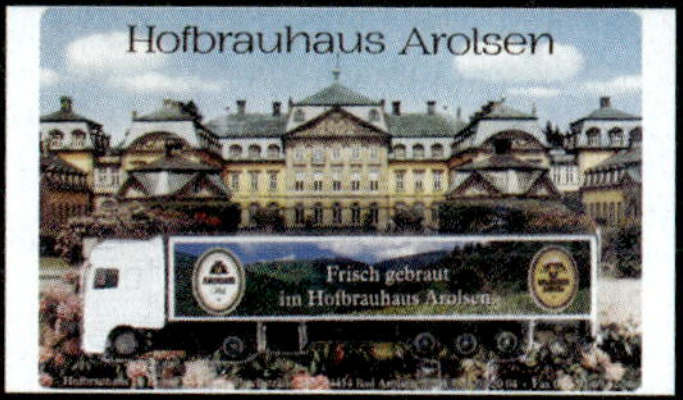

A

Arolsen — 10 €

Hersteller	Lauterbach
Jahr	2001
Packung	Blister
Vorbild	Pferdewagen
Sonst.	
Molter Nr.	6004

Arschleder — 15 €

Hersteller	Elasto Form
Jahr	2000 (Aufl.: 200)
Packung	Plastikschachtel
Vorbild	Volvo Auflieger
Sonst.	
Molter Nr.	99

Arschleder — 15 €

Hersteller	Bad Liebenstein
Jahr	2001 (Aufl.: 100)
Packung	Plastikschachtel
Vorbild	Iveco Auflieger
Sonst.	Bäckerei Leinweber
Molter Nr.	4357

Arschleder — 15 €

Hersteller	Bad Liebenstein
Jahr	2001 (Aufl.: 100)
Packung	Plastikschachtel
Vorbild	US Auflieger
Sonst.	Fleischerei H. Luck
Molter Nr.	4358

Arschleder — 12 €

Hersteller	Bad Liebenstein
Jahr	2001 (Aufl.: 200)
Packung	Plastikschachtel
Vorbild	Iveco Auflieger
Sonst.	5. Burgfest
Molter Nr.	4360

Arschleder 12 €

Hersteller	Bad Liebenstein
Jahr	2001 (Aufl.: 200)
Packung	Plastikschachtel
Vorbild	Scania Auflieger
Sonst.	
Molter Nr.	4362

Arschleder 12 €

Hersteller	Bad Liebenstein
Jahr	2001 (Aufl.: 200)
Packung	Plastikschachtel
Vorbild	Scania Auflieger
Sonst.	Hotel & Gasthaus
Molter Nr.	4363

Arschleder 12 €

Hersteller	Bad Liebenstein
Jahr	2001 (Aufl.: 200)
Packung	Plastikschachtel
Vorbild	Scania Auflieger
Sonst.	Zum guten Tropfen
Molter Nr.	4365

Arschleder 12 €

Hersteller	Bad Liebenstein
Jahr	2001 (Aufl.: 200)
Packung	Plastikschachtel
Vorbild	Scania Auflieger
Sonst.	Stadtfeuerwehrfest
Molter Nr.	4366

Arschleder 12 €

Hersteller	Bad Liebenstein
Jahr	2001 (Aufl.: 200)
Packung	Plastikschachtel
Vorbild	Scania Auflieger
Sonst.	Kutscherklause
Molter Nr.	4367

Arschleder — 12 €

Hersteller	Bad Liebenstein
Jahr	2001 (Aufl.: 200)
Packung	Plastikschachtel
Vorbild	Scania Auflieger
Sonst.	Glück Auf
Molter Nr.	4395

Arschleder — 12 €

Hersteller	Bad Liebenstein
Jahr	2001 (Aufl.: 200)
Packung	Plastikschachtel
Vorbild	Iveco Auflieger
Sonst.	Bergmannstag
Molter Nr.	4396

Arschleder — 12 €

Hersteller	Bad Liebenstein
Jahr	2002 (Aufl.: 200)
Packung	Plastikschachtel
Vorbild	Scania Auflieger
Sonst.	Die Mausefalle
Molter Nr.	4361

Arschleder — 18 €

Hersteller	
Jahr	(Aufl.: 200)
Packung	Plastikschachtel
Vorbild	Volvo Auflieger
Sonst.	
Molter Nr.	2238

Arschleder — 18 €

Hersteller	
Jahr	(Aufl.: 200)
Packung	Plastikschachtel
Vorbild	Volvo Auflieger
Sonst.	
Molter Nr.	2239

Arschleder 18 €

Hersteller	
Jahr	(Aufl.: 200)
Packung	Plastikschachtel
Vorbild	Kenworth T2000 Auflieger
Sonst.	
Molter Nr.	2240

Arschleder 18 €

Hersteller	
Jahr	(Aufl.: 200)
Packung	Plastikschachtel
Vorbild	MB groß Auflieger
Sonst.	
Molter Nr.	2241

Arschleder 18 €

Hersteller	
Jahr	(Aufl.: 200)
Packung	Plastikschachtel
Vorbild	Volvo Auflieger
Sonst.	
Molter Nr.	2242

Arschleder 25 €

Hersteller	
Jahr	(Aufl.: 50)
Packung	Plastikschachtel
Vorbild	Volvo Auflieger
Sonst.	
Molter Nr.	2243

Arschleder 8 €

Hersteller	dgd
Jahr	2002
Packung	Blister
Vorbild	IFA W50 Auflieger
Sonst.	
Molter Nr.	6312

Asco Cola — 10 €

Hersteller	dgd
Jahr	2001
Packung	Blister
Vorbild	MB Actros Auflieger
Sonst.	Harzer Mineralquelle
Molter Nr.	2244

Astra — 12 €

Hersteller	
Jahr	2002
Packung	Blister
Vorbild	MB Bus
Sonst.	St. Pauli
Molter Nr.	7359

Astra — 8 €

Hersteller	Rathert Creativ
Jahr	2002
Packung	Blister
Vorbild	MB Actros Auflieger
Sonst.	
Molter Nr.	6929

Astra — 8 €

Hersteller	Rathert creativ
Jahr	2002
Packung	Blister
Vorbild	MB Actros Auflieger
Sonst.	
Molter Nr.	7500

Auer Bräu Rosenheim — 22 €

Hersteller	Hümmer
Jahr	2000
Packung	Blister
Vorbild	US Auflieger
Sonst.	
Molter Nr.	101

Auer Bräu Rosenheim	15 €
Hersteller	Hümmer
Jahr	2001
Packung	Blister
Vorbild	US Auflieger
Sonst.	
Molter Nr.	2245

Auer Bräu Rosenheim	15 €
Hersteller	Hümmer
Jahr	2001
Packung	Blister
Vorbild	MAN TG-A Auflieger
Sonst.	
Molter Nr.	2246

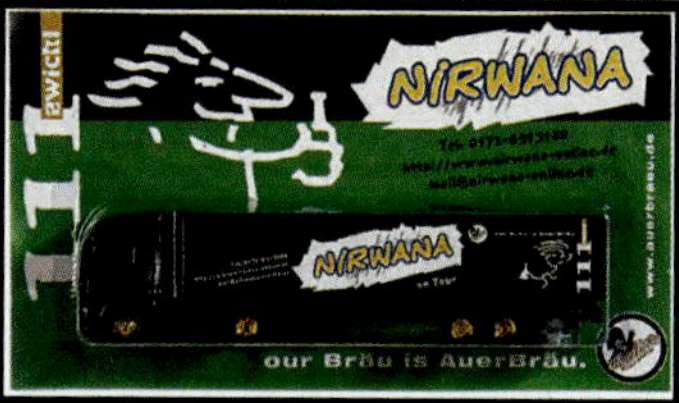

Auer Bräu Rosenheim	8 €
Hersteller	Hümmer
Jahr	2002
Packung	Blister
Vorbild	IFA H6 Hängerzug
Sonst.	
Molter Nr.	5604

Auer Bräu Rosenheim	8 €
Hersteller	Hümmer
Jahr	2002
Packung	Blister
Vorbild	Goliath
Sonst.	
Molter Nr.	7131

Auerhahn Bräu Schlitz	100 €
Hersteller	
Jahr	
Packung	Plastikschachtel
Vorbild	US Auflieger
Sonst.	
Molter Nr.	102

A

Auerhahn Bräu Schlitz	75 €
Hersteller	Hümmer
Jahr	1997
Packung	Blister
Vorbild	US Auflieger
Sonst.	
Molter Nr.	103

Auerhahn Bräu Schlitz	30 €
Hersteller	Grell
Jahr	
Packung	Blister
Vorbild	Mack Auflieger
Sonst.	
Molter Nr.	104

Auerhahn Bräu Schlitz	18 €
Hersteller	dgd
Jahr	2000
Packung	Blister
Vorbild	Kenworth T2000 Auflieger
Sonst.	
Molter Nr.	105

Auerhahn Bräu Schlitz	10 €
Hersteller	dgd
Jahr	2001
Packung	Blister
Vorbild	MAN TG-A Auflieger
Sonst.	
Molter Nr.	2247

Auerhahn Bräu Schlitz	8 €
Hersteller	Lauterbach
Jahr	2002
Packung	Blister
Vorbild	Renault Magnum Tankzug
Sonst.	
Molter Nr.	4503

Aufsesser	LHP €
Hersteller	
Jahr	
Packung	Plastikschachtel
Vorbild	MB Actros Auflieger
Sonst.	Liebhaberpreis
Molter Nr.	2263

Aufsesser	12 €
Hersteller	dgd
Jahr	2000 (Aufl.: 5000)
Packung	Blister
Vorbild	MB Actros Auflieger
Sonst.	
Molter Nr.	106

Aufsesser	11 €
Hersteller	Grell
Jahr	2000
Packung	Blister
Vorbild	MB Actros LKW
Sonst.	
Molter Nr.	107

Aufsesser	9 €
Hersteller	Grell
Jahr	2001
Packung	Blister
Vorbild	MAN F2000 Auflieger
Sonst.	
Molter Nr.	2248

Aufsesser	9 €
Hersteller	Grell
Jahr	2001 (Aufl.: 6000)
Packung	Blister
Vorbild	Ford 9000 Auflieger
Sonst.	
Molter Nr.	2249

Aufsesser 9 €

Hersteller	Grell
Jahr	2001 (Aufl.: 6000)
Packung	Blister
Vorbild	Scania Auflieger
Sonst.	
Molter Nr.	2250

Aufsesser 9 €

Hersteller	Grell
Jahr	2001 (Aufl.: 6000)
Packung	Blister
Vorbild	MAN F2000 Auflieger
Sonst.	
Molter Nr.	2251

Aufsesser 9 €

Hersteller	Grell
Jahr	2001 (Aufl.: 6000)
Packung	Blister
Vorbild	Ford 9000 Auflieger
Sonst.	
Molter Nr.	2252

Aufsesser 9 €

Hersteller	Grell
Jahr	2001 (Aufl.: 6000)
Packung	Blister
Vorbild	Scania Auflieger
Sonst.	
Molter Nr.	2253

Aufsesser 8 €

Hersteller	Grell
Jahr	2001
Packung	Blister
Vorbild	Freightliner FLD Auflieger
Sonst.	
Molter Nr.	2254

Aufsesser — 8 €

Hersteller	Grell
Jahr	2001
Packung	Blister
Vorbild	Ford 9000 Auflieger
Sonst.	
Molter Nr.	2255

Aufsesser — 8 €

Hersteller	Grell
Jahr	2001
Packung	Blister
Vorbild	MAN F2000 Auflieger
Sonst.	
Molter Nr.	2256

Aufsesser — 8 €

Hersteller	Grell
Jahr	2001
Packung	Blister
Vorbild	MAN F2000 Auflieger
Sonst.	mit Markgrafen
Molter Nr.	3146

Aufsesser — 8 €

Hersteller	Grell
Jahr	2001 (Aufl.: 6000)
Packung	Blister
Vorbild	Scania Auflieger
Sonst.	
Molter Nr.	4416

Aufsesser — 8 €

Hersteller	Grell
Jahr	2002
Packung	Blister
Vorbild	Renault Tanker
Sonst.	
Molter Nr.	7361

Aufsesser	8 €
Hersteller	Grell
Jahr	2002
Packung	Blister
Vorbild	Freightliner FLD Tanker
Sonst.	
Molter Nr.	7360

Aufsesser	8 €
Hersteller	Grell
Jahr	2002
Packung	Blister
Vorbild	MAN TG-A Auflieger
Sonst.	mit Sudkessel
Molter Nr.	6294

Aufsesser	8 €
Hersteller	Grell
Jahr	2003 (Aufl.: 6000)
Packung	Blister
Vorbild	Scania 124L Auflieger
Sonst.	mit Sudkessel
Molter Nr.	6960

Aufsesser	8 €
Hersteller	Grell
Jahr	2003
Packung	Blister
Vorbild	Ford 9000 LKW mit HZ
Sonst.	stehende Flasche
Molter Nr.	7288

Aufsesser	8 €
Hersteller	Grell
Jahr	2003 (Aufl.: 6000)
Packung	Blister
Vorbild	MB Atego LKW mit Hänger
Sonst.	mit Flasche
Molter Nr.	7331

Aufsesser — 8 €

Hersteller	Grell
Jahr	2003 (Aufl.: 6000)
Packung	Blister
Vorbild	Freightliner FLD mit HZ
Sonst.	mit Flasche
Molter Nr.	7332

Aufsesser — 8 €

Hersteller	Grell
Jahr	2003 (Aufl.: 6000)
Packung	Blister
Vorbild	Freightliner FLD mit HZ
Sonst.	mit Flasche
Molter Nr.	7333

Aufsesser — 8 €

Hersteller	Grell
Jahr	2003 (Aufl.: 6000)
Packung	Blister
Vorbild	Ford 9000 LKW mit HZ
Sonst.	
Molter Nr.	7334

Aufsesser — 8 €

Hersteller	Grell
Jahr	2003 (Aufl.: 6000)
Packung	Blister
Vorbild	MB Atego LKW mit Hänger
Sonst.	mit Flasche
Molter Nr.	7335

Augusta — 15 €

Hersteller	Lauterbach
Jahr	2000
Packung	Blister
Vorbild	MB groß Auflieger
Sonst.	
Molter Nr.	2116

A

Augusta 9 €

Hersteller	Hümmer
Jahr	2001
Packung	Blister
Vorbild	MB Actros Auflieger
Sonst.	
Molter Nr.	2260

Augusta 8 €

Hersteller	Hümmer
Jahr	2001
Packung	Blister
Vorbild	MB Actros Tankzug
Sonst.	
Molter Nr.	2264

Augusta 8 €

Hersteller	Hümmer
Jahr	2002
Packung	Blister
Vorbild	MB Actros Tankzug
Sonst.	
Molter Nr.	4516

Augusta 8 €

Hersteller	Hümmer
Jahr	2002
Packung	Blister
Vorbild	MB Actros Auflieger
Sonst.	mit Flasche
Molter Nr.	5050

Auricher 8 €

Hersteller	Eurosun
Jahr	2001
Packung	Blister
Vorbild	MAN F2000 Hängerzug
Sonst.	
Molter Nr.	2257

Ayinger	30 €
Hersteller	Hümmer
Jahr	1998
Packung	Blister
Vorbild	MAN F90 LKW
Sonst.	
Molter Nr.	108

Ayinger	12 €
Hersteller	Hümmer
Jahr	2000
Packung	Blister
Vorbild	MB Actros LKW
Sonst.	
Molter Nr.	109

Ayinger	10 €
Hersteller	dgd
Jahr	2001
Packung	Blister
Vorbild	MAN Diesel Hängerzug
Sonst.	
Molter Nr.	5807

Ayinger	10 €
Hersteller	dgd
Jahr	2001
Packung	Blister
Vorbild	MAN TG-A Auflieger
Sonst.	
Molter Nr.	2265

Ayinger	8 €
Hersteller	dgd
Jahr	2002
Packung	Blister
Vorbild	DAF Auflieger
Sonst.	
Molter Nr.	7362

B

Ayinger — 8 €

Hersteller	dgd
Jahr	2002
Packung	Blister
Vorbild	Renault Magnum Tankzug
Sonst.	
Molter Nr.	4522

Ayinger — 8 €

Hersteller	DGD
Jahr	2002
Packung	Blister
Vorbild	MB Axor Auflieger
Sonst.	mit Stapler
Molter Nr.	7678

Bacardi — 40 €

Hersteller	
Jahr	2002 (Aufl.: 300)
Packung	in Hülle
Vorbild	Mack Hauber Sattelzug
Sonst.	Rigo,m. Spiegeln zum Ankleben
Molter Nr.	7656

Bacardi — 25 €

Hersteller	Grell
Jahr	2002
Packung	Blister
Vorbild	Ford 9000 Sattelzug
Sonst.	Jack Daniels
Molter Nr.	7655

Bacardi — 25 €

Hersteller	Grell
Jahr	2002
Packung	Plastikschachtel
Vorbild	Freightliner FLD Auflieger
Sonst.	XXL
Molter Nr.	5016

B

Bad Bemecker Bier 15 €

Hersteller	
Jahr	2000
Packung	Plastikschachtel
Vorbild	MB groß Auflieger
Sonst.	
Molter Nr.	110

Bad Brambacher 10 €

Hersteller	Grell
Jahr	2000
Packung	Blister
Vorbild	MB Actros Auflieger
Sonst.	
Molter Nr.	111

Bad Brambacher 9 €

Hersteller	Grell
Jahr	2001
Packung	Blister
Vorbild	Scania Auflieger
Sonst.	
Molter Nr.	2262

Bad Brambacher 9 €

Hersteller	Grell
Jahr	2001
Packung	Blister
Vorbild	MAN TG-A Auflieger
Sonst.	
Molter Nr.	2267

Bad Brambacher 15 €

Hersteller	
Jahr	2001
Packung	Hülle
Vorbild	MB Actros
Sonst.	1. Truckbörse Wohlbach
Molter Nr.	7363

Bad Brambacher — 8 €

Hersteller	Grell
Jahr	2001
Packung	Blister
Vorbild	MAN F2000 Auflieger
Sonst.	Markgrafen
Molter Nr.	4265

Bad Brambacher — 8 €

Hersteller	
Jahr	2002
Packung	Blister
Vorbild	Scania Auflieger
Sonst.	
Molter Nr.	5173

Bad Brambacher — 8 €

Hersteller	
Jahr	2002
Packung	Blister
Vorbild	Renault Auflieger
Sonst.	
Molter Nr.	7364

Bad Brückenauer — 50 €

Hersteller	Hümmer
Jahr	
Packung	Plastikschachtel
Vorbild	MAN F90 Hängerzug
Sonst.	
Molter Nr.	112

Bad Brückenauer — 15 €

Hersteller	Hümmer
Jahr	2000
Packung	Blister
Vorbild	MB Actros Auflieger
Sonst.	
Molter Nr.	113

Bad Brückenauer — 8 €

Hersteller	Vierke
Jahr	2002
Packung	Blister
Vorbild	MB Actros Auflieger
Sonst.	
Molter Nr.	4626

Bad Brückenauer — 8 €

Hersteller	
Jahr	2002
Packung	Blister
Vorbild	MAN TG-A Auflieger
Sonst.	
Molter Nr.	6150

Bad Driburger — 8 €

Hersteller	
Jahr	2002
Packung	Plastikschachtel
Vorbild	MB Actros Hängerzug
Sonst.	
Molter Nr.	5207

Bad Dürrheimer — 9 €

Hersteller	Grell
Jahr	2001
Packung	Blister
Vorbild	Ford 9000 Auflieger
Sonst.	
Molter Nr.	2149

Bad Dürrheimer — 8 €

Hersteller	Grell
Jahr	2001
Packung	Blister
Vorbild	MB Actros Hängerzug
Sonst.	
Molter Nr.	2269

Bad Harzburger — 10 €

Hersteller	Grell
Jahr	2000
Packung	Blister
Vorbild	Scania Auflieger
Sonst.	
Molter Nr.	114

Bad Harzburger — 9 €

Hersteller	Grell
Jahr	2001
Packung	Blister
Vorbild	Scania Auflieger
Sonst.	
Molter Nr.	2270

Bad Harzburger — 8 €

Hersteller	Grell
Jahr	2002
Packung	Blister
Vorbild	Scania Hängerzug
Sonst.	
Molter Nr.	7365

Bad Liebenwerda — 20 €

Hersteller	Hümmer
Jahr	
Packung	Blister
Vorbild	MB klein Auflieger
Sonst.	
Molter Nr.	115

Bad Liebenwerda — 15 €

Hersteller	HL Werbung
Jahr	1998
Packung	Blister
Vorbild	Mack Auflieger
Sonst.	Logo hinten, m. Fachdach
Molter Nr.	116

Bad Liebenwerda
15 €

Hersteller	HL Werbung
Jahr	1998
Packung	Blister
Vorbild	Mack Auflieger
Sonst.	Logo hinten,schräges Dach
Molter Nr.	116a

Bad Liebenwerda
15 €

Hersteller	HL Werbung
Jahr	1998
Packung	Blister
Vorbild	Mack Auflieger
Sonst.	Logo vorne
Molter Nr.	116b

Bad Liebenwerda
12 €

Hersteller	Hümmer
Jahr	1999
Packung	Blister
Vorbild	MB Actros Auflieger
Sonst.	
Molter Nr.	117

Bad Liebenwerda
10 €

Hersteller	Hümmer
Jahr	2000
Packung	Blister
Vorbild	MB Actros Auflieger
Sonst.	
Molter Nr.	118

Bad Liebenwerda
9 €

Hersteller	Grell
Jahr	2001
Packung	Blister
Vorbild	Scania Auflieger
Sonst.	
Molter Nr.	2272

B

Bad Liebenwerda	8 €
Hersteller	Grell
Jahr	2001
Packung	Blister
Vorbild	Scania Auflieger
Sonst.	
Molter Nr.	4211

Bad Liebenwerda	8 €
Hersteller	Hümmer
Jahr	2002
Packung	Blister
Vorbild	Scania Auflieger
Sonst.	
Molter Nr.	4851

Bad Liebenwerda	30 €
Hersteller	Hümmer
Jahr	2002
Packung	Blister
Vorbild	Freightliner FLD Auflieger
Sonst.	XXL
Molter Nr.	6414

Bad Meinberger	8 €
Hersteller	Grell
Jahr	2002
Packung	Blister
Vorbild	Freightliner FLD Auflieger
Sonst.	
Molter Nr.	5584

Bad Nauheimer	8 €
Hersteller	Design
Jahr	2002 (Aufl.: 15000)
Packung	Blister 2
Vorbild	MB Actros Hängerzug
Sonst.	einzeln verpackt
Molter Nr.	5479

Bad Nauheimer 10 €

Hersteller	Grell
Jahr	2000
Packung	Blister
Vorbild	Mack Auflieger
Sonst.	
Molter Nr.	119

Bad Pyrmonter 8 €

Hersteller	dgd
Jahr	2002
Packung	Blister
Vorbild	MB Actros Hängerzug
Sonst.	
Molter Nr.	4972

Bad Vilbeler 15 €

Hersteller	Hümmer
Jahr	1999
Packung	Blister
Vorbild	US Auflieger
Sonst.	
Molter Nr.	120

Bad Vilbeler 9 €

Hersteller	Hümmer
Jahr	2000
Packung	Blister
Vorbild	MB Actros LKW
Sonst.	
Molter Nr.	121

Bad Vilbeler 8 €

Hersteller	Hümmer
Jahr	2002
Packung	Blister
Vorbild	MB Actros Auflieger
Sonst.	
Molter Nr.	7366

Baisinger — 15 €

Hersteller	
Jahr	2001
Packung	Blister
Vorbild	MB Actros Hängerzug
Sonst.	
Molter Nr.	2273

Ballantines — 25 €

Hersteller	Grell
Jahr	2000
Packung	Blister
Vorbild	Mack Auflieger
Sonst.	
Molter Nr.	2106

Ballantines — 25 €

Hersteller	Grell
Jahr	2002
Packung	Plastikschachtel
Vorbild	Freightliner FLD Auflieger
Sonst.	XXL, mit Markgrafen
Molter Nr.	5005

Ballantines — 12 €

Hersteller	Vierke
Jahr	2002
Packung	Blister
Vorbild	MB Actros Hängerzug
Sonst.	
Molter Nr.	5282

Baltimore-Washington — 8 €

Hersteller	Müller Chemnitz
Jahr	2002
Packung	Plastikschachtel
Vorbild	Majorette Auflieger
Sonst.	USA
Molter Nr.	6212

B

Bamberger Brauereienset 80 €

Hersteller	dgd
Jahr	2001
Packung	Showbox 9er Set
Vorbild	9-er Set
Sonst.	
Molter Nr.	4324

Bamberger Maiselbräu 25 €

Hersteller	Hümmer
Jahr	1999
Packung	Blister
Vorbild	US Auflieger
Sonst.	
Molter Nr.	122

Bamberger Maiselbräu 10 €

Hersteller	dgd
Jahr	2001
Packung	Blister
Vorbild	MAN TG-A Auflieger
Sonst.	
Molter Nr.	4369

Bamberger Maiselbräu 8 €

Hersteller	Hümmer
Jahr	2002
Packung	Blister
Vorbild	MAN TG-A Auflieger
Sonst.	
Molter Nr.	7367

Bamberger Maiselbräu 8 €

Hersteller	Hümmer
Jahr	2002
Packung	Blister
Vorbild	MAN TG-A Auflieger
Sonst.	
Molter Nr.	5527

Barbarossa — 10 €

Hersteller	dgd
Jahr	2002
Packung	Blister
Vorbild	MB L322 Hängerzug
Sonst.	
Molter Nr.	4866

Barbarossa — 10 €

Hersteller	dgd
Jahr	2002
Packung	Blister
Vorbild	MAN Diesel Auflieger
Sonst.	
Molter Nr.	7098

Bären Siegel — 8 €

Hersteller	Grell
Jahr	2002
Packung	Blister
Vorbild	MB Actros Auflieger
Sonst.	
Molter Nr.	5055

Bärenbräu — 15 €

Hersteller	
Jahr	2001
Packung	Blister
Vorbild	MB Actros Hängerzug
Sonst.	
Molter Nr.	248

Bärenbräu — 8 €

Hersteller	Grell
Jahr	2001
Packung	Blister
Vorbild	MB Actros Hängerzug
Sonst.	
Molter Nr.	2274

Bärenbräu	20 €
Hersteller	Amon
Jahr	2002 (Aufl.: 50)
Packung	Plastikschachtel
Vorbild	MB Axor Auflieger
Sonst.	
Molter Nr.	6110

Bärenbräu	18 €
Hersteller	Amon
Jahr	2002 (Aufl.: 100)
Packung	Plastikschachtel
Vorbild	MB Axor Auflieger
Sonst.	
Molter Nr.	6111

Bärenbräu	20 €
Hersteller	Amon
Jahr	2002 (Aufl.: 50)
Packung	Plastikschachtel
Vorbild	Scania 124L Tankzug
Sonst.	
Molter Nr.	6112

Bärenbräu	15 €
Hersteller	Amon
Jahr	2002 (Aufl.: 100)
Packung	Plastikschachtel
Vorbild	MB Actros Auflieger
Sonst.	
Molter Nr.	6113

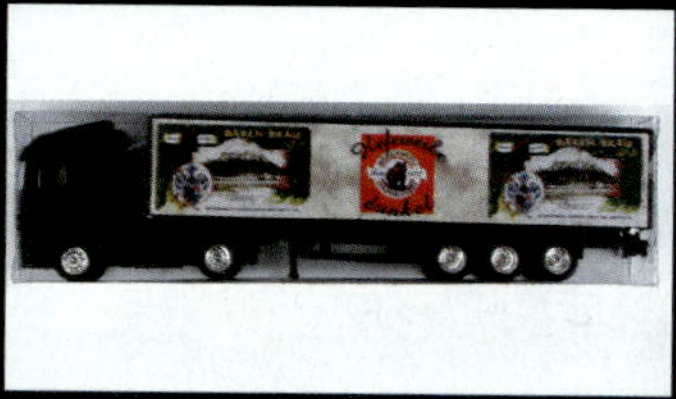

Bärenbräu	15 €
Hersteller	Amon
Jahr	2002 (Aufl.: 100)
Packung	Plastikschachtel
Vorbild	Renault Tankzug
Sonst.	
Molter Nr.	6114

Bärenbräu — 12 €

Hersteller	Amon
Jahr	2002 (Aufl.: 300)
Packung	Plastikschachtel
Vorbild	MB Actros Auflieger
Sonst.	
Molter Nr.	6229

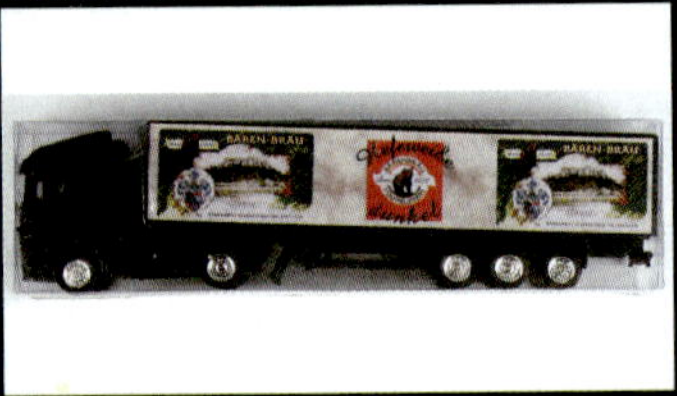

Bärenbräu — 12 €

Hersteller	Amon
Jahr	2002 (Aufl.: 300)
Packung	Plastikschachtel
Vorbild	MB Actros Auflieger
Sonst.	
Molter Nr.	6230

Bärensteiner — 18 €

Hersteller	Grell
Jahr	1998
Packung	Blister
Vorbild	Mack Auflieger
Sonst.	
Molter Nr.	124

Bärensteiner — 18 €

Hersteller	Grell
Jahr	1998
Packung	Blister
Vorbild	Mack Auflieger
Sonst.	
Molter Nr.	125

Bärensteiner — 15 €

Hersteller	Grell
Jahr	1999
Packung	Blister
Vorbild	MB Actros Auflieger
Sonst.	
Molter Nr.	126

Bärensteiner	15 €
Hersteller	Grell
Jahr	1999
Packung	Blister
Vorbild	MB Actros LKW
Sonst.	
Molter Nr.	127

Bärensteiner	10 €
Hersteller	Hümmer
Jahr	2000
Packung	Blister
Vorbild	MB Actros LKW
Sonst.	
Molter Nr.	292

Bärensteiner	10 €
Hersteller	Grell
Jahr	2000
Packung	Blister
Vorbild	MB Actros Hängerzug
Sonst.	einzeln verpackt
Molter Nr.	128

Bärensteiner	10 €
Hersteller	Grell
Jahr	2000
Packung	Blister
Vorbild	MB Actros Hängerzug
Sonst.	
Molter Nr.	129

Bärensteiner	10 €
Hersteller	Grell
Jahr	2001
Packung	Blister
Vorbild	Ford 9000 Auflieger
Sonst.	
Molter Nr.	2278

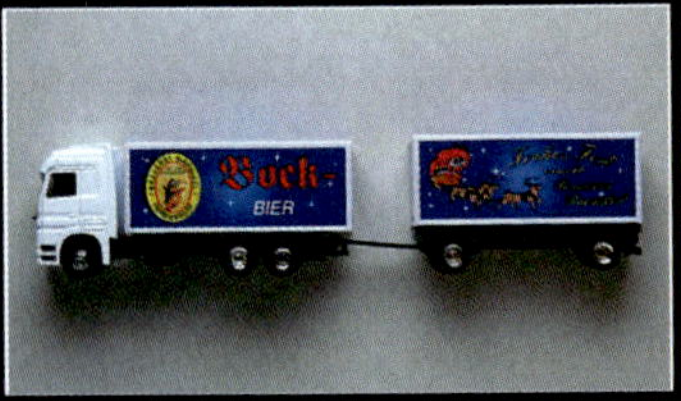

Barnikel	15 €
Hersteller	Amon
Jahr	2001 (Aufl.: 100)
Packung	Plastikschachtel
Vorbild	MB Actros Hängerzug
Sonst.	
Molter Nr.	2282

Barnikel	15 €
Hersteller	Amon
Jahr	2002 (Aufl.: 100)
Packung	Plastikschachtel
Vorbild	MAN TG-A Auflieger
Sonst.	
Molter Nr.	6049

Barnikel	15 €
Hersteller	Amon
Jahr	2002 (Aufl.: 100)
Packung	Plastikschachtel
Vorbild	MAN TG-A Auflieger
Sonst.	
Molter Nr.	6050

Barnikel	12 €
Hersteller	Amon
Jahr	2002 (Aufl.: 200)
Packung	Plastikschachtel
Vorbild	MAN TG-A Auflieger
Sonst.	
Molter Nr.	6072

Barnikel	20 €
Hersteller	Amon
Jahr	2002 (Aufl.: 50)
Packung	Plastikschachtel
Vorbild	MB Actros Auflieger
Sonst.	
Molter Nr.	6099

Barnikel 12 €

Hersteller	Amon
Jahr	2002 (Aufl.: 200)
Packung	Plastikschachtel
Vorbild	Volvo Auflieger
Sonst.	
Molter Nr.	6172

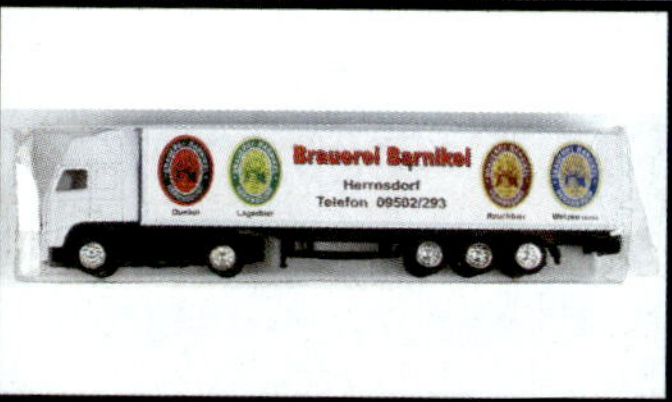

Barnikel 12 €

Hersteller	Amon
Jahr	2002 (Aufl.: 200)
Packung	Plastikschachtel
Vorbild	Volvo Auflieger
Sonst.	
Molter Nr.	6173

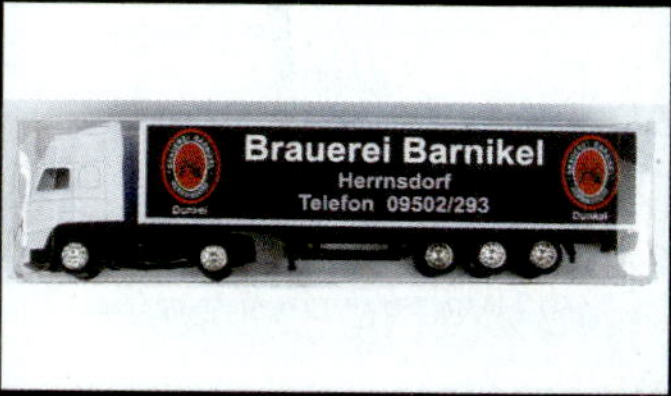

Barnikel 15 €

Hersteller	Amon
Jahr	2002 (Aufl.: 100)
Packung	Plastikschachtel
Vorbild	MAN TG-A Auflieger
Sonst.	
Molter Nr.	6191

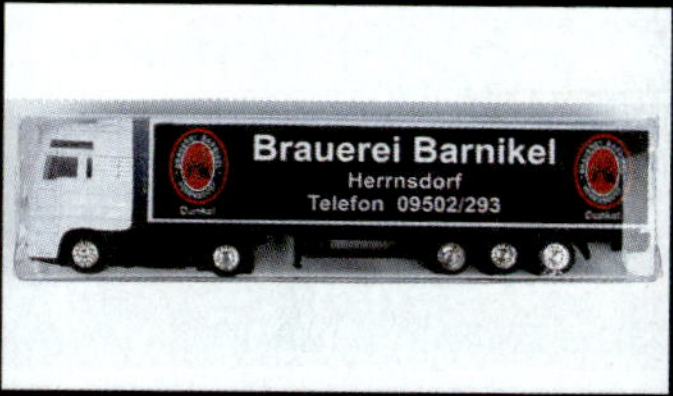

Barnikel 15 €

Hersteller	Amon
Jahr	2002 (Aufl.: 100)
Packung	Plastikschachtel
Vorbild	MAN TG-A Auflieger
Sonst.	
Molter Nr.	6210

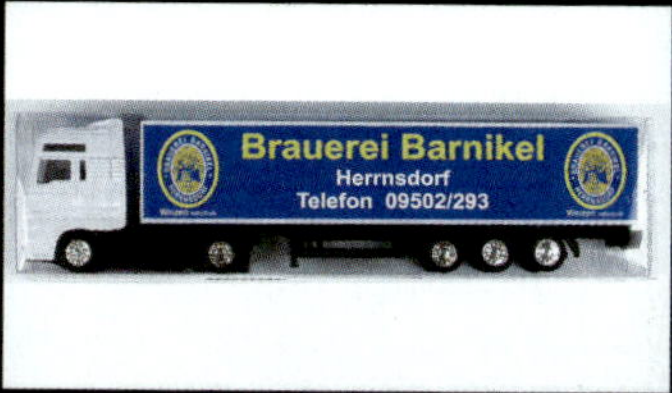

Baron 12 €

Hersteller	Grell
Jahr	2000
Packung	Blister
Vorbild	MB Actros Auflieger
Sonst.	
Molter Nr.	130

Baron — 12 €

Hersteller	Grell
Jahr	2000
Packung	Blister
Vorbild	MB Actros Auflieger
Sonst.	
Molter Nr.	131

Baron — 12 €

Hersteller	Grell
Jahr	2000
Packung	Blister
Vorbild	MB Actros Auflieger
Sonst.	
Molter Nr.	3948

Baronka — 8 €

Hersteller	WMS
Jahr	2002
Packung	Blister
Vorbild	Volvo Tankzug
Sonst.	
Molter Nr.	5112

Barre Bräu — 15 €

Hersteller	Müller Chemnitz
Jahr	
Packung	Plastikschachtel
Vorbild	Mack Auflieger
Sonst.	
Molter Nr.	6437

Barre Bräu — 12 €

Hersteller	Grell
Jahr	2000
Packung	Blister
Vorbild	MB Actros Auflieger
Sonst.	
Molter Nr.	132

Barre Bräu — 10 €

Hersteller	
Jahr	2001
Packung	Blister
Vorbild	Büssing Hängerzug
Sonst.	
Molter Nr.	2281

Barre Bräu — 8 €

Hersteller	Grell
Jahr	2002
Packung	Blister
Vorbild	MAN TG-A Tankzug
Sonst.	
Molter Nr.	4799

Barre Bräu — 10 €

Hersteller	Grell
Jahr	2002
Packung	Blister
Vorbild	MAN TG-A Auflieger
Sonst.	mit goldener Flasche
Molter Nr.	5076

Bauer Bier — 15 €

Hersteller	Lauterbach
Jahr	2002
Packung	Blister
Vorbild	MAN M2000 Auflieger
Sonst.	
Molter Nr.	4536

Bauer Fruchtsaft — 15 €

Hersteller	Gack
Jahr	1999
Packung	Blister
Vorbild	MB Actros Auflieger
Sonst.	ohne Logo BUGA 2001
Molter Nr.	134

Bauer Fruchtsaft 9 €

Hersteller	Hümmer
Jahr	2001
Packung	Blister
Vorbild	MB Actros Auflieger
Sonst.	m. Logo BUGA 2001
Molter Nr.	7369

Bauer Fruchtsaft 10 €

Hersteller	dgd
Jahr	2002
Packung	Blister
Vorbild	MB Actros Auflieger
Sonst.	
Molter Nr.	4791

Baumgartner 40 €

Hersteller	Grell
Jahr	2000
Packung	Blister
Vorbild	Mack Auflieger
Sonst.	
Molter Nr.	135

Baumgartner 40 €

Hersteller	Grell
Jahr	1999
Packung	Blister
Vorbild	Mack Auflieger
Sonst.	
Molter Nr.	1614

Bavaria Bier 100 €

Hersteller	
Jahr	
Packung	Plastikschachtel
Vorbild	DAF 95 XF Hängerzug
Sonst.	
Molter Nr.	6455

B

Bavaria-Bräu 15 €

Hersteller	Amon
Jahr	2002 (Aufl.: 200)
Packung	Plastikschachtel
Vorbild	MAN TG-A Auflieger
Sonst.	
Molter Nr.	6121

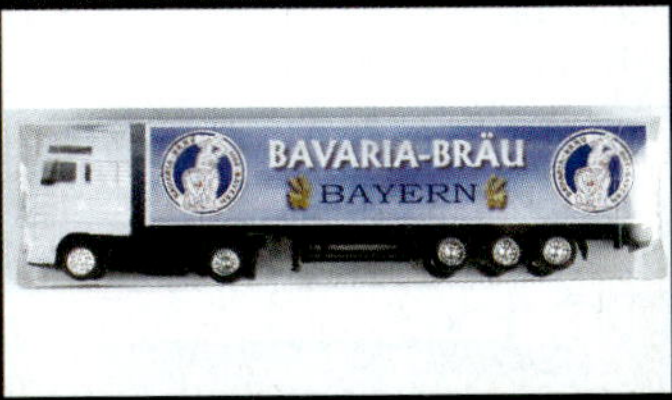

Bayerischer Hof Grünbach 12 €

Hersteller	Grell
Jahr	1999 (Aufl.: 2500)
Packung	Blister
Vorbild	MB Actros Hängerzug
Sonst.	
Molter Nr.	133

Bayerischer Hof Grünbach 10 €

Hersteller	Grell
Jahr	2001
Packung	Blister
Vorbild	Ford Oldtimer
Sonst.	
Molter Nr.	2279

Bayerischer Hof Grünbach 11 €

Hersteller	Grell
Jahr	2001
Packung	Blister
Vorbild	IFA W50 Hängerzug
Sonst.	
Molter Nr.	2280

Bayla 12 €

Hersteller	Gack
Jahr	1998
Packung	Blister
Vorbild	MB Actros Auflieger
Sonst.	
Molter Nr.	136

B

Bayla	10 €
Hersteller	Grell
Jahr	1999
Packung	Blister
Vorbild	MB Actros Auflieger
Sonst.	
Molter Nr.	137

Bayla	20 €
Hersteller	Grell
Jahr	1999 (Aufl.: 1000)
Packung	Blister
Vorbild	MB Actros Auflieger
Sonst.	
Molter Nr.	138

Bayla	9 €
Hersteller	Tri Plex
Jahr	2000
Packung	Blister
Vorbild	Volvo Auflieger
Sonst.	
Molter Nr.	139

Bayla	8 €
Hersteller	Grell
Jahr	2001
Packung	Blister
Vorbild	Ford 9000 Auflieger
Sonst.	
Molter Nr.	2283

Bayla	8 €
Hersteller	Grell
Jahr	2001
Packung	Blister
Vorbild	Ford 9000 Auflieger
Sonst.	
Molter Nr.	4047

Bayla	8 €
Hersteller	Top Style
Jahr	2002
Packung	Blister
Vorbild	MB Actros Tanker
Sonst.	
Molter Nr.	7487

Bayla	8 €
Hersteller	Top Style
Jahr	2003
Packung	Blister
Vorbild	MB Actros Tanker
Sonst.	
Molter Nr.	7486

Bayreuther Bierbrauerei	15 €
Hersteller	Grell
Jahr	1999
Packung	Blister
Vorbild	MB Actros Auflieger
Sonst.	
Molter Nr.	50

Bayreuther Bierbrauerei	12 €
Hersteller	Grell
Jahr	2000
Packung	Blister
Vorbild	MB Actros Auflieger
Sonst.	
Molter Nr.	51

Bayreuther Bierbrauerei	15 €
Hersteller	Grell
Jahr	2000
Packung	Blister
Vorbild	MB Actros Auflieger
Sonst.	Zwick´l
Molter Nr.	2086

B

Bayreuther Bierbrauerei	12 €
Hersteller	Grell
Jahr	2000
Packung	Blister
Vorbild	MB Actros Auflieger
Sonst.	Herzog Radler
Molter Nr.	52

Bayreuther Bierbrauerei	12 €
Hersteller	Grell
Jahr	2000
Packung	Blister
Vorbild	Ford 9000 Auflieger
Sonst.	
Molter Nr.	53

Bayreuther Bierbrauerei	10 €
Hersteller	Grell
Jahr	2001
Packung	Blister
Vorbild	Scania Auflieger
Sonst.	
Molter Nr.	2195

Bayreuther Bierbrauerei	9 €
Hersteller	Grell
Jahr	2001
Packung	Blister
Vorbild	Freightliner FLD Auflieger
Sonst.	Aktien Hell
Molter Nr.	2196

Bayreuther Bierbrauerei	8 €
Hersteller	Vierke
Jahr	2001
Packung	Blister
Vorbild	Krupp Mustang Hängerzug
Sonst.	Zwick´l
Molter Nr.	3939

Bayreuther Bierbrauerei 30 €

Hersteller	Brauerei
Jahr	2001 (Aufl.: 222)
Packung	Blister
Vorbild	Ford 9000 Auflieger
Sonst.	Gator Party
Molter Nr.	4481

Bayreuther Bierbrauerei 9 €

Hersteller	Grell
Jahr	2001
Packung	Blister
Vorbild	MAN TG-A Tankzug
Sonst.	
Molter Nr.	2198

Bayreuther Bierbrauerei 8 €

Hersteller	Grell
Jahr	2002
Packung	Blister
Vorbild	Renault Tankzug
Sonst.	
Molter Nr.	8001

Bayreuther Bierbrauerei 8 €

Hersteller	Grell
Jahr	2002
Packung	Blister
Vorbild	Büssing Hängerzug
Sonst.	
Molter Nr.	7349

Bayreuther Bierbrauerei 8 €

Hersteller	Grell
Jahr	2002
Packung	Blister
Vorbild	Freightliner FLD Auflieger
Sonst.	Aktien Hell
Molter Nr.	5831

Bayreuther Bierbrauerei	8 €
Hersteller	Grell
Jahr	2002
Packung	Blister
Vorbild	MB Atego Hängerzug
Sonst.	Aktien Original, Schankwgn
Molter Nr.	7194

Bayreuther Bierbrauerei	8 €
Hersteller	Grell
Jahr	2002
Packung	Blister
Vorbild	Ford 9000 Auflieger
Sonst.	
Molter Nr.	5356

Bayreuther Bierbrauerei	8 €
Hersteller	Grell
Jahr	2003
Packung	Blister
Vorbild	Freightliner FLD Tanker
Sonst.	mit Container
Molter Nr.	6987

Bayreuther Bierbrauerei	8 €
Hersteller	Grell
Jahr	2003
Packung	Blister
Vorbild	Magirus LKW
Sonst.	
Molter Nr.	8024

Becher Bräu	25 €
Hersteller	Müller Chemnitz
Jahr	
Packung	Plastikschachtel
Vorbild	Mack Auflieger
Sonst.	runde Schrift, Sternfelgen
Molter Nr.	140

B

Becher Bräu 25 €

Hersteller	Müller Chemnitz
Jahr	
Packung	Plastikschachtel
Vorbild	Mack Auflieger
Sonst.	runde Schrift, neue Felgen
Molter Nr.	141

Becher Bräu 25 €

Hersteller	Müller Chemnitz
Jahr	
Packung	Plastikschachtel
Vorbild	MB groß Auflieger
Sonst.	Sternfelgen, 4 Achsen
Molter Nr.	142

Becher Bräu 25 €

Hersteller	Müller Chemnitz
Jahr	
Packung	Plastikschachtel
Vorbild	Volvo Auflieger
Sonst.	eckige Schrift, 5 Achsen
Molter Nr.	143

Becher Bräu 25 €

Hersteller	Müller Chemnitz
Jahr	
Packung	Plastikschachtel
Vorbild	Mack Auflieger
Sonst.	eckige Schrift, 5 Achsen
Molter Nr.	144

Becher Bräu 20 €

Hersteller	Müller Chemnitz
Jahr	1999
Packung	Plastikschachtel
Vorbild	MB groß Auflieger
Sonst.	eckige Schrift, 4 Achsen
Molter Nr.	145

B

Becher Bräu — 20 €

Hersteller	Müller Chemnitz
Jahr	1999
Packung	Plastikschachtel
Vorbild	Majorette Auflieger
Sonst.	eckige Schrift
Molter Nr.	146

Becher Bräu — 20 €

Hersteller	Müller Chemnitz
Jahr	1999
Packung	Plastikschachtel
Vorbild	Volvo Auflieger
Sonst.	
Molter Nr.	147

Becher Bräu — 15 €

Hersteller	Allround Service
Jahr	2000
Packung	Plastikschachtel
Vorbild	Ford Cargo LKW
Sonst.	
Molter Nr.	148

Becher Bräu — 15 €

Hersteller	Allround Service
Jahr	2000
Packung	Plastikschachtel
Vorbild	MB Actros LKW
Sonst.	
Molter Nr.	149

Becher Bräu — 12 €

Hersteller	Allround Service
Jahr	2000
Packung	Plastikschachtel
Vorbild	Kenworth T2000 Auflieger
Sonst.	
Molter Nr.	150

Becher Bräu 15 €

Hersteller	Allround Service
Jahr	2000
Packung	Plastikschachtel
Vorbild	IFA W50 Hängerzug
Sonst.	
Molter Nr.	151

Becher Bräu 12 €

Hersteller	Müller Chemnitz
Jahr	2002
Packung	Plastikschachtel
Vorbild	Majorette Auflieger
Sonst.	
Molter Nr.	5186

Becher Bräu 12 €

Hersteller	Müller Chemnitz
Jahr	2002
Packung	Plastikschachtel
Vorbild	Majorette Auflieger
Sonst.	
Molter Nr.	5188

Becher Bräu 12 €

Hersteller	Müller Chemnitz
Jahr	2002
Packung	Plastikschachtel
Vorbild	Majorette Auflieger
Sonst.	runde Schrift
Molter Nr.	5189

Becher Bräu 10 €

Hersteller	Müller Chemnitz
Jahr	2002
Packung	Plastikschachtel
Vorbild	Majorette Auflieger
Sonst.	
Molter Nr.	5206

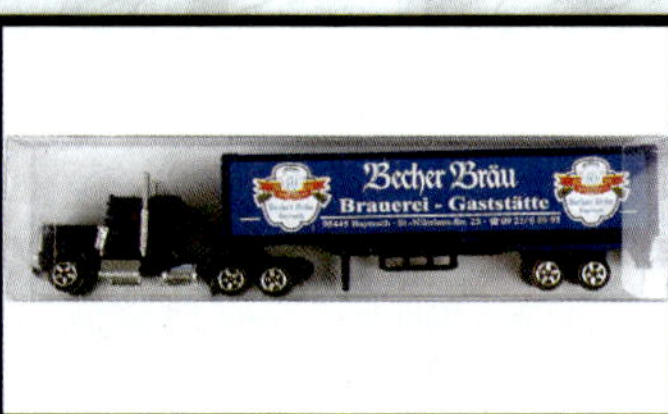

Becher Bräu — 8 €

Hersteller	Müller Chemnitz
Jahr	
Packung	?
Vorbild	Majorette Auflieger
Sonst.	
Molter Nr.	5210

Becher Bräu — 20 €

Hersteller	
Jahr	
Packung	Plastikschachtel
Vorbild	Volvo Auflieger
Sonst.	
Molter Nr.	6449

Beck´s — 30 €

Hersteller	
Jahr	
Packung	Plastikschachtel
Vorbild	Volvo Auflieger
Sonst.	
Molter Nr.	6450

Beck´s — 10 €

Hersteller	
Jahr	2000
Packung	Plastikschachtel
Vorbild	MB groß Auflieger
Sonst.	
Molter Nr.	155

Beck´s — 20 €

Hersteller	
Jahr	2000
Packung	Plastikschachtel
Vorbild	MB groß Auflieger
Sonst.	
Molter Nr.	154

B

Beck´s — 18 €

Hersteller	
Jahr	2001
Packung	Plastikschachtel
Vorbild	MB groß Auflieger
Sonst.	
Molter Nr.	2284

Beck´s — 80 €

Hersteller	
Jahr	2001
Packung	Plastikschachtel
Vorbild	MB groß Auflieger
Sonst.	mit Zertifikat
Molter Nr.	2285

Beck´s — 10 €

Hersteller	Zankel GmbH
Jahr	2002
Packung	Blister
Vorbild	MB Actros Auflieger
Sonst.	
Molter Nr.	5464

Beck´s — 70 €

Hersteller	
Jahr	2003 (Aufl.: 3000)
Packung	Papschachttel
Vorbild	MB Actros Auflieger
Sonst.	
Molter Nr.	6385

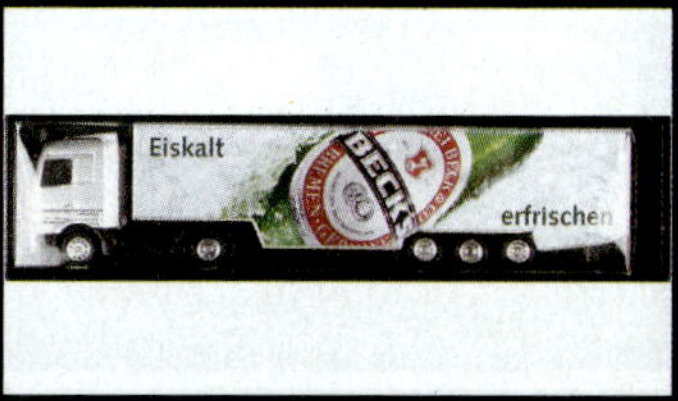

Beck-Bräu — 8 €

Hersteller	Top-Style
Jahr	2002
Packung	Blister
Vorbild	MB Actros Hängerzug
Sonst.	
Molter Nr.	5765

Becker´s Bester — 20 €

Hersteller	
Jahr	
Packung	Plastikschachtel
Vorbild	Ford Cargo Hängerzug
Sonst.	
Molter Nr.	153

Beerfelder — 150 €

Hersteller	
Jahr	
Packung	Plastikschachtel
Vorbild	US Auflieger
Sonst.	
Molter Nr.	6423

Behn Getränke — 10 €

Hersteller	Hümmer
Jahr	2001
Packung	Blister
Vorbild	MB Actros Hängerzug
Sonst.	
Molter Nr.	3965

Behn Getränke — 10 €

Hersteller	Grell
Jahr	2002
Packung	Blister
Vorbild	Scania Auflieger
Sonst.	
Molter Nr.	5532

Beli — 8 €

Hersteller	dgd
Jahr	2002
Packung	Blister
Vorbild	MAN TG-A Auflieger
Sonst.	
Molter Nr.	5145

Beli — 8 €

Hersteller	dgd
Jahr	2002
Packung	Blister
Vorbild	DAF 95 XF Auflieger
Sonst.	
Molter Nr.	5609

Bellheimer — 40 €

Hersteller	Hümmer
Jahr	
Packung	Blister
Vorbild	US Auflieger
Sonst.	ohne Rand
Molter Nr.	156

Bellheimer — 50 €

Hersteller	Hümmer
Jahr	
Packung	Plastikschachtel
Vorbild	US Auflieger
Sonst.	
Molter Nr.	157

Bellheimer — 40 €

Hersteller	Hümmer
Jahr	
Packung	Blister
Vorbild	US Auflieger
Sonst.	mit Rand
Molter Nr.	158

Bellheimer — 10 €

Hersteller	Hümmer
Jahr	2000
Packung	Blister
Vorbild	MB Actros Auflieger
Sonst.	grüner Balken
Molter Nr.	159

B

Bellheimer — 10 €

Hersteller	Hümmer
Jahr	2000
Packung	Blister
Vorbild	MB Actros Auflieger
Sonst.	roter Balken
Molter Nr.	2286

Bellheimer — 8 €

Hersteller	Grell
Jahr	2001
Packung	Blister
Vorbild	Freightliner FLD Auflieger
Sonst.	
Molter Nr.	2287

Bellheimer — 8 €

Hersteller	Grell
Jahr	2002
Packung	Blister
Vorbild	Büssing Hängerzug
Sonst.	
Molter Nr.	4889

Belzebuth — 15 €

Hersteller	Müller Chemnitz
Jahr	1999
Packung	Plastikschachtel
Vorbild	Mack Auflieger
Sonst.	
Molter Nr.	160

Berentzen — 8 €

Hersteller	
Jahr	2003
Packung	Plastikschachtel
Vorbild	MB Actros Auflieger
Sonst.	
Molter Nr.	6678

Berg Quelle — 8 €

Hersteller	dgd
Jahr	2003
Packung	Blister
Vorbild	Scania 164L Hängerzug
Sonst.	
Molter Nr.	6852

Bergbräu Haffner — 60 €

Hersteller	Hümmer
Jahr	
Packung	Plastikschachtel
Vorbild	MB groß Auflieger
Sonst.	
Molter Nr.	166

Bergbräu Haffner — 30 €

Hersteller	Hümmer
Jahr	
Packung	Plastikschachtel
Vorbild	MAN F90 LKW
Sonst.	
Molter Nr.	167

Bergbräu Haffner — 8 €

Hersteller	Grell
Jahr	2002
Packung	Blister
Vorbild	MB Atego LKW
Sonst.	
Molter Nr.	4587

Bergbrauerei — 35 €

Hersteller	Hümmer
Jahr	1999 (Aufl.: 800)
Packung	Blister
Vorbild	Ford Oldtimer
Sonst.	
Molter Nr.	180

B

Bergbrauerei — 25 €

Hersteller	Hümmer
Jahr	2000
Packung	Blister
Vorbild	Ford Oldtimer
Sonst.	
Molter Nr.	179

Bergbrauerei — 15 €

Hersteller	Grell
Jahr	2001
Packung	Blister
Vorbild	Ford Oldtimer
Sonst.	
Molter Nr.	2294

Bergbrauerei — 10 €

Hersteller	Grell
Jahr	2002
Packung	Blister
Vorbild	Ford A Oldtimer
Sonst.	
Molter Nr.	7370

Bergbrauerei — 9 €

Hersteller	Grell
Jahr	2002
Packung	Blister
Vorbild	Mini
Sonst.	
Molter Nr.	5458

Berghammer Brauerei — 8 €

Hersteller	Hümmer
Jahr	2002
Packung	Blister
Vorbild	MAN TG-A Flaschenauflieger
Sonst.	
Molter Nr.	7371

B

Berliner Brauereien — 8 €

Hersteller	Grell
Jahr	2003 (Aufl.: 2500)
Packung	Blister
Vorbild	Krupp Mustang Hängerzug
Sonst.	Modell Nr. 43
Molter Nr.	7297

Berliner Bürgerbräu — 18 €

Hersteller	dgd
Jahr	1999
Packung	Blister
Vorbild	US Auflieger
Sonst.	
Molter Nr.	168

Berliner Bürgerbräu — 12 €

Hersteller	dgd
Jahr	2001
Packung	Blister
Vorbild	US Auflieger
Sonst.	
Molter Nr.	2293

Berliner Kindl — 15 €

Hersteller	Hümmer
Jahr	1999
Packung	Blister
Vorbild	MAN F90 Hängerzug
Sonst.	
Molter Nr.	170

Berliner Kindl — LHP €

Hersteller	
Jahr	
Packung	Plastikschachtel
Vorbild	MB Actros Auflieger
Sonst.	
Molter Nr.	3156

B

Berliner Kindl	15 €
Hersteller	Hümmer
Jahr	1999
Packung	Blister
Vorbild	MB Actros Auflieger
Sonst.	
Molter Nr.	169

Berliner Kindl	12 €
Hersteller	Hümmer
Jahr	2000
Packung	Blister
Vorbild	MB Oldtimer Hängerzug
Sonst.	
Molter Nr.	171

Berliner Kindl	10 €
Hersteller	Vierke Marketing
Jahr	2000
Packung	Blister
Vorbild	Ford Cargo Hängerzug
Sonst.	
Molter Nr.	172

Berliner Kindl	9 €
Hersteller	dgd
Jahr	2001
Packung	Blister
Vorbild	MB Actros Hängerzug
Sonst.	
Molter Nr.	2296

Berliner Kindl	8 €
Hersteller	dgd
Jahr	2001
Packung	Blister
Vorbild	Scania Auflieger
Sonst.	
Molter Nr.	2299

B

Berliner Kindl	8 €
Hersteller	Vierke
Jahr	2001
Packung	Blister
Vorbild	Mack Auflieger
Sonst.	
Molter Nr.	4448

Berliner Kindl	8 €
Hersteller	
Jahr	2002
Packung	Blister
Vorbild	DAF 95 XF Tankzug
Sonst.	
Molter Nr.	5169

Berliner Kindl	8 €
Hersteller	
Jahr	2002
Packung	Blister
Vorbild	Iveco Auflieger
Sonst.	mit Flasche
Molter Nr.	5487

Berliner Kindl	8 €
Hersteller	Eurosun
Jahr	2003
Packung	Blister
Vorbild	MB L 322 Hängerzug
Sonst.	
Molter Nr.	7685

Berliner Pilsner	60 €
Hersteller	Grell
Jahr	1997
Packung	Blister
Vorbild	Mack Auflieger
Sonst.	Siebdruck
Molter Nr.	174

Berliner Pilsner	30 €
Hersteller	Grell
Jahr	1998
Packung	Blister
Vorbild	Mack Auflieger
Sonst.	
Molter Nr.	175

Berliner Pilsner	15 €
Hersteller	Grell
Jahr	1999
Packung	Blister
Vorbild	MB Actros Auflieger
Sonst.	
Molter Nr.	176

Berliner Pilsner	12 €
Hersteller	Grell
Jahr	2000
Packung	Blister
Vorbild	MB Actros Hängerzug
Sonst.	Silberne Felgen
Molter Nr.	177

Berliner Pilsner	9 €
Hersteller	Grell
Jahr	2000
Packung	Blister
Vorbild	MB Actros Hängerzug
Sonst.	Goldene Felgen
Molter Nr.	2297

Berliner Pilsner	8 €
Hersteller	Grell
Jahr	2001
Packung	Blister
Vorbild	MB Actros Auflieger
Sonst.	
Molter Nr.	2301

Berliner Pilsner — 8 €

Hersteller	Grell
Jahr	2002
Packung	Blister
Vorbild	Ford 9000 Auflieger
Sonst.	
Molter Nr.	4861

Berliner Pilsner — 8 €

Hersteller	Groll
Jahr	2002
Packung	Blister
Vorbild	Scania Tankzug
Sonst.	
Molter Nr.	4702

Berliner Pilsner — 12 €

Hersteller	Grell
Jahr	2002 (Aufl.: 1000)
Packung	Blister
Vorbild	MB Actros Auflieger
Sonst.	Eisbären Berlin
Molter Nr.	5249

Berliner Pilsner — 8 €

Hersteller	Grell
Jahr	2002
Packung	Blister
Vorbild	MB Axor Auflieger
Sonst.	
Molter Nr.	5448

Berliner Pilsner — 10 €

Hersteller	Grell
Jahr	2002
Packung	Blister
Vorbild	DAF 95 XF Auflieger
Sonst.	15 Jahre die Aerzte/Netto
Molter Nr.	4542

B

Berliner Pilsner — 8 €

Hersteller	Grell
Jahr	2002
Packung	Blister
Vorbild	MB Travego Bus
Sonst.	
Molter Nr.	7372

Berliner Pilsner — 12 €

Hersteller	Grell
Jahr	2002 (Aufl.: 1000)
Packung	Blister
Vorbild	MB Actros Auflieger
Sonst.	1.FC Union
Molter Nr.	6000

Berliner Pilsner — 12 €

Hersteller	Grell
Jahr	2003 (Aufl.: 1000)
Packung	Blister
Vorbild	MB Actros Auflieger
Sonst.	Unionsfieber
Molter Nr.	7186

Berliner Pilsner — 10 €

Hersteller	Grell
Jahr	2003
Packung	Blister
Vorbild	Ford 9000 LKW mit Hänger
Sonst.	mit Herz
Molter Nr.	7497

Bernadett Brunnen — 9 €

Hersteller	Hümmer
Jahr	2001
Packung	Blister
Vorbild	MB Actros LKW
Sonst.	
Molter Nr.	2302

B

Bernhardt Getränke — 8 €

Hersteller	Grell
Jahr	1999
Packung	Blister
Vorbild	Mack Auflieger
Sonst.	
Molter Nr.	1541

Bernhardt Getränke — 8 €

Hersteller	Grell
Jahr	1999
Packung	Blister
Vorbild	Mack Auflieger
Sonst.	
Molter Nr.	1542

Bernhardt Getränke — 8 €

Hersteller	Grell
Jahr	1999
Packung	Blister
Vorbild	Mack Auflieger
Sonst.	
Molter Nr.	1543

Bernhardt Getränke — 8 €

Hersteller	
Jahr	2001
Packung	Plastikschachtel
Vorbild	MB Actros Hängerzug
Sonst.	
Molter Nr.	3990

Beru — 8 €

Hersteller	Vierke
Jahr	2002
Packung	Blister
Vorbild	MB Actros Hängerzug
Sonst.	
Molter Nr.	6234

Betz — 10 €

Hersteller	Müller Chemnitz
Jahr	
Packung	Plastikschachtel
Vorbild	Mack Auflieger
Sonst.	
Molter Nr.	178

Bilgram — 8 €

Hersteller	Hümmer
Jahr	2003
Packung	Blister
Vorbild	MB Actros Hängerzug
Sonst.	
Molter Nr.	7022

Binding Brauerei — 80 €

Hersteller	Hümmer
Jahr	
Packung	Plastikschachtel
Vorbild	US Auflieger
Sonst.	
Molter Nr.	181

Binding Brauerei — 35 €

Hersteller	Hümmer
Jahr	
Packung	Blister
Vorbild	US classic Auflieger
Sonst.	gelochte Felgen
Molter Nr.	7374

Binding Brauerei — 35 €

Hersteller	Hümmer
Jahr	1998
Packung	Blister
Vorbild	US Auflieger
Sonst.	Felgen 5-Loch
Molter Nr.	182

Binding Brauerei — 15 €

Hersteller	Hümmer
Jahr	1999
Packung	Blister
Vorbild	US Auflieger
Sonst.	Felgen Tiefbett
Molter Nr.	183

Binding Brauerei — 12 €

Hersteller	Hümmer
Jahr	2000
Packung	Blister
Vorbild	US Auflieger
Sonst.	
Molter Nr.	184

Binding Brauerei — 10 €

Hersteller	Hümmer
Jahr	2000
Packung	Blister
Vorbild	US Auflieger
Sonst.	
Molter Nr.	185

Binding Brauerei — 10 €

Hersteller	Hümmer
Jahr	2001
Packung	Blister
Vorbild	MB Actros Auflieger
Sonst.	
Molter Nr.	2304

Binding Brauerei — 9 €

Hersteller	
Jahr	2001
Packung	Blister
Vorbild	US Auflieger
Sonst.	Binding Lager
Molter Nr.	2305

Binding Brauerei — 8 €

Hersteller	Grell
Jahr	2002
Packung	Blister
Vorbild	Freightliner FLD Tankzug
Sonst.	Binding Lager
Molter Nr.	4830

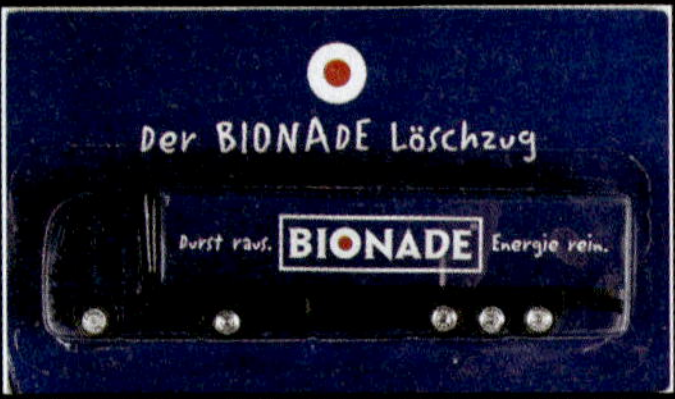

Bionade — 8 €

Hersteller	Bionade
Jahr	2002
Packung	Blister
Vorbild	MB Actros Auflieger
Sonst.	
Molter Nr.	4843

Birresborner — 9 €

Hersteller	Hümmer
Jahr	2001
Packung	Blister
Vorbild	MB Actros Auflieger
Sonst.	
Molter Nr.	2306

Birresborner — 8 €

Hersteller	Hümmer
Jahr	2002
Packung	Blister
Vorbild	MB Actros Auflieger
Sonst.	
Molter Nr.	6635

Birresborner — 8 €

Hersteller	Hümmer
Jahr	2003
Packung	Blister
Vorbild	MB Actros Auflieger
Sonst.	Mit Flasche
Molter Nr.	7547

Bischoff — 30 €

Hersteller	Hümmer
Jahr	1997
Packung	Plastikschachtel
Vorbild	MAN F90 Hängerzug
Sonst.	
Molter Nr.	197

Bischoff — 18 €

Hersteller	Hümmer
Jahr	2000
Packung	Plastikschachtel
Vorbild	MB Actros Auflieger
Sonst.	
Molter Nr.	198

Bischofshof — 65 €

Hersteller	Hümmer
Jahr	1991
Packung	Blister
Vorbild	MB klein Auflieger
Sonst.	
Molter Nr.	194

Bischofshof — 55 €

Hersteller	Hümmer
Jahr	
Packung	Blister
Vorbild	MB klein Auflieger
Sonst.	
Molter Nr.	195

Bischofshof — 75 €

Hersteller	Hümmer
Jahr	
Packung	Blister
Vorbild	Doppeldeckerbus
Sonst.	
Molter Nr.	196

B

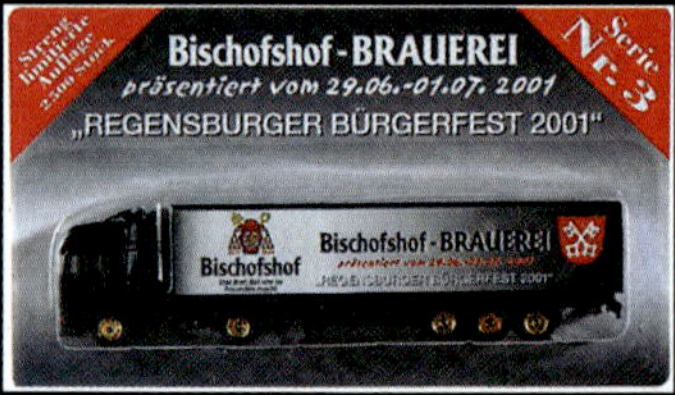

Bischofshof — 10 €

Hersteller	dgd
Jahr	2001
Packung	Blister
Vorbild	MAN F2000 Auflieger
Sonst.	
Molter Nr.	2311

Bischofshof — 8 €

Hersteller	Hümmer
Jahr	2002
Packung	Blister
Vorbild	MAN TG-A Tankzug
Sonst.	
Molter Nr.	5272

Bissinger — 9 €

Hersteller	Hümmer
Jahr	2001
Packung	Blister
Vorbild	MAN TG-A Auflieger
Sonst.	
Molter Nr.	4728

Bissinger — 8 €

Hersteller	Hümmer
Jahr	2001
Packung	Blister
Vorbild	MAN TG-A Auflieger
Sonst.	
Molter Nr.	4423

Bissinger — 8 €

Hersteller	dgd
Jahr	2002
Packung	Blister
Vorbild	MB Actros Hängerzug
Sonst.	
Molter Nr.	4670

Bitburger — 80 €

Hersteller	Grell
Jahr	1997
Packung	Blister
Vorbild	Mack Auflieger
Sonst.	
Molter Nr.	186

Bitburger — 60 €

Hersteller	Grell
Jahr	1998
Packung	Blister
Vorbild	Mack Auflieger
Sonst.	
Molter Nr.	187

Bitburger — 25 €

Hersteller	Grell
Jahr	1999
Packung	Blister
Vorbild	MB Actros Auflieger
Sonst.	
Molter Nr.	188

Bitburger — 18 €

Hersteller	Grell
Jahr	1999
Packung	Blister
Vorbild	MB Actros Auflieger
Sonst.	
Molter Nr.	189

Bitburger — 15 €

Hersteller	Grell
Jahr	1999
Packung	Blister
Vorbild	MB Actros Auflieger
Sonst.	
Molter Nr.	190

B

Bitburger	18 €
Hersteller	Grell
Jahr	2000
Packung	Blister
Vorbild	MB Actros Auflieger
Sonst.	
Molter Nr.	191

Bitburger	15 €
Hersteller	Grell
Jahr	2000
Packung	Blister
Vorbild	Ford 9000 Auflieger
Sonst.	
Molter Nr.	192

Bitburger	12 €
Hersteller	Grell
Jahr	2000
Packung	Blister
Vorbild	Ford 9000 Auflieger
Sonst.	
Molter Nr.	193

Bitburger	9 €
Hersteller	Grell
Jahr	2001
Packung	Blister
Vorbild	Ford 9000 Auflieger
Sonst.	
Molter Nr.	249

Bitburger	9 €
Hersteller	Grell
Jahr	2001
Packung	Blister
Vorbild	Freightliner FLD Auflieger
Sonst.	
Molter Nr.	2308

Bitburger	9 €
Hersteller	Grell
Jahr	2001
Packung	Blister
Vorbild	Freightliner FLD Auflieger
Sonst.	
Molter Nr.	2309

Bitburger	15 €
Hersteller	Grell
Jahr	2001
Packung	Blister
Vorbild	MB Actros LKW
Sonst.	
Molter Nr.	2310

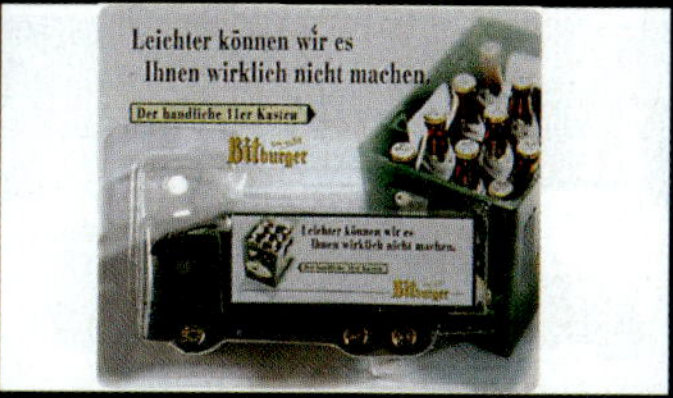

Bitburger	9 €
Hersteller	Grell
Jahr	2002
Packung	Blister
Vorbild	Bus
Sonst.	
Molter Nr.	4946

Bitburger	18 €
Hersteller	Pro-Innovation GmbH
Jahr	2002 (Aufl.: 2500)
Packung	Blister
Vorbild	MAN TG-A Auflieger
Sonst.	Greuther-Fuerth
Molter Nr.	4512

Bitburger	18 €
Hersteller	Pro-Innovation GmbH
Jahr	2002 (Aufl.: 2500)
Packung	Blister
Vorbild	MB Actros Auflieger
Sonst.	Greuther-Fuerth
Molter Nr.	4514

B

Bitburger	9 €
Hersteller	Grell
Jahr	2002
Packung	Blister
Vorbild	Freightliner FLD Auflieger
Sonst.	mit Schowbühne
Molter Nr.	5406

Bitburger	8 €
Hersteller	Grell
Jahr	2002
Packung	Blister
Vorbild	Freightliner FLD Auflieger
Sonst.	mit Schowbühne
Molter Nr.	5901

Bitburger	9 €
Hersteller	Grell
Jahr	2003
Packung	Blister
Vorbild	Freightliner FLD Roadtrain
Sonst.	
Molter Nr.	6510

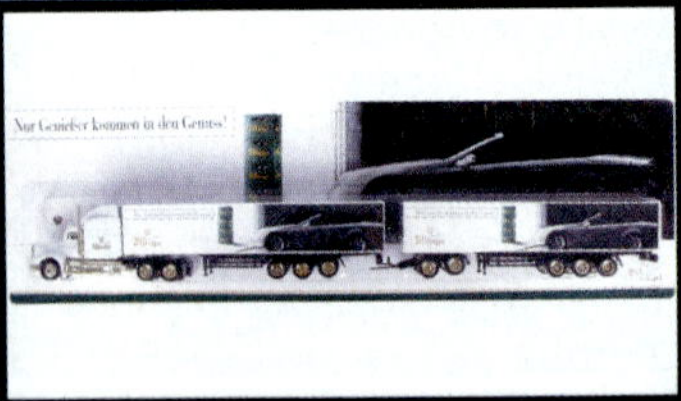

Bitburger	12 €
Hersteller	Grell
Jahr	2003
Packung	Blister
Vorbild	Freightliner FLD Roadtrain
Sonst.	
Molter Nr.	7841

Bitburger	12 €
Hersteller	Schuco
Jahr	2003
Packung	Pappschachtel
Vorbild	MB SL350
Sonst.	
Molter Nr.	7840

Bittenfelder — 8 €

Hersteller	Top-Style
Jahr	2001
Packung	Blister
Vorbild	MB Actros Hängerzug
Sonst.	
Molter Nr.	2312

Bizzl — 20 €

Hersteller	Hümmer
Jahr	1999
Packung	Blister
Vorbild	US Auflieger
Sonst.	mit Türen
Molter Nr.	199

Bizzl — 20 €

Hersteller	Hümmer
Jahr	1999
Packung	Blister
Vorbild	US Auflieger
Sonst.	ohne Türen
Molter Nr.	199a

Bizzl — 8 €

Hersteller	Hümmer
Jahr	2000
Packung	Blister
Vorbild	MB Actros LKW
Sonst.	
Molter Nr.	200

Blankenburger — 8 €

Hersteller	Lauterbach
Jahr	2001
Packung	Blister
Vorbild	MB Actros Auflieger
Sonst.	
Molter Nr.	2313

Blankenburger — 7 €

Hersteller	Hümmer
Jahr	2003
Packung	Blister
Vorbild	MB Actros Auflieger
Sonst.	mit Flasche
Molter Nr.	6485

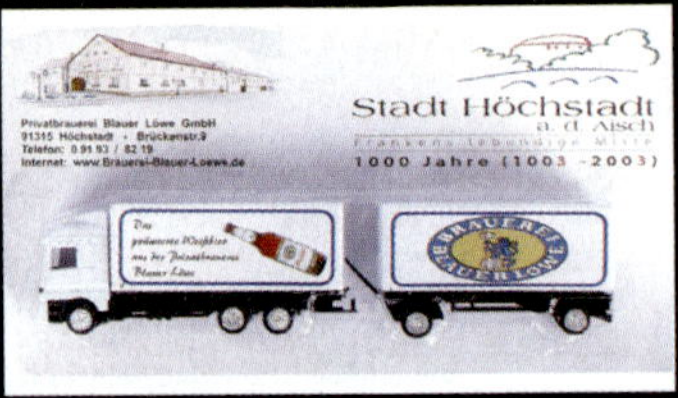

Blauer Löwe — 9 €

Hersteller	Eurosun
Jahr	2003 (Aufl.: 1500)
Packung	Blister
Vorbild	MB Actros Hängerzug
Sonst.	
Molter Nr.	7686

Blechschmidt — 8 €

Hersteller	Hümmer
Jahr	2002
Packung	Blister
Vorbild	MB Actros Auflieger
Sonst.	
Molter Nr.	5068

Blechschmidt — 8 €

Hersteller	Hümmer
Jahr	2002
Packung	Blister
Vorbild	MB Actros Auflieger
Sonst.	
Molter Nr.	5608

Blue Water — 10 €

Hersteller	MaHug
Jahr	2001 (Aufl.: 100)
Packung	Hülle
Vorbild	MAN Phoenix Tanker
Sonst.	
Molter Nr.	7375

B

Bluna	12 €
Hersteller	
Jahr	2000
Packung	Blister
Vorbild	MB Actros
Sonst.	
Molter Nr.	4443

Bluna	8 €
Hersteller	dgd
Jahr	2001
Packung	Blister
Vorbild	MAN F2000 Auflieger
Sonst.	
Molter Nr.	4046

Bluna	8 €
Hersteller	dgd
Jahr	2002
Packung	Blister
Vorbild	Scania 164 L Hängerzug
Sonst.	
Molter Nr.	4933

Bluna	8 €
Hersteller	dgd
Jahr	2002
Packung	Blister
Vorbild	VW Bus
Sonst.	
Molter Nr.	4642

Blutwurz	8 €
Hersteller	Grell
Jahr	2002
Packung	Blister
Vorbild	Ford 9000 Auflieger
Sonst.	
Molter Nr.	5170

B

Bock — 8 €

Hersteller	dgd
Jahr	2001
Packung	Blister
Vorbild	MAN Phönix Auflieger
Sonst.	
Molter Nr.	4051

Bock — 8 €

Hersteller	WMS
Jahr	2003
Packung	Blister
Vorbild	Volvo FH 16 Tanker
Sonst.	
Molter Nr.	7376

Bock — 8 €

Hersteller	WMS
Jahr	2002
Packung	Blister
Vorbild	Volvo Tankzug
Sonst.	
Molter Nr.	7100

Bock — 8 €

Hersteller	Grell
Jahr	2003
Packung	Blister
Vorbild	Freightliner FLD Auflieger
Sonst.	mit Dosen
Molter Nr.	7377

Bockauer — 8 €

Hersteller	Grell
Jahr	2001
Packung	Blister
Vorbild	MB Actros Auflieger
Sonst.	
Molter Nr.	3991

Böhmisch Brauhaus — 40 €

Hersteller	Gack
Jahr	1999
Packung	Blister
Vorbild	MAN F90 LKW
Sonst.	
Molter Nr.	201

Böhmisch Brauhaus — 20 €

Hersteller	Grell
Jahr	2000
Packung	Blister
Vorbild	MB Actros Auflieger
Sonst.	
Molter Nr.	202

Böhmisch Brauhaus — 15 €

Hersteller	Grell
Jahr	2001
Packung	Blister
Vorbild	MAN TG-A Auflieger
Sonst.	
Molter Nr.	4210

Boller — 8 €

Hersteller	dgd
Jahr	2002
Packung	Blister
Vorbild	Iveco LKW
Sonst.	
Molter Nr.	5449

Boltens — 25 €

Hersteller	Grell
Jahr	2000
Packung	Blister
Vorbild	Ford Oldtimer
Sonst.	
Molter Nr.	203

B

Boltens	12 €
Hersteller	Grell
Jahr	2001
Packung	Blister
Vorbild	Ford A Oldtimer
Sonst.	
Molter Nr.	7378

Boltens	12 €
Hersteller	Grell
Jahr	2001
Packung	Blister
Vorbild	Krupp Mustang Hängerzug
Sonst.	
Molter Nr.	2315

Bonaqua	8 €
Hersteller	dgd
Jahr	2002
Packung	Blister
Vorbild	MB Actros Auflieger
Sonst.	
Molter Nr.	4795

Borbecker	35 €
Hersteller	Grell
Jahr	2001
Packung	Blister
Vorbild	Ford Oldtimer
Sonst.	
Molter Nr.	2316

Borbecker	15 €
Hersteller	Grell
Jahr	2002
Packung	Blister
Vorbild	Ford Oldtimer
Sonst.	
Molter Nr.	4599

Bosch — 18 €

Hersteller	Grell
Jahr	2000
Packung	Blister
Vorbild	MB Actros Hängerzug
Sonst.	
Molter Nr.	205

Bosch — 10 €

Hersteller	Kamm
Jahr	2001
Packung	Blister
Vorbild	MAN F2000 Hängerzug
Sonst.	
Molter Nr.	5094

Bosch — 8 €

Hersteller	Eurosun
Jahr	2002
Packung	Blister
Vorbild	MAN F2000 Hängerzug
Sonst.	
Molter Nr.	4548

Bosch — 8 €

Hersteller	Kamm
Jahr	2002
Packung	Blister
Vorbild	MAN F2000 Hängerzug
Sonst.	
Molter Nr.	4627

Branik — 9 €

Hersteller	Lauterbach
Jahr	2001
Packung	Blister
Vorbild	DAF 95 XF Auflieger
Sonst.	
Molter Nr.	5159

B

Branik — 8 €

Hersteller	Lauterbach
Jahr	2002
Packung	Blister
Vorbild	Renault Tankzug
Sonst.	
Molter Nr.	4836

Branik — 8 €

Hersteller	Lauterbach
Jahr	2002
Packung	Blister
Vorbild	Scania 124L Auflieger
Sonst.	
Molter Nr.	5493

Bräuchle — 10 €

Hersteller	dgd
Jahr	2002 (Aufl.: 2500)
Packung	Blister
Vorbild	MB Actros Tankzug
Sonst.	
Molter Nr.	5647

Brauerei Herold — 15 €

Hersteller	Amon
Jahr	2002 (Aufl.: 100)
Packung	Plastikschachtel
Vorbild	MB Actros Hängerzug
Sonst.	
Molter Nr.	6046

Brauerei Herold — 15 €

Hersteller	Amon
Jahr	2002 (Aufl.: 100)
Packung	Plastikschachtel
Vorbild	MB Actros Hängerzug
Sonst.	
Molter Nr.	6047

Brauerei Herold — 15 €

Hersteller	Amon
Jahr	2002 (Aufl.: 100)
Packung	Plastikschachtel
Vorbild	MB Axor Auflieger
Sonst.	
Molter Nr.	6077

Brauerei Herold — 15 €

Hersteller	Amon
Jahr	2002 (Aufl.: 100)
Packung	Plastikschachtel
Vorbild	MB Actros Hängerzug
Sonst.	
Molter Nr.	6080

Brauerei Leuchtturm — 15 €

Hersteller	Amon
Jahr	2002 (Aufl.: 200)
Packung	Plastikschachtel
Vorbild	MB Actros Auflieger
Sonst.	
Molter Nr.	6178

Brauerei Mahr — 15 €

Hersteller	Amon
Jahr	2002 (Aufl.: 100)
Packung	Plastikschachtel
Vorbild	Renault Auflieger
Sonst.	
Molter Nr.	6145

Brauerei Mahr — 15 €

Hersteller	Amon
Jahr	2002 (Aufl.: 100)
Packung	Plastikschachtel
Vorbild	Renault Magnum Auflieger
Sonst.	
Molter Nr.	6147

Brauerei Senger — 15 €

Hersteller	Amon
Jahr	2001 (Aufl.: 200)
Packung	Plastikschachtel
Vorbild	MAN F2000 Hängerzug
Sonst.	
Molter Nr.	6081

Brauerei Stadter — 8 €

Hersteller	Grell
Jahr	2003
Packung	Blister
Vorbild	MB Actros LKW mit HZ
Sonst.	mit Flasche
Molter Nr.	7269

Brauerei und Brennerei Wolf — 10 €

Hersteller	Grell
Jahr	2001
Packung	Plastikschachtel
Vorbild	MAN F2000 Auflieger
Sonst.	
Molter Nr.	3887

Brauerei und Brennerei Wolf — 10 €

Hersteller	Amon
Jahr	2001
Packung	Plastikschachtel
Vorbild	MAN F2000 Auflieger
Sonst.	
Molter Nr.	3888

Brauerei und Brennerei Wolf — 10 €

Hersteller	Amon
Jahr	2001
Packung	Plastikschachtel
Vorbild	MAN F2000 Auflieger
Sonst.	
Molter Nr.	3889

Brauerei und Brennerei Wolf 10 €

Hersteller	Amon
Jahr	2001
Packung	Plastikschachtel
Vorbild	MAN F2000 Auflieger
Sonst.	
Molter Nr.	3890

Brauerei und Brennerei Wolf 10 €

Hersteller	Amon
Jahr	2001
Packung	Plastikschachtel
Vorbild	MB Actros Auflieger
Sonst.	
Molter Nr.	3891

Brauerei und Brennerei Wolf 10 €

Hersteller	Amon
Jahr	2001
Packung	Plastikschachtel
Vorbild	MB Actros Hängerzug
Sonst.	
Molter Nr.	3893

Brauerei und Brennerei Wolf 10 €

Hersteller	Amon
Jahr	2001
Packung	Plastikschachtel
Vorbild	MAN F2000 Auflieger
Sonst.	
Molter Nr.	3894

Brauerei und Brennerei Wolf 10 €

Hersteller	Amon
Jahr	2001 (Aufl.: 200)
Packung	Plastikschachtel
Vorbild	MAN TG-A Auflieger
Sonst.	
Molter Nr.	3895

B

Brauerei und Brennerei Wolf 10 €

Hersteller	Amon
Jahr	2001 (Aufl.: 200)
Packung	Plastikschachtel
Vorbild	MAN TG-A Auflieger
Sonst.	
Molter Nr.	3896

Brauerei und Brennerei Wolf 10 €

Hersteller	Amon
Jahr	2001
Packung	Plastikschachtel
Vorbild	MB Actros Auflieger
Sonst.	
Molter Nr.	3897

Brauerei und Brennerei Wolf 12 €

Hersteller	Amon
Jahr	2001
Packung	Plastikschachtel
Vorbild	MB Actros Auflieger
Sonst.	
Molter Nr.	3898

Brauerei und Brennerei Wolf 10 €

Hersteller	Amon
Jahr	2001 (Aufl.: 200)
Packung	Plastikschachtel
Vorbild	MB Actros Auflieger
Sonst.	
Molter Nr.	3899

Brauerei und Brennerei Wolf 10 €

Hersteller	Amon
Jahr	2001 (Aufl.: 200)
Packung	Plastikschachtel
Vorbild	MAN TG-A Auflieger
Sonst.	
Molter Nr.	3901

Brauerei und Brennerei Wolf 10 €

Hersteller	Amon
Jahr	2001 (Aufl.: 200)
Packung	Plastikschachtel
Vorbild	Mack Auflieger
Sonst.	
Molter Nr.	3902

Brauerei und Brennerei Wolf 10 €

Hersteller	Amon
Jahr	2001 (Aufl.: 100)
Packung	Plastikschachtel
Vorbild	MB Actros Auflieger
Sonst.	
Molter Nr.	4042

Brauerei und Brennerei Wolf 10 €

Hersteller	Amon
Jahr	2001
Packung	Plastikschachtel
Vorbild	MAN TG-A Auflieger
Sonst.	
Molter Nr.	4156

Brauerei und Brennerei Wolf 25 €

Hersteller	Amon
Jahr	2002 (Aufl.: 100)
Packung	Plastikschachtel
Vorbild	Renault Auflieger
Sonst.	
Molter Nr.	6065

Brauerei und Brennerei Wolf 25 €

Hersteller	Amon
Jahr	2002 (Aufl.: 100)
Packung	Plastikschachtel
Vorbild	Renault Tankzug
Sonst.	
Molter Nr.	6071

Brauereihof Egolf — 9 €

Hersteller	Vierke
Jahr	2001
Packung	Blister
Vorbild	MB Atego Hängerzug
Sonst.	
Molter Nr.	4499

Braugold — 30 €

Hersteller	Hümmer
Jahr	1998
Packung	Blister
Vorbild	US Auflieger
Sonst.	
Molter Nr.	223

Braugold — 20 €

Hersteller	Grell
Jahr	1999
Packung	Blister
Vorbild	MB Actros Hängerzug
Sonst.	
Molter Nr.	225

Braugold — 15 €

Hersteller	Grell
Jahr	1999
Packung	Blister
Vorbild	MB Actros Auflieger
Sonst.	
Molter Nr.	224

Braugold — 12 €

Hersteller	Grell
Jahr	2000
Packung	Blister
Vorbild	IFA W50 Auflieger
Sonst.	
Molter Nr.	226

B

Braugold	12 €
Hersteller	dgd
Jahr	2000
Packung	Blister
Vorbild	Volvo Auflieger
Sonst.	
Molter Nr.	227

Braugold	10 €
Hersteller	Grell
Jahr	2001
Packung	Blister
Vorbild	Scania Auflieger
Sonst.	
Molter Nr.	2323

Braugold	10 €
Hersteller	Grell
Jahr	2001
Packung	Blister
Vorbild	Ford 9000 Auflieger
Sonst.	
Molter Nr.	2326

Braugold	9 €
Hersteller	Grell
Jahr	2001
Packung	Blister
Vorbild	Freightliner FLD Auflieger
Sonst.	
Molter Nr.	2324

Braugold	9 €
Hersteller	Grell
Jahr	2001
Packung	Blister
Vorbild	Iveco LKW
Sonst.	
Molter Nr.	2325

B

Braugold	8 €
Hersteller	Grell
Jahr	2001
Packung	Blister
Vorbild	Freightliner FLD Auflieger
Sonst.	
Molter Nr.	7203

Braugold	8 €
Hersteller	Grell
Jahr	2002
Packung	Blister
Vorbild	Renault Magnum Tanker
Sonst.	
Molter Nr.	7135

Braugold	8 €
Hersteller	Grell
Jahr	2002
Packung	Blister
Vorbild	Scania 124L Auflieger
Sonst.	
Molter Nr.	5238

Braugold	8 €
Hersteller	Grell
Jahr	2002
Packung	Blister
Vorbild	Ford 9000 Tankzug
Sonst.	
Molter Nr.	5311

Braugold	12 €
Hersteller	Grell
Jahr	2002
Packung	Blister
Vorbild	Ford 9000 Auflieger
Sonst.	Rewe
Molter Nr.	5355

Braugold	8 €
Hersteller	Grell
Jahr	2002
Packung	Blister
Vorbild	Scania 124L Tankzug
Sonst.	mit Silo
Molter Nr.	5800

Braugold	8 €
Hersteller	Grell
Jahr	2002
Packung	Blister
Vorbild	Büssing Holzgaser Hängerzug
Sonst.	
Molter Nr.	5760

Braugold	10 €
Hersteller	Grell
Jahr	2002
Packung	Blister
Vorbild	Freightliner FLD Hängerzug
Sonst.	
Molter Nr.	5633

Braugold	8 €
Hersteller	Grell
Jahr	2003
Packung	Blister
Vorbild	Scania 124L Auflieger
Sonst.	mit Dose
Molter Nr.	6296

Braugold	8 €
Hersteller	Grell
Jahr	2003
Packung	Blister
Vorbild	Freightliner FLD Tieflader
Sonst.	mit Sudkessel
Molter Nr.	6976

B

Braugold — 10 €

Hersteller	Grell
Jahr	2003
Packung	Blister
Vorbild	MAN TG-A Hängerzug
Sonst.	Tegert
Molter Nr.	7524

Brauhaus Adorf — 8 €

Hersteller	Gabotex
Jahr	2002
Packung	Blister
Vorbild	Scania Tankzug
Sonst.	Flachtanker
Molter Nr.	7146

Brauhaus Adorf — 8 €

Hersteller	EUBG
Jahr	2002 (Aufl.: 5000)
Packung	Blister
Vorbild	Freightliner FLD Auflieger
Sonst.	XL
Molter Nr.	6017

Brauhaus Adorf — 8 €

Hersteller	Hümmer
Jahr	2003
Packung	Blister
Vorbild	Mack Auflieger
Sonst.	mit Flasche
Molter Nr.	6854

Brauhaus Füssen — 11 €

Hersteller	dgd
Jahr	2001
Packung	Blister
Vorbild	MAN TG-A Auflieger
Sonst.	
Molter Nr.	2318

Brauhaus Irle — 8 €

Hersteller	Lauterbach
Jahr	2002
Packung	Blister
Vorbild	MAN M2000 Hängerzug
Sonst.	
Molter Nr.	4505

Brauhaus Oeslnitz — 15 €

Hersteller	Müller Chemnitz
Jahr	2001
Packung	Plastikschachtel
Vorbild	Majorette Auflieger
Sonst.	
Molter Nr.	2320

Brauhaus Oeslnitz — 15 €

Hersteller	Müller Chemnitz
Jahr	2001
Packung	Plastikschachtel
Vorbild	Majorette Auflieger
Sonst.	
Molter Nr.	2321

Brauhaus Pforzheim — 11 €

Hersteller	
Jahr	2001
Packung	Blister
Vorbild	MB Actros LKW
Sonst.	
Molter Nr.	3299

Brauhaus Pforzheim — 8 €

Hersteller	dgd
Jahr	2002
Packung	Blister
Vorbild	MAN TG-A Auflieger
Sonst.	
Molter Nr.	7006

Brauhaus Radebeul — 20 €

Hersteller	
Jahr	1998
Packung	Plastikschachtel
Vorbild	Garant Nostalgie LKW
Sonst.	
Molter Nr.	7490

Brauhaus Spandau — 10 €

Hersteller	Müller Chemnitz
Jahr	2002
Packung	Plastikschachtel
Vorbild	Majorette Auflieger
Sonst.	
Molter Nr.	6194

Brauhaus Ummendorf — 15 €

Hersteller	Müller Chemnitz
Jahr	1999
Packung	Plastikschachtel
Vorbild	Majorette Auflieger
Sonst.	
Molter Nr.	204

Brauhaus Ummendorf — 10 €

Hersteller	dgd
Jahr	2002
Packung	Blister
Vorbild	Framo
Sonst.	
Molter Nr.	7001

Brauhaus Zum Löwen — 20 €

Hersteller	
Jahr	1999
Packung	Plastikschachtel
Vorbild	MB groß Auflieger
Sonst.	
Molter Nr.	1206

Bräuning	8 €
Hersteller	dgd
Jahr	2002
Packung	Blister
Vorbild	Scania Auflieger
Sonst.	
Molter Nr.	5148

Braustolz	60 €
Hersteller	Hümmer
Jahr	1998
Packung	Blister
Vorbild	US Auflieger
Sonst.	
Molter Nr.	206

Braustolz	45 €
Hersteller	Hümmer
Jahr	1998
Packung	Blister
Vorbild	US Auflieger
Sonst.	
Molter Nr.	207

Braustolz	30 €
Hersteller	
Jahr	1998
Packung	Blister
Vorbild	Motorrad
Sonst.	
Molter Nr.	2338

Braustolz	25 €
Hersteller	Grell
Jahr	1999 (Aufl.: 6000)
Packung	Blister
Vorbild	MB Actros Auflieger
Sonst.	ein Bier wie wir
Molter Nr.	208

B

Braustolz — 25 €

Hersteller	Grell
Jahr	1999 (Aufl.: 6000)
Packung	Blister
Vorbild	MB Actros Auflieger
Sonst.	Spezial
Molter Nr.	209

Braustolz — 40 €

Hersteller	Grell
Jahr	1999 (Aufl.: 6000)
Packung	Blister
Vorbild	MB Actros Auflieger
Sonst.	
Molter Nr.	210

Braustolz — 25 €

Hersteller	Grell
Jahr	1999 (Aufl.: 6000)
Packung	Blister
Vorbild	MB Actros Auflieger
Sonst.	
Molter Nr.	211

Braustolz — 15 €

Hersteller	dgd
Jahr	2000
Packung	Blister
Vorbild	IFA W50 Auflieger
Sonst.	
Molter Nr.	212

Braustolz — 15 €

Hersteller	dgd
Jahr	2000
Packung	Blister
Vorbild	MB Actros Auflieger
Sonst.	
Molter Nr.	213

Braustolz — 15 €

Hersteller	dgd
Jahr	2000
Packung	Blister
Vorbild	MB Actros Auflieger
Sonst.	
Molter Nr.	214

Braustolz — 18 €

Hersteller	dgd
Jahr	2000
Packung	Blister
Vorbild	MB Actros Auflieger
Sonst.	
Molter Nr.	215

Braustolz — 15 €

Hersteller	dgd
Jahr	2000
Packung	Blister
Vorbild	MB Actros Hängerzug
Sonst.	
Molter Nr.	216

Braustolz — 15 €

Hersteller	dgd
Jahr	2000
Packung	Blister
Vorbild	MB Actros Hängerzug
Sonst.	
Molter Nr.	217

Braustolz — 15 €

Hersteller	dgd
Jahr	2000
Packung	Blister
Vorbild	MB Actros Auflieger
Sonst.	
Molter Nr.	218

B

Braustolz	12 €
Hersteller	dgd
Jahr	2000
Packung	Blister
Vorbild	MB Actros Auflieger
Sonst.	
Molter Nr.	219

Braustolz	11 €
Hersteller	Grell
Jahr	2000
Packung	Blister
Vorbild	Scania Auflieger
Sonst.	
Molter Nr.	220

Braustolz	10 €
Hersteller	Grell
Jahr	2000
Packung	Blister
Vorbild	Scania Auflieger
Sonst.	
Molter Nr.	221

Braustolz	12 €
Hersteller	Grell
Jahr	2000
Packung	Blister
Vorbild	MB Actros Auflieger
Sonst.	
Molter Nr.	222

Braustolz	10 €
Hersteller	Grell
Jahr	2001
Packung	Blister
Vorbild	MAN TG-A Auflieger
Sonst.	
Molter Nr.	2328

Braustolz 12 €

Hersteller	Grell
Jahr	2001
Packung	Blister
Vorbild	Ford Oldtimer
Sonst.	
Molter Nr.	2333

Braustolz 12 €

Hersteller	Grell
Jahr	2001
Packung	Blister
Vorbild	Ford Oldtimer
Sonst.	
Molter Nr.	2334

Braustolz 12 €

Hersteller	Grell
Jahr	2001
Packung	Blister
Vorbild	Freightliner FLD Auflieger
Sonst.	
Molter Nr.	2336

Braustolz 12 €

Hersteller	Grell
Jahr	2001
Packung	Blister
Vorbild	Freightliner FLD Auflieger
Sonst.	
Molter Nr.	2337

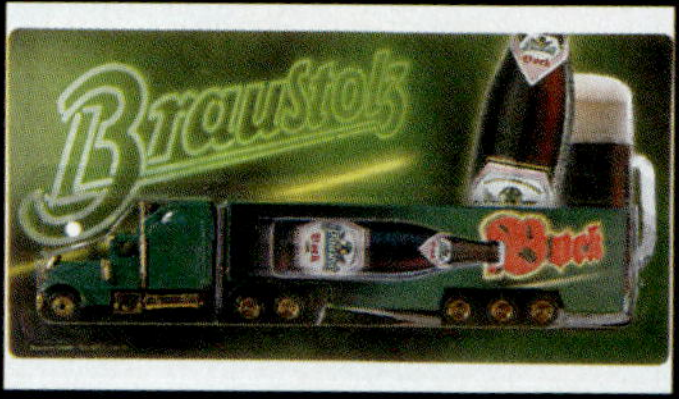

Braustolz 12 €

Hersteller	Grell
Jahr	2001
Packung	Blister
Vorbild	Freightliner FLD Auflieger
Sonst.	
Molter Nr.	7380

B

Braustolz — 15 €

Hersteller	Müller Chemnitz
Jahr	2001
Packung	Plastikschachtel
Vorbild	Majorette Auflieger
Sonst.	Chemnitzer Stadtfest
Molter Nr.	2331

Braustolz — 12 €

Hersteller	Grell
Jahr	2001
Packung	Blister
Vorbild	MB Actros Tanker
Sonst.	
Molter Nr.	7381

Braustolz — 10 €

Hersteller	Grell
Jahr	2001
Packung	Blister
Vorbild	MAN TG-A Auflieger
Sonst.	
Molter Nr.	4007

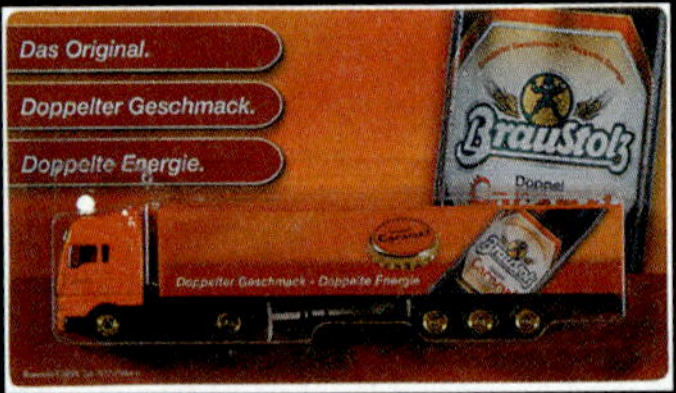

Braustolz — 10 €

Hersteller	Grell
Jahr	2001
Packung	Blister
Vorbild	MAN TG-A Auflieger
Sonst.	
Molter Nr.	2327

Braustolz — 9 €

Hersteller	Grell
Jahr	2001
Packung	Blister
Vorbild	Freightliner FLD Auflieger
Sonst.	
Molter Nr.	7382

Braustolz 15 €

Hersteller	dgd
Jahr	2001
Packung	Blister
Vorbild	MAN F2000 Tankzug
Sonst.	Markgrafen
Molter Nr.	2330

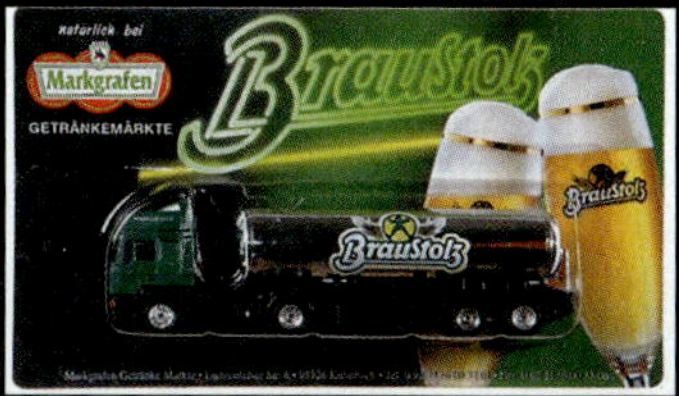

Braustolz 9 €

Hersteller	Grell
Jahr	2001
Packung	Blister
Vorbild	Krupp Mustang Hängerzug
Sonst.	
Molter Nr.	2335

Braustolz 9 €

Hersteller	Grell
Jahr	2001
Packung	Blister
Vorbild	Freightliner FLD Auflieger
Sonst.	
Molter Nr.	2329

Braustolz 10 €

Hersteller	Grell
Jahr	2001
Packung	Blister
Vorbild	Scania Auflieger
Sonst.	Zschopau 2001
Molter Nr.	5528

Braustolz 9 €

Hersteller	Grell
Jahr	2001
Packung	Blister
Vorbild	Freightliner FLD Tankzug
Sonst.	
Molter Nr.	2332

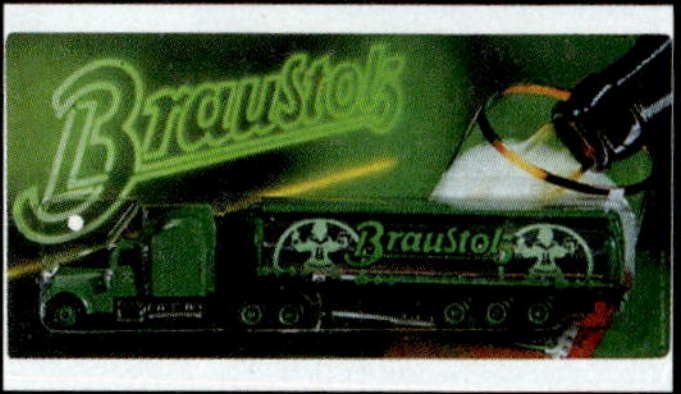

B

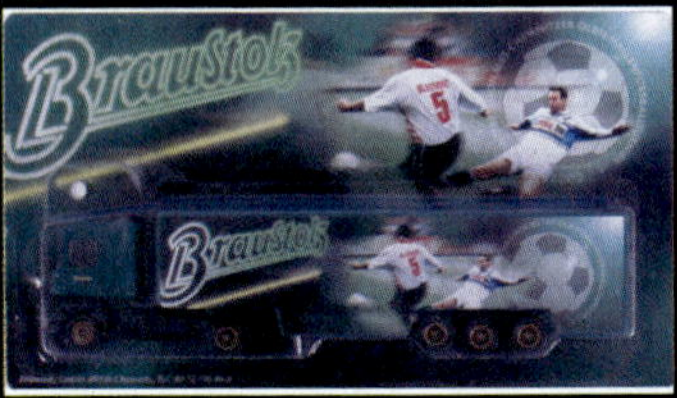

Braustolz 8 €

Hersteller	Grell
Jahr	2002
Packung	Blister
Vorbild	Renault Auflieger
Sonst.	
Molter Nr.	4419

Braustolz 10 €

Hersteller	Grell
Jahr	2002
Packung	Blister
Vorbild	Freightliner FLD Auflieger
Sonst.	
Molter Nr.	5182

Braustolz 8 €

Hersteller	Grell
Jahr	2002
Packung	Blister
Vorbild	Scania Hängerzug
Sonst.	mit Schankwagen
Molter Nr.	4557

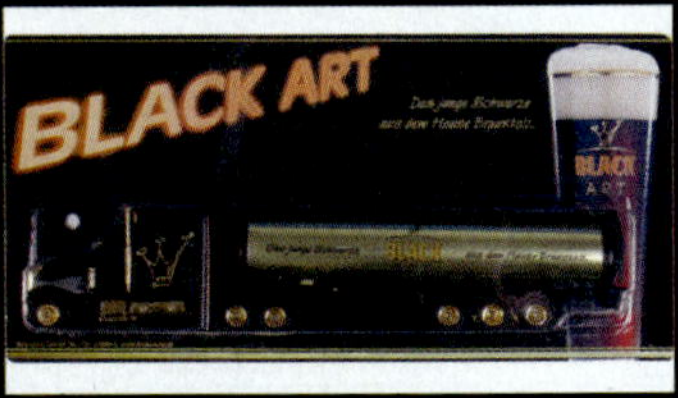

Braustolz 8 €

Hersteller	Grell
Jahr	2002
Packung	Blister
Vorbild	Freightliner FLD Tankzug
Sonst.	
Molter Nr.	5577

Braustolz 8 €

Hersteller	Grell
Jahr	2002
Packung	Blister
Vorbild	Scania 124L Tankzug
Sonst.	mit Silo
Molter Nr.	5168

Braustolz	8 €
Hersteller	Grell
Jahr	2002
Packung	Blister
Vorbild	MB Atego Hängerzug
Sonst.	mit Kisten
Molter Nr.	4668

Braustolz	8 €
Hersteller	Grell
Jahr	2002
Packung	Blister
Vorbild	Bus
Sonst.	
Molter Nr.	5617

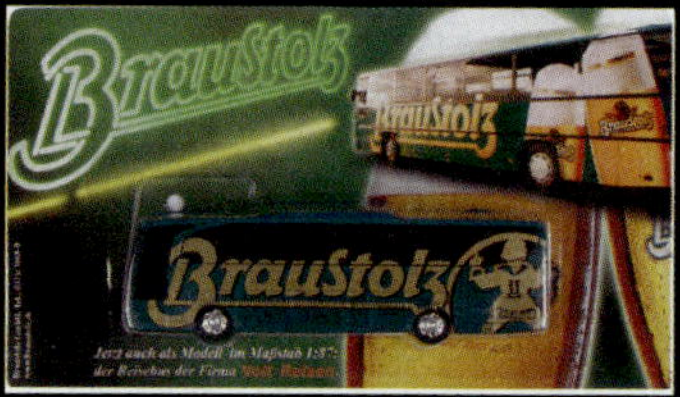

Braustolz	8 €
Hersteller	Grell
Jahr	2002
Packung	Blister
Vorbild	Feuerwehr
Sonst.	
Molter Nr.	5412

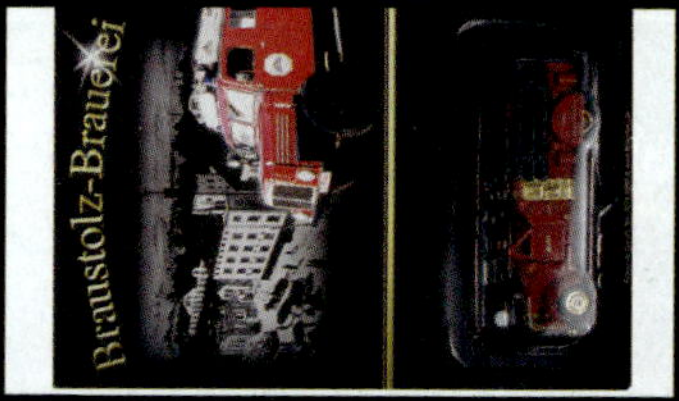

Braustolz	8 €
Hersteller	Grell
Jahr	2002
Packung	Blister
Vorbild	MB Atego Tankhängerzug
Sonst.	
Molter Nr.	4605

Braustolz	15 €
Hersteller	dgd
Jahr	2002
Packung	Blister
Vorbild	MB Axor Auflieger
Sonst.	Markgrafen, XL
Molter Nr.	7126

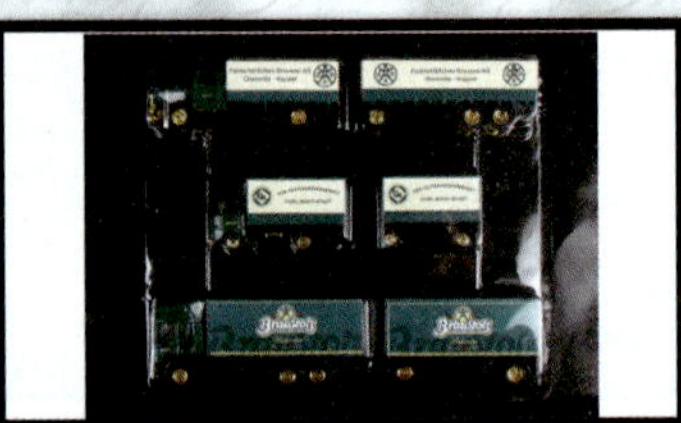

Braustolz — 30 €

Hersteller	Grell
Jahr	2002
Packung	Blister
Vorbild	3-er Set
Sonst.	
Molter Nr.	4716

Braustolz — 15 €

Hersteller	Grell
Jahr	2002
Packung	Blister
Vorbild	Freightliner FLD Auflieger
Sonst.	
Molter Nr.	4607

Braustolz — 8 €

Hersteller	Grell
Jahr	2002
Packung	Blister
Vorbild	Scania 124L Auflieger
Sonst.	mit Dose
Molter Nr.	6336

Braustolz — 8 €

Hersteller	dgd
Jahr	2003
Packung	Blister
Vorbild	Volvo Tieflader
Sonst.	
Molter Nr.	7087

Breznak — 10 €

Hersteller	Grell
Jahr	2000
Packung	Blister
Vorbild	MB Actros Auflieger
Sonst.	
Molter Nr.	228

Breznak — 8 €

Hersteller	Grell
Jahr	2002
Packung	Blister
Vorbild	MAN TG-A Tankzug
Sonst.	
Molter Nr.	4980

Breznak — 8 €

Hersteller	Grell
Jahr	2003
Packung	Blister
Vorbild	DAF 95 XF Auflieger
Sonst.	
Molter Nr.	7008

Briegel — 8 €

Hersteller	
Jahr	2001
Packung	Plastikschachtel
Vorbild	Mack Auflieger
Sonst.	
Molter Nr.	2340

Briegel — 8 €

Hersteller	
Jahr	2001
Packung	Plastikschachtel
Vorbild	Kenworth T2000 Auflieger
Sonst.	
Molter Nr.	3962

Brinkhoff´s — 75 €

Hersteller	
Jahr	
Packung	Plastikschachtel
Vorbild	US Auflieger
Sonst.	
Molter Nr.	229

Brinkhoff´s 60 €

Hersteller	
Jahr	
Packung	Pappschachtel
Vorbild	US Auflieger
Sonst.	
Molter Nr.	230

Brinkhoff´s 60 €

Hersteller	
Jahr	
Packung	Pappschachtel
Vorbild	US Auflieger
Sonst.	
Molter Nr.	231

Brinkhoff´s 60 €

Hersteller	
Jahr	
Packung	Pappschachtel
Vorbild	US Auflieger
Sonst.	
Molter Nr.	233

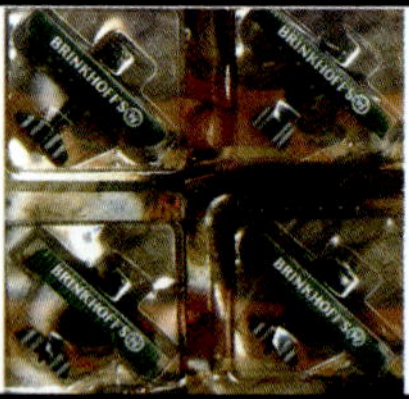

Brinkhoff´s 110 €

Hersteller	
Jahr	2001
Packung	Blister
Vorbild	Flugzeuge Nostalgie
Sonst.	kompletter 4-er Satz
Molter Nr.	7383

Brinkhoff´s 15 €

Hersteller	Grell
Jahr	2000
Packung	Blister
Vorbild	MB Actros Auflieger
Sonst.	
Molter Nr.	234

Brinkhoff´s — 9 €

Hersteller	Grell
Jahr	2001
Packung	Blister
Vorbild	Freightliner FLD Auflieger
Sonst.	
Molter Nr.	5706

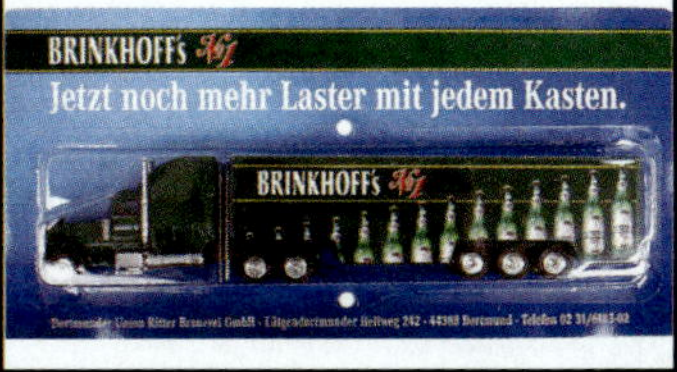

Brinkhoff´s — 8 €

Hersteller	Grell
Jahr	2002
Packung	Blister
Vorbild	Freightliner FLD Tanker
Sonst.	
Molter Nr.	7384

Brinkhoff´s — 8 €

Hersteller	Grell
Jahr	2002
Packung	Blister
Vorbild	MB Atego Hängerzug
Sonst.	mit Schankwagen
Molter Nr.	5921

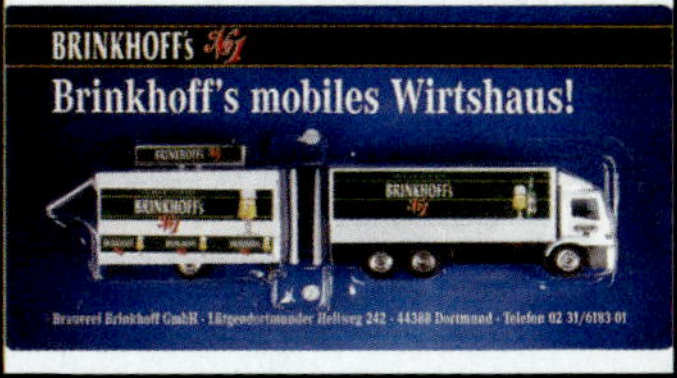

Brinkhoff´s — 8 €

Hersteller	Grell
Jahr	2002
Packung	Blister
Vorbild	Freightliner FLD Tieflader
Sonst.	mit Flasche
Molter Nr.	6382

Bruch — 15 €

Hersteller	Müller Chemnitz
Jahr	1999
Packung	Plastikschachtel
Vorbild	Majorette Auflieger
Sonst.	
Molter Nr.	236

B

Bruch	9 €
Hersteller	Vierke
Jahr	2001 (Aufl.: 5000)
Packung	Blister
Vorbild	MB Atego Hängerzug
Sonst.	
Molter Nr.	2341

Bruch	8 €
Hersteller	Vierke
Jahr	2002
Packung	Blister
Vorbild	MB Atego Hängerzug
Sonst.	Zwickel
Molter Nr.	7385

Bruch	8 €
Hersteller	Hümmer
Jahr	2002
Packung	Blister
Vorbild	Goliath
Sonst.	
Molter Nr.	6166

Bruch	8 €
Hersteller	Vierke
Jahr	2002
Packung	Blister
Vorbild	MB Atego Hängerzug
Sonst.	Radler, kleine Schrift
Molter Nr.	7386

Bruch	8 €
Hersteller	Vierke
Jahr	2002
Packung	Blister
Vorbild	MB Atego Hängerzug
Sonst.	Radler, große Schrift
Molter Nr.	6356

Bruckmüller — 15 €

Hersteller	
Jahr	
Packung	Plastikschachtel
Vorbild	Iveco LKW
Sonst.	
Molter Nr.	3949

Brütting-Bräu — 15 €

Hersteller	Amon
Jahr	2002 (Aufl.: 100)
Packung	Plastikschachtel
Vorbild	MAN TG-A Auflieger
Sonst.	
Molter Nr.	6132

Bucher Bräu — 8 €

Hersteller	EKBG
Jahr	2002
Packung	Blister
Vorbild	MB Actros Tankzug
Sonst.	
Molter Nr.	5792

Bucher Bräu — 8 €

Hersteller	EkBG
Jahr	2002
Packung	Blister
Vorbild	Scania Hängerzug
Sonst.	
Molter Nr.	7097

Bucher Bräu — 8 €

Hersteller	EKBG
Jahr	2003
Packung	Blister
Vorbild	MAN TG-A Hängerzug
Sonst.	
Molter Nr.	7023

Budweiser	60 €
Hersteller	Hümmer
Jahr	
Packung	Plastikschachtel
Vorbild	US Auflieger
Sonst.	
Molter Nr.	237

Budweiser	15 €
Hersteller	Grell
Jahr	1999
Packung	Blister
Vorbild	MB Actros Auflieger
Sonst.	Zwicker Getränke
Molter Nr.	238

Budweiser	11 €
Hersteller	Grell
Jahr	2000
Packung	Blister
Vorbild	Ford 9000 Auflieger
Sonst.	
Molter Nr.	239

Budweiser	10 €
Hersteller	Grell
Jahr	2000
Packung	Blister
Vorbild	Scania Hängerzug
Sonst.	Zwicker Getränke
Molter Nr.	240

Budweiser	10 €
Hersteller	Grell
Jahr	2000
Packung	Blister
Vorbild	Ford 9000 Auflieger
Sonst.	Zwicker Getränke
Molter Nr.	241

Budweiser	9 €
Hersteller	Grell
Jahr	2001
Packung	Blister
Vorbild	Peterbilt Auflieger
Sonst.	
Molter Nr.	2342

Budweiser	9 €
Hersteller	Grell
Jahr	2001
Packung	Blister
Vorbild	Freightliner FLD Tankzug
Sonst.	
Molter Nr.	2344

Budweiser	8 €
Hersteller	Grell
Jahr	2002
Packung	Blister
Vorbild	Freightliner FLD Tankzug
Sonst.	
Molter Nr.	4863

Budweiser	8 €
Hersteller	Grell
Jahr	2002
Packung	Blister
Vorbild	Freightliner FLD Tankzug
Sonst.	
Molter Nr.	4736

Budweiser	40 €
Hersteller	Grell
Jahr	2003
Packung	Blister
Vorbild	Peterbuilt Auflieger
Sonst.	XXL-Truck
Molter Nr.	8056

B

Bundel-Bier — 8 €

Hersteller	EKBG
Jahr	2002 (Aufl.: 200)
Packung	Plastikschachtel
Vorbild	MAN TG-A Auflieger
Sonst.	
Molter Nr.	6301

Bundel-Bier — 8 €

Hersteller	EKBG
Jahr	2002 (Aufl.: 200)
Packung	Plastikschachtel
Vorbild	MAN TG-A Auflieger
Sonst.	
Molter Nr.	6308

Bürger Bräu Hof — 45 €

Hersteller	Hümmer
Jahr	
Packung	Blister
Vorbild	US Auflieger
Sonst.	
Molter Nr.	244

Bürger Bräu Hof — 30 €

Hersteller	
Jahr	
Packung	Plastikschachtel
Vorbild	Mack Auflieger
Sonst.	
Molter Nr.	2357

Bürger Bräu Hof — 30 €

Hersteller	
Jahr	
Packung	Plastikschachtel
Vorbild	Volvo Auflieger
Sonst.	
Molter Nr.	2358

B

Bürger Bräu Hof 30 €

Hersteller	
Jahr	
Packung	Plastikschachtel
Vorbild	MB groß Auflieger
Sonst.	
Molter Nr.	2359

Bürger Bräu Hof 18 €

Hersteller	Gack
Jahr	1999
Packung	Blister
Vorbild	Mack Auflieger
Sonst.	
Molter Nr.	245

Bürger Bräu Hof 20 €

Hersteller	Hümmer
Jahr	1999
Packung	Plastikschachtel
Vorbild	MB Actros LKW
Sonst.	
Molter Nr.	246

Bürger Bräu Hof 12 €

Hersteller	dgd
Jahr	2000
Packung	Blister
Vorbild	US Auflieger
Sonst.	
Molter Nr.	247

Bürger Bräu Hof 10 €

Hersteller	dgd
Jahr	2001
Packung	Blister
Vorbild	MAN TG-A Auflieger
Sonst.	
Molter Nr.	2360

Bürger Bräu Selb — 35 €

Hersteller	
Jahr	2000 (Aufl.: 350)
Packung	Plastikschachtel
Vorbild	MB groß Auflieger
Sonst.	
Molter Nr.	250

Bürgerbräu Augsburg — 8 €

Hersteller	dgd
Jahr	2002
Packung	Blister
Vorbild	Scania Tankzug
Sonst.	
Molter Nr.	4958

Bürgerbräu Bad Reichenhall — 8 €

Hersteller	dgd
Jahr	2001
Packung	Blister
Vorbild	MAN TG-A Auflieger
Sonst.	
Molter Nr.	4212

Bürgerbräu Bad Reichenhall — 10 €

Hersteller	dgd
Jahr	2001
Packung	Blister
Vorbild	MAN TG-A Auflieger
Sonst.	Bad Reichenhall
Molter Nr.	5583

Bürgerbräu Bayreuth — 15 €

Hersteller	Gack
Jahr	1999
Packung	Blister
Vorbild	MB Actros Auflieger
Sonst.	
Molter Nr.	242

Bürgerbräu Bayreuth	13 €
Hersteller	Gack
Jahr	2000
Packung	Blister
Vorbild	MB Actros Auflieger
Sonst.	
Molter Nr.	243

Bürgerbräu Bayreuth	20 €
Hersteller	
Jahr	(Aufl.: 350)
Packung	Plastikschachtel
Vorbild	MB Actros Auflieger
Sonst.	
Molter Nr.	6428

Bürgerbräu Bayreuth	10 €
Hersteller	dgd
Jahr	2001
Packung	Blister
Vorbild	MAN TG-A Auflieger
Sonst.	
Molter Nr.	2343

Bürgerbräu Bayreuth	8 €
Hersteller	dgd
Jahr	2002
Packung	Blister
Vorbild	Scania Tankzug
Sonst.	
Molter Nr.	4788

Bürgerbräu Bayreuth	8 €
Hersteller	dgd
Jahr	2002
Packung	Blister
Vorbild	MAN F2000 Hängerzug
Sonst.	mit Schankwagen
Molter Nr.	4648

Bürgerbräu Bayreuth — 10 €

Hersteller	EKBG
Jahr	2002
Packung	Blister
Vorbild	Freightliner FLD Auflieger
Sonst.	XL
Molter Nr.	5461

Bürgerbräu Bayreuth — 10 €

Hersteller	EUBG
Jahr	2002
Packung	Blister
Vorbild	Freightliner FLD Auflieger
Sonst.	XL
Molter Nr.	6008

Burglengenfeld — 8 €

Hersteller	dgd
Jahr	2003
Packung	Blister
Vorbild	MAN Phönix Tankzug
Sonst.	
Molter Nr.	6944

Burkhardt — 8 €

Hersteller	dgd
Jahr	2002
Packung	Blister
Vorbild	MB Actros Hängerzug
Sonst.	
Molter Nr.	5418

Büttner Bräu — 8 €

Hersteller	dgd
Jahr	2002
Packung	Blister
Vorbild	MAN TG-A Auflieger
Sonst.	
Molter Nr.	5636

C

Capri Sonne — 30 €

Hersteller	Hümmer
Jahr	
Packung	Blister
Vorbild	US Auflieger
Sonst.	mit Sternfelgen
Molter Nr.	253

Capri Sonne — 15 €

Hersteller	Hümmer
Jahr	2001
Packung	Blister
Vorbild	US Auflieger
Sonst.	Tiefbettfelgen
Molter Nr.	2362

Capri Sonne — 10 €

Hersteller	Hümmer
Jahr	2001
Packung	Blister
Vorbild	US Auflieger
Sonst.	Lemon
Molter Nr.	2618

Capri Sonne — 8 €

Hersteller	Hümmer
Jahr	2001
Packung	Blister
Vorbild	US Auflieger
Sonst.	Big Energy
Molter Nr.	2363

Capri Sonne — 8 €

Hersteller	Hümmer
Jahr	2002
Packung	Blister
Vorbild	US Auflieger
Sonst.	Mystic Dragon
Molter Nr.	5163

C

Capri Sonne	8 €
Hersteller	Hümmer
Jahr	2003
Packung	Blister
Vorbild	US Auflieger
Sonst.	
Molter Nr.	6679

Carlsberg	100 €
Hersteller	Efsi
Jahr	
Packung	Plastikschachtel
Vorbild	Volvo Auflieger
Sonst.	
Molter Nr.	254

Carlsberg	100 €
Hersteller	Efsi
Jahr	
Packung	Plastikschachtel
Vorbild	Volvo Auflieger
Sonst.	
Molter Nr.	2367

Carlsberg	40 €
Hersteller	Grell
Jahr	
Packung	Blister
Vorbild	Mack Auflieger
Sonst.	
Molter Nr.	255

Carlsberg	20 €
Hersteller	Grell
Jahr	2003
Packung	Plastikschachtel
Vorbild	Freightliner FLD Auflieger
Sonst.	XXL
Molter Nr.	6324

C

Carolinen Mineralwasser 20 €

Hersteller	dgd
Jahr	2000
Packung	Blister
Vorbild	MB Colani
Sonst.	
Molter Nr.	256

Carolinen Mineralwasser 10 €

Hersteller	dgd
Jahr	2002
Packung	Blister
Vorbild	Colani Truck
Sonst.	
Molter Nr.	4695

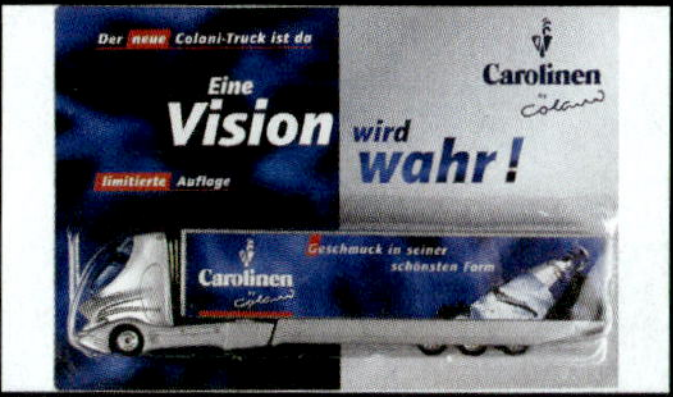

Charly Bräu 10 €

Hersteller	Müller Chemnitz
Jahr	2000
Packung	Plastikschachtel
Vorbild	Majorette Auflieger
Sonst.	
Molter Nr.	261

Chiemsee Bräu 10 €

Hersteller	Müller Chemnitz
Jahr	2000
Packung	Plastikschachtel
Vorbild	Majorette Auflieger
Sonst.	
Molter Nr.	260

Christinen Brunnen 90 €

Hersteller	Efsi
Jahr	
Packung	Showbox
Vorbild	MB klein Auflieger
Sonst.	
Molter Nr.	257

C

Christinen Brunnen — 70 €

Hersteller	Efsi
Jahr	
Packung	Showbox
Vorbild	MB klein Auflieger
Sonst.	
Molter Nr.	258

Christinen Brunnen — 10 €

Hersteller	Grell
Jahr	2000
Packung	Blister
Vorbild	Mack Auflieger
Sonst.	
Molter Nr.	259

Christinen Brunnen — 8 €

Hersteller	
Jahr	2001
Packung	Blister
Vorbild	MB Actros Auflieger
Sonst.	
Molter Nr.	2370

Christinen Brunnen — 8 €

Hersteller	Grell
Jahr	2002
Packung	Blister
Vorbild	MB Actros Auflieger
Sonst.	
Molter Nr.	5304

Christmas Beer 2001 — 8 €

Hersteller	Müller Chemnitz
Jahr	2002
Packung	Plastikschachtel
Vorbild	Majorette Auflieger
Sonst.	
Molter Nr.	6203

Cilly 8 €

Hersteller	dgd
Jahr	2002
Packung	Blister
Vorbild	Scania Hängerzug
Sonst.	
Molter Nr.	6333

Cina-Pils 8 €

Hersteller	EKBG
Jahr	2002 (Aufl.: 200)
Packung	Plastikschachtel
Vorbild	MB Actros LKW
Sonst.	
Molter Nr.	6305

Club-Mate 10 €

Hersteller	dgd
Jahr	2000
Packung	Blister
Vorbild	MB Actros Hängerzug
Sonst.	
Molter Nr.	262

Coca Cola 80 €

Hersteller	
Jahr	
Packung	Plastikschachtel
Vorbild	Volvo Auflieger
Sonst.	
Molter Nr.	5447

Coca Cola 40 €

Hersteller	
Jahr	2002
Packung	Blister
Vorbild	US modern XXL-Truck
Sonst.	XXL
Molter Nr.	7387

Coca Cola	15 €
Hersteller	
Jahr	1999
Packung	Blister
Vorbild	Mack Auflieger
Sonst.	
Molter Nr.	263

Coca Cola	30 €
Hersteller	
Jahr	1999
Packung	Plastikschachtel
Vorbild	Mack Auflieger
Sonst.	
Molter Nr.	264

Coca Cola	11 €
Hersteller	
Jahr	1999
Packung	Blister
Vorbild	Mack Auflieger
Sonst.	
Molter Nr.	265

Coca Cola	10 €
Hersteller	
Jahr	2000
Packung	Blister
Vorbild	Mack Auflieger
Sonst.	
Molter Nr.	267

Coca Cola	12 €
Hersteller	
Jahr	2000
Packung	Blister
Vorbild	Mack Auflieger
Sonst.	von Halo
Molter Nr.	266

Coca Cola — 10 €

Hersteller	
Jahr	2000
Packung	Blister
Vorbild	Mack Auflieger
Sonst.	
Molter Nr.	268

Coca Cola — 9 €

Hersteller	
Jahr	2001
Packung	Blister
Vorbild	Mack Auflieger
Sonst.	Nostalgie 1/4
Molter Nr.	2380

Coca Cola — 9 €

Hersteller	
Jahr	2001
Packung	Blister
Vorbild	Mack Auflieger
Sonst.	Nostalgie 2/4
Molter Nr.	2381

Coca Cola — 9 €

Hersteller	
Jahr	2001
Packung	Blister
Vorbild	Mack Auflieger
Sonst.	Nostalgie 3/4
Molter Nr.	2372

Coca Cola — 9 €

Hersteller	
Jahr	2001
Packung	Blister
Vorbild	Mack Auflieger
Sonst.	Nostalgie 4/4
Molter Nr.	2382

C

Coca Cola	20 €
Hersteller	Edocal
Jahr	2001
Packung	Blister
Vorbild	Mack Auflieger
Sonst.	
Molter Nr.	2383

Coca Cola	8 €
Hersteller	
Jahr	2001
Packung	Blister
Vorbild	US Auflieger
Sonst.	Blister mit Löcher
Molter Nr.	2377

Coca Cola	8 €
Hersteller	
Jahr	2001
Packung	Blister
Vorbild	US Auflieger
Sonst.	Blister mit Löcher
Molter Nr.	2379

Coca Cola	8 €
Hersteller	
Jahr	2001
Packung	Blister
Vorbild	US Auflieger
Sonst.	Blister mit Löcher
Molter Nr.	2378

Coca Cola	8 €
Hersteller	
Jahr	2001
Packung	Blister
Vorbild	US Auflieger
Sonst.	Blister ohne Löcher
Molter Nr.	2373

Coca Cola	8 €
Hersteller	
Jahr	2001
Packung	Blister
Vorbild	US Auflieger
Sonst.	Blister ohne Löcher
Molter Nr.	2374

Coca Cola	8 €
Hersteller	
Jahr	2001
Packung	Blister
Vorbild	Mack Auflieger
Sonst.	Blister ohne Löcher
Molter Nr.	4292

Coca Cola	8 €
Hersteller	Coca Cola
Jahr	2002
Packung	Hülle
Vorbild	Kenworth T2000 Auflieger
Sonst.	
Molter Nr.	7388

Coca Cola	8 €
Hersteller	Grell
Jahr	2002
Packung	Blister
Vorbild	MB Atego LKW
Sonst.	
Molter Nr.	5140

Coca Cola	8 €
Hersteller	Grell
Jahr	2002
Packung	Blister
Vorbild	MB Atego LKW
Sonst.	
Molter Nr.	5139

Coca Cola — 8 €

Hersteller	Grell
Jahr	2002
Packung	Blister
Vorbild	Scania Auflieger
Sonst.	Fanta
Molter Nr.	5157

Coca Cola — 8 €

Hersteller	
Jahr	2002
Packung	Blister
Vorbild	Rennwagen
Sonst.	
Molter Nr.	6249

Coca Cola — 8 €

Hersteller	
Jahr	2002
Packung	Blister
Vorbild	Rennwagen
Sonst.	
Molter Nr.	6250

Coca Cola — 8 €

Hersteller	
Jahr	2002
Packung	Blister
Vorbild	Mack Auflieger
Sonst.	
Molter Nr.	5465

Coca Cola — 8 €

Hersteller	
Jahr	2002
Packung	Blister
Vorbild	Mack Auflieger
Sonst.	
Molter Nr.	5466

Coca Cola — 8 €

Hersteller	
Jahr	2002
Packung	Blister
Vorbild	Mack Auflieger
Sonst.	
Molter Nr.	5467

Coca Cola — 20 €

Hersteller	
Jahr	2003 (Aufl.: 40)
Packung	Plastikschachtel
Vorbild	Freightliner FLD Tankzug
Sonst.	
Molter Nr.	6604

Coca Cola — 8 €

Hersteller	
Jahr	2003
Packung	Blister
Vorbild	Pickup
Sonst.	
Molter Nr.	7099

Colbitzer — 15 €

Hersteller	Müller Chemnitz
Jahr	1998
Packung	Plastikschachtel
Vorbild	Volvo Auflieger
Sonst.	
Molter Nr.	269

Colbitzer — 10 €

Hersteller	Müller Chemnitz
Jahr	2001
Packung	Plastikschachtel
Vorbild	Majorette Auflieger
Sonst.	
Molter Nr.	4300

Colbitzer	8 €
Hersteller	Grell
Jahr	2001
Packung	Blister
Vorbild	Ford 9000 Auflieger
Sonst.	
Molter Nr.	2376

Coni Makkaroni	8 €
Hersteller	Grell
Jahr	2003
Packung	Blister
Vorbild	Scania 164L Auflieger
Sonst.	
Molter Nr.	7881

Coors	8 €
Hersteller	Grell
Jahr	2002 (Aufl.: 2000)
Packung	Blister
Vorbild	Ford 9000 Tankzug
Sonst.	
Molter Nr.	4985

Corona	50 €
Hersteller	
Jahr	
Packung	Plastikschachtel
Vorbild	MB groß Auflieger
Sonst.	
Molter Nr.	270

Corona	25 €
Hersteller	Amon
Jahr	2002 (Aufl.: 50)
Packung	Plastikschachtel
Vorbild	MB Actros Auflieger
Sonst.	
Molter Nr.	6205

Creydt Fruchtsaft — 15 €

Hersteller	Grell
Jahr	1999
Packung	Blister
Vorbild	MB Actros Hängerzug
Sonst.	einzeln verpackt
Molter Nr.	271

Creydt Fruchtsaft — 10 €

Hersteller	Grell
Jahr	2000
Packung	Blister
Vorbild	MB Actros Auflieger
Sonst.	
Molter Nr.	2375

Creydt Fruchtsaft — 8 €

Hersteller	dgd
Jahr	2003
Packung	Blister
Vorbild	MB Actros Tankzug
Sonst.	
Molter Nr.	7017

Cunnersdorfer — 18 €

Hersteller	Grell
Jahr	1999
Packung	Blister
Vorbild	MB Actros Auflieger
Sonst.	
Molter Nr.	272

Cunnersdorfer — 15 €

Hersteller	Grell
Jahr	1999
Packung	Blister
Vorbild	MB Actros Hängerzug
Sonst.	
Molter Nr.	273

C

Cunnersdorfer — 25 €

Hersteller	Hümmer
Jahr	2000 (Aufl.: 200)
Packung	Plastikschachtel
Vorbild	US Auflieger
Sonst.	
Molter Nr.	274

Cunnersdorfer — 25 €

Hersteller	Plessa
Jahr	2000 (Aufl.: 200)
Packung	Plastikschachtel
Vorbild	Volvo Auflieger
Sonst.	
Molter Nr.	275

Cunnersdorfer — 12 €

Hersteller	Grell
Jahr	2000
Packung	Blister
Vorbild	IFA W50 Hängerzug
Sonst.	
Molter Nr.	276

Cunnersdorfer — 12 €

Hersteller	Müller Chemnitz
Jahr	2000
Packung	Plastikschachtel
Vorbild	Mack Auflieger
Sonst.	
Molter Nr.	2145

Cunnersdorfer — 9 €

Hersteller	dgd
Jahr	2001
Packung	Blister
Vorbild	MAN TG-A Auflieger
Sonst.	
Molter Nr.	3961

Cunnersdorfer	9 €
Hersteller	Grell
Jahr	2002
Packung	Blister
Vorbild	Freightliner FLD Tankzug
Sonst.	
Molter Nr.	4392

Cunnersdorfer	8 €
Hersteller	Hümmer
Jahr	2002
Packung	Blister
Vorbild	MAN TG-A Auflieger
Sonst.	mit Flasche
Molter Nr.	7389

Cunnersdorfer	8 €
Hersteller	Grell
Jahr	2002
Packung	Blister
Vorbild	Feuerwehr Pferdewagen
Sonst.	Nr. 1
Molter Nr.	4815

Cunnersdorfer	8 €
Hersteller	Grell
Jahr	2002
Packung	Blister
Vorbild	Feuerwehr
Sonst.	Nr. 2
Molter Nr.	4816

Cunnersdorfer	8 €
Hersteller	WMS
Jahr	2002
Packung	Blister
Vorbild	Volvo FH 16 Tanker
Sonst.	
Molter Nr.	7390

C

Cunnersdorfer 8 €

Hersteller	WMS
Jahr	2002
Packung	Blister
Vorbild	Scania Hauber Tanker
Sonst.	
Molter Nr.	7391

Cunnersdorfer 8 €

Hersteller	Grell
Jahr	2002
Packung	Blister
Vorbild	Freightliner FLD Auflieger
Sonst.	mit Dose
Molter Nr.	5837

Cunnersdorfer 8 €

Hersteller	Grell
Jahr	2002
Packung	Blister
Vorbild	Scania Hauber Auflieger
Sonst.	mit Sudkessel
Molter Nr.	7392

Cunnersdorfer 8 €

Hersteller	Grell
Jahr	2002
Packung	Blister
Vorbild	Freightliner FLD Auflieger
Sonst.	mit Sudkessel
Molter Nr.	6348

Cunnersdorfer 8 €

Hersteller	Grell
Jahr	2002
Packung	Blister
Vorbild	Kraz Auflieger
Sonst.	
Molter Nr.	5838

Cunnersdorfer 8 €

Hersteller	Grell
Jahr	2002
Packung	Blister
Vorbild	Kraz Tankzug
Sonst.	
Molter Nr.	7195

Cunnersdorfer 8 €

Hersteller	Grell
Jahr	2002
Packung	Blister
Vorbild	Kraz LKW
Sonst.	
Molter Nr.	7197

Cunnersdorfer 8 €

Hersteller	Grell
Jahr	2002
Packung	Blister
Vorbild	Kraz Hängerzug
Sonst.	
Molter Nr.	7198

Cunnersdorfer 8 €

Hersteller	Grell
Jahr	2003
Packung	Blister
Vorbild	Freightliner FLD Auflieger
Sonst.	mit Plakatwand
Molter Nr.	7204

Cunnersdorfer 8 €

Hersteller	Grell
Jahr	2003
Packung	Blister
Vorbild	Freightliner FLD Auflieger
Sonst.	mit Glas
Molter Nr.	7248

D

DAB	35 €
Hersteller	Grell
Jahr	
Packung	Blister
Vorbild	Mack Auflieger
Sonst.	
Molter Nr.	279

DAB	30 €
Hersteller	Grell
Jahr	
Packung	Blister
Vorbild	Mack Auflieger
Sonst.	
Molter Nr.	278

DAB	20 €
Hersteller	Grell
Jahr	1999
Packung	Blister
Vorbild	MB Actros LKW
Sonst.	
Molter Nr.	281

DAB	20 €
Hersteller	Grell
Jahr	1999
Packung	Blister
Vorbild	Mack Auflieger
Sonst.	
Molter Nr.	280

DAB	15 €
Hersteller	Grell
Jahr	2000
Packung	Blister
Vorbild	MB Actros Auflieger
Sonst.	
Molter Nr.	282

DAB — 11 €

Hersteller	Grell
Jahr	2000
Packung	Blister
Vorbild	MB Actros Auflieger
Sonst.	
Molter Nr.	283

DAB — 15 €

Hersteller	Grell
Jahr	2001 (Aufl.: 2000)
Packung	Blister
Vorbild	Ford 9000 Auflieger
Sonst.	
Molter Nr.	2151

DAB — 10 €

Hersteller	Grell
Jahr	2001
Packung	Blister
Vorbild	MB Actros Auflieger
Sonst.	von Koppe Getränke
Molter Nr.	2351

DAB — 10 €

Hersteller	Grell
Jahr	2001
Packung	Blister
Vorbild	MB Actros Auflieger
Sonst.	
Molter Nr.	2386

DAB — 8 €

Hersteller	Grell
Jahr	2001
Packung	Blister
Vorbild	MB Actros Auflieger
Sonst.	
Molter Nr.	2391

DAB	9 €
Hersteller	Grell
Jahr	2001
Packung	Blister
Vorbild	Ford 9000 Auflieger
Sonst.	
Molter Nr.	4207

DAB	8 €
Hersteller	Grell
Jahr	2002
Packung	Blister
Vorbild	Renault Tankzug
Sonst.	
Molter Nr.	5200

DAB	8 €
Hersteller	Grell
Jahr	2002
Packung	Blister
Vorbild	Freightliner FLD Tieflader
Sonst.	
Molter Nr.	5538

DAB	8 €
Hersteller	Grell
Jahr	2002
Packung	Blister
Vorbild	Scania Tankzug
Sonst.	
Molter Nr.	5729

DAB	8 €
Hersteller	Grell
Jahr	2002
Packung	Blister
Vorbild	Scania Tankzug
Sonst.	
Molter Nr.	5793

DAB — 8 €

Hersteller	Eurosun
Jahr	2003
Packung	Blister
Vorbild	MB L 322 Hängerzug
Sonst.	
Molter Nr.	7513

Dameradl Zoigl — 10 €

Hersteller	
Jahr	2001
Packung	Plastikschachtel
Vorbild	Mack Auflieger
Sonst.	
Molter Nr.	2394

Dampfbier Zwiesel — 15 €

Hersteller	Hümmer
Jahr	2000
Packung	Plastikschachtel
Vorbild	MB Actros LKW
Sonst.	
Molter Nr.	284

Dampfbier Zwiesel — 15 €

Hersteller	Hümmer
Jahr	2000
Packung	Plastikschachtel
Vorbild	MB Actros Auflieger
Sonst.	
Molter Nr.	285

Dampfbier Zwiesel — 8 €

Hersteller	Hümmer
Jahr	2001
Packung	Blister
Vorbild	Scania Auflieger
Sonst.	
Molter Nr.	2392

D

Dampfbier Zwiesel — 8 €

Hersteller	Hümmer
Jahr	2001
Packung	Blister
Vorbild	Scania Auflieger
Sonst.	
Molter Nr.	2393

Dantscher — 10 €

Hersteller	Hümmer
Jahr	2001
Packung	Blister
Vorbild	US Auflieger
Sonst.	
Molter Nr.	3951

Darguner Brauerei — 15 €

Hersteller	Müller Chemnitz
Jahr	1999
Packung	Plastikschachtel
Vorbild	Volvo Auflieger
Sonst.	
Molter Nr.	287

Darmburg — 8 €

Hersteller	EKBG
Jahr	2002 (Aufl.: 200)
Packung	Plastikschachtel
Vorbild	MB Actros LKW
Sonst.	
Molter Nr.	6302

Darmstädter — 50 €

Hersteller	Hümmer
Jahr	2000 (Aufl.: 30)
Packung	Blister
Vorbild	MB Actros LKW
Sonst.	
Molter Nr.	286

Darmstädter	50 €
Hersteller	
Jahr	2001 (Aufl.: 50)
Packung	Plastikschachtel
Vorbild	MAN F2000 Auflieger
Sonst.	Aufkleber verschieden
Molter Nr.	2389

Darmstädter	50 €
Hersteller	
Jahr	2001 (Aufl.: 50)
Packung	Plastikschachtel
Vorbild	MAN F2000 Auflieger
Sonst.	Aufkleber verschieden
Molter Nr.	2390

D

Darmstädter	10 €
Hersteller	Hümmer
Jahr	2001
Packung	Blister
Vorbild	MB Actros Auflieger
Sonst.	
Molter Nr.	2395

Darmstädter	8 €
Hersteller	Hümmer
Jahr	2002
Packung	Blister
Vorbild	MAN TG-A Auflieger
Sonst.	
Molter Nr.	5596

Dauner Sprudel	10 €
Hersteller	dgd
Jahr	2000
Packung	Blister
Vorbild	US Auflieger
Sonst.	
Molter Nr.	288

D

Dauner Sprudel — 8 €

Hersteller	dgd
Jahr	2002
Packung	Blister
Vorbild	MB Actros Hängerzug
Sonst.	
Molter Nr.	7393

Debringer — 8 €

Hersteller	Lauterbach
Jahr	2003
Packung	Blister
Vorbild	Scania 124L Tankzug
Sonst.	
Molter Nr.	6474

Deininger — 75 €

Hersteller	Hümmer
Jahr	
Packung	Blister
Vorbild	US Auflieger
Sonst.	Siebdruck
Molter Nr.	289

Deininger — 60 €

Hersteller	Hümmer
Jahr	
Packung	Blister
Vorbild	US Auflieger
Sonst.	
Molter Nr.	290

Deit — 9 €

Hersteller	dgd
Jahr	2001
Packung	Blister
Vorbild	MAN F2000 Hängerzug
Sonst.	
Molter Nr.	2400

Deit — 8 €

Hersteller	dgd
Jahr	2001
Packung	Blister
Vorbild	Scania Auflieger
Sonst.	
Molter Nr.	2401

Deit — 8 €

Hersteller	Grell
Jahr	2002
Packung	Blister
Vorbild	Scania Hängerzug
Sonst.	mit Schankwagen
Molter Nr.	5411

D

Der Gold Cup — 8 €

Hersteller	Grell
Jahr	2002
Packung	Blister
Vorbild	Freightliner FLD Auflieger
Sonst.	
Molter Nr.	6639

Der Sachsen-Truck — 8 €

Hersteller	Albedo
Jahr	2002
Packung	Blister
Vorbild	MB Actros Auflieger
Sonst.	
Molter Nr.	7274

Dessauer — 12 €

Hersteller	Vierke
Jahr	2001 (Aufl.: 10000)
Packung	Blister
Vorbild	MB Atego Hängerzug
Sonst.	
Molter Nr.	2397

D

Dessow Brauerei 40 €

Hersteller	Hümmer
Jahr	
Packung	Plastikschachtel
Vorbild	MAN F90 Hängerzug
Sonst.	
Molter Nr.	291

Dessow Brauerei 20 €

Hersteller	Hümmer
Jahr	2001
Packung	Blister
Vorbild	MB Actros Auflieger
Sonst.	
Molter Nr.	7394

Detmolder Pilsener 15 €

Hersteller	Amon
Jahr	2000 (Aufl.: 200)
Packung	Plastikschachtel
Vorbild	MB Actros Hängerzug
Sonst.	
Molter Nr.	294

Detmolder Pilsener 10 €

Hersteller	Grell
Jahr	2001
Packung	Blister
Vorbild	Ford 9000 Auflieger
Sonst.	
Molter Nr.	2402

Detmolder Pilsener 9 €

Hersteller	Grell
Jahr	2002
Packung	Blister
Vorbild	Freightliner FLD Auflieger
Sonst.	
Molter Nr.	5093

DGS

8 €

Hersteller	dgd
Jahr	2002 (Aufl.: 2500)
Packung	Blister
Vorbild	MAN Phönix Tankzug
Sonst.	Dithmarscher
Molter Nr.	5475

Diadem

15 €

Hersteller	Lauterbach
Jahr	2000
Packung	Blister
Vorbild	Mack Auflieger
Sonst.	
Molter Nr.	295

Diamant Quelle

12 €

Hersteller	Hümmer
Jahr	2001
Packung	Blister
Vorbild	MB Actros Hängerzug
Sonst.	
Molter Nr.	2406

Diamant Quelle

8 €

Hersteller	dgd
Jahr	2002
Packung	Blister
Vorbild	Scania Hängerzug
Sonst.	
Molter Nr.	5064

Diebels

20 €

Hersteller	Grell
Jahr	1998
Packung	Blister
Vorbild	Mack Auflieger
Sonst.	
Molter Nr.	296

Diebels	12 €
Hersteller	dgd
Jahr	1999
Packung	Blister
Vorbild	MB Actros Auflieger
Sonst.	ohne Actros Schriftzug
Molter Nr.	297

Diebels	12 €
Hersteller	Eurosun
Jahr	1999
Packung	Blister
Vorbild	MB Actros Auflieger
Sonst.	mit Actros Schriftzug
Molter Nr.	297a

Diebels	10 €
Hersteller	
Jahr	2001
Packung	Blister
Vorbild	MAN M2000 Hängerzug
Sonst.	
Molter Nr.	2404

Diebels	17 €
Hersteller	PromOcean
Jahr	2001 (Aufl.: 800)
Packung	Blister
Vorbild	MAN M2000 Hängerzug
Sonst.	Fehldruck Blister nur Ed. ´0
Molter Nr.	7659

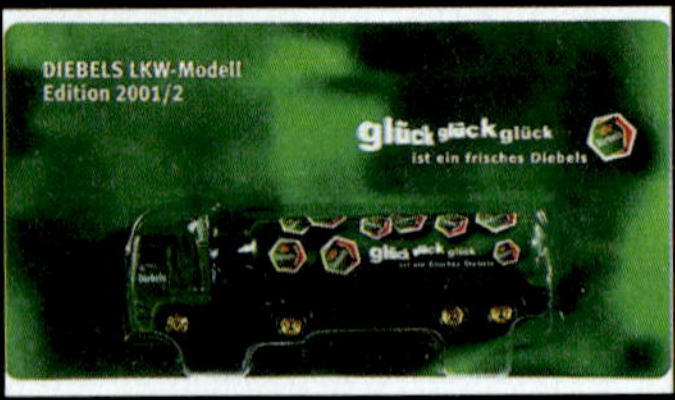

Diebels	10 €
Hersteller	Vierke
Jahr	2001
Packung	Blister
Vorbild	MAN TG-A Tankzug
Sonst.	
Molter Nr.	2410

Diebels	12 €
Hersteller	Vierke
Jahr	2001
Packung	Blister
Vorbild	MAN TG-A Tankzug
Sonst.	
Molter Nr.	4217

Diebels	9 €
Hersteller	Prom Ocean
Jahr	2002
Packung	Blister
Vorbild	Scania 124L Tankzug
Sonst.	Plato 13
Molter Nr.	4563

Diebels	8 €
Hersteller	PromOcean
Jahr	2002
Packung	Blister
Vorbild	Scania Hauber Tanker
Sonst.	
Molter Nr.	7396

Diebels	8 €
Hersteller	Prom Ozean
Jahr	2002
Packung	Blister
Vorbild	Scania 124L Tankzug
Sonst.	Dimix
Molter Nr.	4544

Diebels	8 €
Hersteller	Prom Ocean
Jahr	2002
Packung	Blister
Vorbild	Bus
Sonst.	Toten Hosen
Molter Nr.	5096

D

D

Diebels	10 €
Hersteller	Prom Ocean
Jahr	2002
Packung	Blister
Vorbild	Bus
Sonst.	
Molter Nr.	5492

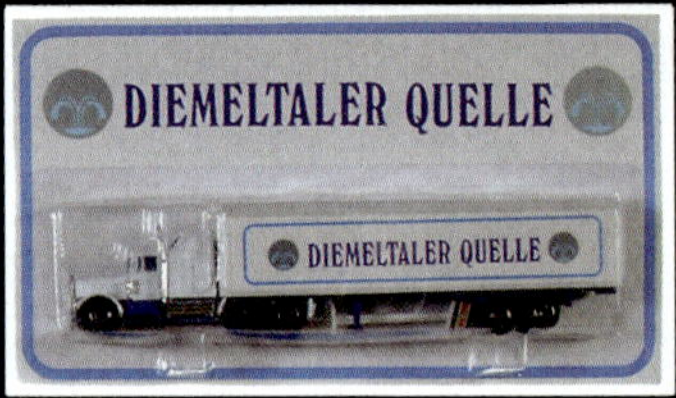

Diemeltaler Quelle	65 €
Hersteller	Hümmer
Jahr	
Packung	Blister
Vorbild	US Auflieger
Sonst.	
Molter Nr.	298

Diemeltaler Quelle	18 €
Hersteller	Grell
Jahr	1999
Packung	Blister
Vorbild	MB Actros Auflieger
Sonst.	
Molter Nr.	299

Diemeltaler Quelle	10 €
Hersteller	Hümmer
Jahr	2002
Packung	Blister
Vorbild	MB Actros Auflieger
Sonst.	
Molter Nr.	7397

Diemeltaler Quelle	8 €
Hersteller	Grell
Jahr	2002
Packung	Blister
Vorbild	MAN F2000 Auflieger
Sonst.	
Molter Nr.	7398

Dietenbronner — 9 €

Hersteller	Gerner
Jahr	2001
Packung	Blister
Vorbild	MB Actros Hängerzug
Sonst.	
Molter Nr.	2411

Dietl-Bräu — 8 €

Hersteller	EKBG
Jahr	2003 (Aufl.: 3000)
Packung	Blister
Vorbild	MB Actros Tankzug
Sonst.	
Molter Nr.	6515

Dietz Fruchtsaft — 9 €

Hersteller	Grell
Jahr	2001
Packung	Blister
Vorbild	Ford 9000 Auflieger
Sonst.	
Molter Nr.	2405

Dietz Fruchtsaft — 8 €

Hersteller	Top-Style
Jahr	2002
Packung	Blister
Vorbild	MB Actros Tankzug
Sonst.	
Molter Nr.	6246

Dietz Fruchtsaft — 8 €

Hersteller	Grell
Jahr	2003
Packung	Blister
Vorbild	MAN TG-A Hängerzug
Sonst.	
Molter Nr.	7682

D

Dimpfl Bräu — 9 €

Hersteller	Grell
Jahr	2002
Packung	Blister
Vorbild	MAN TG-A Auflieger
Sonst.	
Molter Nr.	4585

Dimpfl Bräu — 15 €

Hersteller	dgd
Jahr	2001
Packung	Blister
Vorbild	MAN F2000 Hängerzug
Sonst.	einzeln verpackt
Molter Nr.	4218

Dingslebener — 20 €

Hersteller	Grell
Jahr	1999
Packung	Blister
Vorbild	Mack Auflieger
Sonst.	
Molter Nr.	300

Dingslebener — 12 €

Hersteller	Grell
Jahr	1999
Packung	Blister
Vorbild	MB Actros Auflieger
Sonst.	
Molter Nr.	301

Dingslebener — 15 €

Hersteller	Grell
Jahr	2000
Packung	Blister
Vorbild	MB Actros Auflieger
Sonst.	
Molter Nr.	302

Dingslebener	12 €
Hersteller	Grell
Jahr	2000
Packung	Blister
Vorbild	IFA W50 Hängerzug
Sonst.	
Molter Nr.	303

Dingslebener	10 €
Hersteller	Grell
Jahr	2001
Packung	Blister
Vorbild	Ford 9000 Auflieger
Sonst.	
Molter Nr.	304

Dingslebener	8 €
Hersteller	Grell
Jahr	2001
Packung	Blister
Vorbild	MAN F2000 Auflieger
Sonst.	
Molter Nr.	7226

Dingslebener	9 €
Hersteller	Grell
Jahr	2001
Packung	Blister
Vorbild	Freightliner FLD Auflieger
Sonst.	
Molter Nr.	2408

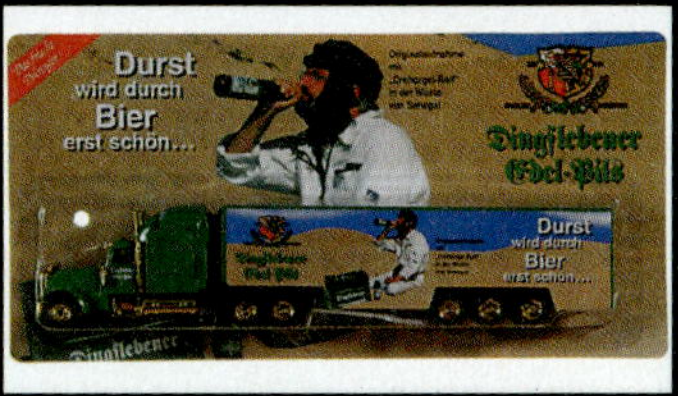

Dingslebener	8 €
Hersteller	Grell
Jahr	2001
Packung	Blister
Vorbild	MAN TG-A Auflieger
Sonst.	
Molter Nr.	4215

D

Dingslebener	10 €
Hersteller	Grell
Jahr	2001
Packung	Blister
Vorbild	Scania Tankzug
Sonst.	
Molter Nr.	4407

Dingslebener	8 €
Hersteller	Grell
Jahr	2002
Packung	Blister
Vorbild	Freightliner FLD Auflieger
Sonst.	
Molter Nr.	5724

Dingslebener	8 €
Hersteller	dgd
Jahr	2002
Packung	Blister
Vorbild	MAN TG-A Auflieger
Sonst.	
Molter Nr.	5277

Dingslebener	8 €
Hersteller	Grell
Jahr	2002
Packung	Blister
Vorbild	Scania 124L Auflieger
Sonst.	
Molter Nr.	5181

Dingslebener	€
Hersteller	Grell
Jahr	2002
Packung	Blister
Vorbild	Freightliner FLD Auflieger
Sonst.	
Molter Nr.	5590

Dingslebener 9 €

Hersteller	Grell
Jahr	2002
Packung	Blister
Vorbild	Kraz Hängerzug
Sonst.	
Molter Nr.	4857

Dingslebener 8 €

Hersteller	Grell
Jahr	2002
Packung	Blister
Vorbild	Kraz Auflieger
Sonst.	
Molter Nr.	5482

Dingslebener 8 €

Hersteller	Grell
Jahr	2003
Packung	Blister
Vorbild	Kraz Tankcontainer
Sonst.	
Molter Nr.	6686

Dingslebener 8 €

Hersteller	Grell
Jahr	2003
Packung	Blister
Vorbild	Kraz Auflieger
Sonst.	
Molter Nr.	7880

Dinkelacker 18 €

Hersteller	Hümmer
Jahr	1999
Packung	Blister
Vorbild	MB Actros Auflieger
Sonst.	
Molter Nr.	305

D

Dinkelacker	12 €
Hersteller	Hümmer
Jahr	2000
Packung	Blister
Vorbild	MB Actros Auflieger
Sonst.	
Molter Nr.	306

Dinkelacker	8 €
Hersteller	Hümmer
Jahr	2002
Packung	Blister
Vorbild	MAN TG-A Auflieger
Sonst.	mit Flasche
Molter Nr.	5047

Dinkelacker	8 €
Hersteller	Hümmer
Jahr	2003
Packung	Blister
Vorbild	MB Actros Auflieger
Sonst.	mit Flasche
Molter Nr.	7024

Dinkelacker	8 €
Hersteller	Hümmer
Jahr	2003
Packung	Blister
Vorbild	MAN TG-A Auflieger
Sonst.	mit Flasche
Molter Nr.	7708

Dino Bräu	10 €
Hersteller	Pfab
Jahr	1999
Packung	Plastikschachtel
Vorbild	Mack Auflieger
Sonst.	
Molter Nr.	307

Dino Bräu	10 €
Hersteller	Pfab
Jahr	1999
Packung	Plastikschachtel
Vorbild	MB groß Auflieger
Sonst.	
Molter Nr.	308

Dino Bräu	10 €
Hersteller	Pfab
Jahr	1999
Packung	Plastikschachtel
Vorbild	Volvo Auflieger
Sonst.	
Molter Nr.	309

D

Dino Bräu	10 €
Hersteller	Pfab
Jahr	1999
Packung	Plastikschachtel
Vorbild	MB Actros Auflieger
Sonst.	
Molter Nr.	310

Dino Bräu	10 €
Hersteller	Pfab
Jahr	
Packung	Plastikschachtel
Vorbild	MB Actros LKW
Sonst.	
Molter Nr.	2413

Dino Bräu	10 €
Hersteller	Pfab
Jahr	
Packung	Plastikschachtel
Vorbild	US Auflieger
Sonst.	
Molter Nr.	2414

Dino Bräu	10 €
Hersteller	Pfab
Jahr	
Packung	Plastikschachtel
Vorbild	MB groß Auflieger
Sonst.	
Molter Nr.	2415

Distelhäuser	30 €
Hersteller	Hümmer
Jahr	
Packung	Plastikschachtel
Vorbild	MAN F90 LKW
Sonst.	
Molter Nr.	311

Distelhäuser	18 €
Hersteller	Grell
Jahr	1999
Packung	Blister
Vorbild	MB Actros Hängerzug
Sonst.	
Molter Nr.	312

Distelhäuser	10 €
Hersteller	Grell
Jahr	2000
Packung	Blister
Vorbild	MB Actros Auflieger
Sonst.	Blister eingeschweißt
Molter Nr.	2409

Distler	9 €
Hersteller	Grell
Jahr	2002
Packung	Blister
Vorbild	Freightliner FLD Tieflader
Sonst.	
Molter Nr.	5887

Distler — 8 €

Hersteller	Grell
Jahr	2003
Packung	Blister
Vorbild	MAN TG-A Hängerzug
Sonst.	mit Flasche
Molter Nr.	6883

Distler — 8 €

Hersteller	Grell
Jahr	2003
Packung	Blister
Vorbild	MAN TG-A LKW mit HZ
Sonst.	und Flasche
Molter Nr.	7266

Dithmarscher — 10 €

Hersteller	dgd
Jahr	2001
Packung	Blister
Vorbild	MB Actros Auflieger
Sonst.	
Molter Nr.	4449

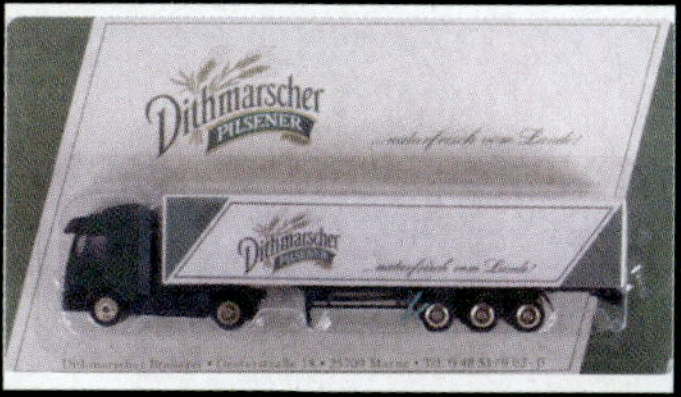

Dithmarscher — 8 €

Hersteller	Top-Style
Jahr	2002
Packung	Blister
Vorbild	MB Actros Auflieger
Sonst.	
Molter Nr.	6235

Dittmeyer´s Valensina — 25 €

Hersteller	Hümmer
Jahr	
Packung	Blister
Vorbild	US Auflieger
Sonst.	
Molter Nr.	1900

Dittmeyer´s Valensina — 10 €

Hersteller	Hümmer
Jahr	2000
Packung	Blister
Vorbild	MB Actros Auflieger
Sonst.	
Molter Nr.	1901

Dittmeyer´s Valensina — 8 €

Hersteller	Hümmer
Jahr	2001
Packung	Blister
Vorbild	MB Actros Auflieger
Sonst.	
Molter Nr.	4201

Dittmeyer´s Valensina — 8 €

Hersteller	Hümmer
Jahr	2001
Packung	Blister
Vorbild	MB Actros Auflieger
Sonst.	
Molter Nr.	3783

Döbelner — 12 €

Hersteller	Grell
Jahr	2000
Packung	Blister
Vorbild	Mack Auflieger
Sonst.	
Molter Nr.	313

Döbelner — 10 €

Hersteller	Grell
Jahr	2001
Packung	Blister
Vorbild	Scania Auflieger
Sonst.	
Molter Nr.	2420

Döbelner — 9 €

Hersteller	Grell
Jahr	2002
Packung	Blister
Vorbild	Freightliner FLD Tieflader
Sonst.	
Molter Nr.	4534

Döbler — 9 €

Hersteller	Lauterbach
Jahr	2001
Packung	Blister
Vorbild	MAN M2000 Auflieger
Sonst.	
Molter Nr.	4220

Dom Kölsch — 10 €

Hersteller	Grell
Jahr	2002
Packung	Blister
Vorbild	MB Actros Auflieger
Sonst.	
Molter Nr.	5354

Donat Getränke — 15 €

Hersteller	Grell
Jahr	1998
Packung	Blister
Vorbild	MB Actros Auflieger
Sonst.	
Molter Nr.	314

Dorfner — 8 €

Hersteller	dgd
Jahr	2001
Packung	Blister
Vorbild	MAN TG-A Auflieger
Sonst.	
Molter Nr.	2371

D

Dorfner — 8 €

Hersteller	dgd
Jahr	2002
Packung	Blister
Vorbild	MAN TG-A Auflieger
Sonst.	
Molter Nr.	5471

Dorn-Bräu — 12 €

Hersteller	dgd
Jahr	2001
Packung	Blister
Vorbild	MAN TG-A Auflieger
Sonst.	Ammerndorfer Bier
Molter Nr.	4219

Dorn-Bräu — 15 €

Hersteller	Amon
Jahr	2002 (Aufl.: 100)
Packung	Plastikschachtel
Vorbild	Scania Auflieger
Sonst.	
Molter Nr.	6041

Dorn-Bräu — 15 €

Hersteller	Amon
Jahr	2002 (Aufl.: 100)
Packung	Plastikschachtel
Vorbild	Renault Auflieger
Sonst.	
Molter Nr.	6051

Dorn-Bräu — 15 €

Hersteller	Amon
Jahr	2002 (Aufl.: 50)
Packung	Plastikschachtel
Vorbild	Renault Tankzug
Sonst.	
Molter Nr.	6060

Dorn-Bräu — 15 €

Hersteller	Amon
Jahr	2002 (Aufl.: 50)
Packung	Plastikschachtel
Vorbild	MB Actros Auflieger
Sonst.	
Molter Nr.	6068

Dorn-Bräu — 15 €

Hersteller	Amon
Jahr	2002 (Aufl.: 50)
Packung	Plastikschachtel
Vorbild	Renault Auflieger
Sonst.	
Molter Nr.	6087

Dorn-Bräu — 15 €

Hersteller	Amon
Jahr	2002 (Aufl.: 100)
Packung	Plastikschachtel
Vorbild	MB Actros Hängerzug
Sonst.	
Molter Nr.	6204

Dorn-Bräu — 15 €

Hersteller	Amon
Jahr	2002 (Aufl.: 100)
Packung	Plastikschachtel
Vorbild	MAN F2000 Auflieger
Sonst.	
Molter Nr.	6213

Dortmunder Union — €

Hersteller	
Jahr	
Packung	Plastikschachtel
Vorbild	Fiat
Sonst.	Liebhaberpreis Container
Molter Nr.	6603

D

Dortmunder Union	60 €
Hersteller	Brau und Brunnen
Jahr	
Packung	Pappschachtel
Vorbild	US Auflieger
Sonst.	
Molter Nr.	232

Dortmunder Union	15 €
Hersteller	Grell
Jahr	2000
Packung	Blister
Vorbild	MB Actros Auflieger
Sonst.	schwarze Sonnenblende
Molter Nr.	235

Dortmunder Union	10 €
Hersteller	Hümmer
Jahr	2000
Packung	Blister
Vorbild	MB Actros Auflieger
Sonst.	weiße Sonnenblende
Molter Nr.	2416

Dortmunder Union	9 €
Hersteller	Grell
Jahr	2001
Packung	Blister
Vorbild	Scania Auflieger
Sonst.	Dortmunder Union
Molter Nr.	4113

Dortmunder Union	8 €
Hersteller	Grell
Jahr	2001
Packung	Blister
Vorbild	Scania Auflieger
Sonst.	
Molter Nr.	4214

Dortmunder Union — 8 €

Hersteller	Grell
Jahr	2002
Packung	Blister
Vorbild	Renault Magnum Auflieger
Sonst.	
Molter Nr.	5697

Dortmunder Union — 8 €

Hersteller	Grell
Jahr	2001
Packung	Blister
Vorbild	Ford 9000 Auflieger
Sonst.	von Waldhoff Getränke
Molter Nr.	4255

Dortmunder Union — 8 €

Hersteller	Grell
Jahr	2002
Packung	Blister
Vorbild	Renault Auflieger
Sonst.	
Molter Nr.	5257

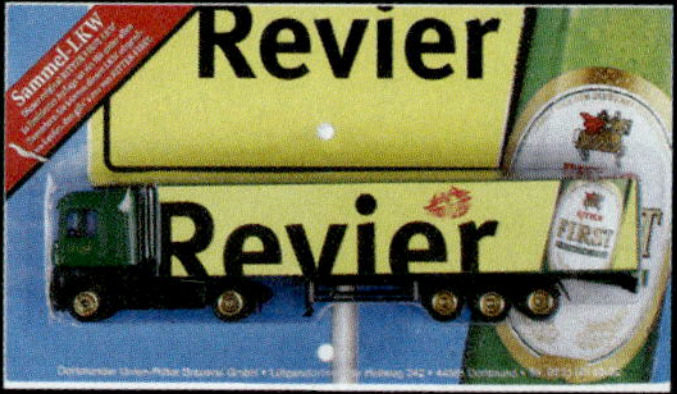

Dortmunder Union — 8 €

Hersteller	Grell
Jahr	2002
Packung	Blister
Vorbild	Krupp Mustang Hängerzug
Sonst.	
Molter Nr.	5601

Dortmunder Union — 8 €

Hersteller	Grell
Jahr	2003
Packung	Blister
Vorbild	MAN TG-A Hängerzug
Sonst.	
Molter Nr.	6693

Dortmunder Union — 8 €

Hersteller	Grell
Jahr	2003
Packung	Blister
Vorbild	Scania 124L Tieflader
Sonst.	mit Dose
Molter Nr.	6692

Drachselrieder — 10 €

Hersteller	Eurosun
Jahr	2001 (Aufl.: 5000)
Packung	Blister
Vorbild	MB Actros LKW
Sonst.	
Molter Nr.	2417

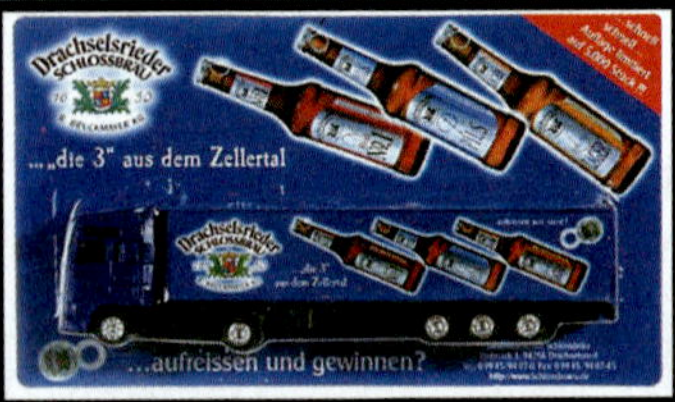

Drachselrieder — 10 €

Hersteller	dgd
Jahr	2001 (Aufl.: 5000)
Packung	Blister
Vorbild	MAN TG-A Auflieger
Sonst.	
Molter Nr.	2424

Drei-Kronen-Bräu — 12 €

Hersteller	Eurosun
Jahr	2000
Packung	Blister
Vorbild	Framo
Sonst.	Memmelsdorf
Molter Nr.	316

Drei-Kronen-Bräu — 13 €

Hersteller	Amon
Jahr	2001 (Aufl.: 200)
Packung	Plastikschachtel
Vorbild	MAN M2000 Auflieger
Sonst.	
Molter Nr.	2418

Drei-Kronen-Bräu — 13 €

Hersteller	Amon
Jahr	2001 (Aufl.: 200)
Packung	Plastikschachtel
Vorbild	MB Actros Auflieger
Sonst.	
Molter Nr.	2419

Drei-Kronen-Bräu — 13 €

Hersteller	Amon
Jahr	2001 (Aufl.: 250)
Packung	Plastikschachtel
Vorbild	Volvo Auflieger
Sonst.	
Molter Nr.	2422

Drei-Kronen-Bräu — 18 €

Hersteller	Amon
Jahr	2002 (Aufl.: 50)
Packung	Plastikschachtel
Vorbild	Majorette Auflieger
Sonst.	
Molter Nr.	6127

Dresdner Felsenkeller — 65 €

Hersteller	Hümmer
Jahr	
Packung	Blister
Vorbild	US Auflieger
Sonst.	
Molter Nr.	315

Dreykorn — 10 €

Hersteller	dgd
Jahr	2001
Packung	Blister
Vorbild	MAN F2000 Auflieger
Sonst.	
Molter Nr.	4052

D

D

Dreykorn	8 €
Hersteller	Grell
Jahr	2002
Packung	Blister
Vorbild	Scania 124L Auflieger
Sonst.	
Molter Nr.	5297

Drinky Getränke	15 €
Hersteller	Grell
Jahr	2000
Packung	Blister
Vorbild	MB Actros Auflieger
Sonst.	
Molter Nr.	319

Drinky Getränke	15 €
Hersteller	Grell
Jahr	2000
Packung	Blister
Vorbild	MB Actros Auflieger
Sonst.	
Molter Nr.	320

Drinky Getränke	15 €
Hersteller	Grell
Jahr	2000
Packung	Blister
Vorbild	MB Actros Auflieger
Sonst.	
Molter Nr.	317

Drinky Getränke	15 €
Hersteller	Grell
Jahr	2000
Packung	Blister
Vorbild	MB Actros Auflieger
Sonst.	
Molter Nr.	318

Drinky Getränke	15 €
Hersteller	Grell
Jahr	2000
Packung	Blister
Vorbild	MB Actros Auflieger
Sonst.	
Molter Nr.	321

Drinky Getränke	15 €
Hersteller	Grell
Jahr	2000
Packung	Blister
Vorbild	MB Actros Auflieger
Sonst.	
Molter Nr.	322

Drinky Getränke	15 €
Hersteller	Grell
Jahr	2000
Packung	Blister
Vorbild	MB Actros Auflieger
Sonst.	
Molter Nr.	323

Drinky Getränke	15 €
Hersteller	Grell
Jahr	2000
Packung	Blister
Vorbild	MB Actros Auflieger
Sonst.	
Molter Nr.	324

Drinky Getränke	15 €
Hersteller	Grell
Jahr	2000
Packung	Blister
Vorbild	MB Actros Auflieger
Sonst.	
Molter Nr.	325

D

Drinky Getränke — 15 €

Hersteller	Grell
Jahr	2000
Packung	Blister
Vorbild	MB Actros Auflieger
Sonst.	
Molter Nr.	326

Drinky Getränke — 15 €

Hersteller	Grell
Jahr	2000
Packung	Blister
Vorbild	MB Actros Auflieger
Sonst.	
Molter Nr.	327

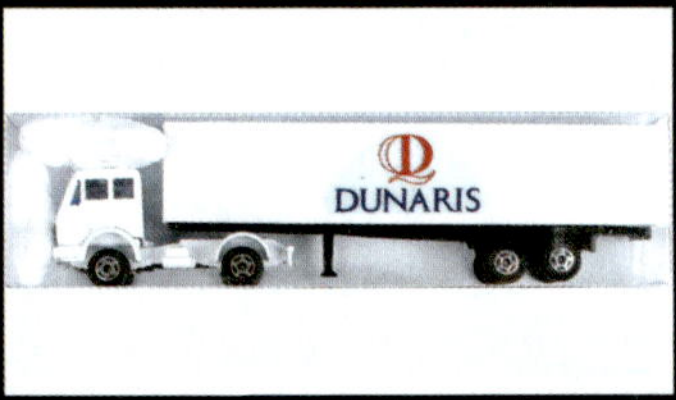

Dunaris — 100 €

Hersteller	Hümmer
Jahr	
Packung	Plastikschachtel
Vorbild	MB klein Auflieger
Sonst.	
Molter Nr.	6435

Duponia — 10 €

Hersteller	Grell
Jahr	2002
Packung	Blister
Vorbild	IFA W50 Hängerzug
Sonst.	
Molter Nr.	5183

Ebelsbacher Klosterbräu — 13 €

Hersteller	Amon
Jahr	2001
Packung	Plastikschachtel
Vorbild	MB Actros Auflieger
Sonst.	
Molter Nr.	2425

Ebelsbacher Klosterbräu — 13 €

Hersteller	Amon
Jahr	2001 (Aufl.: 200)
Packung	Plastikschachtel
Vorbild	MB Actros Auflieger
Sonst.	
Molter Nr.	4464

Ebelsbacher Klosterbräu — 13 €

Hersteller	Amon
Jahr	2001 (Aufl.: 200)
Packung	Plastikschachtel
Vorbild	MAN F2000 Auflieger
Sonst.	
Molter Nr.	4466

Ebelsbacher Klosterbräu — 15 €

Hersteller	Amon
Jahr	2002 (Aufl.: 100)
Packung	Plastikschachtel
Vorbild	MAN F2000 Auflieger
Sonst.	
Molter Nr.	6176

Ebelsbacher Klosterbräu — 15 €

Hersteller	Amon
Jahr	2002 (Aufl.: 50)
Packung	Plastikschachtel
Vorbild	Mack Auflieger
Sonst.	
Molter Nr.	6188

Eber Pils — 12 €

Hersteller	Grell
Jahr	1999
Packung	Blister
Vorbild	Mack Auflieger
Sonst.	
Molter Nr.	328

D

Eberhardt — 11 €

Hersteller	dgd
Jahr	2000
Packung	Blister
Vorbild	MAN F2000 Auflieger
Sonst.	
Molter Nr.	329

Eberstadt — 8 €

Hersteller	Grell
Jahr	2002
Packung	Blister
Vorbild	Scania Auflieger
Sonst.	
Molter Nr.	4715

Ecker Bräu — 20 €

Hersteller	Müller Chemnitz
Jahr	
Packung	Plastikschachtel
Vorbild	MB groß Auflieger
Sonst.	gelochte Felg., 5 Achsen
Molter Nr.	333

Ecker Bräu — 20 €

Hersteller	Müller Chemnitz
Jahr	
Packung	Plastikschachtel
Vorbild	MB groß Auflieger
Sonst.	4 Achsen
Molter Nr.	334

Ecker Bräu — 20 €

Hersteller	Müller Chemnitz
Jahr	
Packung	Plastikschachtel
Vorbild	Mack Auflieger
Sonst.	
Molter Nr.	331

Ecker Bräu	20 €
Hersteller	Müller Chemnitz
Jahr	
Packung	Plastikschachtel
Vorbild	Volvo Auflieger
Sonst.	
Molter Nr.	330

Ecker Bräu	20 €
Hersteller	Müller Chemnitz
Jahr	
Packung	Plastikschachtel
Vorbild	MB groß Auflieger
Sonst.	
Molter Nr.	332

Ecker Bräu	8 €
Hersteller	Top-Style
Jahr	2002
Packung	Blister
Vorbild	MB Actros Tankzug
Sonst.	
Molter Nr.	4775

Ecker Bräu	8 €
Hersteller	Allround-Service
Jahr	2002
Packung	Blister
Vorbild	MB Actros Hängerzug
Sonst.	
Molter Nr.	7399

Edenkoben	8 €
Hersteller	Eurosun
Jahr	2002
Packung	Blister
Vorbild	MB Actros Hängerzug
Sonst.	
Molter Nr.	4617

Eder´s	8 €
Hersteller	Grell
Jahr	2003
Packung	Blister
Vorbild	Scania 124L Auflieger
Sonst.	mit Sudkessel
Molter Nr.	6559

Eder´s	LHP €
Hersteller	
Jahr	
Packung	Plastikschachtel
Vorbild	MAN F90 Hängerzug
Sonst.	
Molter Nr.	6608

Eder´s	40 €
Hersteller	Hümmer
Jahr	
Packung	Blister
Vorbild	MAN F90 LKW
Sonst.	
Molter Nr.	337

Eder´s	40 €
Hersteller	Hümmer
Jahr	
Packung	Blister
Vorbild	MB klein Auflieger
Sonst.	
Molter Nr.	335

Eder´s	40 €
Hersteller	Hümmer
Jahr	
Packung	Blister
Vorbild	US Auflieger
Sonst.	ohne Spritzschutz
Molter Nr.	336

E

Eder´s	40 €
Hersteller	Rastel Kobra
Jahr	
Packung	Blister
Vorbild	US Auflieger
Sonst.	
Molter Nr.	338

Eder´s	20 €
Hersteller	Müller Chemnitz
Jahr	
Packung	Plastikschachtel
Vorbild	Mack Auflieger
Sonst.	
Molter Nr.	342

Eder´s	20 €
Hersteller	Müller Chemnitz
Jahr	
Packung	Plastikschachtel
Vorbild	Volvo Auflieger
Sonst.	
Molter Nr.	343

Eder´s	18 €
Hersteller	Müller Chemnitz
Jahr	
Packung	Blister
Vorbild	Mack Auflieger
Sonst.	
Molter Nr.	339

Eder´s	18 €
Hersteller	Müller Chemnitz
Jahr	
Packung	Plastikschachtel
Vorbild	Volvo Auflieger
Sonst.	
Molter Nr.	340

E

Eder´s	18 €
Hersteller	Müller Chemnitz
Jahr	
Packung	Plastikschachtel
Vorbild	MB groß Auflieger
Sonst.	
Molter Nr.	341

Eder´s	18 €
Hersteller	Müller Chemnitz
Jahr	
Packung	Plastikschachtel
Vorbild	MB groß Auflieger
Sonst.	
Molter Nr.	344

Eder´s	30 €
Hersteller	Rastel Kobra
Jahr	1998
Packung	Blister
Vorbild	US Auflieger
Sonst.	
Molter Nr.	345

Eder´s	30 €
Hersteller	Rastel Kobra
Jahr	1999
Packung	Blister
Vorbild	US Auflieger
Sonst.	
Molter Nr.	346

Eder´s	15 €
Hersteller	Grell
Jahr	2000
Packung	Blister
Vorbild	MB Actros Auflieger
Sonst.	
Molter Nr.	347

Eder´s — 12 €

Hersteller	Grell
Jahr	2000
Packung	Blister
Vorbild	MB Actros Auflieger
Sonst.	
Molter Nr.	348

Eder´s — 12 €

Hersteller	Grell
Jahr	2000
Packung	Blister
Vorbild	MB Actros Auflieger
Sonst.	
Molter Nr.	349

Eder´s — 10 €

Hersteller	Grell
Jahr	2001
Packung	Blister
Vorbild	MAN F2000 Auflieger
Sonst.	
Molter Nr.	2427

Eder´s — 10 €

Hersteller	Grell
Jahr	2001
Packung	Blister
Vorbild	Scania Auflieger
Sonst.	
Molter Nr.	2428

Eder´s — 11 €

Hersteller	Grell
Jahr	2001
Packung	Blister
Vorbild	Scania Auflieger
Sonst.	
Molter Nr.	2429

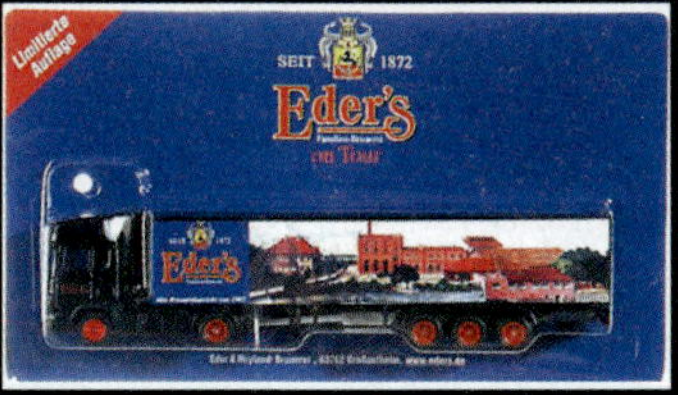

Eder´s	10 €
Hersteller	Grell
Jahr	2001
Packung	Blister
Vorbild	Scania Auflieger
Sonst.	
Molter Nr.	2430

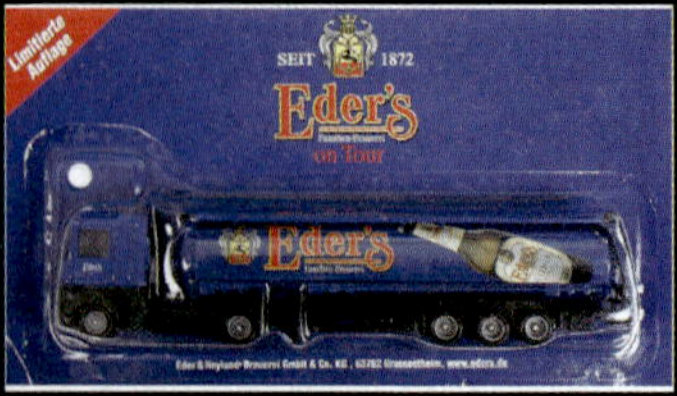

Eder´s	10 €
Hersteller	Grell
Jahr	2002
Packung	Blister
Vorbild	Renault Magnum Tankzug
Sonst.	
Molter Nr.	5671

Eder´s	8 €
Hersteller	Grell
Jahr	2002
Packung	Blister
Vorbild	MAN TG-A Tankzug
Sonst.	
Molter Nr.	5923

Eder´s	8 €
Hersteller	Grell
Jahr	2002
Packung	Blister
Vorbild	DAF 95 XF Tankzug
Sonst.	
Molter Nr.	5956

Eder´s	8 €
Hersteller	Grell
Jahr	2002
Packung	Blister
Vorbild	MB Atego Hängerzug
Sonst.	mit Schankwagen
Molter Nr.	5129

E

Eder´s — 8 €

Hersteller	Grell
Jahr	2003
Packung	Blister
Vorbild	Scania 124L Auflieger
Sonst.	mit Plakatwand
Molter Nr.	7317

Eder´s — 8 €

Hersteller	Grell
Jahr	2003
Packung	Blister
Vorbild	Scania 124L Auflieger
Sonst.	Mit Sudkessel
Molter Nr.	7530

Egerer — 10 €

Hersteller	Hümmer
Jahr	2001
Packung	Blister
Vorbild	MB Actros Auflieger
Sonst.	
Molter Nr.	2431

Egerer — 8 €

Hersteller	Hümmer
Jahr	2002
Packung	Blister
Vorbild	MB Actros Tanker
Sonst.	
Molter Nr.	4932

Egerer — 7 €

Hersteller	Hümmer
Jahr	2002
Packung	Blister
Vorbild	MB Actros Tanker
Sonst.	
Molter Nr.	7401

Ehringsdorfer	10 €
Hersteller	dgd
Jahr	2000
Packung	Blister
Vorbild	Kenworth T2000 Auflieger
Sonst.	
Molter Nr.	1957

Ehringsdorfer	10 €
Hersteller	Grell
Jahr	2001
Packung	Blister
Vorbild	Ford 9000 Auflieger
Sonst.	Sammlerserie Nr. 2
Molter Nr.	3827

Ehringsdorfer	10 €
Hersteller	Grell
Jahr	2001
Packung	Blister
Vorbild	Ford 9000 Auflieger
Sonst.	Sammlerserie Nr. 3
Molter Nr.	3828

Ehringsdorfer	10 €
Hersteller	Grell
Jahr	2001
Packung	Blister
Vorbild	Ford 9000 Auflieger
Sonst.	Sammlerserie Nr. 4
Molter Nr.	4043

Ehringsdorfer	20 €
Hersteller	Grell
Jahr	2001 (Aufl.: 2000)
Packung	Blister
Vorbild	Freightliner FLD Auflieger
Sonst.	Serie Nr. 1a S.-Auflage
Molter Nr.	2434

Ehringsdorfer	10 €
Hersteller	Grell
Jahr	2001
Packung	Blister
Vorbild	Ford 9000 Auflieger
Sonst.	Sammlerserie Nr. 5
Molter Nr.	3832

Ehringsdorfer	8 €
Hersteller	Grell
Jahr	2002
Packung	Blister
Vorbild	Freightliner FLD Tankzug
Sonst.	Sammlerserie Nr. 6
Molter Nr.	4987

Ehringsdorfer	8 €
Hersteller	Grell
Jahr	2002
Packung	Blister
Vorbild	MAN TG-A Tankzug
Sonst.	Sammlerserie Nr. 7
Molter Nr.	5459

Ehringsdorfer	8 €
Hersteller	Grell
Jahr	2002
Packung	Blister
Vorbild	Büssing Holzgaser HZ
Sonst.	Sammlerserie Nr. 8
Molter Nr.	4634

Ehringsdorfer	8 €
Hersteller	Grell
Jahr	2003
Packung	Blister
Vorbild	Krupp Mustang Auflieger
Sonst.	Nr. 9, mit Tanksilos
Molter Nr.	6668

Ehringsdorfer — 8 €

Hersteller	Grell
Jahr	2003
Packung	Blister
Vorbild	Scania 124L Auflieger
Sonst.	Nr. 10, mit Sudkessel
Molter Nr.	7526

Eibauer — 20 €

Hersteller	
Jahr	1997
Packung	Hülle
Vorbild	Garant Nostalgie LKW
Sonst.	
Molter Nr.	7402

Eibauer — 35 €

Hersteller	Grell
Jahr	
Packung	Blister
Vorbild	Mack Auflieger
Sonst.	
Molter Nr.	350

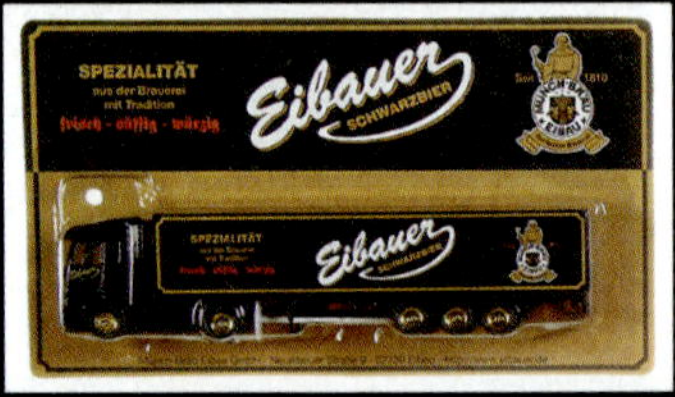

Eibauer — 20 €

Hersteller	Grell
Jahr	1999
Packung	Blister
Vorbild	MB Actros Auflieger
Sonst.	
Molter Nr.	351

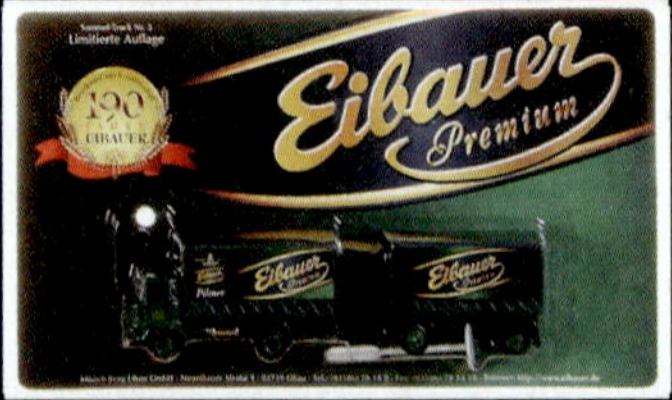

Eibauer — 15 €

Hersteller	Grell
Jahr	2000
Packung	Blister
Vorbild	IFA W50 Hängerzug
Sonst.	
Molter Nr.	352

Eibauer — 12 €

Hersteller	Grell
Jahr	2000
Packung	Blister
Vorbild	MB Actros Auflieger
Sonst.	
Molter Nr.	353

Eibauer — 11 €

Hersteller	Grell
Jahr	2000
Packung	Blister
Vorbild	Ford 9000 Auflieger
Sonst.	
Molter Nr.	354

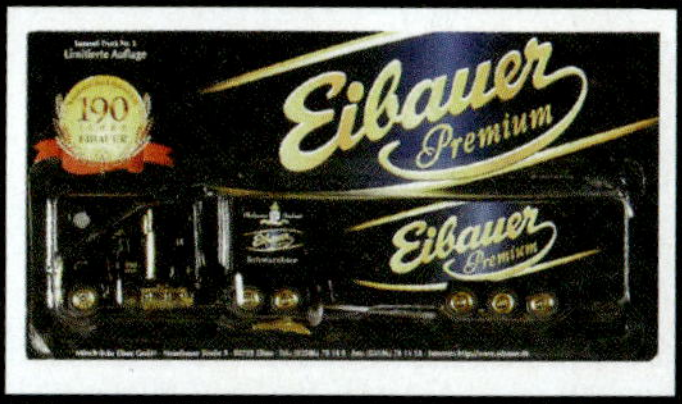

Eibauer — 10 €

Hersteller	Grell
Jahr	2001
Packung	Blister
Vorbild	Scania Auflieger
Sonst.	
Molter Nr.	355

Eibauer — 9 €

Hersteller	Grell
Jahr	2001
Packung	Blister
Vorbild	MAN F2000 Hängerzug
Sonst.	
Molter Nr.	2437

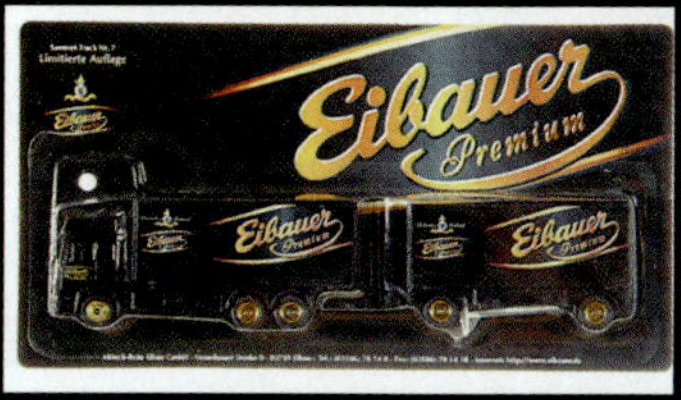

Eibauer — 9 €

Hersteller	Grell
Jahr	2001
Packung	Blister
Vorbild	Scania Hängerzug
Sonst.	
Molter Nr.	2448

E

Eibauer — 10 €

Hersteller	Grell
Jahr	2001
Packung	Blister
Vorbild	IFA W50 Hängerzug
Sonst.	
Molter Nr.	2155

Eibauer — 8 €

Hersteller	Grell
Jahr	2002
Packung	Blister
Vorbild	Freightliner FLD Tankzug
Sonst.	
Molter Nr.	5735

Eibauer — 8 €

Hersteller	Grell
Jahr	2002
Packung	Blister
Vorbild	Ford 9000 Auflieger
Sonst.	
Molter Nr.	5152

Eibauer — 8 €

Hersteller	Grell
Jahr	2002
Packung	Blister
Vorbild	Scania 124L Tankzug
Sonst.	mit Mayer
Molter Nr.	5971

Eibauer — 8 €

Hersteller	Grell
Jahr	2002
Packung	Blister
Vorbild	Freightliner FLD Auflieger
Sonst.	
Molter Nr.	5623

Eibauer	8 €
Hersteller	Grell
Jahr	2002
Packung	Blister
Vorbild	Ford 9000 Tankzug
Sonst.	
Molter Nr.	4666

Eibauer	8 €
Hersteller	Grell
Jahr	2002
Packung	Blister
Vorbild	Ford 9000 Auflieger
Sonst.	
Molter Nr.	7003

Eibauer	8 €
Hersteller	Grell
Jahr	2002
Packung	Blister
Vorbild	Scania Hauber Auflieger
Sonst.	
Molter Nr.	7403

Eibauer	8 €
Hersteller	Grell
Jahr	2002
Packung	Blister
Vorbild	Krupp Mustang Hängerzug
Sonst.	
Molter Nr.	5118

Eibauer	8 €
Hersteller	Grell
Jahr	2003
Packung	Blister
Vorbild	MB Atego Hängerzug
Sonst.	mit Tank
Molter Nr.	6674

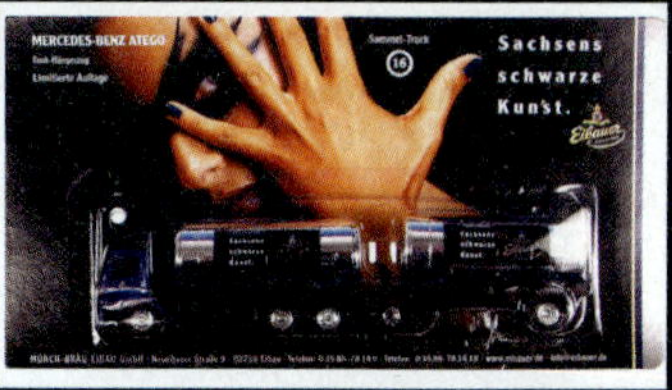

E

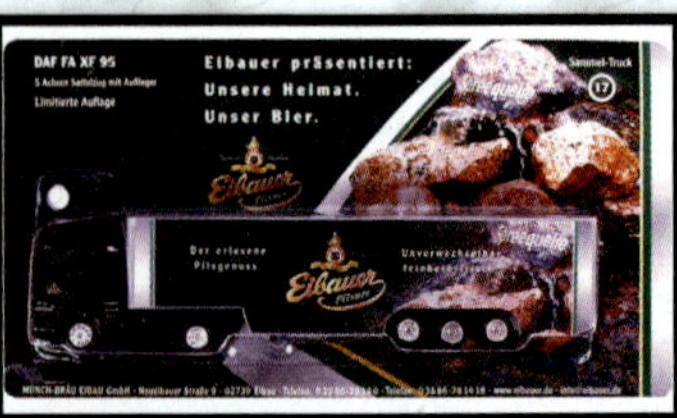

Eibauer — 8 €

Hersteller	Grell
Jahr	2003
Packung	Blister
Vorbild	DAF 95 XF Auflieger
Sonst.	
Molter Nr.	7281

Eibauer — 8 €

Hersteller	Top-Style
Jahr	2003
Packung	Blister
Vorbild	MB Actros Tankzug
Sonst.	mit Flüssigkeit
Molter Nr.	7115

E

Eichbaum — 100 €

Hersteller	
Jahr	
Packung	Blister
Vorbild	MB klein Auflieger
Sonst.	
Molter Nr.	357

Eichbaum — 40 €

Hersteller	Pro Marketing
Jahr	
Packung	bedruckte Pappschachtel
Vorbild	MB groß Auflieger
Sonst.	
Molter Nr.	358

Eichbaum — 18 €

Hersteller	Pro Marketing
Jahr	1999
Packung	Blister
Vorbild	Mack Auflieger
Sonst.	
Molter Nr.	359

Eichbaum	15 €
Hersteller	Pro Marketing
Jahr	2000
Packung	Blister
Vorbild	Mack Auflieger
Sonst.	
Molter Nr.	360

Eichbaum	10 €
Hersteller	dgd
Jahr	2000
Packung	Blister
Vorbild	US Auflieger
Sonst.	
Molter Nr.	361

Eichbaum	10 €
Hersteller	dgd
Jahr	2000
Packung	Blister
Vorbild	US Auflieger
Sonst.	
Molter Nr.	362

Eichbaum	8 €
Hersteller	Hümmer
Jahr	2001
Packung	Blister
Vorbild	MB Actros Auflieger
Sonst.	
Molter Nr.	2435

Eichbaum	10 €
Hersteller	dgd
Jahr	2002
Packung	Blister
Vorbild	Framo
Sonst.	
Molter Nr.	4785

E

Eichbaum	8 €
Hersteller	dgd
Jahr	2003
Packung	Blister
Vorbild	MB Actros Hängerzug
Sonst.	
Molter Nr.	7877

Eichener	20 €
Hersteller	Lauterbach
Jahr	2000
Packung	Blister
Vorbild	Ford Cargo LKW
Sonst.	
Molter Nr.	356

E

Eichener	15 €
Hersteller	dgd
Jahr	2000
Packung	Blister
Vorbild	Büssing Hängerzug
Sonst.	
Molter Nr.	2152

Eichener	12 €
Hersteller	Grell
Jahr	2001
Packung	Blister
Vorbild	MB Actros Auflieger
Sonst.	
Molter Nr.	2153

Eichener	12 €
Hersteller	Grell
Jahr	2001
Packung	Blister
Vorbild	Ford 9000 Auflieger
Sonst.	
Molter Nr.	2154

Eichener — 10 €

Hersteller	Grell
Jahr	2001
Packung	Blister
Vorbild	Freightliner FLD Auflieger
Sonst.	
Molter Nr.	2442

Eichener — 8 €

Hersteller	Grell
Jahr	2002
Packung	Blister
Vorbild	MAN TG-A Hängerzug
Sonst.	mit Schankwagen
Molter Nr.	4837

Eichhofener — 15 €

Hersteller	Hümmer
Jahr	1999
Packung	Blister
Vorbild	MB Oldtimer Hängerzug
Sonst.	
Molter Nr.	363

Eichhofener — 9 €

Hersteller	Hümmer
Jahr	2001
Packung	Blister
Vorbild	MB Actros LKW
Sonst.	
Molter Nr.	4461

Eichhorn, Dörfleins — 25 €

Hersteller	Amon
Jahr	2001 (Aufl.: 200)
Packung	Plastikschachtel
Vorbild	MB Actros Auflieger
Sonst.	
Molter Nr.	2440

Eichhorn, Dörfleins	25 €
Hersteller	Amon
Jahr	2001 (Aufl.: 200)
Packung	Plastikschachtel
Vorbild	MAN M2000 Auflieger
Sonst.	
Molter Nr.	2441

Eichhorn, Dörfleins	15 €
Hersteller	Amon
Jahr	2001 (Aufl.: 10)
Packung	Plastikschachtel
Vorbild	Majorette Auflieger
Sonst.	
Molter Nr.	2445

E

Eichhorn, Dörfleins	25 €
Hersteller	Amon
Jahr	2001 (Aufl.: 250)
Packung	Plastikschachtel
Vorbild	Volvo Auflieger
Sonst.	
Molter Nr.	2446

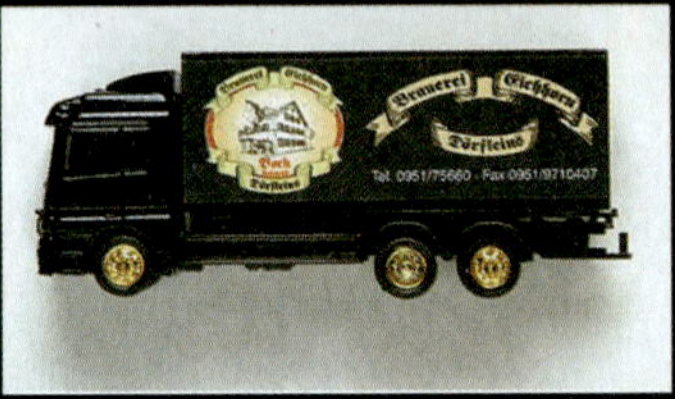

Eichhorn, Dörfleins	25 €
Hersteller	Amon
Jahr	2001 (Aufl.: 200)
Packung	Plastikschachtel
Vorbild	MB Actros LKW
Sonst.	
Molter Nr.	2447

Eichhorn, Dörfleins	25 €
Hersteller	Amon
Jahr	2002 (Aufl.: 100)
Packung	Plastikschachtel
Vorbild	MB Actros Auflieger
Sonst.	
Molter Nr.	6183

Eichhorn, Dörfleins — 20 €

Hersteller	Amon
Jahr	2002 (Aufl.: 200)
Packung	Plastikschachtel
Vorbild	Renault Tankzug
Sonst.	
Molter Nr.	6059

Eichhorn, Dörfleins — 20 €

Hersteller	Amon
Jahr	2002 (Aufl.: 100)
Packung	Plastikschachtel
Vorbild	Renault Tankzug
Sonst.	
Molter Nr.	6082

Eichhorn, Forchheim — 8 €

Hersteller	Allround-Service
Jahr	2002
Packung	Blister
Vorbild	MB Actros Hängerzug
Sonst.	
Molter Nr.	7404

Eierle — 25 €

Hersteller	
Jahr	2001
Packung	Plastikschachtel
Vorbild	MB Actros Auflieger
Sonst.	
Molter Nr.	2461

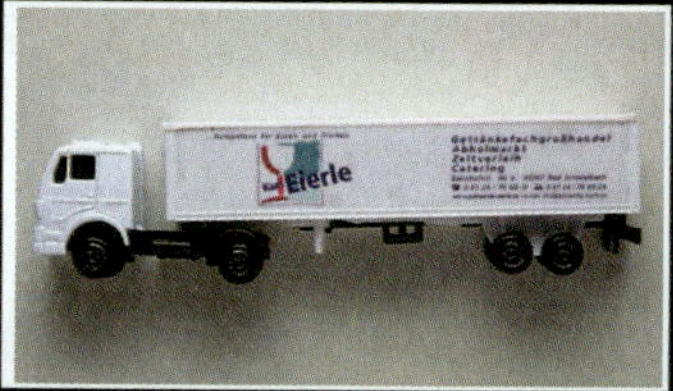

Einbecker — 9 €

Hersteller	Hümmer
Jahr	2001
Packung	Blister
Vorbild	MAN TG-A Auflieger
Sonst.	
Molter Nr.	2450

Einbecker — 8 €

Hersteller	Hümmer
Jahr	2002
Packung	Blister
Vorbild	MAN TG-A Auflieger
Sonst.	
Molter Nr.	5299

Einhorn — 8 €

Hersteller	Amon
Jahr	2001
Packung	Plastikschachtel
Vorbild	MAN F2000 Auflieger
Sonst.	
Molter Nr.	2449

Einsiedler — 65 €

Hersteller	
Jahr	
Packung	ohne
Vorbild	LKW
Sonst.	mit Schwungrad
Molter Nr.	364

Einsiedler — 35 €

Hersteller	
Jahr	
Packung	Plastikschachtel
Vorbild	Mack Auflieger
Sonst.	
Molter Nr.	365

Einsiedler — 35 €

Hersteller	
Jahr	
Packung	Plastikschachtel
Vorbild	Volvo Auflieger
Sonst.	
Molter Nr.	366

Einsiedler	12 €
Hersteller	Grell
Jahr	1999
Packung	Blister
Vorbild	Mack Auflieger
Sonst.	
Molter Nr.	367

Einsiedler	12 €
Hersteller	Grell
Jahr	2000
Packung	Blister
Vorbild	Mack Auflieger
Sonst.	
Molter Nr.	368

Einsiedler	15 €
Hersteller	Grell
Jahr	2000
Packung	Blister
Vorbild	Mack Auflieger
Sonst.	
Molter Nr.	369

Einsiedler	9 €
Hersteller	Grell
Jahr	2000
Packung	Blister
Vorbild	MAN F2000 Auflieger
Sonst.	
Molter Nr.	370

Einsiedler	9 €
Hersteller	Grell
Jahr	2001
Packung	Blister
Vorbild	MAN F2000 Auflieger
Sonst.	
Molter Nr.	2451

Einsiedler	9 €
Hersteller	Grell
Jahr	2001
Packung	Blister
Vorbild	Freightliner FLD Auflieger
Sonst.	
Molter Nr.	2452

Einsiedler	10 €
Hersteller	Müller Chemnitz
Jahr	2001
Packung	Plastikschachtel
Vorbild	Majorette Auflieger
Sonst.	
Molter Nr.	4353

Einsiedler	10 €
Hersteller	Grell
Jahr	2002
Packung	Blister
Vorbild	Nostalgie-Pferdekutsche
Sonst.	Nr. 1
Molter Nr.	7405

Einsiedler	8 €
Hersteller	Grell
Jahr	2002
Packung	Blister
Vorbild	Feuerwehr
Sonst.	Nr. 2
Molter Nr.	5246

Einsiedler	8 €
Hersteller	Grell
Jahr	2002
Packung	Blister
Vorbild	Feuerwehr
Sonst.	Nr. 3
Molter Nr.	4576

Einsiedler	8 €
Hersteller	Grell
Jahr	2002
Packung	Blister
Vorbild	Feuerwehr
Sonst.	Nr. 4
Molter Nr.	4577

Einsiedler	8 €
Hersteller	Grell
Jahr	2002
Packung	Blister
Vorbild	Feuerwehr
Sonst.	Nr. 5
Molter Nr.	5131

Einsiedler	8 €
Hersteller	Grell
Jahr	2002
Packung	Blister
Vorbild	Feuerwehr
Sonst.	Nr. 6
Molter Nr.	5089

Einsiedler	8 €
Hersteller	Grell
Jahr	2003
Packung	Blister
Vorbild	Feuerwehr
Sonst.	Nr. 7
Molter Nr.	6986

Einsiedler	8 €
Hersteller	Grell
Jahr	2003
Packung	Blister
Vorbild	Feuerwehr
Sonst.	Nr. 8
Molter Nr.	7554

Eisenacher	75 €
Hersteller	Hümmer
Jahr	1999
Packung	Blister
Vorbild	US Auflieger
Sonst.	geriffelter Sattel
Molter Nr.	371

Eisenacher	50 €
Hersteller	Hümmer
Jahr	1999
Packung	Blister
Vorbild	US Auflieger
Sonst.	glatter Sattel
Molter Nr.	371a

Eisenacher	20 €
Hersteller	Grell
Jahr	1999
Packung	Blister
Vorbild	Mack Auflieger
Sonst.	
Molter Nr.	375

Eisenacher	20 €
Hersteller	Grell
Jahr	1999
Packung	Blister
Vorbild	Mack Auflieger
Sonst.	
Molter Nr.	373

Eisenacher	18 €
Hersteller	Hümmer
Jahr	1999
Packung	Blister
Vorbild	Mack Auflieger
Sonst.	von DGS
Molter Nr.	372

Eisenacher 20 €

Hersteller	Grell
Jahr	1999
Packung	Blister
Vorbild	Mack Auflieger
Sonst.	
Molter Nr.	374

Eisenacher 18 €

Hersteller	Grell
Jahr	2000
Packung	Blister
Vorbild	MB Actros Auflieger
Sonst.	
Molter Nr.	376

Eisenacher 15 €

Hersteller	Grell
Jahr	2000
Packung	Blister
Vorbild	MB Actros Auflieger
Sonst.	
Molter Nr.	377

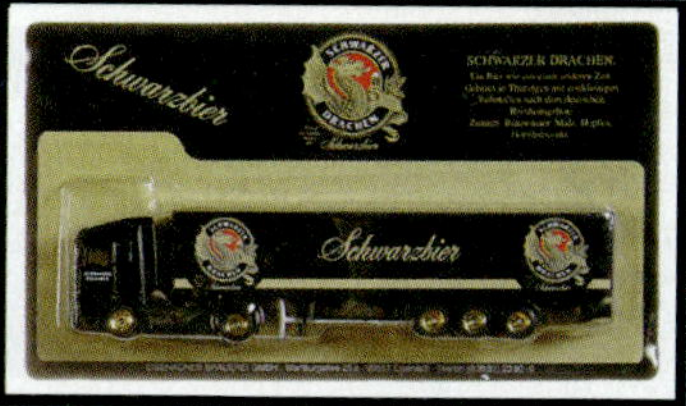

Eisenacher 15 €

Hersteller	Grell
Jahr	2000
Packung	Blister
Vorbild	IFA W50 Hängerzug
Sonst.	
Molter Nr.	378

Eisenacher 12 €

Hersteller	Grell
Jahr	2000
Packung	Blister
Vorbild	Ford 9000 Auflieger
Sonst.	
Molter Nr.	379

E

Eisenacher	12 €
Hersteller	Grell
Jahr	2000
Packung	Blister
Vorbild	Scania Auflieger
Sonst.	
Molter Nr.	380

Eisenacher	15 €
Hersteller	Grell
Jahr	2000 (Aufl.: 255)
Packung	Blister
Vorbild	MB Actros Hängerzug
Sonst.	von Zwicker Getränke
Molter Nr.	2097

Eisenacher	15 €
Hersteller	Grell
Jahr	2000 (Aufl.: 2500)
Packung	Blister
Vorbild	MB Actros Auflieger
Sonst.	von Zwicker Getränke
Molter Nr.	2089

Eisenacher	12 €
Hersteller	Grell
Jahr	2000
Packung	Blister
Vorbild	Ford 9000 Auflieger
Sonst.	
Molter Nr.	381

Eisenacher	10 €
Hersteller	Grell
Jahr	2001
Packung	Blister
Vorbild	Scania Auflieger
Sonst.	
Molter Nr.	7406

Eisenacher	10 €
Hersteller	Grell
Jahr	2001
Packung	Blister
Vorbild	Freightliner FLD Auflieger
Sonst.	
Molter Nr.	2455

Eisenacher	10 €
Hersteller	Grell
Jahr	2001
Packung	Blister
Vorbild	Freightliner FLD Auflieger
Sonst.	
Molter Nr.	2456

Eisenacher	10 €
Hersteller	Grell
Jahr	2001
Packung	Blister
Vorbild	MAN TG-A Tankzug
Sonst.	
Molter Nr.	2457

Eisenacher	8 €
Hersteller	Grell
Jahr	2002
Packung	Blister
Vorbild	MAN TG-A Tankzug
Sonst.	
Molter Nr.	4600

Eisenacher	8 €
Hersteller	Grell
Jahr	2002
Packung	Blister
Vorbild	Renault Magnum Auflieger
Sonst.	
Molter Nr.	6033

Eisenacher	9 €
Hersteller	Grell
Jahr	2002
Packung	Blister
Vorbild	DAF 95 XF Auflieger
Sonst.	
Molter Nr.	4767

Eisenacher	9 €
Hersteller	Grell
Jahr	2002
Packung	Blister
Vorbild	Scania 124L Tankzug
Sonst.	mit Silo
Molter Nr.	4511

E

Eisenacher	9 €
Hersteller	Grell
Jahr	2002
Packung	Blister
Vorbild	MB Atego Hängerzug
Sonst.	mit Schankwagen
Molter Nr.	4856

Eisenacher	9 €
Hersteller	Grell
Jahr	2002
Packung	Blister
Vorbild	MB Atego Tankhängerzug
Sonst.	
Molter Nr.	4719

Eisenacher	8 €
Hersteller	Grell
Jahr	2002
Packung	Blister
Vorbild	Scania Auflieger
Sonst.	mit Sudkessel
Molter Nr.	5364

Eisenacher	8 €
Hersteller	Grell
Jahr	2002
Packung	Blister
Vorbild	Freightliner FLD Hängerzug
Sonst.	
Molter Nr.	5900

Eisenacher	8 €
Hersteller	Grell
Jahr	2003
Packung	Blister
Vorbild	Krupp Oldtimer Hängerzug
Sonst.	
Molter Nr.	6391

Eisenacher	8 €
Hersteller	Grell
Jahr	2003
Packung	Blister
Vorbild	Scania 124L Auflieger
Sonst.	mit Dose
Molter Nr.	6921

Eisenschinck Getränkemarkt	8 €
Hersteller	Hümmer
Jahr	2001
Packung	Blister
Vorbild	MB Actros Auflieger
Sonst.	
Molter Nr.	2458

Eisenschinck Getränkemarkt	8 €
Hersteller	Hümmer
Jahr	2001
Packung	Blister
Vorbild	MB Actros Auflieger
Sonst.	
Molter Nr.	2459

Eisenschinck Getränkemarkt — 8 €

Hersteller	Hümmer
Jahr	2001
Packung	Blister
Vorbild	MB Actros Auflieger
Sonst.	
Molter Nr.	2460

Eittinger Fischerbräu — 9 €

Hersteller	dgd
Jahr	2001
Packung	Blister
Vorbild	MAN TG-A Auflieger
Sonst.	
Molter Nr.	7408

E

EKU — 100 €

Hersteller	
Jahr	
Packung	Blister
Vorbild	US Auflieger
Sonst.	mit Nieten
Molter Nr.	1101

EKU — 40 €

Hersteller	
Jahr	
Packung	Blister
Vorbild	US Auflieger
Sonst.	ohne Nieten
Molter Nr.	1103

EKU — €

Hersteller	
Jahr	
Packung	Plastikschachtel
Vorbild	MB Actros Hängerzug
Sonst.	
Molter Nr.	6602

EKU

15 €

Hersteller	Kulmbacher
Jahr	2000
Packung	Blister
Vorbild	US Auflieger
Sonst.	
Molter Nr.	1106

EKU

9 €

Hersteller	Grell
Jahr	2001
Packung	Blister
Vorbild	MB Actros Auflieger
Sonst.	
Molter Nr.	7409

EKU

8 €

Hersteller	Grell
Jahr	2001
Packung	Blister
Vorbild	MAN TG-A Auflieger
Sonst.	
Molter Nr.	2469

EKU

10 €

Hersteller	Grell
Jahr	2001
Packung	Blister
Vorbild	MB Actros Auflieger
Sonst.	Häusler Getränke
Molter Nr.	4053

EKU

10 €

Hersteller	Grell
Jahr	2001
Packung	Blister
Vorbild	MB Actros Auflieger
Sonst.	von Markgrafen
Molter Nr.	2471

E

EKU	10 €
Hersteller	Grell
Jahr	2001
Packung	Blister
Vorbild	MB Actros Auflieger
Sonst.	von Getränke Sagasser
Molter Nr.	2470

EKU	10 €
Hersteller	Grell
Jahr	2001
Packung	Blister
Vorbild	MB Actros Auflieger
Sonst.	von REWE
Molter Nr.	4056

E

EKU	10 €
Hersteller	Grell
Jahr	2001
Packung	Blister
Vorbild	MB Actros Auflieger
Sonst.	von Edeka
Molter Nr.	7410

EKU	10 €
Hersteller	Grell
Jahr	2001
Packung	Blister
Vorbild	MB Actros Auflieger
Sonst.	von Spar
Molter Nr.	4057

EKU	10 €
Hersteller	Grell
Jahr	2001
Packung	Blister
Vorbild	MB Actros Auflieger
Sonst.	von Marktkauf
Molter Nr.	4222

EKU	10 €
Hersteller	Grell
Jahr	2001
Packung	Blister
Vorbild	MB Actros Auflieger
Sonst.	von Lippert Getränke
Molter Nr.	2472

EKU	10 €
Hersteller	Grell
Jahr	2001
Packung	Blister
Vorbild	MB Actros Auflieger
Sonst.	von Real
Molter Nr.	7680

EKU	8 €
Hersteller	Kulmbacher
Jahr	2001
Packung	Blister
Vorbild	MAN TG-A Auflieger
Sonst.	
Molter Nr.	2474

EKU	15 €
Hersteller	dgd
Jahr	2001
Packung	Blister
Vorbild	MB Oldtimer Hängerzug
Sonst.	Schrift a.Plane, Markgrafen
Molter Nr.	2477

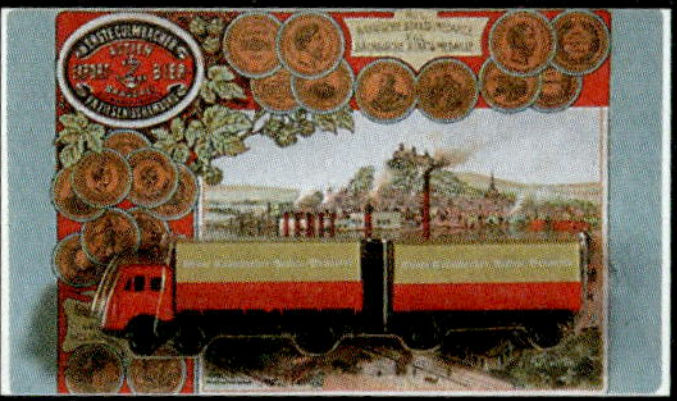

EKU	15 €
Hersteller	dgd
Jahr	2001
Packung	Blister
Vorbild	MB Oldtimer Hängerzug
Sonst.	Schrift auf Bordwand
Molter Nr.	2475

EKU	10 €
Hersteller	Grell
Jahr	2001
Packung	Blister
Vorbild	MB Actros Auflieger
Sonst.	von Häusler Getränke
Molter Nr.	740

EKU	10 €
Hersteller	Grell
Jahr	2001
Packung	Blister
Vorbild	MB Actros Auflieger
Sonst.	von Clippert
Molter Nr.	7695

EKU	10 €
Hersteller	Kulmbacher
Jahr	2001
Packung	Blister
Vorbild	MB Actros Auflieger
Sonst.	von Markgrafen
Molter Nr.	2476

EKU	10 €
Hersteller	Grell
Jahr	2001
Packung	Blister
Vorbild	MB Actros Tankzug
Sonst.	
Molter Nr.	7187

EKU	8 €
Hersteller	EKU
Jahr	2002
Packung	Blister
Vorbild	Scania Tankzug
Sonst.	
Molter Nr.	4940

EKU — 8 €

Hersteller	EKU
Jahr	2002
Packung	Blister
Vorbild	Scania Tankzug
Sonst.	
Molter Nr.	4941

EKU — 8 €

Hersteller	EKU
Jahr	2002
Packung	Blister
Vorbild	MAN TG-A Tankzug
Sonst.	
Molter Nr.	4909

EKU — 8 €

Hersteller	Brauerei
Jahr	2002
Packung	Blister
Vorbild	MB Actros Hängerzug
Sonst.	mit Tank
Molter Nr.	5799

EKU — 8 €

Hersteller	EKU
Jahr	2002
Packung	Blister
Vorbild	Scania Hängerzug
Sonst.	
Molter Nr.	7412

EKU — 8 €

Hersteller	Brauerei
Jahr	2002
Packung	Blister
Vorbild	Scania 124L Auflieger
Sonst.	mit Dose
Molter Nr.	7188

EKU — 8 €

Hersteller	Brauerei
Jahr	2003
Packung	Blister
Vorbild	Freightliner FLD Auflieger
Sonst.	mit Krug
Molter Nr.	6395

EKU — 8 €

Hersteller	Brauerei
Jahr	2003
Packung	Blister
Vorbild	Freightliner FLD Tieflader
Sonst.	mit Flasche
Molter Nr.	7243

EKU — 8 €

Hersteller	Brauerei
Jahr	2003
Packung	Blister
Vorbild	Freightliner FLD Tieflader
Sonst.	mit Flasche
Molter Nr.	7244

Elbflorenzer — 8 €

Hersteller	WMS
Jahr	2002
Packung	Blister
Vorbild	IFA H6 Hängerzug
Sonst.	
Molter Nr.	4644

Elbflorenzer — 8 €

Hersteller	Grell
Jahr	2003
Packung	Blister
Vorbild	Freightliner FLD Auflieger
Sonst.	mit Dose
Molter Nr.	6558

Elbflorenzer — 8 €

Hersteller	WMS
Jahr	2003
Packung	Blister
Vorbild	Volvo Tankzug
Sonst.	
Molter Nr.	5114

Elster Auer Pils — 9 €

Hersteller	dgd
Jahr	2000 (Aufl.: 2500)
Packung	Blister
Vorbild	MAN F2000 Auflieger
Sonst.	
Molter Nr.	385

Elster Auer Pils — 9 €

Hersteller	dgd
Jahr	2000 (Aufl.: 2500)
Packung	Blister
Vorbild	US Auflieger
Sonst.	
Molter Nr.	386

Elster Auer Pils — 10 €

Hersteller	dgd
Jahr	2000 (Aufl.: 2500)
Packung	Blister
Vorbild	Büssing Hängerzug
Sonst.	
Molter Nr.	387

Elster Auer Pils — 8 €

Hersteller	dgd
Jahr	2000 (Aufl.: 2500)
Packung	Blister
Vorbild	Kenworth T2000 Auflieger
Sonst.	
Molter Nr.	7540

E

Emmerberg Bräu — 10 €

Hersteller	Müller Chemnitz
Jahr	2001
Packung	Plastikschachtel
Vorbild	Majorette Auflieger
Sonst.	
Molter Nr.	2478

Emsland Sport — 15 €

Hersteller	Hümmer
Jahr	2000
Packung	Blister
Vorbild	US Auflieger
Sonst.	
Molter Nr.	383

Emsland Sport — 15 €

Hersteller	Hümmer
Jahr	2000
Packung	Blister
Vorbild	US Auflieger
Sonst.	
Molter Nr.	382

Emsland Sport — 15 €

Hersteller	Hümmer
Jahr	2000
Packung	Blister
Vorbild	US Auflieger
Sonst.	
Molter Nr.	384

Emsland Sport — 8 €

Hersteller	Hümmer
Jahr	2001
Packung	Blister
Vorbild	MB Actros Auflieger
Sonst.	
Molter Nr.	2479

Emsland Sport	8 €
Hersteller	Hümmer
Jahr	2001
Packung	Blister
Vorbild	MB Actros Auflieger
Sonst.	
Molter Nr.	4498

Emsland Sport	8 €
Hersteller	Hümmer
Jahr	2002
Packung	Blister
Vorbild	MB Actros Auflieger
Sonst.	
Molter Nr.	7476

Emsland Sport	8 €
Hersteller	Hümmer
Jahr	2002
Packung	Blister
Vorbild	MB Actros Auflieger
Sonst.	
Molter Nr.	7477

Emsland Sport	8 €
Hersteller	Hümmer
Jahr	2002
Packung	Blister
Vorbild	MB Actros Auflieger
Sonst.	
Molter Nr.	7478

Emsland Sport	8 €
Hersteller	Hümmer
Jahr	2002
Packung	Blister
Vorbild	MB Actros Auflieger
Sonst.	
Molter Nr.	7479

Emsland Sport — 8 €

Hersteller	Hümmer
Jahr	2002
Packung	Blister
Vorbild	MB Actros Auflieger
Sonst.	
Molter Nr.	7480

Emsland Sport — 8 €

Hersteller	Hümmer
Jahr	2002
Packung	Blister
Vorbild	MB Actros Auflieger
Sonst.	
Molter Nr.	7481

Emsland Sport — 8 €

Hersteller	Hümmer
Jahr	2002
Packung	Blister
Vorbild	MAN TG-A Auflieger
Sonst.	
Molter Nr.	7302

Endres — 25 €

Hersteller	Amon
Jahr	2001 (Aufl.: 200)
Packung	Plastikschachtel
Vorbild	Volvo Auflieger
Sonst.	
Molter Nr.	2468

Endres — 25 €

Hersteller	Amon
Jahr	2001 (Aufl.: 100)
Packung	Plastikschachtel
Vorbild	MB Actros LKW
Sonst.	
Molter Nr.	2481

Endres
25 €

Hersteller	Amon
Jahr	2001 (Aufl.: 200)
Packung	Plastikschachtel
Vorbild	Majorette Auflieger
Sonst.	
Molter Nr.	2482

Endres
25 €

Hersteller	Amon
Jahr	2001 (Aufl.: 100)
Packung	Plastikschachtel
Vorbild	MAN F2000 Auflieger
Sonst.	
Molter Nr.	2483

E

Endres
25 €

Hersteller	Amon
Jahr	2001 (Aufl.: 100)
Packung	Plastikschachtel
Vorbild	MAN F2000 Auflieger
Sonst.	
Molter Nr.	2484

Endres
15 €

Hersteller	Amon
Jahr	2002 (Aufl.: 50)
Packung	Plastikschachtel
Vorbild	Renault Tankzug
Sonst.	
Molter Nr.	6128

Engel Bräu Crailsheim
25 €

Hersteller	Müller Chemnitz
Jahr	
Packung	Plastikschachtel
Vorbild	Volvo Auflieger
Sonst.	
Molter Nr.	388

Engel Bräu Crailsheim 20 €

Hersteller	Müller Chemnitz
Jahr	
Packung	Plastikschachtel
Vorbild	MB groß Auflieger
Sonst.	
Molter Nr.	389

Engel Bräu Crailsheim 25 €

Hersteller	Müller Chemnitz
Jahr	
Packung	Plastikschachtel
Vorbild	Mack Auflieger
Sonst.	
Molter Nr.	390

Engel Bräu Crailsheim 25 €

Hersteller	Müller Chemnitz
Jahr	
Packung	Plastikschachtel
Vorbild	Mack Auflieger
Sonst.	
Molter Nr.	391

Engel Bräu Crailsheim 20 €

Hersteller	Müller Chemnitz
Jahr	
Packung	Plastikschachtel
Vorbild	MB groß Auflieger
Sonst.	
Molter Nr.	392

Engel Bräu Crailsheim 20 €

Hersteller	Müller Chemnitz
Jahr	
Packung	Plastikschachtel
Vorbild	Mack Auflieger
Sonst.	
Molter Nr.	393

Engel Bräu Crailsheim 20 €

Hersteller	Müller Chemnitz
Jahr	
Packung	Plastikschachtel
Vorbild	MB groß Auflieger
Sonst.	
Molter Nr.	394

Engel Bräu Crailsheim 20 €

Hersteller	Müller Chemnitz
Jahr	
Packung	Plastikschachtel
Vorbild	Volvo Auflieger
Sonst.	
Molter Nr.	395

Engel Bräu Crailsheim 20 €

Hersteller	Grell
Jahr	1999
Packung	Blister
Vorbild	Mack Auflieger
Sonst.	
Molter Nr.	396

Engel Bräu Crailsheim 15 €

Hersteller	Grell
Jahr	2000
Packung	Blister
Vorbild	Mack Auflieger
Sonst.	
Molter Nr.	397

Engel Bräu Crailsheim 15 €

Hersteller	Grell
Jahr	2000
Packung	Blister
Vorbild	MB Actros Auflieger
Sonst.	
Molter Nr.	398

Engel Bräu Crailsheim — 10 €

Hersteller	Grell
Jahr	2001
Packung	Blister
Vorbild	Ford 9000 Auflieger
Sonst.	
Molter Nr.	2485

Engel Bräu Crailsheim — 10 €

Hersteller	Grell
Jahr	2001
Packung	Blister
Vorbild	Scania Auflieger
Sonst.	
Molter Nr.	4012

E

Engel Bräu Crailsheim — 9 €

Hersteller	Grell
Jahr	2001
Packung	Blister
Vorbild	Freightliner FLD Auflieger
Sonst.	
Molter Nr.	4055

Engel Bräu Crailsheim — 10 €

Hersteller	Grell
Jahr	2001
Packung	Blister
Vorbild	MAN TG-A Tankzug
Sonst.	
Molter Nr.	4221

Engel Bräu Crailsheim — 9 €

Hersteller	Grell
Jahr	2002
Packung	Blister
Vorbild	Ford 9000 Auflieger
Sonst.	
Molter Nr.	5230

Engel Bräu Crailsheim 9 €

Hersteller	Grell
Jahr	2002
Packung	Blister
Vorbild	Renault Auflieger
Sonst.	
Molter Nr.	4867

Engel Bräu Crailsheim 8 €

Hersteller	Grell
Jahr	2002
Packung	Blister
Vorbild	MAN TG-A Hängerzug
Sonst.	mit Schankwagen
Molter Nr.	7413

Engel Bräu Crailsheim 8 €

Hersteller	dgd
Jahr	2002
Packung	Blister
Vorbild	MB Axor Auflieger
Sonst.	mit Gabelstapler
Molter Nr.	7414

Engel Bräu Crailsheim 8 €

Hersteller	Grell
Jahr	2002
Packung	Blister
Vorbild	Scania 124 L Tankzug
Sonst.	mit Container
Molter Nr.	7283

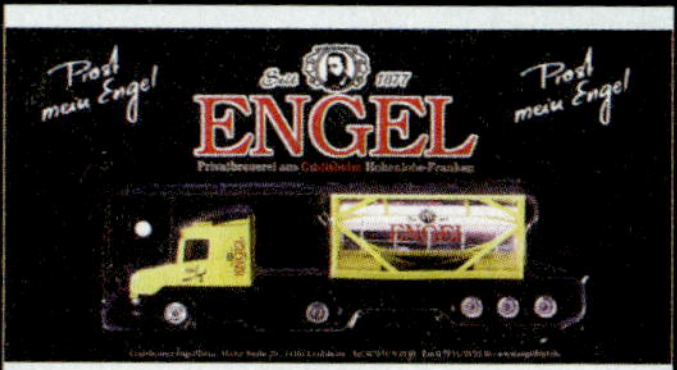

Engel Bräu Crailsheim 8 €

Hersteller	Grell
Jahr	2003
Packung	Blister
Vorbild	Freightliner FLD Auflieger
Sonst.	mit Sudkessel
Molter Nr.	7254

Engelbräu — 15 €

Hersteller	
Jahr	
Packung	Plastikschachtel
Vorbild	MB groß Auflieger
Sonst.	
Molter Nr.	400

Engelbräu — 15 €

Hersteller	Müller Chemnitz
Jahr	2001
Packung	Plastikschachtel
Vorbild	Majorette Auflieger
Sonst.	
Molter Nr.	2486

E

Engelbräu — 8 €

Hersteller	
Jahr	2001
Packung	Plastikschachtel
Vorbild	MB Actros Hängerzug
Sonst.	
Molter Nr.	2488

Engelsberg — 8 €

Hersteller	Hümmer
Jahr	2003
Packung	Blister
Vorbild	MAN TG-A Auflieger
Sonst.	mit Flasche
Molter Nr.	6483

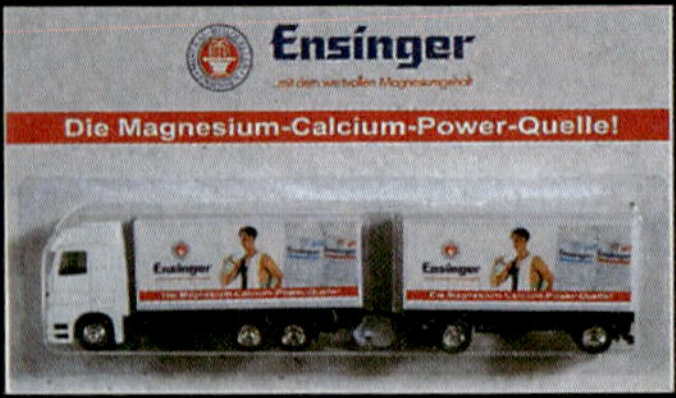

Ensinger — 9 €

Hersteller	Hümmer
Jahr	2001
Packung	Blister
Vorbild	MB Actros Hängerzug
Sonst.	
Molter Nr.	2489

Erbacher 35 €

Hersteller	Hümmer
Jahr	
Packung	Blister
Vorbild	US Auflieger
Sonst.	5-Loch Felgen
Molter Nr.	401

Erbacher 12 €

Hersteller	Hümmer
Jahr	1999
Packung	Blister
Vorbild	US Auflieger
Sonst.	Tiefbettfelgen
Molter Nr.	402

E

Erbacher 12 €

Hersteller	Hümmer
Jahr	
Packung	Blister
Vorbild	MB Oldtimer Hängerzug
Sonst.	
Molter Nr.	403

Erbacher 9 €

Hersteller	Hümmer
Jahr	2001
Packung	Blister
Vorbild	MB Actros Hängerzug
Sonst.	
Molter Nr.	2491

Erbacher 9 €

Hersteller	Hümmer
Jahr	2001
Packung	Blister
Vorbild	MB Actros Hängerzug
Sonst.	
Molter Nr.	2490

Erbacher — 8 €

Hersteller	Eurosun
Jahr	2001
Packung	Blister
Vorbild	Scania Auflieger
Sonst.	
Molter Nr.	2493

Erbacher — 8 €

Hersteller	Eurosun
Jahr	2001
Packung	Blister
Vorbild	Scania Auflieger
Sonst.	
Molter Nr.	2494

E

Erdinger — 60 €

Hersteller	dgd
Jahr	
Packung	Plastikschachtel
Vorbild	MB klein Auflieger
Sonst.	Siebdruck, Weißbier dünn
Molter Nr.	406

Erdinger — 60 €

Hersteller	
Jahr	
Packung	Plastikschachtel
Vorbild	MB groß Auflieger
Sonst.	Siebdruck, Weißbier fett
Molter Nr.	2492

Erdinger — 50 €

Hersteller	dgd
Jahr	
Packung	Plastikschachtel
Vorbild	US Auflieger
Sonst.	Siebdruck
Molter Nr.	405

Erdinger	40 €
Hersteller	Hümmer
Jahr	
Packung	Blister
Vorbild	US Auflieger
Sonst.	
Molter Nr.	404

Erdinger	25 €
Hersteller	
Jahr	1998
Packung	Plastikschachtel
Vorbild	Mack Auflieger
Sonst.	
Molter Nr.	407

E

Erdinger	20 €
Hersteller	dgd
Jahr	1999
Packung	Plastikschachtel
Vorbild	MB Actros Auflieger
Sonst.	
Molter Nr.	408

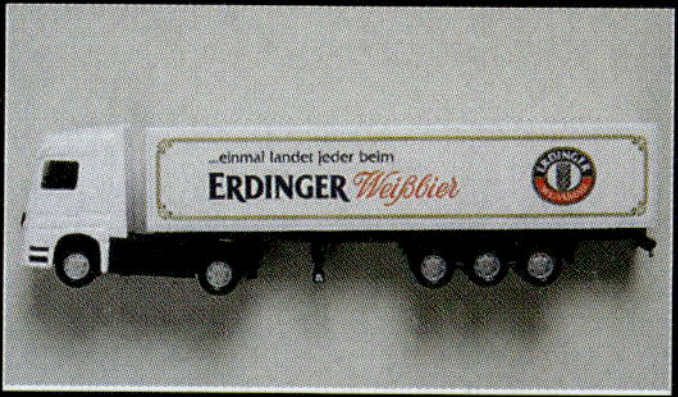

Erdinger	18 €
Hersteller	dgd
Jahr	1999
Packung	Blister
Vorbild	MB Actros Auflieger
Sonst.	
Molter Nr.	409

Erdinger	10 €
Hersteller	dgd
Jahr	2000
Packung	Blister
Vorbild	MB Actros Auflieger
Sonst.	
Molter Nr.	410

E

Erdinger	15 €
Hersteller	dgd
Jahr	2000
Packung	Blister
Vorbild	VW Beetle
Sonst.	
Molter Nr.	411

Erdinger	8 €
Hersteller	dgd
Jahr	2001
Packung	Blister
Vorbild	Büssing Hängerzug
Sonst.	
Molter Nr.	2496

Erdinger	18 €
Hersteller	dgd
Jahr	2001
Packung	Plastikschachtel
Vorbild	US Auflieger
Sonst.	Erdinger dünn
Molter Nr.	6600

Erdinger	8 €
Hersteller	dgd
Jahr	2002
Packung	Plastikschachtel
Vorbild	US Auflieger
Sonst.	Erdinger fett
Molter Nr.	4569

Erdinger	18 €
Hersteller	Pro-Innovation GmbH
Jahr	2002 (Aufl.: 2500)
Packung	Blister
Vorbild	Scania Auflieger
Sonst.	Greuther-Fuerth
Molter Nr.	4513

Erdinger 18 €

Hersteller	Pro-Innovation GmbH
Jahr	2002 (Aufl.: 2500)
Packung	Blister
Vorbild	Scania Auflieger
Sonst.	Greuther-Fuerth
Molter Nr.	4515

Erdinger 8 €

Hersteller	dgd
Jahr	2002
Packung	Blister
Vorbild	MAN Phönix Auflieger
Sonst.	
Molter Nr.	5611

Erl Bräu 20 €

Hersteller	
Jahr	
Packung	Plastikschachtel
Vorbild	Ford Cargo LKW
Sonst.	
Molter Nr.	413

Erl Bräu 9 €

Hersteller	Hümmer
Jahr	2002
Packung	Blister
Vorbild	MAN TG-A Auflieger
Sonst.	
Molter Nr.	4990

Erlbacher Brauhaus 15 €

Hersteller	Dickie
Jahr	2000 (Aufl.: 2500)
Packung	Blister
Vorbild	MB Actros Auflieger
Sonst.	
Molter Nr.	412

E

Erlo Getränke	9 €
Hersteller	Grell
Jahr	2001
Packung	Blister
Vorbild	MB Actros Auflieger
Sonst.	
Molter Nr.	2498

Erlo Getränke	9 €
Hersteller	Grell
Jahr	2001
Packung	Blister
Vorbild	MB Actros Hängerzug
Sonst.	
Molter Nr.	2462

Erlo Getränke	8 €
Hersteller	Grell
Jahr	2001
Packung	Blister
Vorbild	MB Actros Hängerzug
Sonst.	
Molter Nr.	2463

Erlo Getränke	8 €
Hersteller	Grell
Jahr	2001
Packung	Blister
Vorbild	MB Actros Hängerzug
Sonst.	
Molter Nr.	2464

Erlo Getränke	8 €
Hersteller	Grell
Jahr	2001
Packung	Blister
Vorbild	MB Actros Hängerzug
Sonst.	
Molter Nr.	2497

Ernst

8 €

Hersteller	Top-Style
Jahr	2002
Packung	Blister
Vorbild	MB Actros Tankzug
Sonst.	
Molter Nr.	4910

Ernstl Bräu

8 €

Hersteller	Top-Style
Jahr	2002
Packung	Blister
Vorbild	MB Actros Tankzug
Sonst.	
Molter Nr.	4920

Ernstl Bräu

8 €

Hersteller	Top-Style
Jahr	2002 (Aufl.: 2500)
Packung	Blister
Vorbild	MB Actros Tankzug
Sonst.	
Molter Nr.	5331

Ernstl Bräu

8 €

Hersteller	Top-Style
Jahr	2002 (Aufl.: 2500)
Packung	Blister
Vorbild	MB Actros Tankzug
Sonst.	
Molter Nr.	4923

Ernstl Bräu

8 €

Hersteller	Grell
Jahr	2002
Packung	Blister
Vorbild	Freightliner FLD Auflieger
Sonst.	mit Dose
Molter Nr.	5877

E

Ernstl Bräu — 8 €

Hersteller	Top-Style
Jahr	2003
Packung	Blister
Vorbild	MB Actros Tankzug
Sonst.	mit Flüssigkeit
Molter Nr.	6863

Erzquell — 9 €

Hersteller	dgd
Jahr	2001
Packung	Blister
Vorbild	MB Actros Hängerzug
Sonst.	
Molter Nr.	2501

Erzquell — 8 €

Hersteller	Grell
Jahr	2002
Packung	Blister
Vorbild	Scania Auflieger
Sonst.	
Molter Nr.	4765

Eschenbacher Brauerei — LHP €

Hersteller	dgd
Jahr	1999
Packung	Plastikschachtel
Vorbild	US Auflieger
Sonst.	Liebhaberpreis
Molter Nr.	416

Eschenbacher Brauerei — 18 €

Hersteller	dgd
Jahr	1999
Packung	Blister
Vorbild	US Auflieger
Sonst.	kleines Logo
Molter Nr.	414

E

Eschenbacher Brauerei 15 €

Hersteller	dgd
Jahr	1999
Packung	Blister
Vorbild	US Auflieger
Sonst.	großes Logo
Molter Nr.	415

Eschenbacher Brauerei 12 €

Hersteller	dgd
Jahr	1999
Packung	Blister
Vorbild	Kenworth T2000 Auflieger
Sonst.	
Molter Nr.	417

Eschenbacher Brauerei 12 €

Hersteller	dgd
Jahr	2000
Packung	Blister
Vorbild	Büssing Hängerzug
Sonst.	
Molter Nr.	418

Eschenbacher Brauerei 10 €

Hersteller	dgd
Jahr	2000
Packung	Blister
Vorbild	MB L322 Hängerzug
Sonst.	
Molter Nr.	419

Eschenbacher Brauerei 9 €

Hersteller	dgd
Jahr	2000
Packung	Blister
Vorbild	MAN Oldtimer Hängerzug
Sonst.	
Molter Nr.	420

Eschenbacher Brauerei 8 €

Hersteller	dgd
Jahr	2001
Packung	Blister
Vorbild	MAN TG-A Auflieger
Sonst.	
Molter Nr.	2156

Eschenbacher Brauerei 8 €

Hersteller	dgd
Jahr	2001
Packung	Blister
Vorbild	MAN Oldtimer Hängerzug
Sonst.	
Molter Nr.	2504

E

Eschenbacher Brauerei 8 €

Hersteller	dgd
Jahr	2001
Packung	Blister
Vorbild	MB Oldtimer Hängerzug
Sonst.	
Molter Nr.	2506

Eschenbacher Brauerei 8 €

Hersteller	dgd
Jahr	2001
Packung	Blister
Vorbild	MAN Diesel Auflieger
Sonst.	
Molter Nr.	2505

Eschenbacher Brauerei 8 €

Hersteller	dgd
Jahr	2002
Packung	Blister
Vorbild	Freightliner FLD Auflieger
Sonst.	
Molter Nr.	5673

Eschenbacher Brauerei — 8 €

Hersteller	dgd
Jahr	2002
Packung	Blister
Vorbild	Scania Oldtimer Hängerzug
Sonst.	
Molter Nr.	5936

Eschenbacher Brauerei — 8 €

Hersteller	dgd
Jahr	2002
Packung	Blister
Vorbild	Renault Magnum Auflieger
Sonst.	
Molter Nr.	5757

Eschenbacher Brauerei — 10 €

Hersteller	dgd
Jahr	2002 (Aufl.: mit Silo)
Packung	Blister
Vorbild	DAF 95 XF Tankzug
Sonst.	
Molter Nr.	4994

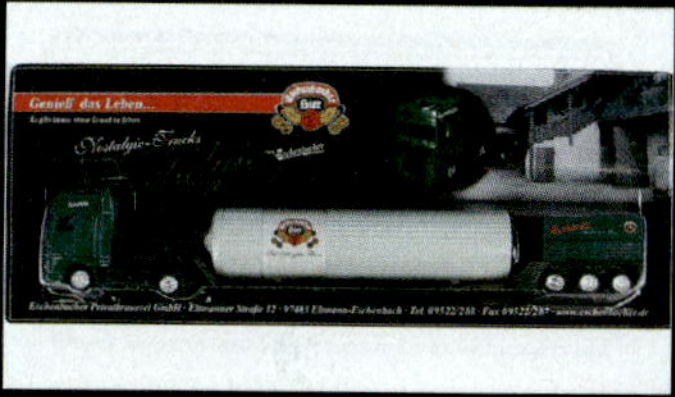

Eschenbacher Brauerei — 8 €

Hersteller	Achim Pex
Jahr	2003
Packung	Blister
Vorbild	IFA H6 Hängerzug
Sonst.	
Molter Nr.	7078

Eschweger — 60 €

Hersteller	Hümmer
Jahr	
Packung	Blister
Vorbild	Klassiker PKW
Sonst.	
Molter Nr.	6410

E

Eschweger — **60 €**

Hersteller	Hümmer
Jahr	
Packung	Blister
Vorbild	Klassiker PKW
Sonst.	
Molter Nr.	6411

Eschweger — **60 €**

Hersteller	Hümmer
Jahr	
Packung	Blister
Vorbild	Klassiker PKW
Sonst.	
Molter Nr.	6412

E

Eschweger — **75 €**

Hersteller	Hümmer
Jahr	
Packung	Blister
Vorbild	US Auflieger
Sonst.	
Molter Nr.	423

Eschweger — **50 €**

Hersteller	Hümmer
Jahr	
Packung	Blister
Vorbild	US Auflieger
Sonst.	
Molter Nr.	422

Eschweger — **30 €**

Hersteller	Hümmer
Jahr	
Packung	Blister
Vorbild	MAN F90 Hängerzug
Sonst.	
Molter Nr.	424

Eschweger — 30 €

Hersteller	Hümmer
Jahr	
Packung	Blister
Vorbild	Ford Oldtimer
Sonst.	
Molter Nr.	421

Eschweger — 15 €

Hersteller	Hümmer
Jahr	2000
Packung	Blister
Vorbild	MB Actros Hängerzug
Sonst.	
Molter Nr.	425

Eschweger — 10 €

Hersteller	Hümmer
Jahr	2000
Packung	Blister
Vorbild	MB Actros Auflieger
Sonst.	
Molter Nr.	426

Eschweger — 10 €

Hersteller	Hümmer
Jahr	2000
Packung	Blister
Vorbild	MB Actros Auflieger
Sonst.	
Molter Nr.	427

Eschweger — 10 €

Hersteller	Hümmer
Jahr	2001
Packung	Blister
Vorbild	MB Actros Auflieger
Sonst.	
Molter Nr.	2507

E

Eschweger	10 €
Hersteller	Hümmer
Jahr	2001
Packung	Blister
Vorbild	MAN TG-A Auflieger
Sonst.	
Molter Nr.	2509

Eschweger	10 €
Hersteller	Hümmer
Jahr	2001
Packung	Blister
Vorbild	MAN TG-A Auflieger
Sonst.	
Molter Nr.	2508

Eschweger	15 €
Hersteller	Gefra
Jahr	2001
Packung	Blister
Vorbild	MB Actros Hängerzug
Sonst.	
Molter Nr.	2511

Eschweger	9 €
Hersteller	Hümmer
Jahr	2001
Packung	Blister
Vorbild	MB Actros Hängerzug
Sonst.	
Molter Nr.	2510

Eschweger	8 €
Hersteller	Grell
Jahr	2002
Packung	Blister
Vorbild	Renault Tankzug
Sonst.	
Molter Nr.	5270

Eschweger 8 €

Hersteller	Grell
Jahr	2002
Packung	Blister
Vorbild	Scania Hängerzug
Sonst.	
Molter Nr.	7415

Eschweger 8 €

Hersteller	Grell
Jahr	2002
Packung	Blister
Vorbild	MAN TG-A Auflieger
Sonst.	
Molter Nr.	5524

Eschweger 8 €

Hersteller	Grell
Jahr	2002
Packung	Blister
Vorbild	Ford 9000 Tankzug
Sonst.	
Molter Nr.	5319

Eschweger 8 €

Hersteller	Grell
Jahr	2002
Packung	Blister
Vorbild	DAF 95 XF Auflieger
Sonst.	Jacobinus
Molter Nr.	4835

Eschweger 8 €

Hersteller	Grell
Jahr	2002
Packung	Blister
Vorbild	Büssing Hängerzug
Sonst.	Holzvergaser
Molter Nr.	5367

E

Eschweger — 8 €

Hersteller	Grell
Jahr	2003
Packung	Blister
Vorbild	MAN TG-A Hängerzug
Sonst.	mit Schankwagen
Molter Nr.	7138

Eschweger — 8 €

Hersteller	Hümmer
Jahr	2003
Packung	Blister
Vorbild	MB Actros Auflieger
Sonst.	mit Flasche
Molter Nr.	7079

Eskalony — 9 €

Hersteller	Grell
Jahr	2001
Packung	Blister
Vorbild	MB Actros Auflieger
Sonst.	
Molter Nr.	2500

Ettaler — 20 €

Hersteller	Lauterbach
Jahr	1999
Packung	Blister
Vorbild	Mack Auflieger
Sonst.	
Molter Nr.	428

Ettaler — 15 €

Hersteller	Lauterbach
Jahr	2000
Packung	Blister
Vorbild	MAN F2000 Auflieger
Sonst.	
Molter Nr.	429

Ettaler

8 €

Hersteller	Lauterbach
Jahr	2002
Packung	Blister
Vorbild	Scania 124L Tankzug
Sonst.	
Molter Nr.	5506

Eurotrink

12 €

Hersteller	Grell
Jahr	1999
Packung	Blister
Vorbild	Mack Auflieger
Sonst.	
Molter Nr.	430

Eurotrink

10 €

Hersteller	Grell
Jahr	1999
Packung	Blister
Vorbild	Mack Auflieger
Sonst.	
Molter Nr.	431

Eurotrink

10 €

Hersteller	Grell
Jahr	1999
Packung	Blister
Vorbild	MB Actros Auflieger
Sonst.	
Molter Nr.	432

Eurotrink

12 €

Hersteller	Grell
Jahr	1999
Packung	Blister
Vorbild	MB Actros Auflieger
Sonst.	
Molter Nr.	433

Eurotrink	10 €
Hersteller	Grell
Jahr	1999
Packung	Blister
Vorbild	MB Actros Auflieger
Sonst.	
Molter Nr.	434

Eurotrink	10 €
Hersteller	Grell
Jahr	1999
Packung	Blister
Vorbild	MB Actros Auflieger
Sonst.	
Molter Nr.	435

E

Eurotrink	10 €
Hersteller	Grell
Jahr	1999
Packung	Blister
Vorbild	MB Actros Auflieger
Sonst.	
Molter Nr.	436

Eurotrink	9 €
Hersteller	Grell
Jahr	2000
Packung	Blister
Vorbild	MB Actros Auflieger
Sonst.	
Molter Nr.	437

Eurotrink	12 €
Hersteller	Grell
Jahr	2000
Packung	Blister
Vorbild	MB Actros Auflieger
Sonst.	
Molter Nr.	438

Eurotrink	10 €
Hersteller	Grell
Jahr	2000
Packung	Blister
Vorbild	MB Actros Auflieger
Sonst.	
Molter Nr.	439

Eurotrink	9 €
Hersteller	Grell
Jahr	2000
Packung	Blister
Vorbild	MB Actros Auflieger
Sonst.	
Molter Nr.	440

Eurotrink	9 €
Hersteller	Grell
Jahr	2000
Packung	Blister
Vorbild	MB Actros Auflieger
Sonst.	
Molter Nr.	441

Eurotrink	9 €
Hersteller	Grell
Jahr	2000
Packung	Blister
Vorbild	MB Actros Auflieger
Sonst.	
Molter Nr.	442

Eurotrink	10 €
Hersteller	Grell
Jahr	2000
Packung	Blister
Vorbild	MB Actros Auflieger
Sonst.	
Molter Nr.	443

Eurotrink	10 €
Hersteller	Grell
Jahr	2000
Packung	Blister
Vorbild	MB Actros Auflieger
Sonst.	
Molter Nr.	444

Eurotrink	8 €
Hersteller	Grell
Jahr	2000
Packung	Blister
Vorbild	MB Actros Auflieger
Sonst.	
Molter Nr.	445

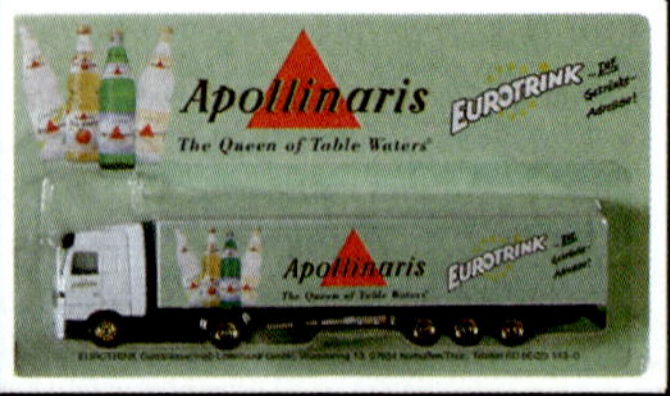

Eurotrink	9 €
Hersteller	Grell
Jahr	2000
Packung	Blister
Vorbild	MB Actros Auflieger
Sonst.	
Molter Nr.	446

Eurotrink	9 €
Hersteller	Grell
Jahr	2000
Packung	Blister
Vorbild	MB Actros Auflieger
Sonst.	
Molter Nr.	447

Eurotrink	10 €
Hersteller	Grell
Jahr	2000
Packung	Blister
Vorbild	MB Actros Auflieger
Sonst.	
Molter Nr.	448

E

Eurotrink 10 €

Hersteller	Grell
Jahr	2000
Packung	Blister
Vorbild	MB Actros Auflieger
Sonst.	
Molter Nr.	449

Eurotrink 10 €

Hersteller	Grell
Jahr	2000
Packung	Blister
Vorbild	MB Actros Auflieger
Sonst.	
Molter Nr.	450

Eurotrink 9 €

Hersteller	Grell
Jahr	2000
Packung	Blister
Vorbild	MB Actros Auflieger
Sonst.	
Molter Nr.	451

Eurotrink 9 €

Hersteller	Grell
Jahr	2000
Packung	Blister
Vorbild	MB Actros Auflieger
Sonst.	
Molter Nr.	452

Eurotrink 10 €

Hersteller	Grell
Jahr	2000
Packung	Blister
Vorbild	MB Actros Auflieger
Sonst.	
Molter Nr.	453

E

Eurotrink	9 €
Hersteller	Grell
Jahr	2000
Packung	Blister
Vorbild	MAN F2000 Auflieger
Sonst.	
Molter Nr.	454

Eurotrink	10 €
Hersteller	Grell
Jahr	2000
Packung	Blister
Vorbild	MB Actros Auflieger
Sonst.	
Molter Nr.	455

Eurotrink	10 €
Hersteller	Grell
Jahr	2000
Packung	Blister
Vorbild	MB Actros Auflieger
Sonst.	
Molter Nr.	456

Eurotrink	20 €
Hersteller	Grell
Jahr	2000
Packung	Blister
Vorbild	Ford 9000 Auflieger
Sonst.	
Molter Nr.	458

Eurotrink	9 €
Hersteller	Grell
Jahr	2000
Packung	Blister
Vorbild	MAN F2000 Auflieger
Sonst.	
Molter Nr.	459

Eurotrink	15 €
Hersteller	Grell
Jahr	2000
Packung	Blister
Vorbild	Scania Auflieger
Sonst.	
Molter Nr.	460

Eurotrink	10 €
Hersteller	Grell
Jahr	2000
Packung	Blister
Vorbild	MB Actros Auflieger
Sonst.	
Molter Nr.	461

Eurotrink	9 €
Hersteller	Grell
Jahr	2000
Packung	Blister
Vorbild	MB Actros Auflieger
Sonst.	
Molter Nr.	462

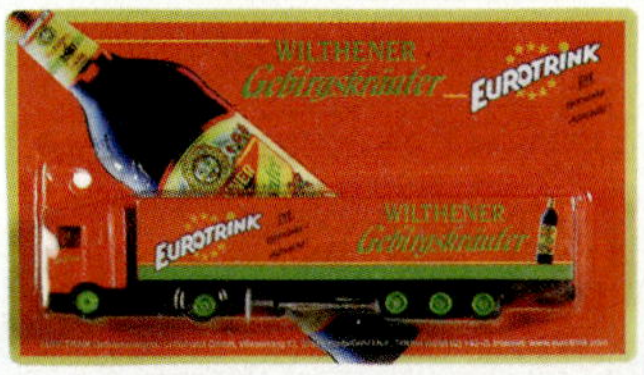

Eurotrink	10 €
Hersteller	Grell
Jahr	2000
Packung	Blister
Vorbild	Ford 9000 Auflieger
Sonst.	
Molter Nr.	463

Eurotrink	10 €
Hersteller	Grell
Jahr	2000
Packung	Blister
Vorbild	MAN F2000 Auflieger
Sonst.	
Molter Nr.	464

Eurotrink	9 €
Hersteller	Grell
Jahr	2000
Packung	Blister
Vorbild	MB Actros Auflieger
Sonst.	
Molter Nr.	465

Eurotrink	11 €
Hersteller	Grell
Jahr	2000
Packung	Blister
Vorbild	IFA W50 Hängerzug
Sonst.	
Molter Nr.	466

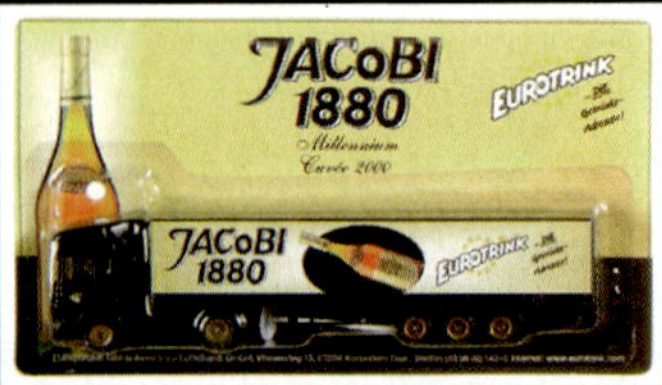

Eurotrink	10 €
Hersteller	Grell
Jahr	2000
Packung	Blister
Vorbild	Scania 164L Auflieger
Sonst.	
Molter Nr.	467

Eurotrink	10 €
Hersteller	Grell
Jahr	2000
Packung	Blister
Vorbild	Scania 164L Auflieger
Sonst.	
Molter Nr.	468

Eurotrink	9 €
Hersteller	Grell
Jahr	2000
Packung	Blister
Vorbild	Scania 164L Auflieger
Sonst.	
Molter Nr.	469

Eurotrink	10 €
Hersteller	Grell
Jahr	2000
Packung	Blister
Vorbild	Scania 164L Auflieger
Sonst.	
Molter Nr.	470

Eurotrink	10 €
Hersteller	Grell
Jahr	2000
Packung	Blister
Vorbild	Scania 164L Auflieger
Sonst.	
Molter Nr.	471

Eurotrink	15 €
Hersteller	Grell
Jahr	2000
Packung	Blister
Vorbild	Scania 164L Auflieger
Sonst.	
Molter Nr.	472

Eurotrink	10 €
Hersteller	Grell
Jahr	2000
Packung	Blister
Vorbild	Scania 164L Auflieger
Sonst.	
Molter Nr.	473

Eurotrink	10 €
Hersteller	Grell
Jahr	2000
Packung	Blister
Vorbild	MB Actros Auflieger
Sonst.	
Molter Nr.	474

E

Eurotrink — 10 €

Hersteller	Grell
Jahr	2000
Packung	Blister
Vorbild	Scania Auflieger
Sonst.	
Molter Nr.	475

Eurotrink — 9 €

Hersteller	Grell
Jahr	2001
Packung	Blister
Vorbild	MAN TG-A Auflieger
Sonst.	
Molter Nr.	2512

Eurotrink — 8 €

Hersteller	Grell
Jahr	2001
Packung	Blister
Vorbild	Freightliner FLD Auflieger
Sonst.	
Molter Nr.	3702

Eurotrink — 15 €

Hersteller	Grell
Jahr	2001
Packung	Blister
Vorbild	MAN F2000 Auflieger
Sonst.	
Molter Nr.	4624

Expert Beer — 60 €

Hersteller	
Jahr	
Packung	Plastikschachtel
Vorbild	MAN TG-A Auflieger
Sonst.	
Molter Nr.	7507

Falk — 8 €

Hersteller	
Jahr	2001
Packung	Plastikschachtel
Vorbild	MB Actros LKW
Sonst.	
Molter Nr.	2515

Falken Bräu — 10 €

Hersteller	Grell
Jahr	2001
Packung	Blister
Vorbild	Ford 9000 Auflieger
Sonst.	
Molter Nr.	4447

Falter Hof — 40 €

Hersteller	Grell
Jahr	1997 (Aufl.: 2500)
Packung	Blister
Vorbild	Mack Auflieger
Sonst.	
Molter Nr.	477

Falter Hof — 30 €

Hersteller	Grell
Jahr	1998 (Aufl.: 2500)
Packung	Blister
Vorbild	MB Actros Auflieger
Sonst.	
Molter Nr.	478

Falter Hof — 20 €

Hersteller	Grell
Jahr	1999 (Aufl.: 2500)
Packung	Blister
Vorbild	Mack Auflieger
Sonst.	
Molter Nr.	479

E

Falter Hof — 10 €

Hersteller	Grell
Jahr	2000 (Aufl.: 2500)
Packung	Blister
Vorbild	Ford 9000 Auflieger
Sonst.	
Molter Nr.	480

Falter Hof — 13 €

Hersteller	Grell
Jahr	2000 (Aufl.: 2500)
Packung	Blister
Vorbild	Ford 9000 Auflieger
Sonst.	
Molter Nr.	481

Falter Hof — 9 €

Hersteller	Grell
Jahr	2001
Packung	Blister
Vorbild	Scania Auflieger
Sonst.	
Molter Nr.	7416

Falter Hof — 8 €

Hersteller	Grell
Jahr	2001
Packung	Blister
Vorbild	Scania Auflieger
Sonst.	
Molter Nr.	2518

Falter Hof — 8 €

Hersteller	Grell
Jahr	2001
Packung	Blister
Vorbild	Scania Auflieger
Sonst.	
Molter Nr.	2519

F

Falter Hof — 8 €

Hersteller	Grell
Jahr	2002
Packung	Blister
Vorbild	MAN TG-A Auflieger
Sonst.	
Molter Nr.	5698

Falter Hof — 8 €

Hersteller	Grell
Jahr	2002
Packung	Blister
Vorbild	Renault Auflieger
Sonst.	
Molter Nr.	7417

Falter Hof — 8 €

Hersteller	Grell
Jahr	2002
Packung	Blister
Vorbild	Scania 124L Tankzug
Sonst.	
Molter Nr.	4772

Falter Hof — 8 €

Hersteller	Grell
Jahr	2002
Packung	Blister
Vorbild	Scania 124 L Tanker
Sonst.	
Molter Nr.	7488

Falter Hof — 8 €

Hersteller	Grell
Jahr	2003
Packung	Blister
Vorbild	MB Axor Hängerzug
Sonst.	
Molter Nr.	7693

Falter Regen — 18 €

Hersteller	Müller Chemnitz
Jahr	1998
Packung	Plastikschachtel
Vorbild	Volvo Auflieger
Sonst.	
Molter Nr.	476

Falter Regen — 10 €

Hersteller	dgd
Jahr	2001
Packung	Blister
Vorbild	MB Actros Hängerzug
Sonst.	
Molter Nr.	2516

Falter Regen — 9 €

Hersteller	dgd
Jahr	2001
Packung	Blister
Vorbild	MAN F2000 Auflieger
Sonst.	
Molter Nr.	2517

Falterbräu Dachselried — 8 €

Hersteller	Allround-Service
Jahr	2002
Packung	Blister
Vorbild	MB Actros Hängerzug
Sonst.	
Molter Nr.	7418

Farny — 150 €

Hersteller	Lauterbach
Jahr	(Aufl.: 100)
Packung	Blister
Vorbild	Volvo Auflieger
Sonst.	Siebdruck
Molter Nr.	486

Farny	200 €
Hersteller	Lauterbach
Jahr	1995 (Aufl.: 10)
Packung	Blister
Vorbild	Volvo Auflieger
Sonst.	PAM Getränke Siebdruck
Molter Nr.	487

Farny	200 €
Hersteller	
Jahr	1995 (Aufl.: 10)
Packung	Plastikschachtel
Vorbild	Volvo Auflieger
Sonst.	von Gtr. Müller, Siebdruck
Molter Nr.	488

Farny	200 €
Hersteller	
Jahr	1995 (Aufl.: 10)
Packung	Plastikschachtel
Vorbild	Volvo Auflieger
Sonst.	Stiefel Gtr.markt, Siebdruck
Molter Nr.	489

F

Farny	200 €
Hersteller	
Jahr	1995 (Aufl.: 10)
Packung	Plastikschachtel
Vorbild	Volvo Auflieger
Sonst.	v.Bevi Gtränkemarkt,Siebdruck
Molter Nr.	490

Farny	200 €
Hersteller	
Jahr	1995 (Aufl.: 10)
Packung	Plastikschachtel
Vorbild	Volvo Auflieger
Sonst.	von Gtr. Kiechle, Siebdruck
Molter Nr.	491

Farny	200 €
Hersteller	
Jahr	1995 (Aufl.: 10)
Packung	Plastikschachtel
Vorbild	Volvo Auflieger
Sonst.	Reithofer, Siebdruck
Molter Nr.	2522

Farny	200 €
Hersteller	
Jahr	1995 (Aufl.: 10)
Packung	Plastikschachtel
Vorbild	Volvo Auflieger
Sonst.	Trinkl, Siebdruck
Molter Nr.	2523

Farny	200 €
Hersteller	
Jahr	1995 (Aufl.: 10)
Packung	Hülle
Vorbild	Volvo Auflieger
Sonst.	Angele, Siebdruck
Molter Nr.	7419

Farny	50 €
Hersteller	Hümmer
Jahr	
Packung	Blister
Vorbild	US Auflieger
Sonst.	
Molter Nr.	482

Farny	80 €
Hersteller	Lauterbacher
Jahr	(Aufl.: 2500)
Packung	Blister
Vorbild	Volvo Auflieger
Sonst.	
Molter Nr.	485

F

Farny — 120 €

Hersteller	Lauterbacher
Jahr	(Aufl.: 1000)
Packung	Blister
Vorbild	Volvo Auflieger
Sonst.	Hofgutsbier
Molter Nr.	484

Farny — 11 €

Hersteller	Top-Style
Jahr	2000
Packung	Blister
Vorbild	MB Actros Hängerzug
Sonst.	
Molter Nr.	492

Farny — 9 €

Hersteller	Top-Style
Jahr	2001
Packung	Blister
Vorbild	MB Actros Hängerzug
Sonst.	
Molter Nr.	2521

Farny — 8 €

Hersteller	Top-Style
Jahr	2002
Packung	Blister
Vorbild	MB Actros Hängerzug
Sonst.	
Molter Nr.	5917

Fässla Bamberg — 20 €

Hersteller	Lauterbach
Jahr	1999 (Aufl.: 2500)
Packung	Blister
Vorbild	MB groß Auflieger
Sonst.	
Molter Nr.	493

Fässla Bamberg — 15 €

Hersteller	Reiger
Jahr	2000 (Aufl.: 2500)
Packung	Blister
Vorbild	MAN F2000 Auflieger
Sonst.	
Molter Nr.	494

Fässla Bamberg — 15 €

Hersteller	Reiger
Jahr	2000 (Aufl.: 2500)
Packung	Blister
Vorbild	MAN F2000 Auflieger
Sonst.	
Molter Nr.	495

F

Fässla Bamberg — 10 €

Hersteller	dgd
Jahr	2001 (Aufl.: 1500)
Packung	Blister
Vorbild	DAF 95 XF Auflieger
Sonst.	
Molter Nr.	4373

Faust — 15 €

Hersteller	Hümmer
Jahr	1999 (Aufl.: 6000)
Packung	Blister
Vorbild	US Auflieger
Sonst.	
Molter Nr.	496

Faxe — 25 €

Hersteller	
Jahr	1998
Packung	Plastikschachtel
Vorbild	Volvo Auflieger
Sonst.	
Molter Nr.	497

Faxe — 15 €

Hersteller	Grell
Jahr	2001
Packung	Plastikschachtel
Vorbild	Scania Auflieger
Sonst.	
Molter Nr.	2157

Feldschlösschen Dresden — 75 €

Hersteller	Hümmer
Jahr	
Packung	Plastikschachtel
Vorbild	MB klein Auflieger
Sonst.	
Molter Nr.	498

Feldschlösschen Dresden — 60 €

Hersteller	Hümmer
Jahr	
Packung	Plastikschachtel
Vorbild	US Auflieger
Sonst.	
Molter Nr.	499

Feldschlösschen Dresden — 18 €

Hersteller	dgd
Jahr	1999
Packung	Blister
Vorbild	US Auflieger
Sonst.	Sachsen
Molter Nr.	500

Feldschlösschen Dresden — 18 €

Hersteller	dgd
Jahr	1999
Packung	Blister
Vorbild	US Auflieger
Sonst.	Niedersachsen
Molter Nr.	501

Feldschlösschen Dresden 13 €

Hersteller	dgd
Jahr	2000
Packung	Blister
Vorbild	MB Actros Auflieger
Sonst.	Unterbau weiß
Molter Nr.	502

Feldschlösschen Dresden 10 €

Hersteller	Hümmer
Jahr	2000
Packung	Blister
Vorbild	MB Actros Auflieger
Sonst.	Unterbau grün
Molter Nr.	503

F

Feldschlösschen Dresden 10 €

Hersteller	Rathert creativ
Jahr	2001
Packung	Blister
Vorbild	MB Actros Auflieger
Sonst.	
Molter Nr.	7420

Feldschlösschen Dresden 9 €

Hersteller	Hümmer
Jahr	2001
Packung	Blister
Vorbild	MB Atego Hängerzug
Sonst.	Pils
Molter Nr.	2525

Feldschlösschen Dresden 8 €

Hersteller	Hümmer
Jahr	2001
Packung	Blister
Vorbild	MB Atego Hängerzug
Sonst.	Export
Molter Nr.	2527

Feldschlösschen Dresden 8 €

Hersteller	Rathert creativ
Jahr	2002
Packung	Blister
Vorbild	MB Actros Auflieger
Sonst.	
Molter Nr.	7422

Feldschlösschen Dresden 8 €

Hersteller	Rathert Creativ
Jahr	2002
Packung	Blister
Vorbild	MB Actros Auflieger
Sonst.	
Molter Nr.	5544

Feldschlösschen Dresden 8 €

Hersteller	Rathert Creativ
Jahr	2002
Packung	Blister
Vorbild	MB Actros Auflieger
Sonst.	
Molter Nr.	5165

Feldschlösschen Dresden 8 €

Hersteller	Hümmer
Jahr	2002
Packung	Blister
Vorbild	Feuerwehr
Sonst.	
Molter Nr.	4586

Feldschlösschen Dresden 10 €

Hersteller	
Jahr	2002
Packung	Plastikschachtel
Vorbild	Mack Auflieger
Sonst.	
Molter Nr.	6238

F

Feldschlösschen Dresden 8 €

Hersteller	Rathert creativ
Jahr	2003
Packung	Blister
Vorbild	MB Actros Auflieger
Sonst.	
Molter Nr.	7423

Feldschlösschen Dresden 8 €

Hersteller	Hümmer
Jahr	2003
Packung	Blister
Vorbild	MB Actros Auflieger
Sonst.	mit Flasche
Molter Nr.	7018

Feldschl. Hamminkeln 20 €

Hersteller	Grell
Jahr	1998
Packung	Blister
Vorbild	Mack Auflieger
Sonst.	
Molter Nr.	504

Fellmeyer 8 €

Hersteller	Eurosun
Jahr	2001
Packung	Blister
Vorbild	MAN TG-A Auflieger
Sonst.	
Molter Nr.	2529

Fellmeyer 8 €

Hersteller	Eurosun
Jahr	2001
Packung	Plastikschachtel
Vorbild	MB Actros Hängerzug
Sonst.	
Molter Nr.	2531

Fellmeyer — 8 €

Hersteller	Eurosun
Jahr	2001
Packung	Plastikschachtel
Vorbild	Büssing Hängerzug
Sonst.	
Molter Nr.	2532

Fellmeyer — 8 €

Hersteller	Eurosun
Jahr	
Packung	Blister
Vorbild	MAN F2000 Auflieger
Sonst.	
Molter Nr.	2534

Fellmeyer — 25 €

Hersteller	dgd
Jahr	2001
Packung	Pappschachtel
Vorbild	4-er Set
Sonst.	
Molter Nr.	4065

Felsenbräu — 12 €

Hersteller	Hümmer
Jahr	2000
Packung	Blister
Vorbild	MB Actros LKW
Sonst.	
Molter Nr.	505

Felsenbräu — 10 €

Hersteller	dgd
Jahr	2001
Packung	Plastikschachtel
Vorbild	MB Actros Auflieger
Sonst.	
Molter Nr.	2537

F

F

Felsenbräu 8 €

Hersteller	Gabotex
Jahr	2003
Packung	Blister
Vorbild	Mack Auflieger
Sonst.	
Molter Nr.	7855

Felsenkeller Weimar 30 €

Hersteller	Müller Chemnitz
Jahr	(Aufl.: 800)
Packung	Plastikschachtel
Vorbild	Volvo Auflieger
Sonst.	
Molter Nr.	506

Felsenkeller Weimar 20 €

Hersteller	Müller Chemnitz
Jahr	1999 (Aufl.: 500)
Packung	Plastikschachtel
Vorbild	Majorette Auflieger
Sonst.	
Molter Nr.	507

Felsenkeller Weimar 9 €

Hersteller	dgd
Jahr	2001 (Aufl.: 2500)
Packung	Blister
Vorbild	MAN TG-A Auflieger
Sonst.	
Molter Nr.	2538

Felsenkeller Weimar 9 €

Hersteller	dgd
Jahr	2001 (Aufl.: 2500)
Packung	Blister
Vorbild	MAN F2000 Auflieger
Sonst.	
Molter Nr.	2539

Felsenkeller Weimar — 10 €

Hersteller	dgd
Jahr	2001 (Aufl.: 2500)
Packung	Blister
Vorbild	IFA H6 Hängerzug
Sonst.	
Molter Nr.	2540

Felsenkeller Weimar — 8 €

Hersteller	Grell
Jahr	2001
Packung	Blister
Vorbild	Scania Tankzug
Sonst.	
Molter Nr.	2543

F

Felsenkeller Weimar — 9 €

Hersteller	Grell
Jahr	2001
Packung	Blister
Vorbild	Ford Oldtimer
Sonst.	
Molter Nr.	2541

Felsenkeller Weimar — 9 €

Hersteller	Grell
Jahr	2001
Packung	Blister
Vorbild	Ford Oldtimer
Sonst.	
Molter Nr.	2542

Fernet Branca — 12 €

Hersteller	Grell
Jahr	2001
Packung	Blister
Vorbild	Freightliner FLD Auflieger
Sonst.	Markgrafen
Molter Nr.	3154

Fernet Branca — 8 €

Hersteller	Grell
Jahr	2003
Packung	Blister
Vorbild	Scania Auflieger
Sonst.	
Molter Nr.	7011

Feuer + Wasser-Truck — 8 €

Hersteller	Eurosun
Jahr	2001 (Aufl.: 2500)
Packung	Blister
Vorbild	Scania Auflieger
Sonst.	
Molter Nr.	3957

Feuergeist-Truck — 10 €

Hersteller	Müller Chemnitz
Jahr	2001
Packung	Plastikschachtel
Vorbild	Majorette Auflieger
Sonst.	
Molter Nr.	3953

Fiedler Bräu — 150 €

Hersteller	Müller Chemnitz
Jahr	
Packung	Plastikschachtel
Vorbild	Mack Auflieger
Sonst.	
Molter Nr.	508

Fiedler Bräu — 150 €

Hersteller	Müller Chemnitz
Jahr	
Packung	Plastikschachtel
Vorbild	MB groß Auflieger
Sonst.	
Molter Nr.	509

Fiedler Bräu — 150 €

Hersteller	Müller Chemnitz
Jahr	
Packung	Plastikschachtel
Vorbild	Volvo Auflieger
Sonst.	
Molter Nr.	510

Fiedler Bräu — 150 €

Hersteller	Müller Chemnitz
Jahr	
Packung	Plastikschachtel
Vorbild	Mack Auflieger
Sonst.	
Molter Nr.	511

Fiedler Bräu — 50 €

Hersteller	Grell
Jahr	1998 (Aufl.: 1000)
Packung	Blister
Vorbild	MB Actros Auflieger
Sonst.	
Molter Nr.	512

Fiedler Bräu — 30 €

Hersteller	Grell
Jahr	1999
Packung	Blister
Vorbild	MB Actros Auflieger
Sonst.	
Molter Nr.	513

Fiedler Bräu — 25 €

Hersteller	Grell
Jahr	2000
Packung	Blister
Vorbild	IFA W50 Hängerzug
Sonst.	
Molter Nr.	514

Fiedler Bräu	25 €
Hersteller	Grell
Jahr	2000
Packung	Blister
Vorbild	IFA W50 Hängerzug
Sonst.	
Molter Nr.	515

Fiedler Bräu	25 €
Hersteller	Grell
Jahr	2000
Packung	Blister
Vorbild	IFA W50 Hängerzug
Sonst.	
Molter Nr.	516

F

Fiedler Bräu	25 €
Hersteller	Grell
Jahr	2000
Packung	Blister
Vorbild	IFA W50 Hängerzug
Sonst.	
Molter Nr.	517

Fiedler Bräu	15 €
Hersteller	Grell
Jahr	2001
Packung	Blister
Vorbild	Scania Auflieger
Sonst.	
Molter Nr.	2544

Fiedler Bräu	12 €
Hersteller	Grell
Jahr	2001
Packung	Blister
Vorbild	Freightliner FLD Auflieger
Sonst.	
Molter Nr.	2545

Fiedler Bräu — 10 €

Hersteller	Grell
Jahr	2002
Packung	Blister
Vorbild	Freightliner FLD Tankzug
Sonst.	
Molter Nr.	4865

Fiedler Bräu — 8 €

Hersteller	Grell
Jahr	2002
Packung	Blister
Vorbild	Krupp Mustang Hängerzug
Sonst.	
Molter Nr.	6355

Fiedler Bräu — 8 €

Hersteller	Grell
Jahr	2003
Packung	Blister
Vorbild	Scania 124LTankzug
Sonst.	mit Container
Molter Nr.	6702

Fink — 10 €

Hersteller	Top-Style
Jahr	2001 (Aufl.: 4000)
Packung	Blister
Vorbild	MB Actros Hängerzug
Sonst.	
Molter Nr.	2552

Fink — 8 €

Hersteller	Top-Style
Jahr	2001 (Aufl.: 5000)
Packung	Blister
Vorbild	Renault Tankzug
Sonst.	
Molter Nr.	2553

F

Finkbeiner Getränke	8 €
Hersteller	Grell
Jahr	2001
Packung	Blister
Vorbild	MAN TG-A Auflieger
Sonst.	
Molter Nr.	2535

Finkbeiner Getränke	8 €
Hersteller	Hümmer
Jahr	2003
Packung	Blister
Vorbild	MB Actros Auflieger
Sonst.	Mit Flasche
Molter Nr.	7522

Fischer Bräu	8 €
Hersteller	Eurosun
Jahr	2002
Packung	Blister
Vorbild	MAN Phoenix Tanker
Sonst.	
Molter Nr.	7424

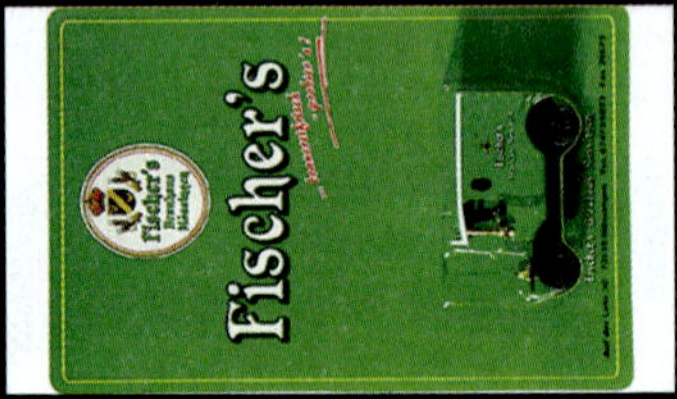

Fischer´s Brauerei	15 €
Hersteller	Grell
Jahr	2001
Packung	Blister
Vorbild	Ford Oldtimer
Sonst.	
Molter Nr.	2547

Fischer´s Brauerei	10 €
Hersteller	dgd
Jahr	2001
Packung	Blister
Vorbild	MB Actros Auflieger
Sonst.	
Molter Nr.	4435

Fischer´s Brauerei — 12 €

Hersteller	dgd
Jahr	2002
Packung	Blister
Vorbild	MB Axor Auflieger
Sonst.	XL
Molter Nr.	4740

Fläminger Landbier — 50 €

Hersteller	
Jahr	
Packung	Plastikschachtel
Vorbild	MAN F90 Auflieger
Sonst.	
Molter Nr.	518

Fläminger Landbier — LHP €

Hersteller	
Jahr	
Packung	Plastikschachtel
Vorbild	MB Actros Hängerzug
Sonst.	Liebhaberpreis
Molter Nr.	2548

Fläminger Landbier — 8 €

Hersteller	Top-Style
Jahr	2002
Packung	Blister
Vorbild	Mack Auflieger
Sonst.	Kunstoff-Zugmaschine
Molter Nr.	5783

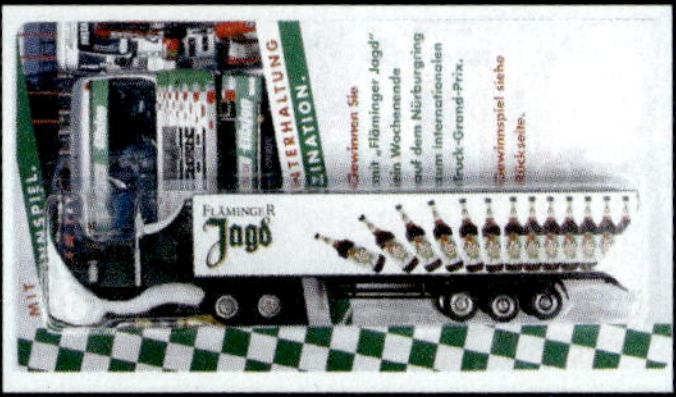

Fleischmann — 8 €

Hersteller	Grell
Jahr	2001
Packung	Blister
Vorbild	Freightliner FLD Auflieger
Sonst.	
Molter Nr.	2580

F

F

Flensburger	10 €
Hersteller	Vierke
Jahr	2001
Packung	Blister
Vorbild	MB Atego Hängerzug
Sonst.	
Molter Nr.	2549

Flensburger	10 €
Hersteller	Grell
Jahr	2001
Packung	Blister
Vorbild	MB Actros Auflieger
Sonst.	
Molter Nr.	2550

Flensburger	8 €
Hersteller	Gabotex
Jahr	2002
Packung	Blister
Vorbild	MB Actros Auflieger
Sonst.	
Molter Nr.	4693

Flensburger	8 €
Hersteller	Zernisch
Jahr	2002
Packung	Blister
Vorbild	Kenworth T2000 Tankzug
Sonst.	
Molter Nr.	5357

Flensburger	8 €
Hersteller	Zernisch
Jahr	2003
Packung	Blister
Vorbild	MB Axor Auflieger
Sonst.	
Molter Nr.	6462

Flensburger — 8 €

Hersteller	Zernisch
Jahr	2003
Packung	Blister
Vorbild	MB Actros Auflieger
Sonst.	
Molter Nr.	8029

Flötzinger Bräu — 10 €

Hersteller	Grell
Jahr	2001
Packung	Blister
Vorbild	Ford 9000 Auflieger
Sonst.	
Molter Nr.	2546

Flötzinger Bräu — 110 €

Hersteller	Grell
Jahr	2001
Packung	Blister
Vorbild	Ford 9000 Auflieger
Sonst.	
Molter Nr.	4058

F

Flötzinger Bräu — 10 €

Hersteller	Grell
Jahr	2001
Packung	Blister
Vorbild	Ford 9000 Auflieger
Sonst.	
Molter Nr.	4414

Flötzinger Bräu — 10 €

Hersteller	Grell
Jahr	2002
Packung	Blister
Vorbild	MB Actros Hängerzug
Sonst.	
Molter Nr.	7425

F

Flötzinger Bräu	10 €
Hersteller	Tri Plex
Jahr	2002
Packung	Blister
Vorbild	Pferdekutsche
Sonst.	
Molter Nr.	4750

Flötzinger Bräu	8 €
Hersteller	Grell
Jahr	2002
Packung	Blister
Vorbild	Krupp Mustang Hängerzug
Sonst.	
Molter Nr.	6469

Flötzinger Bräu	10 €
Hersteller	Hümmer
Jahr	2002
Packung	Blister
Vorbild	MB Actros Auflieger
Sonst.	mit Flasche
Molter Nr.	5063

Flötzinger Bräu	8 €
Hersteller	Grell
Jahr	2002
Packung	Blister
Vorbild	MB Actros Auflieger
Sonst.	
Molter Nr.	6368

Flötzinger Bräu	8 €
Hersteller	Grell
Jahr	2002
Packung	Blister
Vorbild	MB Actros Auflieger
Sonst.	
Molter Nr.	5597

Flötzinger Bräu	8 €
Hersteller	Hümmer
Jahr	2003
Packung	Blister
Vorbild	MB Actros Auflieger
Sonst.	Mit Flasche
Molter Nr.	7516

Flötzinger Bräu	8 €
Hersteller	Grell
Jahr	2003
Packung	Blister
Vorbild	Scania Auflieger
Sonst.	Mit Sudkessel
Molter Nr.	7549

Flying Horse	8 €
Hersteller	DGD
Jahr	2002
Packung	Blister
Vorbild	MAN F2000 Hängerzug
Sonst.	
Molter Nr.	7660

Fonda	LHP
Hersteller	
Jahr	
Packung	Plastikschachtel
Vorbild	Volvo LKW
Sonst.	Liebhaberpreis
Molter Nr.	2557

Formi-Bitter	10 €
Hersteller	Grell
Jahr	2000
Packung	Blister
Vorbild	MB Actros Auflieger
Sonst.	
Molter Nr.	2107

Först — 8 €

Hersteller	Grell
Jahr	2001 (Aufl.: 6500)
Packung	Blister
Vorbild	Scania 164L Tankzug
Sonst.	
Molter Nr.	2627

Först — 8 €

Hersteller	Grell
Jahr	2001 (Aufl.: 5500)
Packung	Blister
Vorbild	Scania Auflieger
Sonst.	
Molter Nr.	2625

F

Först — 8 €

Hersteller	Grell
Jahr	2001 (Aufl.: 5500)
Packung	Blister
Vorbild	Freightliner FLD Auflieger
Sonst.	
Molter Nr.	2626

Först — 8 €

Hersteller	Grell
Jahr	2001 (Aufl.: 6500)
Packung	Blister
Vorbild	Scania Tankzug
Sonst.	
Molter Nr.	2624

Först — 8 €

Hersteller	Grell
Jahr	2002
Packung	Blister
Vorbild	Scania 124L Auflieger
Sonst.	mit Sudkessel
Molter Nr.	5840

Först — 8 €

Hersteller	Grell
Jahr	2002
Packung	Blister
Vorbild	Freightliner FLD Tieflader
Sonst.	
Molter Nr.	7217

Förstina Sprudel — 25 €

Hersteller	Dittmann
Jahr	1998
Packung	Blister
Vorbild	US Auflieger
Sonst.	
Molter Nr.	519

Förstina Sprudel — 15 €

Hersteller	Hümmer
Jahr	1999
Packung	Blister
Vorbild	US Auflieger
Sonst.	
Molter Nr.	520

Förstina Sprudel — 8 €

Hersteller	MaHug
Jahr	2001 (Aufl.: 2500)
Packung	Blister
Vorbild	US Auflieger
Sonst.	Getränke Burg
Molter Nr.	2349

Förstina Sprudel — 8 €

Hersteller	MaHug
Jahr	2001 (Aufl.: 2500)
Packung	Blister
Vorbild	US Auflieger
Sonst.	Getränke Burg
Molter Nr.	2345

F

Förstina Sprudel — 8 €

Hersteller	MaHug
Jahr	2001 (Aufl.: 2500)
Packung	Blister
Vorbild	US Auflieger
Sonst.	Getränke Burg
Molter Nr.	2346

Förstina Sprudel — 8 €

Hersteller	MaHug
Jahr	2001 (Aufl.: 2500)
Packung	Blister
Vorbild	US Auflieger
Sonst.	Getränke Burg
Molter Nr.	2347

Förstina Sprudel — 8 €

Hersteller	MaHug
Jahr	2001 (Aufl.: 2500)
Packung	Blister
Vorbild	US Auflieger
Sonst.	Getränke Burg
Molter Nr.	2348

Förstina Sprudel — 8 €

Hersteller	MaHug
Jahr	2001 (Aufl.: 2500)
Packung	Blister
Vorbild	US Auflieger
Sonst.	Getränke Burg
Molter Nr.	2350

Förstina Sprudel — 8 €

Hersteller	dgd
Jahr	2001
Packung	Blister
Vorbild	MB Actros Auflieger
Sonst.	Logo Getränkemarkt
Molter Nr.	2556

F

Förstina Sprudel — 8 €

Hersteller	dgd
Jahr	2001
Packung	Blister
Vorbild	US Auflieger
Sonst.	
Molter Nr.	4223

Förstina Sprudel — 80 €

Hersteller	dgd
Jahr	2002
Packung	Blister
Vorbild	US Auflieger
Sonst.	
Molter Nr.	5503

Förstina Sprudel — 8 €

Hersteller	Grell
Jahr	2002
Packung	Blister
Vorbild	Ford 9000 Auflieger
Sonst.	Getränke Burg
Molter Nr.	5711

F

Förstina Sprudel — 8 €

Hersteller	Hümmer
Jahr	2002
Packung	Blister
Vorbild	Mack Auflieger
Sonst.	
Molter Nr.	5275

Förstine Sprudel — 8 €

Hersteller	DGD
Jahr	2003
Packung	Blister
Vorbild	MB Axor Tankzug
Sonst.	
Molter Nr.	7700

Foster´s	15 €
Hersteller	Grell
Jahr	2003
Packung	Plastikschachtel
Vorbild	Freightliner FLD Auflieger
Sonst.	XXL
Molter Nr.	6323

Fraa Bier	20 €
Hersteller	A.L.H.
Jahr	2000 (Aufl.: 500)
Packung	Plastikschachtel
Vorbild	Mack Auflieger
Sonst.	
Molter Nr.	522

Fraa Bier	20 €
Hersteller	A.L.H.
Jahr	2000 (Aufl.: 500)
Packung	Plastikschachtel
Vorbild	Volvo Auflieger
Sonst.	
Molter Nr.	523

Fraa Bier	20 €
Hersteller	A.L.H.
Jahr	2000 (Aufl.: 500)
Packung	Plastikschachtel
Vorbild	Mack Auflieger
Sonst.	
Molter Nr.	524

Fraa Bier	20 €
Hersteller	A.L.H.
Jahr	2000 (Aufl.: 500)
Packung	Plastikschachtel
Vorbild	Volvo Auflieger
Sonst.	
Molter Nr.	525

F

Fraa Bier — 20 €

Hersteller	
Jahr	2001
Packung	Plastikschachtel
Vorbild	Mack Auflieger
Sonst.	
Molter Nr.	2555

Fraa Bier — 20 €

Hersteller	
Jahr	2001
Packung	Plastikschachtel
Vorbild	Mack Auflieger
Sonst.	
Molter Nr.	4301

Franken Bier — 8 €

Hersteller	Top-Style
Jahr	2002
Packung	Blister
Vorbild	Renault Tankzug
Sonst.	
Molter Nr.	5704

Franken Bier — 8 €

Hersteller	Allround-Service
Jahr	2002
Packung	Blister
Vorbild	Scania Hauber Tanker
Sonst.	
Molter Nr.	7426

Franken Bier — 8 €

Hersteller	Hümmer
Jahr	2002
Packung	Blister
Vorbild	MAN TG-A Flaschenauflieger
Sonst.	
Molter Nr.	7427

F

Franken Bier — 8 €

Hersteller	Gefra
Jahr	2003
Packung	Blister
Vorbild	Steyr Tankzug
Sonst.	Winterfest Bier
Molter Nr.	6523

Franken Bier — 8 €

Hersteller	Gabotex
Jahr	2003
Packung	Blister
Vorbild	MB Actros Tieflader
Sonst.	mit Dosen
Molter Nr.	8092

F

Franken Bräu Mitwitz — 45 €

Hersteller	Hümmer
Jahr	1998
Packung	Blister
Vorbild	US Auflieger
Sonst.	
Molter Nr.	526

Franken Bräu Mitwitz — 25 €

Hersteller	Hümmer
Jahr	1999
Packung	Blister
Vorbild	US Auflieger
Sonst.	
Molter Nr.	527

Franken Bräu Mitwitz — 15 €

Hersteller	Hümmer
Jahr	1999
Packung	Blister
Vorbild	MB Actros Auflieger
Sonst.	
Molter Nr.	528

Franken Bräu Mitwitz — 12 €

Hersteller	Hümmer
Jahr	2000
Packung	Blister
Vorbild	MB Actros Auflieger
Sonst.	
Molter Nr.	529

Franken Bräu Mitwitz — 10 €

Hersteller	Hümmer
Jahr	2000
Packung	Blister
Vorbild	MAN TG-A Auflieger
Sonst.	
Molter Nr.	530

Franken Bräu Mitwitz — 8 €

Hersteller	Hümmer
Jahr	2001
Packung	Blister
Vorbild	MAN TG-A Auflieger
Sonst.	
Molter Nr.	2558

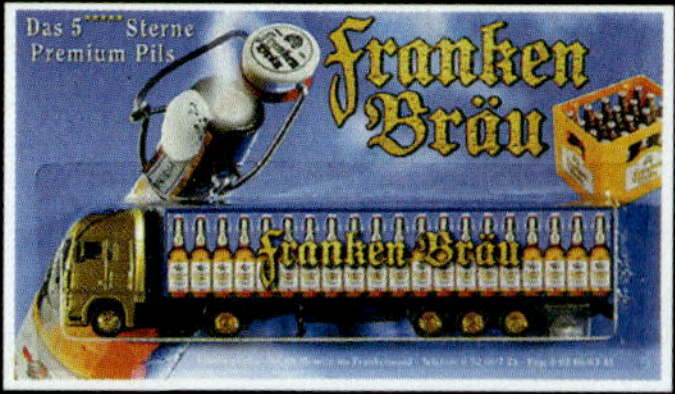

Franken Bräu Mitwitz — 8 €

Hersteller	Hümmer
Jahr	2001
Packung	Blister
Vorbild	US Auflieger
Sonst.	Neu
Molter Nr.	2559

Franken Bräu Mitwitz — 8 €

Hersteller	Grell
Jahr	2002
Packung	Blister
Vorbild	Scania Tankzug
Sonst.	
Molter Nr.	5171

Franken Bräu Mitwitz — 8 €

Hersteller	Hümmer
Jahr	2002
Packung	Blister
Vorbild	MAN TG-A Auflieger
Sonst.	Mit Flasche
Molter Nr.	5536

Franken Bräu Mitwitz — 8 €

Hersteller	
Jahr	2002
Packung	Plastikschachtel
Vorbild	Mack Auflieger
Sonst.	
Molter Nr.	6237

Franken Bräu Mitwitz — 8 €

Hersteller	Hümmer
Jahr	2002
Packung	Blister
Vorbild	Renault Tanker
Sonst.	
Molter Nr.	7428

Franken Bräu Mitwitz — 8 €

Hersteller	Hümmer
Jahr	2003
Packung	Blister
Vorbild	Iveco Tieflader
Sonst.	mit Bierkasten
Molter Nr.	7245

Franken Bräu Riedbach — 8 €

Hersteller	Top-Style
Jahr	2002
Packung	Blister
Vorbild	MB Actros Hängerzug
Sonst.	
Molter Nr.	4922

Franken Brunnen 8 €

Hersteller	dgd
Jahr	2001 (Aufl.: 2500)
Packung	Blister
Vorbild	MB Actros Hängerzug
Sonst.	Getränke Burg
Molter Nr.	2560

Franken Brunnen 8 €

Hersteller	Gefra
Jahr	2001
Packung	Blister
Vorbild	MB Actros Hängerzug
Sonst.	
Molter Nr.	2561

Franken Brunnen 8 €

Hersteller	Gefra
Jahr	2001
Packung	Blister
Vorbild	MB Actros Hängerzug
Sonst.	
Molter Nr.	2562

F

Franken Brunnen 8 €

Hersteller	Gefra
Jahr	2001
Packung	Blister
Vorbild	MB Actros Hängerzug
Sonst.	
Molter Nr.	2563

Franken Brunnen 8 €

Hersteller	Top-Style
Jahr	2001
Packung	Blister
Vorbild	MB Actros Hängerzug
Sonst.	Getränke Burg
Molter Nr.	4253

Franken Brunnen — 8 €

Hersteller	Gefra
Jahr	2002
Packung	Blister
Vorbild	MAN TG-A Hängerzug
Sonst.	
Molter Nr.	5034

Franken Brunnen — 8 €

Hersteller	Gefra
Jahr	2002
Packung	Blister
Vorbild	MAN TG-A Hängerzug
Sonst.	Limit
Molter Nr.	5127

F

Franken Brunnen — 8 €

Hersteller	Gefra-Werbung
Jahr	2002
Packung	Blister
Vorbild	MAN TG-A Hängerzug
Sonst.	
Molter Nr.	7429

Franken Brunnen — 8 €

Hersteller	Gefra
Jahr	2002
Packung	Blister
Vorbild	MB Actros Auflieger
Sonst.	
Molter Nr.	5483

Franken Brunnen — 15 €

Hersteller	DGD
Jahr	2003
Packung	Blister
Vorbild	MB Axor Auflieger
Sonst.	XL Truck mt Markgrafen
Molter Nr.	7733

Franken Brunnen — 10 €

Hersteller	dgd
Jahr	2003
Packung	Blister
Vorbild	MB Axor Auflieger
Sonst.	Markgrafen XL
Molter Nr.	7835

Franken Mädl — 25 €

Hersteller	Amon
Jahr	2002 (Aufl.: 50)
Packung	Plastikschachtel
Vorbild	Volvo Auflieger
Sonst.	
Molter Nr.	6076

Frankenheim Alt — 100 €

Hersteller	
Jahr	(Aufl.: 50)
Packung	Pappschachtel
Vorbild	Commen 8 CWT
Sonst.	
Molter Nr.	2292

Frankenheim Alt — 35 €

Hersteller	MB
Jahr	
Packung	Showbox
Vorbild	Ford Oldtimer
Sonst.	
Molter Nr.	2564

Frankenheim Alt — 15 €

Hersteller	Dr. Lichtenberg Gmbh
Jahr	2001
Packung	Blister
Vorbild	Mack Auflieger
Sonst.	
Molter Nr.	2566

Frankenheim Alt	8 €
Hersteller	dgd
Jahr	2002
Packung	Blister
Vorbild	Scania 124L Auflieger
Sonst.	
Molter Nr.	5091

Frankfurter Pilsener	18 €
Hersteller	Grell
Jahr	2000
Packung	Blister
Vorbild	MB Actros Auflieger
Sonst.	Zugmaschine weiß
Molter Nr.	531

Frankfurter Pilsener	10 €
Hersteller	Grell
Jahr	2002
Packung	Blister
Vorbild	MB Actros Auflieger
Sonst.	Zugmaschine grün
Molter Nr.	5547

Franzisk. Kl. Engelberg	8 €
Hersteller	Hümmer
Jahr	2002
Packung	Blister
Vorbild	MAN TG-A Auflieger
Sonst.	m. Flasche
Molter Nr.	6641

Franziskaner Weissbier	25 €
Hersteller	dgd
Jahr	1999
Packung	Plastikschachtel
Vorbild	MB Actros Auflieger
Sonst.	
Molter Nr.	532

F

Franziskaner Weissbier 10 €

Hersteller	dgd
Jahr	2000
Packung	Plastikschachtel
Vorbild	MB Actros Auflieger
Sonst.	
Molter Nr.	533

Franziskaner Weissbier 9 €

Hersteller	dgd
Jahr	2001
Packung	Blister
Vorbild	MB Actros Auflieger
Sonst.	
Molter Nr.	2565

Franziskaner Weissbier 8 €

Hersteller	dgd
Jahr	2002
Packung	Blister
Vorbild	Scania 124L Auflieger
Sonst.	mit Stabler
Molter Nr.	5591

Franziskaner Weissbier 8 €

Hersteller	dgd
Jahr	2003
Packung	Blister
Vorbild	MAN TG-A Hängerzug
Sonst.	mit Schankwagen
Molter Nr.	6477

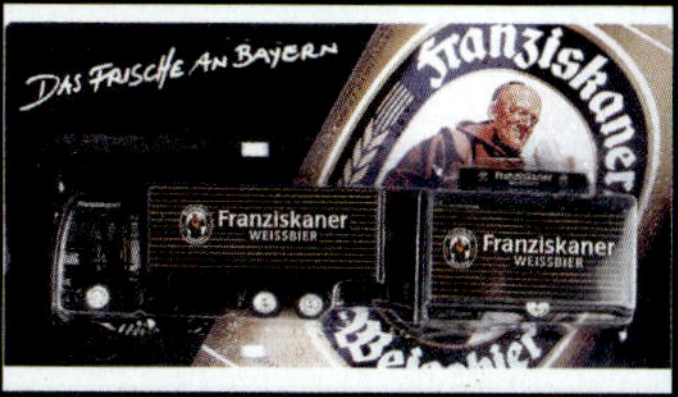

Frauendorfer 15 €

Hersteller	Amon
Jahr	2001 (Aufl.: 150)
Packung	Plastikschachtel
Vorbild	MB Actros Hängerzug
Sonst.	
Molter Nr.	4393

F

Frauendorfer 15 €

Hersteller	Amon
Jahr	2002 (Aufl.: 100)
Packung	Plastikschachtel
Vorbild	MB Actros Hängerzug
Sonst.	
Molter Nr.	6061

Frauendorfer 15 €

Hersteller	Amon
Jahr	2002 (Aufl.: 200)
Packung	Plastikschachtel
Vorbild	MAN TG-A Auflieger
Sonst.	
Molter Nr.	6063

F

Freiberger LHP €

Hersteller	
Jahr	
Packung	Plastikschachtel
Vorbild	MAN F90 Hängerzug
Sonst.	Liebhaberpreis
Molter Nr.	2574

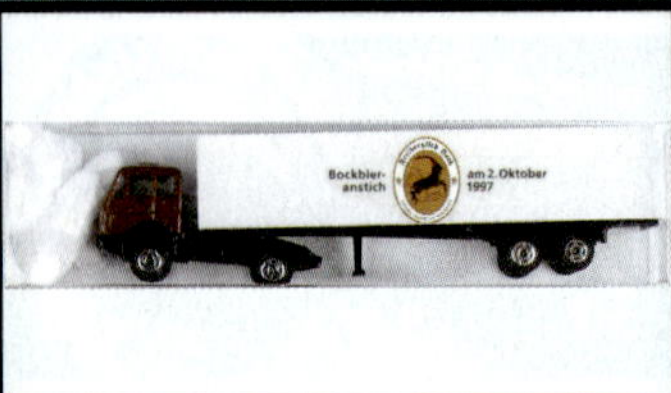

Freiberger 150 €

Hersteller	Hümmer
Jahr	1997
Packung	Plastikschachtel
Vorbild	MB klein Auflieger
Sonst.	
Molter Nr.	6434

Freiberger 60 €

Hersteller	Hümmer
Jahr	1997
Packung	Blister
Vorbild	US Auflieger
Sonst.	Grosser Blister
Molter Nr.	535

Freiberger — 50 €

Hersteller	Hümmer
Jahr	1997
Packung	Blister
Vorbild	US Auflieger
Sonst.	
Molter Nr.	534

Freiberger — 30 €

Hersteller	Hümmer
Jahr	1998
Packung	Blister
Vorbild	MAN F90 Hängerzug
Sonst.	Grosser Blister
Molter Nr.	536

Freiberger — 30 €

Hersteller	Hümmer
Jahr	1998
Packung	Blister
Vorbild	MAN F90 Hängerzug
Sonst.	Grosser Blister
Molter Nr.	537

Freiberger — 25 €

Hersteller	Hümmer
Jahr	1999
Packung	Blister
Vorbild	MB Actros LKW
Sonst.	Freiberger Brauhaus
Molter Nr.	541

Freiberger — 10 €

Hersteller	Hümmer
Jahr	1999
Packung	Blister
Vorbild	MB Actros Auflieger
Sonst.	
Molter Nr.	538

Freiberger — 15 €

Hersteller	Hümmer
Jahr	2000
Packung	Blister
Vorbild	MB Actros Auflieger
Sonst.	
Molter Nr.	539

Freiberger — 10 €

Hersteller	dgd
Jahr	2000
Packung	Blister
Vorbild	MAN Phönix Auflieger
Sonst.	
Molter Nr.	540

Freiberger — 8 €

Hersteller	Hümmer
Jahr	2001
Packung	Blister
Vorbild	MAN TG-A Auflieger
Sonst.	
Molter Nr.	2158

Freiberger — 9 €

Hersteller	Hümmer
Jahr	2001
Packung	Blister
Vorbild	MAN TG-A Auflieger
Sonst.	Freiberger Brauhaus
Molter Nr.	2572

Freiberger — 8 €

Hersteller	Hümmer
Jahr	2001
Packung	Blister
Vorbild	MB Actros Auflieger
Sonst.	
Molter Nr.	2569

Freiberger — 9 €

Hersteller	Hümmer
Jahr	2001
Packung	Blister
Vorbild	MAN TG-A Auflieger
Sonst.	Freiberger Brauhaus
Molter Nr.	2573

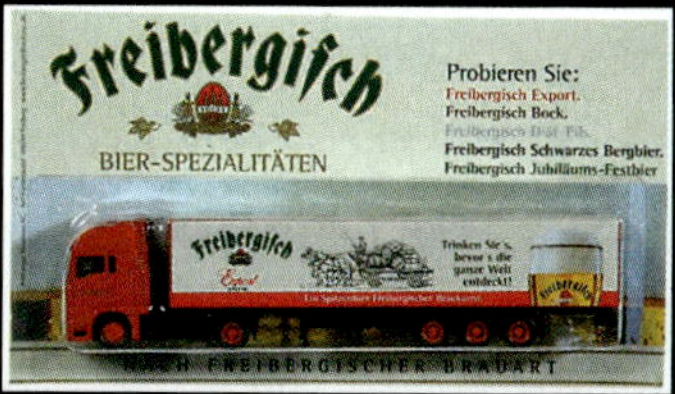

Freiberger — 8 €

Hersteller	Hümmer
Jahr	2002
Packung	Blister
Vorbild	Scania Auflieger
Sonst.	
Molter Nr.	7430

Freiberger — 8 €

Hersteller	Hümmer
Jahr	2001
Packung	Blister
Vorbild	MB Actros Auflieger
Sonst.	Freiberger Brauhaus
Molter Nr.	2571

Freiberger — 8 €

Hersteller	Hümmer
Jahr	2002
Packung	Blister
Vorbild	Mack Tankzug
Sonst.	
Molter Nr.	5696

Freigraf — 8 €

Hersteller	Top-Style
Jahr	2001
Packung	Blister
Vorbild	MB Actros Hängerzug
Sonst.	Rewe
Molter Nr.	4257

F

Freistädter — 10 €

Hersteller	Müller Chemnitz
Jahr	2001
Packung	Plastikschachtel
Vorbild	Majorette Auflieger
Sonst.	
Molter Nr.	2575

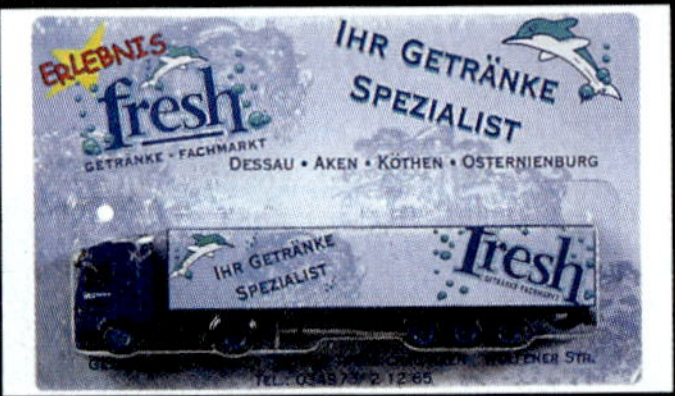

Fresh Getränke — 8 €

Hersteller	Grell
Jahr	2001
Packung	Blister
Vorbild	MB Actros Auflieger
Sonst.	
Molter Nr.	4264

Friedenfels Bier — 15 €

Hersteller	dgd
Jahr	2000
Packung	Blister
Vorbild	MB Actros Hängerzug
Sonst.	
Molter Nr.	542

Friedrichs Brauhaus — 20 €

Hersteller	Müller Chemnitz
Jahr	1998
Packung	Plastikschachtel
Vorbild	MB groß Auflieger
Sonst.	
Molter Nr.	544

Friedrichs Brauhaus — 15 €

Hersteller	Müller Chemnitz
Jahr	1998
Packung	Plastikschachtel
Vorbild	Mack Auflieger
Sonst.	
Molter Nr.	551

Friedrichs Brauhaus — 20 €

Hersteller	Müller Chemnitz
Jahr	1998
Packung	Plastikschachtel
Vorbild	Volvo Auflieger
Sonst.	
Molter Nr.	545

Friedrichs Brauhaus — 20 €

Hersteller	Müller Chemnitz
Jahr	1998
Packung	Plastikschachtel
Vorbild	Mack Auflieger
Sonst.	
Molter Nr.	546

Friedrichs Brauhaus — 15 €

Hersteller	Müller Chemnitz
Jahr	1998
Packung	Plastikschachtel
Vorbild	MB groß Auflieger
Sonst.	
Molter Nr.	547

Friedrichs Brauhaus — 15 €

Hersteller	Müller Chemnitz
Jahr	1998
Packung	Plastikschachtel
Vorbild	Volvo Auflieger
Sonst.	
Molter Nr.	548

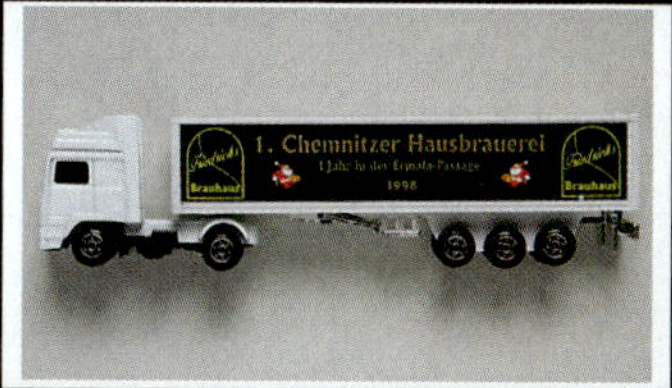

Friedrichs Brauhaus — 15 €

Hersteller	Müller Chemnitz
Jahr	1998
Packung	Plastikschachtel
Vorbild	Mack Auflieger
Sonst.	
Molter Nr.	550

Friedrichs Brauhaus 15 €

Hersteller	Müller Chemnitz
Jahr	1998
Packung	Plastikschachtel
Vorbild	MB groß Auflieger
Sonst.	
Molter Nr.	552

Friedrichs Brauhaus 15 €

Hersteller	Müller Chemnitz
Jahr	1998
Packung	Plastikschachtel
Vorbild	MB groß Auflieger
Sonst.	
Molter Nr.	553

Friedrichs Brauhaus 15 €

Hersteller	Müller Chemnitz
Jahr	1998
Packung	Plastikschachtel
Vorbild	Volvo Auflieger
Sonst.	
Molter Nr.	554

Friedrichs Brauhaus 15 €

Hersteller	Müller Chemnitz
Jahr	1999
Packung	Plastikschachtel
Vorbild	Mack Auflieger
Sonst.	
Molter Nr.	555

Friedrichs Brauhaus 10 €

Hersteller	Müller Chemnitz
Jahr	1999
Packung	Plastikschachtel
Vorbild	Mack Auflieger
Sonst.	
Molter Nr.	556

Friedrichs Brauhaus — 10 €

Hersteller	Müller Chemnitz
Jahr	1999
Packung	Plastikschachtel
Vorbild	Mack Auflieger
Sonst.	
Molter Nr.	557

Friedrichs Brauhaus — 15 €

Hersteller	
Jahr	2002
Packung	Plastikschachtel
Vorbild	MB groß Auflieger
Sonst.	
Molter Nr.	5208

Friedrichshagener — 8 €

Hersteller	Grell
Jahr	2003 (Aufl.: 2500)
Packung	Blister
Vorbild	Kraz Auflieger mit Dose
Sonst.	Modell Nr. 48
Molter Nr.	7294

F

Frischa — 8 €

Hersteller	Hümmer
Jahr	2002
Packung	Blister
Vorbild	MB Actros LKW
Sonst.	
Molter Nr.	5737

Fristo Getränke — 40 €

Hersteller	
Jahr	
Packung	Plastikschachtel
Vorbild	MAN F90 Hängerzug
Sonst.	Bringt's Getränkehandel
Molter Nr.	2576

Fristo Getränke — 7 €

Hersteller	Hümmer
Jahr	2000
Packung	Blister
Vorbild	MB Actros Auflieger
Sonst.	
Molter Nr.	543

Fritze — 8 €

Hersteller	dgd
Jahr	2001
Packung	Blister
Vorbild	MB Actros Tankzug
Sonst.	
Molter Nr.	2536

F

Fritze — 8 €

Hersteller	dgd
Jahr	2001
Packung	Plastikschachtel
Vorbild	MB Actros Tankzug
Sonst.	
Molter Nr.	2577

Fritze — 8 €

Hersteller	dgd
Jahr	2001
Packung	Plastikschachtel
Vorbild	MB Actros Tankzug
Sonst.	
Molter Nr.	2579

Frucade — 10 €

Hersteller	Hümmer
Jahr	2000
Packung	Blister
Vorbild	MB Actros Hängerzug
Sonst.	
Molter Nr.	558

Frucade — 8 €

Hersteller	Hümmer
Jahr	2001
Packung	Blister
Vorbild	MAN TG-A Auflieger
Sonst.	
Molter Nr.	2581

Fuchsbeck — 8 €

Hersteller	
Jahr	2002 (Aufl.: 200)
Packung	Plastikschachtel
Vorbild	MB Actros Auflieger
Sonst.	
Molter Nr.	6380

Fuchsberger — 9 €

Hersteller	Vierke
Jahr	2001
Packung	Blister
Vorbild	MB Actros Auflieger
Sonst.	
Molter Nr.	2585

Fuchsbräu — 8 €

Hersteller	Bergmann
Jahr	2003
Packung	Blister
Vorbild	MB Actros Auflieger
Sonst.	
Molter Nr.	6981

Fuchsbräu Bergham — 8 €

Hersteller	Top-Style
Jahr	2002
Packung	Blister
Vorbild	Mack Tankzug
Sonst.	
Molter Nr.	4951

F

Fuchsbräu Bergham — 8 €

Hersteller	Top-Style
Jahr	2002
Packung	Blister
Vorbild	MB Actros Tankzug
Sonst.	
Molter Nr.	7222

Fürst Bismarck Quelle — 8 €

Hersteller	Active Promotion
Jahr	2001
Packung	Blister
Vorbild	MAN F2000 Auflieger
Sonst.	
Molter Nr.	2583

Fürst Bismarck Quelle — 8 €

Hersteller	Hümmer
Jahr	2002
Packung	Plastikschachtel
Vorbild	MAN TG-A Auflieger
Sonst.	
Molter Nr.	7725

Fürst Bismarck Quelle — 8 €

Hersteller	Hümmer
Jahr	2002
Packung	Blister
Vorbild	US Auflieger
Sonst.	
Molter Nr.	6335

Fürst Wallerstein — 18 €

Hersteller	dgd
Jahr	1999
Packung	Blister
Vorbild	Kenworth T2000 Auflieger
Sonst.	
Molter Nr.	1951

Fürst Wallerstein 13 €

Hersteller	dgd
Jahr	2000
Packung	Blister
Vorbild	Kenworth T2000 Auflieger
Sonst.	
Molter Nr.	1952

Fürst Wallerstein 13 €

Hersteller	dgd
Jahr	2000
Packung	Blister
Vorbild	Kenworth T2000 Auflieger
Sonst.	
Molter Nr.	1953

Fürst Wallerstein 9 €

Hersteller	dgd
Jahr	2001
Packung	Blister
Vorbild	MAN TG-A Auflieger
Sonst.	
Molter Nr.	3824

Fürst Wallerstein 9 €

Hersteller	dgd
Jahr	2001
Packung	Blister
Vorbild	MAN TG-A Auflieger
Sonst.	
Molter Nr.	3823

Fürst Wallerstein 8 €

Hersteller	dgd
Jahr	2002
Packung	Blister
Vorbild	MAN Phönix Tankzug
Sonst.	
Molter Nr.	5598

F

Fürst Wallerstein	8 €
Hersteller	dgd
Jahr	2003
Packung	Blister
Vorbild	US Auflieger
Sonst.	
Molter Nr.	6948

Fürstenberg	30 €
Hersteller	Hümmer
Jahr	
Packung	Blister
Vorbild	MB klein Auflieger
Sonst.	hinten mit Türen
Molter Nr.	560

Fürstenberg	30 €
Hersteller	Hümmer
Jahr	
Packung	Blister
Vorbild	MB klein Auflieger
Sonst.	hinten ohne Türen
Molter Nr.	560a

Fürstenberg	15 €
Hersteller	Grell
Jahr	1999
Packung	Blister
Vorbild	MB Actros Hängerzug
Sonst.	
Molter Nr.	561

Fürstenberg	10 €
Hersteller	Grell
Jahr	2001
Packung	Blister
Vorbild	MAN F2000 Auflieger
Sonst.	
Molter Nr.	2582

Fürstenberg	8 €
Hersteller	Grell
Jahr	2001
Packung	Blister
Vorbild	MAN TG-A Auflieger
Sonst.	
Molter Nr.	4455

Fürstenberg	8 €
Hersteller	Grell
Jahr	2002
Packung	Blister
Vorbild	MAN TG-A Auflieger
Sonst.	
Molter Nr.	5457

Fürstenberg	8 €
Hersteller	Grell
Jahr	2003
Packung	Blister
Vorbild	MAN TG-A Hängerzug
Sonst.	mit Schankwagen
Molter Nr.	7014

Fürstenberg	LHP €
Hersteller	Hümmer
Jahr	2003 (Aufl.: 4)
Packung	Plastikschachtel
Vorbild	MAN TG-A Auflieger
Sonst.	
Molter Nr.	7046

Fürstenberg	8 €
Hersteller	dgd
Jahr	2003
Packung	Blister
Vorbild	MB Actros Auflieger
Sonst.	
Molter Nr.	6949

F

Fürstenberg	8 €
Hersteller	DGD
Jahr	2003
Packung	Blister
Vorbild	MB Actros Auflieger
Sonst.	
Molter Nr.	7715

Fürstenberg	8 €
Hersteller	DGD
Jahr	2003
Packung	Blister
Vorbild	MB Actros Auflieger
Sonst.	
Molter Nr.	7716

Gaense Further	20 €
Hersteller	dgd
Jahr	2001
Packung	Blister
Vorbild	MB Colani
Sonst.	
Molter Nr.	2589

Gaense Further	12 €
Hersteller	dgd
Jahr	2002
Packung	Blister
Vorbild	Colani Truck
Sonst.	
Molter Nr.	5537

Gaffel	40 €
Hersteller	
Jahr	
Packung	Plastikschachtel
Vorbild	Mack Auflieger
Sonst.	
Molter Nr.	6427

F

Gaffel — 15 €

Hersteller	Grell
Jahr	2001
Packung	Blister
Vorbild	Ford 9000 Auflieger
Sonst.	
Molter Nr.	2586

Gaffel — 12 €

Hersteller	Uniglory
Jahr	2002
Packung	Blister
Vorbild	Mack Auflieger
Sonst.	
Molter Nr.	5066

Gaffel — 8 €

Hersteller	Uniglory
Jahr	2002
Packung	Blister
Vorbild	MAN TG-A Auflieger
Sonst.	
Molter Nr.	6344

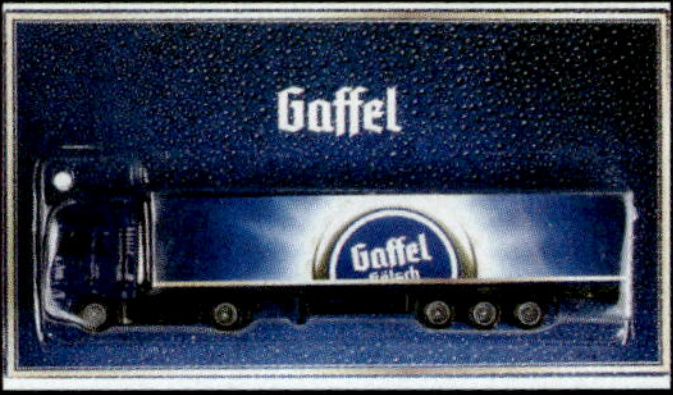

Gambrinus — 15 €

Hersteller	Amon
Jahr	2002 (Aufl.: 100)
Packung	Plastikschachtel
Vorbild	MAN TG-A Auflieger
Sonst.	
Molter Nr.	6103

Gambrinus — 15 €

Hersteller	Amon
Jahr	2002 (Aufl.: 100)
Packung	Plastikschachtel
Vorbild	MB Actros Hängerzug
Sonst.	
Molter Nr.	6107

Gambrinus — 15 €

Hersteller	Amon
Jahr	2002 (Aufl.: 100)
Packung	Plastikschachtel
Vorbild	MB Actros Auflieger
Sonst.	
Molter Nr.	6108

Gambrinus — 15 €

Hersteller	Amon
Jahr	2002
Packung	Plastikschachtel
Vorbild	MB Actros Hängerzug
Sonst.	
Molter Nr.	6171

Gambrinus Weiden — 9 €

Hersteller	Vierke
Jahr	2001 (Aufl.: 5000)
Packung	Blister
Vorbild	MB Atego Hängerzug
Sonst.	
Molter Nr.	2587

Gampert-Bräu Horb — 15 €

Hersteller	
Jahr	2000 (Aufl.: 6000)
Packung	Blister
Vorbild	MB Actros Auflieger
Sonst.	
Molter Nr.	562

Gampertbr. Weißenbrunn — 25 €

Hersteller	Hümmer
Jahr	1999 (Aufl.: 10000)
Packung	Blister
Vorbild	MAN F90 Hängerzug
Sonst.	
Molter Nr.	563

Gampertbr. Weißenbrunn 10 €

Hersteller	Hümmer
Jahr	2000
Packung	Blister
Vorbild	MB Atego LKW
Sonst.	
Molter Nr.	564

Gampertb. Weißenbrunn 9 €

Hersteller	Hümmer
Jahr	2001
Packung	Blister
Vorbild	MAN TG-A Auflieger
Sonst.	
Molter Nr.	2588

Gampertbr. Weißenbrunn 8 €

Hersteller	Top Style
Jahr	2001
Packung	Blister
Vorbild	MB Actros Tanker
Sonst.	
Molter Nr.	7431

Gampertbr. Weißenbrunn 20 €

Hersteller	
Jahr	2002
Packung	Blister
Vorbild	Freightliner FLD Auflieger
Sonst.	XXL
Molter Nr.	5421

Gampertbr. Weißenbrunn 10 €

Hersteller	EKBG
Jahr	2003
Packung	Blister
Vorbild	Freightliner FLD Auflieger
Sonst.	XL
Molter Nr.	6592

G

Ganser Kölsch	40 €
Hersteller	Müller Chemnitz
Jahr	
Packung	Plastikschachtel
Vorbild	MB groß Auflieger
Sonst.	Wappen vorne
Molter Nr.	565

Ganser Kölsch	40 €
Hersteller	
Jahr	
Packung	Plastikschachtel
Vorbild	MB groß Auflieger
Sonst.	Wappen hinten
Molter Nr.	2590

Ganser Kölsch	26 €
Hersteller	Müller Chemnitz
Jahr	
Packung	Plastikschachtel
Vorbild	Mack Auflieger
Sonst.	
Molter Nr.	566

G

Ganter	13 €
Hersteller	Grell
Jahr	2000
Packung	Blister
Vorbild	MB Actros Auflieger
Sonst.	
Molter Nr.	567

Garley	20 €
Hersteller	Hümmer
Jahr	1998
Packung	Blister
Vorbild	MAN F90 Hängerzug
Sonst.	
Molter Nr.	568

Garley 18 €

Hersteller	dgd
Jahr	1999
Packung	Blister
Vorbild	US Auflieger
Sonst.	
Molter Nr.	569

Garley 18 €

Hersteller	dgd
Jahr	2000
Packung	Blister
Vorbild	IFA W50 Auflieger
Sonst.	
Molter Nr.	570

Garley 10 €

Hersteller	dgd
Jahr	2000
Packung	Blister
Vorbild	MAN F2000 Auflieger
Sonst.	
Molter Nr.	571

Garley 9 €

Hersteller	dgd
Jahr	2001
Packung	Blister
Vorbild	MB Actros Auflieger
Sonst.	
Molter Nr.	2591

Garley 9 €

Hersteller	Grell
Jahr	2001
Packung	Blister
Vorbild	Scania Auflieger
Sonst.	
Molter Nr.	2596

G

Garley	9 €
Hersteller	dgd
Jahr	2001
Packung	Blister
Vorbild	MAN TG-A Auflieger
Sonst.	
Molter Nr.	7432

Garley	9 €
Hersteller	dgd
Jahr	2001
Packung	Blister
Vorbild	DAF 95 XF Auflieger
Sonst.	
Molter Nr.	2602

Garley	20 €
Hersteller	Brauerei
Jahr	(Aufl.: 1000)
Packung	Blister
Vorbild	MAN M2000 Auflieger
Sonst.	
Molter Nr.	4565

Garley	8 €
Hersteller	Grell
Jahr	2002
Packung	Blister
Vorbild	Ford 9000 Auflieger
Sonst.	
Molter Nr.	5088

Gatorade	8 €
Hersteller	Grell
Jahr	2002
Packung	Blister
Vorbild	Freightliner Auflieger
Sonst.	
Molter Nr.	7739

G

Gatz — 11 €

Hersteller	
Jahr	2000
Packung	Blister
Vorbild	Scania Auflieger
Sonst.	
Molter Nr.	572

Gatz — 9 €

Hersteller	Gabotex
Jahr	2002
Packung	Blister
Vorbild	MB Atego Hängerzug
Sonst.	
Molter Nr.	4545

Gatz — 8 €

Hersteller	Hümmer
Jahr	2003
Packung	Blister
Vorbild	MB Actros Auflieger
Sonst.	mit Flasche
Molter Nr.	7033

Gedi — 8 €

Hersteller	Grell
Jahr	2000 (Aufl.: 5000)
Packung	Blister
Vorbild	MB Actros Auflieger
Sonst.	
Molter Nr.	599

Gefako — 8 €

Hersteller	Hümmer
Jahr	2001
Packung	Blister
Vorbild	MB Actros Hängerzug
Sonst.	
Molter Nr.	2603

G

Gefako	8 €
Hersteller	Hümmer
Jahr	2003
Packung	Blister
Vorbild	Scania Auflieger
Sonst.	
Molter Nr.	6935

Gefru	7 €
Hersteller	Grell
Jahr	2001
Packung	Blister
Vorbild	MB Actros LKW
Sonst.	
Molter Nr.	3831

Geissler	8 €
Hersteller	WMS
Jahr	2002
Packung	Blister
Vorbild	Volvo Tankzug
Sonst.	
Molter Nr.	5111

Geissler	8 €
Hersteller	Top-Style
Jahr	2003
Packung	Blister
Vorbild	MB Actros Auflieger
Sonst.	
Molter Nr.	6868

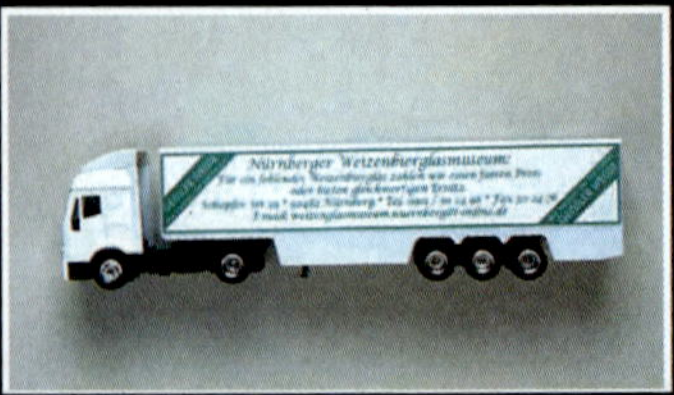

Geissler Weisse	12 €
Hersteller	OPNV
Jahr	2001
Packung	Blister
Vorbild	Iveco Auflieger
Sonst.	
Molter Nr.	2600

G

Geissler Weisse — 12 €

Hersteller	Amon
Jahr	2001 (Aufl.: 200)
Packung	Plastikschachtel
Vorbild	MAN F2000 Auflieger
Sonst.	
Molter Nr.	2592

Geissler Weisse — 12 €

Hersteller	Amon
Jahr	2001
Packung	Plastikschachtel
Vorbild	Volvo Auflieger
Sonst.	
Molter Nr.	2601

Geissler Weisse — 15 €

Hersteller	dgd
Jahr	2001 (Aufl.: 2500)
Packung	Blister
Vorbild	MB Actros Auflieger
Sonst.	
Molter Nr.	4336

Gentner Bräu — 30 €

Hersteller	Müller Chemnitz
Jahr	1999
Packung	Plastikschachtel
Vorbild	Mack Auflieger
Sonst.	
Molter Nr.	628

Gentner Bräu — 8 €

Hersteller	EKBG
Jahr	2002 (Aufl.: 200)
Packung	Blister
Vorbild	Freightliner FLD Auflieger
Sonst.	XL
Molter Nr.	5455

G

Georgbräu — 10 €

Hersteller	Müller Chemnitz
Jahr	2000
Packung	Plastikschachtel
Vorbild	Majorette Auflieger
Sonst.	
Molter Nr.	573

Georgbräu — 8 €

Hersteller	EKBG
Jahr	2002 (Aufl.: 200)
Packung	Plastikschachtel
Vorbild	MB Actros LKW
Sonst.	
Molter Nr.	6311

German Beer — 12 €

Hersteller	dgd
Jahr	2000
Packung	Blister
Vorbild	MB Actros Auflieger
Sonst.	
Molter Nr.	574

Germeta Quelle — 50 €

Hersteller	Hümmer
Jahr	
Packung	Blister
Vorbild	US Auflieger
Sonst.	
Molter Nr.	575

Germeta Quelle — 15 €

Hersteller	Grell
Jahr	1999
Packung	Blister
Vorbild	MB Actros Auflieger
Sonst.	
Molter Nr.	576

G

Germeta Quelle — 10 €

Hersteller	Hümmer
Jahr	2000
Packung	Blister
Vorbild	MB Actros Auflieger
Sonst.	
Molter Nr.	577

Germeta Quelle — 8 €

Hersteller	Hümmer
Jahr	2002
Packung	Blister
Vorbild	MB Actros Auflieger
Sonst.	m. Team Gtr.markt Logo
Molter Nr.	7434

Germeta Quelle — 8 €

Hersteller	Grell
Jahr	2001
Packung	Blister
Vorbild	MAN F2000 Auflieger
Sonst.	
Molter Nr.	2606

Germeta Quelle — 8 €

Hersteller	Grell
Jahr	2002
Packung	Blister
Vorbild	MAN F2000 Auflieger
Sonst.	4. Edition
Molter Nr.	7657

Gerolsteiner — 10 €

Hersteller	Hümmer
Jahr	1999
Packung	Blister
Vorbild	MB Actros Hängerzug
Sonst.	
Molter Nr.	578

G

Gerolsteiner	9 €
Hersteller	Hümmer
Jahr	2000
Packung	Blister
Vorbild	MB Actros Hängerzug
Sonst.	
Molter Nr.	579

Gerolsteiner	8 €
Hersteller	Hümmer
Jahr	2001
Packung	Blister
Vorbild	MB Actros Hängerzug
Sonst.	
Molter Nr.	2159

Gerolsteiner	8 €
Hersteller	Hümmer
Jahr	2001
Packung	Blister
Vorbild	MB Actros Hängerzug
Sonst.	
Molter Nr.	2604

G

Gerolsteiner	8 €
Hersteller	Vierke
Jahr	2002
Packung	Blister
Vorbild	MAN TG-A Auflieger
Sonst.	Seitenfahrschutz offen
Molter Nr.	4965

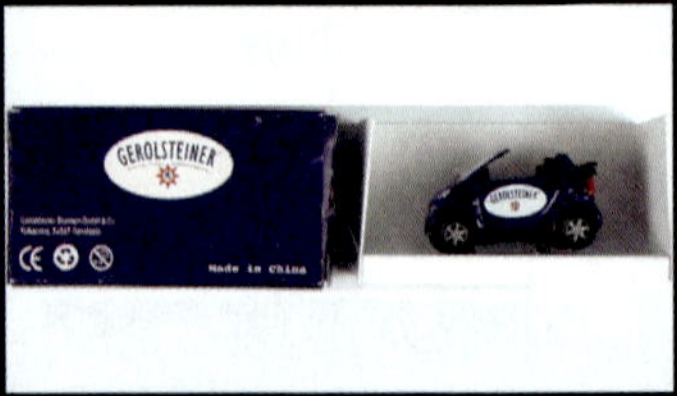

Gerolsteiner	10 €
Hersteller	
Jahr	2002
Packung	Pappschachtel
Vorbild	Smart
Sonst.	
Molter Nr.	4708

Gerolsteiner — 8 €

Hersteller	Hümmer
Jahr	2002
Packung	Blister
Vorbild	Mack Auflieger
Sonst.	
Molter Nr.	4776

Gerolsteiner — 8 €

Hersteller	Vierke
Jahr	2002
Packung	Blister
Vorbild	MAN TG-A Sattelzug
Sonst.	Seitenfahrschutz geschlossen
Molter Nr.	7701

Gerolsteiner — 8 €

Hersteller	Vierke
Jahr	2002
Packung	Blister
Vorbild	MB Oldtimer Hängerzug
Sonst.	
Molter Nr.	5065

Gerolsteiner — 8 €

Hersteller	Vierke
Jahr	2003
Packung	Blister
Vorbild	MAN TG-A Auflieger
Sonst.	
Molter Nr.	7123

Gessner — 15 €

Hersteller	Grell
Jahr	1999 (Aufl.: 40000)
Packung	Blister
Vorbild	MB Actros Auflieger
Sonst.	
Molter Nr.	580

Gessner	15 €
Hersteller	Grell
Jahr	1999
Packung	Blister
Vorbild	MB Actros Auflieger
Sonst.	
Molter Nr.	4297

Gessner	10 €
Hersteller	Grell
Jahr	2000
Packung	Blister
Vorbild	MB Actros Auflieger
Sonst.	
Molter Nr.	582

Gessner	10 €
Hersteller	Grell
Jahr	2000
Packung	Blister
Vorbild	MB Actros Auflieger
Sonst.	
Molter Nr.	583

Gessner	10 €
Hersteller	Hümmer
Jahr	2000
Packung	Blister
Vorbild	MB Actros Auflieger
Sonst.	
Molter Nr.	584

Gessner	10 €
Hersteller	Hümmer
Jahr	2000
Packung	Blister
Vorbild	MB Actros Auflieger
Sonst.	
Molter Nr.	585

G

Gessner	9 €
Hersteller	Grell
Jahr	2001
Packung	Blister
Vorbild	MB Actros Auflieger
Sonst.	
Molter Nr.	2607

Gessner	9 €
Hersteller	Hümmer
Jahr	2001
Packung	Blister
Vorbild	MB Actros Auflieger
Sonst.	
Molter Nr.	2608

Gessner	9 €
Hersteller	Hümmer
Jahr	2001
Packung	Blister
Vorbild	Mack Auflieger
Sonst.	
Molter Nr.	2609

Gessner	9 €
Hersteller	Hümmer
Jahr	2001
Packung	Blister
Vorbild	MAN TG-A Auflieger
Sonst.	
Molter Nr.	2610

Gessner	8 €
Hersteller	Hümmer
Jahr	2002
Packung	Blister
Vorbild	MAN TG-A Auflieger
Sonst.	
Molter Nr.	5992

G

Gessner — 8 €

Hersteller	Hümmer
Jahr	2002
Packung	Blister
Vorbild	Ford 9000 Auflieger
Sonst.	Scania Silozug
Molter Nr.	6591

Gessner — 8 €

Hersteller	dgd
Jahr	2002
Packung	Blister
Vorbild	Iveco Hängerzug
Sonst.	mit Schankwagen
Molter Nr.	4699

Gessner — 8 €

Hersteller	Grell
Jahr	2002
Packung	Blister
Vorbild	Mb Atego Tankhängerzug
Sonst.	
Molter Nr.	5128

Gessner — 8 €

Hersteller	Grell
Jahr	2003
Packung	Blister
Vorbild	Ford 9000 Auflieger
Sonst.	mit Tankcontainer
Molter Nr.	7706

Gessner — 8 €

Hersteller	Grell
Jahr	2003
Packung	Blister
Vorbild	Freightliner FLD Auflieger
Sonst.	mit Sudkessel
Molter Nr.	7247

G

Getränke Abel — 8 €

Hersteller	Melco
Jahr	2001
Packung	Plastikschachtel
Vorbild	MB Actros Auflieger
Sonst.	
Molter Nr.	2189

Getränke Andreas — 10 €

Hersteller	dgd
Jahr	2001
Packung	Blister
Vorbild	MAN TG-A Auflieger
Sonst.	
Molter Nr.	594

Getränke Beier — 8 €

Hersteller	
Jahr	1999
Packung	Plastikschachtel
Vorbild	MAN F90 Hängerzug
Sonst.	
Molter Nr.	586

Getränke Beier — 8 €

Hersteller	
Jahr	1999
Packung	Plastikschachtel
Vorbild	MAN F90 Hängerzug
Sonst.	
Molter Nr.	587

Getränke Beier — 8 €

Hersteller	
Jahr	1999
Packung	Plastikschachtel
Vorbild	MB Actros Auflieger
Sonst.	
Molter Nr.	588

Getränke Beier — 8 €

Hersteller	
Jahr	1999
Packung	Plastikschachtel
Vorbild	MB Actros Auflieger
Sonst.	
Molter Nr.	589

Getränke Beier — 8 €

Hersteller	
Jahr	1999
Packung	Plastikschachtel
Vorbild	MB Actros Auflieger
Sonst.	
Molter Nr.	590

Getränke Beier — 8 €

Hersteller	
Jahr	2000
Packung	Plastikschachtel
Vorbild	Mack Auflieger
Sonst.	
Molter Nr.	591

Getränke Beier — 8 €

Hersteller	
Jahr	2000
Packung	Plastikschachtel
Vorbild	MB Actros Auflieger
Sonst.	
Molter Nr.	592

Getränke Burg — 8 €

Hersteller	Allround Service
Jahr	2001
Packung	Blister
Vorbild	MB Actros Auflieger
Sonst.	
Molter Nr.	2352

Getränke Burg — 10 €

Hersteller	Top-Style
Jahr	2001
Packung	Blister
Vorbild	MB Actros Auflieger
Sonst.	
Molter Nr.	2353

Getränke Burg — 8 €

Hersteller	Allround Service
Jahr	2001 (Aufl.: 2500)
Packung	Blister
Vorbild	MAN F2000 Hängerzug
Sonst.	
Molter Nr.	4333

Getränke Burg — 8 €

Hersteller	Top-Style
Jahr	2001 (Aufl.: 2500)
Packung	auf Blister
Vorbild	MB Actros Hängerzug
Sonst.	
Molter Nr.	4334

G

Getränke Burger — 8 €

Hersteller	dgd
Jahr	2001
Packung	Blister
Vorbild	MAN TG-A Auflieger
Sonst.	
Molter Nr.	4351

Getränke Experte — 8 €

Hersteller	
Jahr	2003
Packung	Plastikschachtel
Vorbild	Mack Auflieger
Sonst.	
Molter Nr.	7163

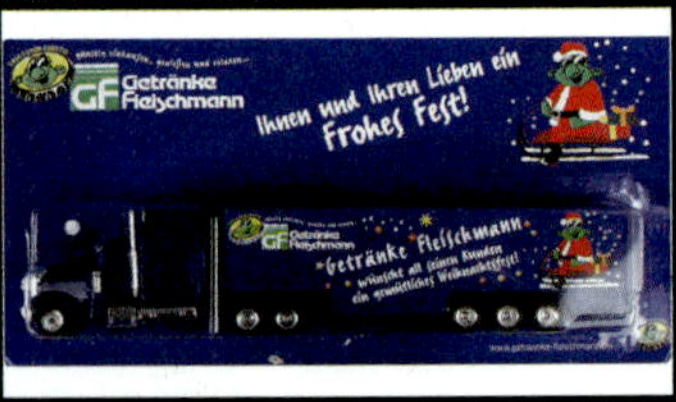

Getränke Fleischmann — 8 €

Hersteller	Grell
Jahr	2002
Packung	Blister
Vorbild	Freightliner FLD Auflieger
Sonst.	
Molter Nr.	5428

Getränke Fleischmann — 8 €

Hersteller	Grell
Jahr	2003
Packung	Blister
Vorbild	Freightliner FLD Tankzug
Sonst.	
Molter Nr.	7002

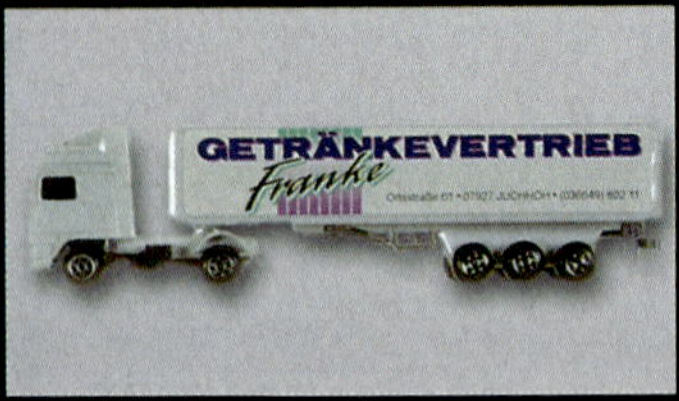

Getränke Franke — 10 €

Hersteller	
Jahr	1999
Packung	Plastikschachtel
Vorbild	Volvo Auflieger
Sonst.	
Molter Nr.	593

Getränke Gibis — 8 €

Hersteller	
Jahr	2001
Packung	Plastikschachtel
Vorbild	MB Actros Hängerzug
Sonst.	
Molter Nr.	4321

Getränke Gleichmann — 8 €

Hersteller	HK Marketing
Jahr	2001
Packung	Plastikschachtel
Vorbild	MAN F90 Hängerzug
Sonst.	
Molter Nr.	2619

G

Getränke Heil — 26 €

Hersteller	
Jahr	
Packung	Plastikschachtel
Vorbild	MB klein Auflieger
Sonst.	
Molter Nr.	4317

Getränke Heitmann — 13 €

Hersteller	Allround Service
Jahr	2000
Packung	Plastikschachtel
Vorbild	MB Actros LKW
Sonst.	
Molter Nr.	761

Getränke Heitmann — 10 €

Hersteller	dgd
Jahr	2000
Packung	Blister
Vorbild	MB Actros LKW
Sonst.	
Molter Nr.	762

Getränke Heller — 8 €

Hersteller	Hümmer
Jahr	2002
Packung	Blister
Vorbild	IFA H6 Hängerzug
Sonst.	Fässern
Molter Nr.	4763

Getränke Höhne — 10 €

Hersteller	dgd
Jahr	2000
Packung	Plastikschachtel
Vorbild	MB Actros Auflieger
Sonst.	
Molter Nr.	855

Getränke Höller — 50 €

Hersteller	
Jahr	
Packung	Plastikschachtel
Vorbild	US Auflieger
Sonst.	
Molter Nr.	601

Getränke Kaiser — 8 €

Hersteller	Lauterbach
Jahr	2002
Packung	Blister
Vorbild	IFA H6 Hängerzug
Sonst.	
Molter Nr.	4731

Getränke Kaiserhof — 8 €

Hersteller	
Jahr	2001
Packung	Plastikschachtel
Vorbild	Mack Auflieger
Sonst.	
Molter Nr.	2909

Getränke Kiste — 8 €

Hersteller	dgd
Jahr	2002
Packung	Plastikschachtel
Vorbild	MAN F2000 Auflieger
Sonst.	
Molter Nr.	5318

Getränke Marco — 12 €

Hersteller	Grell
Jahr	2000 (Aufl.: 2500)
Packung	Blister
Vorbild	MB Actros Auflieger
Sonst.	
Molter Nr.	1224

G

Getränke Oberpöllnitz 8 €

Hersteller	
Jahr	2000
Packung	Plastikschachtel
Vorbild	Kenworth T2000 Auflieger
Sonst.	
Molter Nr.	604

Getränke Podelleck 8 €

Hersteller	
Jahr	
Packung	Plastikschachtel
Vorbild	Volvo Auflieger
Sonst.	
Molter Nr.	605

Getränke Pölz 12 €

Hersteller	dgd
Jahr	2001
Packung	Blister
Vorbild	MB Actros Hängerzug
Sonst.	
Molter Nr.	4236

Getränke Power 8 €

Hersteller	Lauterbach
Jahr	1999
Packung	Blister
Vorbild	MB groß Auflieger
Sonst.	
Molter Nr.	1460

Getränke Power 10 €

Hersteller	WMS
Jahr	1999
Packung	Blister
Vorbild	Volvo Auflieger
Sonst.	
Molter Nr.	1461

G

Getränke Quelle

10 €

Hersteller	Grell
Jahr	1999
Packung	Blister
Vorbild	MB Actros Auflieger
Sonst.	
Molter Nr.	627

Getränke Quelle

8 €

Hersteller	Grell
Jahr	2001
Packung	Blister
Vorbild	Ford 9000 Auflieger
Sonst.	
Molter Nr.	3353

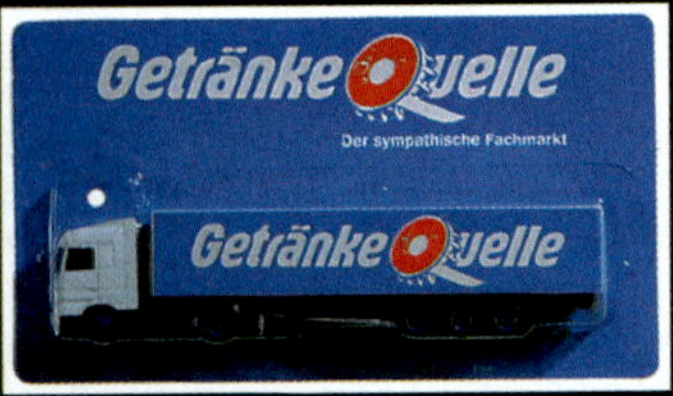

Getränke Quelle

8 €

Hersteller	Grell
Jahr	2001
Packung	Blister
Vorbild	MB Actros Auflieger
Sonst.	
Molter Nr.	3355

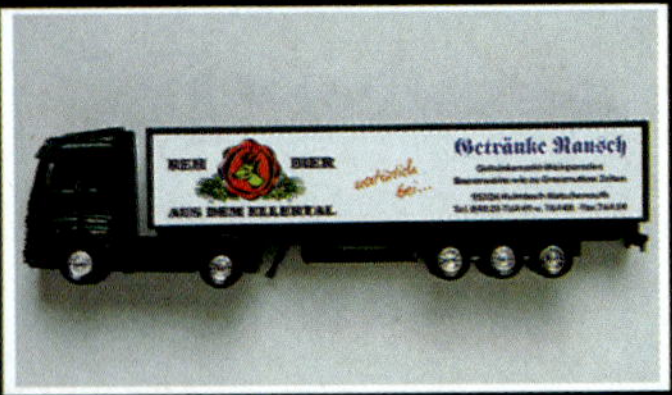

Getränke Rausch

10 €

Hersteller	Allround Service
Jahr	2000
Packung	Plastikschachtel
Vorbild	MB Actros Auflieger
Sonst.	
Molter Nr.	607

Getränke Rausch

10 €

Hersteller	Allround Service
Jahr	2000
Packung	Plastikschachtel
Vorbild	MAN F2000 Auflieger
Sonst.	
Molter Nr.	608

Getränke Rausch — 10 €

Hersteller	
Jahr	2000
Packung	Plastikschachtel
Vorbild	Mack Auflieger
Sonst.	
Molter Nr.	613

Getränke Rodehau — 8 €

Hersteller	dgd
Jahr	2001
Packung	Blister
Vorbild	MAN F2000 Auflieger
Sonst.	
Molter Nr.	3406

Getränke Rommel — 10 €

Hersteller	
Jahr	2000
Packung	Plastikschachtel
Vorbild	Volvo Auflieger
Sonst.	
Molter Nr.	612

Getränke Sagasser — 10 €

Hersteller	Grell
Jahr	2000 (Aufl.: 2000)
Packung	Blister
Vorbild	MB Actros Auflieger
Sonst.	
Molter Nr.	1594

Getränke Sagasser — 15 €

Hersteller	Grell
Jahr	2000 (Aufl.: 1000)
Packung	Blister
Vorbild	MB Actros Auflieger
Sonst.	
Molter Nr.	1595

Getränke Sagasser 15 €

Hersteller	Grell
Jahr	2000 (Aufl.: 10000)
Packung	Blister
Vorbild	MB Actros Auflieger
Sonst.	
Molter Nr.	1596

Getränke Sagasser 9 €

Hersteller	Grell
Jahr	2001
Packung	Blister
Vorbild	MAN F2000 Auflieger
Sonst.	
Molter Nr.	3472

Getränke Sagasser 9 €

Hersteller	Grell
Jahr	2001
Packung	Blister
Vorbild	MAN F2000 Auflieger
Sonst.	
Molter Nr.	3473

G

Getränke Schmölln 25 €

Hersteller	Müller Chemnitz
Jahr	
Packung	Plastikschachtel
Vorbild	MB groß Auflieger
Sonst.	
Molter Nr.	611

Getränke Schmölln 10 €

Hersteller	Grell
Jahr	1999
Packung	Blister
Vorbild	Mack Auflieger
Sonst.	
Molter Nr.	1664

Getränke Schoppe — 8 €

Hersteller	Grell
Jahr	2000
Packung	Blister
Vorbild	MB Actros Auflieger
Sonst.	
Molter Nr.	615

Getränke Seidel — €

Hersteller	
Jahr	2001
Packung	Plastikschachtel
Vorbild	MB Actros Auflieger
Sonst.	
Molter Nr.	3514

Getränke Seidel — 20 €

Hersteller	WMS
Jahr	2002
Packung	Pappschachtel
Vorbild	Scania Auflieger
Sonst.	
Molter Nr.	5659

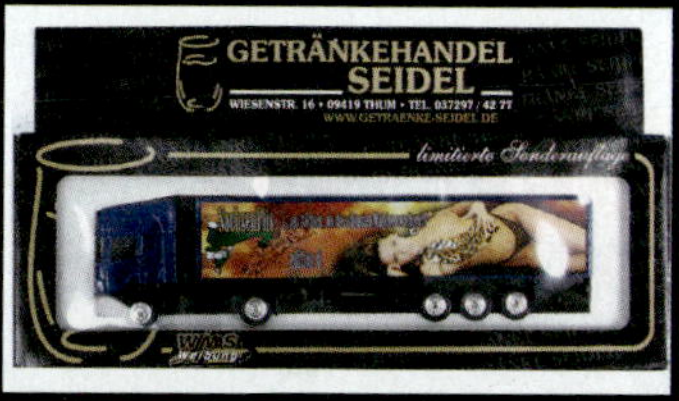

Getränke Seidel — 20 €

Hersteller	WMS
Jahr	2002
Packung	Pappschachtel
Vorbild	MB Actros Auflieger
Sonst.	
Molter Nr.	5660

Getränke Seidel — 20 €

Hersteller	WMS
Jahr	2002
Packung	Pappschachtel
Vorbild	MB Actros Auflieger
Sonst.	
Molter Nr.	5661

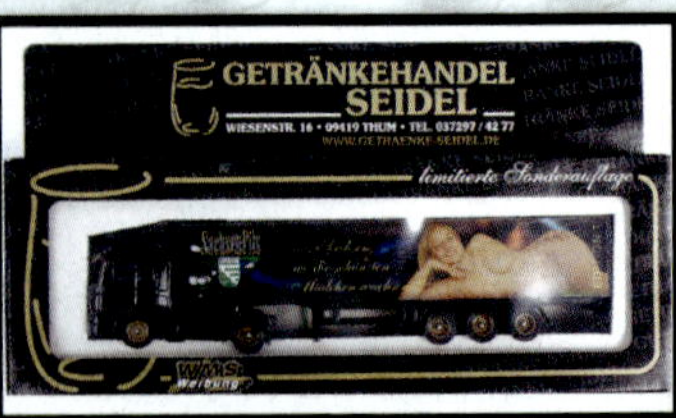

Getränke Seidel	20 €
Hersteller	WMS
Jahr	2002
Packung	Pappschachtel
Vorbild	MAN F2000 Auflieger
Sonst.	
Molter Nr.	5662

Getränke und Center	12 €
Hersteller	Müller Chemnitz
Jahr	
Packung	Plastikschachtel
Vorbild	Volvo Auflieger
Sonst.	
Molter Nr.	595

Getränke und Center	12 €
Hersteller	Müller Chemnitz
Jahr	
Packung	Plastikschachtel
Vorbild	Mack Auflieger
Sonst.	
Molter Nr.	596

Getränke und Center	12 €
Hersteller	Müller Chemnitz
Jahr	
Packung	Plastikschachtel
Vorbild	MB groß Auflieger
Sonst.	
Molter Nr.	597

Getränke Welt	11 €
Hersteller	Grell
Jahr	1999
Packung	Blister
Vorbild	Mack Auflieger
Sonst.	
Molter Nr.	624

G

Getränke Welt — 11 €

Hersteller	Grell
Jahr	1999
Packung	Blister
Vorbild	Mack Auflieger
Sonst.	
Molter Nr.	625

Getränke Welt — 11 €

Hersteller	Grell
Jahr	1999
Packung	Blister
Vorbild	Mack Auflieger
Sonst.	
Molter Nr.	626

Getränkegroßhandel Metzner — 8 €

Hersteller	Grell
Jahr	2001
Packung	Blister
Vorbild	MB Actros Auflieger
Sonst.	
Molter Nr.	3200

Getränkehalle Mainleus — 8 €

Hersteller	Allround Service
Jahr	2002
Packung	Blister
Vorbild	MB Actros Auflieger
Sonst.	
Molter Nr.	5295

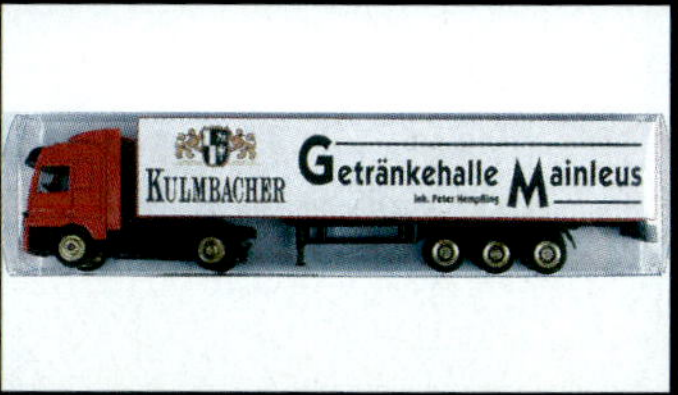

Getränkehandel Michalsky — 8 €

Hersteller	Scherer OHG
Jahr	2003
Packung	Blister
Vorbild	MAN Hängerzug
Sonst.	
Molter Nr.	7279

G

Getränkekombinat Berlin — 8 €

Hersteller	Grell
Jahr	2003 (Aufl.: 2500)
Packung	Blister
Vorbild	Kraz Hängerzug
Sonst.	Modell Nr. 44
Molter Nr.	7295

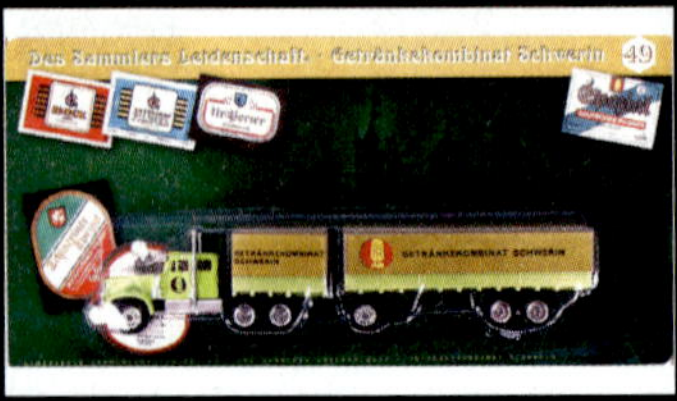

Getränkekombinat Schwerin — 8 €

Hersteller	Grell
Jahr	2003 (Aufl.: 2500)
Packung	Blister
Vorbild	Kraz Hängerzug
Sonst.	Modell Nr. 49
Molter Nr.	7296

Getränkeland Friedel — 8 €

Hersteller	dgd
Jahr	2002
Packung	Blister
Vorbild	MAN Phönix Tankzug
Sonst.	
Molter Nr.	5702

Getränkemarkt Hofmann — 8 €

Hersteller	Grell
Jahr	2001
Packung	Blister
Vorbild	MB Actros Auflieger
Sonst.	
Molter Nr.	4318

Getränkemarkt Hofmann — 8 €

Hersteller	
Jahr	
Packung	Plastikschachtel
Vorbild	Mack Auflieger
Sonst.	
Molter Nr.	4318

G

Getränkevertrieb Korn	12 €
Hersteller	Amon
Jahr	2002 (Aufl.: 200)
Packung	Plastikschachtel
Vorbild	Renault Auflieger
Sonst.	
Molter Nr.	6086

Geussen	18 €
Hersteller	dgd
Jahr	2000 (Aufl.: 5000)
Packung	Blister
Vorbild	MB Actros Auflieger
Sonst.	
Molter Nr.	629

Geussen	15 €
Hersteller	dgd
Jahr	2000 (Aufl.: 5000)
Packung	Blister
Vorbild	MB Actros Auflieger
Sonst.	
Molter Nr.	630

Geussen	12 €
Hersteller	dgd
Jahr	2001
Packung	Blister
Vorbild	US Auflieger
Sonst.	
Molter Nr.	2611

Geussen	10 €
Hersteller	dgd
Jahr	2001
Packung	Blister
Vorbild	MB Actros Hängerzug
Sonst.	
Molter Nr.	2612

G

Geussen — 10 €

Hersteller	dgd
Jahr	2001
Packung	Blister
Vorbild	MAN TG-A Auflieger
Sonst.	
Molter Nr.	2613

Gick Bräu — 40 €

Hersteller	Hümmer
Jahr	1999 (Aufl.: 1000)
Packung	Plastikschachtel
Vorbild	US Auflieger
Sonst.	
Molter Nr.	631

Gick Bräu — 15 €

Hersteller	Hümmer
Jahr	2000 (Aufl.: 6000)
Packung	Blister
Vorbild	MB Actros Auflieger
Sonst.	
Molter Nr.	632

Gick Bräu — 9 €

Hersteller	Allround Service
Jahr	2000 (Aufl.: 6000)
Packung	Blister
Vorbild	MB Actros Hängerzug
Sonst.	
Molter Nr.	633

Gick Bräu — 8 €

Hersteller	Top-Style
Jahr	2002
Packung	Blister
Vorbild	MB Actros Auflieger
Sonst.	
Molter Nr.	5781

G

Gick-Bräu — 8 €

Hersteller	Top Style
Jahr	2002
Packung	Blister
Vorbild	MB Actros Auflieger
Sonst.	
Molter Nr.	7499

Giessener Brauhaus — 15 €

Hersteller	Grell
Jahr	1999
Packung	Blister
Vorbild	Mack Auflieger
Sonst.	
Molter Nr.	635

Giessener Brauhaus — 10 €

Hersteller	Grell
Jahr	2000
Packung	Blister
Vorbild	MB Actros Auflieger
Sonst.	
Molter Nr.	636

Giessener Brauhaus — 9 €

Hersteller	dgd
Jahr	2001
Packung	Blister
Vorbild	MB Actros Auflieger
Sonst.	
Molter Nr.	2616

Giessener Brauhaus — 10 €

Hersteller	dgd
Jahr	2001
Packung	Blister
Vorbild	MB Actros Auflieger
Sonst.	
Molter Nr.	2614

Giessener Brauhaus — 9 €

Hersteller	dgd
Jahr	2001
Packung	Blister
Vorbild	MAN TG-A Auflieger
Sonst.	
Molter Nr.	7436

Giessener Brauhaus — 8 €

Hersteller	Grell
Jahr	2002
Packung	Blister
Vorbild	Freightliner FLD Tankzug
Sonst.	
Molter Nr.	6161

Giessener Brauhaus — 8 €

Hersteller	Grell
Jahr	2002
Packung	Blister
Vorbild	Büssing Hängerzug
Sonst.	
Molter Nr.	5227

Gilde Brauerei — 100 €

Hersteller	
Jahr	(Aufl.: 200)
Packung	Plastikschachtel
Vorbild	Ford Oldtimer
Sonst.	
Molter Nr.	6446

Gilde Brauerei — 12 €

Hersteller	Grell
Jahr	2000
Packung	Blister
Vorbild	MB Actros Auflieger
Sonst.	
Molter Nr.	637

Gilde Brauerei — 10 €

Hersteller	Grell
Jahr	2000
Packung	Blister
Vorbild	MB Actros Auflieger
Sonst.	
Molter Nr.	638

Gilde Brauerei — 10 €

Hersteller	dgd
Jahr	2000
Packung	Blister
Vorbild	Büssing LKW
Sonst.	
Molter Nr.	639

Gilde Brauerei — 9 €

Hersteller	Grell
Jahr	2001
Packung	Blister
Vorbild	Ford 9000 Auflieger
Sonst.	
Molter Nr.	2615

Gilde Brauerei — 9 €

Hersteller	dgd
Jahr	2001
Packung	Blister
Vorbild	Büssing LKW
Sonst.	
Molter Nr.	4159

Gilde Brauerei — 9 €

Hersteller	Grell
Jahr	2001
Packung	Blister
Vorbild	MAN Tanklastzug
Sonst.	
Molter Nr.	2617

Gilde Brauerei — 8 €

Hersteller	Eurosun
Jahr	2002
Packung	Blister
Vorbild	MB Actros Hängerzug
Sonst.	
Molter Nr.	5261

Gilde Brauerei — 10 €

Hersteller	Eurosun
Jahr	2002
Packung	Blister
Vorbild	Isetta
Sonst.	
Molter Nr.	6005

Gilde Brauerei — 8 €

Hersteller	Grell
Jahr	2002
Packung	Blister
Vorbild	MAN TG-A Tanker
Sonst.	
Molter Nr.	7437

Gilde Brauerei — 8 €

Hersteller	Grell
Jahr	2002
Packung	Blister
Vorbild	MAN TG-A Tankzug
Sonst.	Lindener
Molter Nr.	7208

Gilde Brauerei — 8 €

Hersteller	Grell
Jahr	2003
Packung	Blister
Vorbild	MB Atego Tankhängerzug
Sonst.	
Molter Nr.	6357

Gilde Brauerei — 8 €

Hersteller	Grell
Jahr	2003
Packung	Blister
Vorbild	Ford 9000 Hängerzug
Sonst.	Bierkästen
Molter Nr.	7520

Gilden Kölsch — 12 €

Hersteller	Grell
Jahr	2000
Packung	Blister
Vorbild	MB Actros Hängerzug
Sonst.	
Molter Nr.	640

Glan Krone — 8 €

Hersteller	a la carte
Jahr	2002
Packung	Blister
Vorbild	MB Atego LKW
Sonst.	
Molter Nr.	6398

Glashäger — 11 €

Hersteller	Hümmer
Jahr	2000
Packung	Blister
Vorbild	MB Actros Auflieger
Sonst.	
Molter Nr.	641

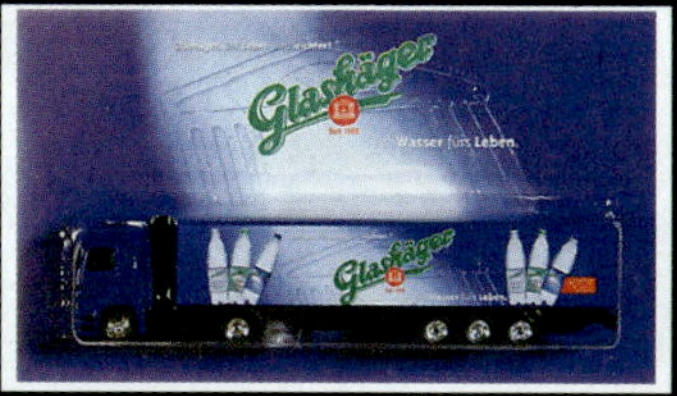

Glashäger — 8 €

Hersteller	Vierke
Jahr	2002
Packung	Blister
Vorbild	MAN TG-A Auflieger
Sonst.	
Molter Nr.	5137

G

Glenk Bräu — 13 €

Hersteller	Grell
Jahr	2000
Packung	Blister
Vorbild	MB Actros Auflieger
Sonst.	
Molter Nr.	642

Gleumes — 50 €

Hersteller	Hümmer
Jahr	
Packung	Plastikschachtel
Vorbild	US Auflieger
Sonst.	
Molter Nr.	643

Gleumes — 30 €

Hersteller	Hümmer
Jahr	
Packung	Plastikschachtel
Vorbild	US Auflieger
Sonst.	
Molter Nr.	644

Gliech Golßen — 10 €

Hersteller	Grell
Jahr	2000
Packung	Blister
Vorbild	MB Actros Hängerzug
Sonst.	
Molter Nr.	600

Glossner-Bier — 8 €

Hersteller	EKBG
Jahr	2003 (Aufl.: 5000)
Packung	Blister
Vorbild	MB Actros Tankzug
Sonst.	
Molter Nr.	7839

Glückauf Brauerei — 40 €

Hersteller	Gack
Jahr	
Packung	Blister
Vorbild	US Auflieger
Sonst.	
Molter Nr.	645

Glückauf Brauerei — 40 €

Hersteller	Gack
Jahr	
Packung	Blister
Vorbild	Motorrad
Sonst.	
Molter Nr.	2622

Glückauf Brauerei — 25 €

Hersteller	Grell
Jahr	
Packung	Blister
Vorbild	Mack Auflieger
Sonst.	
Molter Nr.	646

Glückauf Brauerei — 18 €

Hersteller	Müller Chemnitz
Jahr	
Packung	Plastikschachtel
Vorbild	MB groß Auflieger
Sonst.	Kantine
Molter Nr.	647

Glückauf Brauerei — 18 €

Hersteller	Müller Chemnitz
Jahr	
Packung	Plastikschachtel
Vorbild	Mack Auflieger
Sonst.	Kantine
Molter Nr.	648

Glückauf Brauerei 18 €

Hersteller	Müller Chemnitz
Jahr	
Packung	Plastikschachtel
Vorbild	Volvo Auflieger
Sonst.	Kantine
Molter Nr.	649

Glückauf Brauerei 18 €

Hersteller	Müller Chemnitz
Jahr	
Packung	Plastikschachtel
Vorbild	Volvo Auflieger
Sonst.	Kantine
Molter Nr.	650

Glückauf Brauerei 18 €

Hersteller	Müller Chemnitz
Jahr	
Packung	Plastikschachtel
Vorbild	Mack Auflieger
Sonst.	Hoppe
Molter Nr.	651

Glückauf Brauerei 18 €

Hersteller	Müller Chemnitz
Jahr	
Packung	Plastikschachtel
Vorbild	MB groß Auflieger
Sonst.	Hoppe
Molter Nr.	652

Glückauf Brauerei 15 €

Hersteller	Müller Chemnitz
Jahr	
Packung	Plastikschachtel
Vorbild	Ford Cargo LKW
Sonst.	Hoppe
Molter Nr.	653

G

Glückauf Brauerei	15 €
Hersteller	Müller Chemnitz
Jahr	1999
Packung	Plastikschachtel
Vorbild	Mack Auflieger
Sonst.	
Molter Nr.	654

Glückauf Brauerei	15 €
Hersteller	Müller Chemnitz
Jahr	1999
Packung	Plastikschachtel
Vorbild	MB groß Auflieger
Sonst.	
Molter Nr.	655

Glückauf Brauerei	18 €
Hersteller	Hümmer
Jahr	1999
Packung	Blister
Vorbild	MB Actros Auflieger
Sonst.	
Molter Nr.	656

Glückauf Brauerei	15 €
Hersteller	Müller Chemnitz
Jahr	
Packung	Plastikschachtel
Vorbild	Majorette Auflieger
Sonst.	
Molter Nr.	657

Glückauf Brauerei	15 €
Hersteller	Hümmer
Jahr	1999
Packung	Blister
Vorbild	MB Actros Hängerzug
Sonst.	
Molter Nr.	658

Glückauf Brauerei — 15 €

Hersteller	Müller Chemnitz
Jahr	1999
Packung	Plastikschachtel
Vorbild	Mack Auflieger
Sonst.	
Molter Nr.	659

Glückauf Brauerei — 10 €

Hersteller	Müller Chemnitz
Jahr	1999
Packung	Plastikschachtel
Vorbild	Mack Auflieger
Sonst.	
Molter Nr.	660

Glückauf Brauerei — 20 €

Hersteller	
Jahr	1999
Packung	Plastikschachtel
Vorbild	Mack Auflieger
Sonst.	
Molter Nr.	6436

Glückauf Brauerei — 13 €

Hersteller	Grell
Jahr	2000
Packung	Blister
Vorbild	MB Actros Auflieger
Sonst.	
Molter Nr.	661

Glückauf Brauerei — 13 €

Hersteller	Hümmer
Jahr	2000
Packung	Blister
Vorbild	MB Actros Auflieger
Sonst.	
Molter Nr.	662

Glückauf Brauerei	11 €
Hersteller	Hümmer
Jahr	2000
Packung	Blister
Vorbild	US Auflieger
Sonst.	
Molter Nr.	663

Glückauf Brauerei	11 €
Hersteller	Grell
Jahr	2001
Packung	Blister
Vorbild	Ford 9000 Auflieger
Sonst.	
Molter Nr.	2160

Glückauf Brauerei	15 €
Hersteller	Wörlein
Jahr	2001
Packung	Blister
Vorbild	MAN Phönix Auflieger
Sonst.	
Molter Nr.	2629

Glückauf Brauerei	10 €
Hersteller	Hümmer
Jahr	2001
Packung	Blister
Vorbild	IFA H6 Hängerzug
Sonst.	
Molter Nr.	2628

Glückauf Brauerei	9 €
Hersteller	dgd
Jahr	2001
Packung	Blister
Vorbild	MAN TG-A Auflieger
Sonst.	
Molter Nr.	2621

Glückauf Brauerei 8 €

Hersteller	Hümmer
Jahr	2002
Packung	Blister
Vorbild	MAN TG-A Tankzug
Sonst.	
Molter Nr.	5672

Glückauf Brauerei 8 €

Hersteller	Top-Style
Jahr	2002
Packung	Blister
Vorbild	Renault Tankzug
Sonst.	
Molter Nr.	5705

Glückauf Brauerei 8 €

Hersteller	dgd
Jahr	2002
Packung	Blister
Vorbild	Framo Nostalgie LKW
Sonst.	
Molter Nr.	7438

Glückauf Brauerei 8 €

Hersteller	EUBG
Jahr	2002
Packung	Blister
Vorbild	Freightliner FLD Auflieger
Sonst.	XL
Molter Nr.	6014

Glückauf Brauerei 8 €

Hersteller	Grell
Jahr	2002
Packung	Blister
Vorbild	MB Actros Auflieger
Sonst.	
Molter Nr.	5372

Glückauf Brauerei	8 €
Hersteller	Hümmer
Jahr	2002
Packung	Blister
Vorbild	Scania Auflieger
Sonst.	mit Flasche
Molter Nr.	5365

Glückauf Brauerei	8 €
Hersteller	Hümmer
Jahr	2003
Packung	Blister
Vorbild	
Sonst.	
Molter Nr.	6590

Glückauf Brauerei	8 €
Hersteller	Grell
Jahr	2003
Packung	Blister
Vorbild	IFA W50 Hängerzug
Sonst.	
Molter Nr.	7551

Goetschel	20 €
Hersteller	Amon
Jahr	2002 (Aufl.: 200)
Packung	Plastikschachtel
Vorbild	MAN TG-A Auflieger
Sonst.	
Molter Nr.	6062

Goetschel	25 €
Hersteller	Amon
Jahr	2002 (Aufl.: 50)
Packung	Plastikschachtel
Vorbild	MAN TG-A Auflieger
Sonst.	
Molter Nr.	6074

Gögginger — 12 €

Hersteller	dgd
Jahr	2001
Packung	Blister
Vorbild	MB Actros LKW
Sonst.	
Molter Nr.	2623

Gögginger — 9 €

Hersteller	Grell
Jahr	2001
Packung	Blister
Vorbild	Freightliner FLD Auflieger
Sonst.	
Molter Nr.	7626

Gögginger — 8 €

Hersteller	Grell
Jahr	2002
Packung	Blister
Vorbild	Büssing Hängerzug
Sonst.	
Molter Nr.	7037

Gold Krone — 12 €

Hersteller	Grell
Jahr	2000
Packung	Blister
Vorbild	IFA W50 Hängerzug
Sonst.	
Molter Nr.	1093

Gold Ochsen — 8 €

Hersteller	dgd
Jahr	2002
Packung	Blister
Vorbild	Iveco Hängerzug
Sonst.	
Molter Nr.	7496

Gold Ochsen	10 €
Hersteller	Hümmer
Jahr	2000
Packung	Blister
Vorbild	MB Actros LKW
Sonst.	kl. Blister, silberne Felgen
Molter Nr.	665

Gold Ochsen	10 €
Hersteller	dgd
Jahr	2001 (Aufl.: 3000)
Packung	Blister
Vorbild	MB Actros Hängerzug
Sonst.	Einzeln verpackt
Molter Nr.	2630

Gold Ochsen	8 €
Hersteller	dgd
Jahr	2002
Packung	Blister
Vorbild	Iveco Hängerzug
Sonst.	
Molter Nr.	4764

Gold Ochsen	8 €
Hersteller	dgd
Jahr	2002
Packung	Blister
Vorbild	Iveco Hängerzug
Sonst.	
Molter Nr.	4768

Gold Ochsen	8 €
Hersteller	dgd
Jahr	2002
Packung	Blister
Vorbild	Iveco Hängerzug
Sonst.	
Molter Nr.	4769

G

Golden — 8 €

Hersteller	Grell
Jahr	2003
Packung	Blister
Vorbild	Scania 124L Auflieger
Sonst.	m. T. Container
Molter Nr.	6640

Goldene Ernte-Truck — 7 €

Hersteller	Eurosun
Jahr	2001 (Aufl.: 2500)
Packung	Blister
Vorbild	MB Actros Auflieger
Sonst.	
Molter Nr.	3954

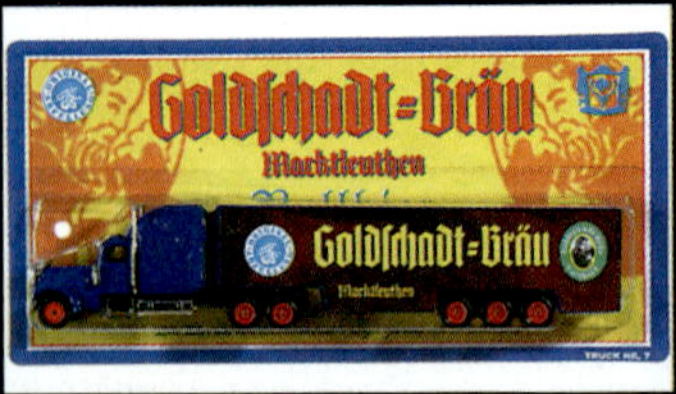

Goldschadt — 8 €

Hersteller	Grell
Jahr	2001 (Aufl.: 3000)
Packung	Blister
Vorbild	Freightliner FLD Auflieger
Sonst.	
Molter Nr.	2631

Goldschadt — 8 €

Hersteller	Grell
Jahr	2001 (Aufl.: 3000)
Packung	Blister
Vorbild	Freightliner FLD Auflieger
Sonst.	
Molter Nr.	2632

Goldschadt — 8 €

Hersteller	Grell
Jahr	2001 (Aufl.: 3000)
Packung	Blister
Vorbild	Freightliner FLD Auflieger
Sonst.	
Molter Nr.	2633

Goldschadt — 8 €

Hersteller	Grell
Jahr	2001 (Aufl.: 3000)
Packung	Blister
Vorbild	Freightliner FLD Auflieger
Sonst.	
Molter Nr.	2634

Goldschadt — 8 €

Hersteller	Grell
Jahr	2001 (Aufl.: 3000)
Packung	Blister
Vorbild	Freightliner FLD Auflieger
Sonst.	
Molter Nr.	2635

Goldschadt — 8 €

Hersteller	Grell
Jahr	2001 (Aufl.: 3000)
Packung	Blister
Vorbild	Freightliner FLD Auflieger
Sonst.	
Molter Nr.	2636

Goldschadt — 8 €

Hersteller	Grell
Jahr	2001 (Aufl.: 3000)
Packung	Blister
Vorbild	Ford 9000 Tankzug
Sonst.	
Molter Nr.	2638

Goldschadt — 10 €

Hersteller	Grell
Jahr	2001 (Aufl.: 1000)
Packung	Blister
Vorbild	Freightliner FLD Auflieger
Sonst.	
Molter Nr.	2639

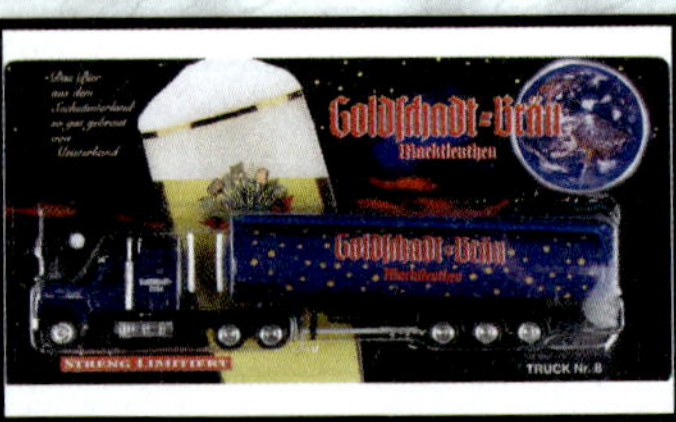

Goldschadt — 8 €

Hersteller	Grell
Jahr	2001
Packung	Blister
Vorbild	Ford 9000 Tankzug
Sonst.	
Molter Nr.	4619

Göller Drosdorf — 30 €

Hersteller	
Jahr	
Packung	Plastikschachtel
Vorbild	Ford Cargo LKW
Sonst.	
Molter Nr.	4302

Göller Zeil — 20 €

Hersteller	Grell
Jahr	1999 (Aufl.: 2000)
Packung	Blister
Vorbild	MB Actros LKW
Sonst.	Schwarze Felgen
Molter Nr.	671

Göller Zeil — 20 €

Hersteller	Grell
Jahr	1999 (Aufl.: 3000)
Packung	Blister
Vorbild	MB Actros LKW
Sonst.	mit Aufschrift Actros
Molter Nr.	672

Göller Zeil — 15 €

Hersteller	dgd
Jahr	2000 (Aufl.: 5000)
Packung	Blister
Vorbild	MB Actros Hängerzug
Sonst.	
Molter Nr.	673

G

Göller Zeil 8 €

Hersteller	dgd
Jahr	2000 (Aufl.: 5000)
Packung	Blister
Vorbild	MB Actros Hängerzug
Sonst.	Einzeln verp., graue Felgen
Molter Nr.	674

Göller Zeil 10 €

Hersteller	dgd
Jahr	2001
Packung	Blister
Vorbild	MAN Phönix Auflieger
Sonst.	
Molter Nr.	2642

Göller Zeil 10 €

Hersteller	dgd
Jahr	2001
Packung	Blister
Vorbild	MAN TG-A Auflieger
Sonst.	
Molter Nr.	2643

G

Göller Zeil 9 €

Hersteller	dgd
Jahr	2001
Packung	Blister
Vorbild	MAN F2000 LKW
Sonst.	
Molter Nr.	2644

Göller Zeil 9 €

Hersteller	dgd
Jahr	2001
Packung	Blister
Vorbild	MAN Phönix Auflieger
Sonst.	
Molter Nr.	2645

G

Göller Zeil — 8 €

Hersteller	dgd
Jahr	2002
Packung	Blister
Vorbild	Ford Tankzug
Sonst.	
Molter Nr.	4966

Göller Zeil — 8 €

Hersteller	dgd
Jahr	2002
Packung	Blister
Vorbild	MAN F2000 Hängerzug
Sonst.	
Molter Nr.	7439

Göltzschtal — 25 €

Hersteller	NWA
Jahr	1998
Packung	Plastikschachtel
Vorbild	Volvo Auflieger
Sonst.	
Molter Nr.	675

Göltzschtal — 20 €

Hersteller	dgd
Jahr	2000
Packung	Blister
Vorbild	US Auflieger
Sonst.	
Molter Nr.	677

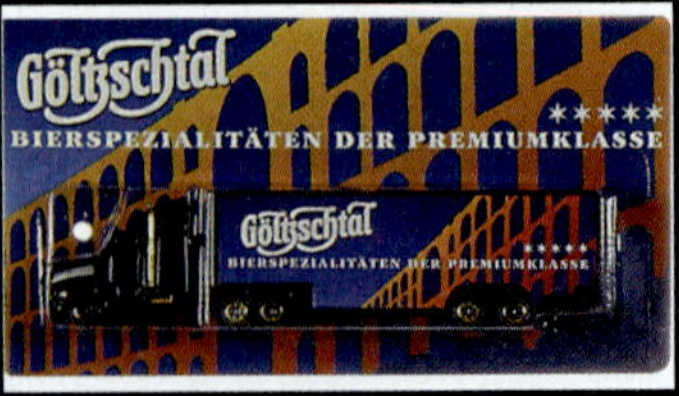

Göltzschtal — 15 €

Hersteller	Gack
Jahr	2000 (Aufl.: 5000)
Packung	Blister
Vorbild	Mack Auflieger
Sonst.	
Molter Nr.	676

Göltzschtal 12 €

Hersteller	dgd
Jahr	2000
Packung	Blister
Vorbild	MB Actros Auflieger
Sonst.	
Molter Nr.	678

Göltzschtal 10 €

Hersteller	Grell
Jahr	2001
Packung	Blister
Vorbild	MB Actros Auflieger
Sonst.	
Molter Nr.	2651

Göltzschtal 9 €

Hersteller	dgd
Jahr	2001
Packung	Blister
Vorbild	Scania Auflieger
Sonst.	
Molter Nr.	2648

Göltzschtal 9 €

Hersteller	dgd
Jahr	2001
Packung	Blister
Vorbild	MAN TG-A Auflieger
Sonst.	
Molter Nr.	2641

Göltzschtal 9 €

Hersteller	dgd
Jahr	2001
Packung	Blister
Vorbild	MAN F2000 Tankzug
Sonst.	
Molter Nr.	2650

Göltzschtal — 10 €

Hersteller	dgd
Jahr	2002
Packung	Blister
Vorbild	Framo
Sonst.	
Molter Nr.	5947

Göltzschtal — 8 €

Hersteller	dgd
Jahr	2002
Packung	Blister
Vorbild	Renault Tankzug
Sonst.	
Molter Nr.	5039

Göltzschtal — 8 €

Hersteller	dgd
Jahr	2002
Packung	Blister
Vorbild	MAN Nostalgie LKW
Sonst.	
Molter Nr.	7440

Göltzschtal — 8 €

Hersteller	dgd
Jahr	2003
Packung	Blister
Vorbild	Volvo Tankzug
Sonst.	
Molter Nr.	6564

Gotha Brauerei — 18 €

Hersteller	Grell
Jahr	1999
Packung	Blister
Vorbild	MB Actros Hängerzug
Sonst.	
Molter Nr.	664

G

Gotha Brauerei — 8 €

Hersteller	Grell
Jahr	2002
Packung	Blister
Vorbild	MB Actros Auflieger
Sonst.	
Molter Nr.	5589

Götschel — 15 €

Hersteller	Amon
Jahr	2002 (Aufl.: 200)
Packung	Plastikschachtel
Vorbild	MAN TG-A Auflieger
Sonst.	
Molter Nr.	5663

Götschel — 15 €

Hersteller	Amon
Jahr	2002 (Aufl.: 200)
Packung	Plastikschachtel
Vorbild	MAN TG-A Auflieger
Sonst.	
Molter Nr.	5664

Götschel — 15 €

Hersteller	Amon
Jahr	2002 (Aufl.: 200)
Packung	Plastikschachtel
Vorbild	DAF 95 XF Auflieger
Sonst.	
Molter Nr.	5665

Götschel — 15 €

Hersteller	Amon
Jahr	2002
Packung	Plastikschachtel
Vorbild	MAN TG-A Auflieger
Sonst.	
Molter Nr.	5681

G

Gottsmannsgrüner 30 €

Hersteller	Hümmer
Jahr	1999
Packung	Plastikschachtel
Vorbild	MB klein Auflieger
Sonst.	
Molter Nr.	679

Gottsmannsgrüner 30 €

Hersteller	Hümmer
Jahr	1999
Packung	Plastikschachtel
Vorbild	US Auflieger
Sonst.	
Molter Nr.	680

Gottsmannsgrüner 25 €

Hersteller	Hümmer
Jahr	1999
Packung	Plastikschachtel
Vorbild	MAN F90 LKW
Sonst.	
Molter Nr.	681

Gottsmannsgrüner 15 €

Hersteller	Hümmer
Jahr	1999
Packung	Blister
Vorbild	US Auflieger
Sonst.	
Molter Nr.	683

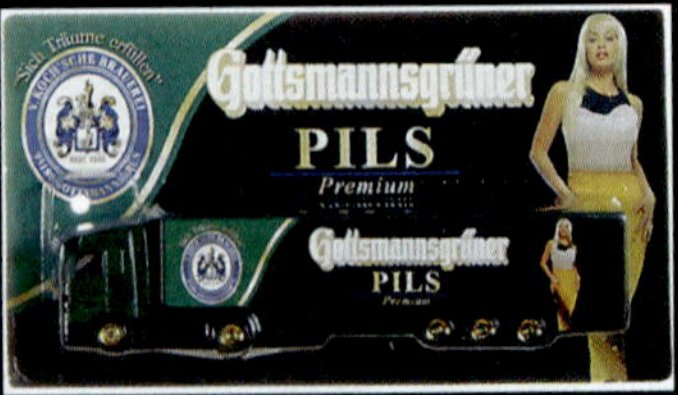

Gottsmannsgrüner 13 €

Hersteller	Gack
Jahr	1999 (Aufl.: 5000)
Packung	Blister
Vorbild	MB Actros Auflieger
Sonst.	
Molter Nr.	682

G

Gottsmannsgrüner 12 €

Hersteller	Hümmer
Jahr	1999
Packung	Blister
Vorbild	MB Actros Auflieger
Sonst.	
Molter Nr.	684

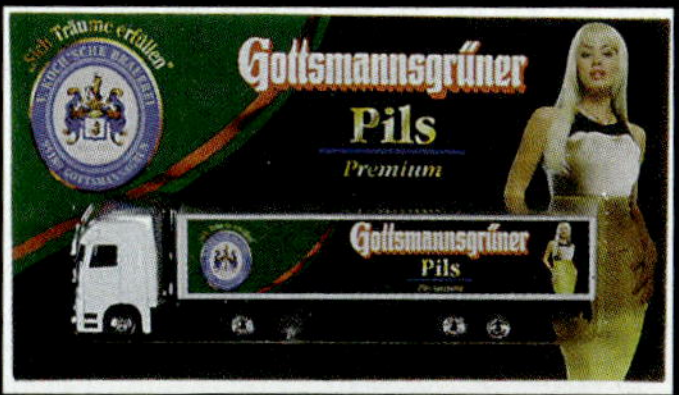

Gottsmannsgrüner 11 €

Hersteller	Hümmer
Jahr	2000
Packung	Blister
Vorbild	MB Actros Hängerzug
Sonst.	
Molter Nr.	685

Gottsmannsgrüner 10 €

Hersteller	Hümmer
Jahr	2000
Packung	Blister
Vorbild	MB Oldtimer Hängerzug
Sonst.	
Molter Nr.	686

Gottsmannsgrüner 9 €

Hersteller	Hümmer
Jahr	2001
Packung	Blister
Vorbild	MAN TG-A Auflieger
Sonst.	
Molter Nr.	7441

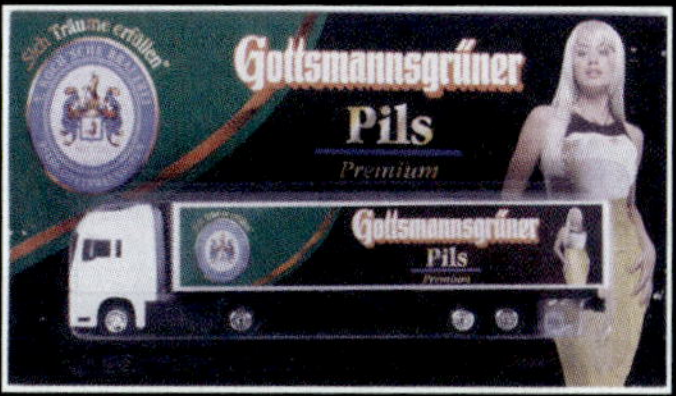

Gottsmannsgrüner 10 €

Hersteller	Hümmer
Jahr	2001
Packung	Blister
Vorbild	Ford Oldtimer
Sonst.	
Molter Nr.	2654

Gottsmannsgrüner — 9 €

Hersteller	Hümmer
Jahr	2001
Packung	Blister
Vorbild	MB Actros Tankzug
Sonst.	
Molter Nr.	2655

Gottsmannsgrüner — 8 €

Hersteller	Hümmer
Jahr	2001
Packung	Blister
Vorbild	Scania Auflieger
Sonst.	
Molter Nr.	2656

Gottsmannsgrüner — 9 €

Hersteller	Hümmer
Jahr	2001
Packung	Blister
Vorbild	MAN TG-A Tankzug
Sonst.	
Molter Nr.	2653

Gottsmannsgrüner — 8 €

Hersteller	Hümmer
Jahr	2002
Packung	Blister
Vorbild	Mack Tankzug
Sonst.	
Molter Nr.	5195

Gottsmannsgrüner — 30 €

Hersteller	Hümmer
Jahr	2002
Packung	Blister
Vorbild	Freightliner FLD Auflieger
Sonst.	XXL
Molter Nr.	6021

Gottsmannsgrüner — 8 €

Hersteller	Hümmer
Jahr	2002
Packung	Blister
Vorbild	Scania Auflieger
Sonst.	mit Flasche
Molter Nr.	5525

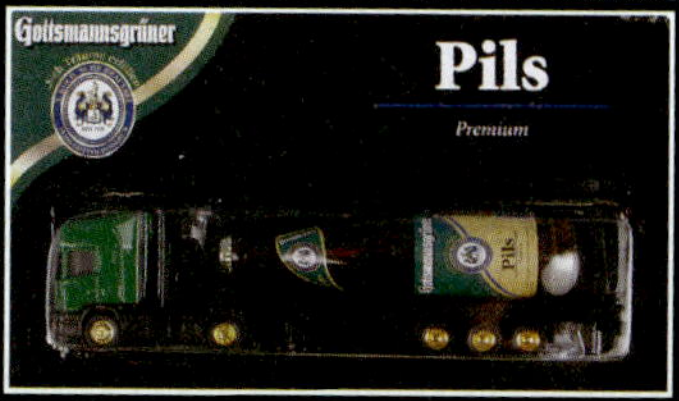

Gottsmannsgrüner — 8 €

Hersteller	Hümmer
Jahr	2002
Packung	Blister
Vorbild	DAF 95 XF Tankzug
Sonst.	
Molter Nr.	5481

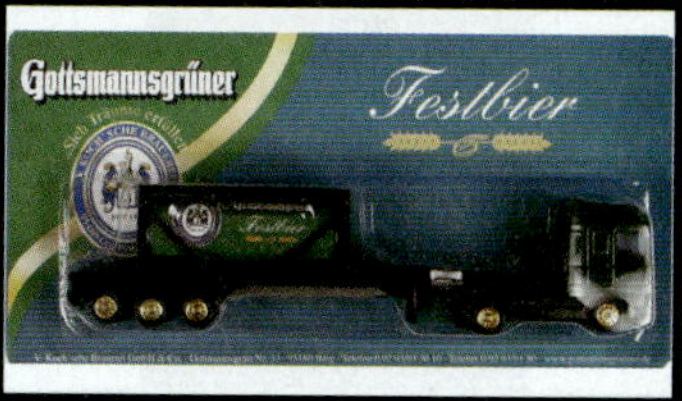

Gottsmannsgrüner — 8 €

Hersteller	Hümmer
Jahr	2003
Packung	Blister
Vorbild	MB Oldtimer Hängerzug
Sonst.	
Molter Nr.	7287

Graeger — 8 €

Hersteller	Grell
Jahr	2001
Packung	Blister
Vorbild	Ford 9000 Auflieger
Sonst.	
Molter Nr.	2677

Graf Arco — 45 €

Hersteller	Hümmer
Jahr	
Packung	Blister
Vorbild	MB klein Auflieger
Sonst.	
Molter Nr.	689

Graf Arco — 10 €

Hersteller	Hümmer
Jahr	2000
Packung	Blister
Vorbild	MB Actros LKW
Sonst.	
Molter Nr.	691

Graf Arco — 10 €

Hersteller	Hümmer
Jahr	2000
Packung	Blister
Vorbild	MB Actros LKW
Sonst.	
Molter Nr.	692

Graf Arco — 9 €

Hersteller	Hümmer
Jahr	2001
Packung	Blister
Vorbild	MB Actros Hängerzug
Sonst.	
Molter Nr.	2657

Graf Toerring — 35 €

Hersteller	Hümmer
Jahr	1998
Packung	Plastikschachtel
Vorbild	MAN F90 LKW
Sonst.	
Molter Nr.	693

Graf Toerring — 35 €

Hersteller	Hümmer
Jahr	1999
Packung	Plastikschachtel
Vorbild	US Auflieger
Sonst.	
Molter Nr.	694

Graf Toerring — 10 €

Hersteller	Hümmer
Jahr	2001
Packung	Plastikschachtel
Vorbild	MB Actros Auflieger
Sonst.	
Molter Nr.	2658

Gräf´s — 10 €

Hersteller	Hümmer
Jahr	2000
Packung	Blister
Vorbild	MB Actros Auflieger
Sonst.	
Molter Nr.	2105

Gräf´s — 10 €

Hersteller	Hümmer
Jahr	2000
Packung	Blister
Vorbild	MB Actros Auflieger
Sonst.	
Molter Nr.	2108

Gräf´s — 8 €

Hersteller	Grell
Jahr	2003
Packung	Blister
Vorbild	MAN TG-A Hängerzug
Sonst.	
Molter Nr.	8042

Gralsquelle — 15 €

Hersteller	Grell
Jahr	1999 (Aufl.: 10000)
Packung	Blister
Vorbild	MB Actros Auflieger
Sonst.	
Molter Nr.	687

G

Grandauer — 40 €

Hersteller	Müller Chemnitz
Jahr	
Packung	Plastikschachtel
Vorbild	Mack Auflieger
Sonst.	
Molter Nr.	695

Grandauer — 40 €

Hersteller	Müller Chemnitz
Jahr	
Packung	Plastikschachtel
Vorbild	MB groß Auflieger
Sonst.	
Molter Nr.	696

Grandauer — 40 €

Hersteller	Müller Chemnitz
Jahr	
Packung	Plastikschachtel
Vorbild	Volvo Auflieger
Sonst.	
Molter Nr.	697

G

Granini Frucht Tiger — 13 €

Hersteller	
Jahr	2000
Packung	Blister
Vorbild	Mack Auflieger
Sonst.	
Molter Nr.	559

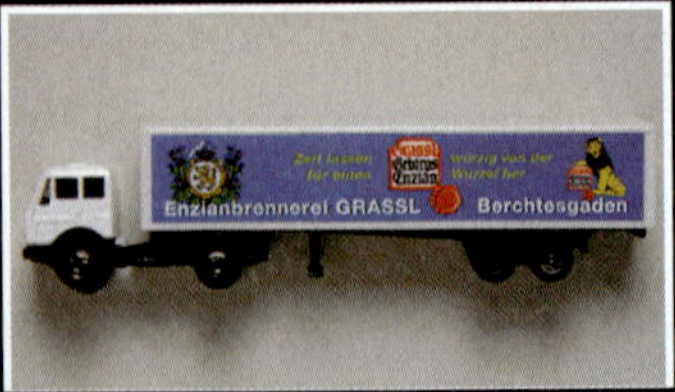

Grassl — 50 €

Hersteller	Hümmer
Jahr	
Packung	Plastikschachtel
Vorbild	MB klein Auflieger
Sonst.	
Molter Nr.	698

Grassl — 40 €

Hersteller	Hümmer
Jahr	
Packung	Plastikschachtel
Vorbild	US Auflieger
Sonst.	
Molter Nr.	699

Grassl — 20 €

Hersteller	Hümmer
Jahr	
Packung	Plastikschachtel
Vorbild	MB Actros Auflieger
Sonst.	
Molter Nr.	700

Grassl — 8 €

Hersteller	Top-Style
Jahr	2003
Packung	Blister
Vorbild	MB Actros Hängerzug
Sonst.	
Molter Nr.	6644

Greiter — 15 €

Hersteller	Aindesig
Jahr	2000
Packung	Blister
Vorbild	Ford Cargo LKW
Sonst.	
Molter Nr.	4224

Greizer — 40 €

Hersteller	
Jahr	
Packung	Blister
Vorbild	US Auflieger
Sonst.	
Molter Nr.	701

G

Greizer	35 €
Hersteller	Hümmer
Jahr	
Packung	Blister
Vorbild	MAN F90 LKW
Sonst.	
Molter Nr.	702

Greizer	20 €
Hersteller	Grell
Jahr	1998
Packung	Blister
Vorbild	US Auflieger
Sonst.	
Molter Nr.	703

Greizer	15 €
Hersteller	dgd
Jahr	1999
Packung	Blister
Vorbild	MB Actros Hängerzug
Sonst.	Einzeln verpackt
Molter Nr.	705

Greizer	12 €
Hersteller	dgd
Jahr	2000
Packung	Blister
Vorbild	MB Actros Hängerzug
Sonst.	Einzeln verpackt
Molter Nr.	706

Greizer	11 €
Hersteller	Grell
Jahr	1999
Packung	Blister
Vorbild	MB Actros Hängerzug
Sonst.	Einzeln verpackt
Molter Nr.	704

G

Greizer — 11 €

Hersteller	dgd
Jahr	2000
Packung	Blister
Vorbild	MB Actros Hängerzug
Sonst.	Einzeln verpackt
Molter Nr.	707

Greizer — 11 €

Hersteller	dgd
Jahr	2001
Packung	Blister
Vorbild	MB Actros Hängerzug
Sonst.	Einzeln verpackt
Molter Nr.	5738

Greizer — 10 €

Hersteller	Grell
Jahr	2001
Packung	Blister
Vorbild	Ford 9000 Auflieger
Sonst.	
Molter Nr.	2666

Greizer — 10 €

Hersteller	Grell
Jahr	2001
Packung	Blister
Vorbild	Ford 9000 Auflieger
Sonst.	
Molter Nr.	2665

Greizer — 8 €

Hersteller	Grell
Jahr	2001
Packung	Blister
Vorbild	Scania Auflieger
Sonst.	
Molter Nr.	2669

Greizer — 8 €

Hersteller	Grell
Jahr	2001
Packung	Blister
Vorbild	Freightliner FLD Auflieger
Sonst.	
Molter Nr.	2671

Greizer — 8 €

Hersteller	Grell
Jahr	2002
Packung	Blister
Vorbild	Freightliner FLD Tankzug
Sonst.	
Molter Nr.	5714

Greizer — 8 €

Hersteller	Grell
Jahr	2002
Packung	Blister
Vorbild	Freightliner FLD Tankzug
Sonst.	
Molter Nr.	4672

Greizer — 8 €

Hersteller	Grell
Jahr	2002
Packung	Blister
Vorbild	Freightliner FLD Tieflader
Sonst.	
Molter Nr.	4523

Greizer — 30 €

Hersteller	Grell
Jahr	2002
Packung	Blister
Vorbild	Freightliner FLD Auflieger
Sonst.	XXL
Molter Nr.	5015

G

Greizer	8 €
Hersteller	Grell
Jahr	2002
Packung	Blister
Vorbild	Krupp Mustang Hängerzug
Sonst.	
Molter Nr.	5417

Greizer	15 €
Hersteller	Grell
Jahr	2002
Packung	Blister
Vorbild	Scania 124L Tankzug
Sonst.	Brauerei Fest 2002, m. Silo
Molter Nr.	4606

Greizer	30 €
Hersteller	Hümmer
Jahr	2002
Packung	Blister
Vorbild	US classic XXL-Truck
Sonst.	
Molter Nr.	7442

G

Greizer	8 €
Hersteller	Grell
Jahr	2002
Packung	Blister
Vorbild	Büssing Holzgaser HZ
Sonst.	
Molter Nr.	5085

Greizer	8 €
Hersteller	Grell
Jahr	2002
Packung	Blister
Vorbild	MB Atego Hängerzug
Sonst.	
Molter Nr.	5498

Greizer — 8 €

Hersteller	Grell
Jahr	2003
Packung	Blister
Vorbild	Freightliner FLD Hängerzug
Sonst.	mit Flasche
Molter Nr.	6589

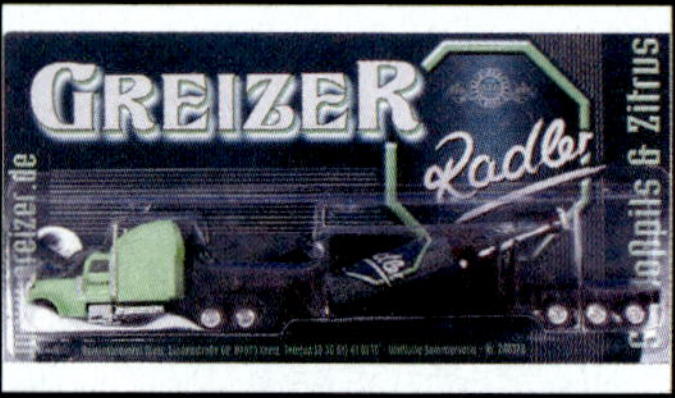

Greizer — 8 €

Hersteller	Grell
Jahr	2003
Packung	Blister
Vorbild	Freightliner FLD Tieflader
Sonst.	mit Flasche
Molter Nr.	7089

Grever — 8 €

Hersteller	Grell
Jahr	2001
Packung	Blister
Vorbild	MB Actros Auflieger
Sonst.	
Molter Nr.	2620

G

Griesbacher — 10 €

Hersteller	Müller Chemnitz
Jahr	
Packung	Plastikschachtel
Vorbild	Majorette Auflieger
Sonst.	
Molter Nr.	2672

Griesbacher — 8 €

Hersteller	Vierke
Jahr	2002
Packung	Blister
Vorbild	MB Actros Hängerzug
Sonst.	
Molter Nr.	5568

Grimbergen — 8 €

Hersteller	Grell
Jahr	2001
Packung	Blister
Vorbild	Ford 9000 Auflieger
Sonst.	
Molter Nr.	4061

Gritschenbräu — 13 €

Hersteller	dgd
Jahr	2000
Packung	Blister
Vorbild	MAN TG-A Auflieger
Sonst.	
Molter Nr.	708

Grohe Bier — 25 €

Hersteller	
Jahr	2001 (Aufl.: 50)
Packung	Blister
Vorbild	MB Actros LKW
Sonst.	
Molter Nr.	2673

Grokj — 30 €

Hersteller	Hümmer
Jahr	1998
Packung	Blister
Vorbild	MAN F90 Hängerzug
Sonst.	Heinrich Fr. Mineralbrunnen
Molter Nr.	688

Grokj — 8 €

Hersteller	Hümmer
Jahr	2003
Packung	Blister
Vorbild	Scania 164L Auflieger
Sonst.	mit Flasche
Molter Nr.	6472

Grolsch	8 €
Hersteller	Grell
Jahr	2002
Packung	Blister
Vorbild	DAF 95 XF Auflieger
Sonst.	
Molter Nr.	4614

Grosch	12 €
Hersteller	dgd
Jahr	2002 (Aufl.: 2500)
Packung	Blister
Vorbild	Scania Auflieger
Sonst.	
Molter Nr.	4327

Grosch	12 €
Hersteller	dgd
Jahr	2002 (Aufl.: 2500)
Packung	Blister
Vorbild	Scania 124L Auflieger
Sonst.	
Molter Nr.	4328

Grosch	10 €
Hersteller	dgd
Jahr	2002
Packung	Blister
Vorbild	MAN TG-A Hängerzug
Sonst.	
Molter Nr.	7182

Gröschke Getränke	8 €
Hersteller	Lauterbach
Jahr	2002
Packung	Blister
Vorbild	Renault Tankzug
Sonst.	
Molter Nr.	5432

Grosswald — 12 €

Hersteller	dgd
Jahr	2001
Packung	Blister
Vorbild	MB Actros Auflieger
Sonst.	
Molter Nr.	2674

Grosswald — 9 €

Hersteller	dgd
Jahr	2001
Packung	Blister
Vorbild	DAF Auflieger
Sonst.	
Molter Nr.	7443

Grosswald — 8 €

Hersteller	dgd
Jahr	2002
Packung	Blister
Vorbild	Renault Tankzug
Sonst.	
Molter Nr.	5087

Grosswald — 8 €

Hersteller	dgd
Jahr	2002
Packung	Blister
Vorbild	MB Axor Auflieger
Sonst.	mit Stapler
Molter Nr.	5086

Gruben Geist-Truck — 10 €

Hersteller	Müller Chemnitz
Jahr	2001
Packung	Plastikschachtel
Vorbild	Majorette Auflieger
Sonst.	
Molter Nr.	2676

G

Grünbacher	10 €
Hersteller	Vierke
Jahr	2001
Packung	Blister
Vorbild	MB Atego Hängerzug
Sonst.	
Molter Nr.	2670

Grünbacher	12 €
Hersteller	Grell
Jahr	2002
Packung	Blister
Vorbild	Scania 124L Auflieger
Sonst.	
Molter Nr.	6638

G

Grünbacher	8 €
Hersteller	Grell
Jahr	2002
Packung	Blister
Vorbild	Freightliner FLD Auflieger
Sonst.	
Molter Nr.	5314

Guennel	8 €
Hersteller	Grell
Jahr	2002
Packung	Blister
Vorbild	Ford Oldtimer
Sonst.	
Molter Nr.	5969

Guinness	10 €
Hersteller	Grell
Jahr	2002
Packung	Blister
Vorbild	Scania 124L Tankzug
Sonst.	von Heiloo Gtr., m. Silo
Molter Nr.	4821

Guinness 15 €

Hersteller	Grell
Jahr	2002
Packung	Blister
Vorbild	Freightliner FLD Tankzug
Sonst.	
Molter Nr.	5938

Günther Bräu 60 €

Hersteller	Hümmer
Jahr	1999 (Aufl.: 1000)
Packung	Plastikschachtel
Vorbild	US Auflieger
Sonst.	
Molter Nr.	711

Günther Bräu 20 €

Hersteller	Hümmer
Jahr	1999 (Aufl.: 6000)
Packung	Blister
Vorbild	MB Actros Auflieger
Sonst.	
Molter Nr.	712

Günther Bräu 15 €

Hersteller	Hümmer
Jahr	2000 (Aufl.: 6000)
Packung	Blister
Vorbild	MB Actros Auflieger
Sonst.	
Molter Nr.	713

Günther Bräu 10 €

Hersteller	Hümmer
Jahr	2001
Packung	Blister
Vorbild	MAN TG-A Auflieger
Sonst.	
Molter Nr.	2679

G

Günther Bräu	10 €
Hersteller	Top-Style
Jahr	2001
Packung	Blister
Vorbild	MB Actros Auflieger
Sonst.	
Molter Nr.	2682

Günther Bräu	8 €
Hersteller	Top-Style
Jahr	2002
Packung	Blister
Vorbild	MB Actros Auflieger
Sonst.	
Molter Nr.	5323

Günther Bräu	8 €
Hersteller	Hümmer
Jahr	2002
Packung	Blister
Vorbild	Mack Auflieger
Sonst.	mit Flasche
Molter Nr.	5571

Guntrum Bräu	80 €
Hersteller	
Jahr	
Packung	Plastikschachtel
Vorbild	Volvo Auflieger
Sonst.	
Molter Nr.	709

Guntrum Bräu	80 €
Hersteller	
Jahr	
Packung	Plastikschachtel
Vorbild	Volvo Auflieger
Sonst.	
Molter Nr.	710

Gustav Decker — 8 €

Hersteller	Grell
Jahr	2002
Packung	Blister
Vorbild	Scania Auflieger
Sonst.	
Molter Nr.	5107

Güstrower Schlossquell — 50 €

Hersteller	Hümmer
Jahr	
Packung	Plastikschachtel
Vorbild	MB klein Auflieger
Sonst.	
Molter Nr.	714

Güstrower Schlossquell — 9 €

Hersteller	dgd
Jahr	2001
Packung	Blister
Vorbild	MAN F2000 Auflieger
Sonst.	
Molter Nr.	2680

Güstrower Schlossquell — 8 €

Hersteller	Active Promotion
Jahr	2001
Packung	Blister
Vorbild	MB Actros Hängerzug
Sonst.	Einzeln verpackt
Molter Nr.	2683

Güstrower Schlossquell — 8 €

Hersteller	Active Promotion
Jahr	2001
Packung	Blister
Vorbild	MB Actros Hängerzug
Sonst.	Einzeln verpackt
Molter Nr.	2684

G

Güstrower Schlossquell — 8 €

Hersteller	dgd
Jahr	2001
Packung	Blister
Vorbild	MAN TG-A Auflieger
Sonst.	von Köpf Getränke
Molter Nr.	4415

Gut Forsting — 10 €

Hersteller	dgd
Jahr	2002 (Aufl.: 2000)
Packung	Blister
Vorbild	MAN TG-A Auflieger
Sonst.	
Molter Nr.	5470

Gut´s Quelle — 12 €

Hersteller	Gack
Jahr	1999
Packung	Blister
Vorbild	Mack Auflieger
Sonst.	
Molter Nr.	623

Gut´s Quelle — 8 €

Hersteller	dgd
Jahr	2001
Packung	Blister
Vorbild	MAN F2000 Auflieger
Sonst.	
Molter Nr.	4060

Gutmann — 8 €

Hersteller	Schneider
Jahr	2002
Packung	Blister
Vorbild	MAN F2000 Hängerzug
Sonst.	
Molter Nr.	4925

G

H. B. Tegernsee — 15 €

Hersteller	Amon
Jahr	2002 (Aufl.: 100)
Packung	Plastikschachtel
Vorbild	MAN TG-A Auflieger
Sonst.	
Molter Nr.	6122

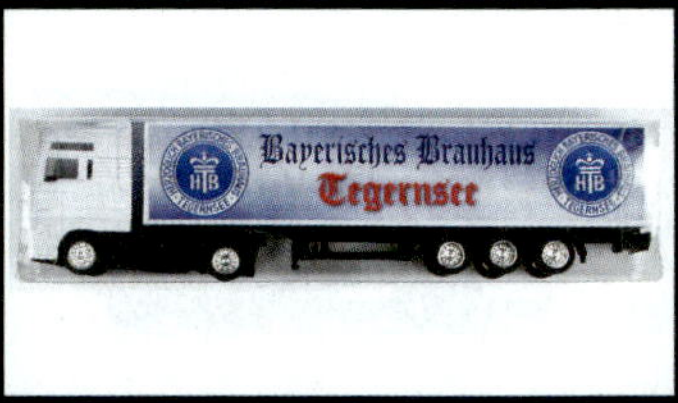

Haake Beck — 30 €

Hersteller	
Jahr	2002 (Aufl.: 350)
Packung	Plastikschachtel
Vorbild	MB Actros Auflieger
Sonst.	
Molter Nr.	6421

Haaß Brauerei — 10 €

Hersteller	Vierke
Jahr	2001
Packung	Blister
Vorbild	MB Atego Hängerzug
Sonst.	
Molter Nr.	3542

Haberstumpf — 10 €

Hersteller	Franko
Jahr	2000
Packung	Blister
Vorbild	MB Actros LKW
Sonst.	
Molter Nr.	715

Haberstumpf — 8 €

Hersteller	dgd
Jahr	2002
Packung	Blister
Vorbild	Büssing Hängerzug
Sonst.	
Molter Nr.	5478

Hachenburger — 200 €

Hersteller	
Jahr	
Packung	Plastikschachtel
Vorbild	
Sonst.	
Molter Nr.	6444

Hachenburger — 300 €

Hersteller	
Jahr	
Packung	Plastikschachtel
Vorbild	US Auflieger
Sonst.	Schwarze
Molter Nr.	7509

Hachenburger — 300 €

Hersteller	
Jahr	
Packung	Plastikschachtel
Vorbild	US Auflieger
Sonst.	Ur-Trüp
Molter Nr.	7504

H

Hachenburger — 40 €

Hersteller	dgd
Jahr	
Packung	Blister
Vorbild	Ford Oldtimer
Sonst.	Schwarze Trittbretter
Molter Nr.	4161

Hachenburger — 25 €

Hersteller	dgd
Jahr	1999
Packung	Blister
Vorbild	Ford Oldtimer
Sonst.	Weisse Trittbretter
Molter Nr.	717

Hachenburger 15 €

Hersteller	Hümmer
Jahr	2000
Packung	Blister
Vorbild	US Auflieger
Sonst.	
Molter Nr.	718

Hachenburger 13 €

Hersteller	dgd
Jahr	2001
Packung	Blister
Vorbild	Büssing Hängerzug
Sonst.	
Molter Nr.	4011

Hachenburger 13 €

Hersteller	dgd
Jahr	2001
Packung	Blister
Vorbild	IFA H6 LKW
Sonst.	
Molter Nr.	4010

Hachenburger 13 €

Hersteller	dgd
Jahr	2001
Packung	Blister
Vorbild	MAN Oldtimer Hängerzug
Sonst.	
Molter Nr.	4073

Hachenburger 9 €

Hersteller	dgd
Jahr	2001
Packung	Blister
Vorbild	MAN F2000 Auflieger
Sonst.	
Molter Nr.	7445

H

Hachenburger	10 €
Hersteller	
Jahr	2001
Packung	Plastikschachtel
Vorbild	MAN F2000 Auflieger
Sonst.	
Molter Nr.	4397

Hachenburger	8 €
Hersteller	dgd
Jahr	2002
Packung	Plastikschachtel
Vorbild	MAN F2000 Auflieger
Sonst.	Getränke Küste
Molter Nr.	4880

Hachenburger	18 €
Hersteller	dgd
Jahr	2003 (Aufl.: 2500)
Packung	Blister
Vorbild	Volvo TL mit 2 LKW Oldtimer
Sonst.	
Molter Nr.	6624

Hacker-Pschorr	8 €
Hersteller	Hümmer
Jahr	2001
Packung	Blister
Vorbild	MB Actros Auflieger
Sonst.	
Molter Nr.	2691

Hacker-Pschorr	8 €
Hersteller	Hümmer
Jahr	2001
Packung	Blister
Vorbild	MB Actros Hängerzug
Sonst.	
Molter Nr.	2692

H

Hacker-Pschorr 8 €

Hersteller	Hümmer
Jahr	2002
Packung	Blister
Vorbild	MAN Oldtimer Hängerzug
Sonst.	mit Fässern
Molter Nr.	5310

Hacker-Pschorr 8 €

Hersteller	Hümmer
Jahr	2002
Packung	Blister
Vorbild	MAN TG-A Flaschenauflieger
Sonst.	
Molter Nr.	7446

Hacklberg 50 €

Hersteller	MB
Jahr	1999
Packung	Showbox
Vorbild	Ford Oldtimer
Sonst.	
Molter Nr.	716

Hacklberg 13 €

Hersteller	dgd
Jahr	2000
Packung	Blister
Vorbild	MAN F2000 Auflieger
Sonst.	
Molter Nr.	719

Hacklberg 10 €

Hersteller	dgd
Jahr	2001
Packung	Blister
Vorbild	MB Actros Hängerzug
Sonst.	
Molter Nr.	2689

H

Hacklberg	9 €
Hersteller	dgd
Jahr	2001
Packung	Blister
Vorbild	MAN TG-A Auflieger
Sonst.	
Molter Nr.	2690

Hacklberg	8 €
Hersteller	EUBG
Jahr	2002
Packung	Blister
Vorbild	Bus
Sonst.	
Molter Nr.	5306

Hacklberg	8 €
Hersteller	Grell
Jahr	2003
Packung	Blister
Vorbild	Ford Oldtimer
Sonst.	
Molter Nr.	6484

H

Hacklberg	8 €
Hersteller	Hümmer
Jahr	2002
Packung	Blister
Vorbild	MB Actros Auflieger
Sonst.	mit Flasche
Molter Nr.	5058

Hacklberg	8 €
Hersteller	Hümmer
Jahr	2003
Packung	Blister
Vorbild	Scania 164L Auflieger
Sonst.	Mit Flasche
Molter Nr.	7517

Haderlump 8 €

Hersteller	Grell
Jahr	2001 (Aufl.: 5000)
Packung	Blister
Vorbild	Scania Tankzug
Sonst.	
Molter Nr.	4076

Haderlump 8 €

Hersteller	Grell
Jahr	2001 (Aufl.: 5000)
Packung	Blister
Vorbild	Freightliner FLD Auflieger
Sonst.	
Molter Nr.	4078

Haderlump 8 €

Hersteller	Grell
Jahr	2001 (Aufl.: 5000)
Packung	Blister
Vorbild	MB Actros Auflieger
Sonst.	
Molter Nr.	4079

Haderlump 8 €

Hersteller	Grell
Jahr	2001 (Aufl.: 7500)
Packung	Blister
Vorbild	Ford 9000 Auflieger
Sonst.	
Molter Nr.	4080

Hagenbräu 8 €

Hersteller	Vierke
Jahr	2003
Packung	Plastikschachtel
Vorbild	MB Actros Auflieger
Sonst.	
Molter Nr.	7342

H

Hahnstätter — 8 €

Hersteller	Gefra
Jahr	2002
Packung	Blister
Vorbild	MB Actros Hängerzug
Sonst.	
Molter Nr.	4778

Haigerlocher — 18 €

Hersteller	Lauterbach
Jahr	2000
Packung	Blister
Vorbild	Kenworth T2000 Auflieger
Sonst.	
Molter Nr.	720

Haigerlocher — 15 €

Hersteller	Lauterbach
Jahr	2001
Packung	Blister
Vorbild	Mack Auflieger
Sonst.	
Molter Nr.	2696

Hainquell — 8 €

Hersteller	Gubotex Vip
Jahr	2002
Packung	Blister
Vorbild	MB Actros Tankzug
Sonst.	
Molter Nr.	5912

Hainquell — 8 €

Hersteller	EUBG
Jahr	2002 (Aufl.: 5000)
Packung	Blister
Vorbild	Freightliner FLD Auflieger
Sonst.	XL
Molter Nr.	6010

Hainquell — 8 €

Hersteller	EUBG
Jahr	2002 (Aufl.: 10000)
Packung	Blister
Vorbild	Freightliner FLD Auflieger
Sonst.	XL
Molter Nr.	6012

Hald — 10 €

Hersteller	dgd
Jahr	2001
Packung	Blister
Vorbild	MB Actros Auflieger
Sonst.	
Molter Nr.	2710

Hald — 9 €

Hersteller	dgd
Jahr	2001
Packung	Blister
Vorbild	MAN TG-A Auflieger
Sonst.	
Molter Nr.	4433

Haller Löwenbräu — 25 €

Hersteller	
Jahr	
Packung	Plastikschachtel
Vorbild	MB groß Auflieger
Sonst.	
Molter Nr.	721

Haller Löwenbräu — 12 €

Hersteller	Tri Plex
Jahr	2001 (Aufl.: 2000)
Packung	Blister
Vorbild	MAN Phoenix
Sonst.	
Molter Nr.	2703

Haller Löwenbräu — 10 €

Hersteller	Tri Plex
Jahr	2001
Packung	Blister
Vorbild	MB Actros Auflieger
Sonst.	
Molter Nr.	2699

Haller Löwenbräu — 9 €

Hersteller	Triplex
Jahr	2001
Packung	Blister
Vorbild	MAN TG-A Auflieger
Sonst.	
Molter Nr.	7590

Haller Löwenbräu — 9 €

Hersteller	Tri Plex
Jahr	2001
Packung	Blister
Vorbild	US classic
Sonst.	
Molter Nr.	2698

H

Haller Löwenbräu — 8 €

Hersteller	Eurosun
Jahr	2002
Packung	Blister
Vorbild	Ford Tankzug
Sonst.	
Molter Nr.	5600

Haller Löwenbräu — 8 €

Hersteller	Eurosun
Jahr	2002
Packung	Blister
Vorbild	Scania Hängerzug
Sonst.	mit Schankwagen
Molter Nr.	4690

Hannen Alt	12 €
Hersteller	Hümmer
Jahr	2000
Packung	Blister
Vorbild	MB Oldtimer LKW
Sonst.	
Molter Nr.	724

Hannen Alt	10 €
Hersteller	
Jahr	2001
Packung	Blister
Vorbild	Feuerwehr
Sonst.	
Molter Nr.	2704

Hansen	10 €
Hersteller	dgd
Jahr	2001 (Aufl.: 2500)
Packung	Blister
Vorbild	MAN Oldtimer Hängerzug
Sonst.	
Molter Nr.	2700

Hansen	9 €
Hersteller	dgd
Jahr	2001 (Aufl.: 2500)
Packung	Blister
Vorbild	MAN F2000 Auflieger
Sonst.	
Molter Nr.	2701

Hansen	9 €
Hersteller	dgd
Jahr	2001
Packung	Blister
Vorbild	MAN Phönix Auflieger
Sonst.	
Molter Nr.	2702

Hansen — 8 €

Hersteller	Top-Style
Jahr	2001
Packung	Blister
Vorbild	Renault Tankzug
Sonst.	
Molter Nr.	2705

Hardenberg — 50 €

Hersteller	
Jahr	
Packung	Plastikschachtel
Vorbild	US Auflieger
Sonst.	
Molter Nr.	5446

Hardenberg — 8 €

Hersteller	Grell
Jahr	2002
Packung	Blister
Vorbild	MB Actros Auflieger
Sonst.	
Molter Nr.	4783

H

Hardenberg — 8 €

Hersteller	Grell
Jahr	2002
Packung	Blister
Vorbild	MB Actros Auflieger
Sonst.	
Molter Nr.	4784

Härke — 40 €

Hersteller	Hümmer
Jahr	
Packung	Plastikschachtel
Vorbild	MAN F90 Hängerzug
Sonst.	
Molter Nr.	722

Härke — 15 €

Hersteller	Hümmer
Jahr	2000
Packung	Plastikschachtel
Vorbild	MB Actros Hängerzug
Sonst.	
Molter Nr.	723

Härke — 10 €

Hersteller	
Jahr	2001
Packung	Hülle
Vorbild	Scania Auflieger
Sonst.	
Molter Nr.	7447

Härke — 8 €

Hersteller	Hümmer
Jahr	2001
Packung	Blister
Vorbild	US Auflieger
Sonst.	
Molter Nr.	2706

Härke — 8 €

Hersteller	Hümmer
Jahr	2002
Packung	Blister
Vorbild	MB Oldtimer Hängerzug
Sonst.	
Molter Nr.	6387

Härke — 8 €

Hersteller	Hümmer
Jahr	2003
Packung	Blister
Vorbild	MAN TG-A Hängerzug
Sonst.	
Molter Nr.	6465

Harley-Davidson — 20 €

Hersteller	Hermey GmbH
Jahr	
Packung	Blister
Vorbild	Mack Auflieger
Sonst.	
Molter Nr.	6860

Hartmann Würgau — 13 €

Hersteller	dgd
Jahr	2000
Packung	Blister
Vorbild	Framo
Sonst.	
Molter Nr.	726

Hartmann Würgau — 10 €

Hersteller	MaHug
Jahr	2000
Packung	Blister
Vorbild	MB Actros Auflieger
Sonst.	
Molter Nr.	725

Hartmann Würgau — 10 €

Hersteller	Grell
Jahr	2002
Packung	Blister
Vorbild	Krupp Mustang Hängerzug
Sonst.	
Molter Nr.	5413

Hartmannsdorfer — 20 €

Hersteller	Grell
Jahr	1998
Packung	Blister
Vorbild	Mack Auflieger
Sonst.	
Molter Nr.	727

H

Hartmannsdorfer	15 €
Hersteller	Grell
Jahr	1999
Packung	Blister
Vorbild	MB Actros Auflieger
Sonst.	
Molter Nr.	728

Hartmannsdorfer	13 €
Hersteller	Grell
Jahr	2000
Packung	Blister
Vorbild	MB Actros Hängerzug
Sonst.	
Molter Nr.	729

Hartmannsdorfer	15 €
Hersteller	Grell
Jahr	2000
Packung	Blister
Vorbild	IFA W50 Hängerzug
Sonst.	
Molter Nr.	730

Hartmannsdorfer	13 €
Hersteller	Grell
Jahr	2000
Packung	Blister
Vorbild	Ford 9000 Auflieger
Sonst.	
Molter Nr.	603

Hartmannsdorfer	13 €
Hersteller	Grell
Jahr	2000
Packung	Blister
Vorbild	Feuerwehr
Sonst.	
Molter Nr.	732

H

Hartmannsdorfer	10 €
Hersteller	Grell
Jahr	2001
Packung	Blister
Vorbild	Ford 9000 Auflieger
Sonst.	
Molter Nr.	2707

Hartmannsdorfer	10 €
Hersteller	Grell
Jahr	2001
Packung	Blister
Vorbild	Freightliner FLD Auflieger
Sonst.	
Molter Nr.	2721

Hartmannsdorfer	9 €
Hersteller	Grell
Jahr	2001
Packung	Blister
Vorbild	Scania Tankzug
Sonst.	
Molter Nr.	2709

Hartmannsdorfer	9 €
Hersteller	Grell
Jahr	2001
Packung	Blister
Vorbild	Freightliner FLD Tankzug
Sonst.	
Molter Nr.	2708

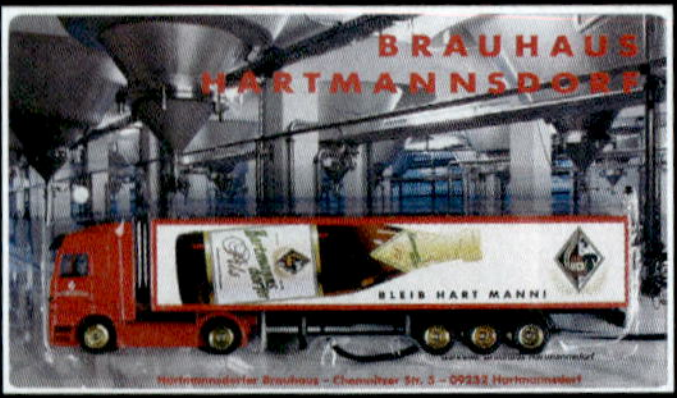

Hartmannsdorfer	8 €
Hersteller	Grell
Jahr	2002
Packung	Blister
Vorbild	MB Actros Auflieger
Sonst.	
Molter Nr.	4981

H

Hartmannsdorfer — 8 €

Hersteller	Grell
Jahr	2002
Packung	Blister
Vorbild	Scania Hängerzug
Sonst.	
Molter Nr.	5639

Hartmannsdorfer — 9 €

Hersteller	Grell
Jahr	2002
Packung	Blister
Vorbild	Scania 124L Tankzug
Sonst.	mit Silo
Molter Nr.	4809

Hartmannsdorfer — 8 €

Hersteller	Grell
Jahr	2002
Packung	Blister
Vorbild	Scania 124L Auflieger
Sonst.	mit Reklametafel
Molter Nr.	5070

Hartmannsdorfer — 8 €

Hersteller	Top-Style
Jahr	2003
Packung	Blister
Vorbild	Renault Auflieger
Sonst.	
Molter Nr.	6588

Harz Quelle — 10 €

Hersteller	Grell
Jahr	2000
Packung	Blister
Vorbild	Ford Cargo LKW
Sonst.	
Molter Nr.	734

H

Harzer Grauhof — 10 €

Hersteller	Hümmer
Jahr	2000
Packung	Blister
Vorbild	MB Actros Auflieger
Sonst.	
Molter Nr.	733

Hasebrink — 8 €

Hersteller	Grell
Jahr	2001
Packung	Blister
Vorbild	MB Actros Auflieger
Sonst.	
Molter Nr.	3982

Haselbacher — 18 €

Hersteller	Grell
Jahr	1998
Packung	Blister
Vorbild	Mack Auflieger
Sonst.	
Molter Nr.	736

Haselbacher — 15 €

Hersteller	Grell
Jahr	1998
Packung	Blister
Vorbild	Mack Auflieger
Sonst.	
Molter Nr.	737

Haselbacher — 8 €

Hersteller	dgd
Jahr	2002
Packung	Blister
Vorbild	Scania Auflieger
Sonst.	
Molter Nr.	7448

H

Haselbacher — 8 €

Hersteller	Hümmer
Jahr	2002
Packung	Blister
Vorbild	MAN TG-A Tankzug
Sonst.	
Molter Nr.	7132

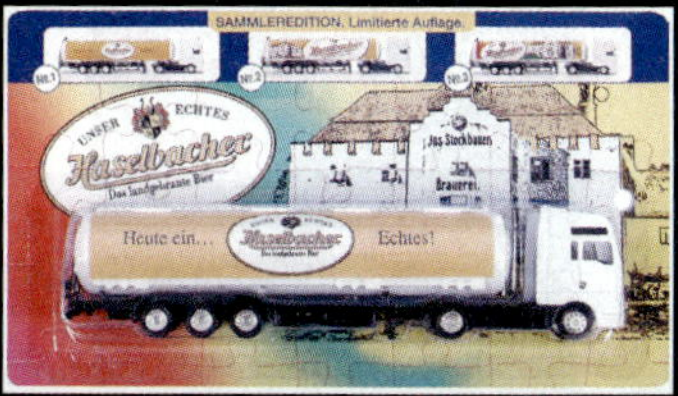

Haselbacher — 8 €

Hersteller	Hümmer
Jahr	2002
Packung	Blister
Vorbild	MAN TG-A Tankzug
Sonst.	
Molter Nr.	7705

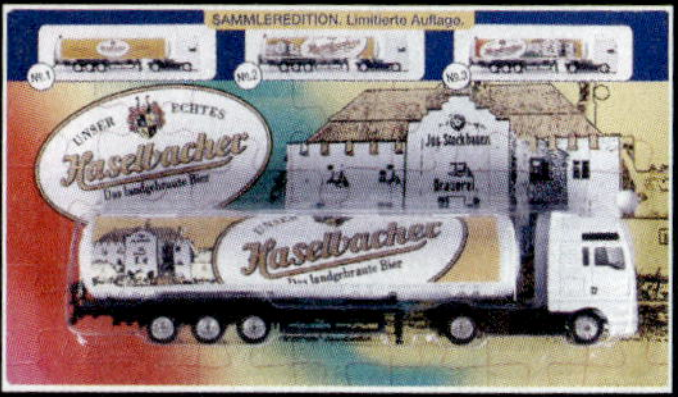

Haselbacher — 8 €

Hersteller	Hümmer
Jahr	2003
Packung	Blister
Vorbild	MAN TG-A Tankzug
Sonst.	
Molter Nr.	7133

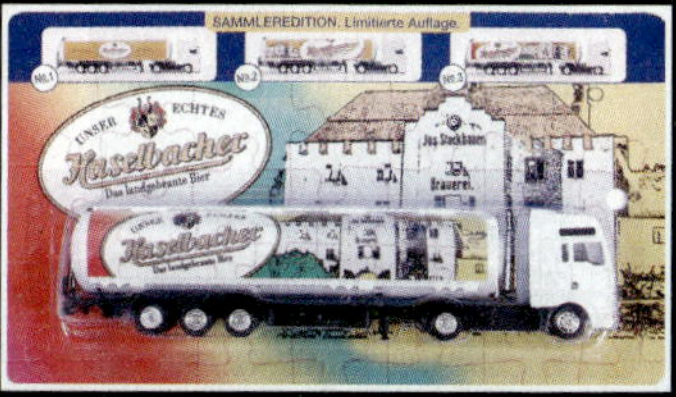

Hasen Bräu — 35 €

Hersteller	Hümmer
Jahr	1998
Packung	Blister
Vorbild	US Auflieger
Sonst.	
Molter Nr.	735

Hasen Bräu — 15 €

Hersteller	dgd
Jahr	2001
Packung	Blister
Vorbild	MAN F2000 Auflieger
Sonst.	
Molter Nr.	2711

Hasen Bräu	15 €
Hersteller	dgd
Jahr	2001
Packung	Blister
Vorbild	MAN F2000 Auflieger
Sonst.	
Molter Nr.	2712

Hasen Bräu	15 €
Hersteller	dgd
Jahr	2001
Packung	Blister
Vorbild	MAN F2000 Auflieger
Sonst.	
Molter Nr.	2715

Hasen Bräu	15 €
Hersteller	dgd
Jahr	2001
Packung	Blister
Vorbild	MAN F2000 Auflieger
Sonst.	
Molter Nr.	2716

H

Hasen Bräu	15 €
Hersteller	dgd
Jahr	2001
Packung	Blister
Vorbild	MAN TG-A Auflieger
Sonst.	
Molter Nr.	2717

Hasen Bräu	15 €
Hersteller	dgd
Jahr	2001
Packung	Blister
Vorbild	MAN F2000 Tankzug
Sonst.	
Molter Nr.	2718

Hasen Bräu — 9 €

Hersteller	Hasen-Bräu
Jahr	2002
Packung	Blister
Vorbild	Renault Auflieger
Sonst.	
Molter Nr.	5247

Hasen Bräu — 8 €

Hersteller	Hasen-Bräu
Jahr	2002
Packung	Blister
Vorbild	Renault Magnum Auflieger
Sonst.	
Molter Nr.	6327

Hasen Bräu — 8 €

Hersteller	Hasen-Bräu
Jahr	2002
Packung	Blister
Vorbild	Scania Tankzug
Sonst.	
Molter Nr.	6328

Hasen Bräu — 8 €

Hersteller	Hasen-Bräu
Jahr	2002
Packung	Blister
Vorbild	Scania Tankzug
Sonst.	
Molter Nr.	6329

Hasen Bräu — 8 €

Hersteller	Hasen-Bräu
Jahr	2002
Packung	Blister
Vorbild	Renault Magnum Auflieger
Sonst.	zum Chemnitzer Stadtfest
Molter Nr.	6330

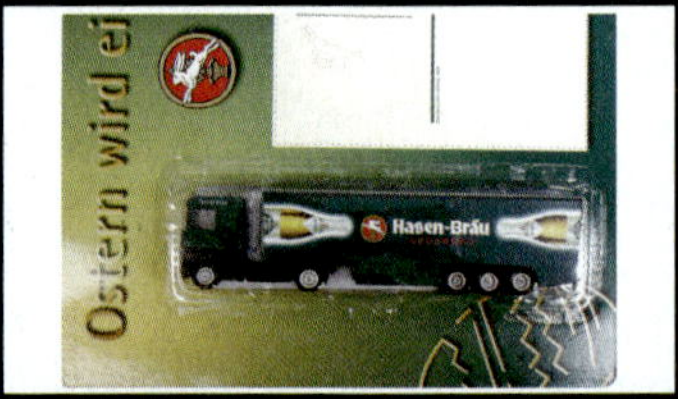

Hasen Bräu — 8 €

Hersteller	Brauerei
Jahr	2002
Packung	Blister
Vorbild	Renault Magnum Auflieger
Sonst.	
Molter Nr.	5676

Hasen Bräu — 8 €

Hersteller	Brauerei
Jahr	2002
Packung	Blister
Vorbild	Scania 164L Tankzug
Sonst.	
Molter Nr.	5677

Hasen Bräu — 8 €

Hersteller	Brauerei
Jahr	2002
Packung	Blister
Vorbild	Scania 164L Tankzug
Sonst.	
Molter Nr.	5684

H

Hasen Bräu — 8 €

Hersteller	Brauerei
Jahr	2002
Packung	Blister
Vorbild	Renault Magnum Auflieger
Sonst.	
Molter Nr.	5685

Hasen Bräu — 8 €

Hersteller	Brauerei
Jahr	2003
Packung	Blister
Vorbild	DAF 95 XF Tankzug
Sonst.	
Molter Nr.	6900

Hasen Bräu — 8 €

Hersteller	dgd
Jahr	2003
Packung	Blister
Vorbild	DAF Tieflader
Sonst.	mit Container
Molter Nr.	6660

Hasen Bräu — 8 €

Hersteller	dgd
Jahr	2003
Packung	Blister
Vorbild	Volvo Tankzug
Sonst.	
Molter Nr.	6661

Hasen Bräu — 8 €

Hersteller	dgd
Jahr	2003
Packung	Blister
Vorbild	MAN TG-A Tankzug
Sonst.	
Molter Nr.	6662

Hasen Bräu — 8 €

Hersteller	dgd
Jahr	2003
Packung	Blister
Vorbild	MAN TG-A Tieflader
Sonst.	mit Container
Molter Nr.	6663

Hasseröder — LHP

Hersteller	
Jahr	
Packung	Plastikschachtel
Vorbild	MB Actros Auflieger
Sonst.	Liebhaberpreis
Molter Nr.	2722

H

Hasseröder — 15 €

Hersteller	Grell
Jahr	1999
Packung	Blister
Vorbild	MB Actros Auflieger
Sonst.	
Molter Nr.	738

Hasseröder — 8 €

Hersteller	Müller Chemnitz
Jahr	2000
Packung	Plastikschachtel
Vorbild	Majorette Auflieger
Sonst.	Chemnitzer Stadtfest
Molter Nr.	739

Hasseröder — 8 €

Hersteller	Grell
Jahr	2001
Packung	Blister
Vorbild	IFA H6 Hängerzug
Sonst.	
Molter Nr.	4450

H

Hatz — 10 €

Hersteller	dgd
Jahr	2001
Packung	Blister
Vorbild	MB Actros Auflieger
Sonst.	
Molter Nr.	2720

Hatz — 8 €

Hersteller	dgd
Jahr	2002
Packung	Blister
Vorbild	MAN TG-A Auflieger
Sonst.	
Molter Nr.	7449

Hatz — 8 €

Hersteller	dgd
Jahr	2002
Packung	Blister
Vorbild	MAN TG-A Auflieger
Sonst.	
Molter Nr.	5253

Haufbräu — 8 €

Hersteller	dgd
Jahr	2001
Packung	Blister
Vorbild	MAN TG-A Auflieger
Sonst.	
Molter Nr.	2723

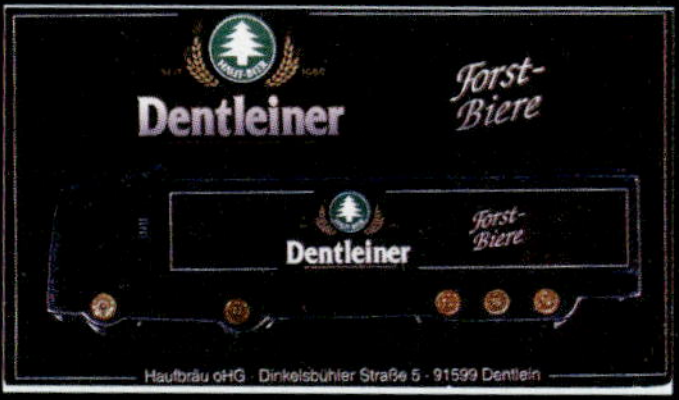

Hebendanz — 25 €

Hersteller	Grell
Jahr	2000
Packung	Blister
Vorbild	MB Actros Hängerzug
Sonst.	
Molter Nr.	741

Hebendanz — 20 €

Hersteller	Grell
Jahr	2001
Packung	Blister
Vorbild	Ford 9000 Auflieger
Sonst.	
Molter Nr.	2719

Hebendanz — 15 €

Hersteller	Grell
Jahr	2001
Packung	Blister
Vorbild	MAN F2000 Hängerzug
Sonst.	
Molter Nr.	2724

Hebendanz — 15 €

Hersteller	Grell
Jahr	2001
Packung	Blister
Vorbild	Scania Tankzug
Sonst.	
Molter Nr.	2725

Heidelberger — 160 €

Hersteller	Hümmer
Jahr	
Packung	Plastikschachtel
Vorbild	MB klein Auflieger
Sonst.	
Molter Nr.	742

Heidelberger — 45 €

Hersteller	Hümmer
Jahr	
Packung	Blister
Vorbild	Ford Oldtimer
Sonst.	
Molter Nr.	743

H

Heidelberger — 10 €

Hersteller	dgd
Jahr	2000
Packung	Blister
Vorbild	US Auflieger
Sonst.	
Molter Nr.	744

Heidelberger — 10 €

Hersteller	Grell
Jahr	2001
Packung	Blister
Vorbild	Freightliner FLD Auflieger
Sonst.	
Molter Nr.	4411

Heil Getränke — 8 €

Hersteller	
Jahr	
Packung	Plastikschachtel
Vorbild	Kenworth T2000 Auflieger
Sonst.	
Molter Nr.	6416

Heiloo Getränke — 20 €

Hersteller	Hümmer
Jahr	
Packung	Blister
Vorbild	MB Actros Auflieger
Sonst.	
Molter Nr.	745

Heiloo Getränke — 13 €

Hersteller	Grell
Jahr	2000 (Aufl.: 2500)
Packung	Blister
Vorbild	Ford Oldtimer
Sonst.	
Molter Nr.	759

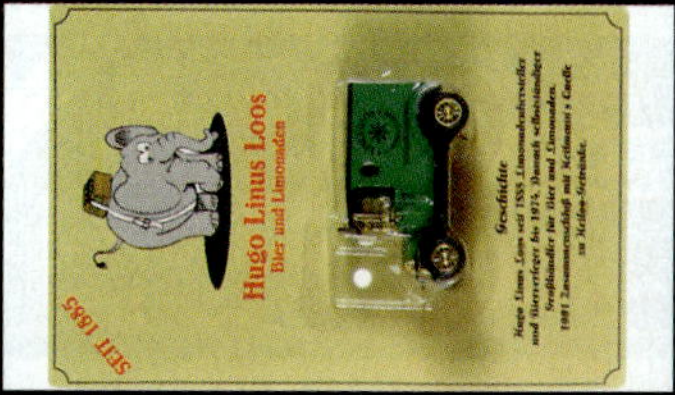

Heiloo Getränke — 8 €

Hersteller	Grell
Jahr	2000
Packung	Blister
Vorbild	Scania Auflieger
Sonst.	
Molter Nr.	753

Heiloo Getränke — 8 €

Hersteller	Grell
Jahr	2000 (Aufl.: 2500)
Packung	Blister
Vorbild	Scania Auflieger
Sonst.	
Molter Nr.	756

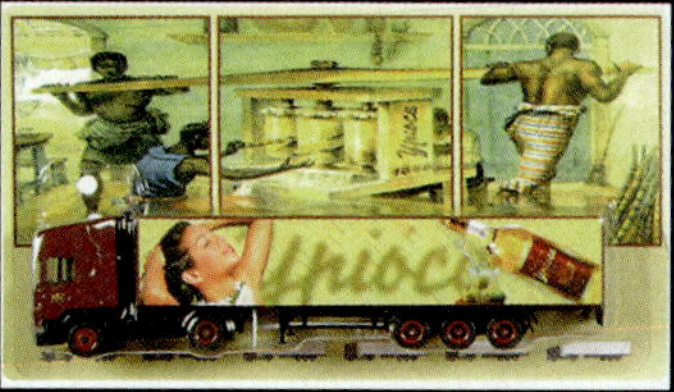

H

Heiloo Getränke — 8 €

Hersteller	Grell
Jahr	2000 (Aufl.: 1250)
Packung	Blister
Vorbild	Scania Auflieger
Sonst.	
Molter Nr.	755

Heiloo Getränke — 8 €

Hersteller	Grell
Jahr	2001
Packung	Blister
Vorbild	Scania Auflieger
Sonst.	
Molter Nr.	4027

Heiloo Getränke — 15 €

Hersteller	KHG
Jahr	2002
Packung	Blister
Vorbild	Freightliner FLD Auflieger
Sonst.	
Molter Nr.	7080

Heiloo Getränke — 8 €

Hersteller	Grell
Jahr	2000
Packung	Blister
Vorbild	Scania Auflieger
Sonst.	
Molter Nr.	749

Heiloo Getränke — 8 €

Hersteller	Grell
Jahr	2000
Packung	Blister
Vorbild	Scania Auflieger
Sonst.	
Molter Nr.	748

Heiloo Getränke 8 €

Hersteller	Grell
Jahr	2000
Packung	Blister
Vorbild	Scania Auflieger
Sonst.	
Molter Nr.	751

Heiloo Getränke 8 €

Hersteller	Grell
Jahr	2000
Packung	Blister
Vorbild	Scania Auflieger
Sonst.	
Molter Nr.	747

Heiloo Getränke 8 €

Hersteller	Grell
Jahr	1999
Packung	Blister
Vorbild	Scania Auflieger
Sonst.	
Molter Nr.	746

Heiloo Getränke 8 €

Hersteller	Grell
Jahr	2000
Packung	Blister
Vorbild	Scania Auflieger
Sonst.	
Molter Nr.	750

Heiloo Getränke 8 €

Hersteller	Grell
Jahr	2000
Packung	Blister
Vorbild	Scania Auflieger
Sonst.	
Molter Nr.	752

H

Heiloo Getränke — 8 €

Hersteller	Grell
Jahr	2000
Packung	Blister
Vorbild	Scania Auflieger
Sonst.	
Molter Nr.	754

Heiloo Getränke — 8 €

Hersteller	Grell
Jahr	2000 (Aufl.: 10000)
Packung	Blister
Vorbild	Scania Auflieger
Sonst.	
Molter Nr.	760

Heiloo Getränke — 8 €

Hersteller	Grell
Jahr	2000 (Aufl.: 1250)
Packung	Blister
Vorbild	Scania Auflieger
Sonst.	
Molter Nr.	757

H

Heiloo Getränke — 8 €

Hersteller	Grell
Jahr	2001 (Aufl.: 2500)
Packung	Blister
Vorbild	Scania Auflieger
Sonst.	
Molter Nr.	3655

Heiloo Getränke — 8 €

Hersteller	Grell
Jahr	2001
Packung	Blister
Vorbild	Scania Auflieger
Sonst.	
Molter Nr.	4155

Heiloo Getränke — 8 €

Hersteller	Grell
Jahr	2001
Packung	Blister
Vorbild	Scania Auflieger
Sonst.	
Molter Nr.	3989

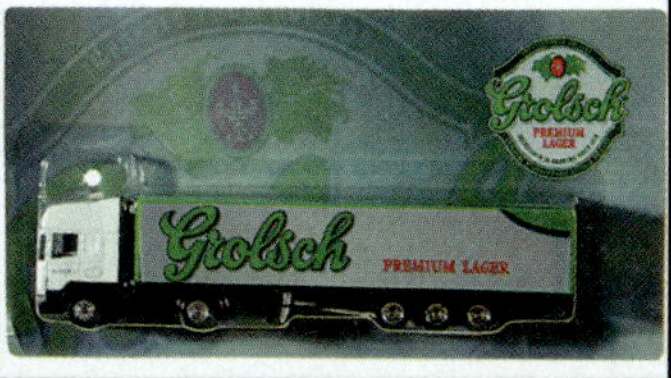

Heiloo Getränke — 8 €

Hersteller	Grell
Jahr	2001
Packung	Blister
Vorbild	Scania Auflieger
Sonst.	
Molter Nr.	4151

Heiloo Getränke — 8 €

Hersteller	Grell
Jahr	2001
Packung	Blister
Vorbild	Scania Auflieger
Sonst.	
Molter Nr.	4133

Heiloo Getränke — 8 €

Hersteller	Grell
Jahr	2001 (Aufl.: 2500)
Packung	Blister
Vorbild	MAN TG-A Auflieger
Sonst.	
Molter Nr.	3685

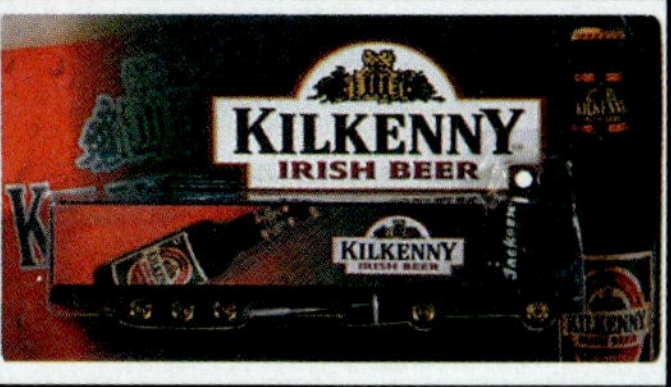

Heiloo Getränke — 8 €

Hersteller	Grell
Jahr	2001
Packung	Blister
Vorbild	Scania Auflieger
Sonst.	
Molter Nr.	4039

H

Heiloo Getränke	8 €
Hersteller	Grell
Jahr	2001
Packung	Blister
Vorbild	Scania Auflieger
Sonst.	
Molter Nr.	4032

Heiloo Getränke	8 €
Hersteller	Grell
Jahr	2001
Packung	Blister
Vorbild	Scania Auflieger
Sonst.	
Molter Nr.	4031

Heiloo Getränke	8 €
Hersteller	Grell
Jahr	2001
Packung	Blister
Vorbild	Scania Auflieger
Sonst.	
Molter Nr.	4033

Heiloo Getränke	8 €
Hersteller	Grell
Jahr	2001
Packung	Blister
Vorbild	Scania Auflieger
Sonst.	
Molter Nr.	4035

Heiloo Getränke	8 €
Hersteller	Grell
Jahr	2001
Packung	Blister
Vorbild	Scania Auflieger
Sonst.	
Molter Nr.	4038

Heiloo Getränke	8 €
Hersteller	Grell
Jahr	2001
Packung	Blister
Vorbild	Freightliner FLD Auflieger
Sonst.	
Molter Nr.	3699

Heiloo Getränke	8 €
Hersteller	Grell
Jahr	2001
Packung	Blister
Vorbild	MB Actros Auflieger
Sonst.	
Molter Nr.	3707

Heiloo Getränke	8 €
Hersteller	Grell
Jahr	2001
Packung	Blister
Vorbild	Scania Auflieger
Sonst.	
Molter Nr.	3706

Heiloo Getränke	8 €
Hersteller	Grell
Jahr	2001
Packung	Blister
Vorbild	Scania Auflieger
Sonst.	
Molter Nr.	4036

Heiloo Getränke	8 €
Hersteller	Grell
Jahr	2001
Packung	Blister
Vorbild	Scania Auflieger
Sonst.	
Molter Nr.	4034

H

Heiloo Getränke — 8 €

Hersteller	Grell
Jahr	2001
Packung	Blister
Vorbild	Freightliner FLD Auflieger
Sonst.	
Molter Nr.	3717

Heiloo Getränke — 8 €

Hersteller	Grell
Jahr	2001
Packung	Blister
Vorbild	Scania Auflieger
Sonst.	
Molter Nr.	4029

Heiloo Getränke — 8 €

Hersteller	Grell
Jahr	2001
Packung	Blister
Vorbild	Scania Auflieger
Sonst.	
Molter Nr.	4040

H

Heiloo Getränke — 8 €

Hersteller	Grell
Jahr	2001
Packung	Blister
Vorbild	Scania Auflieger
Sonst.	
Molter Nr.	3728

Heiloo Getränke — 8 €

Hersteller	Grell
Jahr	2001
Packung	Blister
Vorbild	Freightliner FLD Auflieger
Sonst.	
Molter Nr.	3714

Heiloo Getränke — 8 €

Hersteller	Grell
Jahr	2001
Packung	Blister
Vorbild	Scania Auflieger
Sonst.	
Molter Nr.	4130

Heiloo Getränke — 8 €

Hersteller	Grell
Jahr	2001
Packung	Blister
Vorbild	Scania Auflieger
Sonst.	
Molter Nr.	4030

Heiloo Getränke — 8 €

Hersteller	Grell
Jahr	2001
Packung	Blister
Vorbild	Scania Auflieger
Sonst.	
Molter Nr.	4150

Heiloo Getränke — 8 €

Hersteller	Grell
Jahr	2001
Packung	Blister
Vorbild	MAN TG-A Auflieger
Sonst.	
Molter Nr.	4135

Heiloo Getränke — 8 €

Hersteller	Grell
Jahr	2001
Packung	Blister
Vorbild	Scania Auflieger
Sonst.	
Molter Nr.	4134

H

Heiloo Getränke — 8 €

Hersteller	Grell
Jahr	2001 (Aufl.: 2500)
Packung	Blister
Vorbild	Scania Auflieger
Sonst.	
Molter Nr.	3654

Heiloo Getränke — 8 €

Hersteller	Grell
Jahr	2001
Packung	Blister
Vorbild	Scania Auflieger
Sonst.	
Molter Nr.	4020

Heiloo Getränke — 8 €

Hersteller	Grell
Jahr	2001
Packung	Blister
Vorbild	Scania Auflieger
Sonst.	
Molter Nr.	4025

H

Heiloo Getränke — 8 €

Hersteller	Grell
Jahr	2001
Packung	Blister
Vorbild	Scania Auflieger
Sonst.	
Molter Nr.	4028

Heiloo Getränke — 8 €

Hersteller	Grell
Jahr	2002
Packung	Blister
Vorbild	Scania Auflieger
Sonst.	
Molter Nr.	4845

Heiloo Getränke	8 €
Hersteller	Grell
Jahr	2002
Packung	Blister
Vorbild	Scania Auflieger
Sonst.	
Molter Nr.	4745

Heiloo Getränke	8 €
Hersteller	Grell
Jahr	2001
Packung	Blister
Vorbild	IFA W50 Hängerzug
Sonst.	
Molter Nr.	3726

Heiloo Getränke	8 €
Hersteller	Grell
Jahr	2001
Packung	Blister
Vorbild	IFA W50 Hängerzug
Sonst.	
Molter Nr.	3724

Heiloo Getränke	8 €
Hersteller	Grell
Jahr	2001
Packung	Blister
Vorbild	IFA W50 Hängerzug
Sonst.	
Molter Nr.	3712

Heiloo Getränke	8 €
Hersteller	Grell
Jahr	2002
Packung	Blister
Vorbild	Scania Auflieger
Sonst.	Jarno Müller
Molter Nr.	5637

Heiloo Getränke — 8 €

Hersteller	Grell
Jahr	2001
Packung	Blister
Vorbild	Freightliner Tankzug
Sonst.	
Molter Nr.	3729

Heineken — 8 €

Hersteller	
Jahr	2002
Packung	Blister
Vorbild	MAN TG-A Auflieger
Sonst.	
Molter Nr.	4790

Heldrich — 8 €

Hersteller	Bergmann
Jahr	2002
Packung	Blister
Vorbild	MB Actros Auflieger
Sonst.	
Molter Nr.	4839

H

Hella Getränke — 8 €

Hersteller	Grell
Jahr	2001
Packung	Blister
Vorbild	Ford 9000 Auflieger
Sonst.	
Molter Nr.	2734

Heller Bräu — 9 €

Hersteller	dgd
Jahr	2001
Packung	Blister
Vorbild	MB Actros Hängerzug
Sonst.	
Molter Nr.	4413

Heller Bräu — 12 €

Hersteller	DGD
Jahr	2001
Packung	Blister
Vorbild	MB Actros Hängerzug
Sonst.	
Molter Nr.	7702

Hennemann Brauerei Gasth. — 25 €

Hersteller	Amon
Jahr	2002
Packung	Plastikschachtel
Vorbild	DAF 95 XF Auflieger
Sonst.	
Molter Nr.	5678

Hennemann Brauerei Gasth. — 25 €

Hersteller	Amon
Jahr	2002
Packung	Plastikschachtel
Vorbild	DAF 95 XF Auflieger
Sonst.	
Molter Nr.	5680

Hennemann Brauerei Gasth. — 25 €

Hersteller	Amon
Jahr	2001 (Aufl.: 100)
Packung	Plastikschachtel
Vorbild	MB Actros Auflieger
Sonst.	
Molter Nr.	2728

Hennemann Brauerei Gasth. — 25 €

Hersteller	Amon
Jahr	2001 (Aufl.: 200)
Packung	Plastikschachtel
Vorbild	MAN M2000 Auflieger
Sonst.	
Molter Nr.	2729

Hennemann Br. Gasthof — 12 €

Hersteller	Amon
Jahr	2002 (Aufl.: 200)
Packung	Plastikschachtel
Vorbild	Volvo Auflieger
Sonst.	
Molter Nr.	6222

Hennemann Br. Gasthof — 20 €

Hersteller	Amon
Jahr	2003 (Aufl.: 100)
Packung	Plastikschachtel
Vorbild	DAF Auflieger
Sonst.	
Molter Nr.	7258

Hennemann Familienbr. — 8 €

Hersteller	Top-Style
Jahr	2001 (Aufl.: 5000)
Packung	Blister
Vorbild	MB Actros Hängerzug
Sonst.	
Molter Nr.	4436

Hennemann Familienbr. — 8 €

Hersteller	Top-Style
Jahr	2001 (Aufl.: 5000)
Packung	Blister
Vorbild	MB Actros Hängerzug
Sonst.	
Molter Nr.	2731

Henniez Coke — 60 €

Hersteller	
Jahr	
Packung	Plastikschachtel
Vorbild	MAN F2000 Auflieger
Sonst.	
Molter Nr.	7508

H

Henninger 150 €

Hersteller	Hümmer
Jahr	
Packung	Blister
Vorbild	US Auflieger
Sonst.	Premium
Molter Nr.	763

Henninger 30 €

Hersteller	Hümmer
Jahr	
Packung	Blister
Vorbild	US Auflieger
Sonst.	Pilsener
Molter Nr.	764

Henninger 30 €

Hersteller	Elasto Form
Jahr	
Packung	Plastikschachtel
Vorbild	Volvo Auflieger
Sonst.	ohne Streife
Molter Nr.	765

Henninger 30 €

Hersteller	Elasto Form
Jahr	
Packung	Plastikschachtel
Vorbild	Volvo Auflieger
Sonst.	5 Achsen
Molter Nr.	766

Henninger 30 €

Hersteller	Elasto Form
Jahr	
Packung	Plastikschachtel
Vorbild	Volvo Auflieger
Sonst.	4Achsen
Molter Nr.	767

H

Henninger	25 €
Hersteller	Elasto Form
Jahr	
Packung	Plastikschachtel
Vorbild	Volvo Auflieger
Sonst.	
Molter Nr.	768

Henninger	15 €
Hersteller	Hümmer
Jahr	1999
Packung	Blister
Vorbild	US Auflieger
Sonst.	
Molter Nr.	769

Henninger	12 €
Hersteller	Hümmer
Jahr	1999
Packung	Blister
Vorbild	MB Actros Auflieger
Sonst.	
Molter Nr.	771

Henninger	10 €
Hersteller	Hümmer
Jahr	2000
Packung	Blister
Vorbild	MB Actros LKW
Sonst.	
Molter Nr.	770

Henninger	11 €
Hersteller	Hümmer
Jahr	2000
Packung	Blister
Vorbild	Mack Auflieger
Sonst.	
Molter Nr.	772

H

Henninger — 15 €

Hersteller	Hümmer
Jahr	2000
Packung	Blister
Vorbild	MB Actros Auflieger
Sonst.	
Molter Nr.	773

Henninger — 10 €

Hersteller	Hümmer
Jahr	2001
Packung	Blister
Vorbild	MAN TG-A Auflieger
Sonst.	
Molter Nr.	4410

Henninger — 10 €

Hersteller	Hümmer
Jahr	2001
Packung	Blister
Vorbild	MAN TG-A Auflieger
Sonst.	
Molter Nr.	2741

Henninger — 10 €

Hersteller	Hümmer
Jahr	2000
Packung	Blister
Vorbild	MAN TG-A Auflieger
Sonst.	
Molter Nr.	4162

Henninger — 8 €

Hersteller	Hümmer
Jahr	2001
Packung	Blister
Vorbild	MAN TG-A Auflieger
Sonst.	
Molter Nr.	2736

H

Henninger	8 €
Hersteller	Hümmer
Jahr	2001
Packung	Blister
Vorbild	MAN TG-A Auflieger
Sonst.	
Molter Nr.	2738

Henninger	8 €
Hersteller	Hümmer
Jahr	2001
Packung	Blister
Vorbild	Scania Auflieger
Sonst.	
Molter Nr.	2742

Herborner	25 €
Hersteller	Grell
Jahr	1999
Packung	Blister
Vorbild	Mack Auflieger
Sonst.	
Molter Nr.	774

Herborner	18 €
Hersteller	Grell
Jahr	1999
Packung	Blister
Vorbild	MB Actros Auflieger
Sonst.	
Molter Nr.	775

Herborner	12 €
Hersteller	Grell
Jahr	2000
Packung	Blister
Vorbild	MB Actros Hängerzug
Sonst.	
Molter Nr.	776

Herborner	12 €
Hersteller	Grell
Jahr	2000
Packung	Blister
Vorbild	IFA W50 Hängerzug
Sonst.	
Molter Nr.	777

Herborner	10 €
Hersteller	Grell
Jahr	2000
Packung	Blister
Vorbild	Ford 9000 Auflieger
Sonst.	
Molter Nr.	123

Herborner	9 €
Hersteller	Grell
Jahr	2001
Packung	Blister
Vorbild	Scania Hängerzug
Sonst.	
Molter Nr.	2743

Herborner	9 €
Hersteller	Grell
Jahr	2001
Packung	Blister
Vorbild	MAN F2000 Auflieger
Sonst.	
Molter Nr.	2744

Herborner	8 €
Hersteller	Grell
Jahr	2002
Packung	Blister
Vorbild	Freightliner FLD Tankzug
Sonst.	
Molter Nr.	4391

Herborner	8 €
Hersteller	Grell
Jahr	2002
Packung	Blister
Vorbild	MB Atego Hängerzug
Sonst.	
Molter Nr.	5595

Herborner	8 €
Hersteller	Grell
Jahr	2002
Packung	Blister
Vorbild	MB Actros Tankzug
Sonst.	Bären Bräu
Molter Nr.	5382

Herbsthäuser	80 €
Hersteller	Hümmer
Jahr	
Packung	Plastikschachtel
Vorbild	MB klein Auflieger
Sonst.	
Molter Nr.	778

Herbsthäuser	40 €
Hersteller	Hümmer
Jahr	
Packung	Plastikschachtel
Vorbild	MAN F90 LKW
Sonst.	
Molter Nr.	779

Herbsthäuser	15 €
Hersteller	Hümmer
Jahr	1999
Packung	Plastikschachtel
Vorbild	MB Actros Hängerzug
Sonst.	
Molter Nr.	2746

Herbsthäuser — 12 €

Hersteller	Hümmer
Jahr	2001
Packung	Plastikschachtel
Vorbild	MB Actros Hängerzug
Sonst.	
Molter Nr.	2747

Herbsthäuser — 8 €

Hersteller	Top-Style
Jahr	2002
Packung	Blister
Vorbild	MB Actros Hängerzug
Sonst.	
Molter Nr.	4635

Herforder — 18 €

Hersteller	Grell
Jahr	1998
Packung	Blister
Vorbild	Mack Auflieger
Sonst.	Pils
Molter Nr.	781

Herforder — 18 €

Hersteller	Grell
Jahr	1999
Packung	Blister
Vorbild	Mack Auflieger
Sonst.	alkoholfrei
Molter Nr.	782

Herforder — 15 €

Hersteller	Grell
Jahr	1999
Packung	Blister
Vorbild	MB Actros Hängerzug
Sonst.	einzeln verpackt
Molter Nr.	783

Herforder	12 €
Hersteller	Grell
Jahr	2000
Packung	Blister
Vorbild	Mack Auflieger
Sonst.	
Molter Nr.	784

Herforder	10 €
Hersteller	Grell
Jahr	2001
Packung	Blister
Vorbild	MAN F2000 Auflieger
Sonst.	
Molter Nr.	2162

Herforder	9 €
Hersteller	Grell
Jahr	2001
Packung	Blister
Vorbild	MAN F2000 Auflieger
Sonst.	
Molter Nr.	2749

Herforder	9 €
Hersteller	Grell
Jahr	2001
Packung	Blister
Vorbild	MAN F2000 Auflieger
Sonst.	
Molter Nr.	2748

Herforder	9 €
Hersteller	Grell
Jahr	2001
Packung	Blister
Vorbild	MAN F2000 Tankzug
Sonst.	
Molter Nr.	2745

H

Herforder	8 €
Hersteller	Grell
Jahr	2002
Packung	Blister
Vorbild	MAN TG-A Tankzug
Sonst.	
Molter Nr.	4551

Herforder	8 €
Hersteller	Grell
Jahr	2002
Packung	Blister
Vorbild	Scania 124L Tankzug
Sonst.	
Molter Nr.	5179

Herforder	10 €
Hersteller	Grell
Jahr	2002
Packung	Blister
Vorbild	MB Atego Hängerzug
Sonst.	mit Schankwagen
Molter Nr.	4798

Herforder	8 €
Hersteller	Grell
Jahr	2002
Packung	Blister
Vorbild	Büssing Hängerzug
Sonst.	
Molter Nr.	6340

Herforder	8 €
Hersteller	Grell
Jahr	2002
Packung	Blister
Vorbild	Freightliner FLD Auflieger
Sonst.	
Molter Nr.	6388

H

Herforder — 8 €

Hersteller	Grell
Jahr	2003
Packung	Blister
Vorbild	MB Atego Tankhängerzug
Sonst.	
Molter Nr.	7276

Hermann´s Getränke — 10 €

Hersteller	Lauterbach
Jahr	2000
Packung	Blister
Vorbild	Mack Auflieger
Sonst.	
Molter Nr.	785

Hermann´s Getränke — 10 €

Hersteller	Hümmer
Jahr	2001
Packung	Blister
Vorbild	Goliath
Sonst.	
Molter Nr.	2762

H

Hermann´s Getränke — 10 €

Hersteller	dgd
Jahr	2001
Packung	Blister
Vorbild	Goliath
Sonst.	
Molter Nr.	4417

Herrenhäuser — 11 €

Hersteller	dgd
Jahr	2000
Packung	Blister
Vorbild	MB Actros Hängerzug
Sonst.	
Molter Nr.	786

Herrenhäuser	10 €
Hersteller	Hümmer
Jahr	2001
Packung	Blister
Vorbild	MB Actros Auflieger
Sonst.	
Molter Nr.	2759

Herrenhäuser	9 €
Hersteller	Grell
Jahr	2002
Packung	Blister
Vorbild	Freightliner FLD Auflieger
Sonst.	
Molter Nr.	5154

Herrmann	12 €
Hersteller	Amon
Jahr	2001 (Aufl.: 200)
Packung	Plastikschachtel
Vorbild	MB Actros Auflieger
Sonst.	
Molter Nr.	2752

Herrmann	15 €
Hersteller	Amon
Jahr	2001 (Aufl.: 10)
Packung	Plastikschachtel
Vorbild	Majorette Auflieger
Sonst.	
Molter Nr.	2756

Herrmann	12 €
Hersteller	Amon
Jahr	2002 (Aufl.: 100)
Packung	Plastikschachtel
Vorbild	Renault Tankzug
Sonst.	
Molter Nr.	6104

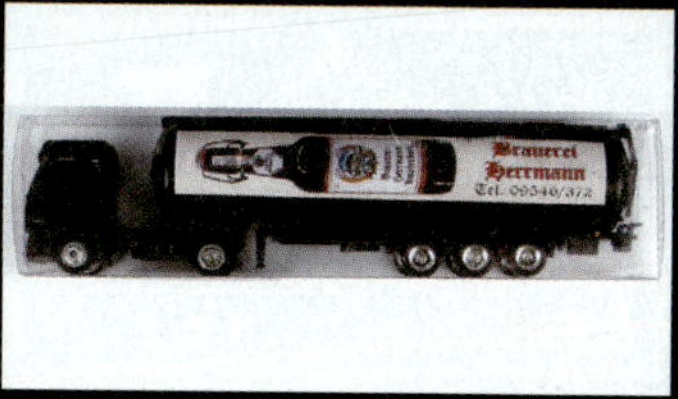

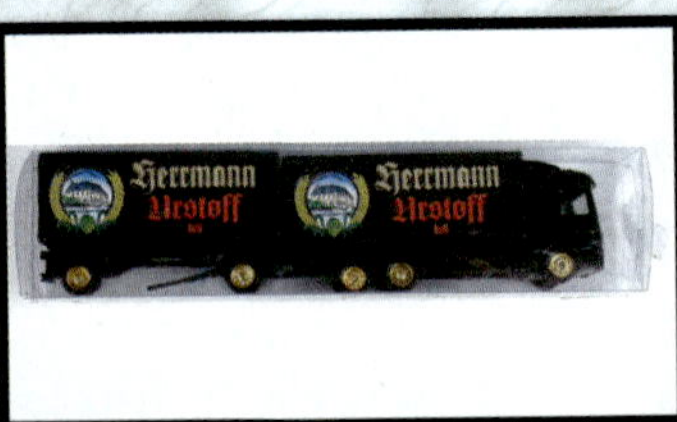

Herrmann — 25 €

Hersteller	Amon
Jahr	2002 (Aufl.: 100)
Packung	Plastikschachtel
Vorbild	MB Actros Hängerzug
Sonst.	
Molter Nr.	6101

Herrmann — 15 €

Hersteller	Amon
Jahr	2002 (Aufl.: 10)
Packung	Plastikschachtel
Vorbild	Majorette Auflieger
Sonst.	
Molter Nr.	6058

Herrmann — 15 €

Hersteller	Amon
Jahr	2002 (Aufl.: 10)
Packung	Plastikschachtel
Vorbild	Majorette Auflieger
Sonst.	
Molter Nr.	6064

Herrnbräu — 30 €

Hersteller	Hümmer
Jahr	1998
Packung	Blister
Vorbild	US Auflieger
Sonst.	
Molter Nr.	787

Herrnbräu — 12 €

Hersteller	Hümmer
Jahr	1999
Packung	Blister
Vorbild	MB Actros Auflieger
Sonst.	
Molter Nr.	4163

H

Herrnbräu	18 €
Hersteller	Hümmer
Jahr	1999
Packung	Blister
Vorbild	MB Actros Auflieger
Sonst.	
Molter Nr.	788

Herrnbräu	15 €
Hersteller	Hümmer
Jahr	2000
Packung	Blister
Vorbild	MB Actros Hängerzug
Sonst.	
Molter Nr.	789

Herrnbräu	12 €
Hersteller	Hümmer
Jahr	2001
Packung	Blister
Vorbild	MAN TG-A Auflieger
Sonst.	
Molter Nr.	2760

Herrnbräu	8 €
Hersteller	Hümmer
Jahr	2002
Packung	Blister
Vorbild	MB LKW
Sonst.	mit Fässern
Molter Nr.	4581

Herrnbräu	10 €
Hersteller	Hümmer
Jahr	2002
Packung	Blister
Vorbild	MAN TG-A Auflieger
Sonst.	mit Flasche
Molter Nr.	5041

Herrnbräu	8 €
Hersteller	Hümmer
Jahr	2003
Packung	Blister
Vorbild	Scania Auflieger
Sonst.	mit Frontbügel
Molter Nr.	7836

Hersbrucker	8 €
Hersteller	dgd
Jahr	2001
Packung	Plastikschachtel
Vorbild	MB Actros Auflieger
Sonst.	
Molter Nr.	2761

Herva	8 €
Hersteller	dgd
Jahr	2003
Packung	Blister
Vorbild	MB Actros Auflieger
Sonst.	
Molter Nr.	6941

H

Herz - Quell	8 €
Hersteller	EUBG
Jahr	2002 (Aufl.: 10000)
Packung	Blister
Vorbild	Freightliner FLD Auflieger
Sonst.	XL
Molter Nr.	6015

Herz - Quell	8 €
Hersteller	EUBG
Jahr	2002 (Aufl.: 5000)
Packung	Blister
Vorbild	Freightliner FLD Auflieger
Sonst.	XL
Molter Nr.	6016

Herz - Quell — 8 €

Hersteller	Hümmer
Jahr	2003
Packung	Blister
Vorbild	Mack Auflieger
Sonst.	mit Flasche
Molter Nr.	6855

Herzberger — 8 €

Hersteller	MK
Jahr	2002
Packung	Blister
Vorbild	Scania Auflieger
Sonst.	Napoleon
Molter Nr.	5843

Herzog Bier — 8 €

Hersteller	MaHug
Jahr	2000 (Aufl.: 2500)
Packung	Blister
Vorbild	MB Actros Auflieger
Sonst.	
Molter Nr.	791

Herzog Bier — 8 €

Hersteller	MaHug
Jahr	2000 (Aufl.: 2500)
Packung	Blister
Vorbild	MAN F2000 Auflieger
Sonst.	
Molter Nr.	792

Herzog Bier — 8 €

Hersteller	MaHug
Jahr	2000 (Aufl.: 2500)
Packung	Blister
Vorbild	Volvo Auflieger
Sonst.	
Molter Nr.	793

H

H

Herzog Bier — 8 €

Hersteller	MaHug
Jahr	2000 (Aufl.: 2500)
Packung	Blister
Vorbild	MAN F2000 Hängerzug
Sonst.	
Molter Nr.	794

Herzog Bier — 8 €

Hersteller	MaHug
Jahr	2000 (Aufl.: 2500)
Packung	Blister
Vorbild	US Auflieger
Sonst.	
Molter Nr.	795

Hessberger — 15 €

Hersteller	dgd
Jahr	1999
Packung	Blister
Vorbild	Kenworth T2000 Auflieger
Sonst.	Tannenbräu
Molter Nr.	797

Hessberger — 15 €

Hersteller	dgd
Jahr	2000
Packung	Blister
Vorbild	Kenworth T2000 Auflieger
Sonst.	Tannenbräu
Molter Nr.	798

Hessberger — 15 €

Hersteller	dgd
Jahr	2000
Packung	Blister
Vorbild	IFA W50 Auflieger
Sonst.	Tannenbräu
Molter Nr.	799

Hessberger — 20 €

Hersteller	dgd
Jahr	2000
Packung	Blister
Vorbild	IFA H6 Hängerzug
Sonst.	Tannenbräu
Molter Nr.	800

Hessberger — 15 €

Hersteller	dgd
Jahr	2000
Packung	Blister
Vorbild	IFA H6 Hängerzug
Sonst.	Tannenbräu
Molter Nr.	801

Hessberger — 10 €

Hersteller	dgd
Jahr	2001
Packung	Blister
Vorbild	IFA W50 Hängerzug
Sonst.	Tannenbräu
Molter Nr.	2768

Hessberger — 10 €

Hersteller	Lauterbach
Jahr	2001
Packung	Blister
Vorbild	MAN M2000 Hängerzug
Sonst.	Tannenbräu
Molter Nr.	2769

Hessisches Löwenbier — 15 €

Hersteller	Grell
Jahr	2000 (Aufl.: 1000)
Packung	Blister
Vorbild	MB Actros Auflieger
Sonst.	
Molter Nr.	802

Hessisches Löwenbier — 10 €

Hersteller	Grell
Jahr	2002
Packung	Blister
Vorbild	Ford 9000 Auflieger
Sonst.	
Molter Nr.	4660

Hetzel — 15 €

Hersteller	Amon
Jahr	2002
Packung	Plastikschachtel
Vorbild	MAN TG-A Auflieger
Sonst.	
Molter Nr.	5683

Heubacher — 10 €

Hersteller	dgd
Jahr	2001
Packung	Blister
Vorbild	MB Actros Auflieger
Sonst.	
Molter Nr.	2771

Heubacher — 9 €

Hersteller	dgd
Jahr	2001
Packung	Blister
Vorbild	MB Actros Auflieger
Sonst.	
Molter Nr.	4432

Heuchelberg — 8 €

Hersteller	Top-Style
Jahr	2001
Packung	Blister
Vorbild	MB Actros Auflieger
Sonst.	Riesling
Molter Nr.	2757

H

Heuchelberg — 8 €

Hersteller	Top-Style
Jahr	2001
Packung	Blister
Vorbild	MB Actros Auflieger
Sonst.	Trollinger
Molter Nr.	2758

Heyland´s — 100 €

Hersteller	
Jahr	
Packung	Plastikschachtel
Vorbild	MB klein Hängerzug
Sonst.	zu Eder´s
Molter Nr.	6457

Heyland´s — 50 €

Hersteller	
Jahr	
Packung	ohne
Vorbild	MB LKW
Sonst.	zu Eder´s
Molter Nr.	6453

Heyland´s — 17 €

Hersteller	Grell
Jahr	1999
Packung	Blister
Vorbild	MB Actros Auflieger
Sonst.	Schlappe Seppel, zu Eder's
Molter Nr.	1630

Heyland´s — 10 €

Hersteller	Grell
Jahr	2001
Packung	Blister
Vorbild	MAN F2000 Auflieger
Sonst.	zu Eder´s
Molter Nr.	2772

H

Heyland´s — 8 €

Hersteller	Grell
Jahr	2001
Packung	Blister
Vorbild	Scania Auflieger
Sonst.	Schlappe Seppel, zu Eder's
Molter Nr.	3489

Heyland´s — 8 €

Hersteller	Grell
Jahr	2003
Packung	Blister
Vorbild	Krupp Mustang Hängerzug
Sonst.	Schlappe Seppel, zu Eder's
Molter Nr.	6907

Heyland´s — 10 €

Hersteller	Grell
Jahr	2002
Packung	Blister
Vorbild	DAF 95 XF Auflieger
Sonst.	zu Eder´s
Molter Nr.	5670

Heyland´s — 8 €

Hersteller	Grell
Jahr	2002
Packung	Blister
Vorbild	Scania Tankzug
Sonst.	Schlappe Seppel,zu Eder's
Molter Nr.	7556

Hiernickel Bräu — 18 €

Hersteller	dgd
Jahr	2000
Packung	Blister
Vorbild	MB Actros Auflieger
Sonst.	
Molter Nr.	803

Hieronymus 10 €

Hersteller	Müller Chemnitz
Jahr	1999
Packung	Plastikschachtel
Vorbild	Majorette Auflieger
Sonst.	
Molter Nr.	804

Himmelsberger 25 €

Hersteller	Hümmer
Jahr	1999
Packung	Blister
Vorbild	MB klein Auflieger
Sonst.	
Molter Nr.	807

Himmelsberger 9 €

Hersteller	Hümmer
Jahr	2001
Packung	Blister
Vorbild	MB Actros LKW
Sonst.	
Molter Nr.	4083

Himmelsberger 8 €

Hersteller	Hümmer
Jahr	2002
Packung	Blister
Vorbild	MB Axor Auflieger
Sonst.	mit Flasche
Molter Nr.	5433

Hirschbräu 8 €

Hersteller	Amon
Jahr	2001
Packung	Plastikschachtel
Vorbild	Mack Auflieger
Sonst.	
Molter Nr.	2783

H

Hirschbräu Sonthofen	LHP €
Hersteller	
Jahr	
Packung	Plastikschachtel
Vorbild	Ford 9000 Auflieger
Sonst.	
Molter Nr.	6622

Hirschbräu Sonthofen	15 €
Hersteller	Grell
Jahr	2000
Packung	Blister
Vorbild	MB Actros Auflieger
Sonst.	einzeln verpackt
Molter Nr.	805

Hirschbräu Sonthofen	10 €
Hersteller	dgd
Jahr	2001
Packung	Blister
Vorbild	MB Actros Auflieger
Sonst.	
Molter Nr.	2403

Hirschbräu Sonthofen	9 €
Hersteller	dgd
Jahr	2001
Packung	Blister
Vorbild	MAN F2000 Tankzug
Sonst.	
Molter Nr.	4085

Hirschbräu Sonthofen	9 €
Hersteller	dgd
Jahr	2001
Packung	Blister
Vorbild	Scania Auflieger
Sonst.	
Molter Nr.	4418

Hirschbräu Sonthofen 8 €

Hersteller	dgd
Jahr	2002
Packung	Blister
Vorbild	Renault Magnum Tankzug
Sonst.	
Molter Nr.	5823

Hirschbrauerei Düsseldorf 8 €

Hersteller	dgd
Jahr	2001
Packung	Blister
Vorbild	MB Actros Auflieger
Sonst.	
Molter Nr.	2782

Hirschbrauerei Honer 12 €

Hersteller	dgd
Jahr	2000
Packung	Blister
Vorbild	MB Actros Auflieger
Sonst.	
Molter Nr.	806

Hirschbrauerei Honer 9 €

Hersteller	dgd
Jahr	2001
Packung	Blister
Vorbild	MB Actros Hängerzug
Sonst.	
Molter Nr.	2784

Hirschbrauerei Schilling 10 €

Hersteller	Bürkle
Jahr	2001
Packung	Blister
Vorbild	MAN F2000 Hängerzug
Sonst.	
Molter Nr.	2785

H

Hirschbrauerei Schilling — 8 €

Hersteller	J. Bürkel
Jahr	2002
Packung	Blister
Vorbild	MAN F2000 Hängerzug
Sonst.	
Molter Nr.	4756

Hirschquelle — 9 €

Hersteller	dgd
Jahr	2001
Packung	Blister
Vorbild	Scania 164L Hängerzug
Sonst.	
Molter Nr.	7031

Hirschquelle — 8 €

Hersteller	dgd
Jahr	2002
Packung	Blister
Vorbild	MAN Phönix auflieger
Sonst.	
Molter Nr.	5069

H

Hist. Brauereifahrzeuge — 8 €

Hersteller	
Jahr	2002
Packung	Blister
Vorbild	Goliath
Sonst.	Nr. 01, Brauerei Rodewisch
Molter Nr.	8143

Hist. Brauereifahrzeuge — 8 €

Hersteller	
Jahr	2002
Packung	Blister
Vorbild	IFA H6
Sonst.	Nr. 02, Barre Bräu
Molter Nr.	8144

Hist. Brauereifahrzeuge	8 €
Hersteller	
Jahr	2002
Packung	Blister
Vorbild	IFA H6
Sonst.	Nr. 03, Wetzstein Bräu
Molter Nr.	8145

Hist. Brauereifahrzeuge	8 €
Hersteller	
Jahr	2002
Packung	Blister
Vorbild	Goliath
Sonst.	Nr. 04, Plohner
Molter Nr.	4591

Hist. Brauereifahrzeuge	8 €
Hersteller	
Jahr	2002
Packung	Blister
Vorbild	IFA H6
Sonst.	Nr. 05, Werdau
Molter Nr.	8146

Hist. Brauereifahrzeuge	8 €
Hersteller	
Jahr	2002
Packung	Blister
Vorbild	Scania Hauber
Sonst.	Nr. 06, Jahn Brauerei
Molter Nr.	8147

Hist. Brauereifahrzeuge	8 €
Hersteller	
Jahr	2002
Packung	Blister
Vorbild	IFA H6
Sonst.	Nr. 07, Renner
Molter Nr.	8148

Hist. Brauereifahrzeuge	8 €
Hersteller	
Jahr	2002
Packung	Blister
Vorbild	Büssing NAG 50
Sonst.	Nr. 08, Brauerei Hammer
Molter Nr.	8149

Hist. Brauereifahrzeuge	8 €
Hersteller	
Jahr	2002
Packung	Blister
Vorbild	Kraz Diesel
Sonst.	Nr. 09, Karl-Marx-St.
Molter Nr.	8150

Hist. Brauereifahrzeuge	8 €
Hersteller	
Jahr	2002
Packung	Blister
Vorbild	Pferdekutsche
Sonst.	Nr. 10, Aktien Brauerei
Molter Nr.	8151

H

Hist. Brauereifahrzeuge	8 €
Hersteller	
Jahr	2002
Packung	Blister
Vorbild	IFA W50
Sonst.	Nr. 11, Vereinsbr. Zwickau
Molter Nr.	5561

Hist. Brauereifahrzeuge	8 €
Hersteller	
Jahr	2002
Packung	Blister
Vorbild	Ford T
Sonst.	Nr. 12, Brauerei Günnel
Molter Nr.	8152

Hist. Brauereifahrzeuge	8 €
Hersteller	
Jahr	2002
Packung	Blister
Vorbild	Kraz Diesel
Sonst.	Nr. 13, Sternquell
Molter Nr.	8153

Hist. Brauereifahrzeuge	8 €
Hersteller	
Jahr	2002
Packung	Blister
Vorbild	IFA W50
Sonst.	Nr. 14, Brauerei Zeulenroda
Molter Nr.	5560

Hist. Brauereifahrzeuge	8 €
Hersteller	
Jahr	2002
Packung	Blister
Vorbild	Goliath
Sonst.	Nr. 15, Brauerei Heckel
Molter Nr.	4590

Hist. Brauereifahrzeuge	8 €
Hersteller	
Jahr	2002
Packung	Blister
Vorbild	IFA H6
Sonst.	Nr. 16, Bramb. Sprudel
Molter Nr.	8154

Hist. Brauereifahrzeuge	8 €
Hersteller	
Jahr	2002
Packung	Blister
Vorbild	Büssing NAG 50
Sonst.	Nr. 17, Bramb. Sprudel
Molter Nr.	8155

H

Hist. Brauereifahrzeuge	8 €
Hersteller	
Jahr	2002
Packung	Blister
Vorbild	IFA W50
Sonst.	Nr. 18, Sohler Brunnen
Molter Nr.	8156

Hist. Brauereifahrzeuge	8 €
Hersteller	
Jahr	2002
Packung	Blister
Vorbild	IFA W50
Sonst.	Nr. 19, Reichenbrander
Molter Nr.	8157

Hist. Brauereifahrzeuge	8 €
Hersteller	
Jahr	2002
Packung	Blister
Vorbild	IFA H6
Sonst.	Nr. 20, Schloßbr. Chemnitz
Molter Nr.	8158

H

Hist. Brauereifahrzeuge	8 €
Hersteller	
Jahr	2002
Packung	Blister
Vorbild	Goliath
Sonst.	Nr. 21, Stadtbr. Burgstädt
Molter Nr.	8159

Hist. Brauereifahrzeuge	8 €
Hersteller	
Jahr	2002
Packung	Blister
Vorbild	Pferdekutsche
Sonst.	Nr. 22, Louis Mehnert
Molter Nr.	4807

Hist. Brauereifahrzeuge 8 €

Hersteller	
Jahr	2002
Packung	Blister
Vorbild	Kraz Diesel
Sonst.	Nr. 23, Getränkek. Dresden
Molter Nr.	8160

Hist. Brauereifahrzeuge 8 €

Hersteller	
Jahr	2002
Packung	Blister
Vorbild	MAN TG-A
Sonst.	Nr. 24, Schloßbr. Chemnitz
Molter Nr.	8161

Hist. Brauereifahrzeuge 8 €

Hersteller	
Jahr	2002
Packung	Blister
Vorbild	IFA H6
Sonst.	Nr. 25, Reichenbrand
Molter Nr.	8162

Hist. Brauereifahrzeuge 8 €

Hersteller	
Jahr	2002
Packung	Blister
Vorbild	IFA H6
Sonst.	Nr. 27, Feldschl. Döbeln
Molter Nr.	8163

Hist. Brauereifahrzeuge 8 €

Hersteller	
Jahr	2002
Packung	Blister
Vorbild	IFA W50
Sonst.	Nr. 28, Feldschl. Döbeln
Molter Nr.	8164

Hist. Brauereifahrzeuge	8 €
Hersteller	
Jahr	2002
Packung	Blister
Vorbild	Goliath
Sonst.	Nr. 29, Gaisberg
Molter Nr.	8165

Hist. Brauereifahrzeuge	8 €
Hersteller	
Jahr	2002
Packung	Blister
Vorbild	Kraz Diesel
Sonst.	Nr. 30, Sächsische Union
Molter Nr.	8166

Hist. Brauereifahrzeuge	8 €
Hersteller	
Jahr	2002
Packung	Blister
Vorbild	MAN TG-A
Sonst.	Nr. 31, Louis Mehnert
Molter Nr.	8167

Hist. Brauereifahrzeuge	8 €
Hersteller	
Jahr	2002
Packung	Blister
Vorbild	Renault
Sonst.	Nr. 32, VEB Brauerei Weida
Molter Nr.	8168

Hist. Brauereifahrzeuge	8 €
Hersteller	
Jahr	2002
Packung	Blister
Vorbild	Scania Hauber
Sonst.	Nr. 33, Turmquell Brauerei
Molter Nr.	8169

H

Hist. Brauereifahrzeuge	8 €
Hersteller	
Jahr	2002
Packung	Blister
Vorbild	Kraz V8 Diesel
Sonst.	Nr. 34, Getrönkekom .Gera
Molter Nr.	8170

Hist. Brauereifahrzeuge	8 €
Hersteller	
Jahr	2002
Packung	Blister
Vorbild	IFA H6
Sonst.	Nr. 35, Landskron Brauerei
Molter Nr.	8171

Hist. Brauereifahrzeuge	8 €
Hersteller	
Jahr	2002
Packung	Blister
Vorbild	Goliath
Sonst.	Nr. 36, Stadtbr. Hanichen
Molter Nr.	8172

Hist. Brauereifahrzeuge	8 €
Hersteller	
Jahr	2002
Packung	Blister
Vorbild	Scania
Sonst.	Nr. 37, Brauerei Jena
Molter Nr.	8173

Hist. Brauereifahrzeuge	8 €
Hersteller	
Jahr	2002
Packung	Blister
Vorbild	Scania Hauber
Sonst.	Nr. 38, Köpenicker Pils
Molter Nr.	8174

Hist. Brauereifahrzeuge — 8 €

Hersteller	
Jahr	2002
Packung	Blister
Vorbild	Scania
Sonst.	Nr. 39, Meissner Felsenkeller
Molter Nr.	8175

Hist. Brauereifahrzeuge — 8 €

Hersteller	
Jahr	2002
Packung	Blister
Vorbild	Scania
Sonst.	Nr. 40, Brau & Boegen
Molter Nr.	8176

Historische Braustätten — 8 €

Hersteller	EKBG
Jahr	2002
Packung	Blister
Vorbild	MB Actros Tankzug
Sonst.	Ser. 1, Nr. 01, Adlerbrauerei
Molter Nr.	8113

Historische Braustätten — 8 €

Hersteller	EKBG
Jahr	2002
Packung	Blister
Vorbild	DAF Tankzug
Sonst.	Ser. 1, Nr. 02, Bärenbrauerei
Molter Nr.	8114

Historische Braustätten — 8 €

Hersteller	EKBG
Jahr	2002
Packung	Blister
Vorbild	MAN TG-A
Sonst.	Ser. 1, Nr. 03, Salch
Molter Nr.	8115

Historische Braustätten 8 €

Hersteller	EKBG
Jahr	2002
Packung	Blister
Vorbild	DAF Tankzug
Sonst.	Ser. 1, Nr. 04, Wagner
Molter Nr.	8116

Historische Braustätten 8 €

Hersteller	EKBG
Jahr	2002
Packung	Blister
Vorbild	MAN TG-A
Sonst.	Ser. 1, Nr. 05, Weckesser
Molter Nr.	8117

Historische Braustätten 8 €

Hersteller	EKBG
Jahr	2002
Packung	Blister
Vorbild	MAN TG-A
Sonst.	Ser. 1, Nr. 06, Wulle
Molter Nr.	8118

Historische Braustätten 8 €

Hersteller	EKBG
Jahr	2002
Packung	Blister
Vorbild	MB Actros Tankzug
Sonst.	Ser. 1, Nr. 07, Münchn.Kin.
Molter Nr.	8119

Historische Braustätten 8 €

Hersteller	EKBG
Jahr	2002
Packung	Blister
Vorbild	DAF Tankzug
Sonst.	Ser. 1, Nr. 08, Roseberg
Molter Nr.	8120

H

Historische Braustätten	8 €
Hersteller	EKBG
Jahr	2002
Packung	Blister
Vorbild	MAN TG-A
Sonst.	Ser. 1, Nr. 09, Brh. Altdorf
Molter Nr.	8121

Historische Braustätten	8 €
Hersteller	EKBG
Jahr	2002
Packung	Blister
Vorbild	Volvo FH 16 Tankzug
Sonst.	Ser. 1, Nr. 10, Brh. Lauf
Molter Nr.	8122

Historische Braustätten	8 €
Hersteller	EKBG
Jahr	2002
Packung	Blister
Vorbild	Volvo FH 16 Tankzug
Sonst.	Ser. 1, Nr. 11, Brh. Pfreimd
Molter Nr.	8123

H

Historische Braustätten	8 €
Hersteller	EKBG
Jahr	2002
Packung	Blister
Vorbild	DAF Tankzug
Sonst.	Ser. 1, Nr. 12, Deutschherren
Molter Nr.	8124

Historische Braustätten	8 €
Hersteller	EKBG
Jahr	2002
Packung	Blister
Vorbild	Volvo FH 16 Tankzug
Sonst.	Ser. 1, Nr. 13, Gerner Bräu
Molter Nr.	8125

Historische Braustätten	8 €
Hersteller	EKBG
Jahr	2002
Packung	Blister
Vorbild	MB Actros Tankzug
Sonst.	Ser. 1, Nr. 14,Haller Löwenbr.
Molter Nr.	8126

Historische Braustätten	8 €
Hersteller	EKBG
Jahr	2002
Packung	Blister
Vorbild	Scania Tankzug
Sonst.	Ser. 1, Nr. 15, Hausbräu
Molter Nr.	8127

Historische Braustätten	8 €
Hersteller	EKBG
Jahr	2002
Packung	Blister
Vorbild	MAN TG-A
Sonst.	Ser. 1, Nr. 16, Hirschrbräu
Molter Nr.	8128

Historische Braustätten	8 €
Hersteller	EKBG
Jahr	2002
Packung	Blister
Vorbild	MB Actros Tankzug
Sonst.	Ser. 1, Nr. 17, Hirschen
Molter Nr.	8129

Historische Braustätten	8 €
Hersteller	EKBG
Jahr	2002
Packung	Blister
Vorbild	Volvo FH 16 Tankzug
Sonst.	Ser. 1, Nr. 18, Klett Bräu
Molter Nr.	8130

H

Historische Braustätten — 8 €

Hersteller	EKBG
Jahr	2002
Packung	Blister
Vorbild	MAN TG-A
Sonst.	Ser. 1, Nr. 19, Kochelbräu
Molter Nr.	8131

Historische Braustätten — 8 €

Hersteller	EKBG
Jahr	2002
Packung	Blister
Vorbild	Scania Tankzug
Sonst.	Ser. 1, Nr. 20, Kronen Bräu
Molter Nr.	8132

Historische Braustätten — 8 €

Hersteller	EKBG
Jahr	2002
Packung	Blister
Vorbild	MAN TG-A
Sonst.	Ser. 1, Nr. 21, M.Klosterbräu
Molter Nr.	8133

Historische Braustätten — 8 €

Hersteller	EKBG
Jahr	2002
Packung	Blister
Vorbild	Volvo FH 16 Tankzug
Sonst.	Ser. 1, Nr. 22, Neff
Molter Nr.	8134

Historische Braustätten — 8 €

Hersteller	EKBG
Jahr	2002
Packung	Blister
Vorbild	Scania Tankzug
Sonst.	Ser. 1, Nr. 23, Pollingerbräu
Molter Nr.	8135

H

Historische Braustätten — 8 €

Hersteller	EKBG
Jahr	2002
Packung	Blister
Vorbild	DAF Tankzug
Sonst.	Ser. 1, Nr. 24, Neuburger
Molter Nr.	8136

Historische Braustätten — 8 €

Hersteller	EKBG
Jahr	2002
Packung	Blister
Vorbild	MAN TG-A
Sonst.	Ser. 1, Nr. 25, Rosenau
Molter Nr.	8137

Historische Braustätten — 8 €

Hersteller	EKBG
Jahr	2002
Packung	Blister
Vorbild	MAN TG-A
Sonst.	Ser. 1, Nr. 26, Sandler
Molter Nr.	8138

Historische Braustätten — 8 €

Hersteller	EKBG
Jahr	2002
Packung	Blister
Vorbild	MAN TG-A
Sonst.	Ser. 1, Nr. 27, Schloß Bräu
Molter Nr.	8139

Historische Braustätten — 8 €

Hersteller	EKBG
Jahr	2002
Packung	Blister
Vorbild	Scania Tankzug
Sonst.	Ser. 1, Nr. 28, Schwalben Br.
Molter Nr.	8140

Historische Braustätten	8 €
Hersteller	EKBG
Jahr	2002
Packung	Blister
Vorbild	MB Actros Tankzug
Sonst.	Ser. 1, Nr. 29, Späth Bräu
Molter Nr.	8141

Historische Braustätten	8 €
Hersteller	EKBG
Jahr	2002
Packung	Blister
Vorbild	Scania Tankzug
Sonst.	Ser. 1, Nr. 30, Strothe KG H.
Molter Nr.	8142

Historische Braustätten	8 €
Hersteller	EKBG
Jahr	2002 (Aufl.: 3000)
Packung	Blister
Vorbild	MB Axor Auflieger
Sonst.	Ser. 2, Nr. 01, Schützenbräu
Molter Nr.	6259

H

Historische Braustätten	8 €
Hersteller	EKBG
Jahr	2002 (Aufl.: 3000)
Packung	Blister
Vorbild	MB Axor Auflieger
Sonst.	Ser. 2, Nr. 02, Potsdam
Molter Nr.	5869

Historische Braustätten	8 €
Hersteller	EKBG
Jahr	2002 (Aufl.: 3000)
Packung	Blister
Vorbild	MB Actros Auflieger
Sonst.	Ser. 2, Nr.03, Ankerbr.Nagold
Molter Nr.	6258

Historische Braustätten	8 €
Hersteller	EKBG
Jahr	2002 (Aufl.: 3000)
Packung	Blister
Vorbild	MB Axor Auflieger
Sonst.	Ser. 2, Nr. 04, Ott
Molter Nr.	5439

Historische Braustätten	8 €
Hersteller	EKBG
Jahr	2002 (Aufl.: 3000)
Packung	Blister
Vorbild	DAF 95XF Auflieger
Sonst.	Ser. 2, Nr. 05, Lindenbräu
Molter Nr.	7768

Historische Braustätten	8 €
Hersteller	EKBG
Jahr	2002 (Aufl.: 3000)
Packung	Blister
Vorbild	DAF 95XF Auflieger
Sonst.	Sr. 2, Nr. 06, Kaiserbräu
Molter Nr.	7769

H

Historische Braustätten	8 €
Hersteller	EKBG
Jahr	2002 (Aufl.: 3000)
Packung	Blister
Vorbild	Scania Auflieger
Sonst.	Ser. 2, Nr. 07, Geismann
Molter Nr.	6260

Historische Braustätten	8 €
Hersteller	EKBG
Jahr	2002 (Aufl.: 3000)
Packung	Blister
Vorbild	Scania Auflieger
Sonst.	Ser. 2, Nr. 08, Schorle-Bräu
Molter Nr.	6262

Historische Braustätten	8 €
Hersteller	EKBG
Jahr	2002 (Aufl.: 3000)
Packung	Blister
Vorbild	MB Actros Auflieger
Sonst.	Ser. 2, Nr. 09, Straussbrauerei
Molter Nr.	6585

Historische Braustätten	8 €
Hersteller	EKBG
Jahr	2002 (Aufl.: 3000)
Packung	Blister
Vorbild	MB Axor Auflieger
Sonst.	Ser. 2, Nr. 10, Adler-Brauerei
Molter Nr.	5870

Historische Braustätten	8 €
Hersteller	EKBG
Jahr	2002 (Aufl.: 3000)
Packung	Blister
Vorbild	MB Actros Auflieger
Sonst.	Ser. 2, Nr. 11, Lipsiator
Molter Nr.	6284

H

Historische Braustätten	8 €
Hersteller	EKBG
Jahr	2002 (Aufl.: 3000)
Packung	Blister
Vorbild	MB Axor Auflieger
Sonst.	Ser. 2, Nr. 12, Kronen
Molter Nr.	5443

Historische Braustätten	8 €
Hersteller	EKBG
Jahr	2002 (Aufl.: 3000)
Packung	Blister
Vorbild	MB Axor Auflieger
Sonst.	Ser. 2, Nr. 13, Nördlinger
Molter Nr.	6270

Historische Braustätten	8 €
Hersteller	EKBG
Jahr	2002 (Aufl.: 3000)
Packung	Blister
Vorbild	MB Axor Auflieger
Sonst.	Ser. 2, Nr. 14, Post Bräu
Molter Nr.	5425

Historische Braustätten	8 €
Hersteller	EKBG
Jahr	2002 (Aufl.: 3000)
Packung	Blister
Vorbild	MB Actros Auflieger
Sonst.	Ser. 2, Nr. 15, Potsdam
Molter Nr.	6286

Historische Braustätten	8 €
Hersteller	EKBG
Jahr	2002 (Aufl.: 3000)
Packung	Blister
Vorbild	MB Actros Auflieger
Sonst.	Ser. 2, Nr. 16, Schlossb. Dachau
Molter Nr.	7770

Historische Braustätten	8 €
Hersteller	EKBG
Jahr	2002 (Aufl.: 3000)
Packung	Blister
Vorbild	DAF 95XF Auflieger
Sonst.	Ser. 2, Nr. 17, Sixen-Bräu
Molter Nr.	7750

Historische Braustätten	8 €
Hersteller	EKBG
Jahr	2002 (Aufl.: 3000)
Packung	Blister
Vorbild	MB Actros Tankzug
Sonst.	Ser. 2, Nr. 18, Dietl-Bräu
Molter Nr.	7759

H

Historische Braustätten	8 €
Hersteller	EKBG
Jahr	2002 (Aufl.: 3000)
Packung	Blister
Vorbild	DAF 95 XF Auflieger
Sonst.	Ser. 2, Nr. 19, Brauh.Kemnath
Molter Nr.	6282

Historische Braustätten	8 €
Hersteller	EKBG
Jahr	2002 (Aufl.: 3000)
Packung	Blister
Vorbild	Scania 124L Tankzug
Sonst.	Ser. 2, Nr. 20, St. Georg
Molter Nr.	5435

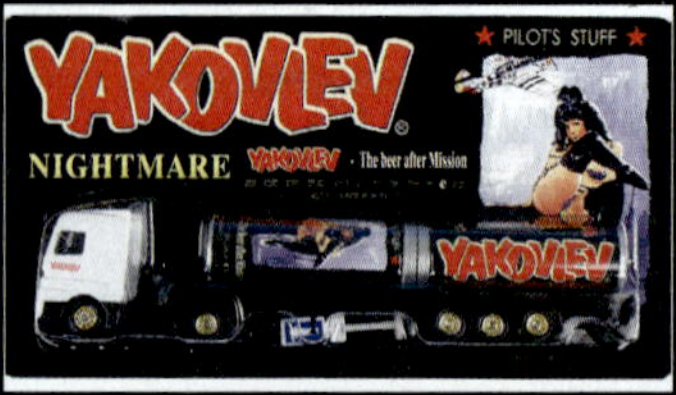

Historische Braustätten	8 €
Hersteller	EKBG
Jahr	2002 (Aufl.: 3000)
Packung	Blister
Vorbild	MB Actros Auflieger
Sonst.	Ser. 2, Nr. 21, Yakovlev
Molter Nr.	4885

Historische Braustätten	8 €
Hersteller	EKBG
Jahr	2002 (Aufl.: 3000)
Packung	Blister
Vorbild	MB Actros Auflieger
Sonst.	Ser. 2, Nr. 22, Cerv. D. Ancêtres
Molter Nr.	7751

Historische Braustätten	8 €
Hersteller	EKBG
Jahr	2002 (Aufl.: 3000)
Packung	Blister
Vorbild	MB Axor Auflieger
Sonst.	Ser. 2, Nr. 23, Engel-Brau.
Molter Nr.	5440

Historische Braustätten	8 €
Hersteller	EKBG
Jahr	2002 (Aufl.: 3000)
Packung	Blister
Vorbild	MB Axor Auflieger
Sonst.	Ser. 2, Nr. 24, Engel-Brau.
Molter Nr.	5442

Historische Braustätten	8 €
Hersteller	EKBG
Jahr	2002 (Aufl.: 3000)
Packung	Blister
Vorbild	MB Actros Auflieger
Sonst.	Ser. 2, Nr. 25, Hofer Kraftbier
Molter Nr.	7753

Historische Braustätten	8 €
Hersteller	EKBG
Jahr	2002 (Aufl.: 3000)
Packung	Blister
Vorbild	MB Actros Auflieger
Sonst.	Ser. 2, Nr. 26, Weihenstephan
Molter Nr.	6577

Historische Braustätten	8 €
Hersteller	EKBG
Jahr	2002 (Aufl.: 3000)
Packung	Blister
Vorbild	MB Actros Auflieger
Sonst.	Ser. 2, Nr. 27, Br. Daxau
Molter Nr.	6269

Historische Braustätten	8 €
Hersteller	EKBG
Jahr	2002 (Aufl.: 3000)
Packung	Blister
Vorbild	MB Actros Auflieger
Sonst.	Ser. 2, Nr. 28, Sixen Bräu
Molter Nr.	6289

H

Historische Braustätten	8 €
Hersteller	EKBG
Jahr	2002 (Aufl.: 3000)
Packung	Blister
Vorbild	MB Axor Auflieger
Sonst.	Ser. 2,Nr.29,Brauh.Herrieden
Molter Nr.	5441

Historische Braustätten	8 €
Hersteller	EKBG
Jahr	2002 (Aufl.: 3000)
Packung	Blister
Vorbild	MB Axor Auflieger
Sonst.	Ser. 2, Nr. 30, Bayern-Bräu
Molter Nr.	6290

Historische Braustätten	8 €
Hersteller	EKBG
Jahr	2002 (Aufl.: 3000)
Packung	Blister
Vorbild	DAF 95 XF Auflieger
Sonst.	Ser. 2, Nr. 31,Mohwasser´s
Molter Nr.	6283

Historische Braustätten	8 €
Hersteller	EKBG
Jahr	2002 (Aufl.: 3000)
Packung	Blister
Vorbild	DAF 95 XF Auflieger
Sonst.	Ser. 2, Nr. 32, Byron
Molter Nr.	6582

Historische Braustätten	8 €
Hersteller	EKBG
Jahr	2002 (Aufl.: 3000)
Packung	Blister
Vorbild	DAF 95 XF Auflieger
Sonst.	Ser. 2, Nr. 33, Maccabee
Molter Nr.	6581

Historische Braustätten	8 €
Hersteller	EKBG
Jahr	2002 (Aufl.: 3000)
Packung	Blister
Vorbild	DAF 95XF Auflieger
Sonst.	Ser. 2, Nr. 34, El Inca
Molter Nr.	7752

Historische Braustätten	8 €
Hersteller	EKBG
Jahr	2002 (Aufl.: 3000)
Packung	Blister
Vorbild	DAF 95 XF Auflieger
Sonst.	Ser. 2, Nr. 35, Cerrecenia
Molter Nr.	6576

Historische Braustätten	8 €
Hersteller	EKBG
Jahr	2002 (Aufl.: 3000)
Packung	Blister
Vorbild	MB Axor Auflieger
Sonst.	Ser. 2, Nr. 36, Ross-Brauerei
Molter Nr.	6570

Historische Braustätten	8 €
Hersteller	EKBG
Jahr	2002 (Aufl.: 3000)
Packung	Blister
Vorbild	MB Actros Auflieger
Sonst.	Ser. 2, Nr. 37, Zum Riesen
Molter Nr.	6280

Historische Braustätten	8 €
Hersteller	EKBG
Jahr	2002 (Aufl.: 3000)
Packung	Blister
Vorbild	MB Axor Auflieger
Sonst.	Ser. 2, Nr. 38, Bayern-Bräu
Molter Nr.	6273

Historische Braustätten	8 €
Hersteller	EKBG
Jahr	2002 (Aufl.: 3000)
Packung	Blister
Vorbild	MB Axor Auflieger
Sonst.	Ser. 2, Nr. 39, Urbräu
Molter Nr.	6267

Historische Braustätten	8 €
Hersteller	EKBG
Jahr	2002 (Aufl.: 3000)
Packung	Blister
Vorbild	MB Actros Auflieger
Sonst.	Ser. 2, Nr. 41, Burg Bräu
Molter Nr.	6268

Historische Braustätten	8 €
Hersteller	EKBG
Jahr	2002 (Aufl.: 3000)
Packung	Blister
Vorbild	MB Actros Auflieger
Sonst.	Ser. 2, Nr. 42, Stangl-Bräu
Molter Nr.	6275

H

Historische Braustätten	8 €
Hersteller	EKBG
Jahr	2002 (Aufl.: 3000)
Packung	Blister
Vorbild	MB Actros Auflieger
Sonst.	Ser.2, Nr. 43, Gundelfingen
Molter Nr.	6266

Historische Braustätten	8 €
Hersteller	EKBG
Jahr	2002 (Aufl.: 3000)
Packung	Blister
Vorbild	MB Actros Auflieger
Sonst.	Ser. 2, Nr. 44,Waldhorn-Bräu
Molter Nr.	6261

Historische Braustätten 8 €

Hersteller	EKBG
Jahr	2002 (Aufl.: 3000)
Packung	Blister
Vorbild	MB Actros Auflieger
Sonst.	Ser .2, Nr.45, Fürsteneck
Molter Nr.	7771

Historische Braustätten 8 €

Hersteller	EKBG
Jahr	2002 (Aufl.: 3000)
Packung	Blister
Vorbild	DAF 95 XF Auflieger
Sonst.	Ser. 2, Nr. 47, Hubmann
Molter Nr.	6274

Historische Braustätten 8 €

Hersteller	EKBG
Jahr	2002 (Aufl.: 3000)
Packung	Blister
Vorbild	DAF 95XF Auflieger
Sonst.	Ser. 2, Nr. 48, Röhrlbräu
Molter Nr.	7757

Historische Braustätten 8 €

Hersteller	EKBG
Jahr	2002 (Aufl.: 3000)
Packung	Blister
Vorbild	DAF 95 XF Auflieger
Sonst.	Ser. 2, Nr. 49, Karmeliter
Molter Nr.	6571

Historische Braustätten 8 €

Hersteller	EKBG
Jahr	2002 (Aufl.: 3000)
Packung	Blister
Vorbild	DAF 95 XF Auflieger
Sonst.	Ser. 2, Nr. 50, Koch Bräu
Molter Nr.	6573

Historische Braustätten	8 €
Hersteller	EKBG
Jahr	2002 (Aufl.: 3000)
Packung	Blister
Vorbild	Scania Auflieger
Sonst.	Ser. 2, Nr. 51, Brehm
Molter Nr.	6575

Historische Braustätten	8 €
Hersteller	EKBG
Jahr	2002 (Aufl.: 3000)
Packung	Blister
Vorbild	Scania Auflieger
Sonst.	Ser. 2, Nr. 52, St. Wendeler
Molter Nr.	6569

Historische Braustätten	8 €
Hersteller	EKBG
Jahr	2002 (Aufl.: 3000)
Packung	Blister
Vorbild	Scania Auflieger
Sonst.	Ser. 2, Nr. 53, Bergbr.Fürth
Molter Nr.	7755

H

Historische Braustätten	8 €
Hersteller	EKBG
Jahr	2002 (Aufl.: 3000)
Packung	Blister
Vorbild	Scania Auflieger
Sonst.	Ser. 2, Nr. 54, Sixen-Bräu
Molter Nr.	7756

Historische Braustätten	8 €
Hersteller	EKBG
Jahr	2002 (Aufl.: 3000)
Packung	Blister
Vorbild	Scania Auflieger
Sonst.	Ser. 2, Nr. 55, Wild-Bräu
Molter Nr.	6574

Historische Braustätten	8 €
Hersteller	EKBG
Jahr	2002 (Aufl.: 3000)
Packung	Blister
Vorbild	MB Actros Auflieger
Sonst.	Ser. 2, Nr. 56, Waldhorn-Bräu
Molter Nr.	6281

Historische Braustätten	8 €
Hersteller	EKBG
Jahr	2002 (Aufl.: 3000)
Packung	Blister
Vorbild	DAF 95 XF Auflieger
Sonst.	Ser. 2, Nr. 57, Kleinkötzer
Molter Nr.	4887

Historische Braustätten	8 €
Hersteller	EKBG
Jahr	2002 (Aufl.: 3000)
Packung	Blister
Vorbild	MB Actros Auflieger
Sonst.	Ser. 2, Nr. 58, Scheuerer
Molter Nr.	6291

H

Historische Braustätten	8 €
Hersteller	EKBG
Jahr	2002 (Aufl.: 3000)
Packung	Blister
Vorbild	MB Actros Auflieger
Sonst.	Ser.2, Nr.59, Engel-Bräu
Molter Nr.	6586

Historische Braustätten	8 €
Hersteller	EKBG
Jahr	2002 (Aufl.: 3000)
Packung	Blister
Vorbild	MB Axor Auflieger
Sonst.	Ser.2, Nr.60, Engel-Bräu
Molter Nr.	6271

Historische Braustätten	8 €
Hersteller	EKBG
Jahr	2002 (Aufl.: 3000)
Packung	Blister
Vorbild	MB Axor Auflieger
Sonst.	Ser. 2, Nr. 61, Thamer
Molter Nr.	6276

Historische Braustätten	8 €
Hersteller	EKBG
Jahr	2002 (Aufl.: 3000)
Packung	Blister
Vorbild	MB Actros Auflieger
Sonst.	Ser. 2, Nr.62, Adlerbräu
Molter Nr.	6277

Historische Braustätten	8 €
Hersteller	EKBG
Jahr	2002 (Aufl.: 3000)
Packung	Blister
Vorbild	MB Actros Auflieger
Sonst.	Ser.2,Nr.63, Auracher Kloster
Molter Nr.	6278

H

Historische Braustätten	8 €
Hersteller	EKBG
Jahr	2002 (Aufl.: 3000)
Packung	Blister
Vorbild	MB Actros Auflieger
Sonst.	Ser. 2, Nr. 64, Alte Post Bräu
Molter Nr.	6279

Historische Braustätten	8 €
Hersteller	EKBG
Jahr	2002 (Aufl.: 3000)
Packung	Blister
Vorbild	MB Actros Auflieger
Sonst.	Ser.2, Nr.65, Mönchesdegg
Molter Nr.	7754

Historische Braustätten 8 €

Hersteller	EKBG
Jahr	2002 (Aufl.: 3000)
Packung	Blister
Vorbild	MB Actros Auflieger
Sonst.	Ser. 2, Nr. 66, Schiff
Molter Nr.	4886

Historische Braustätten 8 €

Hersteller	EKBG
Jahr	2002 (Aufl.: 3000)
Packung	Blister
Vorbild	DAF 95XF Auflieger
Sonst.	Ser. 2, Nr. 67, Klosterbr.
Molter Nr.	7761

Historische Braustätten 8 €

Hersteller	EKBG
Jahr	2002 (Aufl.: 3000)
Packung	Blister
Vorbild	DAF 95 XF Auflieger
Sonst.	Ser. 2, Nr. 68, Parade
Molter Nr.	4884

Historische Braustätten 8 €

Hersteller	EKBG
Jahr	2002 (Aufl.: 3000)
Packung	Blister
Vorbild	DAF 95 XF Auflieger
Sonst.	Ser. 2, Nr. 69, Kleinkötzer
Molter Nr.	6288

Historische Braustätten 8 €

Hersteller	EKBG
Jahr	2002 (Aufl.: 3000)
Packung	Blister
Vorbild	DAF 95 XF Auflieger
Sonst.	Ser. 2, Nr. 70, Putzen Bräu
Molter Nr.	4888

Historische Braustätten 8 €

Hersteller	EKBG
Jahr	2003 (Aufl.: 3000)
Packung	Blister
Vorbild	US Auflieger
Sonst.	Ser. 3, Nr. 01, Grüner-Bräu
Molter Nr.	6955

Historische Braustätten 8 €

Hersteller	EKBG
Jahr	2003 (Aufl.: 3000)
Packung	Blister
Vorbild	US Auflieger
Sonst.	Ser. 3, Nr. 02, Redlbacher
Molter Nr.	6502

Historische Braustätten 8 €

Hersteller	EKBG
Jahr	2003 (Aufl.: 3000)
Packung	Blister
Vorbild	US Auflieger
Sonst.	Ser. 3, Nr. 03, Falkenloch
Molter Nr.	6507

Historische Braustätten 8 €

Hersteller	EKBG
Jahr	2003 (Aufl.: 3000)
Packung	Blister
Vorbild	US Auflieger
Sonst.	Ser. 3, Nr. 04, Rose Brauerei
Molter Nr.	6504

Historische Braustätten 8 €

Hersteller	EKBG
Jahr	2003 (Aufl.: 3000)
Packung	Blister
Vorbild	US Auflieger
Sonst.	Ser. 3, Nr. 05, Schnellinger
Molter Nr.	6950

Historische Braustätten	8 €
Hersteller	EKBG
Jahr	2003 (Aufl.: 3000)
Packung	Blister
Vorbild	US Auflieger
Sonst.	Ser. 3, Nr. 06 , Löwenbr.
Molter Nr.	6509

Historische Braustätten	8 €
Hersteller	EKBG
Jahr	2003 (Aufl.: 3000)
Packung	Blister
Vorbild	US Auflieger
Sonst.	Ser. 3, Nr. 07, Frankenbr.
Molter Nr.	6872

Historische Braustätten	8 €
Hersteller	EKBG
Jahr	2003 (Aufl.: 3000)
Packung	Blister
Vorbild	US Auflieger
Sonst.	Ser. 3, Nr. 08, Krieger
Molter Nr.	6508

Historische Braustätten	8 €
Hersteller	EKBG
Jahr	2003 (Aufl.: 3000)
Packung	Blister
Vorbild	US Auflieger
Sonst.	Ser.3,Nr. 09, Weissbrauhaus
Molter Nr.	6952

Historische Braustätten	8 €
Hersteller	EKBG
Jahr	2003 (Aufl.: 3000)
Packung	Blister
Vorbild	MB Actros Tankzug
Sonst.	Ser. 3, Nr. 10, Lammbr.
Molter Nr.	6517

H

H

Historische Braustätten	8 €
Hersteller	EKBG
Jahr	2003 (Aufl.: 3000)
Packung	Blister
Vorbild	US Auflieger
Sonst.	Ser. 3, Nr. 11, Fisch Bräu
Molter Nr.	6505

Historische Braustätten	8 €
Hersteller	EKBG
Jahr	2003 (Aufl.: 3000)
Packung	Blister
Vorbild	US Auflieger
Sonst.	Ser. 3, Nr. 12, Amberger
Molter Nr.	6871

Historische Braustätten	8 €
Hersteller	EKBG
Jahr	2003 (Aufl.: 3000)
Packung	Blister
Vorbild	US Auflieger
Sonst.	Ser. 3, Nr. 13, Kneuer
Molter Nr.	6506

Historische Braustätten	8 €
Hersteller	EKBG
Jahr	2003 (Aufl.: 3000)
Packung	Blister
Vorbild	US Auflieger
Sonst.	Ser. 3, Nr. 14, St. Georg
Molter Nr.	6956

Historische Braustätten	8 €
Hersteller	EKBG
Jahr	2003 (Aufl.: 3000)
Packung	Blister
Vorbild	US Auflieger
Sonst.	Ser. 3, Nr. 15, Pflug-Bräu
Molter Nr.	6503

Historische Braustätten — 8 €

Hersteller	EKBG
Jahr	2003 (Aufl.: 3000)
Packung	Blister
Vorbild	
Sonst.	Ser. 3, Nr. 16, St. Veit
Molter Nr.	7758

Historische Braustätten — 8 €

Hersteller	EKBG
Jahr	2003 (Aufl.: 3000)
Packung	Blister
Vorbild	
Sonst.	Ser. 3, Nr. 17, Nützel-Bräu
Molter Nr.	7764

Historische Braustätten — 8 €

Hersteller	EKBG
Jahr	2003 (Aufl.: 3000)
Packung	Blister
Vorbild	US Auflieger
Sonst.	Ser. 3, Nr. 18, Dietl-Bräu
Molter Nr.	6534

Historische Braustätten — 8 €

Hersteller	EKBG
Jahr	2003 (Aufl.: 3000)
Packung	Blister
Vorbild	
Sonst.	Ser. 3, Nr. 19, Wildenstein
Molter Nr.	7765

Historische Braustätten — 8 €

Hersteller	EKBG
Jahr	2003 (Aufl.: 3000)
Packung	Blister
Vorbild	US Auflieger
Sonst.	Ser. 3, Nr. 20, Tunzenberg
Molter Nr.	6951

Historische Braustätten	8 €
Hersteller	EKBG
Jahr	2003 (Aufl.: 3000)
Packung	Blister
Vorbild	MB Actros Flachtankzug
Sonst.	Ser. 4, Nr. 01, Grüner-Bräu
Molter Nr.	6513

Historische Braustätten	8 €
Hersteller	EKBG
Jahr	2003 (Aufl.: 3000)
Packung	Blister
Vorbild	MB Actros Flachtankzug
Sonst.	Ser. 4, Nr. 04, Rose Brauerei
Molter Nr.	6520

Historische Braustätten	8 €
Hersteller	EKBG
Jahr	2003 (Aufl.: 3000)
Packung	Blister
Vorbild	MB Actros Flachtankzug
Sonst.	Ser. 4, Nr. 06, Löwenbrauerei
Molter Nr.	6516

H

Historische Braustätten	8 €
Hersteller	EKBG
Jahr	2003 (Aufl.: 3000)
Packung	Blister
Vorbild	MB Actros Flachtankzug
Sonst.	Ser. 4, Nr. 10, Mindel-Bock
Molter Nr.	7766

Historische Braustätten	8 €
Hersteller	EKBG
Jahr	2003 (Aufl.: 3000)
Packung	Blister
Vorbild	MB Actros Flachtankzug
Sonst.	Ser. 4, Nr. 11, Fisch Bräu
Molter Nr.	6518

Historische Braustätten	8 €
Hersteller	EKBG
Jahr	2003 (Aufl.: 3000)
Packung	Blister
Vorbild	MB Actros Flachtankzug
Sonst.	Ser. 4, Nr. 13, Kneuer
Molter Nr.	6512

Historische Braustätten	8 €
Hersteller	EKBG
Jahr	2003 (Aufl.: 3000)
Packung	Blister
Vorbild	MB Actros Flachtankzug
Sonst.	Ser. 4, Nr. 17, Nützel-Bräu
Molter Nr.	6519

Historische Braustätten	8 €
Hersteller	EKBG
Jahr	2003 (Aufl.: 3000)
Packung	Blister
Vorbild	MB Actros Flachtankzug
Sonst.	Ser. 4, Nr. 18, Dietl-Bräu
Molter Nr.	7767

Historische Braustätten	8 €
Hersteller	EKBG
Jahr	2003 (Aufl.: 3000)
Packung	Blister
Vorbild	MB Actros Flachtankzug
Sonst.	Ser. 4, Nr. 19, Wildenstein
Molter Nr.	6514

Historische Braustätten	8 €
Hersteller	EKBG
Jahr	2003 (Aufl.: 3000)
Packung	Blister
Vorbild	MB Actros Flachtankzug
Sonst.	Ser. 4, Nr. 20, Tunzenberg
Molter Nr.	6511

H

Hochdorfer	100 €
Hersteller	Hümmer
Jahr	
Packung	Blister
Vorbild	MB klein Auflieger
Sonst.	
Molter Nr.	809

Hochdorfer	75 €
Hersteller	Hümmer
Jahr	
Packung	Blister
Vorbild	US Auflieger
Sonst.	
Molter Nr.	810

Hochdorfer	20 €
Hersteller	Grell
Jahr	1999
Packung	Blister
Vorbild	Mack Auflieger
Sonst.	
Molter Nr.	811

H

Hochdorfer	18 €
Hersteller	Grell
Jahr	2000
Packung	Blister
Vorbild	MB Actros Hängerzug
Sonst.	
Molter Nr.	812

Hochdorfer	10 €
Hersteller	Hümmer
Jahr	2001
Packung	Blister
Vorbild	US Auflieger
Sonst.	
Molter Nr.	4084

Hochdorfer — 10 €

Hersteller	Grell
Jahr	2001
Packung	Blister
Vorbild	Scania Auflieger
Sonst.	
Molter Nr.	2786

Hochdorfer — 10 €

Hersteller	Grell
Jahr	2001
Packung	Blister
Vorbild	MAN TG-A Tankzug
Sonst.	
Molter Nr.	4403

Hochdorfer — 8 €

Hersteller	Grell
Jahr	2002
Packung	Blister
Vorbild	Renault Tankzug
Sonst.	
Molter Nr.	4901

Hochdorfer — 18 €

Hersteller	
Jahr	2002
Packung	Blister
Vorbild	Freightliner FLD Auflieger
Sonst.	XXL, WM 2002
Molter Nr.	7127

Hochdorfer — 8 €

Hersteller	Grell
Jahr	2002
Packung	Blister
Vorbild	MB Actros Hängerzug
Sonst.	mit Schankwagen
Molter Nr.	4637

H

Hochdorfer	15 €
Hersteller	
Jahr	2002
Packung	Blister
Vorbild	Freightliner FLD Auflieger
Sonst.	XXL
Molter Nr.	6326

Hochdorfer	8 €
Hersteller	Grell
Jahr	2002
Packung	Blister
Vorbild	Scania Auflieger
Sonst.	mit Sudkesseln
Molter Nr.	7704

Hochdorfer	8 €
Hersteller	Grell
Jahr	2003
Packung	Blister
Vorbild	Feuerwehr
Sonst.	
Molter Nr.	7564

Hochstift Pils	30 €
Hersteller	Grell
Jahr	1998
Packung	Blister
Vorbild	Mack Auflieger
Sonst.	
Molter Nr.	813

Hochstift Pils	11 €
Hersteller	dgd
Jahr	2001
Packung	Blister
Vorbild	MAN TG-A Auflieger
Sonst.	
Molter Nr.	2693

Hochstift Pils — 9 €

Hersteller	dgd
Jahr	2001
Packung	Blister
Vorbild	MAN TG-A Auflieger
Sonst.	
Molter Nr.	2787

Hochwald Sprudel — 10 €

Hersteller	Grell
Jahr	2000
Packung	Blister
Vorbild	MB Actros Auflieger
Sonst.	
Molter Nr.	808

Hochwald Sprudel — 8 €

Hersteller	
Jahr	2002
Packung	Blister
Vorbild	MB Actros Hängerzug
Sonst.	
Molter Nr.	4694

Hochwald Sprudel — 8 €

Hersteller	Grell
Jahr	2002
Packung	Blister
Vorbild	Freightliner Auflieger
Sonst.	
Molter Nr.	7677

Hocker Hausbrauerei — 8 €

Hersteller	dgd
Jahr	2002 (Aufl.: 2500)
Packung	Blister
Vorbild	MB Oldtimer Hängerzug
Sonst.	
Molter Nr.	4918

H

Hoepfner Burg	12 €
Hersteller	WHDC
Jahr	2001
Packung	Blister
Vorbild	MB Actros Auflieger
Sonst.	
Molter Nr.	7451

Hoepfner Burg	10 €
Hersteller	WHDC
Jahr	2001
Packung	Blister
Vorbild	MB Actros Auflieger
Sonst.	
Molter Nr.	4082

Hoepfner Burg	9 €
Hersteller	WHDC
Jahr	2001
Packung	Blister
Vorbild	MAN M2000 Hängerzug
Sonst.	
Molter Nr.	4430

Hoepfner Burg	8 €
Hersteller	WHDC
Jahr	2001
Packung	Blister
Vorbild	MAN M2000 Hängerzug
Sonst.	Truck-Edition Nr. 4/4
Molter Nr.	5172

Hoepfner Burg	8 €
Hersteller	Hümmer
Jahr	2002
Packung	Blister
Vorbild	Kenworth T2000 Auflieger
Sonst.	
Molter Nr.	4855

Hofbräu München 30 €

Hersteller	Hümmer
Jahr	
Packung	Blister
Vorbild	US Auflieger
Sonst.	
Molter Nr.	814

Hofbräu München 25 €

Hersteller	Hümmer
Jahr	1999
Packung	Blister
Vorbild	US Auflieger
Sonst.	
Molter Nr.	815

Hofbräu München 15 €

Hersteller	Hümmer
Jahr	1999
Packung	Blister
Vorbild	MB Actros Auflieger
Sonst.	
Molter Nr.	816

Hofbräu München 15 €

Hersteller	Hümmer
Jahr	1999
Packung	Blister
Vorbild	MB Actros Auflieger
Sonst.	
Molter Nr.	817

Hofbräu München 10 €

Hersteller	
Jahr	
Packung	Plastikschachtel
Vorbild	MB Actros Auflieger
Sonst.	von Finkbein Gtr.markt
Molter Nr.	2809

Hofbräu München — 10 €

Hersteller	Hümmer
Jahr	2000
Packung	Blister
Vorbild	MB Actros Auflieger
Sonst.	von Mayer Getränke
Molter Nr.	819

Hofbräu München — 10 €

Hersteller	
Jahr	2000
Packung	Blister
Vorbild	MB Actros Auflieger
Sonst.	von Dursty Getränke
Molter Nr.	4354

Hofbräu München — 10 €

Hersteller	Hümmer
Jahr	2000
Packung	Blister
Vorbild	MB Actros Auflieger
Sonst.	von Elbtal
Molter Nr.	4167

Hofbräu München — 10 €

Hersteller	Hümmer
Jahr	2000
Packung	Blister
Vorbild	MB Actros Auflieger
Sonst.	von Forster Spirituosen
Molter Nr.	2791

Hofbräu München — 10 €

Hersteller	Hümmer
Jahr	2000
Packung	Blister
Vorbild	MB Actros Auflieger
Sonst.	von Getränke Bee
Molter Nr.	820

H

Hofbräu München — 10 €

Hersteller	Hümmer
Jahr	2000
Packung	Blister
Vorbild	MB Actros Auflieger
Sonst.	von Hahn Getränke Union
Molter Nr.	2792

Hofbräu München — 10 €

Hersteller	Hümmer
Jahr	2000
Packung	Blister
Vorbild	MB Actros Auflieger
Sonst.	Getränke Berlemann
Molter Nr.	5336

Hofbräu München — 10 €

Hersteller	Hümmer
Jahr	2000
Packung	Blister
Vorbild	MB Actros Auflieger
Sonst.	von Eisenschinck Gtr.markt
Molter Nr.	4168

H

Hofbräu München — 10 €

Hersteller	Hümmer
Jahr	2000
Packung	Blister
Vorbild	MB Actros Auflieger
Sonst.	Getränke Paradies
Molter Nr.	5350

Hofbräu München — 10 €

Hersteller	Hümmer
Jahr	2000
Packung	Blister
Vorbild	MB Actros Auflieger
Sonst.	von Getränke Pfeifer
Molter Nr.	2802

Hofbräu München	10 €
Hersteller	Hümmer
Jahr	2000
Packung	Blister
Vorbild	MB Actros Auflieger
Sonst.	
Molter Nr.	822

Hofbräu München	10 €
Hersteller	Hümmer
Jahr	2000
Packung	Blister
Vorbild	MB Actros Auflieger
Sonst.	von Getränkeland
Molter Nr.	2795

Hofbräu München	10 €
Hersteller	Hümmer
Jahr	2000
Packung	Blister
Vorbild	MB Actros Auflieger
Sonst.	Getränke Welt
Molter Nr.	5345

Hofbräu München	10 €
Hersteller	Hümmer
Jahr	2000
Packung	Blister
Vorbild	MB Actros Auflieger
Sonst.	Heerbach Mineralbrunnen
Molter Nr.	2812

Hofbräu München	10 €
Hersteller	Hümmer
Jahr	2000
Packung	Blister
Vorbild	MB Actros Auflieger
Sonst.	Iverson Getränke
Molter Nr.	5338

H

Hofbräu München 10 €

Hersteller	
Jahr	
Packung	Blister
Vorbild	US Auflieger
Sonst.	von Getränke Pfeifer
Molter Nr.	4164

Hofbräu München 10 €

Hersteller	Hümmer
Jahr	2000
Packung	Blister
Vorbild	MB Actros Auflieger
Sonst.	von Lösch Depot
Molter Nr.	2793

Hofbräu München 10 €

Hersteller	Hümmer
Jahr	2000
Packung	Blister
Vorbild	MB Actros Auflieger
Sonst.	von Getränke Bee
Molter Nr.	4166

H

Hofbräu München 10 €

Hersteller	Hümmer
Jahr	2000
Packung	Blister
Vorbild	MB Actros Auflieger
Sonst.	von Getränke Otterer
Molter Nr.	2807

Hofbräu München 10 €

Hersteller	Hümmer
Jahr	2000
Packung	Blister
Vorbild	MB Actros Auflieger
Sonst.	von Otto
Molter Nr.	2794

Hofbräu München — 10 €

Hersteller	Hümmer
Jahr	2000
Packung	Blister
Vorbild	MB Actros Auflieger
Sonst.	Getränkegroßhandel Solid
Molter Nr.	5335

Hofbräu München — 10 €

Hersteller	Hümmer
Jahr	2000
Packung	Blister
Vorbild	MB Actros Auflieger
Sonst.	von Trinkgut
Molter Nr.	825

Hofbräu München — 10 €

Hersteller	Hümmer
Jahr	2000
Packung	Blister
Vorbild	MB Actros Auflieger
Sonst.	von Getränkeland
Molter Nr.	4165

H

Hofbräu München — 10 €

Hersteller	Hümmer
Jahr	2000
Packung	Blister
Vorbild	MB Actros Auflieger
Sonst.	von Getränkequelle
Molter Nr.	2790

Hofbräu München — 10 €

Hersteller	Hümmer
Jahr	2000
Packung	Blister
Vorbild	MB Actros Auflieger
Sonst.	von Dgs
Molter Nr.	2796

Hofbräu München 10 €

Hersteller	Hümmer
Jahr	2000
Packung	Blister
Vorbild	MB Actros Auflieger
Sonst.	Big Box
Molter Nr.	5333

Hofbräu München 10 €

Hersteller	Hümmer
Jahr	2000
Packung	Blister
Vorbild	MB Actros Auflieger
Sonst.	Getränke Schoppe
Molter Nr.	5334

Hofbräu München 10 €

Hersteller	Hümmer
Jahr	2000
Packung	Blister
Vorbild	MB Actros Auflieger
Sonst.	Töllner Getränke
Molter Nr.	5337

Hofbräu München 10 €

Hersteller	Hümmer
Jahr	2000
Packung	Blister
Vorbild	MB Actros Auflieger
Sonst.	C+C Getränke Märkte
Molter Nr.	5339

Hofbräu München 10 €

Hersteller	Hümmer
Jahr	2000
Packung	Blister
Vorbild	MB Actros Auflieger
Sonst.	Getränkeland
Molter Nr.	5340

H

Hofbräu München 10 €

Hersteller	Hümmer
Jahr	2000
Packung	Blister
Vorbild	MB Actros Auflieger
Sonst.	Forster Spirituosen
Molter Nr.	5341

Hofbräu München 10 €

Hersteller	Hümmer
Jahr	2000
Packung	Blister
Vorbild	MB Actros Auflieger
Sonst.	Finkbeiner Getränkemarkt
Molter Nr.	5342

Hofbräu München 10 €

Hersteller	Hümmer
Jahr	2000
Packung	Blister
Vorbild	MB Actros Auflieger
Sonst.	Getränke Waldhoff
Molter Nr.	5343

Hofbräu München 10 €

Hersteller	Hümmer
Jahr	2000
Packung	Blister
Vorbild	MB Actros Auflieger
Sonst.	GLS
Molter Nr.	5344

Hofbräu München 10 €

Hersteller	Hümmer
Jahr	2000
Packung	Blister
Vorbild	MB Actros Auflieger
Sonst.	Getränke Quelle
Molter Nr.	5346

H

Hofbräu München	10 €
Hersteller	Hümmer
Jahr	2000
Packung	Blister
Vorbild	MB Actros Auflieger
Sonst.	A. Hahnemann
Molter Nr.	5347

Hofbräu München	10 €
Hersteller	Hümmer
Jahr	2000
Packung	Blister
Vorbild	MB Actros Auflieger
Sonst.	HB Getränke
Molter Nr.	5348

Hofbräu München	10 €
Hersteller	Hümmer
Jahr	2000
Packung	Blister
Vorbild	MB Actros Auflieger
Sonst.	Trink Paradies
Molter Nr.	5349

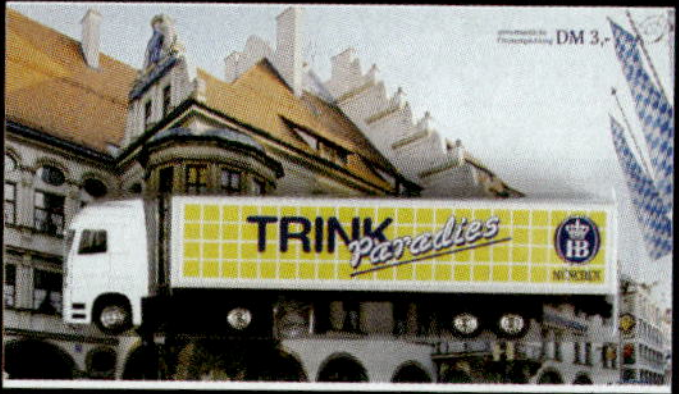

Hofbräu München	10 €
Hersteller	Hümmer
Jahr	2000
Packung	Blister
Vorbild	MB Actros Auflieger
Sonst.	Getränkeland
Molter Nr.	5351

Hofbräu München	10 €
Hersteller	Hümmer
Jahr	2000
Packung	Blister
Vorbild	MB Actros Auflieger
Sonst.	von Sobi Getränkemarkt
Molter Nr.	2811

H

Hofbräu München — 12 €

Hersteller	Hümmer
Jahr	2000
Packung	Blister
Vorbild	MB Actros Auflieger
Sonst.	
Molter Nr.	818

Hofbräu München — 12 €

Hersteller	Hümmer
Jahr	2000
Packung	Blister
Vorbild	MB Actros Auflieger
Sonst.	
Molter Nr.	821

Hofbräu München — 12 €

Hersteller	Hümmer
Jahr	2000
Packung	Blister
Vorbild	MB Actros Auflieger
Sonst.	
Molter Nr.	826

Hofbräu München — 10 €

Hersteller	Hümmer
Jahr	2001
Packung	Blister
Vorbild	MAN TG-A Auflieger
Sonst.	
Molter Nr.	5233

Hofbräu München — 10 €

Hersteller	Hümmer
Jahr	2001
Packung	Blister
Vorbild	MB Actros Auflieger
Sonst.	
Molter Nr.	824

Hofbräu München — 10 €

Hersteller	Hümmer
Jahr	2001
Packung	Blister
Vorbild	MAN TG-A Auflieger
Sonst.	
Molter Nr.	2798

Hofbräu München — 10 €

Hersteller	Tri Plex
Jahr	2001
Packung	Blister
Vorbild	Pferdekutsche
Sonst.	
Molter Nr.	2801

Hofbräu München — 9 €

Hersteller	Hümmer
Jahr	2001
Packung	Blister
Vorbild	Scania Tankzug
Sonst.	
Molter Nr.	2803

Hofbräu München — 9 €

Hersteller	Hümmer
Jahr	2001
Packung	Blister
Vorbild	Scania Hängerzug
Sonst.	
Molter Nr.	4451

Hofbräu München — 8 €

Hersteller	Hümmer
Jahr	2001
Packung	Blister
Vorbild	Scania Tankzug
Sonst.	
Molter Nr.	4420

H

Hofbräu München	10 €
Hersteller	
Jahr	2001
Packung	Plastikschachtel
Vorbild	MB Actros Auflieger
Sonst.	
Molter Nr.	2810

Hofbräu München	8 €
Hersteller	Hümmer
Jahr	2001
Packung	Blister
Vorbild	MAN TG-A Auflieger
Sonst.	Löschdepot
Molter Nr.	6680

Hofbräu München	8 €
Hersteller	Hümmer
Jahr	2001
Packung	Blister
Vorbild	MB Actros Auflieger
Sonst.	von Lesswing
Molter Nr.	823

Hofbräu München	8 €
Hersteller	Hümmer
Jahr	2001
Packung	Blister
Vorbild	MAN TG-A Auflieger
Sonst.	von Getränkeland
Molter Nr.	2797

Hofbräu München	8 €
Hersteller	Hümmer
Jahr	2001
Packung	Blister
Vorbild	MAN TG-A Auflieger
Sonst.	von Toom Getränkemarkt
Molter Nr.	2799

H

Hofbräu München 8 €

Hersteller	Hümmer
Jahr	2001
Packung	Blister
Vorbild	MAN TG-A Auflieger
Sonst.	von Sagasser
Molter Nr.	2800

Hofbräu München 8 €

Hersteller	Hümmer
Jahr	2001
Packung	Blister
Vorbild	MAN TG-A Auflieger
Sonst.	von AEZ
Molter Nr.	2808

Hofbräu München 8 €

Hersteller	Hümmer
Jahr	2001
Packung	Blister
Vorbild	MAN TG-A Auflieger
Sonst.	von Finkbeiner Gtr.markt
Molter Nr.	4431

Hofbräu München 8 €

Hersteller	Hümmer
Jahr	2001
Packung	Blister
Vorbild	MAN TG-A Auflieger
Sonst.	Heerbach
Molter Nr.	4493

Hofbräu München 8 €

Hersteller	
Jahr	2001
Packung	Plastikschachtel
Vorbild	MB Actros Auflieger
Sonst.	von Big Box
Molter Nr.	4303

Hofbräu München — 8 €

Hersteller	
Jahr	2001
Packung	Plastikschachtel
Vorbild	MB Actros Auflieger
Sonst.	von Heinemann Getränke
Molter Nr.	4304

Hofbräu München — 8 €

Hersteller	
Jahr	2001
Packung	Plastikschachtel
Vorbild	MB Actros Auflieger
Sonst.	von Kamphenkel Getränke
Molter Nr.	4305

Hofbräu München — 8 €

Hersteller	Hümmer
Jahr	2002
Packung	Blister
Vorbild	Mack Auflieger
Sonst.	
Molter Nr.	5268

Hofbräu München — 8 €

Hersteller	Hümmer
Jahr	2002
Packung	Blister
Vorbild	MB Actros Auflieger
Sonst.	
Molter Nr.	5254

Hofbräu München — 8 €

Hersteller	dgd
Jahr	2002
Packung	Blister
Vorbild	MB Axor Auflieger
Sonst.	mit Gabelstapler
Molter Nr.	5419

H

Hofbräu München — 8 €

Hersteller	Hümmer
Jahr	2002
Packung	Blister
Vorbild	MAN TG-A Auflieger
Sonst.	
Molter Nr.	5674

Hofbräu München — 8 €

Hersteller	dgd
Jahr	2002
Packung	Blister
Vorbild	Iveco Hängerzug
Sonst.	mit Schankwagen
Molter Nr.	4700

Hofbräu München — 8 €

Hersteller	Tri Plex
Jahr	2002
Packung	Blister
Vorbild	Pferdewagen
Sonst.	
Molter Nr.	4572

Hofbräu München — 8 €

Hersteller	Hümmer
Jahr	2002
Packung	Blister
Vorbild	MAN TG-A Auflieger
Sonst.	mit Flasche
Molter Nr.	4993

Hofbräu München — 8 €

Hersteller	Hümmer
Jahr	2003
Packung	Blister
Vorbild	MB Actros -MAN TGA LKW
Sonst.	
Molter Nr.	6983

H

Hofbräu München 8 €

Hersteller	Hümmer
Jahr	2003
Packung	Blister
Vorbild	BMW
Sonst.	
Molter Nr.	7242

Hofbräuhaus Berchtesgarden 25 €

Hersteller	Müller Chemnitz
Jahr	
Packung	Plastikschachtel
Vorbild	MB groß Auflieger
Sonst.	
Molter Nr.	161

Hofbräuhaus Berchtesgarden 25 €

Hersteller	Müller Chemnitz
Jahr	
Packung	Plastikschachtel
Vorbild	Volvo Auflieger
Sonst.	
Molter Nr.	162

H

Hofbräuhaus Berchtesgarden 25 €

Hersteller	Müller Chemnitz
Jahr	
Packung	Plastikschachtel
Vorbild	Mack Auflieger
Sonst.	
Molter Nr.	163

Hofbräuhaus Berchtesgarden 25 €

Hersteller	Müller Chemnitz
Jahr	
Packung	Plastikschachtel
Vorbild	Mack Auflieger
Sonst.	
Molter Nr.	164

Hofbräuhaus Berchtesgarden 15 €

Hersteller	Müller Chemnitz
Jahr	1999
Packung	Plastikschachtel
Vorbild	Mack Auflieger
Sonst.	
Molter Nr.	165

Hofbräuhaus Berchtesgarden 10 €

Hersteller	dgd
Jahr	2001
Packung	Plastikschachtel
Vorbild	MB Actros Auflieger
Sonst.	
Molter Nr.	2291

Hofbräuhaus Traunstein 30 €

Hersteller	
Jahr	1999
Packung	Plastikschachtel
Vorbild	MB groß Auflieger
Sonst.	
Molter Nr.	1846

Hofbräuhaus Traunstein 20 €

Hersteller	
Jahr	
Packung	Plastikschachtel
Vorbild	MB Actros Auflieger
Sonst.	
Molter Nr.	1847

Hofbräuhaus Traunstein 8 €

Hersteller	EKGB
Jahr	2002
Packung	Blister
Vorbild	MB Actros Auflieger
Sonst.	
Molter Nr.	4727

H

Hofbräuhaus Traunstein — 8 €

Hersteller	EKGB
Jahr	2002
Packung	Blister
Vorbild	MB Actros Hängerzug
Sonst.	
Molter Nr.	5427

Hofbreiter — 8 €

Hersteller	EKBG
Jahr	2002 (Aufl.: 200)
Packung	Plastikschachtel
Vorbild	MB Actros LKW
Sonst.	
Molter Nr.	6306

Hofer Bräu — 8 €

Hersteller	EKBG
Jahr	2003
Packung	Blister
Vorbild	Bus
Sonst.	
Molter Nr.	6255

Hofgarten — 8 €

Hersteller	EKBG
Jahr	2002
Packung	Plastikschachtel
Vorbild	MAN TG-A Auflieger
Sonst.	
Molter Nr.	6307

Hofmann Fruchtsäfte — 12 €

Hersteller	dgd
Jahr	2000
Packung	Blister
Vorbild	MB Actros Auflieger
Sonst.	
Molter Nr.	827

H

Hofmann Fruchtsäfte — 8 €

Hersteller	dgd
Jahr	2002
Packung	Blister
Vorbild	Scania 164L Tankzug
Sonst.	
Molter Nr.	5733

Hofmann Getränke — 8 €

Hersteller	dgd
Jahr	2001
Packung	Blister
Vorbild	MB Actros Hängerzug
Sonst.	
Molter Nr.	4263

Hofmann Pahres — 15 €

Hersteller	Grell
Jahr	2000
Packung	Blister
Vorbild	MB Actros Auflieger
Sonst.	
Molter Nr.	830

Hofmann Pahres — 8 €

Hersteller	Grell
Jahr	2002
Packung	Blister
Vorbild	Krupp Mustang Hängerzug
Sonst.	
Molter Nr.	5819

Hofmark Weissbier — 15 €

Hersteller	Grell
Jahr	1998
Packung	Blister
Vorbild	Mack Auflieger
Sonst.	
Molter Nr.	829

Hofmark Weissbier	12 €
Hersteller	dgd
Jahr	2001
Packung	Blister
Vorbild	US Auflieger
Sonst.	
Molter Nr.	2815

Hofmark Weissbier	10 €
Hersteller	dgd
Jahr	2001
Packung	Blister
Vorbild	US Auflieger
Sonst.	
Molter Nr.	6432

Hofmühl	8 €
Hersteller	dgd
Jahr	2000
Packung	Blister
Vorbild	MB Actros Auflieger
Sonst.	
Molter Nr.	828

Hofmühl	8 €
Hersteller	dgd
Jahr	2003
Packung	Blister
Vorbild	MAN TG-A Auflieger
Sonst.	
Molter Nr.	7852

Hofstettner	10 €
Hersteller	Müller Chemnitz
Jahr	2001
Packung	Plastikschachtel
Vorbild	Majorette Auflieger
Sonst.	
Molter Nr.	2816

Hohenfelder — 25 €

Hersteller	Grell
Jahr	1998 (Aufl.: 20000)
Packung	Blister
Vorbild	Mack Auflieger
Sonst.	
Molter Nr.	832

Hohenfelder — 25 €

Hersteller	Grell
Jahr	1998 (Aufl.: 20000)
Packung	Blister
Vorbild	Mack Auflieger
Sonst.	
Molter Nr.	833

Hohenfelder — 25 €

Hersteller	Grell
Jahr	1998 (Aufl.: 20000)
Packung	Blister
Vorbild	Mack Auflieger
Sonst.	
Molter Nr.	834

Hohenfelder — 30 €

Hersteller	Grell
Jahr	1998 (Aufl.: 20000)
Packung	Blister
Vorbild	Mack Auflieger
Sonst.	
Molter Nr.	835

Hohenfelder — 25 €

Hersteller	Grell
Jahr	1999 (Aufl.: 20000)
Packung	Blister
Vorbild	Mack Auflieger
Sonst.	
Molter Nr.	831

Hohenfelder	22 €
Hersteller	Grell
Jahr	1999 (Aufl.: 20000)
Packung	Blister
Vorbild	MB Actros Auflieger
Sonst.	
Molter Nr.	836

Hohenfelder	22 €
Hersteller	Grell
Jahr	1999 (Aufl.: 20000)
Packung	Blister
Vorbild	MB Actros Auflieger
Sonst.	
Molter Nr.	837

Hohenfelder	22 €
Hersteller	Grell
Jahr	1999 (Aufl.: 20000)
Packung	Blister
Vorbild	MB Actros Auflieger
Sonst.	
Molter Nr.	838

Hohenfelder	22 €
Hersteller	Grell
Jahr	1999 (Aufl.: 20000)
Packung	Blister
Vorbild	MB Actros Auflieger
Sonst.	
Molter Nr.	839

Hohenfelder	20 €
Hersteller	Grell
Jahr	1999 (Aufl.: 20000)
Packung	Blister
Vorbild	MB Actros Auflieger
Sonst.	
Molter Nr.	840

Hohenfelder	20 €
Hersteller	Grell
Jahr	2000 (Aufl.: 20000)
Packung	Blister
Vorbild	MB Actros Hängerzug
Sonst.	
Molter Nr.	841

Hohenfelder	20 €
Hersteller	Grell
Jahr	2000 (Aufl.: 20000)
Packung	Blister
Vorbild	MB Actros Hängerzug
Sonst.	
Molter Nr.	842

Hohenfelder	20 €
Hersteller	Grell
Jahr	2000 (Aufl.: 20000)
Packung	Blister
Vorbild	MB Actros Hängerzug
Sonst.	
Molter Nr.	843

Hohenfelder	20 €
Hersteller	Grell
Jahr	2000 (Aufl.: 20000)
Packung	Blister
Vorbild	MB Actros Hängerzug
Sonst.	
Molter Nr.	844

Hohenfelder	20 €
Hersteller	Grell
Jahr	2000 (Aufl.: 20000)
Packung	Blister
Vorbild	MB Actros Hängerzug
Sonst.	
Molter Nr.	845

H

Hohenfelder	12 €
Hersteller	Grell
Jahr	2000 (Aufl.: 20000)
Packung	Blister
Vorbild	Ford 9000 Auflieger
Sonst.	
Molter Nr.	846

Hohenfelder	12 €
Hersteller	Grell
Jahr	2000 (Aufl.: 20000)
Packung	Blister
Vorbild	Ford 9000 Auflieger
Sonst.	
Molter Nr.	847

Hohenfelder	12 €
Hersteller	Grell
Jahr	2000 (Aufl.: 20000)
Packung	Blister
Vorbild	Ford 9000 Auflieger
Sonst.	
Molter Nr.	848

Hohenfelder	12 €
Hersteller	Grell
Jahr	2000 (Aufl.: 20000)
Packung	Blister
Vorbild	Ford 9000 Auflieger
Sonst.	
Molter Nr.	849

Hohenfelder	12 €
Hersteller	Grell
Jahr	2000 (Aufl.: 20000)
Packung	Blister
Vorbild	Ford 9000 Auflieger
Sonst.	
Molter Nr.	850

Hohenfelder — 10 €

Hersteller	Grell
Jahr	2001
Packung	Blister
Vorbild	Freightliner FLD Auflieger
Sonst.	
Molter Nr.	2817

Hohenfelder — 10 €

Hersteller	Grell
Jahr	2001
Packung	Blister
Vorbild	Freightliner FLD Auflieger
Sonst.	
Molter Nr.	2818

Hohenfelder — 10 €

Hersteller	Grell
Jahr	2001
Packung	Blister
Vorbild	Freightliner FLD Auflieger
Sonst.	
Molter Nr.	2819

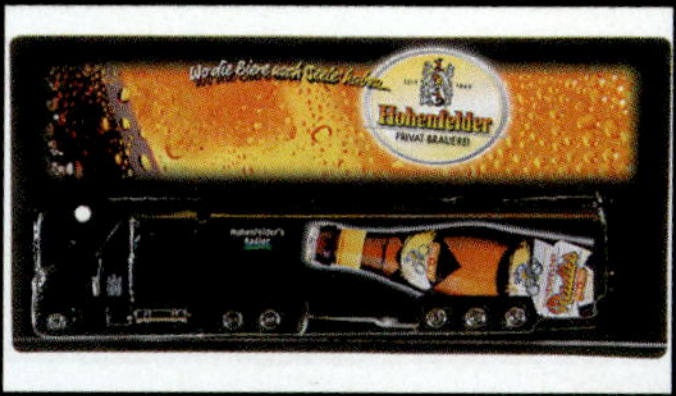

Hohenfelder — 10 €

Hersteller	Grell
Jahr	2001
Packung	Blister
Vorbild	Freightliner FLD Auflieger
Sonst.	
Molter Nr.	2820

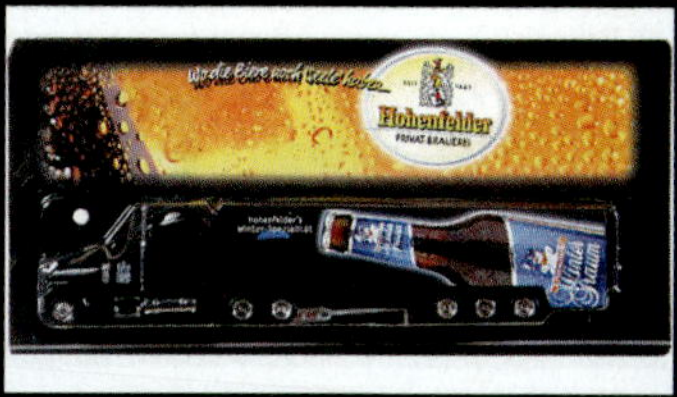

Hohenfelder — 10 €

Hersteller	Grell
Jahr	2001
Packung	Blister
Vorbild	Freightliner FLD Auflieger
Sonst.	
Molter Nr.	4340

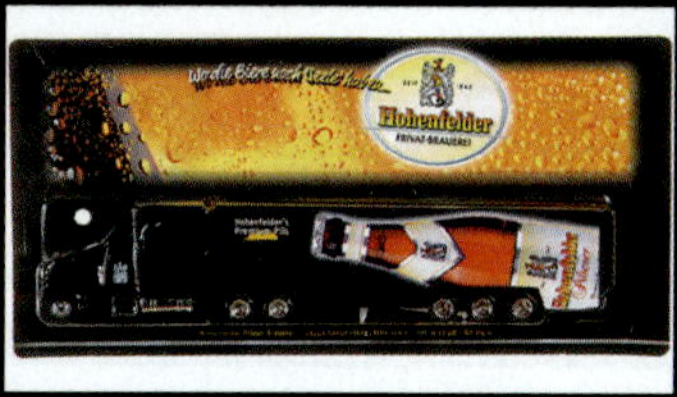

H

Hohenfelder	35 €
Hersteller	Grell
Jahr	2002
Packung	Plastikschachtel
Vorbild	Peterbuilt Auflieger
Sonst.	XXL-Truck
Molter Nr.	8052

Hohenfelder	8 €
Hersteller	Grell
Jahr	2002
Packung	Blister
Vorbild	Freightliner FLD Tankzug
Sonst.	Kellerbier
Molter Nr.	4730

Hohenfelder	8 €
Hersteller	Grell
Jahr	2002
Packung	Blister
Vorbild	Freightliner FLD Tankzug
Sonst.	Lappmann
Molter Nr.	4829

Hohenfelder	8 €
Hersteller	Grell
Jahr	2002
Packung	Blister
Vorbild	Freightliner FLD Tankzug
Sonst.	Pilsener
Molter Nr.	4848

Hohenfelder	8 €
Hersteller	Grell
Jahr	2002
Packung	Blister
Vorbild	Freightliner FLD Tankzug
Sonst.	Bronx
Molter Nr.	5100

H

Hohenfelder — 8 €

Hersteller	Grell
Jahr	2002
Packung	Blister
Vorbild	Freightliner FLD Tankzug
Sonst.	Radler
Molter Nr.	5363

Hohenfelder — 8 €

Hersteller	Grell
Jahr	2002
Packung	Blister
Vorbild	Freightliner FLD Tankzug
Sonst.	Wintertraum
Molter Nr.	5429

Hohenfelder — 60 €

Hersteller	Grell
Jahr	
Packung	Schachtel
Vorbild	MB Hängerzug
Sonst.	XXL
Molter Nr.	7339

Hohenfelder — 8 €

Hersteller	Grell
Jahr	2003
Packung	Blister
Vorbild	Freightliner FLD Tieflader
Sonst.	mit Flasche
Molter Nr.	7875

Hohenloher — 8 €

Hersteller	dgd
Jahr	2002 (Aufl.: 2500)
Packung	Blister
Vorbild	MB Oldtimer Hängerzug
Sonst.	
Molter Nr.	4630

H

Hohenreuther Getränke — 8 €

Hersteller	Grell
Jahr	2002
Packung	Blister
Vorbild	Scania Auflieger
Sonst.	
Molter Nr.	4735

Hohenthanner — 20 €

Hersteller	Hümmer
Jahr	2000
Packung	Blister
Vorbild	MB Actros Auflieger
Sonst.	
Molter Nr.	851

Hohenthanner — 12 €

Hersteller	Hümmer
Jahr	2000
Packung	Blister
Vorbild	MB Oldtimer Hängerzug
Sonst.	
Molter Nr.	852

Hohenthanner — 10 €

Hersteller	dgd
Jahr	2001
Packung	Blister
Vorbild	MAN TG-A Hängerzug
Sonst.	
Molter Nr.	2823

Hohenthanner — 10 €

Hersteller	Hümmer
Jahr	2002
Packung	Blister
Vorbild	MAN TG-A Auflieger
Sonst.	mit Flasche
Molter Nr.	5067

Hohes C — 40 €

Hersteller	
Jahr	
Packung	Plastikschachtel
Vorbild	MB klein Auflieger
Sonst.	
Molter Nr.	2824

Höhl Landkelterei — 9 €

Hersteller	Hümmer
Jahr	2000
Packung	Blister
Vorbild	MB Actros Auflieger
Sonst.	
Molter Nr.	898

Höhl Landkelterei — 9 €

Hersteller	Hümmer
Jahr	2000
Packung	Blister
Vorbild	MB Actros Auflieger
Sonst.	
Molter Nr.	4170

Höhl Landkelterei — 8 €

Hersteller	Hümmer
Jahr	2001
Packung	Blister
Vorbild	Mack Auflieger
Sonst.	
Molter Nr.	5622

Höhl Landkelterei — 8 €

Hersteller	Hümmer
Jahr	2001
Packung	Blister
Vorbild	Mack Auflieger
Sonst.	
Molter Nr.	5627

Höhl Landkelterei — 8 €

Hersteller	Hümmer
Jahr	2002
Packung	Blister
Vorbild	Scania Auflieger
Sonst.	
Molter Nr.	6299

Höhl Landkelterei — 8 €

Hersteller	Hümmer
Jahr	2002
Packung	Blister
Vorbild	Scania Auflieger
Sonst.	
Molter Nr.	6300

Höhn — 25 €

Hersteller	Amon
Jahr	2001 (Aufl.: 50)
Packung	Plastikschachtel
Vorbild	Volvo Auflieger
Sonst.	
Molter Nr.	2788

H

Höhn — 25 €

Hersteller	Amon
Jahr	2001 (Aufl.: 200)
Packung	Plastikschachtel
Vorbild	Volvo Auflieger
Sonst.	
Molter Nr.	2789

Höhn — 25 €

Hersteller	Amon
Jahr	2001
Packung	Plastikschachtel
Vorbild	MB Actros Auflieger
Sonst.	
Molter Nr.	2825

Höhn — 25 €

Hersteller	Amon
Jahr	2002 (Aufl.: 100)
Packung	Plastikschachtel
Vorbild	MB Actros Auflieger
Sonst.	
Molter Nr.	6206

Höhn — 25 €

Hersteller	Amon
Jahr	2002 (Aufl.: 100)
Packung	Plastikschachtel
Vorbild	MB Actros Auflieger
Sonst.	
Molter Nr.	6216

Höhn — 25 €

Hersteller	Amon
Jahr	2002 (Aufl.: 100)
Packung	Plastikschachtel
Vorbild	DAF 95 XF Auflieger
Sonst.	
Molter Nr.	6217

Höhn Brauerei — 15 €

Hersteller	Amon
Jahr	2002 (Aufl.: 50)
Packung	Plastikschachtel
Vorbild	Scania 124L Tankzug
Sonst.	
Molter Nr.	6056

Höhn Brauerei — 15 €

Hersteller	Amon
Jahr	2002 (Aufl.: 50)
Packung	Plastikschachtel
Vorbild	Freightliner FLD Tankzug
Sonst.	
Molter Nr.	6057

Holledauer Weisse — 35 €

Hersteller	Hümmer
Jahr	1998
Packung	Plastikschachtel
Vorbild	MAN F90 LKW
Sonst.	
Molter Nr.	853

Holledauer Weisse — 12 €

Hersteller	dgd
Jahr	2000
Packung	Blister
Vorbild	MB Actros Auflieger
Sonst.	
Molter Nr.	854

Höllen Sprudel — 50 €

Hersteller	Müller Chemnitz
Jahr	1998
Packung	Plastikschachtel
Vorbild	MB groß Auflieger
Sonst.	
Molter Nr.	856

Höllen Sprudel — 12 €

Hersteller	Grell
Jahr	1999
Packung	Blister
Vorbild	MB Actros Hängerzug
Sonst.	
Molter Nr.	857

Höllen Sprudel — 10 €

Hersteller	Hümmer
Jahr	2000
Packung	Blister
Vorbild	MB Actros Hängerzug
Sonst.	
Molter Nr.	858

Höllen Sprudel	10 €
Hersteller	Hümmer
Jahr	2000
Packung	Blister
Vorbild	MB Actros Hängerzug
Sonst.	
Molter Nr.	859

Höllen Sprudel	11 €
Hersteller	dgd
Jahr	2000
Packung	Blister
Vorbild	Büssing Hängerzug
Sonst.	
Molter Nr.	860

Höllen Sprudel	9 €
Hersteller	dgd
Jahr	2001
Packung	Blister
Vorbild	MB Oldtimer Hängerzug
Sonst.	
Molter Nr.	2826

Höllen Sprudel	8 €
Hersteller	Hümmer
Jahr	2003
Packung	Blister
Vorbild	Scania 164L Auflieger
Sonst.	mit Flasche
Molter Nr.	6389

Holsten	75 €
Hersteller	Großhandelsagentur
Jahr	
Packung	Blister
Vorbild	MB klein Auflieger
Sonst.	
Molter Nr.	863

H

Holsten	65 €
Hersteller	Hümmer
Jahr	
Packung	Blister
Vorbild	MB klein Auflieger
Sonst.	
Molter Nr.	864

Holsten	60 €
Hersteller	Hümmer
Jahr	
Packung	Blister
Vorbild	MB klein Auflieger
Sonst.	m. Türen geriffelter Sattel
Molter Nr.	865

Holsten	60 €
Hersteller	Hümmer
Jahr	
Packung	Blister
Vorbild	MB klein Auflieger
Sonst.	ohne Türen geriffelter Sattel
Molter Nr.	866

Holsten	60 €
Hersteller	Hümmer
Jahr	
Packung	Plastikschachtel
Vorbild	MB klein Auflieger
Sonst.	Unterfahrschutz
Molter Nr.	4878

Holsten	15 €
Hersteller	dgd
Jahr	2000
Packung	Blister
Vorbild	MB Actros Hängerzug
Sonst.	graue Felgen
Molter Nr.	868

Holsten — 12 €

Hersteller	Grell
Jahr	2000
Packung	Blister
Vorbild	MB Actros Hängerzug
Sonst.	silberne Felgen
Molter Nr.	867

Holsten — 10 €

Hersteller	Hümmer
Jahr	2000
Packung	Blister
Vorbild	MB Actros Hängerzug
Sonst.	
Molter Nr.	869

Holsten — 15 €

Hersteller	Hümmer
Jahr	2000
Packung	Plastikschachtel
Vorbild	US Auflieger
Sonst.	Drehe
Molter Nr.	6417

Holsten — 10 €

Hersteller	Hümmer
Jahr	2000
Packung	Blister
Vorbild	US Auflieger
Sonst.	
Molter Nr.	870

Holsten — 9 €

Hersteller	Rathert creativ
Jahr	2001
Packung	Blister
Vorbild	Mack Auflieger
Sonst.	
Molter Nr.	2830

Holsten — 40 €

Hersteller	
Jahr	2001 (Aufl.: 2500)
Packung	Blister
Vorbild	US Auflieger
Sonst.	einzeln nummeriert
Molter Nr.	2829

Holsten — 10 €

Hersteller	Welly
Jahr	2001
Packung	Plastikschachtel
Vorbild	Motorrad
Sonst.	
Molter Nr.	2834

Holsten — 9 €

Hersteller	Hümmer
Jahr	2001
Packung	Blister
Vorbild	MB Atego Hängerzug
Sonst.	
Molter Nr.	2828

H

Holsten — 10 €

Hersteller	Welly
Jahr	2001
Packung	Plastikschachtel
Vorbild	Motorrad
Sonst.	
Molter Nr.	2833

Holsten — 10 €

Hersteller	Welly
Jahr	2001
Packung	Plastikschachtel
Vorbild	Motorrad
Sonst.	
Molter Nr.	4225

Holsten	10 €
Hersteller	Welly
Jahr	2001
Packung	Plastikschachtel
Vorbild	Motorrad
Sonst.	
Molter Nr.	4226

Holsten	10 €
Hersteller	Hümmer
Jahr	2002
Packung	Blister
Vorbild	MB Atego Hängerzug
Sonst.	
Molter Nr.	6334

Holsten	8 €
Hersteller	Hümmer
Jahr	2002
Packung	Blister
Vorbild	MB Actros Tankzug
Sonst.	
Molter Nr.	4915

Holsten	10 €
Hersteller	Rathert creativ
Jahr	2002
Packung	Blister
Vorbild	MB Actros Auflieger
Sonst.	mit Familia
Molter Nr.	7452

Holsten	8 €
Hersteller	Maisto
Jahr	2002
Packung	Showbox
Vorbild	BMW 650 GS Motorrad
Sonst.	
Molter Nr.	7453

Holsten — 10 €

Hersteller	Hümmer
Jahr	2002
Packung	Blister
Vorbild	MAN Oldtimer Hängerzug
Sonst.	
Molter Nr.	4850

Holsten — 8 €

Hersteller	Hümmer
Jahr	2002
Packung	Blister
Vorbild	MB Actros Silo Tankzug
Sonst.	
Molter Nr.	5801

Holsten — 8 €

Hersteller	Grell
Jahr	2002
Packung	Blister
Vorbild	Büssing Hängerzug
Sonst.	
Molter Nr.	5130

Holsten — 10 €

Hersteller	Rathert creativ
Jahr	2002
Packung	Blister
Vorbild	MB Actros Auflieger
Sonst.	mit SKY
Molter Nr.	7475

Holzkirchner — 12 €

Hersteller	Grell
Jahr	1999
Packung	Blister
Vorbild	MB Actros Auflieger
Sonst.	
Molter Nr.	871

Homburger Brauhaus — 15 €

Hersteller	Müller Chemnitz
Jahr	1999
Packung	Plastikschachtel
Vorbild	Mack Auflieger
Sonst.	
Molter Nr.	861

Hönicka Bräu — 20 €

Hersteller	Lauterbach
Jahr	2000
Packung	Blister
Vorbild	Ford Cargo Hängerzug
Sonst.	einzeln verpackt
Molter Nr.	862

Hönicka Bräu — 30 €

Hersteller	Hümmer
Jahr	(Aufl.: 100)
Packung	Plastikschachtel
Vorbild	MB Actros Auflieger
Sonst.	
Molter Nr.	6420

Hopf Weisse — 12 €

Hersteller	dgd
Jahr	2000
Packung	Blister
Vorbild	MAN F2000 Auflieger
Sonst.	
Molter Nr.	872

Hopf Weisse — 10 €

Hersteller	dgd
Jahr	2001
Packung	Blister
Vorbild	MAN TG-A Auflieger
Sonst.	
Molter Nr.	2832

H

H

Hopf Weisse — 8 €

Hersteller	dgd
Jahr	2002
Packung	Blister
Vorbild	MAN Diesel Hängerzug
Sonst.	
Molter Nr.	5574

Hörl Getränke — 8 €

Hersteller	Dickie
Jahr	2001
Packung	Blister
Vorbild	MB Actros Auflieger
Sonst.	
Molter Nr.	2765

Horn — 8 €

Hersteller	
Jahr	2001
Packung	Plastikschachtel
Vorbild	US Auflieger
Sonst.	
Molter Nr.	2766

Hornbach — 8 €

Hersteller	
Jahr	2003
Packung	Blister
Vorbild	DAF 95 XF Auflieger
Sonst.	
Molter Nr.	6934

Hornecker — 9 €

Hersteller	Lauterbach
Jahr	2001
Packung	Blister
Vorbild	MAN M2000 Auflieger
Sonst.	
Molter Nr.	2836

Hösl	200 €
Hersteller	
Jahr	
Packung	Plastikschachtel
Vorbild	US Auflieger
Sonst.	
Molter Nr.	873

Hösl	200 €
Hersteller	
Jahr	
Packung	Plastikschachtel
Vorbild	US Auflieger
Sonst.	
Molter Nr.	874

Hösl	200 €
Hersteller	
Jahr	
Packung	Plastikschachtel
Vorbild	US Auflieger
Sonst.	
Molter Nr.	875

Hösl	200 €
Hersteller	
Jahr	
Packung	Plastikschachtel
Vorbild	US Auflieger
Sonst.	
Molter Nr.	876

H

Hösl	200 €
Hersteller	
Jahr	
Packung	Plastikschachtel
Vorbild	US Auflieger
Sonst.	
Molter Nr.	877

Hösl — 100 €

Hersteller	Hümmer
Jahr	
Packung	Plastikschachtel
Vorbild	MB klein Auflieger
Sonst.	
Molter Nr.	878

Hösl — 60 €

Hersteller	Hümmer
Jahr	
Packung	Blister
Vorbild	US Auflieger
Sonst.	
Molter Nr.	879

Hösl — 50 €

Hersteller	Hümmer
Jahr	
Packung	Blister
Vorbild	US Auflieger
Sonst.	
Molter Nr.	880

Hösl — 50 €

Hersteller	dgd
Jahr	1997
Packung	Blister
Vorbild	US Auflieger
Sonst.	
Molter Nr.	881

Hösl — 25 €

Hersteller	Müller Chemnitz
Jahr	1998
Packung	Plastikschachtel
Vorbild	MB klein Auflieger
Sonst.	
Molter Nr.	882

H

Hösl — 25 €

Hersteller	Müller Chemnitz
Jahr	1998
Packung	Plastikschachtel
Vorbild	Mack Auflieger
Sonst.	4 Achsen
Molter Nr.	883

Hösl — 25 €

Hersteller	Müller Chemnitz
Jahr	1999
Packung	Plastikschachtel
Vorbild	Mack Auflieger
Sonst.	5 Achsen
Molter Nr.	884

Hösl — 25 €

Hersteller	Müller Chemnitz
Jahr	1999
Packung	Plastikschachtel
Vorbild	Volvo Auflieger
Sonst.	5 Achsen
Molter Nr.	885

Hösl — 18 €

Hersteller	Grell
Jahr	1999
Packung	Blister
Vorbild	Mack Auflieger
Sonst.	
Molter Nr.	889

Hösl — 15 €

Hersteller	Grell
Jahr	1999
Packung	Blister
Vorbild	Mack Auflieger
Sonst.	
Molter Nr.	887

Hösl	20 €
Hersteller	Müller Chemnitz
Jahr	1999
Packung	Plastikschachtel
Vorbild	MB groß Auflieger
Sonst.	
Molter Nr.	891

Hösl	12 €
Hersteller	Grell
Jahr	2000
Packung	Blister
Vorbild	Mack Auflieger
Sonst.	
Molter Nr.	888

Hösl	12 €
Hersteller	Gack
Jahr	1999
Packung	Blister
Vorbild	Mack Auflieger
Sonst.	
Molter Nr.	886

H

Hösl	11 €
Hersteller	Grell
Jahr	2000
Packung	Blister
Vorbild	Mack Auflieger
Sonst.	
Molter Nr.	890

Hösl	15 €
Hersteller	Hümmer
Jahr	2000
Packung	Plastikschachtel
Vorbild	Kenworth T2000 Auflieger
Sonst.	
Molter Nr.	893

Hösl	15 €
Hersteller	Hümmer
Jahr	2000
Packung	Plastikschachtel
Vorbild	Kenworth T2000 Auflieger
Sonst.	
Molter Nr.	894

Hösl	15 €
Hersteller	Hümmer
Jahr	2000
Packung	Plastikschachtel
Vorbild	MB groß Auflieger
Sonst.	
Molter Nr.	895

Hösl	10 €
Hersteller	Hümmer
Jahr	2000
Packung	Blister
Vorbild	MB Actros Auflieger
Sonst.	
Molter Nr.	896

Hösl	10 €
Hersteller	Top-Style
Jahr	2000
Packung	Blister
Vorbild	MB Actros Hängerzug
Sonst.	
Molter Nr.	897

Hösl	9 €
Hersteller	Hümmer
Jahr	2001
Packung	Blister
Vorbild	MB Actros Auflieger
Sonst.	
Molter Nr.	2837

H

Hösl	9 €
Hersteller	Hümmer
Jahr	2001
Packung	Blister
Vorbild	Scania Auflieger
Sonst.	
Molter Nr.	2838

Hösl	9 €
Hersteller	Hümmer
Jahr	2001
Packung	Blister
Vorbild	MAN TG-A Auflieger
Sonst.	
Molter Nr.	2839

Hösl	12 €
Hersteller	
Jahr	2001
Packung	Plastikschachtel
Vorbild	Volvo Auflieger
Sonst.	4 Achsen
Molter Nr.	2840

Hösl	9 €
Hersteller	Grell
Jahr	2001
Packung	Blister
Vorbild	Ford 9000 Auflieger
Sonst.	
Molter Nr.	4086

Hösl	9 €
Hersteller	Grell
Jahr	2001
Packung	Blister
Vorbild	Freightliner FLD Auflieger
Sonst.	
Molter Nr.	2841

Hösl	9 €
Hersteller	Grell
Jahr	2001
Packung	Blister
Vorbild	MAN TG-A Tankzug
Sonst.	
Molter Nr.	2842

Hösl	8 €
Hersteller	Vierke
Jahr	2002
Packung	Blister
Vorbild	DAF 95 XF Auflieger
Sonst.	
Molter Nr.	5695

Hösl	9 €
Hersteller	dgd
Jahr	2002
Packung	Blister
Vorbild	Büssing Hängerzug
Sonst.	
Molter Nr.	5258

Hösl	8 €
Hersteller	Top-Style
Jahr	2002
Packung	Blister
Vorbild	Renault Hängerzug
Sonst.	
Molter Nr.	5700

Hösl	10 €
Hersteller	Tri Plex
Jahr	2002
Packung	Blister
Vorbild	Pferdewagen
Sonst.	
Molter Nr.	4580

H

Hösl	8 €
Hersteller	Grell
Jahr	2002
Packung	Blister
Vorbild	Feuerwehr
Sonst.	
Molter Nr.	5968

Hösl	8 €
Hersteller	Top-Style
Jahr	2002
Packung	Blister
Vorbild	MB Actros Tankzug
Sonst.	
Molter Nr.	5899

Hösl	8 €
Hersteller	
Jahr	2002
Packung	Plastikschachtel
Vorbild	Mack Auflieger
Sonst.	
Molter Nr.	6242

H

Hösl	8 €
Hersteller	Grell
Jahr	2002
Packung	Blister
Vorbild	Ballon
Sonst.	
Molter Nr.	4732

Hösl	8 €
Hersteller	EUBG
Jahr	2002
Packung	Blister
Vorbild	Freightliner FLD Auflieger
Sonst.	XL
Molter Nr.	6011

Hösl	8 €
Hersteller	Grell
Jahr	2002
Packung	Blister
Vorbild	Freightliner FLD Tankzug
Sonst.	mit Silo
Molter Nr.	5495

Hösl	8 €
Hersteller	Grell
Jahr	2003
Packung	Blister
Vorbild	Scania 124L Auflieger
Sonst.	mit Sudkessel
Molter Nr.	6666

Hösl	8 €
Hersteller	Grell
Jahr	2003
Packung	Blister
Vorbild	MB Atego Tankhängerzug
Sonst.	
Molter Nr.	7101

Hösl	8 €
Hersteller	Grell
Jahr	2003
Packung	Blister
Vorbild	Magirus Hängerzug
Sonst.	
Molter Nr.	8031

Hösl	8 €
Hersteller	Grell
Jahr	2002
Packung	Blister
Vorbild	Scania 124L Tankzug
Sonst.	
Molter Nr.	4532

H

Huber Weisse	12 €
Hersteller	Hümmer
Jahr	2000
Packung	Plastikschachtel
Vorbild	MB Actros Hängerzug
Sonst.	
Molter Nr.	907

Huber Weisse	9 €
Hersteller	Hümmer
Jahr	2001
Packung	Ohne
Vorbild	MAN TG-A Auflieger
Sonst.	
Molter Nr.	2843

Huber Weisse	8 €
Hersteller	dgd
Jahr	2002
Packung	Plastikschachtel
Vorbild	Renault Tankzug
Sonst.	
Molter Nr.	4570

Hubertus Bräu	25 €
Hersteller	
Jahr	1998
Packung	Plastikschachtel
Vorbild	MB groß Auflieger
Sonst.	
Molter Nr.	902

Hubertus Bräu	10 €
Hersteller	Müller Chemnitz
Jahr	2001
Packung	Plastikschachtel
Vorbild	Majorette Auflieger
Sonst.	
Molter Nr.	2844

H

Hubertus Bräu 8 €

Hersteller	dgd
Jahr	2003
Packung	Plastikschachtel
Vorbild	MB Axor Auflieger
Sonst.	
Molter Nr.	6677

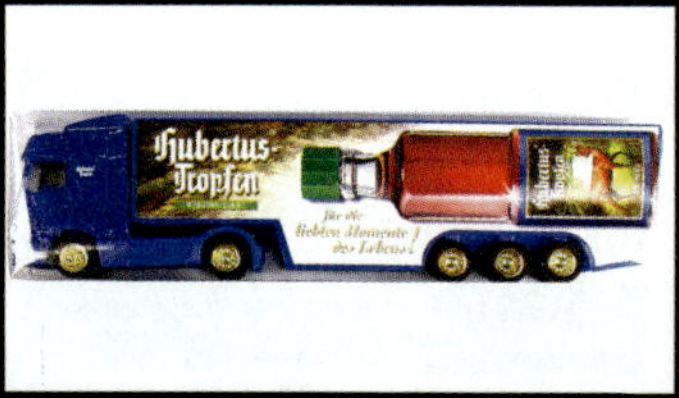

Hübner Bräu 15 €

Hersteller	Müller Chemnitz
Jahr	2000
Packung	Plastikschachtel
Vorbild	Volvo Auflieger
Sonst.	
Molter Nr.	899

Hübner Bräu 10 €

Hersteller	Eurosun
Jahr	2000
Packung	Blister
Vorbild	MAN F2000 LKW
Sonst.	
Molter Nr.	900

Hübner Bräu 15 €

Hersteller	Amon
Jahr	2002 (Aufl.: 100)
Packung	Plastikschachtel
Vorbild	DAF 95 XF Auflieger
Sonst.	
Molter Nr.	6053

Hufeisen Pottenstein 13 €

Hersteller	Grell
Jahr	2000 (Aufl.: 3000)
Packung	Blister
Vorbild	MB Actros Auflieger
Sonst.	
Molter Nr.	910

Hufeisen Pottenstein — 10 €

Hersteller	Grell
Jahr	2001
Packung	Blister
Vorbild	MAN F2000 Auflieger
Sonst.	
Molter Nr.	2845

Hugo Getränke — 8 €

Hersteller	Lauterbach
Jahr	2001
Packung	Blister
Vorbild	MAN M2000 Hängerzug
Sonst.	Leikeim
Molter Nr.	5203

Hugo Getränke — 8 €

Hersteller	Lauterbach
Jahr	2001
Packung	Blister
Vorbild	MAN M2000 Auflieger
Sonst.	Tuborg
Molter Nr.	5212

Hugo Getränke — 8 €

Hersteller	Lauterbach
Jahr	2001
Packung	Blister
Vorbild	MAN M2000 Hängerzug
Sonst.	Brinkhoffs
Molter Nr.	5213

Hugo Getränke — 8 €

Hersteller	Lauterbach
Jahr	2001
Packung	Blister
Vorbild	DAF 95 XF Auflieger
Sonst.	Wicküler
Molter Nr.	5211

H

Hugo Getränke 8 €

Hersteller	Lauterbach
Jahr	2001
Packung	Blister
Vorbild	MAN M2000 Auflieger
Sonst.	Christinen
Molter Nr.	5214

Hugo Getränke 8 €

Hersteller	Lauterbach
Jahr	2001
Packung	Blister
Vorbild	MAN M2000 Hängerzug
Sonst.	Rhön Sprudel
Molter Nr.	5215

Hugo Getränke 8 €

Hersteller	Lauterbach
Jahr	2001
Packung	Blister
Vorbild	MAN M2000 Auflieger
Sonst.	Paulaner
Molter Nr.	5216

Hugo Getränke 8 €

Hersteller	Lauterbach
Jahr	2002
Packung	Blister
Vorbild	MAN M2000 Hängerzug
Sonst.	Punica
Molter Nr.	5217

Hugo Getränke 8 €

Hersteller	Lauterbach
Jahr	2001
Packung	Blister
Vorbild	MAN M2000 Hängerzug
Sonst.	Förstina
Molter Nr.	5218

Hugo Getränke	8 €
Hersteller	Lauterbach
Jahr	2001
Packung	Blister
Vorbild	MAN M2000 Hängerzug
Sonst.	Beckers
Molter Nr.	5219

Hugo Getränke	8 €
Hersteller	Lauterbach
Jahr	2002
Packung	Blister
Vorbild	MAN M2000 Hängerzug
Sonst.	Hofbräu München
Molter Nr.	5220

Hummel Bräu	40 €
Hersteller	
Jahr	1997 (Aufl.: 300)
Packung	Plastikschachtel
Vorbild	Volvo Auflieger
Sonst.	Siebdruck
Molter Nr.	903

H

Hummel Bräu	25 €
Hersteller	Hümmer
Jahr	1998 (Aufl.: 500)
Packung	Plastikschachtel
Vorbild	MB groß Auflieger
Sonst.	
Molter Nr.	904

Hummel Bräu	20 €
Hersteller	Hümmer
Jahr	1999 (Aufl.: 500)
Packung	Plastikschachtel
Vorbild	MB groß Auflieger
Sonst.	
Molter Nr.	905

Hummel Bräu — 15 €

Hersteller	Hümmer
Jahr	2000
Packung	Plastikschachtel
Vorbild	MB Actros Hängerzug
Sonst.	
Molter Nr.	906

Hummel Bräu — 8 €

Hersteller	Grell
Jahr	2002
Packung	Blister
Vorbild	Ford 9000 Tanker
Sonst.	
Molter Nr.	7454

Hummel Bräu — 8 €

Hersteller	Grell
Jahr	2002
Packung	Blister
Vorbild	Freightliner FLD Tanker
Sonst.	
Molter Nr.	7455

Hümmer — 8 €

Hersteller	Franko
Jahr	2000
Packung	Blister
Vorbild	MB Actros LKW
Sonst.	
Molter Nr.	901

Hunkel Apfelwein — 8 €

Hersteller	dgd
Jahr	2002
Packung	Blister
Vorbild	MB Actros Auflieger
Sonst.	
Molter Nr.	5133

Huppendorfer	12 €
Hersteller	Allround Service
Jahr	2000
Packung	Plastikschachtel
Vorbild	Ford Cargo LKW
Sonst.	
Molter Nr.	908

Huppendorfer	10 €
Hersteller	dgd
Jahr	2000
Packung	Blister
Vorbild	MB Actros LKW
Sonst.	
Molter Nr.	909

Huppendorfer	8 €
Hersteller	Grell
Jahr	2001 (Aufl.: 5000)
Packung	Blister
Vorbild	Scania Auflieger
Sonst.	
Molter Nr.	3958

Huppendorfer	7 €
Hersteller	Grell
Jahr	2001 (Aufl.: 5000)
Packung	Blister
Vorbild	Ford 9000 Auflieger
Sonst.	
Molter Nr.	4337

Huppendorfer	7 €
Hersteller	Grell
Jahr	2001 (Aufl.: 5000)
Packung	Blister
Vorbild	MAN F2000 Auflieger
Sonst.	
Molter Nr.	4338

H

Huppendorfer 7 €

Hersteller	Grell
Jahr	2001 (Aufl.: 5000)
Packung	Blister
Vorbild	Freightliner FLD Auflieger
Sonst.	
Molter Nr.	4339

Huppendorfer 15 €

Hersteller	Amon
Jahr	2002
Packung	Plastikschachtel
Vorbild	MB Actros Hängerzug
Sonst.	
Molter Nr.	5668

Huppendorfer 15 €

Hersteller	Amon
Jahr	2002 (Aufl.: 300)
Packung	Plastikschachtel
Vorbild	MAN F2000 Hängerzug
Sonst.	
Molter Nr.	6221

Huppendorfer 8 €

Hersteller	Grell
Jahr	2002
Packung	Blister
Vorbild	Scania 124L Tankzug
Sonst.	mit Silo
Molter Nr.	5798

Huppendorfer 8 €

Hersteller	Grell
Jahr	2002
Packung	Blister
Vorbild	Scania 164L Auflieger
Sonst.	
Molter Nr.	7183

Hus Likörherstellung — 9 €

Hersteller	Grell
Jahr	2001
Packung	Blister
Vorbild	Scania Auflieger
Sonst.	
Molter Nr.	2847

Hus Likörherstellung — 9 €

Hersteller	Grell
Jahr	2001
Packung	Blister
Vorbild	Ford 9000 Auflieger
Sonst.	
Molter Nr.	2848

Hus Likörherstellung — 9 €

Hersteller	Grell
Jahr	2001
Packung	Blister
Vorbild	MAN F2000 Auflieger
Sonst.	
Molter Nr.	2849

Huster — 12 €

Hersteller	Grell
Jahr	1999
Packung	Blister
Vorbild	MB Actros Auflieger
Sonst.	
Molter Nr.	911

Huster — 12 €

Hersteller	Grell
Jahr	1999
Packung	Blister
Vorbild	MB Actros Auflieger
Sonst.	
Molter Nr.	912

Huster 12 €

Hersteller	Grell
Jahr	1999
Packung	Blister
Vorbild	MB Actros Auflieger
Sonst.	
Molter Nr.	913

Huster 12 €

Hersteller	Grell
Jahr	1999
Packung	Blister
Vorbild	MB Actros Auflieger
Sonst.	
Molter Nr.	914

Huster 12 €

Hersteller	Grell
Jahr	1999
Packung	Blister
Vorbild	MB Actros Auflieger
Sonst.	
Molter Nr.	915

Huster 12 €

Hersteller	Grell
Jahr	1999
Packung	Blister
Vorbild	MB Actros Auflieger
Sonst.	
Molter Nr.	916

Huster 10 €

Hersteller	Grell
Jahr	2000
Packung	Blister
Vorbild	MB Actros Auflieger
Sonst.	
Molter Nr.	917

Huster	12 €
Hersteller	Grell
Jahr	1999
Packung	Blister
Vorbild	MB Actros Auflieger
Sonst.	
Molter Nr.	918

Huster	12 €
Hersteller	Grell
Jahr	2000
Packung	Blister
Vorbild	MB Actros Auflieger
Sonst.	
Molter Nr.	919

Huster	10 €
Hersteller	Grell
Jahr	2000
Packung	Blister
Vorbild	MB Actros Auflieger
Sonst.	
Molter Nr.	920

H

Huster	10 €
Hersteller	Grell
Jahr	2000
Packung	Blister
Vorbild	MB Actros Auflieger
Sonst.	
Molter Nr.	921

Huster	10 €
Hersteller	Grell
Jahr	2000
Packung	Blister
Vorbild	MB Actros Auflieger
Sonst.	
Molter Nr.	922

Huster — 8 €

Hersteller	Grell
Jahr	2001
Packung	Blister
Vorbild	MB Actros Auflieger
Sonst.	
Molter Nr.	2855

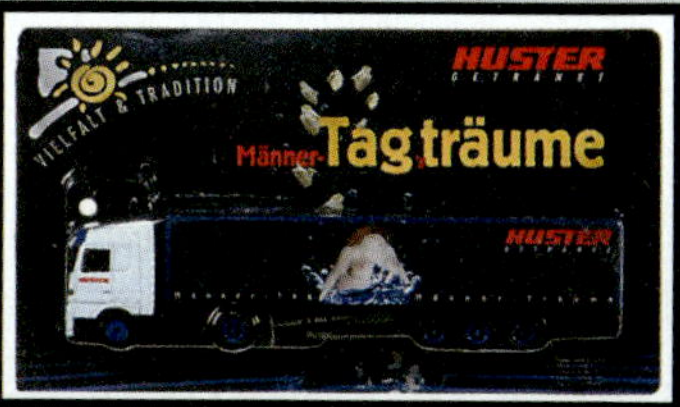

Huster — 8 €

Hersteller	Grell
Jahr	2001
Packung	Blister
Vorbild	MB Actros Auflieger
Sonst.	
Molter Nr.	2851

Huster — 8 €

Hersteller	Grell
Jahr	2002
Packung	Blister
Vorbild	MAN F2000 Tankzug
Sonst.	
Molter Nr.	5403

Huster — 8 €

Hersteller	Grell
Jahr	2001
Packung	Blister
Vorbild	MAN F2000 Tankzug
Sonst.	
Molter Nr.	2860

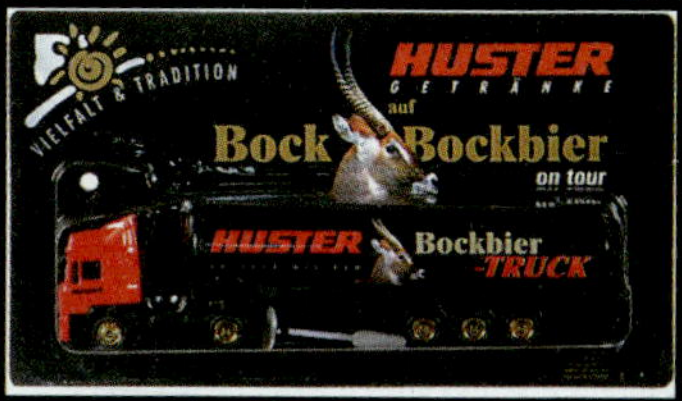

Huster — 8 €

Hersteller	Grell
Jahr	2001
Packung	Blister
Vorbild	MAN F2000 Tankzug
Sonst.	
Molter Nr.	2859

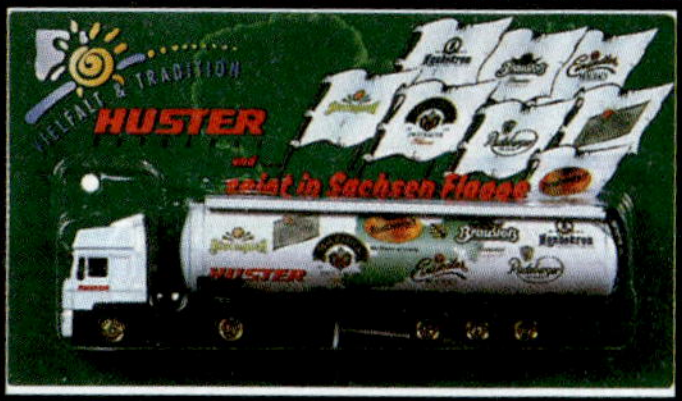

H

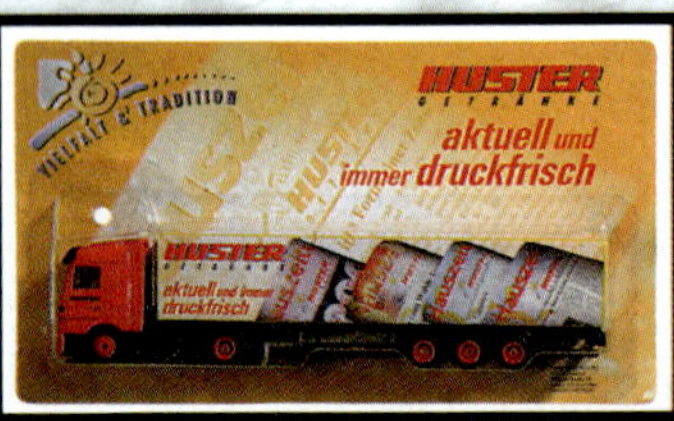

Huster	8 €
Hersteller	Grell
Jahr	2001
Packung	Blister
Vorbild	MB Actros Auflieger
Sonst.	
Molter Nr.	2856

Huster	8 €
Hersteller	Grell
Jahr	2001
Packung	Blister
Vorbild	MB Actros Auflieger
Sonst.	
Molter Nr.	2857

Huster	8 €
Hersteller	Grell
Jahr	2001
Packung	Blister
Vorbild	MAN F2000 Tankzug
Sonst.	
Molter Nr.	2853

Huster	8 €
Hersteller	Grell
Jahr	2002
Packung	Blister
Vorbild	MB Actros Auflieger
Sonst.	
Molter Nr.	4171

Huster	8 €
Hersteller	Grell
Jahr	2002
Packung	Blister
Vorbild	MB Atego LKW
Sonst.	mit Silo
Molter Nr.	5074

Huster — 8 €

Hersteller	Grell
Jahr	2002
Packung	Blister
Vorbild	Büssing Hängerzug
Sonst.	
Molter Nr.	5073

Hütt Pils — 15 €

Hersteller	Hümmer
Jahr	2000
Packung	Blister
Vorbild	MB Actros Hängerzug
Sonst.	
Molter Nr.	923

Hütt Pils — 12 €

Hersteller	
Jahr	2001
Packung	Plastikschachtel
Vorbild	Majorette Auflieger
Sonst.	
Molter Nr.	2861

Hütt Pils — 12 €

Hersteller	Müller Chemnitz
Jahr	2001
Packung	Plastikschachtel
Vorbild	Majorette Auflieger
Sonst.	
Molter Nr.	2862

Hütt Pils — 8 €

Hersteller	Hümmer
Jahr	2001
Packung	Blister
Vorbild	MAN TG-A Hängerzug
Sonst.	
Molter Nr.	4227

H

Hütt Pils — 8 €

Hersteller	Hümmer
Jahr	2002
Packung	Blister
Vorbild	MAN TG-A Hängerzug
Sonst.	
Molter Nr.	4820

Hütten Bier — 15 €

Hersteller	Allround Service
Jahr	2000
Packung	Plastikschachtel
Vorbild	Ford Cargo LKW
Sonst.	
Molter Nr.	924

Hütten Bier — 15 €

Hersteller	Allround Service
Jahr	2000
Packung	Plastikschachtel
Vorbild	Mack Auflieger
Sonst.	
Molter Nr.	925

H

Hütten Bier — 9 €

Hersteller	dgd
Jahr	2001
Packung	Blister
Vorbild	MAN TG-A Auflieger
Sonst.	
Molter Nr.	2863

Hutthurmer — 9 €

Hersteller	dgd
Jahr	2001
Packung	Blister
Vorbild	MB Actros Auflieger
Sonst.	
Molter Nr.	2864

Iblacker — 9 €

Hersteller	Eurosun
Jahr	2001
Packung	Blister
Vorbild	MB Actros Auflieger
Sonst.	
Molter Nr.	7459

Ileburger — 10 €

Hersteller	Top-Style
Jahr	2000
Packung	Blister
Vorbild	MB Actros Auflieger
Sonst.	
Molter Nr.	936

Ileburger — 8 €

Hersteller	Gefra
Jahr	2002
Packung	Blister
Vorbild	MAN TG-A Hängerzug
Sonst.	
Molter Nr.	7457

Ileburger — 8 €

Hersteller	Gefra
Jahr	2002
Packung	Blister
Vorbild	MAN TG-A Hängerzug
Sonst.	
Molter Nr.	7458

Ilmenauer Pils — 35 €

Hersteller	Grell
Jahr	1999 (Aufl.: 1000)
Packung	Blister
Vorbild	MB Actros Hängerzug
Sonst.	
Molter Nr.	926

Ilmenauer Pils — 20 €

Hersteller	dgd
Jahr	2001 (Aufl.: 2500)
Packung	Blister
Vorbild	Framo
Sonst.	
Molter Nr.	3959

Imnauer — 8 €

Hersteller	dgd
Jahr	2002
Packung	Blister
Vorbild	MB Axor Auflieger
Sonst.	mit Gabelstapler
Molter Nr.	7460

Ingobräu — 9 €

Hersteller	dgd
Jahr	2001
Packung	Blister
Vorbild	MAN TG-A Auflieger
Sonst.	
Molter Nr.	4375

Ingobräu — 9 €

Hersteller	dgd
Jahr	2001
Packung	Blister
Vorbild	MB Actros Auflieger
Sonst.	
Molter Nr.	2866

Ingobräu — 8 €

Hersteller	dgd
Jahr	2001
Packung	Blister
Vorbild	MAN TG-A Auflieger
Sonst.	
Molter Nr.	4374

I

Ingobräu — 8 €

Hersteller	dgd
Jahr	2003
Packung	Blister
Vorbild	MB Axor Auflieger
Sonst.	
Molter Nr.	7856

Innstadt — 25 €

Hersteller	Kobra
Jahr	1997
Packung	Blister
Vorbild	Volvo LKW
Sonst.	
Molter Nr.	927

Innstadt — 25 €

Hersteller	Kobra
Jahr	1998
Packung	Blister
Vorbild	Mack Auflieger
Sonst.	
Molter Nr.	928

Innstadt — 35 €

Hersteller	
Jahr	1999
Packung	Blister
Vorbild	Rennwagen
Sonst.	
Molter Nr.	4228

Innstadt — 15 €

Hersteller	Hümmer
Jahr	2000
Packung	Blister
Vorbild	US Auflieger
Sonst.	
Molter Nr.	929

Innstadt — 15 €

Hersteller	Hümmer
Jahr	2000
Packung	Blister
Vorbild	MB Actros Auflieger
Sonst.	
Molter Nr.	930

Innstadt — 15 €

Hersteller	Hümmer
Jahr	2000
Packung	Blister
Vorbild	MB Actros LKW
Sonst.	
Molter Nr.	931

Innstadt — 10 €

Hersteller	Hümmer
Jahr	2001
Packung	Blister
Vorbild	MAN TG-A Auflieger
Sonst.	
Molter Nr.	2865

Innstadt — 10 €

Hersteller	Hümmer
Jahr	2001
Packung	Blister
Vorbild	Mack Auflieger
Sonst.	
Molter Nr.	2867

Innstadt — 8 €

Hersteller	Hümmer
Jahr	2002
Packung	Blister
Vorbild	MAN TG-A Auflieger
Sonst.	mit Flasche
Molter Nr.	5082

Irlbacher — 9 €

Hersteller	Hümmer
Jahr	2000
Packung	Blister
Vorbild	MB Actros LKW
Sonst.	
Molter Nr.	4009

Irlbacher — 9 €

Hersteller	Hümmer
Jahr	2001
Packung	Blister
Vorbild	MAN TG-A Auflieger
Sonst.	
Molter Nr.	3499

Irlbacher — 8 €

Hersteller	Hümmer
Jahr	2002
Packung	Blister
Vorbild	MAN TG-A Tankzug
Sonst.	
Molter Nr.	4803

Irlbacher — 8 €

Hersteller	Hümmer
Jahr	2002
Packung	Blister
Vorbild	MB Actros Tankzug
Sonst.	
Molter Nr.	4734

Irlbacher — 8 €

Hersteller	Hümmer
Jahr	2003
Packung	Blister
Vorbild	MB Oldtimer Hängerzug
Sonst.	
Molter Nr.	7336

Isenbeck — 9 €

Hersteller	
Jahr	2001
Packung	Plastikschachtel
Vorbild	MB Actros Auflieger
Sonst.	
Molter Nr.	3970

Iserlohner — 60 €

Hersteller	Pasto Pronto
Jahr	
Packung	Pappschachtel
Vorbild	Volvo Auflieger
Sonst.	
Molter Nr.	938

Iserlohner — 35 €

Hersteller	
Jahr	
Packung	Plastikschachtel
Vorbild	Volvo Auflieger
Sonst.	4 Achsen
Molter Nr.	937

Iserlohner — 35 €

Hersteller	Pasto Pronto
Jahr	
Packung	Plastikschachtel
Vorbild	Volvo Auflieger
Sonst.	5 Achsen
Molter Nr.	939

Iserlohner — 12 €

Hersteller	Grell
Jahr	2000
Packung	Blister
Vorbild	MB Actros Auflieger
Sonst.	
Molter Nr.	940

Iserlohner — 12 €

Hersteller	Grell
Jahr	2000
Packung	Blister
Vorbild	MB Actros Auflieger
Sonst.	
Molter Nr.	941

Iserlohner — 12 €

Hersteller	Grell
Jahr	2000
Packung	Blister
Vorbild	MB Actros Auflieger
Sonst.	
Molter Nr.	942

Iserlohner — 10 €

Hersteller	Grell
Jahr	2001
Packung	Blister
Vorbild	Scania 124L Hängerzug
Sonst.	
Molter Nr.	6002

Iserlohner — 10 €

Hersteller	Grell
Jahr	2001
Packung	Blister
Vorbild	Scania 124L Hängerzug
Sonst.	
Molter Nr.	6001

Iserlohner — 9 €

Hersteller	Grell
Jahr	2002
Packung	Blister
Vorbild	Freightliner FLD Auflieger
Sonst.	
Molter Nr.	4682

Iserlohner	9 €
Hersteller	Grell
Jahr	2002
Packung	Blister
Vorbild	Freightliner FLD Auflieger
Sonst.	
Molter Nr.	4684

Iserlohner	9 €
Hersteller	Grell
Jahr	2002
Packung	Blister
Vorbild	Freightliner FLD Auflieger
Sonst.	
Molter Nr.	4685

Iserlohner	9 €
Hersteller	Grell
Jahr	2002
Packung	Blister
Vorbild	Freightliner FLD Tankzug
Sonst.	
Molter Nr.	4683

Iserlohner	8 €
Hersteller	Grell
Jahr	2003
Packung	Blister
Vorbild	Scania 124L Auflieger
Sonst.	
Molter Nr.	6378

Jack Daniels	15 €
Hersteller	Grell
Jahr	2002
Packung	Pappschachtel
Vorbild	Freightliner FLD Auflieger
Sonst.	
Molter Nr.	4748

Jack Daniels — 15 €

Hersteller	
Jahr	2002
Packung	Plastikschachtel
Vorbild	MB Actros Auflieger
Sonst.	
Molter Nr.	5640

Jack Daniels — 15 €

Hersteller	
Jahr	2002
Packung	Plastikschachtel
Vorbild	MB Actros Hängerzug
Sonst.	
Molter Nr.	5641

Jack Daniels — 15 €

Hersteller	
Jahr	2002
Packung	Plastikschachtel
Vorbild	MB Actros Hängerzug
Sonst.	
Molter Nr.	5642

Jäcklein — 8 €

Hersteller	Grell
Jahr	2002
Packung	Blister
Vorbild	Freightliner FLD Auflieger
Sonst.	
Molter Nr.	4797

Jacob — 12 €

Hersteller	Eurosun
Jahr	1999
Packung	Blister
Vorbild	MAN F2000 Auflieger
Sonst.	
Molter Nr.	943

Jacob	10 €
Hersteller	Eurosun
Jahr	2000
Packung	Blister
Vorbild	MAN TG-A Auflieger
Sonst.	
Molter Nr.	944

Jacob	9 €
Hersteller	Eurosun
Jahr	2001
Packung	Blister
Vorbild	MB Oldtimer LKW
Sonst.	
Molter Nr.	4229

Jacob	8 €
Hersteller	Lauterbach
Jahr	2001
Packung	Blister
Vorbild	DAF 95 XF Auflieger
Sonst.	
Molter Nr.	4390

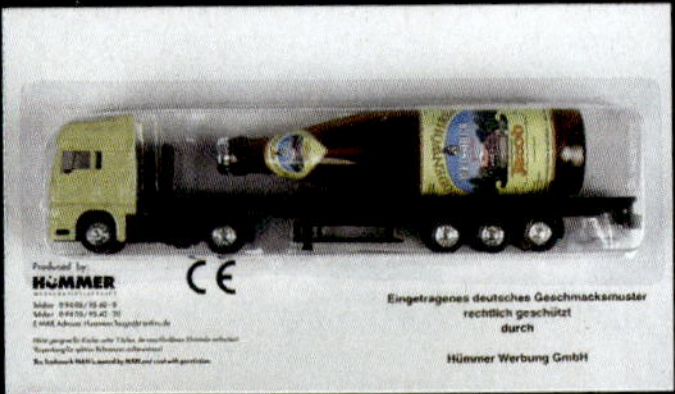

Jacob	8 €
Hersteller	Hümmer
Jahr	2002
Packung	Blister
Vorbild	MAN TG-A Auflieger
Sonst.	mit Flasche
Molter Nr.	5038

Jägermeister	LHP €
Hersteller	
Jahr	2000 (Aufl.: 4)
Packung	Plastikschachtel
Vorbild	MB Actros Auflieger
Sonst.	Liebhaberpreis
Molter Nr.	4398

Jägermeister — 10 €

Hersteller	
Jahr	2001
Packung	Plastikschachtel
Vorbild	MAN TG-A Auflieger
Sonst.	
Molter Nr.	4306

Jägermeister — 10 €

Hersteller	Vierke
Jahr	2002
Packung	Blister
Vorbild	MB L322 Hängerzug
Sonst.	
Molter Nr.	4792

Jägermeister — 10 €

Hersteller	Vierke
Jahr	2002
Packung	Blister
Vorbild	Bus
Sonst.	
Molter Nr.	4793

Jahns Bräu — 18 €

Hersteller	Grell
Jahr	1999
Packung	Blister
Vorbild	Mack Auflieger
Sonst.	
Molter Nr.	945

Jahns Bräu — 18 €

Hersteller	Grell
Jahr	1999
Packung	Blister
Vorbild	Mack Auflieger
Sonst.	
Molter Nr.	946

J

Jahns Bräu — 20 €

Hersteller	Grell
Jahr	1999
Packung	Blister
Vorbild	Mack Auflieger
Sonst.	
Molter Nr.	947

Jahns Bräu — 12 €

Hersteller	Grell
Jahr	1999
Packung	Blister
Vorbild	MB Actros Hängerzug
Sonst.	einzeln verpackt
Molter Nr.	2874

Jahns Bräu — 15 €

Hersteller	Grell
Jahr	1999
Packung	Blister
Vorbild	MB Actros Hängerzug
Sonst.	
Molter Nr.	948

Jahns Bräu — 15 €

Hersteller	Grell
Jahr	1999
Packung	Blister
Vorbild	Mack Auflieger
Sonst.	
Molter Nr.	951

J

Jahns Bräu — 15 €

Hersteller	Grell
Jahr	1999
Packung	Blister
Vorbild	MB Actros Hängerzug
Sonst.	
Molter Nr.	949

Jahns Bräu	12 €
Hersteller	Grell
Jahr	2000
Packung	Blister
Vorbild	Mack Auflieger
Sonst.	
Molter Nr.	950

Jahns Bräu	20 €
Hersteller	Grell
Jahr	2000
Packung	Blister
Vorbild	Mack Auflieger
Sonst.	
Molter Nr.	952

Jahns Bräu	15 €
Hersteller	Grell
Jahr	2000
Packung	Blister
Vorbild	IFA W50 Hängerzug
Sonst.	
Molter Nr.	2869

Jahns Bräu	18 €
Hersteller	Grell
Jahr	2000
Packung	Blister
Vorbild	Mack Auflieger
Sonst.	
Molter Nr.	953

Jahns Bräu	12 €
Hersteller	Grell
Jahr	2000
Packung	Blister
Vorbild	Mack Auflieger
Sonst.	
Molter Nr.	954

J

Jahns Bräu	18 €
Hersteller	Grell
Jahr	2000 (Aufl.: 1000)
Packung	Blister
Vorbild	MB Actros Auflieger
Sonst.	
Molter Nr.	5993

Jahns Bräu	15 €
Hersteller	Grell
Jahr	2000
Packung	Blister
Vorbild	Mack Auflieger
Sonst.	
Molter Nr.	957

Jahns Bräu	12 €
Hersteller	Grell
Jahr	2000
Packung	Blister
Vorbild	MB Actros Auflieger
Sonst.	
Molter Nr.	955

Jahns Bräu	12 €
Hersteller	Grell
Jahr	2000
Packung	Blister
Vorbild	Mack Auflieger
Sonst.	
Molter Nr.	956

Jahns Bräu	10 €
Hersteller	Grell
Jahr	2001
Packung	Blister
Vorbild	Scania Auflieger
Sonst.	
Molter Nr.	7462

Jahns Bräu	10 €
Hersteller	Grell
Jahr	2001
Packung	Blister
Vorbild	Ford 9000 Auflieger
Sonst.	
Molter Nr.	7463

Jahns Bräu	9 €
Hersteller	Grell
Jahr	2001
Packung	Blister
Vorbild	Scania Auflieger
Sonst.	
Molter Nr.	2877

Jahns Bräu	9 €
Hersteller	Grell
Jahr	2001
Packung	Blister
Vorbild	MB Actros Tankzug
Sonst.	
Molter Nr.	2876

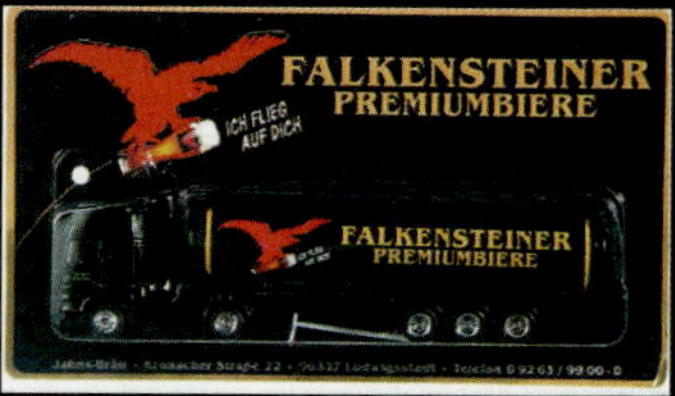

Jahns Bräu	8 €
Hersteller	Grell
Jahr	2001
Packung	Blister
Vorbild	MAN TG-A Auflieger
Sonst.	
Molter Nr.	4230

Jahns Bräu	8 €
Hersteller	Grell
Jahr	2001
Packung	Blister
Vorbild	DAF Tankzug
Sonst.	
Molter Nr.	2872

Jahns Bräu	8 €
Hersteller	
Jahr	2001
Packung	Blister
Vorbild	MB Actros Tankzug
Sonst.	
Molter Nr.	2878

Jahns Bräu	8 €
Hersteller	Grell
Jahr	2002
Packung	Blister
Vorbild	Freightliner FLD Tankzug
Sonst.	
Molter Nr.	4989

Jahns Bräu	8 €
Hersteller	Top-Style
Jahr	2002
Packung	Blister
Vorbild	Renault Tankzug
Sonst.	
Molter Nr.	5722

Jahns Bräu	8 €
Hersteller	Top Style
Jahr	2002
Packung	Blister
Vorbild	US Classic Auflieger
Sonst.	
Molter Nr.	7468

Jahns Bräu	8 €
Hersteller	dgd
Jahr	2002
Packung	Blister
Vorbild	Scania Hängerzug
Sonst.	mit Schankwagen
Molter Nr.	5842

J

Jahns Bräu — 8 €

Hersteller	Grell
Jahr	2002
Packung	Blister
Vorbild	Scania 124L Tankzug
Sonst.	mit Silo
Molter Nr.	5635

Jahns Bräu — 8 €

Hersteller	Grell
Jahr	2002
Packung	Blister
Vorbild	MAN TG-A Hängerzug
Sonst.	mit Schankwagen
Molter Nr.	5416

Jahns Bräu — 8 €

Hersteller	Hümmer
Jahr	2002
Packung	Blister
Vorbild	Scania Auflieger
Sonst.	mit Flasche
Molter Nr.	5394

Jahns Bräu — 8 €

Hersteller	Allround Service
Jahr	2002
Packung	Blister
Vorbild	MB Axor Tankzug
Sonst.	Burgbräu
Molter Nr.	5828

Jahns Bräu — 8 €

Hersteller	EKBG
Jahr	2002
Packung	Blister
Vorbild	Mack Auflieger
Sonst.	
Molter Nr.	5762

J

Jahns Bräu — 10 €

Hersteller	EKBG
Jahr	2002
Packung	Blister
Vorbild	Freightliner FLD Auflieger
Sonst.	XL
Molter Nr.	5422

Jahns Bräu — 10 €

Hersteller	EKBG
Jahr	2003
Packung	Blister
Vorbild	Freightliner FLD Auflieger
Sonst.	XL
Molter Nr.	6529

Jahns Bräu — 8 €

Hersteller	Grell
Jahr	2003
Packung	Blister
Vorbild	MB Atego Tankhängerzug
Sonst.	
Molter Nr.	7110

Jesuiten Quelle — 10 €

Hersteller	Grell
Jahr	2000
Packung	
Vorbild	MB Actros Auflieger
Sonst.	
Molter Nr.	958

Jever — 200 €

Hersteller	
Jahr	
Packung	Plastikschachtel
Vorbild	US Auflieger
Sonst.	
Molter Nr.	959

J

Jever	18 €
Hersteller	Eurosun
Jahr	2000
Packung	Plastikschachtel
Vorbild	MB Actros Auflieger
Sonst.	
Molter Nr.	960

Jever	15 €
Hersteller	Grell
Jahr	2001 (Aufl.: 2500)
Packung	Blister
Vorbild	MB Actros Auflieger
Sonst.	
Molter Nr.	2880

Jim Beam	15 €
Hersteller	Grell
Jahr	2002
Packung	Blister
Vorbild	Freightliner FLD Auflieger
Sonst.	
Molter Nr.	4658

Jim Beam	10 €
Hersteller	Burg
Jahr	2003
Packung	Blister
Vorbild	Kenworth T2000 Auflieger
Sonst.	
Molter Nr.	7843

Jim Beam	10 €
Hersteller	Burg
Jahr	2003
Packung	Blister
Vorbild	Mack Auflieger
Sonst.	
Molter Nr.	7844

J

Jim Beam	10 €
Hersteller	Burg
Jahr	2003
Packung	Blister
Vorbild	Mack Auflieger
Sonst.	Second Edition
Molter Nr.	7845

Johanniter	8 €
Hersteller	Hümmer
Jahr	2001
Packung	Blister
Vorbild	MB Actros LKW
Sonst.	
Molter Nr.	2881

Johnny Walker	12 €
Hersteller	Grell
Jahr	2001
Packung	Blister
Vorbild	Freightliner FLD Auflieger
Sonst.	von Markgrafen
Molter Nr.	4284

Jope	7 €
Hersteller	dgd
Jahr	2001
Packung	Blister
Vorbild	MB Actros Auflieger
Sonst.	
Molter Nr.	4473

Kabas-Müller	8 €
Hersteller	Top-Style
Jahr	2001
Packung	Blister
Vorbild	MB Actros Hängerzug
Sonst.	
Molter Nr.	2882

J

Kahlbutz	10 €
Hersteller	Müller Chemnitz
Jahr	2000
Packung	Plastikschachtel
Vorbild	Majorette Auflieger
Sonst.	
Molter Nr.	961

Kahlbutz	10 €
Hersteller	Müller Chemnitz
Jahr	2000
Packung	Plastikschachtel
Vorbild	Majorette Auflieger
Sonst.	
Molter Nr.	962

Kahlbutz	10 €
Hersteller	Müller Chemnitz
Jahr	2000
Packung	Plastikschachtel
Vorbild	Majorette Auflieger
Sonst.	
Molter Nr.	963

Kahlbutz	10 €
Hersteller	Müller Chemnitz
Jahr	2000
Packung	Plastikschachtel
Vorbild	Majorette Auflieger
Sonst.	
Molter Nr.	964

Kahlbutz	10 €
Hersteller	Müller Chemnitz
Jahr	2000
Packung	Plastikschachtel
Vorbild	Majorette Auflieger
Sonst.	
Molter Nr.	965

Kaiser Bier	18 €
Hersteller	Amon
Jahr	2002 (Aufl.: 100)
Packung	Plastikschachtel
Vorbild	MAN TG-A Auflieger
Sonst.	
Molter Nr.	6106

Kaiser Bier	10 €
Hersteller	Amon
Jahr	2003 (Aufl.: 200)
Packung	Plastikschachtel
Vorbild	DAF 95 XF Auflieger
Sonst.	
Molter Nr.	6895

Kaiser Bräu Bischofsgrün	20 €
Hersteller	
Jahr	2000
Packung	Blister
Vorbild	MB Actros LKW
Sonst.	Nr. 06
Molter Nr.	2892

Kaiser Bräu Veldenstein	160 €
Hersteller	Hümmer
Jahr	
Packung	Plastikschachtel
Vorbild	MB klein Auflieger
Sonst.	
Molter Nr.	2883

Kaiser Bräu Veldenstein	100 €
Hersteller	Hümmer
Jahr	
Packung	Plastikschachtel
Vorbild	MB klein Auflieger
Sonst.	
Molter Nr.	966

K

Kaiser Bräu Veldenstein 120 €

Hersteller	Hümmer
Jahr	
Packung	Plastikschachtel
Vorbild	MB klein Auflieger
Sonst.	Aufkleber
Molter Nr.	6419

Kaiser Bräu Veldenstein 60 €

Hersteller	Hümmer
Jahr	
Packung	Plastikschachtel
Vorbild	MAN F90 LKW
Sonst.	
Molter Nr.	967

Kaiser Bräu Veldenstein 100 €

Hersteller	Hümmer
Jahr	
Packung	Plastikschachtel
Vorbild	MAN F90 Hängerzug
Sonst.	
Molter Nr.	968

Kaiser Bräu Veldenstein 50 €

Hersteller	Hümmer
Jahr	
Packung	Blister
Vorbild	MAN F90 LKW
Sonst.	
Molter Nr.	969

Kaiser Bräu Veldenstein 50 €

Hersteller	Hümmer
Jahr	
Packung	Blister
Vorbild	MAN F90 Hängerzug
Sonst.	
Molter Nr.	970

K

Kaiser Bräu Veldenstein 60 €

Hersteller	Hümmer
Jahr	
Packung	Blister
Vorbild	VW Käfer
Sonst.	
Molter Nr.	6400

Kaiser Bräu Veldenstein 60 €

Hersteller	Hümmer
Jahr	
Packung	Blister
Vorbild	Porsche 911
Sonst.	
Molter Nr.	6403

Kaiser Bräu Veldenstein 60 €

Hersteller	Hümmer
Jahr	
Packung	Blister
Vorbild	Ferrari
Sonst.	
Molter Nr.	6402

Kaiser Bräu Veldenstein 25 €

Hersteller	
Jahr	1998
Packung	Blister
Vorbild	Mack Auflieger
Sonst.	
Molter Nr.	971

Kaiser Bräu Veldenstein 18 €

Hersteller	dgd
Jahr	1999
Packung	Blister
Vorbild	MB Actros Auflieger
Sonst.	
Molter Nr.	972

K

Kaiser Bräu Veldenstein 18 €

Hersteller	dgd
Jahr	1999
Packung	Blister
Vorbild	MB Actros Auflieger
Sonst.	
Molter Nr.	973

Kaiser Bräu Veldenstein 12 €

Hersteller	dgd
Jahr	2000
Packung	Blister
Vorbild	MAN F2000 Auflieger
Sonst.	
Molter Nr.	974

Kaiser Bräu Veldenstein 12 €

Hersteller	dgd
Jahr	2000
Packung	Blister
Vorbild	MAN F2000 Auflieger
Sonst.	
Molter Nr.	976

Kaiser Bräu Veldenstein 10 €

Hersteller	Eurosun
Jahr	2000
Packung	Blister
Vorbild	Volvo Auflieger
Sonst.	
Molter Nr.	977

Kaiser Bräu Veldenstein 10 €

Hersteller	Eurosun
Jahr	2000
Packung	Blister
Vorbild	Volvo Auflieger
Sonst.	
Molter Nr.	978

K

Kaiser Bräu Veldenstein 9 €

Hersteller	Eurosun
Jahr	2001
Packung	Blister
Vorbild	MAN F2000 Auflieger
Sonst.	
Molter Nr.	2164

Kaiser Bräu Veldenstein 9 €

Hersteller	Eurosun
Jahr	2001
Packung	Blister
Vorbild	MAN F2000 Hängerzug
Sonst.	
Molter Nr.	7464

Kaiser Bräu Veldenstein 8 €

Hersteller	Grell
Jahr	2002
Packung	Blister
Vorbild	Freightliner FLD Tanker
Sonst.	
Molter Nr.	7465

Kaiser Bräu Veldenstein 8 €

Hersteller	Grell
Jahr	2002
Packung	Blister
Vorbild	Freightliner FLD Tanker
Sonst.	
Molter Nr.	7466

Kaiser Bräu Veldenstein 8 €

Hersteller	Grell
Jahr	2002
Packung	Blister
Vorbild	Scania Hauber Tanker
Sonst.	
Molter Nr.	7467

K

Kaiser Bräu Veldenstein 8 €

Hersteller	dgd
Jahr	2001
Packung	Blister
Vorbild	Freightliner FLD Tankzug
Sonst.	
Molter Nr.	4385

Kaiser Bräu Veldenstein 8 €

Hersteller	Hümmer
Jahr	2002
Packung	Blister
Vorbild	Mack Auflieger mit Flasche
Sonst.	
Molter Nr.	7492

Kaiser Bräu Veldenstein 8 €

Hersteller	Hümmer
Jahr	2002
Packung	Blister
Vorbild	Mack Auflieger mit Flasche
Sonst.	
Molter Nr.	7493

Kaiser Bräu Veldenstein 8 €

Hersteller	Hümmer
Jahr	2002
Packung	Blister
Vorbild	Mack Auflieger mit Flasche
Sonst.	
Molter Nr.	7494

Kaiser Bräu Veldenstein 8 €

Hersteller	Hümmer
Jahr	2002
Packung	Blister
Vorbild	Mack Auflieger mit Flasche
Sonst.	
Molter Nr.	7495

K

Kaiser Bräu Veldenstein	20 €
Hersteller	EKGB
Jahr	2002
Packung	Blister
Vorbild	Freightliner FLD
Sonst.	XXL
Molter Nr.	7473

Kaiser Bräu Veldenstein	8 €
Hersteller	EKGB
Jahr	2002
Packung	Blister
Vorbild	Freightliner FLD
Sonst.	XL
Molter Nr.	7485

Kaiser Bräu Veldenstein	8 €
Hersteller	Hümmer
Jahr	2002
Packung	Blister
Vorbild	MAN TG-A Auflieger
Sonst.	
Molter Nr.	5373

Kaiser Bräu Veldenstein	8 €
Hersteller	Grell
Jahr	2003
Packung	Blister
Vorbild	Scania 164 L Hängerzug
Sonst.	mit Schankwagen
Molter Nr.	7318

Kaiser Bräu Veldenstein	8 €
Hersteller	Grell
Jahr	2003
Packung	Blister
Vorbild	MAN TG-A Hängerzug
Sonst.	mit Schankwagen
Molter Nr.	6982

Kaiser Brauerei	12 €
Hersteller	Grell
Jahr	2000
Packung	Blister
Vorbild	MB Actros Auflieger
Sonst.	
Molter Nr.	979

Kaiser Brauerei	10 €
Hersteller	dgd
Jahr	2001
Packung	Blister
Vorbild	MB Actros Auflieger
Sonst.	
Molter Nr.	2891

Kaiser Brauerei	10 €
Hersteller	Grell
Jahr	2001
Packung	Blister
Vorbild	MB Actros Auflieger
Sonst.	
Molter Nr.	4172

Kaiser Brauerei	8 €
Hersteller	dgd
Jahr	2001
Packung	Blister
Vorbild	MAN TG-A Auflieger
Sonst.	
Molter Nr.	4293

Kaiser Brauerei	9 €
Hersteller	dgd
Jahr	2002
Packung	Blister
Vorbild	DAF 95 XF Auflieger
Sonst.	Getränke Bee
Molter Nr.	6341

K

Kaiser Brauerei — 9 €

Hersteller	dgd
Jahr	2001
Packung	Blister
Vorbild	DAF 95 XF Auflieger
Sonst.	Getränke Köpf
Molter Nr.	7483

Kaiser Brauerei — 9 €

Hersteller	dgd
Jahr	2001
Packung	Blister
Vorbild	DAF 95 XF Auflieger
Sonst.	Getränke Beer
Molter Nr.	7484

Kaiser Brauerei — 8 €

Hersteller	dgd
Jahr	2002
Packung	Blister
Vorbild	Renault Tankzug
Sonst.	
Molter Nr.	4713

Kaiser Brauerei — 8 €

Hersteller	dgd
Jahr	2002
Packung	Blister
Vorbild	MB Axor Auflieger
Sonst.	mit Gabelstapler
Molter Nr.	5451

Kaiser Grasmannsdorf — 10 €

Hersteller	Amon
Jahr	2001 (Aufl.: 10)
Packung	Plastikschachtel
Vorbild	Majorette Auflieger
Sonst.	
Molter Nr.	4399

Kaiser Grasmannsdorf — 20 €

Hersteller	Amon
Jahr	2001
Packung	Plastikschachtel
Vorbild	MAN M2000 Auflieger
Sonst.	Weißbier
Molter Nr.	6197

Kaiser Grasmannsdorf — 20 €

Hersteller	Amon
Jahr	2001
Packung	Plastikschachtel
Vorbild	MAN M2000 Auflieger
Sonst.	
Molter Nr.	6198

Kaiser Grasmannsdorf — 20 €

Hersteller	Amon
Jahr	2002
Packung	Plastikschachtel
Vorbild	MB Actros Auflieger
Sonst.	
Molter Nr.	5679

Kaiser Grasmannsdorf — 15 €

Hersteller	Amon
Jahr	2002 (Aufl.: 200)
Packung	Plastikschachtel
Vorbild	DAF 95 XF Auflieger
Sonst.	
Molter Nr.	5713

Kaiser Grasmannsdorf — 18 €

Hersteller	Amon
Jahr	2002 (Aufl.: 150)
Packung	Plastikschachtel
Vorbild	Scania Auflieger
Sonst.	
Molter Nr.	6043

K

Kaiser Grasmannsdorf	15 €
Hersteller	Amon
Jahr	2002
Packung	Plastikschachtel
Vorbild	DAF 95 XF Auflieger
Sonst.	
Molter Nr.	6196

Kaiser Grasmannsdorf	18 €
Hersteller	Amon
Jahr	2002
Packung	Plastikschachtel
Vorbild	MB Actros Auflieger
Sonst.	
Molter Nr.	6199

Kaiser Grasmannsdorf	18 €
Hersteller	Amon
Jahr	2002 (Aufl.: 100)
Packung	Plastikschachtel
Vorbild	MB Actros Auflieger
Sonst.	
Molter Nr.	6207

Kaiser Grasmannsdorf	18 €
Hersteller	Amon
Jahr	2002 (Aufl.: 50)
Packung	Plastikschachtel
Vorbild	Majorette Auflieger
Sonst.	
Molter Nr.	6214

Kaiser Grasmannsdorf	20 €
Hersteller	Amon
Jahr	2002 (Aufl.: 2500)
Packung	Plastikschachtel
Vorbild	Scania Auflieger
Sonst.	
Molter Nr.	4869

K

Kaiser Grasmannsdorf — 20 €

Hersteller	Amon
Jahr	2003 (Aufl.: 100)
Packung	Plastikschachtel
Vorbild	DAF Auflieger
Sonst.	
Molter Nr.	7260

Kaiser Wilhelm II — 30 €

Hersteller	Müller Chemnitz
Jahr	2000
Packung	Plastikschachtel
Vorbild	Volvo Auflieger
Sonst.	
Molter Nr.	980

Kaiserdom — 30 €

Hersteller	
Jahr	1998
Packung	Plastikschachtel
Vorbild	Mack Auflieger
Sonst.	
Molter Nr.	983

Kaiserdom — 15 €

Hersteller	Grell
Jahr	2000
Packung	Blister
Vorbild	MB Actros Auflieger
Sonst.	
Molter Nr.	984

Kaiserdom — 12 €

Hersteller	Grell
Jahr	2000
Packung	Blister
Vorbild	MB Actros Auflieger
Sonst.	
Molter Nr.	985

K

Kaiserdom — 10 €

Hersteller	dgd
Jahr	2001
Packung	Blister
Vorbild	MAN TG-A Auflieger
Sonst.	
Molter Nr.	4371

Kaiserhof Kronach — 10 €

Hersteller	dgd
Jahr	2000
Packung	Blister
Vorbild	MAN F2000 Auflieger
Sonst.	
Molter Nr.	981

Kaiserhof Kronach — 8 €

Hersteller	dgd
Jahr	2000 (Aufl.: 4500)
Packung	Blister
Vorbild	MB Actros Hängerzug
Sonst.	
Molter Nr.	2893

Kaiserhof Kronach — 25 €

Hersteller	dgd
Jahr	2000 (Aufl.: 500)
Packung	Blister
Vorbild	MB Actros LKW
Sonst.	weiss
Molter Nr.	2895

Kaiserhof Kronach — 8 €

Hersteller	dgd
Jahr	2001 (Aufl.: ?)
Packung	Blister
Vorbild	MB Actros LKW
Sonst.	
Molter Nr.	982

K

Kaiserhof Kronach — 8 €

Hersteller	dgd
Jahr	2001 (Aufl.: 2500)
Packung	Blister
Vorbild	MB Actros LKW
Sonst.	
Molter Nr.	2897

Kaiserhof Kronach — 8 €

Hersteller	Top-Style
Jahr	2001 (Aufl.: 2500)
Packung	Blister
Vorbild	MB Actros Hängerzug
Sonst.	
Molter Nr.	2898

Kaiserhof Kronach — 8 €

Hersteller	Top-Style
Jahr	2001 (Aufl.: 2500)
Packung	Blister
Vorbild	MB Actros Hängerzug
Sonst.	
Molter Nr.	2899

Kaiserhof Kronach — 20 €

Hersteller	dgd
Jahr	2001 (Aufl.: 2500)
Packung	Blister
Vorbild	MAN F2000 Tankzug
Sonst.	
Molter Nr.	2901

Kaiserhof Kronach — 8 €

Hersteller	dgd
Jahr	2001 (Aufl.: 2500)
Packung	Blister
Vorbild	MB Actros Tankzug
Sonst.	
Molter Nr.	2902

Kaiserhof Kronach — 8 €

Hersteller	dgd
Jahr	2001 (Aufl.: 2500)
Packung	Blister
Vorbild	Scania Auflieger
Sonst.	
Molter Nr.	2903

Kaiserhof Kronach — 8 €

Hersteller	dgd
Jahr	2001 (Aufl.: 2500)
Packung	Blister
Vorbild	DAF 95 XF Auflieger
Sonst.	
Molter Nr.	2904

Kaiserhof Kronach — 8 €

Hersteller	Grell
Jahr	2001 (Aufl.: 2500)
Packung	Blister
Vorbild	Freightliner FLD Auflieger
Sonst.	
Molter Nr.	2905

Kaiserhof Kronach — 8 €

Hersteller	Top-Style
Jahr	2001 (Aufl.: 2500)
Packung	Blister
Vorbild	MB Actros Hängerzug
Sonst.	
Molter Nr.	2907

Kaiserhof Kronach — 8 €

Hersteller	dgd
Jahr	2001
Packung	Blister
Vorbild	MAN TG-A Auflieger
Sonst.	
Molter Nr.	2908

Kaiserhof Kronach — 8 €

Hersteller	dgd
Jahr	2001 (Aufl.: 2500)
Packung	Blister
Vorbild	MAN Phönix Tankzug
Sonst.	
Molter Nr.	4092

Kaiserhof Kronach — 8 €

Hersteller	Top-Style
Jahr	2001
Packung	Blister
Vorbild	MB Actros Hängerzug
Sonst.	
Molter Nr.	4093

Kaiserhof Kronach — 8 €

Hersteller	Top-Style
Jahr	2001 (Aufl.: 2500)
Packung	Blister
Vorbild	MB Actros Hängerzug
Sonst.	
Molter Nr.	4094

Kaiserhof Kronach — 8 €

Hersteller	dgd
Jahr	2001 (Aufl.: 2500)
Packung	Blister
Vorbild	MAN Phönix Auflieger
Sonst.	
Molter Nr.	4494

Kaiserhof Kronach — 8 €

Hersteller	dgd
Jahr	2002
Packung	Blister
Vorbild	MB Oldtimer Hängerzug
Sonst.	
Molter Nr.	5308

Kaiserhof Kronach	8 €
Hersteller	Top-Style
Jahr	2002 (Aufl.: 2500)
Packung	Blister
Vorbild	MB Actros Tankzug
Sonst.	
Molter Nr.	5989

Kaiserhof Kronach	8 €
Hersteller	Top-Style
Jahr	2002 (Aufl.: 5000)
Packung	Blister
Vorbild	MB Actros Tankzug
Sonst.	Urtyp
Molter Nr.	5995

Kaiserhof Kronach	8 €
Hersteller	EUBG
Jahr	2002 (Aufl.: 10000)
Packung	Blister
Vorbild	Freightliner FLD Auflieger
Sonst.	XL
Molter Nr.	6013

Kaiserhof Kronach	8 €
Hersteller	EUBG
Jahr	2002 (Aufl.: 5000)
Packung	Blister
Vorbild	Freightliner FLD Auflieger
Sonst.	XL
Molter Nr.	6018

Kaiserhof Kronach	8 €
Hersteller	Gabotex
Jahr	2002
Packung	Blister
Vorbild	Scania Tankzug
Sonst.	
Molter Nr.	5745

K

Kalfany — 8 €

Hersteller	Hümmer
Jahr	2003
Packung	Blister
Vorbild	MB Actros Auflieger
Sonst.	
Molter Nr.	7863

Kaltenberger — 50 €

Hersteller	Hümmer
Jahr	1999
Packung	Plastikschachtel
Vorbild	MB Actros Hängerzug
Sonst.	
Molter Nr.	1064

Kaltenberger — 20 €

Hersteller	Hümmer
Jahr	1999
Packung	Blister
Vorbild	MB Actros Hängerzug
Sonst.	Gefako
Molter Nr.	1065

Kaltenberger — 20 €

Hersteller	Hümmer
Jahr	1999
Packung	Blister
Vorbild	MB Actros Hängerzug
Sonst.	Fristo Getränke
Molter Nr.	1066

Kaltenberger — 20 €

Hersteller	Hümmer
Jahr	1999
Packung	Blister
Vorbild	MB Actros Hängerzug
Sonst.	König Ludwig Dunkel
Molter Nr.	1067

Kaltenberger	15 €
Hersteller	Hümmer
Jahr	2000
Packung	Blister
Vorbild	MB Actros Auflieger
Sonst.	
Molter Nr.	1068

Kaltenberger	12 €
Hersteller	Hümmer
Jahr	2000
Packung	Blister
Vorbild	MB Actros Auflieger
Sonst.	
Molter Nr.	1069

Kaltenberger	12 €
Hersteller	Hümmer
Jahr	2000
Packung	Blister
Vorbild	US Auflieger
Sonst.	
Molter Nr.	1070

Kaltenberger	9 €
Hersteller	Hümmer
Jahr	2001
Packung	Blister
Vorbild	MB Actros Auflieger
Sonst.	
Molter Nr.	2911

Kaltenberger	9 €
Hersteller	Hümmer
Jahr	2001
Packung	Blister
Vorbild	US Auflieger (neu)
Sonst.	US Typ
Molter Nr.	2912

Kanone — 25 €

Hersteller	dgd
Jahr	2001
Packung	Blister
Vorbild	MB Actros Auflieger
Sonst.	
Molter Nr.	2913

Kapplerbräu — 60 €

Hersteller	Müller Chemnitz
Jahr	
Packung	Plastikschachtel
Vorbild	Volvo Auflieger
Sonst.	
Molter Nr.	986

Kapplerbräu — 10 €

Hersteller	Müller Chemnitz
Jahr	2000
Packung	Plastikschachtel
Vorbild	Majorette Auflieger
Sonst.	
Molter Nr.	987

Kapuziner Weizen — 12 €

Hersteller	Grell
Jahr	2000
Packung	Blister
Vorbild	MB Actros Auflieger
Sonst.	
Molter Nr.	988

Kapuziner Weizen — 12 €

Hersteller	Grell
Jahr	2000
Packung	Blister
Vorbild	MB Actros Auflieger
Sonst.	
Molter Nr.	989

K

Kapuziner Weizen — 10 €

Hersteller	
Jahr	2001
Packung	Blister
Vorbild	MAN TG-A Auflieger
Sonst.	
Molter Nr.	2916

Kapuziner Weizen — 8 €

Hersteller	
Jahr	2001
Packung	Blister
Vorbild	MB Actros Auflieger
Sonst.	Schlemmer
Molter Nr.	2914

Kapuziner Weizen — 10 €

Hersteller	Kulmbacher
Jahr	2001
Packung	Blister
Vorbild	MAN TG-A Auflieger
Sonst.	
Molter Nr.	2917

Kapuziner Weizen — 10 €

Hersteller	
Jahr	2001
Packung	Blister
Vorbild	MB Actros Auflieger
Sonst.	
Molter Nr.	2915

Kapuziner Weizen — 10 €

Hersteller	Kulmbacher
Jahr	2001
Packung	Blister
Vorbild	MAN Tanklastzug
Sonst.	
Molter Nr.	2918

Kapuziner Weizen — 8 €

Hersteller	Brauerei
Jahr	2002
Packung	Blister
Vorbild	MAN TG-A Tankzug
Sonst.	
Molter Nr.	5693

Kapuziner Weizen — 8 €

Hersteller	
Jahr	2002
Packung	Blister
Vorbild	MAN TG-A Tankzug
Sonst.	
Molter Nr.	5312

Kapuziner Weizen — 8 €

Hersteller	Brauerei
Jahr	2002
Packung	Blister
Vorbild	MB Atego Tankhängerzug
Sonst.	
Molter Nr.	5824

Kapuziner Weizen — 8 €

Hersteller	Grell
Jahr	2003
Packung	Blister
Vorbild	Magirus Deutz Oldtimer
Sonst.	
Molter Nr.	6539

Karamalz — 10 €

Hersteller	Hümmer
Jahr	2000
Packung	Blister
Vorbild	MB Actros Auflieger
Sonst.	
Molter Nr.	7231

Karamalz	8 €
Hersteller	Promarketing
Jahr	2002
Packung	Blister
Vorbild	Renault Magnum Tankzug
Sonst.	
Molter Nr.	7230

Karamalz	15 €
Hersteller	
Jahr	2002
Packung	Blister
Vorbild	Freightliner FLD Auflieger
Sonst.	XL
Molter Nr.	5453

Karamalz	8 €
Hersteller	Hümmer
Jahr	2002
Packung	Blister
Vorbild	Scania Auflieger
Sonst.	mit Flasche
Molter Nr.	4608

Karena	30 €
Hersteller	Maisto
Jahr	2001
Packung	Showbox
Vorbild	Trabant Nostalgie PKW
Sonst.	
Molter Nr.	7469

Karena	30 €
Hersteller	Maisto
Jahr	2001
Packung	Showbox
Vorbild	Trabant Nostalgie PKW
Sonst.	
Molter Nr.	7470

K

Karena — 30 €

Hersteller	Maisto
Jahr	2001
Packung	Showbox
Vorbild	Trabant Nostalgie PKW
Sonst.	
Molter Nr.	7471

Karena — 30 €

Hersteller	Maisto
Jahr	2001
Packung	Showbox
Vorbild	Trabant Nostalgie PKW
Sonst.	
Molter Nr.	7472

Karena — 8 €

Hersteller	WMS
Jahr	2001
Packung	Blister
Vorbild	MAN TG-A Auflieger
Sonst.	
Molter Nr.	2919

Karlsberg — 100 €

Hersteller	
Jahr	
Packung	Plastikschachtel
Vorbild	
Sonst.	
Molter Nr.	6613

Karlsberg — 75 €

Hersteller	
Jahr	
Packung	Blister
Vorbild	
Sonst.	
Molter Nr.	990

K

Karlsberg	80 €
Hersteller	
Jahr	
Packung	Blister
Vorbild	Ford 9000 Auflieger
Sonst.	
Molter Nr.	3691

Karlsberg	75 €
Hersteller	Hümmer
Jahr	
Packung	Blister
Vorbild	MB klein Auflieger
Sonst.	
Molter Nr.	992

Karlsberg	90 €
Hersteller	Hümmer
Jahr	
Packung	Blister
Vorbild	MB klein Auflieger
Sonst.	
Molter Nr.	993

Karlsberg	75 €
Hersteller	Hümmer
Jahr	1998
Packung	Blister
Vorbild	US Auflieger
Sonst.	
Molter Nr.	995

Karlsberg	110 €
Hersteller	Hümmer
Jahr	
Packung	Blister
Vorbild	US Auflieger
Sonst.	
Molter Nr.	2924

K

Karlsberg	50 €
Hersteller	Hümmer
Jahr	
Packung	Plastikschachtel
Vorbild	US Auflieger
Sonst.	Unterfahrschutz
Molter Nr.	2926

Karlsberg	40 €
Hersteller	Hümmer
Jahr	
Packung	Blister
Vorbild	US Auflieger
Sonst.	mit Türen
Molter Nr.	994

Karlsberg	50 €
Hersteller	Hümmer
Jahr	
Packung	Blister
Vorbild	US Auflieger
Sonst.	
Molter Nr.	2925

Karlsberg	40 €
Hersteller	Hümmer
Jahr	1998
Packung	Blister
Vorbild	US Auflieger
Sonst.	mit Türen
Molter Nr.	996

Karlsberg	40 €
Hersteller	Hümmer
Jahr	1998
Packung	Blister
Vorbild	US Auflieger
Sonst.	mit Türen
Molter Nr.	997

K

Karlsberg	40 €
Hersteller	Hümmer
Jahr	
Packung	Blister
Vorbild	US Auflieger
Sonst.	ohne Türen
Molter Nr.	994a

Karlsberg	40 €
Hersteller	Hümmer
Jahr	1998
Packung	Blister
Vorbild	US Auflieger
Sonst.	ohne Türen
Molter Nr.	996a

Karlsberg	40 €
Hersteller	Hümmer
Jahr	1998
Packung	Blister
Vorbild	US Auflieger
Sonst.	ohne Türen
Molter Nr.	997a

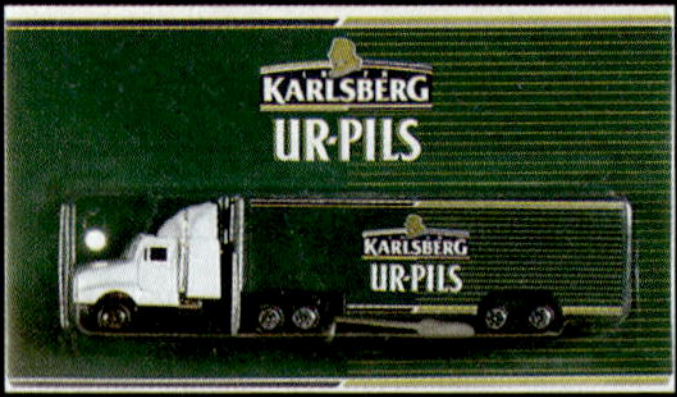

Karlsberg	18 €
Hersteller	Grell
Jahr	1999
Packung	Blister
Vorbild	Mack Auflieger
Sonst.	gr. Schrift a. Dachspoiler
Molter Nr.	998

Karlsberg	18 €
Hersteller	Grell
Jahr	1999
Packung	Blister
Vorbild	Mack Auflieger
Sonst.	
Molter Nr.	999

Karlsberg	18 €
Hersteller	Grell
Jahr	1999
Packung	Blister
Vorbild	Mack Auflieger
Sonst.	
Molter Nr.	1000

Karlsberg	20 €
Hersteller	Grell
Jahr	1999
Packung	Blister
Vorbild	Mack Auflieger
Sonst.	bl. Schrift a. Dachspoiler
Molter Nr.	998a

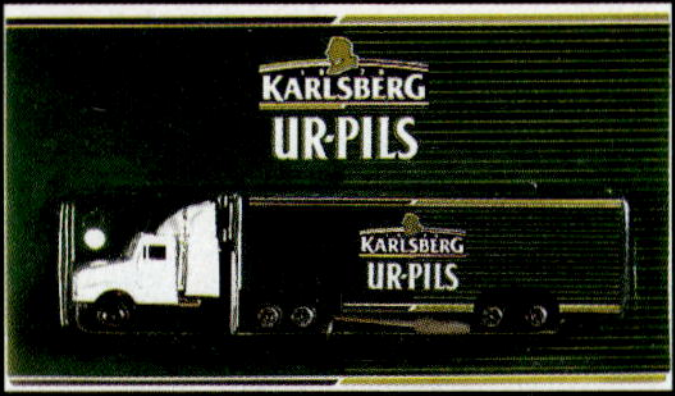

Karlsberg	9 €
Hersteller	
Jahr	2001
Packung	Blister
Vorbild	MB Actros Auflieger
Sonst.	
Molter Nr.	2922

Karlsberg	9 €
Hersteller	
Jahr	2001
Packung	Blister
Vorbild	MB Actros Auflieger
Sonst.	
Molter Nr.	2923

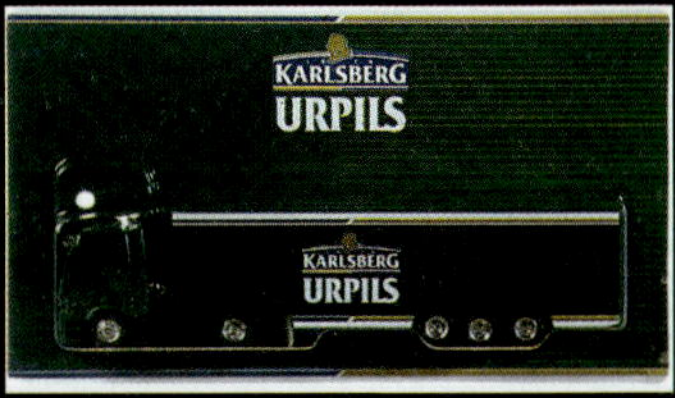

Karlsberg	9 €
Hersteller	Hümmer
Jahr	2001
Packung	Blister
Vorbild	MB Actros Auflieger
Sonst.	
Molter Nr.	4352

Karlsberg	8 €
Hersteller	Hümmer
Jahr	2001
Packung	Blister
Vorbild	MB Actros Auflieger
Sonst.	
Molter Nr.	4490

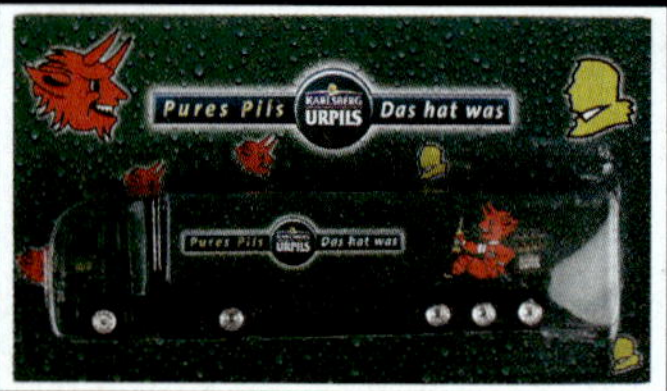

Karlsberg	8 €
Hersteller	dgd
Jahr	2002
Packung	Blister
Vorbild	MB Actros Auflieger
Sonst.	Die roten Teufel
Molter Nr.	4755

Karlsberg	8 €
Hersteller	Grell
Jahr	2001
Packung	Blister
Vorbild	MB Actros Auflieger
Sonst.	Nette
Molter Nr.	7025

Karlsberger Hof	8 €
Hersteller	Grell
Jahr	2002
Packung	Blister
Vorbild	MB Actros Auflieger
Sonst.	
Molter Nr.	5752

Karlsberger Hof	8 €
Hersteller	Grell
Jahr	2002
Packung	Blister
Vorbild	MB Actros Auflieger
Sonst.	
Molter Nr.	5753

K

Karlsbräu — 50 €

Hersteller	
Jahr	
Packung	Plastikschachtel
Vorbild	US Auflieger
Sonst.	
Molter Nr.	7340

Karmeliter — 12 €

Hersteller	dgd
Jahr	2000 (Aufl.: 5000)
Packung	Blister
Vorbild	MAN F2000 Auflieger
Sonst.	Nr. 49
Molter Nr.	1001

Karmeliter — 8 €

Hersteller	Grell
Jahr	2002
Packung	Blister
Vorbild	MAN TG-A Auflieger
Sonst.	
Molter Nr.	5164

Karmeliter — 8 €

Hersteller	Grell
Jahr	2002
Packung	Blister
Vorbild	Büssing Hängerzug
Sonst.	
Molter Nr.	5098

Käse-Maih — 8 €

Hersteller	Plus
Jahr	2002
Packung	Blister
Vorbild	DAF Hängerzug
Sonst.	
Molter Nr.	7869

Käse-Maih — 8 €

Hersteller	Vierke
Jahr	2002
Packung	Blister
Vorbild	Mack Auflieger
Sonst.	
Molter Nr.	7870

Kaßberg-Fest 99 — 10 €

Hersteller	Müller Chemnitz
Jahr	1999
Packung	Plastikschachtel
Vorbild	Mack Auflieger
Sonst.	
Molter Nr.	1002

Katzenbräu — 8 €

Hersteller	Eurosun
Jahr	2001
Packung	Blister
Vorbild	MB Actros Auflieger
Sonst.	
Molter Nr.	3006

Katzenbräu — 8 €

Hersteller	WMS
Jahr	2001
Packung	Blister
Vorbild	Scania Auflieger
Sonst.	
Molter Nr.	4252

Katzenbräu — 8 €

Hersteller	Allround-Service
Jahr	2002
Packung	Blister
Vorbild	Renault Tanker
Sonst.	
Molter Nr.	7474

K

Kaufbeurer	22 €
Hersteller	Hümmer
Jahr	1999
Packung	Blister
Vorbild	US Auflieger
Sonst.	
Molter Nr.	1003

Kaufbeurer	15 €
Hersteller	
Jahr	2000 (Aufl.: 1000)
Packung	Plastikschachtel
Vorbild	MAN M2000 Auflieger
Sonst.	
Molter Nr.	2927

Kaufbeurer	9 €
Hersteller	Hümmer
Jahr	2001
Packung	Blister
Vorbild	MAN TG-A Hängerzug
Sonst.	
Molter Nr.	2928

Kaufbeurer	8 €
Hersteller	Grell
Jahr	2002
Packung	Blister
Vorbild	Ford Oldtimer
Sonst.	
Molter Nr.	4578

Kaufbeurer	10 €
Hersteller	Design
Jahr	2002 (Aufl.: 1000)
Packung	Plastikschachtel
Vorbild	Renault Auflieger
Sonst.	
Molter Nr.	5445

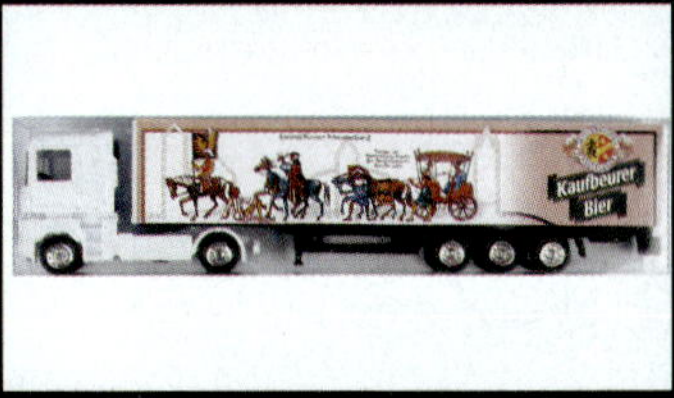

K

Kauzen Bräu	8 €
Hersteller	Grell
Jahr	2002
Packung	Blister
Vorbild	Ford 9000 Tankzug
Sonst.	
Molter Nr.	7699

Kauzen Bräu	25 €
Hersteller	Grell
Jahr	1998
Packung	Blister
Vorbild	Mack Auflieger
Sonst.	
Molter Nr.	1004

Kauzen Bräu	LHP €
Hersteller	Grell
Jahr	
Packung	Plastikschachtel
Vorbild	Mack Auflieger
Sonst.	
Molter Nr.	4308

Kauzen Bräu	20 €
Hersteller	Grell
Jahr	1999
Packung	Blister
Vorbild	Mack Auflieger
Sonst.	
Molter Nr.	1005

Kauzen Bräu	18 €
Hersteller	Grell
Jahr	1999
Packung	Blister
Vorbild	Mack Auflieger
Sonst.	
Molter Nr.	1006

K

Kauzen Bräu — 12 €

Hersteller	Grell
Jahr	2000
Packung	Blister
Vorbild	MB Actros Auflieger
Sonst.	
Molter Nr.	1007

Kauzen Bräu — 15 €

Hersteller	Grell
Jahr	2000
Packung	Blister
Vorbild	IFA W50 Hängerzug
Sonst.	
Molter Nr.	1008

Kauzen Bräu — 10 €

Hersteller	Grell
Jahr	2000
Packung	Blister
Vorbild	Ford 9000 Auflieger
Sonst.	
Molter Nr.	1009

Kauzen Bräu — 10 €

Hersteller	Grell
Jahr	2001
Packung	Blister
Vorbild	Scania Hängerzug
Sonst.	
Molter Nr.	1010

Kauzen Bräu — 9 €

Hersteller	Grell
Jahr	2001
Packung	Blister
Vorbild	MAN F2000 Auflieger
Sonst.	
Molter Nr.	2929

Kauzen Bräu — 9 €

Hersteller	Grell
Jahr	2001
Packung	Blister
Vorbild	Ford 9000 Auflieger
Sonst.	
Molter Nr.	2930

Kauzen Bräu — 9 €

Hersteller	Grell
Jahr	2001
Packung	Blister
Vorbild	Krupp Mustang Hängerzug
Sonst.	
Molter Nr.	2931

Kauzen Bräu — 12 €

Hersteller	Grell
Jahr	2001
Packung	Blister
Vorbild	Ford 9000 Auflieger
Sonst.	
Molter Nr.	2933

Kauzen Bräu — 8 €

Hersteller	Grell
Jahr	2001
Packung	Blister
Vorbild	Ford 9000 Auflieger
Sonst.	
Molter Nr.	2934

Kauzen Bräu — 8 €

Hersteller	Grell
Jahr	2001
Packung	Blister
Vorbild	MB Actros Auflieger
Sonst.	
Molter Nr.	4087

K

Kauzen Bräu	8 €
Hersteller	Grell
Jahr	2002
Packung	Blister
Vorbild	Scania 124L Tankzug
Sonst.	
Molter Nr.	5720

Kauzen Bräu	8 €
Hersteller	Grell
Jahr	2002
Packung	Blister
Vorbild	Ford 9000 Tankzug
Sonst.	
Molter Nr.	5271

Kauzen Bräu	8 €
Hersteller	Grell
Jahr	2002
Packung	Blister
Vorbild	Freightliner FLD Auflieger
Sonst.	
Molter Nr.	5915

Kauzen Bräu	8 €
Hersteller	Grell
Jahr	2002
Packung	Blister
Vorbild	Freightliner FLD Auflieger
Sonst.	
Molter Nr.	5925

Kauzen Bräu	8 €
Hersteller	Grell
Jahr	2002
Packung	Blister
Vorbild	Renault Auflieger
Sonst.	
Molter Nr.	4676

K

Kauzen Bräu	25 €
Hersteller	Grell
Jahr	2002 (Aufl.: 1000)
Packung	Blister
Vorbild	Freightliner FLD Tankzug
Sonst.	18 Karat vergoldet
Molter Nr.	4692

Kauzen Bräu	8 €
Hersteller	Grell
Jahr	2002
Packung	Blister
Vorbild	Scania 124L Tankzug
Sonst.	mit Container
Molter Nr.	7013

Kauzen Bräu	€
Hersteller	Grell
Jahr	2002
Packung	
Vorbild	MAN TG-A Tankzug
Sonst.	mit Schankwagen
Molter Nr.	5028

Kauzen Bräu	8 €
Hersteller	Grell
Jahr	2002
Packung	Blister
Vorbild	MB Atego Tankhängerzug
Sonst.	
Molter Nr.	7669

Kauzen Bräu	8 €
Hersteller	Hümmer
Jahr	2003
Packung	Blister
Vorbild	Iveco Auflieger
Sonst.	mit Flasche
Molter Nr.	6488

Kauzen Bräu — 8 €

Hersteller	Hümmer
Jahr	2003
Packung	Blister
Vorbild	Iveco Auflieger
Sonst.	mit Flasche
Molter Nr.	7246

Keesmann Bamberg — 10 €

Hersteller	dgd
Jahr	2001 (Aufl.: 1500)
Packung	Blister
Vorbild	MB Actros Hängerzug
Sonst.	
Molter Nr.	4372

Kekila Fruchtsäfte — 10 €

Hersteller	Grell
Jahr	2000
Packung	Blister
Vorbild	MB Actros Auflieger
Sonst.	
Molter Nr.	1011

Kela — 8 €

Hersteller	Hümmer
Jahr	2001
Packung	Blister
Vorbild	MB Actros Auflieger
Sonst.	
Molter Nr.	2932

Kela — 8 €

Hersteller	Hümmer
Jahr	2001
Packung	Blister
Vorbild	MB Actros Auflieger
Sonst.	
Molter Nr.	4232

K

Kesselring 30 €

Hersteller	Hümmer
Jahr	1998
Packung	Blister
Vorbild	US Auflieger
Sonst.	Sternfelgen
Molter Nr.	1012

Kesselring 18 €

Hersteller	Hümmer
Jahr	1999
Packung	Blister
Vorbild	US Auflieger
Sonst.	neue Felgen
Molter Nr.	1013

Kesselring 10 €

Hersteller	Top-Style
Jahr	2000 (Aufl.: 7000)
Packung	Blister
Vorbild	MB Actros Hängerzug
Sonst.	
Molter Nr.	1014

Kesselring 9 €

Hersteller	dgd
Jahr	2001
Packung	Blister
Vorbild	MAN TG-A Auflieger
Sonst.	
Molter Nr.	2936

Kesselring 9 €

Hersteller	dgd
Jahr	2001
Packung	Blister
Vorbild	MAN TG-A Auflieger
Sonst.	
Molter Nr.	4452

K

Kesselring — 8 €

Hersteller	dgd
Jahr	2002
Packung	Blister
Vorbild	MAN TG-A Auflieger
Sonst.	Gabelstapler
Molter Nr.	5507

Ketterer — 10 €

Hersteller	dgd
Jahr	2001
Packung	Blister
Vorbild	MB Actros Auflieger
Sonst.	
Molter Nr.	2937

Ketterer — 8 €

Hersteller	EKBG
Jahr	2003
Packung	Blister
Vorbild	MB Actros Auflieger
Sonst.	
Molter Nr.	6931

Kilion - Bräu — 8 €

Hersteller	dgd
Jahr	2002 (Aufl.: 2500)
Packung	Blister
Vorbild	Büssing Hängerzug
Sonst.	ohne Plane
Molter Nr.	5933

Kirchdorfer — 15 €

Hersteller	Müller Chemnitz
Jahr	1999
Packung	Plastikschachtel
Vorbild	Majorette Auflieger
Sonst.	
Molter Nr.	1020

K

Kirchdorfer — 12 €

Hersteller	Müller Chemnitz
Jahr	2000
Packung	Plastikschachtel
Vorbild	Majorette Auflieger
Sonst.	
Molter Nr.	1019

Kirchdorfer — 10 €

Hersteller	Müller Chemnitz
Jahr	2002
Packung	Plastikschachtel
Vorbild	Majorette Auflieger
Sonst.	
Molter Nr.	4561

Kirchers Brauerei — 75 €

Hersteller	
Jahr	
Packung	Plastikschachtel
Vorbild	US Auflieger
Sonst.	
Molter Nr.	1016

Kirchers Brauerei — 30 €

Hersteller	Grell
Jahr	1998
Packung	Blister
Vorbild	Mack Auflieger
Sonst.	
Molter Nr.	1017

Kirchers Brauerei — 25 €

Hersteller	Grell
Jahr	1999
Packung	Blister
Vorbild	Mack Auflieger
Sonst.	
Molter Nr.	1018

Kirchers Brauerei — 10 €

Hersteller	dgd
Jahr	2002
Packung	Blister
Vorbild	Scania Auflieger
Sonst.	
Molter Nr.	4673

Kirchers Brauerei — 10 €

Hersteller	dgd
Jahr	2001
Packung	Blister
Vorbild	Scania Auflieger
Sonst.	
Molter Nr.	4833

Kirchers Brauerei — 8 €

Hersteller	Hümmer
Jahr	2003
Packung	Blister
Vorbild	MAN TG-A Tankzug
Sonst.	
Molter Nr.	7694

Kirkeler Wald-Quelle — 8 €

Hersteller	Hümmer
Jahr	2003
Packung	Blister
Vorbild	MB Actros Auflieger
Sonst.	mit Flasche
Molter Nr.	6475

Kirner — 50 €

Hersteller	Hümmer
Jahr	1998
Packung	Plastikschachtel
Vorbild	US classic
Sonst.	
Molter Nr.	1015

K

Kirner	20 €
Hersteller	
Jahr	2000
Packung	Plastikschachtel
Vorbild	US Auflieger
Sonst.	
Molter Nr.	2938

Kirner	9 €
Hersteller	dgd
Jahr	2001
Packung	Blister
Vorbild	MAN F2000 Auflieger
Sonst.	
Molter Nr.	4406

Kirner	10 €
Hersteller	Dgd
Jahr	2002
Packung	Blister
Vorbild	Scania Auflieger
Sonst.	
Molter Nr.	7566

Kitzmann	75 €
Hersteller	Hümmer
Jahr	
Packung	Blister
Vorbild	Doppeldeckerbus
Sonst.	
Molter Nr.	1021

Kitzmann	40 €
Hersteller	Hümmer
Jahr	
Packung	Blister
Vorbild	MB klein Auflieger
Sonst.	
Molter Nr.	1022

Kitzmann	18 €
Hersteller	Hümmer
Jahr	2000
Packung	Blister
Vorbild	US Auflieger
Sonst.	
Molter Nr.	1023

Kitzmann	9 €
Hersteller	Grell
Jahr	2002
Packung	Blister
Vorbild	MAN Oldtimer Hängerzug
Sonst.	
Molter Nr.	5232

Kitzmann	8 €
Hersteller	dgd
Jahr	2002
Packung	Blister
Vorbild	Scania Auflieger
Sonst.	mit Gabelstapler
Molter Nr.	4945

Kitzmann	8 €
Hersteller	dgd
Jahr	2002
Packung	Blister
Vorbild	Scania Hängerzug
Sonst.	mit Schankwagen
Molter Nr.	4876

Kitzmann	8 €
Hersteller	dgd
Jahr	2002
Packung	Blister
Vorbild	MAN F2000 Tankzug
Sonst.	
Molter Nr.	4937

Klaus Getränke — 9 €

Hersteller	Allround-Service
Jahr	2000
Packung	Blister
Vorbild	MB Actros Hängerzug
Sonst.	
Molter Nr.	7567

Klaus Getränke — 8 €

Hersteller	Allround Service
Jahr	2000 (Aufl.: 2500)
Packung	Blister
Vorbild	MB Actros Hängerzug
Sonst.	
Molter Nr.	1027

Klaus Getränke — 8 €

Hersteller	Allround Service
Jahr	2000 (Aufl.: 2500)
Packung	Blister
Vorbild	MB Actros Hängerzug
Sonst.	
Molter Nr.	4173

Klaus Getränke — 8 €

Hersteller	Allround Service
Jahr	2001 (Aufl.: 2500)
Packung	Blister
Vorbild	MB Actros Hängerzug
Sonst.	
Molter Nr.	1026

Klaus Getränke — 8 €

Hersteller	Top-Style
Jahr	2001 (Aufl.: 2500)
Packung	Blister
Vorbild	MB Actros Hängerzug
Sonst.	
Molter Nr.	2940

K

Klausner Pils — 15 €

Hersteller	Grell
Jahr	1999
Packung	Blister
Vorbild	Mack Auflieger
Sonst.	
Molter Nr.	1024

Klausner Pils — 8 €

Hersteller	Grell
Jahr	2001
Packung	Blister
Vorbild	MB Actros Auflieger
Sonst.	von Trink Paradies
Molter Nr.	3993

Kleiner Feigling — 15 €

Hersteller	Top-Style
Jahr	2002 (Aufl.: 3000)
Packung	Blister
Vorbild	Renault Tankzug
Sonst.	wenig ausgeliefert,Markgrafen
Molter Nr.	4986

Klindworth Saft — 12 €

Hersteller	Gack
Jahr	1999
Packung	Blister
Vorbild	MB Actros Auflieger
Sonst.	
Molter Nr.	1025

Klindworth Saft — 8 €

Hersteller	Grell
Jahr	2002
Packung	Blister
Vorbild	Scania Auflieger
Sonst.	
Molter Nr.	5606

K

Kloster Engelberg — 8 €

Hersteller	Hümmer
Jahr	2003
Packung	Blister
Vorbild	MB Actros Hängerzug
Sonst.	
Molter Nr.	7009

Klosterbräu Bamberg — 25 €

Hersteller	Amon
Jahr	2001
Packung	Plastikschachtel
Vorbild	MB Actros Auflieger
Sonst.	
Molter Nr.	2950

Klosterbräu Bamberg — 25 €

Hersteller	Amon
Jahr	2001 (Aufl.: 50)
Packung	Plastikschachtel
Vorbild	MAN Phönix Tankzug
Sonst.	
Molter Nr.	2943

Klosterbräu Bamberg — 25 €

Hersteller	Amon
Jahr	2000 (Aufl.: 200)
Packung	Plastikschachtel
Vorbild	MAN TG-A Auflieger
Sonst.	
Molter Nr.	1029

Klosterbräu Bamberg — 25 €

Hersteller	Amon
Jahr	2000 (Aufl.: 200)
Packung	Plastikschachtel
Vorbild	MAN TG-A Auflieger
Sonst.	
Molter Nr.	1030

Klosterbräu Bamberg 25 €

Hersteller	Amon
Jahr	2000 (Aufl.: 300)
Packung	Plastikschachtel
Vorbild	MAN TG-A Auflieger
Sonst.	
Molter Nr.	1031

Klosterbräu Bamberg 20 €

Hersteller	dgd
Jahr	2001
Packung	Blister
Vorbild	Framo
Sonst.	
Molter Nr.	2942

Klosterbräu Bamberg 15 €

Hersteller	Amon
Jahr	2002 (Aufl.: 100)
Packung	Plastikschachtel
Vorbild	MB Actros Tankzug
Sonst.	
Molter Nr.	6096

Klosterbräu Bamberg 8 €

Hersteller	Grell
Jahr	2003
Packung	Blister
Vorbild	Büssing Hängerzug
Sonst.	
Molter Nr.	6917

Klosterbräu Münnerstadt 15 €

Hersteller	Grell
Jahr	1999
Packung	Blister
Vorbild	Mack Auflieger
Sonst.	
Molter Nr.	1580

K

Klosterbräu Münnerstadt — **12 €**

Hersteller	dgd
Jahr	2000 (Aufl.: 2500)
Packung	Blister
Vorbild	MB L322 Hängerzug
Sonst.	
Molter Nr.	1034

Klosterbräu Münnerstadt — **8 €**

Hersteller	dgd
Jahr	2001 (Aufl.: 2500)
Packung	Blister
Vorbild	MB Actros Auflieger
Sonst.	
Molter Nr.	3994

Klosterbräu Münnerstadt — **8 €**

Hersteller	Allround Service
Jahr	2001 (Aufl.: 2500)
Packung	Blister
Vorbild	MB Actros Hängerzug
Sonst.	
Molter Nr.	1035

Klosterbräu Münnerstadt — **8 €**

Hersteller	Allround Service
Jahr	2001 (Aufl.: 2500)
Packung	Blister
Vorbild	MB Actros Hängerzug
Sonst.	
Molter Nr.	4174

Klosterbräu Münnerstadt — **8 €**

Hersteller	dgd
Jahr	2001
Packung	Blister
Vorbild	Scania Auflieger
Sonst.	
Molter Nr.	4097

Klosterbräu Münnerstadt	8 €
Hersteller	Top-Style
Jahr	2001 (Aufl.: 2500)
Packung	Blister
Vorbild	MB Actros Hängerzug
Sonst.	
Molter Nr.	2946

Klosterbräu Münnerstadt	8 €
Hersteller	dgd
Jahr	2001 (Aufl.: 2500)
Packung	Blister
Vorbild	MAN Phönix Auflieger
Sonst.	
Molter Nr.	4497

Klosterbräu Münnerstadt	8 €
Hersteller	dgd
Jahr	2001
Packung	Blister
Vorbild	DAF 95 XF Auflieger
Sonst.	
Molter Nr.	4091

Klosterbräu Münnerstadt	8 €
Hersteller	Grell
Jahr	2001 (Aufl.: 2500)
Packung	Blister
Vorbild	Freightliner FLD Auflieger
Sonst.	
Molter Nr.	4474

Klosterbräu Münnerstadt	8 €
Hersteller	Top-Style
Jahr	2002 (Aufl.: 2500)
Packung	Blister
Vorbild	MB Actros Tankzug
Sonst.	
Molter Nr.	5991

Klosterbräu Münnerstadt — 8 €

Hersteller	Grell
Jahr	2002
Packung	Blister
Vorbild	Ford Oldtimer
Sonst.	
Molter Nr.	7234

Klosterbräu Münnerstadt — 8 €

Hersteller	dgd
Jahr	2002
Packung	Blister
Vorbild	MAN Diesel Hängerzug
Sonst.	
Molter Nr.	7209

Klosterbräu Münnerstadt — 8 €

Hersteller	Gabotex
Jahr	2002
Packung	Blister
Vorbild	Scania Tankzug
Sonst.	
Molter Nr.	7592

Klosterbräu Münnerstadt — 8 €

Hersteller	EUBG
Jahr	2002 (Aufl.: 5000)
Packung	Blister
Vorbild	Freightliner FLD Auflieger
Sonst.	XL
Molter Nr.	6009

Klosterbräu Weissenohe — 10 €

Hersteller	dgd
Jahr	2001
Packung	Blister
Vorbild	MAN F2000 LKW
Sonst.	
Molter Nr.	2949

Klosterbrauerei Kemnath 12 €

Hersteller	Grell
Jahr	2000
Packung	Blister
Vorbild	MB Atego LKW
Sonst.	
Molter Nr.	1033

Klosterbrauerei Kemnath 8 €

Hersteller	dgd
Jahr	2002
Packung	Blister
Vorbild	Scania Auflieger
Sonst.	Kemnath,mit Stapler
Molter Nr.	5603

Klosterbr. Raitenhaslach 25 €

Hersteller	Grell
Jahr	1999
Packung	Blister
Vorbild	Mack Auflieger
Sonst.	
Molter Nr.	1032

Klosterbr. Raitenhaslach 8 €

Hersteller	Allround-Service
Jahr	2002
Packung	Blister
Vorbild	MB Actros Hängerzug
Sonst.	
Molter Nr.	7568

Klosterbr. Raitenhaslach 8 €

Hersteller	Top-Style
Jahr	2002
Packung	Blister
Vorbild	Renault Tankzug
Sonst.	
Molter Nr.	5985

Klosterbrauerei Reutberg — 11 €

Hersteller	dgd
Jahr	2000
Packung	Blister
Vorbild	MAN F2000 Auflieger
Sonst.	
Molter Nr.	1028

Klösterl — 10 €

Hersteller	Müller Chemnitz
Jahr	2001
Packung	Plastikschachtel
Vorbild	Majorette Auflieger
Sonst.	
Molter Nr.	3971

Knappen Bräu — 20 €

Hersteller	Grell
Jahr	1999
Packung	Blister
Vorbild	MB Actros Auflieger
Sonst.	
Molter Nr.	1036

Knappen Bräu — 18 €

Hersteller	Grell
Jahr	2000
Packung	Blister
Vorbild	IFA W50 Hängerzug
Sonst.	
Molter Nr.	1037

Knappen Bräu — 18 €

Hersteller	Grell
Jahr	2000
Packung	Blister
Vorbild	MB Atego LKW
Sonst.	
Molter Nr.	1038

K

Knappen Bräu — 18 €

Hersteller	Grell
Jahr	2000
Packung	Blister
Vorbild	MB Actros Hängerzug
Sonst.	
Molter Nr.	1039

Kneitinger — 11 €

Hersteller	dgd
Jahr	2001 (Aufl.: 2500)
Packung	Blister
Vorbild	MB Actros Auflieger
Sonst.	
Molter Nr.	2951

Knoblach — 8 €

Hersteller	Lauterbach
Jahr	2002
Packung	Blister
Vorbild	DAF 95 XF Auflieger
Sonst.	
Molter Nr.	5986

Kober´s — 8 €

Hersteller	Grell
Jahr	2002
Packung	Blister
Vorbild	Freightliner FLD Auflieger
Sonst.	
Molter Nr.	5366

Kober´s — 8 €

Hersteller	Grell
Jahr	2002
Packung	Blister
Vorbild	Freightliner FLD Tankzug
Sonst.	
Molter Nr.	5368

K

Kober´s — 8 €

Hersteller	Grell
Jahr	2002
Packung	Blister
Vorbild	Freightliner FLD Auflieger
Sonst.	
Molter Nr.	5359

Kober´s — 8 €

Hersteller	Grell
Jahr	2002
Packung	Blister
Vorbild	Freightliner FLD Auflieger
Sonst.	
Molter Nr.	5361

Kober´s — 8 €

Hersteller	Grell
Jahr	2003
Packung	Blister
Vorbild	Freightliner FLD Auflieger
Sonst.	
Molter Nr.	6939

Kochelbräu — 10 €

Hersteller	EKGB
Jahr	2002
Packung	Blister
Vorbild	Freightliner FLD Auflieger
Sonst.	XXL
Molter Nr.	6370

Kondrauer — 15 €

Hersteller	Hümmer
Jahr	1999
Packung	Blister
Vorbild	MB Actros Hängerzug
Sonst.	Sternfelgen
Molter Nr.	1088

K

Kondrauer — 12 €

Hersteller	Hümmer
Jahr	2000
Packung	Blister
Vorbild	MB Actros Hängerzug
Sonst.	neue Felgen
Molter Nr.	1088a

Kondrauer — 10 €

Hersteller	Hümmer
Jahr	2000
Packung	Blister
Vorbild	MB Actros Hängerzug
Sonst.	
Molter Nr.	1089

Kondrauer — 9 €

Hersteller	Grell
Jahr	2001
Packung	Blister
Vorbild	Scania Auflieger
Sonst.	Markgrafen
Molter Nr.	4289

König Otto Sprudel — 35 €

Hersteller	Hümmer
Jahr	
Packung	Blister
Vorbild	MAN F90 Hängerzug
Sonst.	
Molter Nr.	1071

König Otto Sprudel — 12 €

Hersteller	Hümmer
Jahr	1999
Packung	Blister
Vorbild	MB Actros Hängerzug
Sonst.	
Molter Nr.	1072

König Otto Sprudel — 9 €

Hersteller	Hümmer
Jahr	2001
Packung	Blister
Vorbild	MB Actros LKW
Sonst.	
Molter Nr.	2964

König-Pilsener — 20 €

Hersteller	
Jahr	1999
Packung	Blister
Vorbild	MB groß Auflieger
Sonst.	
Molter Nr.	1040

König-Pilsener — 10 €

Hersteller	Hümmer
Jahr	2001
Packung	Blister
Vorbild	MAN TG-A Auflieger
Sonst.	
Molter Nr.	2953

König-Pilsener — 10 €

Hersteller	Hümmer
Jahr	2001
Packung	Blister
Vorbild	MAN TG-A Auflieger
Sonst.	
Molter Nr.	2952

König-Pilsener — 9 €

Hersteller	
Jahr	2001
Packung	Blister
Vorbild	MAN TG-A Auflieger
Sonst.	
Molter Nr.	4089

König-Pilsener 8 €

Hersteller	Dr. Lichtenberg Gmbh
Jahr	2002
Packung	Blister
Vorbild	MAN TG-A Hängerzug
Sonst.	
Molter Nr.	5508

König-Pilsener 8 €

Hersteller	Dr. Lichtenberg Gmbh
Jahr	2002
Packung	Blister
Vorbild	MB Atego Hängerzug
Sonst.	
Molter Nr.	5509

König-Pilsener 8 €

Hersteller	Dr. Lichtenberg Gmbh
Jahr	2002
Packung	Blister
Vorbild	Scania Hängerzug
Sonst.	
Molter Nr.	5510

König-Pilsener 8 €

Hersteller	Dr. Lichtenberg Gmbh
Jahr	2002
Packung	Blister
Vorbild	MB Actros Hängerzug
Sonst.	
Molter Nr.	5511

Königsbacher 80 €

Hersteller	Hümmer
Jahr	
Packung	Plastikschachtel
Vorbild	US Auflieger
Sonst.	geriffelter Sattel
Molter Nr.	1045

Königsbacher — 70 €

Hersteller	Hümmer
Jahr	
Packung	Plastikschachtel
Vorbild	US Auflieger
Sonst.	geriffelter Sattel
Molter Nr.	4501

Königsbacher — 60 €

Hersteller	Hümmer
Jahr	
Packung	Blister
Vorbild	US Auflieger
Sonst.	geriffelter Sattel
Molter Nr.	1046

Königsbacher — 50 €

Hersteller	Hümmer
Jahr	
Packung	Blister
Vorbild	US Auflieger
Sonst.	
Molter Nr.	2956

Königsbacher — 25 €

Hersteller	Grell
Jahr	1998
Packung	Blister
Vorbild	Mack Auflieger
Sonst.	
Molter Nr.	1047

Königsbacher — 15 €

Hersteller	Grell
Jahr	1999
Packung	Blister
Vorbild	Mack Auflieger
Sonst.	
Molter Nr.	1048

Königsbacher 15 €

Hersteller	Grell
Jahr	1999
Packung	Blister
Vorbild	Mack Auflieger
Sonst.	
Molter Nr.	1049

Königsbacher 12 €

Hersteller	Grell
Jahr	2000
Packung	Blister
Vorbild	Mack Auflieger
Sonst.	
Molter Nr.	1050

Königsbacher 9 €

Hersteller	Grell
Jahr	2001
Packung	Blister
Vorbild	MB Actros Auflieger
Sonst.	
Molter Nr.	2957

Königsbacher 9 €

Hersteller	Grell
Jahr	2001
Packung	Blister
Vorbild	MB Actros Auflieger
Sonst.	
Molter Nr.	3244

Königsbacher 9 €

Hersteller	
Jahr	2001
Packung	Blister
Vorbild	MB Actros Auflieger
Sonst.	
Molter Nr.	4096

Königsbräu 150 €

Hersteller	Hümmer
Jahr	
Packung	Plastikschachtel
Vorbild	MB klein Auflieger
Sonst.	
Molter Nr.	6610

Königsbräu 60 €

Hersteller	Hümmer
Jahr	1992
Packung	Plastikschachtel
Vorbild	US Auflieger
Sonst.	
Molter Nr.	1041

Königsbräu 18 €

Hersteller	dgd
Jahr	2000
Packung	Blister
Vorbild	US Auflieger
Sonst.	
Molter Nr.	1044

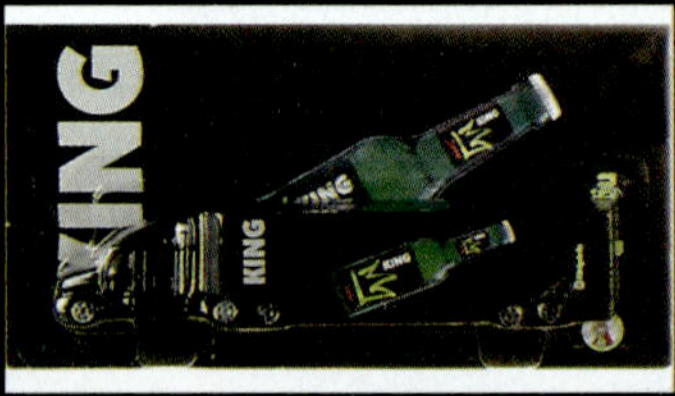

Königsbräu 15 €

Hersteller	dgd
Jahr	2000
Packung	Blister
Vorbild	MAN F2000 Auflieger
Sonst.	
Molter Nr.	1043

Königsbräu 11 €

Hersteller	dgd
Jahr	2000
Packung	Blister
Vorbild	MAN F2000 Auflieger
Sonst.	
Molter Nr.	4175

K

Königsbräu — 10 €

Hersteller	dgd
Jahr	2001
Packung	Blister
Vorbild	MAN TG-A Auflieger
Sonst.	
Molter Nr.	2955

Königsbräu — 8 €

Hersteller	Lauterbach
Jahr	2002
Packung	Blister
Vorbild	Renault Magnum Tankzug
Sonst.	
Molter Nr.	6165

Königsbräu — 8 €

Hersteller	dgd
Jahr	2002
Packung	Blister
Vorbild	MAN Oldtimer Hängerzug
Sonst.	
Molter Nr.	5450

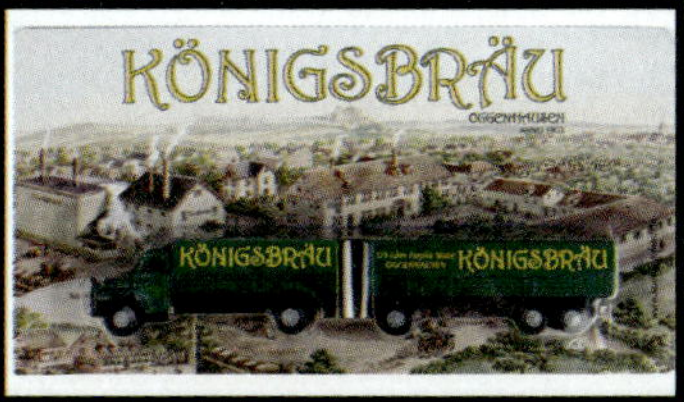

Königsee — 200 €

Hersteller	Hümmer
Jahr	
Packung	Plastikschachtel
Vorbild	MAN F90 Hängerzug
Sonst.	
Molter Nr.	1052

Königsee — 50 €

Hersteller	Hümmer
Jahr	
Packung	Blister
Vorbild	US Auflieger
Sonst.	
Molter Nr.	1053

K

Königsee — 40 €

Hersteller	Hümmer
Jahr	
Packung	Blister
Vorbild	US Auflieger
Sonst.	
Molter Nr.	1054

Königsee — 20 €

Hersteller	Grell
Jahr	1998
Packung	Blister
Vorbild	Mack Auflieger
Sonst.	
Molter Nr.	1055

Königsee — 20 €

Hersteller	Grell
Jahr	1998
Packung	Blister
Vorbild	Mack Auflieger
Sonst.	
Molter Nr.	1056

Königsee — 35 €

Hersteller	Grell
Jahr	1999 (Aufl.: 800)
Packung	Blister
Vorbild	MB Actros Auflieger
Sonst.	
Molter Nr.	1057

Königsee — 18 €

Hersteller	Hümmer
Jahr	1999
Packung	Blister
Vorbild	US Auflieger
Sonst.	
Molter Nr.	1058

K

Königsee 12 €

Hersteller	Grell
Jahr	2000
Packung	Blister
Vorbild	MB Actros Auflieger
Sonst.	
Molter Nr.	1059

Königsee 12 €

Hersteller	dgd
Jahr	2000
Packung	Blister
Vorbild	MAN F2000 Auflieger
Sonst.	
Molter Nr.	1060

Königsee 15 €

Hersteller	Grell
Jahr	2000 (Aufl.: 2000)
Packung	Blister
Vorbild	MB Actros Auflieger
Sonst.	
Molter Nr.	1061

Königsee 12 €

Hersteller	Hümmer
Jahr	2000
Packung	Blister
Vorbild	MB Oldtimer LKW
Sonst.	
Molter Nr.	1062

Königsee 12 €

Hersteller	Hümmer
Jahr	2000
Packung	Blister
Vorbild	IFA W50 Hängerzug
Sonst.	
Molter Nr.	1063

Königsee	40 €
Hersteller	Hümmer
Jahr	2001
Packung	Blister
Vorbild	US classic XXL
Sonst.	XXL
Molter Nr.	7569

Königsee	35 €
Hersteller	Hümmer
Jahr	2001
Packung	Blister
Vorbild	US classic XXL
Sonst.	XXL
Molter Nr.	7570

Königsee	9 €
Hersteller	dgd
Jahr	2001
Packung	Blister
Vorbild	US Auflieger
Sonst.	
Molter Nr.	2961

Königsee	9 €
Hersteller	Hümmer
Jahr	2001
Packung	Blister
Vorbild	US Auflieger
Sonst.	
Molter Nr.	2958

Königsee	9 €
Hersteller	Hümmer
Jahr	2001
Packung	Blister
Vorbild	US Auflieger
Sonst.	
Molter Nr.	2959

K

Königsee 9 €

Hersteller	dgd
Jahr	2001
Packung	Blister
Vorbild	MAN F2000 Auflieger
Sonst.	
Molter Nr.	2960

Königsee 8 €

Hersteller	dgd
Jahr	2001
Packung	Blister
Vorbild	MAN F2000 Auflieger
Sonst.	
Molter Nr.	2967

Königsee 8 €

Hersteller	Hümmer
Jahr	2002
Packung	Blister
Vorbild	Mack Tankzug
Sonst.	
Molter Nr.	5690

Königsee 35 €

Hersteller	Hümmer
Jahr	2002 (Aufl.: 500)
Packung	Blister
Vorbild	Freightliner FLD Auflieger
Sonst.	XXL Cool Lager
Molter Nr.	6025

Königsee 25 €

Hersteller	dgd
Jahr	2002 (Aufl.: 500)
Packung	Blister
Vorbild	MB Axor Auflieger
Sonst.	XL
Molter Nr.	5013

K

Königsee	30 €
Hersteller	dgd
Jahr	2002 (Aufl.: 500)
Packung	Blister
Vorbild	Peterbilt Auflieger
Sonst.	XXL
Molter Nr.	4739

Königsee	8 €
Hersteller	Grell
Jahr	2002
Packung	Blister
Vorbild	Scania 124L Tankzug
Sonst.	
Molter Nr.	5559

Königsee	8 €
Hersteller	Hümmer
Jahr	2002
Packung	Blister
Vorbild	Renault Magnum Auflieger
Sonst.	mit Container
Molter Nr.	7256

Königsee	8 €
Hersteller	Grell
Jahr	2002
Packung	Blister
Vorbild	Ford Oldtimer
Sonst.	
Molter Nr.	5742

Königsee	8 €
Hersteller	Hümmer
Jahr	2003
Packung	Blister
Vorbild	Oldtimer
Sonst.	Modell 1
Molter Nr.	6985

K

Königsee 8 €

Hersteller	Hümmer
Jahr	2003
Packung	Blister
Vorbild	Oldtimer
Sonst.	
Molter Nr.	7683

Königseer 25 €

Hersteller	Amon
Jahr	2002 (Aufl.: 100)
Packung	Plastikschachtel
Vorbild	MAN TG-A Auflieger
Sonst.	
Molter Nr.	6123

Königseer 10 €

Hersteller	Amon
Jahr	2003 (Aufl.: 200)
Packung	Plastikschachtel
Vorbild	DAF 95 XF Auflieger
Sonst.	
Molter Nr.	6894

Königsegger 15 €

Hersteller	Hümmer
Jahr	2000
Packung	Blister
Vorbild	US Auflieger
Sonst.	
Molter Nr.	1051

Köppel 8 €

Hersteller	Lauterbach
Jahr	2000
Packung	Blister
Vorbild	MAN TG-A Auflieger
Sonst.	
Molter Nr.	1080

K

Köppel	8 €
Hersteller	Lauterbach
Jahr	2000
Packung	Blister
Vorbild	MAN TG-A Auflieger
Sonst.	
Molter Nr.	1081

Köstritzer	17 €
Hersteller	Grell
Jahr	1998
Packung	Blister
Vorbild	MB Actros Auflieger
Sonst.	
Molter Nr.	1082

Köstritzer	20 €
Hersteller	Hümmer
Jahr	1999
Packung	Blister
Vorbild	MB Actros Auflieger
Sonst.	Heiloo
Molter Nr.	1083

Köstritzer	15 €
Hersteller	Müller Chemnitz
Jahr	1999
Packung	Plastikschachtel
Vorbild	Mack Auflieger
Sonst.	
Molter Nr.	1084

Köstritzer	15 €
Hersteller	Müller Chemnitz
Jahr	2000
Packung	Plastikschachtel
Vorbild	Majorette Auflieger
Sonst.	
Molter Nr.	1085

K

Köstritzer — 10 €

Hersteller	Grell
Jahr	2000
Packung	Blister
Vorbild	Ford 9000 Auflieger
Sonst.	
Molter Nr.	1086

Köstritzer — 18 €

Hersteller	Grell
Jahr	2001 (Aufl.: 2500)
Packung	Blister
Vorbild	Ford 9000 Auflieger
Sonst.	
Molter Nr.	1087

Köstritzer — 9 €

Hersteller	Grell
Jahr	2001
Packung	Blister
Vorbild	Freightliner FLD Auflieger
Sonst.	
Molter Nr.	2968

Köstritzer — 10 €

Hersteller	Müller Chemnitz
Jahr	2001
Packung	Plastikschachtel
Vorbild	Majorette Auflieger
Sonst.	Country open Air
Molter Nr.	2970

Köstritzer — 9 €

Hersteller	Grell
Jahr	2001
Packung	Blister
Vorbild	Freightliner FLD Auflieger
Sonst.	
Molter Nr.	3005

K

Köstritzer 9 €

Hersteller	Grell
Jahr	2001
Packung	Blister
Vorbild	Freightliner FLD Auflieger
Sonst.	Eurotrink
Molter Nr.	4429

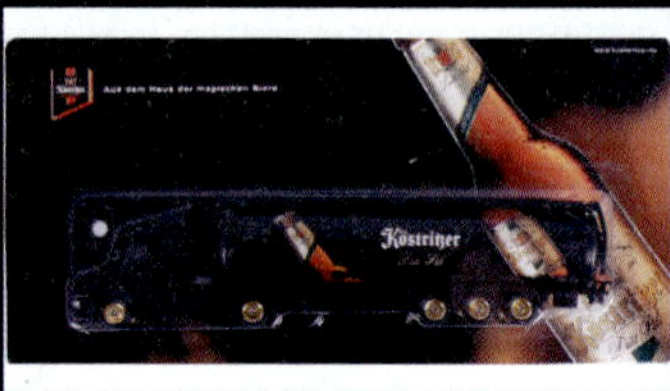

Köstritzer 8 €

Hersteller	Grell
Jahr	2002
Packung	Blister
Vorbild	Scania Hauber Tankzug
Sonst.	
Molter Nr.	7571

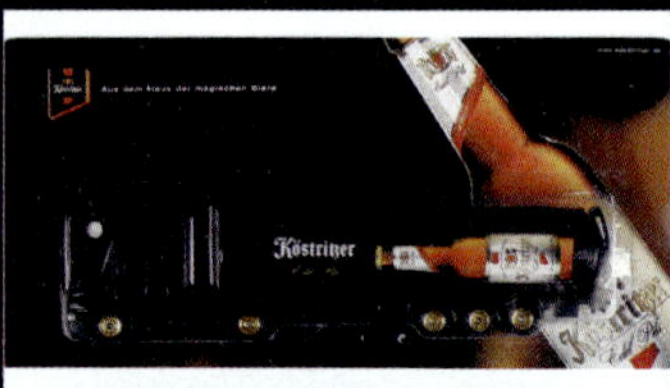

Köstritzer 8 €

Hersteller	Grell
Jahr	2002
Packung	Blister
Vorbild	Scania 124L Tankzug
Sonst.	Edel Pils
Molter Nr.	4582

Köstritzer 8 €

Hersteller	Hümmer
Jahr	2002
Packung	Blister
Vorbild	Goliath
Sonst.	Getränke Hermann
Molter Nr.	4593

Köstritzer 8 €

Hersteller	Grell
Jahr	2003
Packung	Blister
Vorbild	Freightliner FLD Auflieger
Sonst.	mit Dose
Molter Nr.	6701

K

Köstritzer — 8 €

Hersteller	Grell
Jahr	2003
Packung	Blister
Vorbild	Freightliner FLD Tanker
Sonst.	mit Container
Molter Nr.	6984

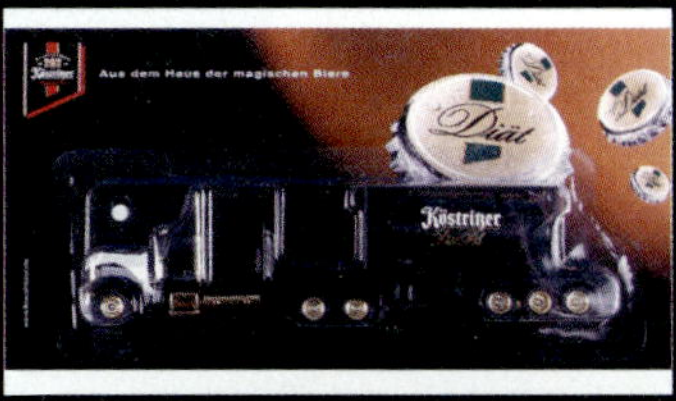

Köstritzer — 8 €

Hersteller	Hümmer
Jahr	2002
Packung	Blister
Vorbild	Goliath
Sonst.	Getränke Hermann
Molter Nr.	7498

Köstritzer — 8 €

Hersteller	
Jahr	
Packung	Plastikschachtel
Vorbild	Volvo Auflieger
Sonst.	
Molter Nr.	6418

Köthener — 35 €

Hersteller	Hümmer
Jahr	1998
Packung	Blister
Vorbild	US Auflieger
Sonst.	
Molter Nr.	1074

Köthener — 20 €

Hersteller	Hümmer
Jahr	1999
Packung	Blister
Vorbild	MB Actros Auflieger
Sonst.	
Molter Nr.	1075

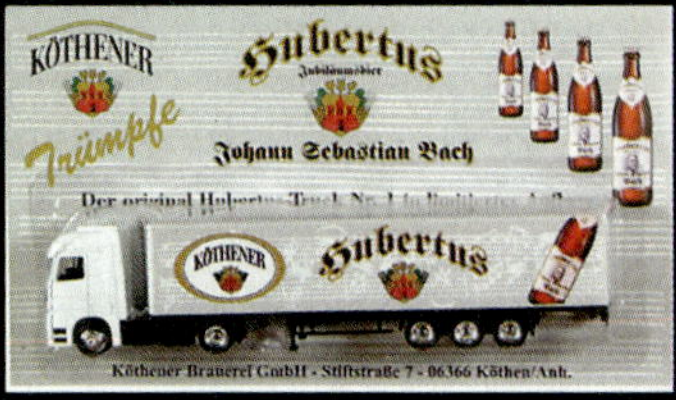

K

Köthener	18 €
Hersteller	Hümmer
Jahr	2000
Packung	Blister
Vorbild	MB Actros Auflieger
Sonst.	
Molter Nr.	1076

Köthener	15 €
Hersteller	Hümmer
Jahr	2000
Packung	Blister
Vorbild	MB Actros Auflieger
Sonst.	
Molter Nr.	1077

Köthener	12 €
Hersteller	Hümmer
Jahr	2001 (Aufl.: 2000)
Packung	Blister
Vorbild	MB Actros Auflieger
Sonst.	
Molter Nr.	1079

Köthener	12 €
Hersteller	Hümmer
Jahr	2000
Packung	Blister
Vorbild	MB Actros Auflieger
Sonst.	
Molter Nr.	1078

Köthener	10 €
Hersteller	dgd
Jahr	2001
Packung	Blister
Vorbild	MAN F2000 Hängerzug
Sonst.	
Molter Nr.	2973

K

Köthener	12 €
Hersteller	dgd
Jahr	2001
Packung	Blister
Vorbild	Framo
Sonst.	
Molter Nr.	2971

Köthener	10 €
Hersteller	dgd
Jahr	2001
Packung	Blister
Vorbild	Scania Tankzug
Sonst.	
Molter Nr.	2972

Köthener	9 €
Hersteller	Grell
Jahr	2002
Packung	Blister
Vorbild	Freightliner FLD Tankzug
Sonst.	
Molter Nr.	5731

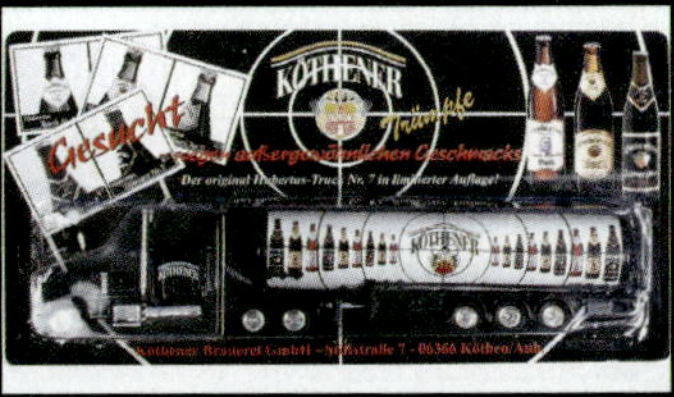

Köthener	8 €
Hersteller	Grell
Jahr	2002
Packung	Blister
Vorbild	Freightliner FLD Auflieger
Sonst.	
Molter Nr.	5298

Köthener	8 €
Hersteller	Grell
Jahr	2002
Packung	Blister
Vorbild	Scania Hauber Tankzug
Sonst.	
Molter Nr.	7572

K

Köthener	15 €
Hersteller	dgd
Jahr	2002
Packung	Blister
Vorbild	MB Axor Auflieger
Sonst.	XL
Molter Nr.	4738

Köthener	8 €
Hersteller	dgd
Jahr	2002
Packung	Blister
Vorbild	Scania Hängerzug
Sonst.	mit Schankwagen
Molter Nr.	5486

Köthener	8 €
Hersteller	Grell
Jahr	2003
Packung	Blister
Vorbild	DAF 95 XF Tankzug
Sonst.	
Molter Nr.	7081

Köthener	8 €
Hersteller	dgd
Jahr	2003
Packung	Blister
Vorbild	Iveco Hängerzug
Sonst.	
Molter Nr.	7275

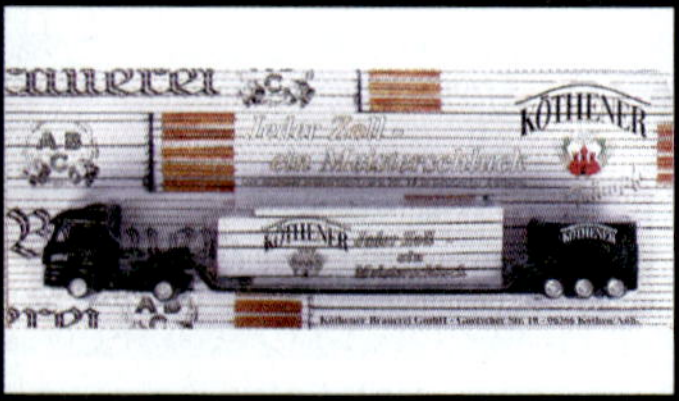

Köthener	9 €
Hersteller	DGD
Jahr	2003
Packung	Blister
Vorbild	Iveco Stralis
Sonst.	mit Zollstock
Molter Nr.	7661

K

Köthener — 9 €

Hersteller	dgd
Jahr	2003
Packung	Blister
Vorbild	Iveco Tieflader
Sonst.	mit Zollstock
Molter Nr.	7851

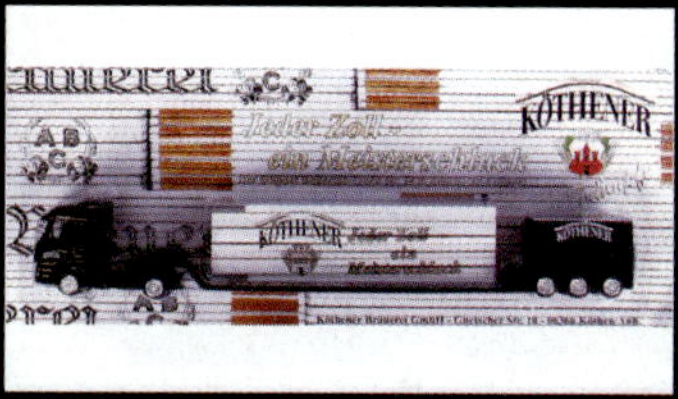

Krämer Kelterei — 8 €

Hersteller	Grell
Jahr	2002
Packung	Blister
Vorbild	MB Actros Auflieger
Sonst.	
Molter Nr.	7573

Kraus — 10 €

Hersteller	dgd
Jahr	2001 (Aufl.: 2800)
Packung	Blister
Vorbild	MAN TG-A Auflieger
Sonst.	
Molter Nr.	2974

Kraus — 10 €

Hersteller	dgd
Jahr	2001 (Aufl.: 2500)
Packung	Blister
Vorbild	MAN TG-A Auflieger
Sonst.	
Molter Nr.	2975

Krautheimer — 8 €

Hersteller	Top-Style
Jahr	2002
Packung	Blister
Vorbild	MB Actros Tankzug
Sonst.	
Molter Nr.	5769

Krautheimer — 9 €

Hersteller	Top-Style
Jahr	2001
Packung	Blister
Vorbild	MB Actros Hängerzug
Sonst.	
Molter Nr.	2976

Kristall Brunnen — 50 €

Hersteller	Hümmer
Jahr	
Packung	Plastikschachtel
Vorbild	MAN F90 Hängerzug
Sonst.	
Molter Nr.	1090

Kristall Brunnen — 8 €

Hersteller	Spicher
Jahr	2003
Packung	Blister
Vorbild	MAN TG-A Tankzug
Sonst.	
Molter Nr.	6889

Krombacher — LHP €

Hersteller	
Jahr	
Packung	Plastikschachtel
Vorbild	MB Actros Auflieger
Sonst.	
Molter Nr.	2985

Krombacher — 22 €

Hersteller	Grell
Jahr	1999
Packung	Blister
Vorbild	MB Actros Auflieger
Sonst.	ohne Actros-Schriftzug
Molter Nr.	1091

K

Krombacher 15 €

Hersteller	Grell
Jahr	2000
Packung	Blister
Vorbild	MB Actros Auflieger
Sonst.	mit Actros-Schriftzug
Molter Nr.	1091a

Krombacher 12 €

Hersteller	Grell
Jahr	2000
Packung	Blister
Vorbild	Scania Auflieger
Sonst.	
Molter Nr.	1092

Krombacher 12 €

Hersteller	Grell
Jahr	2001
Packung	Blister
Vorbild	MAN F2000 Auflieger
Sonst.	
Molter Nr.	2977

Krombacher 10 €

Hersteller	Grell
Jahr	2001
Packung	Blister
Vorbild	Scania Auflieger
Sonst.	Fairlight
Molter Nr.	2989

Krombacher 9 €

Hersteller	Grell
Jahr	2001
Packung	Blister
Vorbild	MB Actros Auflieger
Sonst.	
Molter Nr.	2987

K

Krombacher	9 €
Hersteller	
Jahr	2001
Packung	Blister
Vorbild	MAN TG-A Auflieger
Sonst.	
Molter Nr.	4231

Krombacher	15 €
Hersteller	Grell
Jahr	2001
Packung	Blister
Vorbild	Scania Auflieger
Sonst.	
Molter Nr.	2978

Krombacher	15 €
Hersteller	Grell
Jahr	2001
Packung	Blister
Vorbild	MB Actros Auflieger
Sonst.	
Molter Nr.	2980

Krombacher	15 €
Hersteller	Grell
Jahr	2001
Packung	Blister
Vorbild	MAN F2000 Auflieger
Sonst.	
Molter Nr.	2988

Krombacher	15 €
Hersteller	Grell
Jahr	2001
Packung	Blister
Vorbild	Freightliner FLD Auflieger
Sonst.	
Molter Nr.	2990

K

Krombacher	35 €
Hersteller	Grell
Jahr	2001
Packung	Blister
Vorbild	4-er Set
Sonst.	
Molter Nr.	4325

Krombacher	8 €
Hersteller	Grell
Jahr	2002
Packung	Blister
Vorbild	Ford 9000 Auflieger
Sonst.	
Molter Nr.	4824

Krombacher	12 €
Hersteller	Grell
Jahr	2002
Packung	Blister
Vorbild	MB Actros Auflieger
Sonst.	
Molter Nr.	7574

Krombacher	12 €
Hersteller	Grell
Jahr	2002
Packung	Blister
Vorbild	Scania 124L Auflieger
Sonst.	Hertha BSC
Molter Nr.	5502

Krombacher	30 €
Hersteller	Grell
Jahr	2002
Packung	Blister
Vorbild	4-er Set
Sonst.	
Molter Nr.	6168

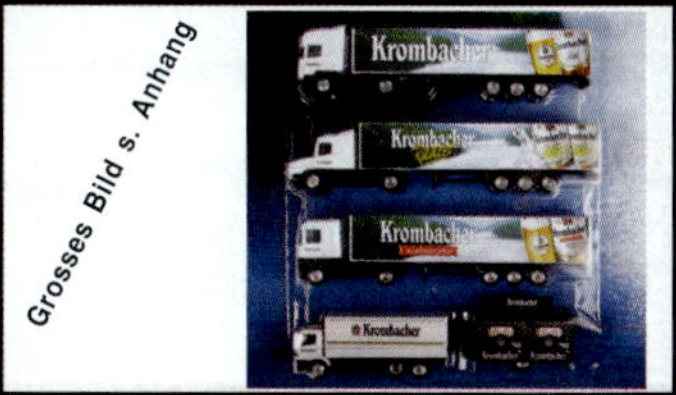

K

Krombacher — 8 €

Hersteller	Grell
Jahr	2002
Packung	Blister
Vorbild	Büssing Holzgaser H.zug
Sonst.	
Molter Nr.	5961

Grosses Bild s. Anhang

Krombacher — 25 €

Hersteller	Grell
Jahr	2003
Packung	Blister
Vorbild	3-er Set
Sonst.	
Molter Nr.	6915

Krombacher — 8 €

Hersteller	Grell
Jahr	2003
Packung	Blister
Vorbild	Scania 124L Auflieger
Sonst.	Radler
Molter Nr.	7529

Kronen Bräu — 10 €

Hersteller	dgd
Jahr	2001
Packung	Blister
Vorbild	MAN TG-A Auflieger
Sonst.	Heilbronn
Molter Nr.	2992

Kronen Pilsener — 35 €

Hersteller	Grell
Jahr	1999 (Aufl.: 2500)
Packung	Blister
Vorbild	Ford Oldtimer
Sonst.	
Molter Nr.	1095

Kronen Wagner — 75 €

Hersteller	Hümmer
Jahr	
Packung	Plastikschachtel
Vorbild	MAN F90 Hängerzug
Sonst.	
Molter Nr.	1096

Kronenbier — 15 €

Hersteller	Lauterbach
Jahr	
Packung	Plastikschachtel
Vorbild	MB groß Auflieger
Sonst.	Rehau
Molter Nr.	1094

Kronia — 10 €

Hersteller	Dgd
Jahr	2000
Packung	Blister
Vorbild	MB Actros Hängerzug
Sonst.	
Molter Nr.	7575

Krug Bräu — 11 €

Hersteller	Eurosun
Jahr	2000 (Aufl.: 2500)
Packung	Blister
Vorbild	MB Actros Auflieger
Sonst.	
Molter Nr.	1097

Krug Bräu — 11 €

Hersteller	Eurosun
Jahr	2000 (Aufl.: 2500)
Packung	Blister
Vorbild	MB Actros Auflieger
Sonst.	
Molter Nr.	1098

Krug Bräu	8 €
Hersteller	Grell
Jahr	2001
Packung	Blister
Vorbild	Freightliner FLD Auflieger
Sonst.	
Molter Nr.	2994

Krug Bräu	8 €
Hersteller	Grell
Jahr	2001
Packung	Blister
Vorbild	Scania Auflieger
Sonst.	
Molter Nr.	2993

Krug Bräu	8 €
Hersteller	Grell
Jahr	2002
Packung	Blister
Vorbild	Scania 124L Tankzug
Sonst.	mit Silo
Molter Nr.	5779

Krug Bräu	8 €
Hersteller	Grell
Jahr	2002
Packung	Blister
Vorbild	Scania 124L Tankzug
Sonst.	
Molter Nr.	5780

Krug Bräu	8 €
Hersteller	Grell
Jahr	2003
Packung	Blister
Vorbild	MB Actros LKW mit Hänger
Sonst.	mit Flasche
Molter Nr.	6885

Krug Bräu — 8 €

Hersteller	Grell
Jahr	2003
Packung	Blister
Vorbild	MB Actros LKW mit HZ
Sonst.	und Flasche
Molter Nr.	7267

Krumbach — 8 €

Hersteller	Top-Style
Jahr	2001
Packung	Blister
Vorbild	MB Actros Hängerzug
Sonst.	
Molter Nr.	4090

Krumbach — 8 €

Hersteller	dgd
Jahr	2001
Packung	Blister
Vorbild	MAN F2000 Auflieger
Sonst.	
Molter Nr.	4088

Krumbach — 8 €

Hersteller	Dgd
Jahr	2002
Packung	Blister
Vorbild	Scania Hängerzug
Sonst.	
Molter Nr.	7640

Kuchlbauer — 8 €

Hersteller	dgd
Jahr	2002
Packung	Blister
Vorbild	MB Actros LKW
Sonst.	
Molter Nr.	4870

K

Kühbacher — 12 €

Hersteller	Grell
Jahr	2001
Packung	Blister
Vorbild	MB Atego LKW
Sonst.	
Molter Nr.	2995

Kühbacher — 12 €

Hersteller	Grell
Jahr	2001
Packung	Blister
Vorbild	MB Atego LKW
Sonst.	mit Überkinger auf Heck
Molter Nr.	7684

Kulmbacher — 22 €

Hersteller	Hümmer
Jahr	
Packung	Blister
Vorbild	US Auflieger
Sonst.	
Molter Nr.	1104

Kulmbacher — LHP

Hersteller	
Jahr	
Packung	Plastikschachtel
Vorbild	MAN F90 Hängerzug
Sonst.	
Molter Nr.	4307

Kulmbacher — 20 €

Hersteller	Kulmbacher
Jahr	1998
Packung	Blister
Vorbild	MAN F90 Hängerzug
Sonst.	einzeln verpackt
Molter Nr.	1105

Kulmbacher	25 €
Hersteller	Brauerei
Jahr	1998
Packung	Showbox
Vorbild	MAN F90 Hängerzug
Sonst.	
Molter Nr.	7501

Kulmbacher	15 €
Hersteller	Kulmbacher
Jahr	2000
Packung	Blister
Vorbild	MB Actros Auflieger
Sonst.	
Molter Nr.	1107

Kulmbacher	15 €
Hersteller	Kulmbacher
Jahr	2000
Packung	Blister
Vorbild	MB Actros Auflieger
Sonst.	
Molter Nr.	1108

Kulmbacher	15 €
Hersteller	Kulmbacher
Jahr	2000
Packung	Blister
Vorbild	MB Actros Auflieger
Sonst.	
Molter Nr.	1109

Kulmbacher	15 €
Hersteller	Kulmbacher
Jahr	2000
Packung	Blister
Vorbild	MB Actros Auflieger
Sonst.	
Molter Nr.	1110

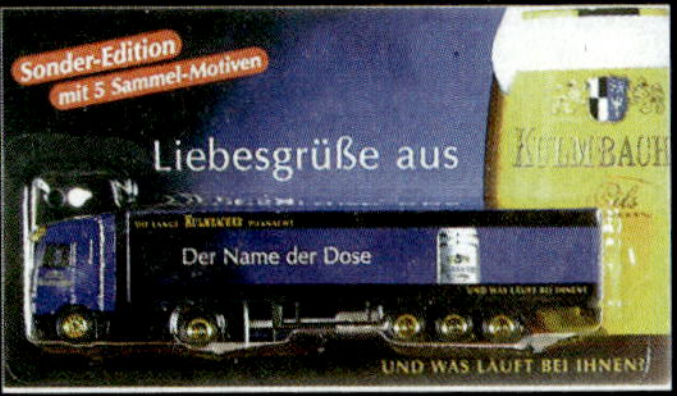

Kulmbacher	15 €
Hersteller	Kulmbacher
Jahr	2000
Packung	Blister
Vorbild	MB Actros Auflieger
Sonst.	
Molter Nr.	1111

Kulmbacher	11 €
Hersteller	Kulmbacher
Jahr	2000
Packung	Blister
Vorbild	MB Actros Auflieger
Sonst.	
Molter Nr.	1112

Kulmbacher	10 €
Hersteller	Kulmbacher
Jahr	2000
Packung	Blister
Vorbild	MAN F2000 Auflieger
Sonst.	
Molter Nr.	1113

Kulmbacher	10 €
Hersteller	Kulmbacher
Jahr	2000
Packung	Blister
Vorbild	MB Actros Auflieger
Sonst.	Hofmann
Molter Nr.	4176

Kulmbacher	10 €
Hersteller	Grell
Jahr	2001
Packung	Blister
Vorbild	MB Actros Auflieger
Sonst.	Wedi
Molter Nr.	7576

K

Kulmbacher — 20 €

Hersteller	Kulmbacher
Jahr	2001 (Aufl.: 1000)
Packung	Blister
Vorbild	MAN TG-A Auflieger
Sonst.	Antenne Bayern
Molter Nr.	2998

Kulmbacher — 15 €

Hersteller	Kulmbacher
Jahr	2001
Packung	Blister
Vorbild	MAN TG-A Auflieger
Sonst.	
Molter Nr.	2999

Kulmbacher — 12 €

Hersteller	Kulmbacher
Jahr	2001
Packung	Blister
Vorbild	MAN TG-A Auflieger
Sonst.	
Molter Nr.	3000

Kulmbacher — 12 €

Hersteller	Kulmbacher
Jahr	2001
Packung	Blister
Vorbild	MAN TG-A Auflieger
Sonst.	
Molter Nr.	4408

Kulmbacher — 12 €

Hersteller	Kulmbacher
Jahr	2001
Packung	Blister
Vorbild	MAN TG-A Auflieger
Sonst.	
Molter Nr.	3001

K

Kulmbacher	9 €
Hersteller	Kulmbacher
Jahr	2001
Packung	Blister
Vorbild	MAN TG-A Auflieger
Sonst.	
Molter Nr.	2984

Kulmbacher	18 €
Hersteller	Kulmbacher
Jahr	2001 (Aufl.: 1500)
Packung	Blister
Vorbild	MB Actros Auflieger
Sonst.	Antenne Bayern
Molter Nr.	4177

Kulmbacher	10 €
Hersteller	Brauerei
Jahr	2002
Packung	Blister
Vorbild	Scania 164L Auflieger
Sonst.	
Molter Nr.	7149

Kulmbacher	10 €
Hersteller	Brauerei
Jahr	2002
Packung	Blister
Vorbild	Renault Magnum Auflieger
Sonst.	Bayern München
Molter Nr.	7150

Kulmbacher	8 €
Hersteller	Brauerei
Jahr	2002
Packung	Blister
Vorbild	Freightliner FLD Tankzug
Sonst.	
Molter Nr.	5759

Kulmbacher — 8 €

Hersteller	Brauerei
Jahr	2002
Packung	Blister
Vorbild	MB Atego Hängerzug
Sonst.	
Molter Nr.	7577

Kulmbacher — 8 €

Hersteller	Brauerei
Jahr	2002
Packung	Blister
Vorbild	MB Bus
Sonst.	
Molter Nr.	7578

Kulmbacher — 35 €

Hersteller	Brauerei
Jahr	2002
Packung	Pappschachtel
Vorbild	3-er Set
Sonst.	
Molter Nr.	6593

Grosses Bild s. Anhang

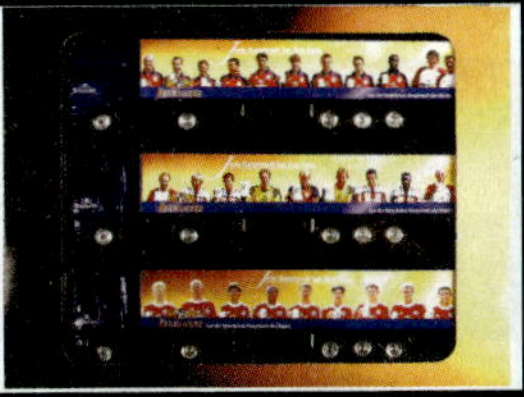

Kulmbacher — 8 €

Hersteller	Grell
Jahr	2002
Packung	Blister
Vorbild	MB Actros Auflieger
Sonst.	Getränke Scharl
Molter Nr.	6916

Kulmbacher — 8 €

Hersteller	Brauerei
Jahr	2002
Packung	Blister
Vorbild	Freightliner FLD Tankzug
Sonst.	mit Silo
Molter Nr.	5758

K

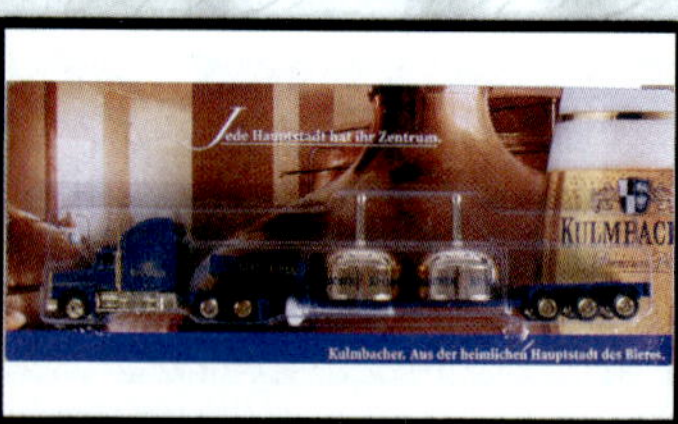

Kulmbacher — 8 €

Hersteller	Kulmbacher
Jahr	2002
Packung	Blister
Vorbild	Freightliner FLD Truck
Sonst.	XL
Molter Nr.	7579

Kulmbacher — 8 €

Hersteller	Brauerei
Jahr	2003
Packung	Blister
Vorbild	Freightliner FLD Hängerzug
Sonst.	
Molter Nr.	6392

Kulmbacher — 8 €

Hersteller	Brauerei
Jahr	2003
Packung	Blister
Vorbild	MAN TG-A Auflieger
Sonst.	mit Plakatwand
Molter Nr.	7241

Kult-Loch-Bräu — 8 €

Hersteller	Top-Style
Jahr	2003
Packung	Blister
Vorbild	MB Actros Hängerzug
Sonst.	
Molter Nr.	7299

Kümmerling — 15 €

Hersteller	Grell
Jahr	2000
Packung	Blister
Vorbild	MB Actros Auflieger
Sonst.	
Molter Nr.	2109

K

Kümmerling — 9 €

Hersteller	
Jahr	2002
Packung	Blister
Vorbild	MB Actros Auflieger
Sonst.	
Molter Nr.	7580

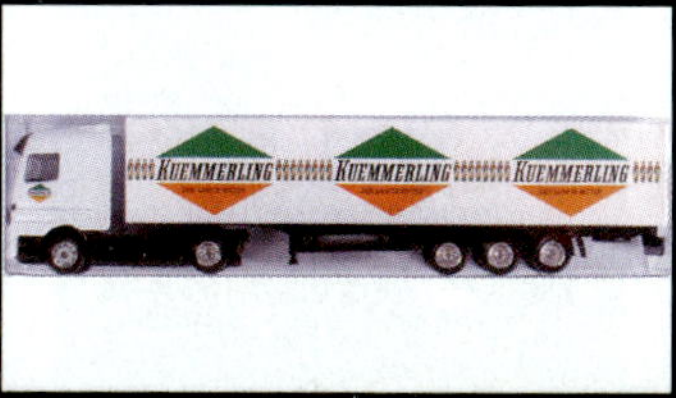

Kumpf Fruchtsäfte — 10 €

Hersteller	dgd
Jahr	2000
Packung	Blister
Vorbild	MB Actros Hängerzug
Sonst.	
Molter Nr.	3002

Kumpf Fruchtsäfte — 9 €

Hersteller	dgd
Jahr	2001
Packung	Blister
Vorbild	MAN F2000 LKW
Sonst.	
Molter Nr.	3004

Kundmüller — 8 €

Hersteller	DGD
Jahr	2002
Packung	Blister
Vorbild	DAF Auflieger
Sonst.	
Molter Nr.	7709

Kundmüller — 8 €

Hersteller	Lauterbach
Jahr	2003
Packung	Blister
Vorbild	Renault Auflieger
Sonst.	
Molter Nr.	7710

K

Kundmüller — 8 €

Hersteller	dgd
Jahr	2000
Packung	Blister
Vorbild	US Auflieger
Sonst.	
Molter Nr.	1114

Kunkel — 8 €

Hersteller	dgd
Jahr	2002
Packung	Blister
Vorbild	MB Actros Auflieger
Sonst.	
Molter Nr.	5193

Küppers Kölsch — 60 €

Hersteller	Elasto Form
Jahr	
Packung	Pappschachtel
Vorbild	US Auflieger
Sonst.	
Molter Nr.	1099

Küppers Kölsch — 50 €

Hersteller	Elasto Form
Jahr	
Packung	Plastikschachtel
Vorbild	US Auflieger
Sonst.	
Molter Nr.	1100

Küppers Kölsch — 60 €

Hersteller	
Jahr	
Packung	Pappschachtel
Vorbild	Ford Oldtimer
Sonst.	
Molter Nr.	6611

Küppers Kölsch	15 €
Hersteller	Grell
Jahr	1999
Packung	Blister
Vorbild	MB Actros Auflieger
Sonst.	
Molter Nr.	1102

Küppers Kölsch	10 €
Hersteller	Grell
Jahr	2001
Packung	Blister
Vorbild	Ford 9000 Auflieger
Sonst.	
Molter Nr.	2996

Küppers Kölsch	12 €
Hersteller	Grell
Jahr	2001
Packung	Blister
Vorbild	Scania Auflieger
Sonst.	Andy Warhol Design
Molter Nr.	2997

Küppers Kölsch	9 €
Hersteller	Gabotex VIP
Jahr	2001
Packung	Blister
Vorbild	MB Atego Hängerzug
Sonst.	
Molter Nr.	4389

Küppers Kölsch	9 €
Hersteller	Vierke
Jahr	2001
Packung	Blister
Vorbild	MB Atego Hängerzug
Sonst.	
Molter Nr.	4456

Küppers Kölsch — 8 €

Hersteller	Gabotex
Jahr	2002
Packung	Blister
Vorbild	MB Actros Tankzug
Sonst.	
Molter Nr.	5153

Küppers Kölsch — 8 €

Hersteller	Gabotex
Jahr	2002
Packung	Blister
Vorbild	MB Actros Tankzug
Sonst.	
Molter Nr.	6155

Küppers Kölsch — 8 €

Hersteller	dgd
Jahr	2003
Packung	Blister
Vorbild	Iveco LKW
Sonst.	mit Schankwagen
Molter Nr.	7327

Küppers Kölsch — 8 €

Hersteller	Grell
Jahr	2003
Packung	Blister
Vorbild	Ford Auflieger
Sonst.	mit Sudkessel
Molter Nr.	7328

Kürzdörfer — 15 €

Hersteller	Vierke
Jahr	2001
Packung	Blister
Vorbild	MB Actros Auflieger
Sonst.	
Molter Nr.	7698

Küstennebel — 8 €

Hersteller	Grell
Jahr	2002
Packung	Blister
Vorbild	Scania Auflieger
Sonst.	
Molter Nr.	5250

Küstennebel — 8 €

Hersteller	Gefra
Jahr	2003
Packung	Blister
Vorbild	Renault Magnum Auflieger
Sonst.	
Molter Nr.	6526

Kützel-Bräu — 25 €

Hersteller	Amon
Jahr	2002 (Aufl.: 50)
Packung	Plastikschachtel
Vorbild	MAN TG-A Auflieger
Sonst.	
Molter Nr.	6134

Labertaler — 8 €

Hersteller	Grell
Jahr	2000
Packung	Blister
Vorbild	MB Actros Hängerzug
Sonst.	
Molter Nr.	1116

Labertaler — 8 €

Hersteller	Hümmer
Jahr	2002
Packung	Blister
Vorbild	MB Actros Auflieger
Sonst.	mit Flasche
Molter Nr.	7707

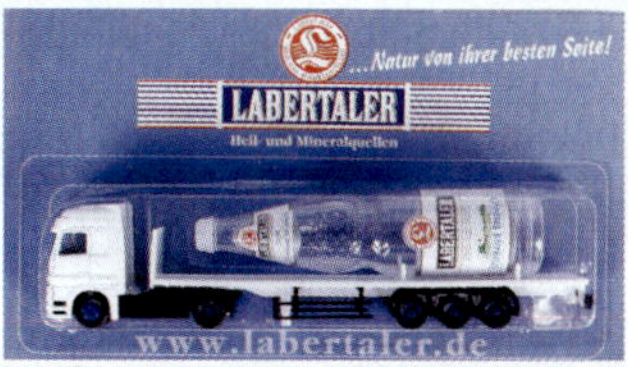

L

Lammbrauerei Hilsenbeck 9 €

Hersteller	dgd
Jahr	2001
Packung	Blister
Vorbild	MAN TG-A Auflieger
Sonst.	
Molter Nr.	4099

Lammsbrauerei Neumarkt 18 €

Hersteller	Gack
Jahr	1999
Packung	Blister
Vorbild	MB Actros Auflieger
Sonst.	
Molter Nr.	1118

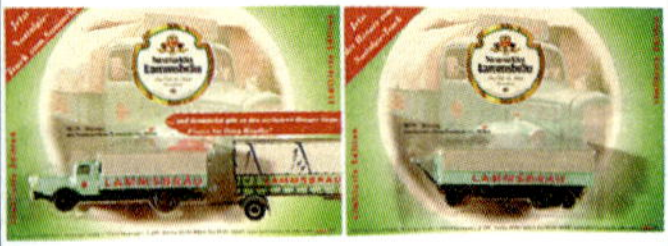

Lammsbrauerei Neumarkt 15 €

Hersteller	dgd
Jahr	2001
Packung	Blister
Vorbild	Büssing Hängerzug
Sonst.	einzeln verpackt
Molter Nr.	4013

Lampl Bräu 20 €

Hersteller	Amon
Jahr	2002 (Aufl.: 200)
Packung	Plastikschachtel
Vorbild	MB Actros Auflieger
Sonst.	
Molter Nr.	6120

Lampl Bräu 20 €

Hersteller	Amon
Jahr	2002 (Aufl.: 300)
Packung	Plastikschachtel
Vorbild	MB Actros Auflieger
Sonst.	
Molter Nr.	6135

L

Länder Bier — 8 €

Hersteller	Grell
Jahr	2001
Packung	Blister
Vorbild	MAN F2000 Auflieger
Sonst.	Sachsen
Molter Nr.	3999

Länder Bier — 8 €

Hersteller	Grell
Jahr	2001
Packung	Blister
Vorbild	MAN F2000 Auflieger
Sonst.	Sachsen-Anhalt
Molter Nr.	5513

Länder Bier — 8 €

Hersteller	Grell
Jahr	2001
Packung	Blister
Vorbild	MAN F2000 Auflieger
Sonst.	Thüringen
Molter Nr.	4000

Länder Bier — 8 €

Hersteller	Grell
Jahr	2001
Packung	Blister
Vorbild	MAN F2000 Auflieger
Sonst.	Brandenburg
Molter Nr.	3033

Länder Bier — 8 €

Hersteller	Grell
Jahr	2001
Packung	Blister
Vorbild	MAN F2000 Auflieger
Sonst.	Berlin
Molter Nr.	3035

L

Länder Bier — 8 €

Hersteller	Grell
Jahr	2001
Packung	Blister
Vorbild	MAN F2000 Auflieger
Sonst.	Mecklenburg-Vorpommern
Molter Nr.	3032

Länder Bier — 8 €

Hersteller	Grell
Jahr	2001
Packung	Blister
Vorbild	MAN F2000 Auflieger
Sonst.	Bayern
Molter Nr.	4100

Länder Bier — 8 €

Hersteller	Grell
Jahr	2001
Packung	Blister
Vorbild	MAN F2000 Auflieger
Sonst.	Baden-Würtenberg
Molter Nr.	3997

Länder Bier — 8 €

Hersteller	Grell
Jahr	2001
Packung	Blister
Vorbild	MAN F2000 Auflieger
Sonst.	Hessen
Molter Nr.	3034

Länder Bier — 8 €

Hersteller	Grell
Jahr	2001
Packung	Blister
Vorbild	MAN F2000 Auflieger
Sonst.	Nordrhein-Westfahlen
Molter Nr.	5512

Länder Bier

8 €

Hersteller	Grell
Jahr	2002
Packung	Blister
Vorbild	MAN F2000 Auflieger
Sonst.	Niedersachsen
Molter Nr.	5520

Länder Bier

8 €

Hersteller	Grell
Jahr	2002
Packung	Blister
Vorbild	MAN F2000 Auflieger
Sonst.	Saarland
Molter Nr.	5519

Länder Bier

8 €

Hersteller	Grell
Jahr	2002
Packung	Blister
Vorbild	MAN F2000 Auflieger
Sonst.	Bremen
Molter Nr.	5518

Länder Bier

8 €

Hersteller	Grell
Jahr	2002
Packung	Blister
Vorbild	MAN F2000 Auflieger
Sonst.	Hamburg
Molter Nr.	5517

Länder Bier

8 €

Hersteller	Grell
Jahr	2002
Packung	Blister
Vorbild	MAN F2000 Auflieger
Sonst.	Rheinland-Pfalz
Molter Nr.	5516

L

Länder Bier — 8 €

Hersteller	Grell
Jahr	2002
Packung	Blister
Vorbild	MAN F2000 Auflieger
Sonst.	Schleswig-Holstein
Molter Nr.	5515

Länder Bier — 8 €

Hersteller	Grell
Jahr	2002
Packung	Blister
Vorbild	MAN F2000 Auflieger
Sonst.	Deutschland
Molter Nr.	5514

Länder Bier — 8 €

Hersteller	Grell
Jahr	2002
Packung	Blister
Vorbild	MB Axor Tankzug
Sonst.	Großbritannien
Molter Nr.	5079

Länder Bier — 8 €

Hersteller	Grell
Jahr	2002
Packung	Blister
Vorbild	MAN TG-A Tankzug
Sonst.	Frankreich
Molter Nr.	5078

Länder Bier — 8 €

Hersteller	Grell
Jahr	2002
Packung	Blister
Vorbild	Scania Tankzug
Sonst.	Österreich
Molter Nr.	5080

Länder Bier — 8 €

Hersteller	Grell
Jahr	2002
Packung	Blister
Vorbild	MAN F2000 Hängerzug
Sonst.	Belgien, mit Schankwagen
Molter Nr.	6313

Länder Bier — 8 €

Hersteller	Grell
Jahr	2003 (Aufl.: 2500)
Packung	Blister
Vorbild	Scania 124 L Auflieger
Sonst.	Dänemark, mit Sudkessel
Molter Nr.	7309

Länder Bier — 8 €

Hersteller	Grell
Jahr	2003 (Aufl.: 2500)
Packung	Blister
Vorbild	Ford 9000 Tankzug
Sonst.	Finnland, mit Container
Molter Nr.	7310

Länder Bier — 8 €

Hersteller	Grell
Jahr	2003 (Aufl.: 2500)
Packung	Blister
Vorbild	MAN TG-A Tieflader
Sonst.	Griechenland, m. Flasche
Molter Nr.	7314

Länder Bier — 8 €

Hersteller	Grell
Jahr	2002
Packung	Blister
Vorbild	MB Actros Tankzug
Sonst.	Sachsen
Molter Nr.	6318

L

Länder Bier — 8 €

Hersteller	Grell
Jahr	2002
Packung	Blister
Vorbild	Renault Magnum Auflieger
Sonst.	Bayern
Molter Nr.	6317

Länder Bier — 8 €

Hersteller	Grell
Jahr	2002
Packung	Blister
Vorbild	MAN TG-A Tankzug
Sonst.	Berlin
Molter Nr.	6316

Länder Bier — 8 €

Hersteller	Grell
Jahr	2002
Packung	Blister
Vorbild	Scania Auflieger
Sonst.	Nordrhein-Westfalen
Molter Nr.	6315

Länder Bier — 8 €

Hersteller	Grell
Jahr	2002
Packung	Blister
Vorbild	Freightliner FLD Tankzug
Sonst.	Thüringen
Molter Nr.	6314

Länder Bier — 8 €

Hersteller	Grell
Jahr	2003 (Aufl.: 2500)
Packung	Blister
Vorbild	Scania 164 L Auflieger
Sonst.	m. Dose Edition 2 Bremen
Molter Nr.	7312

Länder Bier — 8 €

Hersteller	Grell
Jahr	2003 (Aufl.: 2500)
Packung	Blister
Vorbild	MB Actros Auflieger
Sonst.	Sa-Anhalt, m. Sudkessel
Molter Nr.	7313

Länder Bier — 8 €

Hersteller	Grell
Jahr	2003 (Aufl.: 2500)
Packung	Blister
Vorbild	Scania 124 L Tieflader
Sonst.	B. Würtemberg, m. Flasche
Molter Nr.	7311

Landsberger — 15 €

Hersteller	Hümmer
Jahr	2000
Packung	Blister
Vorbild	US Auflieger
Sonst.	
Molter Nr.	1120

Landsberger — 10 €

Hersteller	Vierke
Jahr	2001
Packung	Blister
Vorbild	DAF 95 XF Tankzug
Sonst.	
Molter Nr.	4983

Landsberger — 8 €

Hersteller	DGD
Jahr	2002
Packung	Blister
Vorbild	MB Axor Auflieger
Sonst.	mit Stapler
Molter Nr.	7711

L

Landsberger — 8 €

Hersteller	dgd
Jahr	2003
Packung	Blister
Vorbild	MB Ateco LKW
Sonst.	mit Schankwagen
Molter Nr.	7853

Landshuter Brauhaus — 12 €

Hersteller	Eurosun
Jahr	2000 (Aufl.: 5000)
Packung	Blister
Vorbild	MB Actros Auflieger
Sonst.	
Molter Nr.	1127

Landshuter Brauhaus — 8 €

Hersteller	Gefra
Jahr	2002
Packung	Blister
Vorbild	Mack Auflieger
Sonst.	
Molter Nr.	5396

Landskron — 40 €

Hersteller	Hümmer
Jahr	
Packung	Blister
Vorbild	MB klein Auflieger
Sonst.	
Molter Nr.	1121

Landskron — 40 €

Hersteller	Hümmer
Jahr	
Packung	Blister
Vorbild	MB klein Auflieger
Sonst.	
Molter Nr.	1122

Landskron 15 €

Hersteller	dgd
Jahr	1999
Packung	Blister
Vorbild	MB Actros Auflieger
Sonst.	
Molter Nr.	1123

Landskron 15 €

Hersteller	dgd
Jahr	2000
Packung	Blister
Vorbild	MB Actros Auflieger
Sonst.	
Molter Nr.	1124

Landskron 12 €

Hersteller	dgd
Jahr	2000
Packung	Blister
Vorbild	MAN F2000 Auflieger
Sonst.	
Molter Nr.	1125

Landskron 11 €

Hersteller	dgd
Jahr	2001
Packung	Blister
Vorbild	MAN TG-A Auflieger
Sonst.	
Molter Nr.	1126

Landskron 10 €

Hersteller	dgd
Jahr	2001
Packung	Blister
Vorbild	Volvo Auflieger
Sonst.	
Molter Nr.	3012

Landskron	10 €
Hersteller	dgd
Jahr	2001
Packung	Blister
Vorbild	Scania 164L Auflieger
Sonst.	
Molter Nr.	5730

Landskron	15 €
Hersteller	dgd
Jahr	2002
Packung	Blister
Vorbild	US Auflieger
Sonst.	Energie Cottbus
Molter Nr.	4977

Landskron	8 €
Hersteller	Dgd
Jahr	2002
Packung	Blister
Vorbild	Renault Tankzug
Sonst.	
Molter Nr.	7581

Landskron	8 €
Hersteller	
Jahr	2003
Packung	Blister
Vorbild	IFA W50 Auflieger
Sonst.	
Molter Nr.	6525

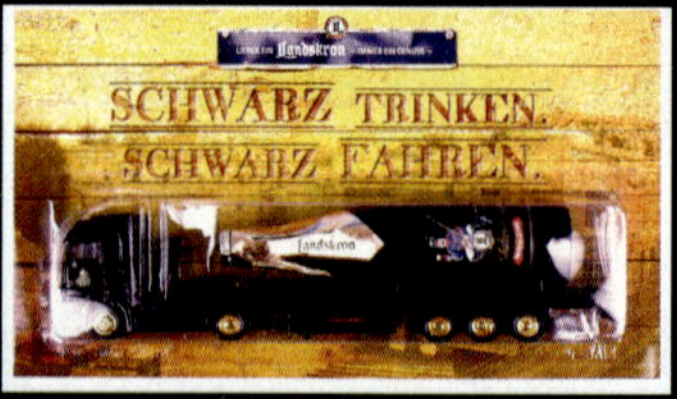

Landskron	8 €
Hersteller	Hümmer
Jahr	2003
Packung	Blister
Vorbild	MB Actros Auflieger
Sonst.	mit Flasche
Molter Nr.	7019

Lang Bräu Reisbach — 8 €

Hersteller	Gefra
Jahr	2002
Packung	Blister
Vorbild	MAN TG-A Hängerzug
Sonst.	
Molter Nr.	4667

Lang Bräu Reisbach — 8 €

Hersteller	Gefra
Jahr	2002
Packung	Blister
Vorbild	Steyr Auflieger
Sonst.	
Molter Nr.	6156

Lang Bräu Schönbrunn — 30 €

Hersteller	Elasto Form
Jahr	
Packung	Plastikschachtel
Vorbild	Volvo Auflieger
Sonst.	4 Achsen
Molter Nr.	1136

Lang Bräu Schönbrunn — 30 €

Hersteller	Elasto Form
Jahr	
Packung	Plastikschachtel
Vorbild	Volvo Auflieger
Sonst.	5 Achsen
Molter Nr.	1137

Lang Bräu Schönbrunn — 25 €

Hersteller	Elasto Form
Jahr	
Packung	Plastikschachtel
Vorbild	Mack Auflieger
Sonst.	
Molter Nr.	1138

Lang Bräu Schönbrunn	LHP €
Hersteller	
Jahr	
Packung	Plastikschachtel
Vorbild	MB Actros Auflieger
Sonst.	
Molter Nr.	4309

Lang Bräu Schönbrunn	12 €
Hersteller	Grell
Jahr	(Aufl.: 6000)
Packung	Blister
Vorbild	MB Actros Auflieger
Sonst.	
Molter Nr.	1139

Lang Bräu Schönbrunn	11 €
Hersteller	Grell
Jahr	2000 (Aufl.: 6000)
Packung	Blister
Vorbild	MB Actros Auflieger
Sonst.	
Molter Nr.	1140

Lang Bräu Schönbrunn	9 €
Hersteller	Grell
Jahr	2001 (Aufl.: 6000)
Packung	Blister
Vorbild	Ford 9000 Auflieger
Sonst.	
Molter Nr.	3021

Lang Bräu Schönbrunn	9 €
Hersteller	Grell
Jahr	2001
Packung	Blister
Vorbild	Ford 9000 Auflieger
Sonst.	
Molter Nr.	4208

Lang Bräu Schönbrunn 9 €

Hersteller	Grell
Jahr	2001
Packung	Blister
Vorbild	Ford 9000 Auflieger
Sonst.	
Molter Nr.	2165

Lang Bräu Schönbrunn 8 €

Hersteller	Grell
Jahr	2001
Packung	Blister
Vorbild	Freightliner FLD Auflieger
Sonst.	
Molter Nr.	4400

Lang Bräu Schönbrunn 8 €

Hersteller	Grell
Jahr	2002
Packung	Blister
Vorbild	Freightliner FLD Auflieger
Sonst.	
Molter Nr.	4971

Lang Bräu Schönbrunn 8 €

Hersteller	Grell
Jahr	2002
Packung	Blister
Vorbild	Freightliner FLD Auflieger
Sonst.	
Molter Nr.	5375

Lang Bräu Waltershausen 35 €

Hersteller	Hümmer
Jahr	
Packung	Plastikschachtel
Vorbild	MAN F90 LKW
Sonst.	
Molter Nr.	1128

Lang Bräu Waltershausen 15 €

Hersteller	dgd
Jahr	1999 (Aufl.: 3000)
Packung	Blister
Vorbild	Kenworth T2000 Auflieger
Sonst.	
Molter Nr.	1129

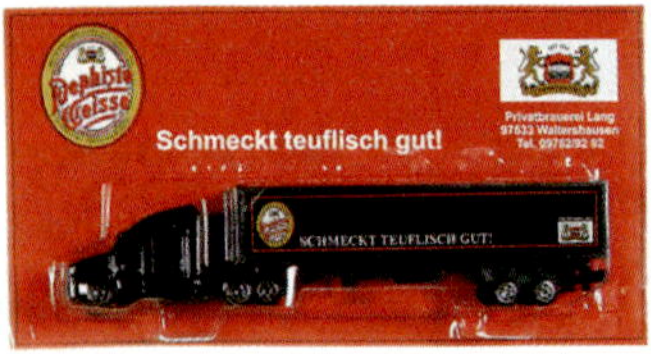

Lang Bräu Waltershausen 15 €

Hersteller	dgd
Jahr	1999 (Aufl.: 3000)
Packung	Blister
Vorbild	Kenworth T2000 Auflieger
Sonst.	
Molter Nr.	1130

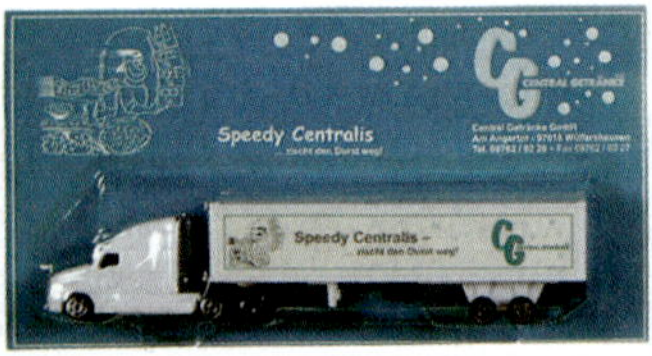

Lang Bräu Waltershausen 12 €

Hersteller	dgd
Jahr	1999 (Aufl.: 3000)
Packung	Blister
Vorbild	Kenworth T2000 Auflieger
Sonst.	
Molter Nr.	1131

Lang Bräu Waltershausen 15 €

Hersteller	dgd
Jahr	2000 (Aufl.: 3000)
Packung	Blister
Vorbild	Kenworth T2000 Auflieger
Sonst.	
Molter Nr.	1132

Lang Bräu Waltershausen 12 €

Hersteller	dgd
Jahr	2000 (Aufl.: 3000)
Packung	Blister
Vorbild	Kenworth T2000 Auflieger
Sonst.	
Molter Nr.	1133

Lang Bräu Waltershausen 12 €

Hersteller	dgd
Jahr	2000 (Aufl.: 3000)
Packung	Blister
Vorbild	Kenworth T2000 Auflieger
Sonst.	
Molter Nr.	1134

Lang Bräu Waltershausen 12 €

Hersteller	dgd
Jahr	2000 (Aufl.: 3000)
Packung	Blister
Vorbild	Kenworth T2000 Auflieger
Sonst.	
Molter Nr.	1135

Lang Bräu Waltershausen 10 €

Hersteller	dgd
Jahr	2001
Packung	Blister
Vorbild	MAN TG-A Auflieger
Sonst.	
Molter Nr.	3015

Lang Bräu Waltershausen 11 €

Hersteller	dgd
Jahr	2001
Packung	Blister
Vorbild	MAN TG-A Auflieger
Sonst.	
Molter Nr.	3016

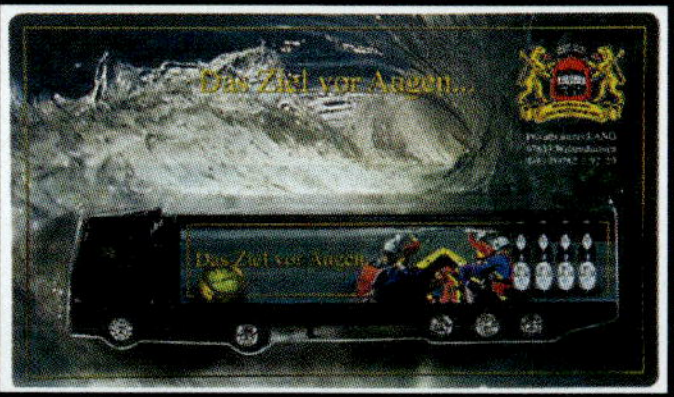

Lang Bräu Waltershausen 10 €

Hersteller	dgd
Jahr	2001
Packung	Blister
Vorbild	MAN TG-A Auflieger
Sonst.	
Molter Nr.	3017

L

Lang Bräu Waltershausen — 10 €

Hersteller	dgd
Jahr	2001
Packung	Blister
Vorbild	MAN TG-A Auflieger
Sonst.	
Molter Nr.	3018

Lang Bräu Waltershausen — 8 €

Hersteller	dgd
Jahr	2002
Packung	Blister
Vorbild	Peterbilt Tankzug
Sonst.	
Molter Nr.	5965

Lang Bräu Waltershausen — 9 €

Hersteller	dgd
Jahr	2003
Packung	Blister
Vorbild	MB Axor Tieflader
Sonst.	mit Silo
Molter Nr.	6625

Langguth — 8 €

Hersteller	Hümmer
Jahr	2002
Packung	Blister
Vorbild	MB Actros Auflieger
Sonst.	
Molter Nr.	5056

Langguth — 8 €

Hersteller	Hümmer
Jahr	2003
Packung	Blister
Vorbild	MB Actros Auflieger
Sonst.	
Molter Nr.	8039

L

Langner Getränke — 9 €

Hersteller	
Jahr	2000 (Aufl.: 100)
Packung	Plastikschachtel
Vorbild	Mack Auflieger
Sonst.	
Molter Nr.	3968

Langner Getränke — 9 €

Hersteller	
Jahr	2000 (Aufl.: 100)
Packung	Plastikschachtel
Vorbild	Mack Auflieger
Sonst.	
Molter Nr.	3969

Langrintler — 20 €

Hersteller	Amon
Jahr	2001 (Aufl.: 300)
Packung	Plastikschachtel
Vorbild	MAN F2000 Hängerzug
Sonst.	
Molter Nr.	4069

Langrintler — 20 €

Hersteller	Amon
Jahr	2001 (Aufl.: 300)
Packung	Plastikschachtel
Vorbild	MB Actros Hängerzug
Sonst.	
Molter Nr.	4070

Lapin Kulta — 30 €

Hersteller	Hümmer
Jahr	
Packung	Plastikschachtel
Vorbild	US Auflieger
Sonst.	
Molter Nr.	3022

L

Lätterbacher	25 €
Hersteller	Amon
Jahr	2002 (Aufl.: 100)
Packung	Plastikschachtel
Vorbild	MB Axor Auflieger
Sonst.	
Molter Nr.	6075

Lätterbacher	15 €
Hersteller	Amon
Jahr	2002 (Aufl.: 200)
Packung	
Vorbild	MB Axor Auflieger
Sonst.	
Molter Nr.	6117

Lätterbacher	15 €
Hersteller	Amon
Jahr	2002 (Aufl.: 300)
Packung	Plastikschachtel
Vorbild	MB Actros Tankzug
Sonst.	
Molter Nr.	6133

Lauchstädter Heilbrunnen	75 €
Hersteller	Hümmer
Jahr	
Packung	Plastikschachtel
Vorbild	MAN F90 Hängerzug
Sonst.	Siebdruck
Molter Nr.	1141

Lauchstädter Heilbrunnen	50 €
Hersteller	Hümmer
Jahr	
Packung	Plastikschachtel
Vorbild	MAN F90 Hängerzug
Sonst.	
Molter Nr.	1142

Lauchstädter Heilbrunnen 10 €

Hersteller	Grell
Jahr	2000
Packung	Blister
Vorbild	MB Actros LKW
Sonst.	
Molter Nr.	1143

Lauchstädter Heilbrunnen 10 €

Hersteller	Grell
Jahr	2000
Packung	Blister
Vorbild	MB Actros Hängerzug
Sonst.	
Molter Nr.	1144

Laufer Weissbier 200 €

Hersteller	Hümmer
Jahr	
Packung	Plastikschachtel
Vorbild	MB klein Auflieger
Sonst.	
Molter Nr.	6607

Laufer Weissbier 125 €

Hersteller	Hümmer
Jahr	
Packung	Plastikschachtel
Vorbild	MB klein Auflieger
Sonst.	
Molter Nr.	1145

Laufer Weissbier 18 €

Hersteller	dgd
Jahr	2000
Packung	Blister
Vorbild	MB Actros Auflieger
Sonst.	
Molter Nr.	1146

Laufer Weissbier — 10 €

Hersteller	Wörlein
Jahr	2001
Packung	Blister
Vorbild	MAN F2000 Hängerzug
Sonst.	
Molter Nr.	4341

Laufer Weissbier — 10 €

Hersteller	
Jahr	2001
Packung	Blister
Vorbild	MAN TG-A Auflieger
Sonst.	
Molter Nr.	3025

Laufer Weissbier — 8 €

Hersteller	Grell
Jahr	2003
Packung	Blister
Vorbild	Scania Auflieger
Sonst.	
Molter Nr.	8037

Lausitzer Früchte — 12 €

Hersteller	Grell
Jahr	2000
Packung	Blister
Vorbild	MB Actros Auflieger
Sonst.	
Molter Nr.	1147

Lautengärtner — 8 €

Hersteller	WMS
Jahr	2002
Packung	Blister
Vorbild	Volvo Tankzug
Sonst.	
Molter Nr.	5109

Lautengärtner 8 €

Hersteller	Grell
Jahr	2002
Packung	Blister
Vorbild	Freightliner FLD Auflieger
Sonst.	mit Sudkessel
Molter Nr.	5879

Lauterbacher Ehnle 100 €

Hersteller	Hümmer
Jahr	
Packung	Blister
Vorbild	US Auflieger
Sonst.	
Molter Nr.	1148

Lauterbacher Ehnle 75 €

Hersteller	Hümmer
Jahr	
Packung	Blister
Vorbild	US Auflieger
Sonst.	
Molter Nr.	1149

Lauterbacher Ehnle 18 €

Hersteller	Grell
Jahr	
Packung	Blister
Vorbild	Mack Auflieger
Sonst.	
Molter Nr.	1150

Lauterbacher Ehnle 12 €

Hersteller	dgd
Jahr	2000
Packung	Blister
Vorbild	Kenworth T2000 Auflieger
Sonst.	
Molter Nr.	1152

L

Lauterbacher Ehnle	12 €
Hersteller	Grell
Jahr	2000
Packung	Blister
Vorbild	Kenworth T2000 Auflieger
Sonst.	
Molter Nr.	1153

Lauterbacher Ehnle	11 €
Hersteller	Grell
Jahr	2000
Packung	Blister
Vorbild	Mack Auflieger
Sonst.	
Molter Nr.	1154

Lauterbacher Ehnle	10 €
Hersteller	dgd
Jahr	2001
Packung	Blister
Vorbild	MAN TG-A Auflieger
Sonst.	
Molter Nr.	3026

Lauterbacher Ehnle	9 €
Hersteller	dgd
Jahr	2001
Packung	Blister
Vorbild	MAN TG-A Auflieger
Sonst.	
Molter Nr.	3027

Lauterbacher Ehnle	9 €
Hersteller	dgd
Jahr	2001
Packung	Blister
Vorbild	MAN TG-A Auflieger
Sonst.	
Molter Nr.	3037

L

Lauterbacher Ehnle — 8 €

Hersteller	Lauterbach
Jahr	2002
Packung	Blister
Vorbild	Renault Tankzug
Sonst.	
Molter Nr.	5414

Lauterbacher Ehnle — 8 €

Hersteller	Lauterbach
Jahr	2002
Packung	Blister
Vorbild	Renault Tankzug
Sonst.	
Molter Nr.	4974

Lauterbacher Ehnle — 8 €

Hersteller	Lauterbach
Jahr	2002
Packung	Blister
Vorbild	Renault Tankzug
Sonst.	
Molter Nr.	5469

Lauterbacher Ehnle — 8 €

Hersteller	Lauterbach
Jahr	2002
Packung	Blister
Vorbild	MAN TG-A Auflieger
Sonst.	
Molter Nr.	4961

Lauterbacher Spirituosen — 10 €

Hersteller	Grell
Jahr	2000
Packung	Blister
Vorbild	MB Actros Auflieger
Sonst.	
Molter Nr.	2110

L

Lauterbacher Vogelsberg — 30 €

Hersteller	Grell
Jahr	1999
Packung	Blister
Vorbild	Mack Auflieger
Sonst.	
Molter Nr.	1151

Lauterbacher Vogelsberg — 12 €

Hersteller	dgd
Jahr	2001
Packung	Blister
Vorbild	MAN TG-A Auflieger
Sonst.	
Molter Nr.	3029

Lauterecker — 30 €

Hersteller	Golden
Jahr	2001
Packung	Blister
Vorbild	Pferdeschlitten
Sonst.	
Molter Nr.	3036

Lauterecker — 9 €

Hersteller	Hümmer
Jahr	2001 (Aufl.: 5000)
Packung	Blister
Vorbild	MB Actros Auflieger
Sonst.	
Molter Nr.	4444

Lays light — 15 €

Hersteller	easy
Jahr	2002 (Aufl.: 3000)
Packung	Blister
Vorbild	Freightliner FLD Auflieger
Sonst.	M. Ballack
Molter Nr.	5102

Le Gamin — 8 €

Hersteller	Hümmer
Jahr	2002
Packung	Blister
Vorbild	MB Actros Auflieger
Sonst.	
Molter Nr.	7219

Lederer — 10 €

Hersteller	dgd
Jahr	2001
Packung	Blister
Vorbild	MAN TG-A Auflieger
Sonst.	auch in Plastikschachtel
Molter Nr.	3038

Lederer — 10 €

Hersteller	dgd
Jahr	2001
Packung	Blister
Vorbild	MAN TG-A Auflieger
Sonst.	auch in Plastikschachtel
Molter Nr.	3039

Lederer — 20 €

Hersteller	Lederer
Jahr	2002
Packung	Blister
Vorbild	MB Axor Auflieger
Sonst.	XL
Molter Nr.	4998

Lederer — 8 €

Hersteller	
Jahr	2003
Packung	Blister
Vorbild	Volvo Auflieger
Sonst.	
Molter Nr.	6522

Leibinger	15 €
Hersteller	Grell
Jahr	1999
Packung	Blister
Vorbild	Mack Auflieger
Sonst.	
Molter Nr.	1155

Leibinger	9 €
Hersteller	Top-Style
Jahr	2001
Packung	Blister
Vorbild	MB Actros Hängerzug
Sonst.	
Molter Nr.	3040

Leibinger	12 €
Hersteller	Grell
Jahr	2002 (Aufl.: 1500)
Packung	Blister
Vorbild	MB Actros Hängerzug
Sonst.	
Molter Nr.	4674

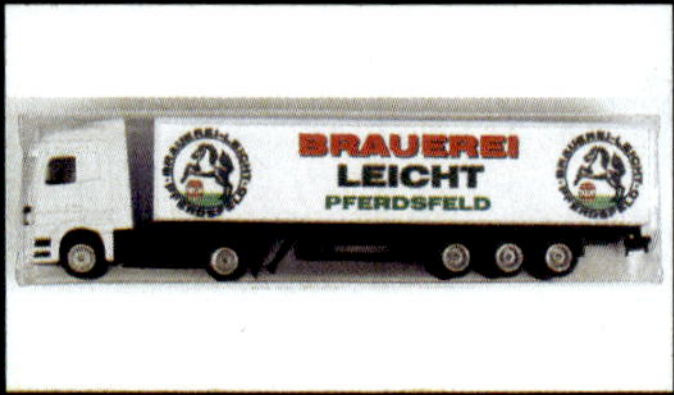

Leicht	25 €
Hersteller	Amon
Jahr	2002
Packung	Plastikschachtel
Vorbild	MB Actros Auflieger
Sonst.	
Molter Nr.	6228

Leicht	10 €
Hersteller	Amon
Jahr	2003 (Aufl.: 200)
Packung	Plastikschachtel
Vorbild	MB Actros Hängerzug
Sonst.	
Molter Nr.	6896

L

Leicht	20 €
Hersteller	Amon
Jahr	2001
Packung	Plastikschachtel
Vorbild	MB Actros Hängerzug
Sonst.	
Molter Nr.	3041

Leicht	25 €
Hersteller	Amon
Jahr	2001
Packung	Plastikschachtel
Vorbild	MAN F2000 Hängerzug
Sonst.	
Molter Nr.	3042

Leikeim	25 €
Hersteller	
Jahr	
Packung	Plastikschachtel
Vorbild	MB klein Auflieger
Sonst.	
Molter Nr.	6606

Leikeim	25 €
Hersteller	Hümmer
Jahr	1997
Packung	Blister
Vorbild	MAN F90 Hängerzug
Sonst.	
Molter Nr.	1157

Leikeim	22 €
Hersteller	Hümmer
Jahr	
Packung	Blister
Vorbild	US Auflieger
Sonst.	ohne Spritzschutz
Molter Nr.	1156

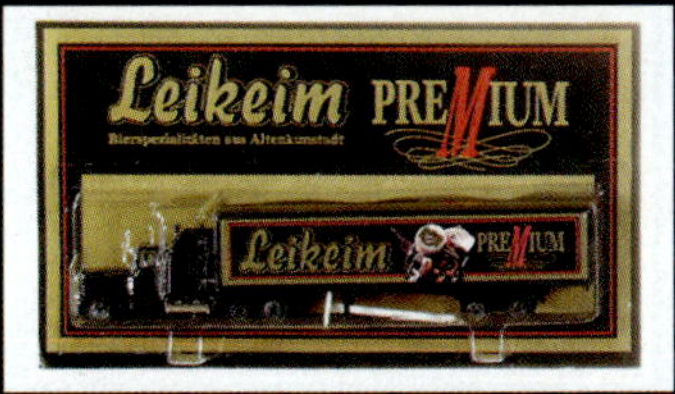

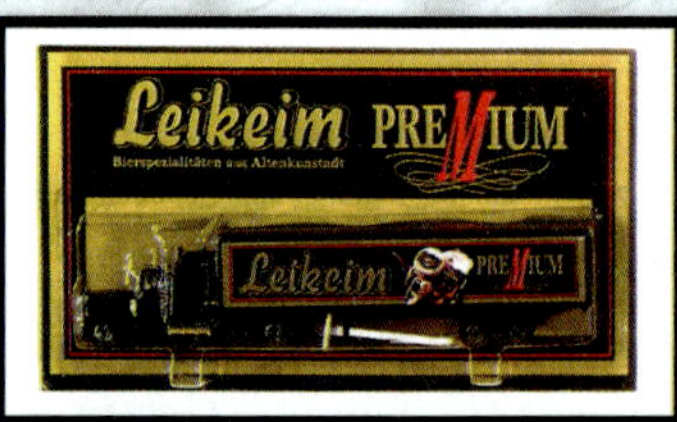

Leikeim	30 €
Hersteller	Hümmer
Jahr	
Packung	Blister
Vorbild	US Auflieger
Sonst.	mit Spritzuschutz
Molter Nr.	1156a

Leikeim	15 €
Hersteller	Hümmer
Jahr	1998
Packung	Blister
Vorbild	MB Actros Auflieger
Sonst.	Sternfelgen
Molter Nr.	1158

Leikeim	25 €
Hersteller	Hümmer
Jahr	2000 (Aufl.: 500)
Packung	Blister
Vorbild	MB Actros Auflieger
Sonst.	mit Getränke Deschl
Molter Nr.	293

Leikeim	15 €
Hersteller	Hümmer
Jahr	2000
Packung	Blister
Vorbild	Eisenbahnwaggon
Sonst.	
Molter Nr.	7584

Leikeim	9 €
Hersteller	Blister
Jahr	2000
Packung	Blister
Vorbild	MAN TG-A Auflieger
Sonst.	
Molter Nr.	3996

Leikeim	10 €
Hersteller	Hümmer
Jahr	2000
Packung	Blister
Vorbild	MB Actros Auflieger
Sonst.	neue Felgen
Molter Nr.	1159

Leikeim	10 €
Hersteller	Hümmer
Jahr	2000
Packung	Blister
Vorbild	MB Actros Hängerzug
Sonst.	
Molter Nr.	4458

Leikeim	15 €
Hersteller	dgd
Jahr	2001
Packung	Blister
Vorbild	MAN TG-A Auflieger
Sonst.	
Molter Nr.	3044

Leikeim	9 €
Hersteller	Hümmer
Jahr	2001
Packung	Blister
Vorbild	Scania Auflieger
Sonst.	
Molter Nr.	3045

Leikeim	8 €
Hersteller	Hümmer
Jahr	2002
Packung	Blister
Vorbild	MAN TG-A Auflieger
Sonst.	mit Flasche
Molter Nr.	5821

Leikeim — 8 €

Hersteller	Hümmer
Jahr	2002
Packung	Blister
Vorbild	MAN TG-A Auflieger
Sonst.	mit Flasche
Molter Nr.	5715

Leikeim — 8 €

Hersteller	Hümmer
Jahr	2002
Packung	Blister
Vorbild	MB Actros Auflieger
Sonst.	mit Reinigungsmaschine
Molter Nr.	5894

Leikeim — 9 €

Hersteller	Top-Style
Jahr	2002
Packung	Blister
Vorbild	MB Actros Tankzug
Sonst.	
Molter Nr.	7585

Leikeim — 10 €

Hersteller	Hümmer
Jahr	2002
Packung	Blister
Vorbild	Renault Magnum Auflieger
Sonst.	mit Tannenbaum
Molter Nr.	5919

Leikeim — 8 €

Hersteller	Hümmer
Jahr	2003
Packung	Blister
Vorbild	Scania 164L Tieflader
Sonst.	
Molter Nr.	6700

Leiner — 25 €

Hersteller	Amon
Jahr	2002 (Aufl.: 50)
Packung	Plastikschachtel
Vorbild	MAN TG-A Auflieger
Sonst.	
Molter Nr.	4875

Leiner — 25 €

Hersteller	Amon
Jahr	2002
Packung	Plastikschachtel
Vorbild	MB Actros Hängerzug
Sonst.	
Molter Nr.	4883

Leiner — 25 €

Hersteller	Amon
Jahr	2002 (Aufl.: 50)
Packung	Plastikschachtel
Vorbild	MAN TG-A Auflieger
Sonst.	
Molter Nr.	6048

Leiner — 25 €

Hersteller	Amon
Jahr	2002 (Aufl.: 50)
Packung	Plastikschachtel
Vorbild	DAF 95 XF Auflieger
Sonst.	
Molter Nr.	6052

Leiner — 25 €

Hersteller	Amon
Jahr	2002 (Aufl.: 50)
Packung	Plastikschachtel
Vorbild	MB Actros Tankzug
Sonst.	
Molter Nr.	6069

L

Leisslinger Mineralwasser 20 €

Hersteller	Lauterbach
Jahr	1999
Packung	Blister
Vorbild	MB groß Auflieger
Sonst.	
Molter Nr.	1160

Leisslinger Mineralwasser 12 €

Hersteller	Hümmer
Jahr	2000
Packung	Blister
Vorbild	MB Actros Auflieger
Sonst.	
Molter Nr.	1161

Leisslinger Mineralwasser 8 €

Hersteller	Grell
Jahr	2001
Packung	Blister
Vorbild	MB Actros Tanker
Sonst.	
Molter Nr.	3048

Leisslinger Mineralwasser 8 €

Hersteller	Hümmer
Jahr	2002
Packung	Blister
Vorbild	MB Actros Auflieger
Sonst.	Mit Flasche
Molter Nr.	7586

Leopold´s Brauhaus 15 €

Hersteller	Müller Chemnitz
Jahr	
Packung	Plastikschachtel
Vorbild	Mack Auflieger
Sonst.	
Molter Nr.	1162

Lezak — 8 €

Hersteller	dgd
Jahr	2000
Packung	Plastikschachtel
Vorbild	Kenworth T2000 Auflieger
Sonst.	
Molter Nr.	6601

Libehna — 8 €

Hersteller	dgd
Jahr	2001
Packung	Blister
Vorbild	MAN TG-A Auflieger
Sonst.	
Molter Nr.	4233

Libehna — 8 €

Hersteller	dgd
Jahr	2002
Packung	Blister
Vorbild	MAN TG-A Auflieger
Sonst.	
Molter Nr.	5534

Libella — 20 €

Hersteller	Hümmer
Jahr	
Packung	Blister
Vorbild	MAN F90 LKW
Sonst.	
Molter Nr.	1163

Libella — 15 €

Hersteller	Hümmer
Jahr	1999
Packung	Blister
Vorbild	US Auflieger
Sonst.	
Molter Nr.	1164

L

Libella	11 €
Hersteller	Hümmer
Jahr	2000
Packung	Blister
Vorbild	MB Actros Auflieger
Sonst.	4 Achsen
Molter Nr.	3049

Libella	11 €
Hersteller	Hümmer
Jahr	2000
Packung	Blister
Vorbild	MB Actros Auflieger
Sonst.	5 Achsen
Molter Nr.	1165

Libella	12 €
Hersteller	dgd
Jahr	2000
Packung	Blister
Vorbild	IFA W50 Auflieger
Sonst.	
Molter Nr.	1166

Libella	9 €
Hersteller	Hümmer
Jahr	2001
Packung	Blister
Vorbild	MB Oldtimer Hängerzug
Sonst.	
Molter Nr.	3050

Libella	8 €
Hersteller	Hümmer
Jahr	2001
Packung	Blister
Vorbild	MAN TG-A Auflieger
Sonst.	
Molter Nr.	3052

Libella — 8 €

Hersteller	dgd
Jahr	2002
Packung	Blister
Vorbild	Scania 164L Auflieger
Sonst.	
Molter Nr.	4978

Libella — 8 €

Hersteller	Grell
Jahr	2002
Packung	Blister
Vorbild	DAF 95 XF Tankzug
Sonst.	
Molter Nr.	6157

Libella — 8 €

Hersteller	Hümmer
Jahr	2003
Packung	Blister
Vorbild	Iveco Auflieger
Sonst.	Mit Flasche
Molter Nr.	7512

Licher — 8 €

Hersteller	Eurosun
Jahr	2003
Packung	Blister
Vorbild	Volvo FH12 Auflieger
Sonst.	
Molter Nr.	7696

Licher — 60 €

Hersteller	
Jahr	
Packung	Plastikschachtel
Vorbild	MB Unimog mit Hauber
Sonst.	
Molter Nr.	6614

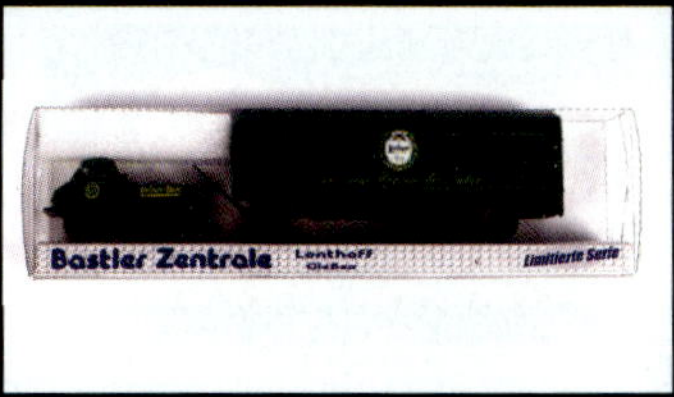

L

Licher	30 €
Hersteller	
Jahr	1998
Packung	Plastikschachtel
Vorbild	MB groß Auflieger
Sonst.	
Molter Nr.	1168

Licher	30 €
Hersteller	
Jahr	1998
Packung	Plastikschachtel
Vorbild	Mack Auflieger
Sonst.	
Molter Nr.	1167

Licher	12 €
Hersteller	Grell
Jahr	1999
Packung	Blister
Vorbild	MB Actros Auflieger
Sonst.	
Molter Nr.	1169

Licher	15 €
Hersteller	Grell
Jahr	2000
Packung	Blister
Vorbild	MB Actros Auflieger
Sonst.	Mayer auf Tür
Molter Nr.	1170

Licher	11 €
Hersteller	Eurosun
Jahr	2000
Packung	Blister
Vorbild	MAN F2000 Auflieger
Sonst.	
Molter Nr.	1171

Licher	10 €
Hersteller	Hümmer
Jahr	2001
Packung	Blister
Vorbild	MB Actros Auflieger
Sonst.	
Molter Nr.	1172

Licher	9 €
Hersteller	Hümmer
Jahr	2001
Packung	Blister
Vorbild	MB Actros Auflieger
Sonst.	
Molter Nr.	3053

Licher	8 €
Hersteller	Eurosun
Jahr	2001
Packung	Blister
Vorbild	MB Actros Hängerzug
Sonst.	
Molter Nr.	3054

Licher	8 €
Hersteller	Eurosun
Jahr	2001
Packung	Blister
Vorbild	Scania Auflieger
Sonst.	
Molter Nr.	3055

Licher	8 €
Hersteller	Hümmer
Jahr	2002
Packung	Blister
Vorbild	MB Actros Tankzug
Sonst.	
Molter Nr.	5703

L

Licher	8 €
Hersteller	Grell
Jahr	2002
Packung	Blister
Vorbild	Büssing Hängerzug
Sonst.	
Molter Nr.	5815

Licher	8 €
Hersteller	Grell
Jahr	2002
Packung	Blister
Vorbild	MB Axor Auflieger
Sonst.	
Molter Nr.	7282

Licher	8 €
Hersteller	Grell
Jahr	2002
Packung	Blister
Vorbild	Oldtimer Magirus
Sonst.	
Molter Nr.	4625

Licher	8 €
Hersteller	Eurosun
Jahr	2003
Packung	Blister
Vorbild	Volvo Auflieger
Sonst.	
Molter Nr.	7068

Licher	€
Hersteller	Eurosun
Jahr	2003
Packung	Blister
Vorbild	MB Axor Auflieger
Sonst.	
Molter Nr.	7067

Licher	8 €
Hersteller	Eurosun
Jahr	2003
Packung	Blister
Vorbild	Iveco Auflieger
Sonst.	
Molter Nr.	6989

Licher	8 €
Hersteller	Eurosun
Jahr	2003
Packung	Blister
Vorbild	MB Axor Auflieger
Sonst.	
Molter Nr.	6990

Licher	8 €
Hersteller	Eurosun
Jahr	2003
Packung	Blister
Vorbild	Iveco Auflieger
Sonst.	
Molter Nr.	7344

Lichtenauer	75 €
Hersteller	Hümmer
Jahr	
Packung	Blister
Vorbild	US Auflieger
Sonst.	Getr. Kunz
Molter Nr.	1115

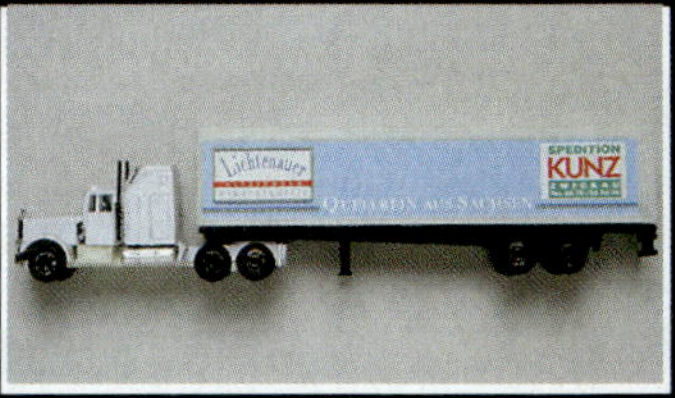

Lichtenauer	9 €
Hersteller	
Jahr	2000
Packung	Blister
Vorbild	MB Actros Hängerzug
Sonst.	
Molter Nr.	1173

L

Lichtenauer — 8 €

Hersteller	Gietzelt GmbH
Jahr	2002
Packung	Blister
Vorbild	MB Actros Auflieger
Sonst.	
Molter Nr.	5959

Liebl — 8 €

Hersteller	Grell
Jahr	2003
Packung	Blister
Vorbild	Ford 9000 Auflieger
Sonst.	
Molter Nr.	7842

Lift — 8 €

Hersteller	dgd
Jahr	2002
Packung	Blister
Vorbild	MAN TG-A Auflieger
Sonst.	
Molter Nr.	4852

Limbacher — 8 €

Hersteller	Top-Style
Jahr	2002
Packung	Blister
Vorbild	Renault Tankzug
Sonst.	
Molter Nr.	4947

Limbacher — 8 €

Hersteller	WMS
Jahr	2002
Packung	Blister
Vorbild	Renault Tankzug
Sonst.	
Molter Nr.	5194

Limbacher 8 €

Hersteller	WMS
Jahr	2002
Packung	Blister
Vorbild	MB Actros Tankzug
Sonst.	
Molter Nr.	5775

Limbacher 8 €

Hersteller	WMS
Jahr	2002
Packung	Blsiter
Vorbild	Volvo Tankzug
Sonst.	
Molter Nr.	5113

Limbacher 8 €

Hersteller	Grell
Jahr	2002
Packung	Blister
Vorbild	Scania 124L Hängerzug
Sonst.	mit Fußball Schankwagen
Molter Nr.	5876

Limbacher 8 €

Hersteller	Top-Style
Jahr	2002 (Aufl.: 2500)
Packung	Blister
Vorbild	MB Actros Tankzug
Sonst.	
Molter Nr.	4949

Limbacher 8 €

Hersteller	Top-Style
Jahr	2002
Packung	Blister
Vorbild	MB Actros Tankzug
Sonst.	
Molter Nr.	4938

Lindauer — 8 €

Hersteller	Hümmer
Jahr	2002
Packung	Blister
Vorbild	MB Actros Hängerzug
Sonst.	
Molter Nr.	4895

Lindenwirt — 8 €

Hersteller	Top-Style
Jahr	2002
Packung	Blister
Vorbild	MB Actros Auflieger
Sonst.	
Molter Nr.	7587

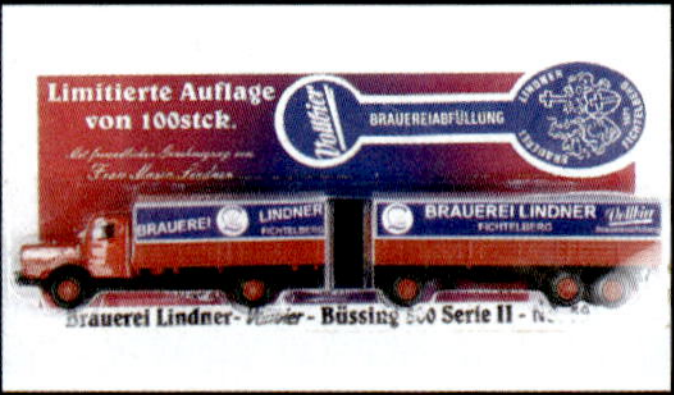

Lindner — 50 €

Hersteller	
Jahr	1999 (Aufl.: 100)
Packung	Blister
Vorbild	Büssing Hängerzug
Sonst.	
Molter Nr.	6479

Lindner — 35 €

Hersteller	
Jahr	2000 (Aufl.: 100)
Packung	Blister
Vorbild	MB Oldtimer Hängerzug
Sonst.	
Molter Nr.	3056

Lindner — 50 €

Hersteller	dgd
Jahr	2000 (Aufl.: 100)
Packung	Blister
Vorbild	IFA W50 Auflieger
Sonst.	
Molter Nr.	1175

Linke Fruchtsäfte — 15 €

Hersteller	Grell
Jahr	1998
Packung	Blister
Vorbild	Mack Auflieger
Sonst.	
Molter Nr.	1174

Linke Fruchtsäfte — 9 €

Hersteller	Grell
Jahr	2001
Packung	Blister
Vorbild	Ford 9000 Auflieger
Sonst.	
Molter Nr.	3061

Linke Fruchtsäfte — 10 €

Hersteller	Grell
Jahr	2001
Packung	Blister
Vorbild	Freightliner FLD Tankzug
Sonst.	
Molter Nr.	4437

Lippert — 8 €

Hersteller	Dickie
Jahr	1999
Packung	Blister
Vorbild	MB Actros Auflieger
Sonst.	
Molter Nr.	1177

Lippert — 12 €

Hersteller	Grell
Jahr	2000
Packung	Blister
Vorbild	MB Actros Auflieger
Sonst.	Thier Pils
Molter Nr.	1178

L

Lippert	12 €
Hersteller	Grell
Jahr	2000
Packung	Blister
Vorbild	MB Actros Auflieger
Sonst.	Kronen Pilsener
Molter Nr.	1179

Lippert	12 €
Hersteller	Grell
Jahr	2000
Packung	Blister
Vorbild	MB Actros Auflieger
Sonst.	DAB
Molter Nr.	1181

Lippert	12 €
Hersteller	Grell
Jahr	2000
Packung	Blister
Vorbild	MB Actros Auflieger
Sonst.	Stifts Pils
Molter Nr.	1180

Lippert	12 €
Hersteller	Grell
Jahr	2000
Packung	Blister
Vorbild	MB Actros Auflieger
Sonst.	EKU
Molter Nr.	1182

Lippert	8 €
Hersteller	Grell
Jahr	2001
Packung	Blister
Vorbild	MB Actros Auflieger
Sonst.	
Molter Nr.	3087

L

Lipton — 10 €

Hersteller	Hümmer
Jahr	2000
Packung	Blister
Vorbild	MB Actros Auflieger
Sonst.	
Molter Nr.	1176

Lipton — 10 €

Hersteller	Hümmer
Jahr	2001
Packung	Blister
Vorbild	MB Actros Auflieger
Sonst.	
Molter Nr.	3064

Lipton — 10 €

Hersteller	Hümmer
Jahr	2001
Packung	Blister
Vorbild	MB Actros Auflieger
Sonst.	
Molter Nr.	3062

Lipton — 10 €

Hersteller	Hümmer
Jahr	2001
Packung	Blister
Vorbild	MB Actros Auflieger
Sonst.	
Molter Nr.	3065

Löbauer — 75 €

Hersteller	Grell
Jahr	2000
Packung	Blister
Vorbild	MB Actros Auflieger
Sonst.	
Molter Nr.	1183

Löbauer — 60 €

Hersteller	Hümmer
Jahr	
Packung	Plastikschachtel
Vorbild	US Auflieger
Sonst.	
Molter Nr.	1184

Löbauer — 30 €

Hersteller	Grell
Jahr	1998
Packung	Blister
Vorbild	Mack Auflieger
Sonst.	
Molter Nr.	1185

Löbauer — 20 €

Hersteller	Grell
Jahr	1999
Packung	Blister
Vorbild	MB Actros Auflieger
Sonst.	einzeln verpackt
Molter Nr.	1186

Löbauer — 15 €

Hersteller	Grell
Jahr	2000
Packung	Blister
Vorbild	Mack Auflieger
Sonst.	
Molter Nr.	1188

Löbauer — 15 €

Hersteller	Grell
Jahr	2000
Packung	Blister
Vorbild	IFA W50 Auflieger
Sonst.	
Molter Nr.	277

Löbauer	18 €
Hersteller	Grell
Jahr	2000
Packung	Blister
Vorbild	IFA W50 Auflieger
Sonst.	Cunnersdorfer Heckaufkl.
Molter Nr.	1189

Löbauer	12 €
Hersteller	Grell
Jahr	2000
Packung	Blister
Vorbild	Trabi
Sonst.	
Molter Nr.	1187

Löbauer	10 €
Hersteller	Grell
Jahr	2001
Packung	Blister
Vorbild	Trabi
Sonst.	
Molter Nr.	3068

Löbauer	10 €
Hersteller	Grell
Jahr	2001
Packung	Blister
Vorbild	Ford Oldtimer
Sonst.	
Molter Nr.	3069

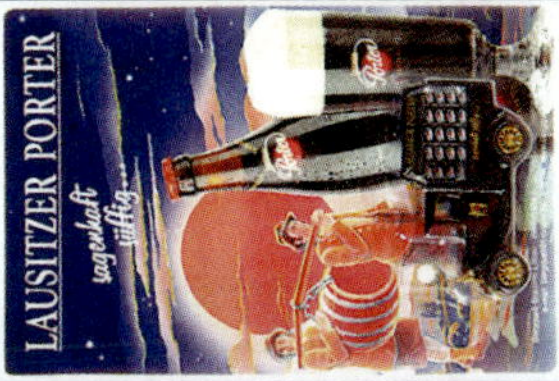

Löbauer	9 €
Hersteller	Grell
Jahr	2001
Packung	Blister
Vorbild	Ford 9000 Auflieger
Sonst.	
Molter Nr.	7588

L

Löbauer	9 €
Hersteller	Grell
Jahr	2001
Packung	Blister
Vorbild	Feuerwehr
Sonst.	
Molter Nr.	3070

Löbauer	9 €
Hersteller	Grell
Jahr	2001
Packung	Blister
Vorbild	Scania Tankzug
Sonst.	
Molter Nr.	3066

Löbauer	60 €
Hersteller	Hümmer
Jahr	2001
Packung	Blister
Vorbild	Freightliner FLD Auflieger
Sonst.	XXL
Molter Nr.	6413

Löbauer	8 €
Hersteller	Grell
Jahr	2002
Packung	Blister
Vorbild	Freightliner FLD Tankzug
Sonst.	
Molter Nr.	5736

L

Löbauer	8 €
Hersteller	Hümmer
Jahr	2002
Packung	Blister
Vorbild	Trabi Auflieger
Sonst.	
Molter Nr.	5236

Löbauer	8 €
Hersteller	Hümmer
Jahr	2002
Packung	Blister
Vorbild	Trabi Auflieger
Sonst.	
Molter Nr.	4526

Löbauer	8 €
Hersteller	Hümmer
Jahr	2002
Packung	Blister
Vorbild	Trabi Auflieger
Sonst.	Schwarzgeld
Molter Nr.	4819

Löbauer	8 €
Hersteller	Hümmer
Jahr	2002
Packung	Blister
Vorbild	Trabi Auflieger
Sonst.	
Molter Nr.	4612

Löbauer	8 €
Hersteller	Hümmer
Jahr	2002
Packung	Blister
Vorbild	Trabi Auflieger
Sonst.	
Molter Nr.	5499

Löbauer	8 €
Hersteller	Hümmer
Jahr	2003
Packung	Blister
Vorbild	Trabi Auflieger
Sonst.	
Molter Nr.	6366

L

Lobensteiner — 12 €

Hersteller	Grell
Jahr	2000 (Aufl.: 3000)
Packung	Blister
Vorbild	MB Actros Auflieger
Sonst.	
Molter Nr.	1190

Logo Getränke — 8 €

Hersteller	Hümmer
Jahr	2001
Packung	Blister
Vorbild	MB Actros Auflieger
Sonst.	
Molter Nr.	3967

Lohrer — 60 €

Hersteller	Hümmer
Jahr	
Packung	Plastikschachtel
Vorbild	MB klein Auflieger
Sonst.	
Molter Nr.	1191

Lohrer — 35 €

Hersteller	Hümmer
Jahr	1998
Packung	Blister
Vorbild	MAN F90 LKW
Sonst.	
Molter Nr.	1192

Lohrer — 11 €

Hersteller	dgd
Jahr	2000
Packung	Blister
Vorbild	MB Actros Auflieger
Sonst.	
Molter Nr.	1193

Lohrer	11 €
Hersteller	dgd
Jahr	2000
Packung	Blister
Vorbild	MB Actros Auflieger
Sonst.	
Molter Nr.	1194

Lohrer	12 €
Hersteller	Hümmer
Jahr	2000
Packung	Blister
Vorbild	MB Oldtimer Hängerzug
Sonst.	
Molter Nr.	1195

Lohrer	10 €
Hersteller	dgd
Jahr	2000
Packung	Blister
Vorbild	MB Actros Auflieger
Sonst.	
Molter Nr.	1196

Lohrer	9 €
Hersteller	Vierke
Jahr	2001
Packung	Blister
Vorbild	MB Atego Hängerzug
Sonst.	
Molter Nr.	3073

Lohrer	9 €
Hersteller	dgd
Jahr	2001
Packung	Blister
Vorbild	MAN TG-A Auflieger
Sonst.	
Molter Nr.	3076

L

Lohrer	9 €
Hersteller	Vierke
Jahr	2001
Packung	Blister
Vorbild	Mack Auflieger
Sonst.	
Molter Nr.	3078

Lohrer	9 €
Hersteller	dgd
Jahr	2001
Packung	Blister
Vorbild	MAN TG-A Auflieger
Sonst.	
Molter Nr.	7301

Lohrer	10 €
Hersteller	Vierke
Jahr	2001
Packung	Blister
Vorbild	US Auflieger (neu)
Sonst.	
Molter Nr.	3074

Lohrer	8 €
Hersteller	dgd
Jahr	2002
Packung	Blister
Vorbild	Scania 124L Tankzug
Sonst.	
Molter Nr.	4539

Lohrer	8 €
Hersteller	dgd
Jahr	2002
Packung	Blister
Vorbild	Iveco Hängerzug
Sonst.	mit Schankwagen
Molter Nr.	5927

Lohrer — 8 €

Hersteller	Hümmer
Jahr	2003
Packung	Blister
Vorbild	MAN TG-A Auflieger
Sonst.	mit Flasche
Molter Nr.	7071

Loscher Bier — 12 €

Hersteller	dgd
Jahr	2000
Packung	Blister
Vorbild	MB Actros Hängerzug
Sonst.	
Molter Nr.	1207

Loscher Bier — 10 €

Hersteller	dgd
Jahr	2001
Packung	Blister
Vorbild	MB L322 Hängerzug
Sonst.	
Molter Nr.	3086

Loscher Bier — 8 €

Hersteller	dgd
Jahr	2002
Packung	Blister
Vorbild	MAN TG-A Auflieger
Sonst.	
Molter Nr.	4105

Lotz & Sauer Getränke — 8 €

Hersteller	dgd
Jahr	2000
Packung	Blister
Vorbild	US Auflieger
Sonst.	
Molter Nr.	614

L

Louny	25 €
Hersteller	Elasto Form
Jahr	1999
Packung	Plastikschachtel
Vorbild	Ford Cargo LKW
Sonst.	
Molter Nr.	1208

Louny	10 €
Hersteller	Grell
Jahr	2001
Packung	Blister
Vorbild	Ford 9000 Auflieger
Sonst.	
Molter Nr.	3082

Louny	9 €
Hersteller	Grell
Jahr	2001
Packung	Blister
Vorbild	Ford 9000 Auflieger
Sonst.	
Molter Nr.	7589

Louny	8 €
Hersteller	Grell
Jahr	2002
Packung	Blister
Vorbild	IFA W50 Hängerzug
Sonst.	
Molter Nr.	7617

Löwenbrau Buttenheim	20 €
Hersteller	Lauterbach
Jahr	2000 (Aufl.: 5000)
Packung	Blister
Vorbild	MB groß Auflieger
Sonst.	
Molter Nr.	3085

Löwenbräu Marktleuthen 20 €

Hersteller	Lauterbach
Jahr	2000 (Aufl.: 500)
Packung	Plastikschachtel
Vorbild	MB groß Auflieger
Sonst.	
Molter Nr.	1204

Löwenbräu Marktleuthen 20 €

Hersteller	Lauterbach
Jahr	2000 (Aufl.: 500)
Packung	Plastikschachtel
Vorbild	Mack Auflieger
Sonst.	
Molter Nr.	1205

Löwenbräu München 50 €

Hersteller	Hümmer
Jahr	
Packung	Plastikschachtel
Vorbild	MAN F90 Hängerzug
Sonst.	
Molter Nr.	1199

Löwenbräu München 35 €

Hersteller	Hümmer
Jahr	
Packung	Plastikschachtel
Vorbild	US Auflieger
Sonst.	
Molter Nr.	1197

Löwenbräu München 35 €

Hersteller	Hümmer
Jahr	
Packung	Plastikschachtel
Vorbild	US Auflieger
Sonst.	
Molter Nr.	1198

Löwenbräu München	25 €
Hersteller	Hümmer
Jahr	1998
Packung	Plastikschachtel
Vorbild	US Auflieger
Sonst.	
Molter Nr.	1200

Löwenbräu München	10 €
Hersteller	dgd
Jahr	2000
Packung	Plastikschachtel
Vorbild	MB Actros Auflieger
Sonst.	
Molter Nr.	1201

Löwenbräu München	10 €
Hersteller	Eurosun
Jahr	2000
Packung	Plastikschachtel
Vorbild	MB Actros Auflieger
Sonst.	
Molter Nr.	1202

Löwenbräu München	9 €
Hersteller	dgd
Jahr	2001
Packung	Plastikschachtel
Vorbild	MB Actros Auflieger
Sonst.	
Molter Nr.	3088

Löwenbräu München	9 €
Hersteller	dgd
Jahr	2001
Packung	Plastikschachtel
Vorbild	Scania Auflieger
Sonst.	
Molter Nr.	3084

Löwenbräu München 9 €

Hersteller	dgd
Jahr	2001
Packung	Plastikschachtel
Vorbild	MAN TG-A Auflieger
Sonst.	
Molter Nr.	3097

Löwenbräu München 9 €

Hersteller	dgd
Jahr	2001
Packung	Plastikschachtel
Vorbild	MAN TG-A Auflieger
Sonst.	
Molter Nr.	3089

Löwenbräu München 9 €

Hersteller	dgd
Jahr	2001
Packung	Plastikschachtel
Vorbild	Scania Auflieger
Sonst.	
Molter Nr.	3091

Löwenbräu München 8 €

Hersteller	dgd
Jahr	2001
Packung	Blister
Vorbild	Framo
Sonst.	
Molter Nr.	3100

Löwenbräu München 8 €

Hersteller	dgd
Jahr	2002
Packung	Blister
Vorbild	MB Axor Auflieger
Sonst.	mit Stapler
Molter Nr.	4846

Löwenbräu München — 8 €

Hersteller	dgd
Jahr	2003
Packung	Blister
Vorbild	MAN F2000 Hängerzug
Sonst.	mit Schankwagen
Molter Nr.	6476

Löwenbräu Naila — 20 €

Hersteller	Amon
Jahr	2002 (Aufl.: 300)
Packung	Plastikschachtel
Vorbild	MB Actros Hängerzug
Sonst.	
Molter Nr.	6148

Löwenbräu Neeb — 10 €

Hersteller	Lauterbach
Jahr	2001
Packung	Blister
Vorbild	MAN M2000 Auflieger
Sonst.	
Molter Nr.	3972

Löwenbräu Stublang — 15 €

Hersteller	Amon
Jahr	2001 (Aufl.: 300)
Packung	Plastikschachtel
Vorbild	MB Actros Auflieger
Sonst.	
Molter Nr.	2678

Löwenbräu Stublang — 20 €

Hersteller	
Jahr	2001 (Aufl.: 150)
Packung	Plastikschachtel
Vorbild	MB Actros Auflieger
Sonst.	
Molter Nr.	2730

Löwenbräu Stublang 25 €

Hersteller	Amon
Jahr	2001 (Aufl.: 100)
Packung	Plastikschachtel
Vorbild	Volvo Auflieger
Sonst.	
Molter Nr.	2732

Löwenbräu Stublang 25 €

Hersteller	Amon
Jahr	2001 (Aufl.: 100)
Packung	Plastikschachtel
Vorbild	Volvo Auflieger
Sonst.	
Molter Nr.	2733

Löwenbräu Stublang 25 €

Hersteller	Amon
Jahr	2001 (Aufl.: 200)
Packung	Blister
Vorbild	MAN TG-A Auflieger
Sonst.	
Molter Nr.	2735

Löwenbräu Stublang 40 €

Hersteller	Amon
Jahr	2001 (Aufl.: 50)
Packung	Plastikschachtel
Vorbild	Majorette Auflieger
Sonst.	
Molter Nr.	2739

Löwenbräu Stublang 25 €

Hersteller	Amon
Jahr	2001 (Aufl.: 200)
Packung	Plastikschachtel
Vorbild	MAN F2000 Auflieger
Sonst.	
Molter Nr.	3093

Löwenbräu Stublang	25 €
Hersteller	Amon
Jahr	2001 (Aufl.: 150)
Packung	Plastikschachtel
Vorbild	Volvo Auflieger
Sonst.	
Molter Nr.	3105

Löwenbräu Stublang	40 €
Hersteller	Amon
Jahr	2001 (Aufl.: 20)
Packung	Plastikschachtel
Vorbild	Majorette Auflieger
Sonst.	
Molter Nr.	3108

Löwenbräu Stublang	15 €
Hersteller	Amon
Jahr	2002 (Aufl.: 100)
Packung	Plastikschachtel
Vorbild	Majorette Auflieger
Sonst.	
Molter Nr.	6090

Löwenbrauerei Passau	12 €
Hersteller	Eurosun
Jahr	2000
Packung	Blister
Vorbild	MAN F2000 Auflieger
Sonst.	
Molter Nr.	1203

Löwenbrauerei Passau	9 €
Hersteller	Eurosun
Jahr	2001
Packung	Blister
Vorbild	MAN F2000 Auflieger
Sonst.	einzeln verpackt
Molter Nr.	4098

Löwenbrauerei Passau 9 €

Hersteller	Eurosun
Jahr	2001
Packung	Blister
Vorbild	MAN TG-A Hängerzug
Sonst.	einzeln verpackt
Molter Nr.	3112

Löwenbrauerei Passau 8 €

Hersteller	Hümmer
Jahr	2003
Packung	Blister
Vorbild	MAN TGA Tankzug
Sonst.	
Molter Nr.	6535

Lübzer 25 €

Hersteller	Müller Chemnitz
Jahr	
Packung	Plastikschachtel
Vorbild	Volvo Auflieger
Sonst.	
Molter Nr.	1209

Lübzer 25 €

Hersteller	Hümmer
Jahr	1999
Packung	Blister
Vorbild	MB Actros Auflieger
Sonst.	
Molter Nr.	1210

Lübzer 12 €

Hersteller	Müller Chemnitz
Jahr	1999
Packung	Plastikschachtel
Vorbild	Volvo Auflieger
Sonst.	
Molter Nr.	6460

L

Lübzer 12 €

Hersteller	dgd
Jahr	2000
Packung	Blister
Vorbild	MB Actros Auflieger
Sonst.	weißer Unterbau
Molter Nr.	1211

Lübzer 10 €

Hersteller	Hümmer
Jahr	2001
Packung	Blister
Vorbild	MB Actros Auflieger
Sonst.	schwarzer Unterbau
Molter Nr.	3111

Lübzer 9 €

Hersteller	Rathert Creativ
Jahr	2001
Packung	Blister
Vorbild	MB Actros Auflieger
Sonst.	
Molter Nr.	3113

Lübzer 10 €

Hersteller	Rathert creativ
Jahr	2001
Packung	Blister
Vorbild	MB Actros Auflieger
Sonst.	mit Getränkeland
Molter Nr.	7591

Lübzer 8 €

Hersteller	Hümmer
Jahr	2001
Packung	Blister
Vorbild	MB Atego Hängerzug
Sonst.	
Molter Nr.	4547

Lübzer	8 €
Hersteller	Rathert Creativ
Jahr	2002
Packung	Blister
Vorbild	MB Actros Auflieger
Sonst.	
Molter Nr.	4550

Lübzer	8 €
Hersteller	Rathert Creativ
Jahr	2002
Packung	Blister
Vorbild	MB Actros Auflieger
Sonst.	
Molter Nr.	4904

Lübzer	8 €
Hersteller	Rathert Creativ
Jahr	2002
Packung	Blister
Vorbild	MB Actros Auflieger
Sonst.	
Molter Nr.	7095

Lübzer	8 €
Hersteller	Rathert Creativ
Jahr	2002
Packung	Blister
Vorbild	Bus
Sonst.	FC Hansa Rostock
Molter Nr.	5402

Lübzer	15 €
Hersteller	
Jahr	2002
Packung	Blister
Vorbild	Mack Auflieger
Sonst.	
Molter Nr.	6245

Lübzer — 8 €

Hersteller	Rathert Creativ
Jahr	2002
Packung	Blister
Vorbild	MB Actros Auflieger
Sonst.	
Molter Nr.	6473

Lübzer — 8 €

Hersteller	Hümmer
Jahr	2002
Packung	Blister
Vorbild	Land Rover
Sonst.	
Molter Nr.	7102

Lübzer — 8 €

Hersteller	Hümmer
Jahr	2003
Packung	Blister
Vorbild	Garant
Sonst.	
Molter Nr.	7094

Luckenwalder — 8 €

Hersteller	Grell
Jahr	2002
Packung	Blister
Vorbild	MAN TG-A Tankzug
Sonst.	
Molter Nr.	4665

Luckenwalder — 8 €

Hersteller	dgd
Jahr	2002
Packung	Blister
Vorbild	MB Actros Tankzug
Sonst.	
Molter Nr.	5033

L

Luckenwalder — 8 €

Hersteller	dgd
Jahr	2002
Packung	Blister
Vorbild	Renault Tankzug
Sonst.	
Molter Nr.	5035

Luisen Bräu — 15 €

Hersteller	Müller Chemnitz
Jahr	2000
Packung	Plastikschachtel
Vorbild	Mack Auflieger
Sonst.	
Molter Nr.	1212

Luley Getränke — 8 €

Hersteller	
Jahr	2001
Packung	Plastikschachtel
Vorbild	Mack Auflieger
Sonst.	
Molter Nr.	3115

Lütticke Getränke — 12 €

Hersteller	dgd
Jahr	2001 (Aufl.: 500)
Packung	Blister
Vorbild	MB Actros Hängerzug
Sonst.	
Molter Nr.	4434

Mager — 9 €

Hersteller	Dgd
Jahr	2002
Packung	Blister
Vorbild	MB Axor Auflieger
Sonst.	
Molter Nr.	7642

Mahr´s Bräu — 15 €

Hersteller	dgd
Jahr	2000 (Aufl.: 6000)
Packung	Blister
Vorbild	MB Actros Hängerzug
Sonst.	
Molter Nr.	1220

Mahr´s Bräu — 12 €

Hersteller	dgd
Jahr	2001 (Aufl.: 1500)
Packung	Blister
Vorbild	MAN TG-A Auflieger
Sonst.	
Molter Nr.	4370

Mahr´s Bräu — 25 €

Hersteller	Amon
Jahr	2003 (Aufl.: 200)
Packung	Plastikschachtel
Vorbild	DAF 95 XF Auflieger
Sonst.	
Molter Nr.	6892

Mahug — 8 €

Hersteller	Mahug
Jahr	2002
Packung	Blister
Vorbild	Renault Tankzug
Sonst.	
Molter Nr.	7643

Maisach Brauerei — 12 €

Hersteller	dgd
Jahr	2000
Packung	Blister
Vorbild	MB Actros LKW
Sonst.	
Molter Nr.	1219

Maisel´s Weisse — 40 €

Hersteller	
Jahr	
Packung	Plastikschachtel
Vorbild	MB groß Auflieger
Sonst.	Siebdruck
Molter Nr.	1213

Maisel´s Weisse — 20 €

Hersteller	Grell
Jahr	1999
Packung	Blister
Vorbild	MB Actros Auflieger
Sonst.	
Molter Nr.	1214

Maisel´s Weisse — 12 €

Hersteller	Grell
Jahr	2000
Packung	Blister
Vorbild	MB Actros Auflieger
Sonst.	
Molter Nr.	1215

Maisel´s Weisse — 12 €

Hersteller	Grell
Jahr	2000
Packung	Blister
Vorbild	MB Actros Hängerzug
Sonst.	
Molter Nr.	1216

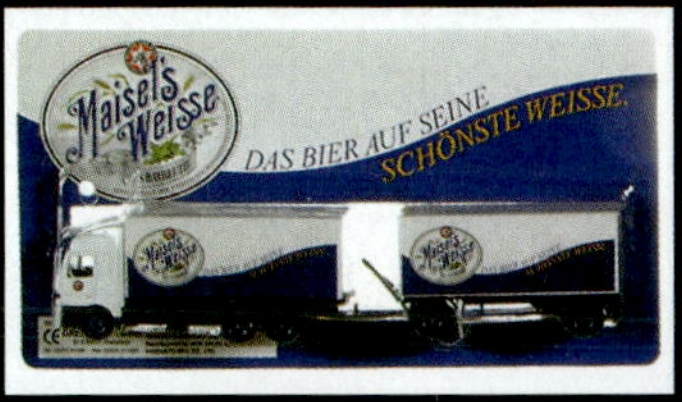

Maisel´s Weisse — 10 €

Hersteller	Grell
Jahr	2000
Packung	Blister
Vorbild	MB Actros Auflieger
Sonst.	
Molter Nr.	3126

Maisel´s Weisse — 12 €

Hersteller	Grell
Jahr	2000
Packung	Blister
Vorbild	MAN F2000 Auflieger
Sonst.	
Molter Nr.	1218

Maisel´s Weisse — 9 €

Hersteller	Grell
Jahr	2001
Packung	Blister
Vorbild	Scania Auflieger
Sonst.	
Molter Nr.	4459

Maisel´s Weisse — 9 €

Hersteller	Grell
Jahr	2001
Packung	Blister
Vorbild	Scania Hängerzug
Sonst.	
Molter Nr.	3118

Maisel´s Weisse — 9 €

Hersteller	Grell
Jahr	2001
Packung	Blister
Vorbild	Scania Auflieger
Sonst.	
Molter Nr.	3125

Maisel´s Weisse — 8 €

Hersteller	Grell
Jahr	2002
Packung	Blister
Vorbild	MAN TG-A Auflieger
Sonst.	
Molter Nr.	7593

Maisel´s Weisse — 8 €

Hersteller	Grell
Jahr	2001
Packung	Blister
Vorbild	MAN TG-A Auflieger
Sonst.	Getränke Sagasser
Molter Nr.	3120

Maisel´s Weisse — 8 €

Hersteller	Grell
Jahr	2001
Packung	Blister
Vorbild	MAN TG-A Auflieger
Sonst.	Hörl Getränke
Molter Nr.	3121

Maisel´s Weisse — 8 €

Hersteller	Grell
Jahr	2002
Packung	Blister
Vorbild	Scania 164L Auflieger
Sonst.	
Molter Nr.	5726

Maisel´s Weisse — 8 €

Hersteller	Grell
Jahr	2002
Packung	Blister
Vorbild	Renault Magnum Auflieger
Sonst.	
Molter Nr.	5658

Maisel´s Weisse — 8 €

Hersteller	Grell
Jahr	2002
Packung	Blister
Vorbild	Renault Magnum Tankzug
Sonst.	
Molter Nr.	5669

M

Maisel´s Weisse — 10 €

Hersteller	Grell
Jahr	2002 (Aufl.: 2500)
Packung	Blister
Vorbild	Scania 124L Tankzug
Sonst.	
Molter Nr.	4697

Maisel´s Weisse — 8 €

Hersteller	Grell
Jahr	2002
Packung	Blister
Vorbild	Ford 9000 Auflieger
Sonst.	
Molter Nr.	5954

Maisel´s Weisse — 8 €

Hersteller	Grell
Jahr	2002
Packung	Blister
Vorbild	Ford 9000 Auflieger
Sonst.	
Molter Nr.	7594

Maisel´s Weisse — 8 €

Hersteller	Grell
Jahr	2002
Packung	Blister
Vorbild	MAN TG-A Auflieger
Sonst.	Getränke Geins
Molter Nr.	7032

Maisel´s Weisse — 8 €

Hersteller	Grell
Jahr	2003
Packung	Blister
Vorbild	Ford 9000 Auflieger
Sonst.	mit Glas
Molter Nr.	6685

Majora's Getränke	12 €
Hersteller	Elasto Form
Jahr	1999
Packung	Plastikschachtel
Vorbild	Volvo Auflieger
Sonst.	
Molter Nr.	602

Mall Bräu	100 €
Hersteller	
Jahr	
Packung	Plastikschachtel
Vorbild	MB groß Auflieger
Sonst.	
Molter Nr.	1225

Mammut	40 €
Hersteller	Hümmer
Jahr	
Packung	Blister
Vorbild	US Auflieger
Sonst.	
Molter Nr.	1221

Mammut	17 €
Hersteller	Grell
Jahr	1999
Packung	Blister
Vorbild	Mack Auflieger
Sonst.	
Molter Nr.	1222

Mammut	15 €
Hersteller	Grell
Jahr	1999
Packung	Blister
Vorbild	Mack Auflieger
Sonst.	
Molter Nr.	3157

M

Mammut	12 €
Hersteller	Grell
Jahr	2000
Packung	Blister
Vorbild	Mack Auflieger
Sonst.	
Molter Nr.	1223

Mammut	10 €
Hersteller	Grell
Jahr	2001
Packung	Blister
Vorbild	Ford 9000 Auflieger
Sonst.	
Molter Nr.	3128

Mammut	9 €
Hersteller	Grell
Jahr	2001
Packung	Blister
Vorbild	MAN F2000 Auflieger
Sonst.	
Molter Nr.	3129

Mammut	8 €
Hersteller	Grell
Jahr	2002
Packung	Blister
Vorbild	Ford 9000 Tankzug
Sonst.	
Molter Nr.	5264

Mammut	8 €
Hersteller	Grell
Jahr	2002
Packung	Blister
Vorbild	Bus
Sonst.	
Molter Nr.	4678

M

Mammut — 8 €

Hersteller	Grell
Jahr	2002
Packung	Blister
Vorbild	MB Atego Hängerzug
Sonst.	mit Schankwagen
Molter Nr.	5392

Marburger — 150 €

Hersteller	
Jahr	
Packung	Plastikschachtel
Vorbild	US Auflieger
Sonst.	
Molter Nr.	6424

Marburger — 20 €

Hersteller	Allround Service
Jahr	
Packung	Plastikschachtel
Vorbild	MAN F90 LKW
Sonst.	
Molter Nr.	6447

Marburger — 20 €

Hersteller	Allround Service
Jahr	
Packung	Plastikschachtel
Vorbild	MB Actros LKW
Sonst.	
Molter Nr.	6451

Marburger — 10 €

Hersteller	dgd
Jahr	2001
Packung	Blister
Vorbild	MAN TG-A Auflieger
Sonst.	
Molter Nr.	3131

M

Margonwasser — 20 €

Hersteller	Hümmer
Jahr	
Packung	Blister
Vorbild	MB klein Auflieger
Sonst.	
Molter Nr.	1226

Margonwasser — 10 €

Hersteller	Hümmer
Jahr	1999
Packung	Blister
Vorbild	MB Actros Auflieger
Sonst.	
Molter Nr.	1227

Margonwasser — 8 €

Hersteller	Vierke
Jahr	2001
Packung	Blister
Vorbild	MAN TG-A Auflieger
Sonst.	
Molter Nr.	7595

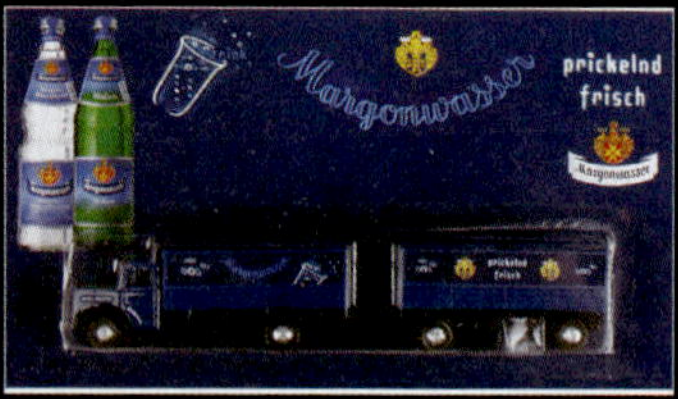

Margonwasser — 8 €

Hersteller	Hümmer
Jahr	2002
Packung	Blister
Vorbild	MB Hängerzug
Sonst.	
Molter Nr.	4533

Margonwasser — 8 €

Hersteller	Hümmer
Jahr	2002
Packung	Blister
Vorbild	Mack Auflieger
Sonst.	
Molter Nr.	4686

Markgrafen — 20 €

Hersteller	Kulmbacher
Jahr	1999 (Aufl.: 5000)
Packung	Showbox
Vorbild	MAN F90 Hängerzug
Sonst.	
Molter Nr.	1232

Markgrafen — 11 €

Hersteller	Grell
Jahr	1999 (Aufl.: 5000)
Packung	Blister
Vorbild	Mack Auflieger
Sonst.	
Molter Nr.	1233

Markgrafen — 12 €

Hersteller	Grell
Jahr	1999 (Aufl.: 3000)
Packung	Blister
Vorbild	MB Actros Auflieger
Sonst.	
Molter Nr.	1234

Markgrafen — 8 €

Hersteller	Grell
Jahr	2000 (Aufl.: 5000)
Packung	Blister
Vorbild	MB Actros Auflieger
Sonst.	
Molter Nr.	1235

Markgrafen — 10 €

Hersteller	Grell
Jahr	2000 (Aufl.: 8000)
Packung	Blister
Vorbild	MB Actros Auflieger
Sonst.	
Molter Nr.	1236

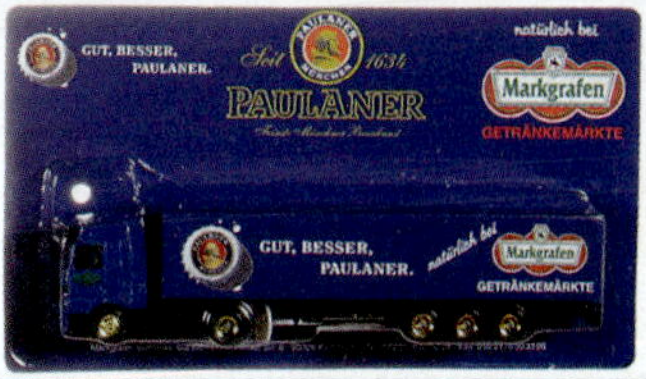

M

Markgrafen — 9 €

Hersteller	Grell
Jahr	2000 (Aufl.: 3000)
Packung	Blister
Vorbild	MB Actros Auflieger
Sonst.	
Molter Nr.	1237

Markgrafen — 9 €

Hersteller	Grell
Jahr	2000 (Aufl.: 5000)
Packung	Blister
Vorbild	MB Actros Auflieger
Sonst.	
Molter Nr.	1238

Markgrafen — 9 €

Hersteller	Grell
Jahr	2000 (Aufl.: 2000)
Packung	Blister
Vorbild	MB Actros Auflieger
Sonst.	
Molter Nr.	1239

Markgrafen — 10 €

Hersteller	Grell
Jahr	2000 (Aufl.: 3000)
Packung	Blister
Vorbild	MB Actros Auflieger
Sonst.	
Molter Nr.	1240

Markgrafen — 10 €

Hersteller	Grell
Jahr	2000 (Aufl.: 3000)
Packung	Blister
Vorbild	MB Actros Auflieger
Sonst.	
Molter Nr.	1241

M

Markgrafen	10 €
Hersteller	Grell
Jahr	2000 (Aufl.: 3000)
Packung	Blister
Vorbild	MB Actros Auflieger
Sonst.	
Molter Nr.	1242

Markgrafen	12 €
Hersteller	Grell
Jahr	2000 (Aufl.: 3000)
Packung	Blister
Vorbild	MB Actros Auflieger
Sonst.	
Molter Nr.	1243

Markgrafen	10 €
Hersteller	Grell
Jahr	2000 (Aufl.: 3000)
Packung	Blister
Vorbild	MB Actros Auflieger
Sonst.	
Molter Nr.	1244

Markgrafen	9 €
Hersteller	Grell
Jahr	2000 (Aufl.: 3000)
Packung	Blister
Vorbild	MB Actros Auflieger
Sonst.	
Molter Nr.	1245

Markgrafen	10 €
Hersteller	Grell
Jahr	2000 (Aufl.: 3000)
Packung	Blister
Vorbild	MB Actros Auflieger
Sonst.	
Molter Nr.	1246

Markgrafen	8 €
Hersteller	Grell
Jahr	2000 (Aufl.: 3000)
Packung	Blister
Vorbild	MB Actros Auflieger
Sonst.	
Molter Nr.	1247

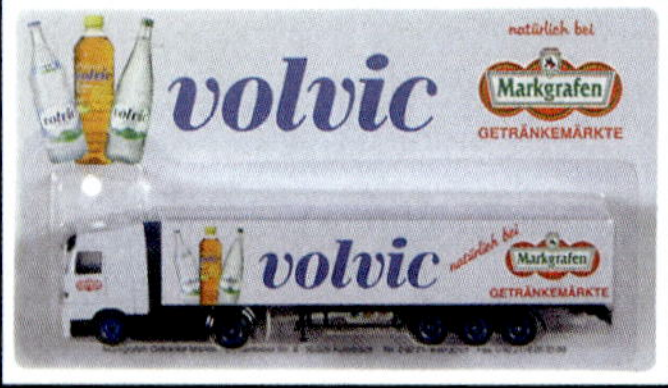

Markgrafen	9 €
Hersteller	Grell
Jahr	2000 (Aufl.: 3000)
Packung	Blister
Vorbild	MB Actros Auflieger
Sonst.	
Molter Nr.	1248

Markgrafen	10 €
Hersteller	Grell
Jahr	2000 (Aufl.: 3000)
Packung	Blister
Vorbild	MB Actros Auflieger
Sonst.	
Molter Nr.	1249

Markgrafen	9 €
Hersteller	Grell
Jahr	2000 (Aufl.: 3000)
Packung	Blister
Vorbild	MB Actros Auflieger
Sonst.	
Molter Nr.	1250

Markgrafen	10 €
Hersteller	Grell
Jahr	2000 (Aufl.: 3000)
Packung	Blister
Vorbild	MB Actros Auflieger
Sonst.	
Molter Nr.	1251

Markgrafen — 9 €

Hersteller	Grell
Jahr	2000 (Aufl.: 3000)
Packung	Blister
Vorbild	MB Actros Auflieger
Sonst.	
Molter Nr.	1252

Markgrafen — 9 €

Hersteller	Grell
Jahr	2000 (Aufl.: 3000)
Packung	Blister
Vorbild	MB Actros Auflieger
Sonst.	
Molter Nr.	1253

Markgrafen — 9 €

Hersteller	Grell
Jahr	2000 (Aufl.: 3000)
Packung	Blister
Vorbild	MB Actros Auflieger
Sonst.	
Molter Nr.	1254

Markgrafen — 10 €

Hersteller	Grell
Jahr	2000 (Aufl.: 3000)
Packung	Blister
Vorbild	MB Actros Auflieger
Sonst.	
Molter Nr.	1255

Markgrafen — 10 €

Hersteller	Grell
Jahr	2000 (Aufl.: 5000)
Packung	Blister
Vorbild	MB Actros Auflieger
Sonst.	
Molter Nr.	1256

Markgrafen — 15 €

Hersteller	Grell
Jahr	2000 (Aufl.: 3000)
Packung	Blister
Vorbild	Ford 9000 Auflieger
Sonst.	
Molter Nr.	1257

Markgrafen — 11 €

Hersteller	Grell
Jahr	2000 (Aufl.: 3000)
Packung	Blister
Vorbild	Ford 9000 Auflieger
Sonst.	
Molter Nr.	1258

Markgrafen — 35 €

Hersteller	Grell
Jahr	2000 (Aufl.: 3000)
Packung	Blister
Vorbild	Ford 9000 Auflieger
Sonst.	
Molter Nr.	1259

Markgrafen — 15 €

Hersteller	Grell
Jahr	2000 (Aufl.: 3000)
Packung	Blister
Vorbild	Ford 9000 Auflieger
Sonst.	
Molter Nr.	1260

Markgrafen — 15 €

Hersteller	Grell
Jahr	2000 (Aufl.: 3000)
Packung	Blister
Vorbild	Ford 9000 Auflieger
Sonst.	
Molter Nr.	1261

Markgrafen	12 €
Hersteller	Grell
Jahr	2000 (Aufl.: 3000)
Packung	Blister
Vorbild	Ford 9000 Auflieger
Sonst.	
Molter Nr.	1262

Markgrafen	12 €
Hersteller	Grell
Jahr	2000 (Aufl.: 3000)
Packung	Blister
Vorbild	Ford 9000 Auflieger
Sonst.	
Molter Nr.	1263

Markgrafen	10 €
Hersteller	Grell
Jahr	2000 (Aufl.: 3000)
Packung	Blister
Vorbild	MB Actros Auflieger
Sonst.	
Molter Nr.	1264

Markgrafen	15 €
Hersteller	Grell
Jahr	2000 (Aufl.: 3000)
Packung	Blister
Vorbild	Ford 9000 Auflieger
Sonst.	
Molter Nr.	1265

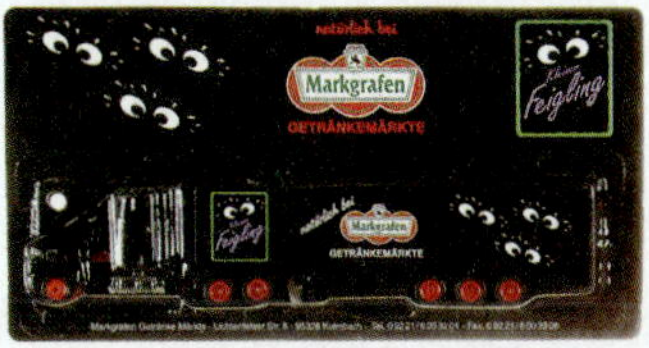

Markgrafen	12 €
Hersteller	Grell
Jahr	2000 (Aufl.: 4000)
Packung	Blister
Vorbild	Büssing Hängerzug
Sonst.	
Molter Nr.	1266

M

Markgrafen	12 €
Hersteller	Grell
Jahr	2000 (Aufl.: 4000)
Packung	Blister
Vorbild	Büssing Hängerzug
Sonst.	
Molter Nr.	1267

Markgrafen	12 €
Hersteller	Grell
Jahr	2000 (Aufl.: 4000)
Packung	Blister
Vorbild	Büssing Hängerzug
Sonst.	
Molter Nr.	1268

Markgrafen	12 €
Hersteller	Grell
Jahr	2000 (Aufl.: 4000)
Packung	Blister
Vorbild	MAN Oldtimer Hängerzug
Sonst.	
Molter Nr.	1269

Markgrafen	10 €
Hersteller	Allround Service
Jahr	1999
Packung	Plastikschachtel
Vorbild	Mack Auflieger
Sonst.	
Molter Nr.	1270

Markgrafen	12 €
Hersteller	dgd
Jahr	2001
Packung	Blister
Vorbild	MAN F2000 Tankzug
Sonst.	
Molter Nr.	3139

Markgrafen — 8 €

Hersteller	Grell
Jahr	2001 (Aufl.: 3000)
Packung	Blister
Vorbild	Scania Auflieger
Sonst.	
Molter Nr.	3141

Markgrafen — 15 €

Hersteller	Grell
Jahr	2001 (Aufl.: 3000)
Packung	Blister
Vorbild	MAN TG-A Tankzug
Sonst.	
Molter Nr.	3143

Markgrafen — 8 €

Hersteller	Grell
Jahr	2001
Packung	Blister
Vorbild	Scania Auflieger
Sonst.	Unterfranken
Molter Nr.	3144

Markgrafen — 8 €

Hersteller	Grell
Jahr	2001
Packung	Blister
Vorbild	Scania Auflieger
Sonst.	Sachsen
Molter Nr.	3151

Markgrafen — 8 €

Hersteller	dgd
Jahr	2001
Packung	Blister
Vorbild	MAN F2000 Auflieger
Sonst.	
Molter Nr.	3152

M

Markgrafen	**8 €**
Hersteller	Grell
Jahr	2001
Packung	Blister
Vorbild	Scania Auflieger
Sonst.	
Molter Nr.	3153

Markgrafen	**8 €**
Hersteller	Grell
Jahr	2001 (Aufl.: 3000)
Packung	Blister
Vorbild	Scania Auflieger
Sonst.	
Molter Nr.	3963

Markgrafen	**8 €**
Hersteller	Grell
Jahr	2001
Packung	Blister
Vorbild	Scania Auflieger
Sonst.	
Molter Nr.	4063

Markgrafen	**8 €**
Hersteller	Grell
Jahr	2001
Packung	Blister
Vorbild	Scania Auflieger
Sonst.	
Molter Nr.	4064

Markgrafen	**8 €**
Hersteller	Grell
Jahr	2000 (Aufl.: 3000)
Packung	Blister
Vorbild	MB Actros Auflieger
Sonst.	
Molter Nr.	4179

Markgrafen — 9 €

Hersteller	Grell
Jahr	2001 (Aufl.: 3000)
Packung	Blister
Vorbild	MB Actros Auflieger
Sonst.	
Molter Nr.	4180

Markgrafen — 10 €

Hersteller	Grell
Jahr	2000 (Aufl.: 3000)
Packung	Blister
Vorbild	MB Actros Auflieger
Sonst.	
Molter Nr.	4181

Markgrafen — 10 €

Hersteller	Grell
Jahr	2000 (Aufl.: 3000)
Packung	Blister
Vorbild	Ford 9000 Auflieger
Sonst.	
Molter Nr.	4182

Markgrafen — 10 €

Hersteller	Grell
Jahr	2000 (Aufl.: 3000)
Packung	Blister
Vorbild	Ford 9000 Auflieger
Sonst.	
Molter Nr.	4183

Markgrafen — 10 €

Hersteller	Grell
Jahr	2000 (Aufl.: 3000)
Packung	Blister
Vorbild	Ford 9000 Auflieger
Sonst.	
Molter Nr.	4184

Markgrafen	8 €
Hersteller	dgd
Jahr	2001
Packung	Blister
Vorbild	MAN F2000 Auflieger
Sonst.	
Molter Nr.	4288

Markgrafen	8 €
Hersteller	Grell
Jahr	2001
Packung	Blister
Vorbild	MB Actros Auflieger
Sonst.	Christinen
Molter Nr.	4953

Markgrafen	8 €
Hersteller	Grell
Jahr	2002
Packung	Blister
Vorbild	Scania Auflieger
Sonst.	
Molter Nr.	5645

Markgrafen	15 €
Hersteller	Grell
Jahr	2002
Packung	Blister
Vorbild	MAN TG-A Tankzug
Sonst.	Die letzte Mark rollt...
Molter Nr.	5710

Markgrafen	8 €
Hersteller	Grell
Jahr	2002
Packung	Blister
Vorbild	Scania 124L Auflieger
Sonst.	Kondrana
Molter Nr.	5943

Markgrafen — 10 €

Hersteller	Grell
Jahr	2002 (Aufl.: 2500)
Packung	Blister
Vorbild	Freightliner FLD Tieflader
Sonst.	
Molter Nr.	4507

Markgrafen — 10 €

Hersteller	Grell
Jahr	2002 (Aufl.: 2500)
Packung	Blister
Vorbild	Freightliner FLD Tieflader
Sonst.	Fernet Branca
Molter Nr.	4508

Markgrafen — 10 €

Hersteller	Grell
Jahr	2002 (Aufl.: 2500)
Packung	Blister
Vorbild	Freightliner FLD Tieflader
Sonst.	Bacardi
Molter Nr.	4509

Markgrafen — 10 €

Hersteller	Grell
Jahr	2002
Packung	Blister
Vorbild	MAN TG-A Hängerzug
Sonst.	mit Paulaner Schankwagen
Molter Nr.	5099

Markgrafen — 8 €

Hersteller	Grell
Jahr	2002
Packung	Blister
Vorbild	Scania Auflieger
Sonst.	Maisel´s Weisse
Molter Nr.	5285

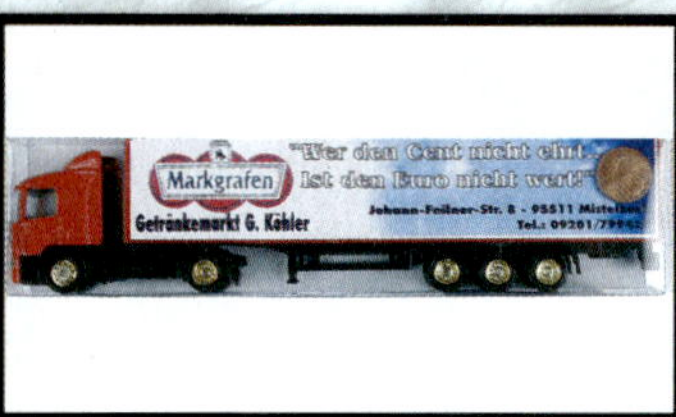

Markgrafen — 8 €

Hersteller	Allround Service
Jahr	2002
Packung	Blister
Vorbild	Scania Auflieger
Sonst.	Getränkemarkt G. Köhler
Molter Nr.	5317

Markneukirchner — 8 €

Hersteller	EUBG
Jahr	2002
Packung	Blister
Vorbild	Freightliner FLD Auflieger
Sonst.	XL
Molter Nr.	6019

Markneukirchner — 8 €

Hersteller	EUBG
Jahr	2002 (Aufl.: 5000)
Packung	Blister
Vorbild	Freightliner FLD Auflieger
Sonst.	XL
Molter Nr.	6020

Markneukirchner — 8 €

Hersteller	Gabotex
Jahr	2002
Packung	Blister
Vorbild	DAF Tankzug
Sonst.	
Molter Nr.	7596

Markneukirchner — 8 €

Hersteller	Gabotex
Jahr	2002
Packung	Blister
Vorbild	Scania Tankzug
Sonst.	
Molter Nr.	7597

Markus Brunnen — 11 €

Hersteller	Hümmer
Jahr	2000
Packung	Blister
Vorbild	MB Actros Auflieger
Sonst.	
Molter Nr.	1231

Markus Brunnen — 8 €

Hersteller	Dgd
Jahr	2001
Packung	Blister
Vorbild	Scania Hängerzug
Sonst.	
Molter Nr.	7598

Martini — 125 €

Hersteller	
Jahr	
Packung	Plastikschachtel
Vorbild	Volvo Auflieger
Sonst.	
Molter Nr.	7503

Martini — 90 €

Hersteller	Hümmer
Jahr	
Packung	Blister
Vorbild	US Auflieger
Sonst.	
Molter Nr.	1228

Martini — 10 €

Hersteller	Hümmer
Jahr	2002
Packung	Blister
Vorbild	MB Actros LKW
Sonst.	
Molter Nr.	4813

M

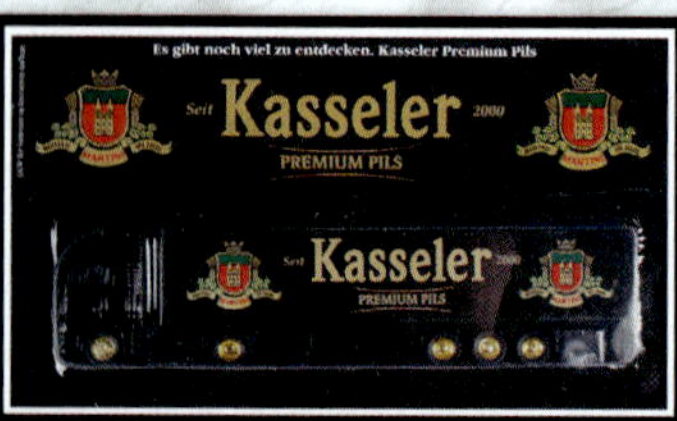

Martini — 8 €

Hersteller	Hümmer
Jahr	2002
Packung	Blister
Vorbild	MAN TG-A Hängerzug
Sonst.	Kasseler
Molter Nr.	4962

Martini — 8 €

Hersteller	Hümmer
Jahr	2002
Packung	Blister
Vorbild	MB Actros Auflieger
Sonst.	
Molter Nr.	5369

Martinsbräu Marktheidenfeld — 15 €

Hersteller	dgd
Jahr	2000
Packung	Blister
Vorbild	US Auflieger
Sonst.	
Molter Nr.	1229

Martinsbräu Marktheidenfeld — 15 €

Hersteller	dgd
Jahr	2000
Packung	Blister
Vorbild	Büssing Hängerzug
Sonst.	
Molter Nr.	1230

Martinsbräu Marktheidenfeld — 10 €

Hersteller	dgd
Jahr	2001
Packung	Blister
Vorbild	MB Actros Auflieger
Sonst.	
Molter Nr.	3973

Martinsbräu Marktheidenfeld	9 €
Hersteller	dgd
Jahr	2001
Packung	Blister
Vorbild	MB Actros Auflieger
Sonst.	
Molter Nr.	3158

Martinsbräu Marktheidenfeld	8 €
Hersteller	dgd
Jahr	2002
Packung	Blister
Vorbild	US Auflieger
Sonst.	
Molter Nr.	5489

Mauritius	75 €
Hersteller	Hümmer
Jahr	
Packung	Blister
Vorbild	US Auflieger
Sonst.	
Molter Nr.	1271

Mauritius	60 €
Hersteller	Hümmer
Jahr	
Packung	Blister
Vorbild	US Auflieger
Sonst.	Heiloo Getränke
Molter Nr.	1272

Mauritius	60 €
Hersteller	Hümmer
Jahr	
Packung	Blister
Vorbild	US Auflieger
Sonst.	Kunz
Molter Nr.	1274

M

Mauritius — 22 €

Hersteller	Lauterbach
Jahr	1998
Packung	Blister
Vorbild	MB groß Auflieger
Sonst.	
Molter Nr.	1273

Mauritius — 22 €

Hersteller	Lauterbach
Jahr	1998
Packung	Blister
Vorbild	MB groß Auflieger
Sonst.	EBRU
Molter Nr.	1275

Mauritius — 22 €

Hersteller	Lauterbach
Jahr	1998
Packung	Blister
Vorbild	MB groß Auflieger
Sonst.	Mayer
Molter Nr.	1276

Mauritius — 22 €

Hersteller	Lauterbach
Jahr	1998
Packung	Blister
Vorbild	MB groß Auflieger
Sonst.	Gärtner
Molter Nr.	1277

Mauritius — 22 €

Hersteller	Lauterbach
Jahr	1998
Packung	Blister
Vorbild	MB groß Auflieger
Sonst.	Huster Getränke
Molter Nr.	1278

M

Mauritius	22 €
Hersteller	Lauterbach
Jahr	1998
Packung	Blister
Vorbild	MB groß Auflieger
Sonst.	K&K Getränke
Molter Nr.	1279

Mauritius	20 €
Hersteller	Grell
Jahr	1999
Packung	Blister
Vorbild	MB Actros Hängerzug
Sonst.	
Molter Nr.	1282

Mauritius	20 €
Hersteller	Grell
Jahr	1999
Packung	Blister
Vorbild	MB Actros Hängerzug
Sonst.	Dreha
Molter Nr.	1286

Mauritius	20 €
Hersteller	Grell
Jahr	1999
Packung	Blister
Vorbild	MB Actros Hängerzug
Sonst.	EBRU
Molter Nr.	1285

Mauritius	20 €
Hersteller	Grell
Jahr	1999
Packung	Blister
Vorbild	MB Actros Hängerzug
Sonst.	Eurotrink
Molter Nr.	1291

M

Mauritius	20 €
Hersteller	Grell
Jahr	1999
Packung	Blister
Vorbild	MB Actros Hängerzug
Sonst.	Mayer
Molter Nr.	1288

Mauritius	20 €
Hersteller	Grell
Jahr	1999
Packung	Blister
Vorbild	MB Actros Hängerzug
Sonst.	Weck
Molter Nr.	1292

Mauritius	20 €
Hersteller	Grell
Jahr	1999
Packung	Blister
Vorbild	MB Actros Hängerzug
Sonst.	Gärtner
Molter Nr.	1290

Mauritius	20 €
Hersteller	Grell
Jahr	1999
Packung	Blister
Vorbild	MB Actros Hängerzug
Sonst.	GLS
Molter Nr.	1283

Mauritius	19 €
Hersteller	Grell
Jahr	1999
Packung	Blister
Vorbild	MB Actros Hängerzug
Sonst.	Heiloo Getränke
Molter Nr.	1281

Mauritius 20 €

Hersteller	Grell
Jahr	1999
Packung	Blister
Vorbild	MB Actros Hängerzug
Sonst.	Volpert
Molter Nr.	1289

Mauritius 20 €

Hersteller	Grell
Jahr	1999
Packung	Blister
Vorbild	MB Actros Hängerzug
Sonst.	Globus
Molter Nr.	1284

Mauritius 20 €

Hersteller	Grell
Jahr	1999
Packung	Blister
Vorbild	MB Actros Hängerzug
Sonst.	Gtr.großhandel Metzner
Molter Nr.	1293

Mauritius 20 €

Hersteller	Grell
Jahr	1999
Packung	Blister
Vorbild	MB Actros Hängerzug
Sonst.	Jacob
Molter Nr.	1287

Mauritius 20 €

Hersteller	Grell
Jahr	1999
Packung	Blister
Vorbild	MB Actros Hängerzug
Sonst.	Bilgro
Molter Nr.	1280

M

Mauritius	15 €
Hersteller	Hümmer
Jahr	1999
Packung	Blister
Vorbild	US Auflieger
Sonst.	
Molter Nr.	1294

Mauritius	15 €
Hersteller	Hümmer
Jahr	1999
Packung	Blister
Vorbild	US Auflieger
Sonst.	
Molter Nr.	1295

Mauritius	50 €
Hersteller	Müller Chemnitz
Jahr	1999 (Aufl.: 200)
Packung	Plastikschachtel
Vorbild	Mack Auflieger
Sonst.	
Molter Nr.	1299

Mauritius	15 €
Hersteller	dgd
Jahr	2000
Packung	Blister
Vorbild	IFA W50 Hängerzug
Sonst.	
Molter Nr.	1296

Mauritius	12 €
Hersteller	dgd
Jahr	2000
Packung	Blister
Vorbild	IFA W50 Hängerzug
Sonst.	
Molter Nr.	1297

Mauritius 11 €

Hersteller	Grell
Jahr	2000
Packung	Blister
Vorbild	MB Actros LKW
Sonst.	
Molter Nr.	1298

Mauritius 12 €

Hersteller	Hümmer
Jahr	2000
Packung	Blister
Vorbild	MB Actros Auflieger
Sonst.	
Molter Nr.	1300

Mauritius 12 €

Hersteller	Grell
Jahr	2001
Packung	Blister
Vorbild	Ford Oldtimer
Sonst.	
Molter Nr.	3164

Mauritius 12 €

Hersteller	Grell
Jahr	2001
Packung	Blister
Vorbild	Ford Oldtimer
Sonst.	
Molter Nr.	3159

Mauritius 10 €

Hersteller	dgd
Jahr	2001
Packung	Blister
Vorbild	MB Actros Auflieger
Sonst.	
Molter Nr.	3163

M

Mauritius — 10 €

Hersteller	Grell
Jahr	2001
Packung	Blister
Vorbild	Ford 9000 Auflieger
Sonst.	
Molter Nr.	3162

Mauritius — 10 €

Hersteller	Hümmer
Jahr	2001
Packung	Blister
Vorbild	MB Oldtimer Hängerzug
Sonst.	
Molter Nr.	7653

Mauritius — 9 €

Hersteller	Grell
Jahr	2001
Packung	Blister
Vorbild	Krupp Mustang HZ
Sonst.	
Molter Nr.	3165

Mauritius — 8 €

Hersteller	Grell
Jahr	2001
Packung	Blister
Vorbild	Freightliner FLD Auflieger
Sonst.	
Molter Nr.	5990

Mauritius — 8 €

Hersteller	Hümmer
Jahr	2002
Packung	Blister
Vorbild	IFA H6 Hängerzug
Sonst.	
Molter Nr.	5935

M

Mauritius	8 €
Hersteller	Grell
Jahr	2002
Packung	Blister
Vorbild	Scania LKW
Sonst.	
Molter Nr.	7599

Mauritius	8 €
Hersteller	Hümmer
Jahr	2002
Packung	Blister
Vorbild	Mack Tankzug
Sonst.	Nr. 5
Molter Nr.	4956

Mauritius	8 €
Hersteller	Hümmer
Jahr	2002
Packung	Blister
Vorbild	IFA H6 Hängerzug
Sonst.	
Molter Nr.	4963

Mauritius	8 €
Hersteller	Hümmer
Jahr	2002
Packung	Blister
Vorbild	MB Actros Tankzug
Sonst.	
Molter Nr.	4864

Mauritius	8 €
Hersteller	Grell
Jahr	2002
Packung	Blister
Vorbild	MB Atego Hängerzug
Sonst.	mit Schankwagen
Molter Nr.	5632

M

Mauritius	8 €
Hersteller	Hümmer
Jahr	2002
Packung	Blister
Vorbild	MAN TG-A Auflieger
Sonst.	mit Flasche
Molter Nr.	5575

Mauritius	8 €
Hersteller	Grell
Jahr	2002
Packung	Blister
Vorbild	IFA W50 Hängerzug
Sonst.	
Molter Nr.	7600

Mauritius	8 €
Hersteller	Hümmer
Jahr	2002
Packung	Blister
Vorbild	Mack Auflieger
Sonst.	mit Flasche
Molter Nr.	5474

Mauritius	8 €
Hersteller	Grell
Jahr	2002
Packung	Blister
Vorbild	Kraz Hängerzug
Sonst.	
Molter Nr.	5062

Mauritius	8 €
Hersteller	Hümmer
Jahr	2002
Packung	Blister
Vorbild	MB Actros Auflieger
Sonst.	
Molter Nr.	7601

Mauritius — 8 €

Hersteller	Grell
Jahr	2003
Packung	Blister
Vorbild	G5 Hängerzug
Sonst.	
Molter Nr.	7106

Mauritius — 8 €

Hersteller	Hümmer
Jahr	2003
Packung	Blister
Vorbild	Scania 164L Auflieger
Sonst.	mit Flasche
Molter Nr.	6466

Mauritius — 8 €

Hersteller	Hümmer
Jahr	2003
Packung	Blister
Vorbild	MAN TG-A Auflieger
Sonst.	Mit Flasche
Molter Nr.	7514

Mauth Bräu — 30 €

Hersteller	Aindesig
Jahr	2001 (Aufl.: 100)
Packung	Blister
Vorbild	MB Actros Hängerzug
Sonst.	
Molter Nr.	3168

Mauth Bräu — 30 €

Hersteller	Aindesig
Jahr	2001 (Aufl.: 100)
Packung	Blister
Vorbild	MB Actros LKW
Sonst.	
Molter Nr.	3169

Mauth Bräu — 30 €

Hersteller	Aindesig
Jahr	2001
Packung	Blister
Vorbild	MAN TG-A Auflieger
Sonst.	
Molter Nr.	3172

Mauth Bräu — 15 €

Hersteller	Amon
Jahr	2002 (Aufl.: 100)
Packung	Plastikschachtel
Vorbild	MAN TG-A Auflieger
Sonst.	
Molter Nr.	6097

Mauth Bräu — 10 €

Hersteller	Amon
Jahr	2003 (Aufl.: 200)
Packung	Plastikschachtel
Vorbild	DAF 95 XF Auflieger
Sonst.	
Molter Nr.	6893

Max-Bräu Ampferbach — 8 €

Hersteller	Amon
Jahr	2001 (Aufl.: 100)
Packung	Plastikschachtel
Vorbild	MAN F2000 Auflieger
Sonst.	
Molter Nr.	4463

Max-Bräu Ampferbach — 8 €

Hersteller	Amon
Jahr	2001 (Aufl.: 200)
Packung	Blister
Vorbild	MB Actros Hängerzug
Sonst.	
Molter Nr.	4465

Max-Bräu Ampferbach 15 €

Hersteller	Amon
Jahr	2002 (Aufl.: 100)
Packung	Plastikschachtel
Vorbild	Renault Tankzug
Sonst.	
Molter Nr.	6088

Max-Bräu Ampferbach 15 €

Hersteller	Amon
Jahr	2002 (Aufl.: 100)
Packung	Plastikschachtel
Vorbild	Renault Tankzug
Sonst.	
Molter Nr.	6089

Max-Bräu Ampferbach 15 €

Hersteller	Amon
Jahr	2002 (Aufl.: 50)
Packung	Plastikschachtel
Vorbild	Renault Tankzug
Sonst.	
Molter Nr.	6102

Max-Bräu Ampferbach 20 €

Hersteller	Amon
Jahr	2002
Packung	Plastikschachtel
Vorbild	MB Actros Hängerzug
Sonst.	
Molter Nr.	6195

Max-Bräu Ampferbach 15 €

Hersteller	Amon
Jahr	2002
Packung	Plastikschachtel
Vorbild	MAN TG-A Auflieger
Sonst.	
Molter Nr.	6200

M

Max-Bräu Ampferbach — 15 €

Hersteller	Amon
Jahr	2002
Packung	Plastikschachtel
Vorbild	MB Actros Hängerzug
Sonst.	
Molter Nr.	6201

Maximilians — 8 €

Hersteller	Lauterbach
Jahr	2001
Packung	Blister
Vorbild	MAN M2000 Auflieger
Sonst.	
Molter Nr.	3170

Maximilians — 8 €

Hersteller	Lauterbach
Jahr	2001
Packung	Blister
Vorbild	MAN M2000 Auflieger
Sonst.	
Molter Nr.	3171

Maxlrainer — 10 €

Hersteller	Dgd
Jahr	2000
Packung	Blister
Vorbild	MAN F2000 Auflieger
Sonst.	
Molter Nr.	7602

Maxlrainer — 9 €

Hersteller	Dgd
Jahr	2001
Packung	Blister
Vorbild	MAN TG-A Auflieger
Sonst.	
Molter Nr.	7610

M

Maxlrainer — 10 €

Hersteller	Tri Plex
Jahr	2002
Packung	Blister
Vorbild	Pferdewagen
Sonst.	
Molter Nr.	5648

Maxlrainer — 8 €

Hersteller	dgd
Jahr	2002
Packung	Blister
Vorbild	Renault Magnum Tankzug
Sonst.	
Molter Nr.	5766

Maxlrainer — 8 €

Hersteller	dgd
Jahr	2003
Packung	Blister
Vorbild	Volvo Auflieger
Sonst.	
Molter Nr.	7527

Mayer Bräu — 10 €

Hersteller	Vierke
Jahr	2001 (Aufl.: 5000)
Packung	Blister
Vorbild	MB Atego Hängerzug
Sonst.	
Molter Nr.	3173

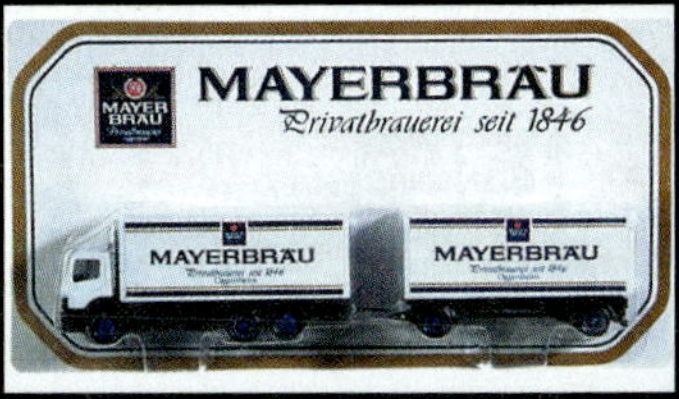

Mayer Bräu — 8 €

Hersteller	Vierke
Jahr	2002
Packung	Blister
Vorbild	MB Actros Hängerzug
Sonst.	
Molter Nr.	5386

Mayer Getränke — 8 €

Hersteller	Grell
Jahr	2003
Packung	Blister
Vorbild	Renault Magnum Auflieger
Sonst.	
Molter Nr.	7035

Mayer Getränke — 8 €

Hersteller	Grell
Jahr	2003
Packung	Blister
Vorbild	Renault Magnum Auflieger
Sonst.	
Molter Nr.	7518

McCloud — 8 €

Hersteller	EKBG
Jahr	2002 (Aufl.: 200)
Packung	Plastikschachtel
Vorbild	MAN TG-A Auflieger
Sonst.	
Molter Nr.	6303

McCloud — 8 €

Hersteller	EKBG
Jahr	2002 (Aufl.: 200)
Packung	Plastikschachtel
Vorbild	MAN TG-A Auflieger
Sonst.	
Molter Nr.	6310

Meckatzer — 50 €

Hersteller	Hümmer
Jahr	
Packung	Blister
Vorbild	MB klein Auflieger
Sonst.	
Molter Nr.	1306

M

Meckatzer 40 €

Hersteller	Hümmer
Jahr	1998
Packung	Blister
Vorbild	MB klein Auflieger
Sonst.	
Molter Nr.	1307

Meckatzer 35 €

Hersteller	Hümmer
Jahr	1998
Packung	Blister
Vorbild	US Auflieger
Sonst.	
Molter Nr.	1308

Meckatzer 12 €

Hersteller	dgd
Jahr	2000
Packung	Blister
Vorbild	MAN F2000 Auflieger
Sonst.	
Molter Nr.	1309

Meckatzer 10 €

Hersteller	dgd
Jahr	2001
Packung	Blister
Vorbild	Framo
Sonst.	
Molter Nr.	3181

Meckatzer 8 €

Hersteller	
Jahr	2002
Packung	Blister
Vorbild	MB Actros Hängerzug
Sonst.	
Molter Nr.	5263

Mehringer	15 €
Hersteller	Müller Chemnitz
Jahr	
Packung	Plastikschachtel
Vorbild	Mack Auflieger
Sonst.	
Molter Nr.	1301

Mehringer	15 €
Hersteller	Müller Chemnitz
Jahr	
Packung	Plastikschachtel
Vorbild	Volvo Auflieger
Sonst.	
Molter Nr.	1302

Mehringer	15 €
Hersteller	Müller Chemnitz
Jahr	
Packung	Plastikschachtel
Vorbild	MB groß Auflieger
Sonst.	
Molter Nr.	1303

Mehringer	15 €
Hersteller	Müller Chemnitz
Jahr	
Packung	Plastikschachtel
Vorbild	Mack Auflieger
Sonst.	
Molter Nr.	1304

Mehringer	18 €
Hersteller	Müller Chemnitz
Jahr	2000
Packung	Plastikschachtel
Vorbild	Majorette Auflieger
Sonst.	
Molter Nr.	1305

Mehringer — 8 €

Hersteller	Allround Service
Jahr	2001 (Aufl.: 2500)
Packung	Blister
Vorbild	MB Actros Hängerzug
Sonst.	
Molter Nr.	2166

Mehringer — 8 €

Hersteller	dgd
Jahr	2001
Packung	Blister
Vorbild	MAN TG-A Auflieger
Sonst.	
Molter Nr.	3175

Mehringer — 8 €

Hersteller	dgd
Jahr	2001
Packung	Blister
Vorbild	MAN Phönix Auflieger
Sonst.	
Molter Nr.	3176

Mehringer — 8 €

Hersteller	dgd
Jahr	2001
Packung	Blister
Vorbild	DAF 95 XF Auflieger
Sonst.	
Molter Nr.	3177

Mehringer — 8 €

Hersteller	dgd
Jahr	2001
Packung	Blister
Vorbild	Scania Auflieger
Sonst.	
Molter Nr.	3178

Mehringer	8 €
Hersteller	dgd
Jahr	2001
Packung	Blister
Vorbild	MB Actros Tankzug
Sonst.	
Molter Nr.	3179

Meinel-Bräu	10 €
Hersteller	dgd
Jahr	2002 (Aufl.: 2500)
Packung	Blister
Vorbild	MB Actros Hängerzug
Sonst.	
Molter Nr.	4970

Meininger	LHP
Hersteller	
Jahr	
Packung	Plastikschachtel
Vorbild	MAN F90 Hängerzug
Sonst.	
Molter Nr.	7054

Meininger	75 €
Hersteller	Hümmer
Jahr	
Packung	Plastikschachtel
Vorbild	MB klein Auflieger
Sonst.	
Molter Nr.	1310

Meininger	70 €
Hersteller	Hümmer
Jahr	
Packung	Plastikschachtel
Vorbild	US Auflieger
Sonst.	
Molter Nr.	1311

Meininger — 20 €

Hersteller	Grell
Jahr	1999
Packung	Blister
Vorbild	Mack Auflieger
Sonst.	
Molter Nr.	1312

Meininger — 20 €

Hersteller	Grell
Jahr	1999
Packung	Blister
Vorbild	Mack Auflieger
Sonst.	
Molter Nr.	1313

Meininger — 12 €

Hersteller	Grell
Jahr	2000
Packung	Blister
Vorbild	MB Actros LKW
Sonst.	
Molter Nr.	1314

Meininger — 12 €

Hersteller	Grell
Jahr	2000
Packung	Blister
Vorbild	MB Actros Auflieger
Sonst.	
Molter Nr.	1315

Meininger — 11 €

Hersteller	Grell
Jahr	2000
Packung	Blister
Vorbild	Mack Auflieger
Sonst.	
Molter Nr.	1316

M

Meininger	15 €
Hersteller	Grell
Jahr	2000 (Aufl.: 5000)
Packung	Blister
Vorbild	IFA W50 Hängerzug
Sonst.	
Molter Nr.	1317

Meininger	11 €
Hersteller	Grell
Jahr	2000
Packung	Blister
Vorbild	Mack Auflieger
Sonst.	
Molter Nr.	1318

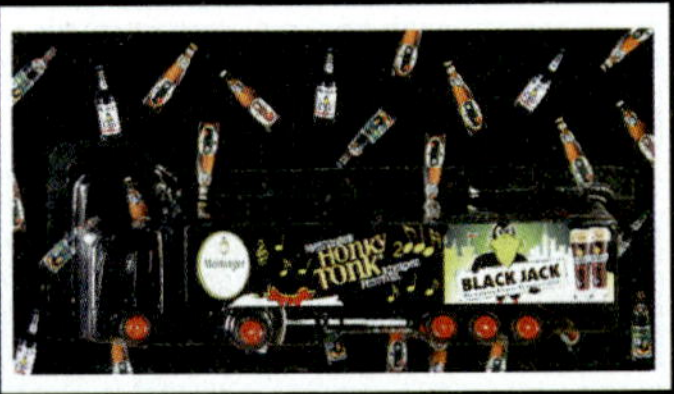

Meininger	11 €
Hersteller	Grell
Jahr	2000
Packung	Blister
Vorbild	MB Actros Auflieger
Sonst.	
Molter Nr.	1319

Meininger	15 €
Hersteller	Grell
Jahr	2000 (Aufl.: 4000)
Packung	Blister
Vorbild	MAN F2000 Auflieger
Sonst.	mit Licht
Molter Nr.	1320

Meininger	11 €
Hersteller	Grell
Jahr	2000
Packung	Blister
Vorbild	MB Actros Auflieger
Sonst.	
Molter Nr.	1321

M

Meininger — 11 €

Hersteller	Grell
Jahr	2000
Packung	Blister
Vorbild	MB Actros Auflieger
Sonst.	
Molter Nr.	1322

Meininger — 10 €

Hersteller	Grell
Jahr	2000
Packung	Blister
Vorbild	Scania Auflieger
Sonst.	
Molter Nr.	1323

Meininger — 10 €

Hersteller	Grell
Jahr	2000 (Aufl.: 15000)
Packung	Blister
Vorbild	MB Actros Auflieger
Sonst.	
Molter Nr.	3182

Meininger — 25 €

Hersteller	Müller Ramsbach
Jahr	2000 (Aufl.: 500)
Packung	Plastikschachtel
Vorbild	Volvo Auflieger
Sonst.	
Molter Nr.	3189

Meininger — 9 €

Hersteller	Top-Style
Jahr	2001 (Aufl.: 30000)
Packung	Blister
Vorbild	MB Actros Hängerzug
Sonst.	
Molter Nr.	3183

M

Meininger — 9 €

Hersteller	Grell
Jahr	2001 (Aufl.: 30000)
Packung	Blister
Vorbild	MAN F2000 Auflieger
Sonst.	
Molter Nr.	3184

Meininger — 8 €

Hersteller	Grell
Jahr	2001
Packung	Blister
Vorbild	Freightliner FLD Auflieger
Sonst.	
Molter Nr.	3185

Meininger — 8 €

Hersteller	Grell
Jahr	2001
Packung	Blister
Vorbild	Freightliner FLD Auflieger
Sonst.	
Molter Nr.	3188

Meininger — 8 €

Hersteller	Top-Style
Jahr	2001
Packung	Blister
Vorbild	MB Actros Hängerzug
Sonst.	
Molter Nr.	4108

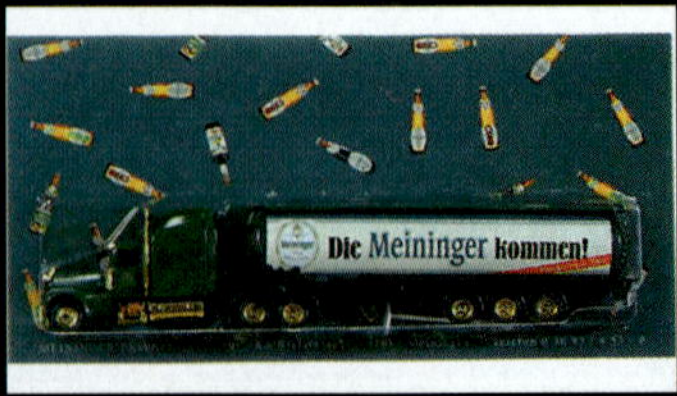

Meininger — 8 €

Hersteller	Grell
Jahr	2001
Packung	Blister
Vorbild	Freightliner FLD Tankzug
Sonst.	
Molter Nr.	3187

Meininger — 8 €

Hersteller	Grell
Jahr	2001
Packung	Blister
Vorbild	MAN TG-A Auflieger
Sonst.	
Molter Nr.	3190

Meininger — 8 €

Hersteller	Grell
Jahr	2001
Packung	Blister
Vorbild	Scania Tankzug
Sonst.	
Molter Nr.	4460

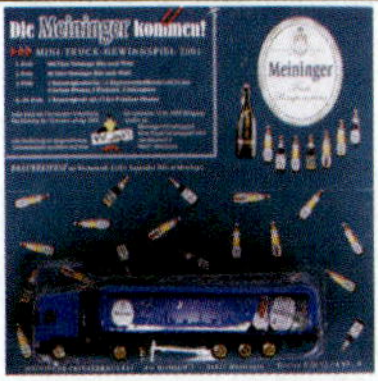

Meininger — 8 €

Hersteller	Grell
Jahr	2002
Packung	Blister
Vorbild	Freightliner FLD Auflieger
Sonst.	März
Molter Nr.	4849

Meininger — 8 €

Hersteller	Grell
Jahr	2002
Packung	Blister
Vorbild	Ford 9000 Auflieger
Sonst.	April
Molter Nr.	7649

Meininger — 15 €

Hersteller	Grell
Jahr	2002
Packung	Blister
Vorbild	Renault Hängerzug
Sonst.	Sonder-Edition
Molter Nr.	4924

Meininger	8 €
Hersteller	Grell
Jahr	2002
Packung	Blister
Vorbild	MAN TG-A Hängerzug
Sonst.	Mai
Molter Nr.	5931

Meininger	8 €
Hersteller	Grell
Jahr	2002
Packung	Blister
Vorbild	Scania 124L Auflieger
Sonst.	Juni
Molter Nr.	5916

Meininger	8 €
Hersteller	Grell
Jahr	2002
Packung	Blister
Vorbild	Ford 9000 Auflieger
Sonst.	Juli
Molter Nr.	4828

Meininger	8 €
Hersteller	Grell
Jahr	2002
Packung	Blister
Vorbild	Ford 9000 Auflieger
Sonst.	August
Molter Nr.	7603

Meininger	15 €
Hersteller	dgd
Jahr	2002
Packung	Blister
Vorbild	Framo
Sonst.	Sonder-Edition
Molter Nr.	4786

M

Meininger — 8 €

Hersteller	Grell
Jahr	2002
Packung	Blister
Vorbild	MAN TG-A Hängerzug
Sonst.	September, + Schankwager
Molter Nr.	5920

Meininger — 8 €

Hersteller	Grell
Jahr	2002
Packung	Blister
Vorbild	Ford 9000 Auflieger
Sonst.	Oktober
Molter Nr.	5914

Meininger — 8 €

Hersteller	Grell
Jahr	2002
Packung	Blister
Vorbild	MB Actros Auflieger
Sonst.	November
Molter Nr.	5126

Meininger — 12 €

Hersteller	dgd
Jahr	2002
Packung	Blister
Vorbild	Volvo Auflieger
Sonst.	mit Musik
Molter Nr.	4649

Meininger — 20 €

Hersteller	dgd
Jahr	2003
Packung	Blister
Vorbild	Scania 164L Auflieger
Sonst.	XXL
Molter Nr.	6251

M

Meininger	8 €
Hersteller	Grell
Jahr	2003
Packung	Blister
Vorbild	Ford 9000 Auflieger
Sonst.	
Molter Nr.	6252

Meininger	8 €
Hersteller	Grell
Jahr	2003
Packung	Blister
Vorbild	Scania 124 L Auflieger
Sonst.	mit Sudkessel
Molter Nr.	6536

Meininger	8 €
Hersteller	Grell
Jahr	2003
Packung	Blister
Vorbild	Scania 164L Auflieger
Sonst.	Maibach
Molter Nr.	7528

Meissner Felsenkeller	8 €
Hersteller	Grell
Jahr	2002
Packung	Blister
Vorbild	Scania 164 L Auflieger
Sonst.	mit Dosen
Molter Nr.	7257

Meissner Schwerter	20 €
Hersteller	Grell
Jahr	2000
Packung	Blister
Vorbild	MB Actros Auflieger
Sonst.	
Molter Nr.	1703

Meissner Schwerter — 15 €

Hersteller	Grell
Jahr	2000
Packung	Blister
Vorbild	MB Actros Auflieger
Sonst.	
Molter Nr.	1704

Meissner Schwerter — 10 €

Hersteller	dgd
Jahr	2001
Packung	Blister
Vorbild	MB Actros Auflieger
Sonst.	Meissner
Molter Nr.	1705

Meissner Schwerter — 8 €

Hersteller	dgd
Jahr	2002
Packung	Blister
Vorbild	MB Axor Auflieger
Sonst.	mit Gabelstapler
Molter Nr.	6339

Memminger — 30 €

Hersteller	Grell
Jahr	1998
Packung	Blister
Vorbild	Mack Auflieger
Sonst.	
Molter Nr.	1324

Memminger — 25 €

Hersteller	Grell
Jahr	1998
Packung	Blister
Vorbild	Mack Auflieger
Sonst.	
Molter Nr.	1325

M

Memminger — 20 €

Hersteller	Grell
Jahr	1998
Packung	Blister
Vorbild	Mack Auflieger
Sonst.	
Molter Nr.	1326

Memminger — 10 €

Hersteller	Top-Style
Jahr	2001
Packung	Blister
Vorbild	MB Actros Hängerzug
Sonst.	
Molter Nr.	1327

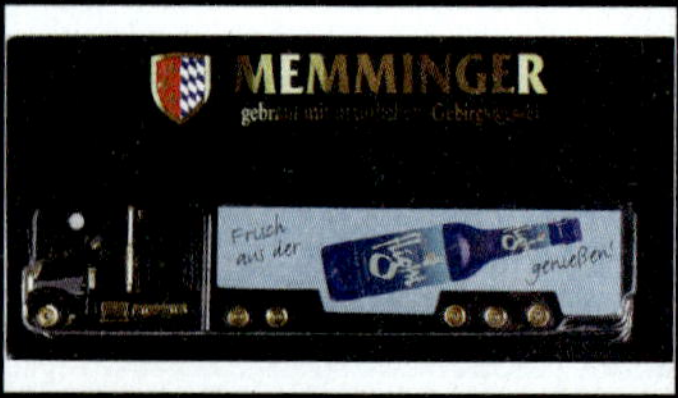

Memminger — 8 €

Hersteller	Grell
Jahr	2002
Packung	Blister
Vorbild	Freightliner FLD Tieflader
Sonst.	
Molter Nr.	5196

Memminger — 8 €

Hersteller	Grell
Jahr	2002
Packung	Blister
Vorbild	MAN TG-A Auflieger
Sonst.	
Molter Nr.	5379

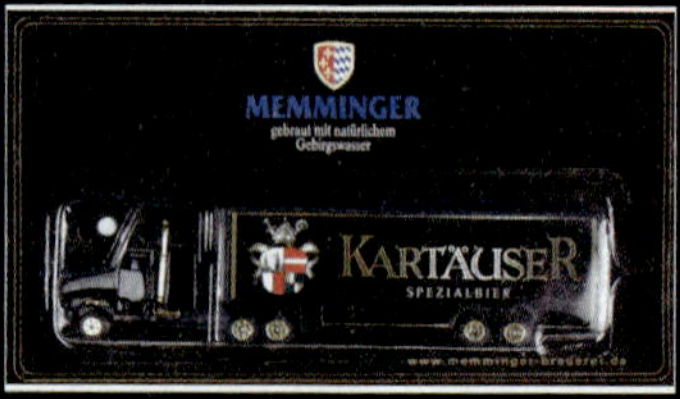

Memminger — 8 €

Hersteller	Grell
Jahr	2003
Packung	Blister
Vorbild	Mack Auflieger
Sonst.	
Molter Nr.	6358

M

Memminger — 8 €

Hersteller	Hümmer
Jahr	2003
Packung	Blister
Vorbild	MB Actros LKW
Sonst.	
Molter Nr.	7565

Merklein Mühlendorf — 8 €

Hersteller	Amon
Jahr	2001 (Aufl.: 200)
Packung	Plastikschachtel
Vorbild	Volvo Auflieger
Sonst.	
Molter Nr.	4002

Merklein Mühlendorf — 20 €

Hersteller	Amon
Jahr	2002 (Aufl.: 200)
Packung	Plastikschachtel
Vorbild	MB Actros Auflieger
Sonst.	
Molter Nr.	4874

Merklein Mühlendorf — 12 €

Hersteller	Amon
Jahr	2002 (Aufl.: 200)
Packung	Plastikschachtel
Vorbild	Volvo Auflieger
Sonst.	
Molter Nr.	6116

Merklein Stübig — 10 €

Hersteller	Amon
Jahr	2001 (Aufl.: 300)
Packung	Plastikschachtel
Vorbild	MB Actros Hängerzug
Sonst.	
Molter Nr.	3192

Merklein Stübig — 15 €

Hersteller	Amon
Jahr	2001 (Aufl.: 100)
Packung	Plastikschachtel
Vorbild	Scania Hängerzug
Sonst.	
Molter Nr.	3193

Merklein Stübig — 10 €

Hersteller	Amon
Jahr	2001 (Aufl.: 250)
Packung	Plastikschachtel
Vorbild	MAN M2000 Auflieger
Sonst.	
Molter Nr.	3194

Merklein Stübig — 8 €

Hersteller	Amon
Jahr	2001 (Aufl.: 50)
Packung	Plastikschachtel
Vorbild	Majorette Auflieger
Sonst.	
Molter Nr.	3195

Merklein Stübig — 8 €

Hersteller	Amon
Jahr	2001 (Aufl.: 200)
Packung	Plastikschachtel
Vorbild	MB Actros Hängerzug
Sonst.	
Molter Nr.	3196

Merklein Stübig — 8 €

Hersteller	Amon
Jahr	2001
Packung	Plastikschachtel
Vorbild	MAN F2000 Hängerzug
Sonst.	
Molter Nr.	3198

M

Merklein Stübig	8 €
Hersteller	Amon
Jahr	2001
Packung	Plastikschachtel
Vorbild	MB Actros Auflieger
Sonst.	
Molter Nr.	3199

Merklein Stübig	8 €
Hersteller	Amon
Jahr	2001 (Aufl.: 150)
Packung	Plastikschachtel
Vorbild	Volvo Auflieger
Sonst.	
Molter Nr.	4008

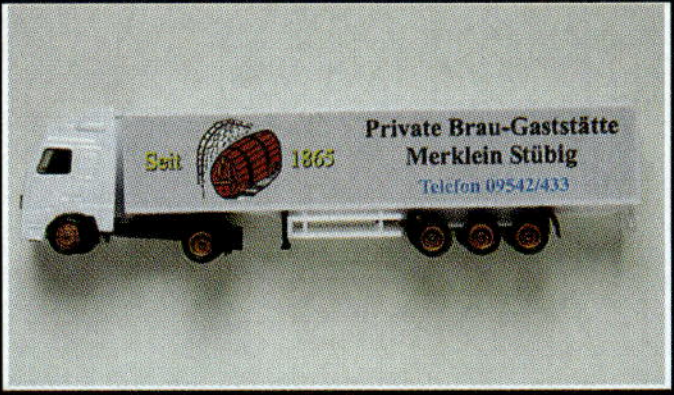

Merziger Brauhaus	10 €
Hersteller	Hümmer
Jahr	2001
Packung	Blister
Vorbild	MB Actros Auflieger
Sonst.	
Molter Nr.	3155

Merziger Früchte	9 €
Hersteller	
Jahr	2001
Packung	Blister
Vorbild	MB Actros Auflieger
Sonst.	
Molter Nr.	4285

Merziger Früchte	8 €
Hersteller	Grell
Jahr	2003
Packung	Blister
Vorbild	MB Actros Auflieger
Sonst.	
Molter Nr.	7515

M

Met Bräu — 10 €

Hersteller	Müller Chemnitz
Jahr	
Packung	Plastikschachtel
Vorbild	Mack Auflieger
Sonst.	
Molter Nr.	1328

Met Bräu — 10 €

Hersteller	Müller Chemnitz
Jahr	
Packung	Plastikschachtel
Vorbild	MB groß Auflieger
Sonst.	
Molter Nr.	1329

Mettlacher Abtei-Bräu — 8 €

Hersteller	Müller Chemnitz
Jahr	1999
Packung	Plastikschachtel
Vorbild	Majorette Auflieger
Sonst.	
Molter Nr.	1330

Mettlacher Abtei-Bräu — 8 €

Hersteller	Hümmer
Jahr	2002
Packung	Blister
Vorbild	Scania Auflieger
Sonst.	
Molter Nr.	5809

Meußel Bräu — 15 €

Hersteller	Amon
Jahr	2001
Packung	Plastikschachtel
Vorbild	MB Actros LKW
Sonst.	
Molter Nr.	4106

Meyer Getränke	25 €
Hersteller	Hümmer
Jahr	
Packung	Plastikschachtel
Vorbild	MB klein Auflieger
Sonst.	
Molter Nr.	6621

Michael	25 €
Hersteller	Aindesig
Jahr	2000 (Aufl.: 350)
Packung	Plastikschachtel
Vorbild	MB groß Auflieger
Sonst.	
Molter Nr.	1333

Michael	25 €
Hersteller	Allround Service
Jahr	2000 (Aufl.: 200)
Packung	Plastikschachtel
Vorbild	MB Actros LKW
Sonst.	
Molter Nr.	1334

Michael	15 €
Hersteller	Allround Service
Jahr	2000 (Aufl.: 200)
Packung	Plastikschachtel
Vorbild	MB Actros LKW
Sonst.	
Molter Nr.	1335

Michael	15 €
Hersteller	Allround Service
Jahr	2000 (Aufl.: 200)
Packung	Plastikschachtel
Vorbild	MB Actros LKW
Sonst.	
Molter Nr.	1336

M

Michael — 15 €

Hersteller	Allround Service
Jahr	2000 (Aufl.: 200)
Packung	Plastikschachtel
Vorbild	MB Actros LKW
Sonst.	
Molter Nr.	1337

Michael — 15 €

Hersteller	Allround Service
Jahr	2000 (Aufl.: 100)
Packung	Plastikschachtel
Vorbild	MAN F2000 Hängerzug
Sonst.	
Molter Nr.	1338

Michael — 15 €

Hersteller	Allround Service
Jahr	2000 (Aufl.: 100)
Packung	Plastikschachtel
Vorbild	MAN F2000 Hängerzug
Sonst.	
Molter Nr.	1339

Michael — 15 €

Hersteller	Allround Service
Jahr	2000 (Aufl.: 100)
Packung	Plastikschachtel
Vorbild	MAN F2000 Hängerzug
Sonst.	
Molter Nr.	1340

Michael — 15 €

Hersteller	Amon
Jahr	2000 (Aufl.: 100)
Packung	Plastikschachtel
Vorbild	MB Actros Hängerzug
Sonst.	
Molter Nr.	1341

M

Michael 15 €

Hersteller	Amon
Jahr	2000 (Aufl.: 100)
Packung	Plastikschachtel
Vorbild	MB Actros Hängerzug
Sonst.	
Molter Nr.	1342

Michael 15 €

Hersteller	Amon
Jahr	2000 (Aufl.: 100)
Packung	Plastikschachtel
Vorbild	MB Actros Hängerzug
Sonst.	
Molter Nr.	1343

Michael 10 €

Hersteller	Eurosun
Jahr	2000 (Aufl.: 250)
Packung	Plastikschachtel
Vorbild	MB Actros Auflieger
Sonst.	
Molter Nr.	1344

Michael 25 €

Hersteller	Eurosun
Jahr	2000 (Aufl.: 250)
Packung	Plastikschachtel
Vorbild	MB Actros Auflieger
Sonst.	
Molter Nr.	1345

Michael 25 €

Hersteller	Eurosun
Jahr	2000 (Aufl.: 250)
Packung	Plastikschachtel
Vorbild	MB Actros Auflieger
Sonst.	
Molter Nr.	1346

M

Michael	25 €
Hersteller	Eurosun
Jahr	2000 (Aufl.: 250)
Packung	Plastikschachtel
Vorbild	MAN F2000 Auflieger
Sonst.	
Molter Nr.	1347

Michael	25 €
Hersteller	Eurosun
Jahr	2000 (Aufl.: 250)
Packung	Plastikschachtel
Vorbild	MAN F2000 Auflieger
Sonst.	
Molter Nr.	1348

Michael	25 €
Hersteller	Eurosun
Jahr	2000 (Aufl.: 250)
Packung	Plastikschachtel
Vorbild	MAN F2000 Auflieger
Sonst.	
Molter Nr.	1349

Michael	25 €
Hersteller	Amon
Jahr	2001
Packung	Plastikschachtel
Vorbild	MB Actros Auflieger
Sonst.	
Molter Nr.	3201

Michael	20 €
Hersteller	Amon
Jahr	2001 (Aufl.: 300)
Packung	Plastikschachtel
Vorbild	MB Actros Hängerzug
Sonst.	
Molter Nr.	3202

M

Michael	18 €
Hersteller	Amon
Jahr	2002 (Aufl.: 100)
Packung	Plastikschachtel
Vorbild	Renault Tankzug
Sonst.	
Molter Nr.	6109

Michael	15 €
Hersteller	Amon
Jahr	2002 (Aufl.: 100)
Packung	Plastikschachtel
Vorbild	MAN F2000 Auflieger
Sonst.	
Molter Nr.	6189

Michael	15 €
Hersteller	Amon
Jahr	2002 (Aufl.: 200)
Packung	Plastikschachtel
Vorbild	MB Actros Hängerzug
Sonst.	
Molter Nr.	6208

Michael	18 €
Hersteller	Amon
Jahr	2002 (Aufl.: 100)
Packung	Plastikschachtel
Vorbild	DAF 95 XF Auflieger
Sonst.	
Molter Nr.	6218

Michael	15 €
Hersteller	Amon
Jahr	2002
Packung	Plastikschachtel
Vorbild	DAF 95 XF Auflieger
Sonst.	
Molter Nr.	5682

M

Michelsbräu	12 €
Hersteller	Grell
Jahr	1999
Packung	Blister
Vorbild	MB Actros Auflieger
Sonst.	
Molter Nr.	1331

Michelsbräu	8 €
Hersteller	Grell
Jahr	2002
Packung	Blister
Vorbild	Scania 164L Auflieger
Sonst.	
Molter Nr.	6676

Michelsbräu	8 €
Hersteller	Grell
Jahr	2003
Packung	Blister
Vorbild	Scania 124L Tankzug
Sonst.	
Molter Nr.	7062

Miller	80 €
Hersteller	
Jahr	
Packung	Plastikschachtel
Vorbild	MB groß Auflieger
Sonst.	
Molter Nr.	1350

Miller	12 €
Hersteller	Grell
Jahr	2002
Packung	Plastikschachtel
Vorbild	Freightliner FLD Auflieger
Sonst.	XXL
Molter Nr.	6325

Mittweidaer Löwenbräu 20 €

Hersteller	Grell
Jahr	1998
Packung	Blister
Vorbild	Mack Auflieger
Sonst.	
Molter Nr.	1351

Mittweidaer Löwenbräu 15 €

Hersteller	Grell
Jahr	2000
Packung	Blister
Vorbild	MB Actros Hängerzug
Sonst.	
Molter Nr.	1352

Mittweidaer Löwenbräu 15 €

Hersteller	Grell
Jahr	2000
Packung	Blister
Vorbild	IFA W50 Hängerzug
Sonst.	
Molter Nr.	1353

Mittweidaer Löwenbräu 15 €

Hersteller	Grell
Jahr	2000
Packung	Blister
Vorbild	Ford Oldtimer
Sonst.	
Molter Nr.	1354

Mittweidaer Löwenbräu 12 €

Hersteller	Grell
Jahr	2000
Packung	Blister
Vorbild	Ford Oldtimer
Sonst.	
Molter Nr.	1355

M

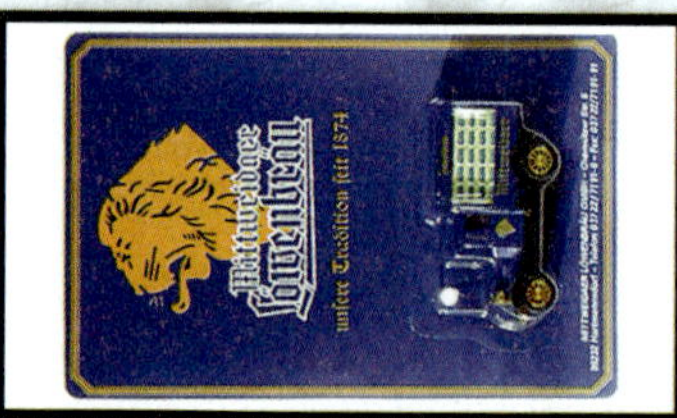

Mittweidaer Löwenbräu	10 €
Hersteller	Grell
Jahr	2001
Packung	Blister
Vorbild	Ford Oldtimer
Sonst.	
Molter Nr.	3212

Mittweidaer Löwenbräu	10 €
Hersteller	Grell
Jahr	2001
Packung	Blister
Vorbild	Freightliner FLD Auflieger
Sonst.	
Molter Nr.	3211

Mittweidaer Löwenbräu	9 €
Hersteller	Grell
Jahr	2001
Packung	Blister
Vorbild	Freightliner FLD Tankzug
Sonst.	
Molter Nr.	4295

Mittweidaer Löwenbräu	8 €
Hersteller	Grell
Jahr	2002
Packung	Blister
Vorbild	Krupp Mustang Hängerzug
Sonst.	
Molter Nr.	5274

Mittweidaer Löwenbräu	10 €
Hersteller	Grell
Jahr	2002
Packung	Blister
Vorbild	Scania 124L Tankzug
Sonst.	mit Silo
Molter Nr.	4506

Mittweidaer Löwenbräu — 8 €

Hersteller	Grell
Jahr	2002
Packung	Blister
Vorbild	MB Atego LKW
Sonst.	
Molter Nr.	4818

Mittweidaer Löwenbräu — 8 €

Hersteller	Grell
Jahr	2002
Packung	Blister
Vorbild	Scania 124L Auflieger
Sonst.	Mit Sudkessel
Molter Nr.	7604

Mittweidaer Löwenbräu — 8 €

Hersteller	Top-Style
Jahr	2003
Packung	Blister
Vorbild	MB Actros Tankzug
Sonst.	mit Flüssigkeit
Molter Nr.	7289

Möckel — 15 €

Hersteller	Amon
Jahr	2002 (Aufl.: 200)
Packung	Plastikschachtel
Vorbild	Volvo Auflieger
Sonst.	
Molter Nr.	6174

Möckel — 8 €

Hersteller	Hümmer
Jahr	2003
Packung	Blister
Vorbild	Scania 164L Auflieger
Sonst.	mit Flasche
Molter Nr.	6979

M

Mocker Hausbrauerei	8 €
Hersteller	dgd
Jahr	2001 (Aufl.: 2500)
Packung	Blister
Vorbild	MAN Phönix Tankzug
Sonst.	
Molter Nr.	3214

Mocker Hausbrauerei	8 €
Hersteller	dgd
Jahr	2001 (Aufl.: 2500)
Packung	Blister
Vorbild	MAN Phönix Tankzug
Sonst.	
Molter Nr.	3215

Mocker Hausbrauerei	7 €
Hersteller	Grell
Jahr	2001 (Aufl.: 2500)
Packung	Blister
Vorbild	Freightliner FLD Auflieger
Sonst.	
Molter Nr.	4482

Mocker Hausbrauerei	7 €
Hersteller	Grell
Jahr	2002
Packung	Blister
Vorbild	Pferdekutsche
Sonst.	
Molter Nr.	4496

Mocker Hausbrauerei	8 €
Hersteller	Top-Style
Jahr	2002 (Aufl.: 2500)
Packung	Blister
Vorbild	MB Actros Tankzug
Sonst.	
Molter Nr.	5998

M

Mohr — 9 €

Hersteller	dgd
Jahr	2001 (Aufl.: 2500)
Packung	Blister
Vorbild	MAN F2000 Hängerzug
Sonst.	
Molter Nr.	4442

Mönchsambacher — 8 €

Hersteller	Amon
Jahr	2001 (Aufl.: 20)
Packung	Plastikschachtel
Vorbild	Majorette Auflieger
Sonst.	
Molter Nr.	3229

Mönchsambacher — 8 €

Hersteller	Amon
Jahr	2001 (Aufl.: 20)
Packung	Plastikschachtel
Vorbild	Majorette Auflieger
Sonst.	
Molter Nr.	3231

Mönchsambacher — 8 €

Hersteller	Amon
Jahr	2001 (Aufl.: 20)
Packung	Plastikschachtel
Vorbild	Majorette Auflieger
Sonst.	
Molter Nr.	3232

Mönchsambacher — 25 €

Hersteller	Amon
Jahr	2001 (Aufl.: 20)
Packung	Plastikschachtel
Vorbild	Majorette Auflieger
Sonst.	
Molter Nr.	3233

M

Mönchsambacher — 15 €

Hersteller	Amon
Jahr	2002 (Aufl.: 20)
Packung	Plastikschachtel
Vorbild	Renault Tankzug
Sonst.	
Molter Nr.	6100

Mönchsambacher — 15 €

Hersteller	Amon
Jahr	2002 (Aufl.: 100)
Packung	Plastikschachtel
Vorbild	Renault Tankzug
Sonst.	
Molter Nr.	6224

Mönchsambacher — 15 €

Hersteller	Amon
Jahr	2002 (Aufl.: 200)
Packung	Plastikschachtel
Vorbild	DAF 95 XF Auflieger
Sonst.	
Molter Nr.	6073

Mönchshof Kulmbach — 100 €

Hersteller	
Jahr	
Packung	Plastikschachtel
Vorbild	MB klein Hängerzug
Sonst.	
Molter Nr.	1364

Mönchshof Kulmbach — 100 €

Hersteller	
Jahr	
Packung	Plastikschachtel
Vorbild	MB klein Hängerzug
Sonst.	
Molter Nr.	6442

Mönchshof Kulmbach 75 €

Hersteller	Hümmer
Jahr	
Packung	Plastikschachtel
Vorbild	MB klein Hängerzug
Sonst.	
Molter Nr.	1365

Mönchshof Kulmbach 60 €

Hersteller	Hümmer
Jahr	
Packung	Blister
Vorbild	US Auflieger
Sonst.	
Molter Nr.	1366

Mönchshof Kulmbach 10 €

Hersteller	dgd
Jahr	2001
Packung	Blister
Vorbild	MAN Oldtimer Hängerzug
Sonst.	Markgrafen
Molter Nr.	4254

Mönchshof Kulmbach 7 €

Hersteller	Kulmbacher
Jahr	2001
Packung	Blister
Vorbild	MAN TG-A Auflieger
Sonst.	
Molter Nr.	3227

Mönchshof Kulmbach 8 €

Hersteller	Kulmbacher
Jahr	2001
Packung	Blister
Vorbild	MAN TG-A Auflieger
Sonst.	
Molter Nr.	3228

M

Mönchshof Kulmbach	8 €
Hersteller	Grell
Jahr	2002
Packung	Blister
Vorbild	Büssing Holzgaser HZ
Sonst.	
Molter Nr.	4709

Mönchskrug	8 €
Hersteller	WMS
Jahr	2001
Packung	Blister
Vorbild	MAN F2000 Auflieger
Sonst.	
Molter Nr.	3219

Mönchskrug	10 €
Hersteller	
Jahr	2001
Packung	Plastikschachtel
Vorbild	MAN Phönix Auflieger
Sonst.	
Molter Nr.	3221

Mönchskrug	8 €
Hersteller	WMS
Jahr	2001
Packung	Blister
Vorbild	MAN F2000 Auflieger
Sonst.	
Molter Nr.	3223

Mönchskrug	8 €
Hersteller	WMS
Jahr	2001
Packung	Plastikschachtel
Vorbild	MAN Tanklastzug
Sonst.	
Molter Nr.	3224

Mönchskrug — 8 €

Hersteller	WMS
Jahr	2001
Packung	Blister
Vorbild	MAN F2000 Auflieger
Sonst.	
Molter Nr.	3226

Mönchskrug — 8 €

Hersteller	
Jahr	2001
Packung	Plastikschachtel
Vorbild	MAN Phönix Tankzug
Sonst.	
Molter Nr.	3230

Mönchskrug — 8 €

Hersteller	WMS
Jahr	2002
Packung	Blister
Vorbild	Volvo Tankzug
Sonst.	
Molter Nr.	5115

Mönchskrug — 8 €

Hersteller	Top-Style
Jahr	2002
Packung	Blister
Vorbild	MB Actros Tankzug
Sonst.	
Molter Nr.	5768

Mönchskrug — 8 €

Hersteller	Grell
Jahr	2003
Packung	Blister
Vorbild	Freightliner FLD Auflieger
Sonst.	
Molter Nr.	7252

M

Mönchskrug 8 €

Hersteller	Grell
Jahr	2003
Packung	Blister
Vorbild	MB Atego Hängerzug
Sonst.	mit Flasche
Molter Nr.	7253

Mönchskrug 8 €

Hersteller	Grell
Jahr	2003
Packung	Blister
Vorbild	Freightliner FLD Auflieger
Sonst.	mit Glas
Molter Nr.	7293

Moninger 8 €

Hersteller	EUBG
Jahr	2002
Packung	Blister
Vorbild	Mack Auflieger
Sonst.	
Molter Nr.	6930

Moosbacher 15 €

Hersteller	Dickie
Jahr	1999
Packung	Blister
Vorbild	MB Actros Auflieger
Sonst.	
Molter Nr.	1356

Moosbacher 12 €

Hersteller	Dickie
Jahr	1999
Packung	Blister
Vorbild	MB Actros Auflieger
Sonst.	
Molter Nr.	1357

Moosbacher	10 €
Hersteller	Dickie
Jahr	2000
Packung	Blister
Vorbild	MB Actros Auflieger
Sonst.	
Molter Nr.	1358

Moosbacher	10 €
Hersteller	Dickie
Jahr	2000
Packung	Blister
Vorbild	MB Actros Auflieger
Sonst.	
Molter Nr.	1359

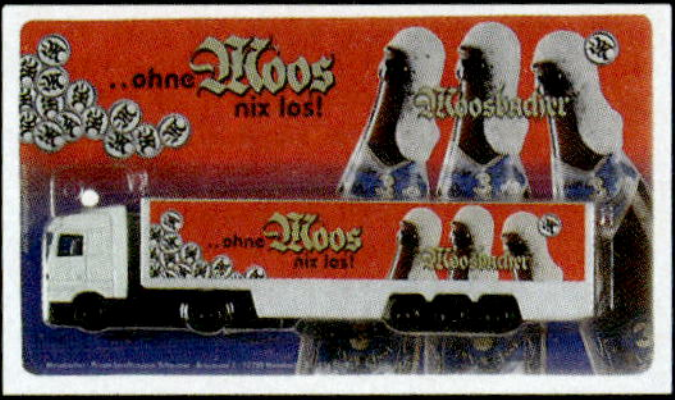

Moosbacher	15 €
Hersteller	Dickie
Jahr	2000 (Aufl.: 1000)
Packung	Plastikschachtel
Vorbild	MB Actros Auflieger
Sonst.	
Molter Nr.	1360

Moosbacher	15 €
Hersteller	Dickie
Jahr	2000 (Aufl.: 1000)
Packung	Plastikschachtel
Vorbild	MB Actros Auflieger
Sonst.	
Molter Nr.	1361

Moosbacher	15 €
Hersteller	Dickie
Jahr	2000 (Aufl.: 1000)
Packung	Plastikschachtel
Vorbild	MB Actros Auflieger
Sonst.	
Molter Nr.	1362

Moosbacher — 10 €

Hersteller	Top-Style
Jahr	2000 (Aufl.: 10000)
Packung	Blister
Vorbild	MB Actros Hängerzug
Sonst.	
Molter Nr.	1363

Moosbacher — 10 €

Hersteller	Mahug
Jahr	2000
Packung	Blister
Vorbild	MAN F2000 Auflieger
Sonst.	
Molter Nr.	7605

Moosbacher — 9 €

Hersteller	Allround Service
Jahr	2001 (Aufl.: 15000)
Packung	Blister
Vorbild	MB Actros Hängerzug
Sonst.	Nr. 1/5
Molter Nr.	2169

Moosbacher — 9 €

Hersteller	Allround Service
Jahr	2001 (Aufl.: 15000)
Packung	Blister
Vorbild	MB Actros Hängerzug
Sonst.	Nr. 2/5
Molter Nr.	2171

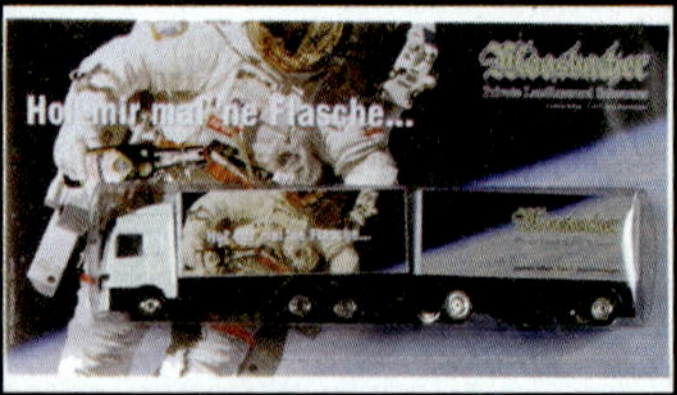

Moosbacher — 9 €

Hersteller	Allround Service
Jahr	2001 (Aufl.: 15000)
Packung	Blister
Vorbild	MB Actros Hängerzug
Sonst.	Nr. 3/5
Molter Nr.	2170

Moosbacher — 9 €

Hersteller	Allround Service
Jahr	2001 (Aufl.: 15000)
Packung	Blister
Vorbild	MB Actros Hängerzug
Sonst.	Nr. 4/5
Molter Nr.	2168

Moosbacher — 9 €

Hersteller	Allround Service
Jahr	2001 (Aufl.: 15000)
Packung	Blister
Vorbild	MB Actros Hängerzug
Sonst.	Nr. 5/5
Molter Nr.	2167

Moosbacher — 10 €

Hersteller	Moosbacher
Jahr	2002
Packung	Blister
Vorbild	Freightliner FLD Auflieger
Sonst.	XL
Molter Nr.	4656

Moosbacher — 15 €

Hersteller	EKGB
Jahr	2002
Packung	Blister
Vorbild	Freightliner FLD Auflieger
Sonst.	XXL
Molter Nr.	6369

Moosbacher — 8 €

Hersteller	EKBG
Jahr	2002
Packung	Blister
Vorbild	Scania Auflieger
Sonst.	
Molter Nr.	7735

M

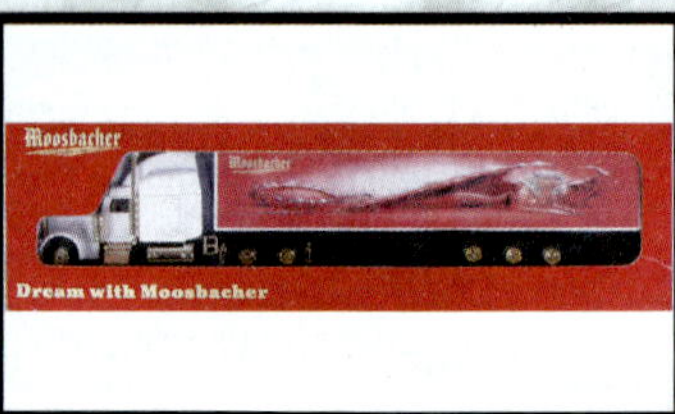

Moosbacher	12 €
Hersteller	Brauerei
Jahr	2002
Packung	Showbox
Vorbild	Peterbild Auflieger
Sonst.	XL Truck
Molter Nr.	7722

Moosbacher	12 €
Hersteller	Brauerei
Jahr	2002
Packung	Showbox
Vorbild	Peterbild Auflieger
Sonst.	XL Truck
Molter Nr.	7723

Moosbacher	12 €
Hersteller	Brauerei
Jahr	2002
Packung	Showbox
Vorbild	Peterbild Auflieger
Sonst.	XL Truck
Molter Nr.	7724

Moosbacher	12 €
Hersteller	Brauerei
Jahr	2002
Packung	Showbox
Vorbild	Peterbild Auflieger
Sonst.	XL Truck
Molter Nr.	7721

Moosbacher	8 €
Hersteller	EKBG
Jahr	2003
Packung	Blister
Vorbild	Bus
Sonst.	
Molter Nr.	6254

M

Moosbacher — 8 €

Hersteller	EKBG
Jahr	2003
Packung	Blister
Vorbild	Bus
Sonst.	
Molter Nr.	6256

Mühlenbräu — 10 €

Hersteller	Wörlein
Jahr	1999
Packung	Plastikschachtel
Vorbild	Mack Auflieger
Sonst.	
Molter Nr.	1367

Mühlenbräu — 15 €

Hersteller	Wörlein
Jahr	1999
Packung	Plastikschachtel
Vorbild	Mack Auflieger
Sonst.	
Molter Nr.	1368

Mühlenbräu — 12 €

Hersteller	Wörlein
Jahr	2000
Packung	Plastikschachtel
Vorbild	MB Actros Auflieger
Sonst.	
Molter Nr.	1369

Mühlenbräu — 12 €

Hersteller	Wörlein
Jahr	2000
Packung	Plastikschachtel
Vorbild	MB Actros Hängerzug
Sonst.	
Molter Nr.	1370

M

Mühlenbräu — 8 €

Hersteller	Grell
Jahr	2001
Packung	Blister
Vorbild	Ford 9000 Auflieger
Sonst.	
Molter Nr.	3236

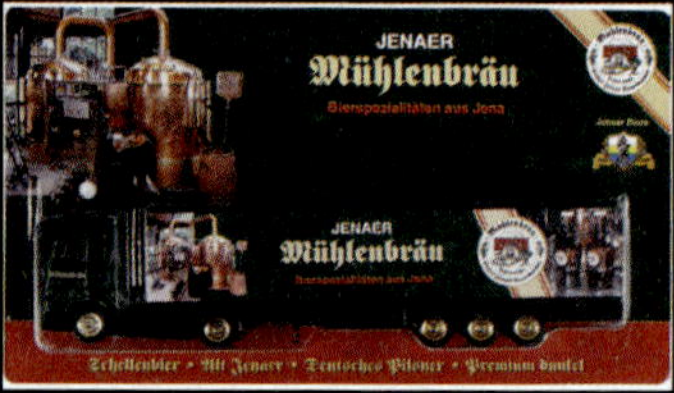

Mühlenbräu — 10 €

Hersteller	Grell
Jahr	2002
Packung	Blister
Vorbild	MB Actros Auflieger
Sonst.	
Molter Nr.	4782

Mühlhäuser Turmquell — 8 €

Hersteller	Grell
Jahr	2002
Packung	Blister
Vorbild	MB Actros Auflieger
Sonst.	
Molter Nr.	6367

Müller Getränke — 8 €

Hersteller	
Jahr	2002
Packung	Plastikschachtel
Vorbild	MAN M2000 Auflieger
Sonst.	
Molter Nr.	6923

Müllerbräu Pfaffenhofen — 12 €

Hersteller	Hümmer
Jahr	1999
Packung	Blister
Vorbild	US Auflieger
Sonst.	Verkehrsschild hint.Zugmasch.
Molter Nr.	1371

Müllerbräu Pfaffenhofen — 10 €

Hersteller	Hümmer
Jahr	2000
Packung	Blister
Vorbild	US Auflieger
Sonst.	Verkehrsschild hinter Sattel
Molter Nr.	1371a

Müllerbräu Pfaffenhofen — 8 €

Hersteller	Allround-Service
Jahr	2002
Packung	Blister
Vorbild	MB Actros Tanker
Sonst.	
Molter Nr.	8049

Münchener Klosterbräu — 12 €

Hersteller	EKGB
Jahr	2002
Packung	Blister
Vorbild	Freightliner FLD Auflieger
Sonst.	XXL
Molter Nr.	6371

Mundelsheim — 8 €

Hersteller	Top-Style
Jahr	2002
Packung	Blister
Vorbild	MB Actros Auflieger
Sonst.	Wein
Molter Nr.	5651

Münz — 10 €

Hersteller	dgd
Jahr	2001
Packung	Blister
Vorbild	Kenworth T2000 Auflieger
Sonst.	
Molter Nr.	3238

M

Murauer Bier — 30 €

Hersteller	Hümmer
Jahr	1999
Packung	Blister
Vorbild	MAN F90 LKW
Sonst.	
Molter Nr.	1372

Murmann — 20 €

Hersteller	Amon
Jahr	2002 (Aufl.: 100)
Packung	Plastikschachtel
Vorbild	Renault Auflieger
Sonst.	
Molter Nr.	5839

Mylauer — 11 €

Hersteller	Grell
Jahr	2000
Packung	Blister
Vorbild	MB Actros Auflieger
Sonst.	
Molter Nr.	1373

Mylauer — 10 €

Hersteller	Grell
Jahr	2001
Packung	Blister
Vorbild	IFA H6 Hängerzug
Sonst.	Vogtland FA
Molter Nr.	3239

Mylauer — 8 €

Hersteller	Grell
Jahr	2001
Packung	Blister
Vorbild	Ford 9000 Auflieger
Sonst.	
Molter Nr.	3240

Mylauer — 8 €

Hersteller	Grell
Jahr	2002
Packung	Blister
Vorbild	Scania 124L Tankzug
Sonst.	
Molter Nr.	4838

Mylauer — 8 €

Hersteller	Grell
Jahr	2003
Packung	Blister
Vorbild	MB Actros Hängerzug
Sonst.	Mit Ausschank
Molter Nr.	7548

Nagler — 8 €

Hersteller	Hümmer
Jahr	2001
Packung	Blister
Vorbild	MB Actros LKW
Sonst.	
Molter Nr.	3241

Nassauer Privatbrauerei — 120 €

Hersteller	Hümmer
Jahr	
Packung	Plastikschachtel
Vorbild	MB klein Auflieger
Sonst.	
Molter Nr.	1374

Nassauer Privatbrauerei — 35 €

Hersteller	Grell
Jahr	1998
Packung	Blister
Vorbild	Mack Auflieger
Sonst.	
Molter Nr.	1375

N

Nattheimer — 30 €

Hersteller	Bürkle
Jahr	2000 (Aufl.: 200)
Packung	Blister
Vorbild	MB Actros Hängerzug
Sonst.	Fehldruck, dicker Rand
Molter Nr.	1376

Nattheimer — 10 €

Hersteller	dgd
Jahr	2001
Packung	Blister
Vorbild	MAN TG-A Auflieger
Sonst.	
Molter Nr.	4486

Nattheimer — 8 €

Hersteller	Gefra
Jahr	2003
Packung	Blister
Vorbild	MAN TG-A Auflieger
Sonst.	
Molter Nr.	7043

Neder Brauerei — 10 €

Hersteller	dgd
Jahr	2000
Packung	Blister
Vorbild	MAN F2000 Auflieger
Sonst.	
Molter Nr.	2146

N

Nesquik — 60 €

Hersteller	Hümmer
Jahr	
Packung	Plastikschachtel
Vorbild	US Auflieger
Sonst.	
Molter Nr.	6440

Nesquik — 60 €

Hersteller	Hümmer
Jahr	
Packung	Plastikschachtel
Vorbild	US Auflieger
Sonst.	
Molter Nr.	6439

Nesquik — 35 €

Hersteller	Hümmer
Jahr	1998
Packung	Blister
Vorbild	US Auflieger
Sonst.	
Molter Nr.	1377

Nestlé Aquarel — 8 €

Hersteller	Hümmer
Jahr	2003
Packung	Plastikschachtel
Vorbild	MAN TG-A LKW
Sonst.	
Molter Nr.	6489

Nestlé Nescafé — 8 €

Hersteller	dgd
Jahr	2000
Packung	Blister
Vorbild	MAN F2000 Auflieger
Sonst.	
Molter Nr.	1378

Neu´s Fruchtsäfte — 9 €

Hersteller	Eurosun
Jahr	2001
Packung	Blister
Vorbild	MB Actros Hängerzug
Sonst.	
Molter Nr.	3247

N

Neubert Kelterei	9 €
Hersteller	Hümmer
Jahr	2001
Packung	Blister
Vorbild	MB Actros Auflieger
Sonst.	
Molter Nr.	3987

Neufang	8 €
Hersteller	Hümmer
Jahr	2002
Packung	Blister
Vorbild	MB Oldtimer Hängerzug
Sonst.	
Molter Nr.	5896

Neufang	30 €
Hersteller	
Jahr	2001
Packung	Blister
Vorbild	Pferdekutsche
Sonst.	Handgeschnitzt
Molter Nr.	4298

Neufang	8 €
Hersteller	Hümmer
Jahr	2002
Packung	Blister
Vorbild	MAN Oldtimer Hängerzug
Sonst.	
Molter Nr.	5897

Neukirchen	10 €
Hersteller	Müller Chemnitz
Jahr	2002
Packung	Plastikschachtel
Vorbild	Majorette Auflieger
Sonst.	
Molter Nr.	5587

Neunspringer — 30 €

Hersteller	Bienick
Jahr	
Packung	Plastikschachtel
Vorbild	Mack Auflieger
Sonst.	
Molter Nr.	1739

Neunspringer — 30 €

Hersteller	Bienick
Jahr	
Packung	Plastikschachtel
Vorbild	MB groß Auflieger
Sonst.	
Molter Nr.	1740

Neunspringer — 25 €

Hersteller	Bienick
Jahr	
Packung	Plastikschachtel
Vorbild	MAN F90 LKW
Sonst.	
Molter Nr.	1741

Neunspringer — 30 €

Hersteller	Bienick
Jahr	
Packung	Plastikschachtel
Vorbild	Volvo Auflieger
Sonst.	
Molter Nr.	1738

Neunspringer — 25 €

Hersteller	Lauterbach
Jahr	1999
Packung	Blister
Vorbild	Mack Auflieger
Sonst.	
Molter Nr.	1742

N

Neunspringer — 11 €

Hersteller	dgd
Jahr	2001
Packung	Blister
Vorbild	MB Actros Auflieger
Sonst.	
Molter Nr.	3245

Neunspringer — 9 €

Hersteller	dgd
Jahr	2002
Packung	Blister
Vorbild	MAN TG-A Auflieger
Sonst.	Cola Sport
Molter Nr.	5150

Neunspringer — 8 €

Hersteller	Lauterbach
Jahr	2002
Packung	Blister
Vorbild	Kenworth T2000 Auflieger
Sonst.	
Molter Nr.	5533

Neunspringer — 9 €

Hersteller	Lauterbach
Jahr	2001
Packung	Blister
Vorbild	Volvo Auflieger
Sonst.	Cola Sport
Molter Nr.	3246

Neunspringer — 8 €

Hersteller	dgd
Jahr	2002
Packung	Blister
Vorbild	MAN TG-A Auflieger
Sonst.	
Molter Nr.	5147

Neunspringer 8 €

Hersteller	dgd
Jahr	2002
Packung	Blister
Vorbild	MAN TG-A Auflieger
Sonst.	
Molter Nr.	5158

Neunspringer 8 €

Hersteller	Top-Style
Jahr	2002
Packung	Blister
Vorbild	Renault Tankzug
Sonst.	mit Flüssigkeit
Molter Nr.	4652

Neunspringer 8 €

Hersteller	Top-Style
Jahr	2002
Packung	Blister
Vorbild	Renault Tankzug
Sonst.	mit Flüssigkeit
Molter Nr.	4653

Neuselters 8 €

Hersteller	Active Promotion
Jahr	2001
Packung	Plastikschachtel
Vorbild	MAN M2000 Auflieger
Sonst.	
Molter Nr.	3248

Neuselters 8 €

Hersteller	
Jahr	2003
Packung	Plastikschachtel
Vorbild	MB Actros Auflieger
Sonst.	
Molter Nr.	7343

N

Neuzeller — 15 €

Hersteller	Müller Chemnitz
Jahr	1999
Packung	Plastikschachtel
Vorbild	Mack Auflieger
Sonst.	
Molter Nr.	1381

Neuzeller — 15 €

Hersteller	Müller Chemnitz
Jahr	1999
Packung	Plastikschachtel
Vorbild	MB groß Auflieger
Sonst.	
Molter Nr.	1382

Neuzeller — 15 €

Hersteller	Müller Chemnitz
Jahr	1999
Packung	Plastikschachtel
Vorbild	Volvo Auflieger
Sonst.	
Molter Nr.	1383

Neuzeller — 15 €

Hersteller	Müller Chemnitz
Jahr	1999
Packung	Plastikschachtel
Vorbild	Mack Auflieger
Sonst.	
Molter Nr.	1384

N

Neuzeller — 15 €

Hersteller	Müller Chemnitz
Jahr	2000
Packung	Plastikschachtel
Vorbild	Majorette Auflieger
Sonst.	
Molter Nr.	1385

Neuzeller — 15 €

Hersteller	Müller Chemnitz
Jahr	2000
Packung	Plastikschachtel
Vorbild	Majorette Auflieger
Sonst.	
Molter Nr.	1386

Neuzeller — 15 €

Hersteller	Müller Chemnitz
Jahr	2000
Packung	Plastikschachtel
Vorbild	Majorette Auflieger
Sonst.	
Molter Nr.	1387

Neuzeller — 15 €

Hersteller	
Jahr	
Packung	Plastikschachtel
Vorbild	Mack Auflieger
Sonst.	
Molter Nr.	6438

Neuzeller — 15 €

Hersteller	dgd
Jahr	2001
Packung	Plastikschachtel
Vorbild	Kenworth T2000 Auflieger
Sonst.	
Molter Nr.	4323

Neuzeller — 8 €

Hersteller	Gefra
Jahr	2002
Packung	Blister
Vorbild	Renault Auflieger
Sonst.	Motorgeräusch
Molter Nr.	5426

N

Neuzeller — 10 €

Hersteller	Gefra
Jahr	2002
Packung	Blister
Vorbild	DAF 95 XF Auflieger
Sonst.	
Molter Nr.	5146

Niederheim-Gold — 8 €

Hersteller	Top-Style
Jahr	2003
Packung	Blister
Vorbild	MB Actros Auflieger
Sonst.	
Molter Nr.	6867

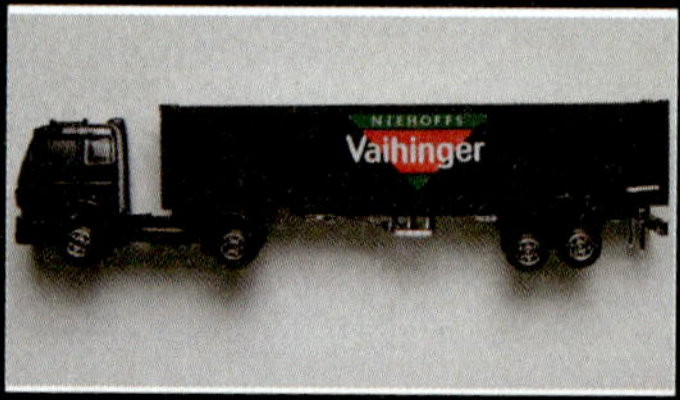

Niehoff´s Vaihinger — 20 €

Hersteller	Nussbeck Werbem.
Jahr	1999
Packung	Plastikschachtel
Vorbild	MB groß Auflieger
Sonst.	
Molter Nr.	1898

Niehoff´s Vaihinger — 11 €

Hersteller	Grell
Jahr	2000
Packung	Blister
Vorbild	Ford 9000 Auflieger
Sonst.	
Molter Nr.	1899

N

Niehoff´s Vaihinger — 10 €

Hersteller	
Jahr	2001
Packung	Blister
Vorbild	MB Actros LKW
Sonst.	
Molter Nr.	3785

Niehoff´s Vaihinger — 8 €

Hersteller	
Jahr	2002
Packung	Blister
Vorbild	MAN TG-A Hängerzug
Sonst.	
Molter Nr.	5699

Niehoff´s Vaihinger — 8 €

Hersteller	Vaihinger
Jahr	2002
Packung	Blister
Vorbild	MB Sprinter
Sonst.	
Molter Nr.	5841

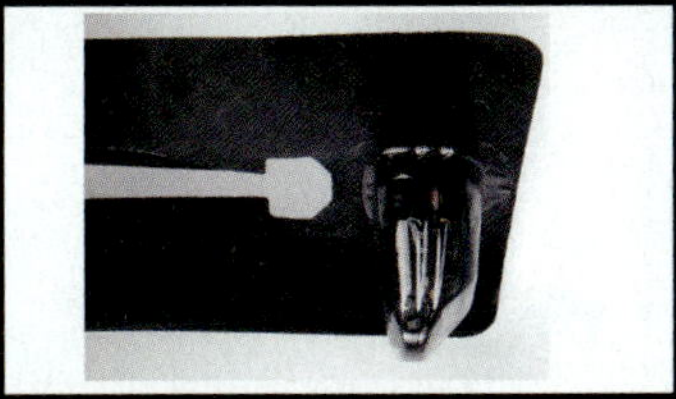

Nittenauer — 8 €

Hersteller	Lauterbach
Jahr	2001
Packung	Blister
Vorbild	MAN M2000 Auflieger
Sonst.	
Molter Nr.	3250

Nittenauer — 8 €

Hersteller	Top-Style
Jahr	2002
Packung	Blister
Vorbild	MB Actros Hängerzug
Sonst.	
Molter Nr.	4931

Nordbrand — 12 €

Hersteller	Grell
Jahr	2000
Packung	Blister
Vorbild	MB Actros Hängerzug
Sonst.	
Molter Nr.	2111

Nordbrand — 12 €

Hersteller	Grell
Jahr	2000
Packung	Blister
Vorbild	MAN F2000 Auflieger
Sonst.	
Molter Nr.	2112

Nordbrand — 8 €

Hersteller	Grell
Jahr	2000
Packung	Blister
Vorbild	Scania Auflieger
Sonst.	
Molter Nr.	2113

Nordbrand — 8 €

Hersteller	Grell
Jahr	2000
Packung	Blister
Vorbild	MAN F2000 Auflieger
Sonst.	
Molter Nr.	3253

Nordbrand — 8 €

Hersteller	Grell
Jahr	2001
Packung	Plastikschachtel
Vorbild	Scania Hängerzug
Sonst.	
Molter Nr.	3976

Nordbrand — 8 €

Hersteller	WMS
Jahr	2001
Packung	Blister
Vorbild	Pferdekutsche
Sonst.	
Molter Nr.	3977

Nordbrand 8 €

Hersteller	Grell
Jahr	2001
Packung	Blister
Vorbild	MAN TG-A Tankzug
Sonst.	
Molter Nr.	3978

Nordbrand 8 €

Hersteller	Grell
Jahr	2001
Packung	Blister
Vorbild	MB Actros Tankzug
Sonst.	
Molter Nr.	3979

Nordbrand 8 €

Hersteller	Grell
Jahr	2001
Packung	Blister
Vorbild	MAN TG-A Tankzug
Sonst.	
Molter Nr.	3980

Nordbrand 8 €

Hersteller	Grell
Jahr	2001
Packung	Blister
Vorbild	MAN TG-A Tankzug
Sonst.	
Molter Nr.	3981

Nordbrand 8 €

Hersteller	Grell
Jahr	2001
Packung	Blister
Vorbild	Ford 9000 Auflieger
Sonst.	
Molter Nr.	3984

Nordbrand	8 €
Hersteller	Grell
Jahr	2001
Packung	Blister
Vorbild	MAN F2000 Auflieger
Sonst.	
Molter Nr.	4205

Nordbrand	8 €
Hersteller	Grell
Jahr	2001
Packung	Blister
Vorbild	Ford 9000 Auflieger
Sonst.	
Molter Nr.	4260

Nordbrand	8 €
Hersteller	Grell
Jahr	2001
Packung	Blister
Vorbild	Ford 9000 Auflieger
Sonst.	
Molter Nr.	4261

Nordbrand	8 €
Hersteller	Grell
Jahr	2001
Packung	Blister
Vorbild	Ford 9000 Auflieger
Sonst.	
Molter Nr.	4262

Nordbrand	8 €
Hersteller	Grell
Jahr	2002
Packung	Blister
Vorbild	MAN TG-A Auflieger
Sonst.	
Molter Nr.	5144

N

Nordbrand 8 €

Hersteller	Grell
Jahr	2002
Packung	Blister
Vorbild	Freightliner FLD Auflieger
Sonst.	Saurer Apfel
Molter Nr.	5151

Nordbrand 8 €

Hersteller	Grell
Jahr	2002
Packung	Blister
Vorbild	Ford 9000 Auflieger
Sonst.	
Molter Nr.	5315

Nordbrand 8 €

Hersteller	Grell
Jahr	2002
Packung	Blister
Vorbild	Büssing Hängerzug
Sonst.	
Molter Nr.	5593

Nordbrand 8 €

Hersteller	Grell
Jahr	2002
Packung	Blister
Vorbild	Büssing Holzgaser HZ
Sonst.	
Molter Nr.	5594

Nordbrand 8 €

Hersteller	Grell
Jahr	2002
Packung	Blister
Vorbild	Ford 9000 Auflieger
Sonst.	
Molter Nr.	5827

N

Nordbrand	8 €
Hersteller	Grell
Jahr	2002
Packung	Blister
Vorbild	Freightliner FLD Auflieger
Sonst.	
Molter Nr.	7884

Nordbrand	8 €
Hersteller	Grell
Jahr	2002
Packung	Blister
Vorbild	Kraz Tankzug
Sonst.	
Molter Nr.	7871

Nordbräu Ingolstadt	12 €
Hersteller	Hümmer
Jahr	2000
Packung	Blister
Vorbild	MB Actros Auflieger
Sonst.	
Molter Nr.	7606

Nordbräu Ingolstadt	8 €
Hersteller	dgd
Jahr	2001
Packung	Blister
Vorbild	MAN F2000 Hängerzug
Sonst.	Getränke Burg
Molter Nr.	3966

Nordbräu Ingolstadt	8 €
Hersteller	Allround Service
Jahr	2002
Packung	Blister
Vorbild	DAF 95 XF Tankzug
Sonst.	
Molter Nr.	4942

Nordbräu Ingolstadt — 8 €

Hersteller	Hümmer
Jahr	2003
Packung	Blister
Vorbild	MB Actros Auflieger
Sonst.	
Molter Nr.	7225

Nordbräu Ingolstadt — 8 €

Hersteller	Hümmer
Jahr	2003
Packung	Blister
Vorbild	MB Actros Auflieger
Sonst.	
Molter Nr.	7887

Nördlinger — 12 €

Hersteller	Grell
Jahr	2000
Packung	Blister
Vorbild	Mack Auflieger
Sonst.	
Molter Nr.	1393

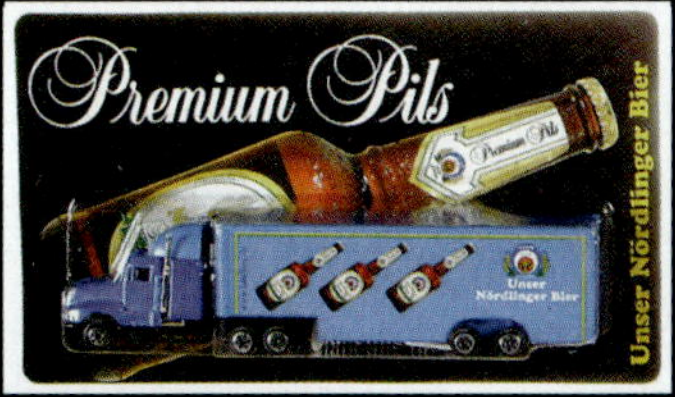

Nördlinger — 9 €

Hersteller	dgd
Jahr	2001
Packung	Blister
Vorbild	MAN TG-A Auflieger
Sonst.	
Molter Nr.	3252

Nördlinger — 8 €

Hersteller	Grell
Jahr	2002
Packung	Blister
Vorbild	Scania 124L Tankzug
Sonst.	
Molter Nr.	6158

N

Nörten-Hardenberger — 8 €

Hersteller	Grell
Jahr	2000
Packung	Blister
Vorbild	MB Actros Auflieger
Sonst.	
Molter Nr.	1394

Nothelfer — 8 €

Hersteller	A.L.H.
Jahr	2000 (Aufl.: 500)
Packung	Plastikschachtel
Vorbild	Mack Auflieger
Sonst.	
Molter Nr.	1388

Nothelfer — 8 €

Hersteller	A.L.H.
Jahr	2000 (Aufl.: 500)
Packung	Plastikschachtel
Vorbild	Volvo Auflieger
Sonst.	
Molter Nr.	1389

Nothelfer — 8 €

Hersteller	A.L.H.
Jahr	2000 (Aufl.: 500)
Packung	Plastikschachtel
Vorbild	Mack Auflieger
Sonst.	
Molter Nr.	1390

N

Nothelfer — 8 €

Hersteller	A.L.H.
Jahr	2000 (Aufl.: 500)
Packung	Plastikschachtel
Vorbild	Volvo Auflieger
Sonst.	
Molter Nr.	1391

Nothelfer — 8 €

Hersteller	Amon
Jahr	2001
Packung	Plastikschachtel
Vorbild	Mack Auflieger
Sonst.	
Molter Nr.	3255

Nothelfer — 8 €

Hersteller	Amon
Jahr	2001
Packung	Plastikschachtel
Vorbild	MB Actros Auflieger
Sonst.	
Molter Nr.	4315

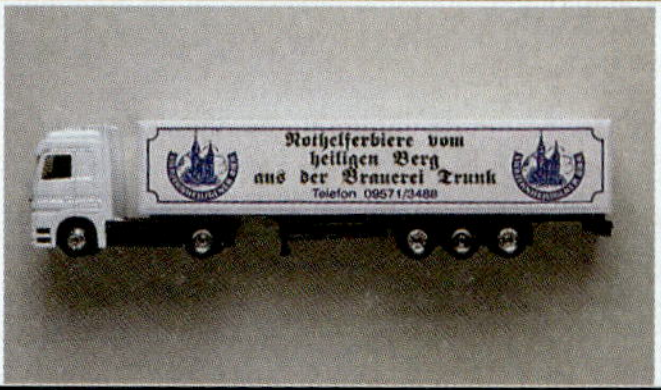

Nothelfer — 15 €

Hersteller	Amon
Jahr	2002 (Aufl.: 50)
Packung	Plastikschachtel
Vorbild	Majorette Auflieger
Sonst.	
Molter Nr.	6094

Nothelfer — 15 €

Hersteller	Amon
Jahr	2002 (Aufl.: 50)
Packung	Plastikschachtel
Vorbild	Majorette Auflieger
Sonst.	
Molter Nr.	6095

Nothelfer — 25 €

Hersteller	Amon
Jahr	2002 (Aufl.: 100)
Packung	Plastikschachtel
Vorbild	DAF 95 XF Auflieger
Sonst.	
Molter Nr.	6078

N

Nothelfer — 15 €

Hersteller	Amon
Jahr	2002
Packung	Plastikschachtel
Vorbild	MB Actros LKW
Sonst.	
Molter Nr.	6202

Nothelfer — 20 €

Hersteller	Amon
Jahr	2002
Packung	Plastikschachtel
Vorbild	Scania 124L Tankzug
Sonst.	
Molter Nr.	5739

Nothelfer — 20 €

Hersteller	Amon
Jahr	2002
Packung	Plastikschachtel
Vorbild	Freightliner FLD Tankzug
Sonst.	
Molter Nr.	5740

Nothhaft — 10 €

Hersteller	Hümmer
Jahr	2000
Packung	Blister
Vorbild	MB Actros LKW
Sonst.	
Molter Nr.	1392

N

Nützel Bräu — 15 €

Hersteller	Amon
Jahr	2002 (Aufl.: 50)
Packung	Plastikschachtel
Vorbild	MB Actros Tankzug
Sonst.	
Molter Nr.	6124

Nützel Bräu — 15 €

Hersteller	Amon
Jahr	2002 (Aufl.: 10)
Packung	Plastikschachtel
Vorbild	MB Actros Auflieger
Sonst.	
Molter Nr.	6142

Nützel Bräu — 15 €

Hersteller	Amon
Jahr	2002 (Aufl.: 50)
Packung	Plastikschachtel
Vorbild	Scania Auflieger
Sonst.	
Molter Nr.	6144

Nützel-Bräu — 15 €

Hersteller	Amon
Jahr	2002 (Aufl.: 150)
Packung	Plastikschachtel
Vorbild	MAN TG-A Auflieger
Sonst.	
Molter Nr.	6138

Obendorfer — 25 €

Hersteller	Amon
Jahr	2001 (Aufl.: 200)
Packung	Plastikschachtel
Vorbild	MB Actros Auflieger
Sonst.	
Molter Nr.	3998

Obendorfer — 25 €

Hersteller	Amon
Jahr	2001 (Aufl.: 200)
Packung	Plastikschachtel
Vorbild	MAN M2000 Auflieger
Sonst.	
Molter Nr.	4003

Obendorfer — 25 €

Hersteller	Amon
Jahr	2001 (Aufl.: 150)
Packung	Plastikschachtel
Vorbild	Volvo Auflieger
Sonst.	
Molter Nr.	4310

Ober Selters — 8 €

Hersteller	dgd
Jahr	2001
Packung	Blister
Vorbild	MB Actros Hängerzug
Sonst.	
Molter Nr.	3260

Oberbrambacher — 10 €

Hersteller	Grell
Jahr	2001
Packung	Blister
Vorbild	Krupp Mustang Hängerzug
Sonst.	Markgrafen
Molter Nr.	5994

Oberlausitzer Getränkemarkt — 8 €

Hersteller	Vierke
Jahr	2001
Packung	Blister
Vorbild	MAN TG-A Auflieger
Sonst.	
Molter Nr.	3264

Oberndorfer — 10 €

Hersteller	Lauterbach
Jahr	2002
Packung	Blister
Vorbild	Renault Tankzug
Sonst.	
Molter Nr.	4859

Oberndorfer 15 €

Hersteller	Amon
Jahr	2002 (Aufl.: 100)
Packung	Plastikschachtel
Vorbild	MB Actros Auflieger
Sonst.	
Molter Nr.	6182

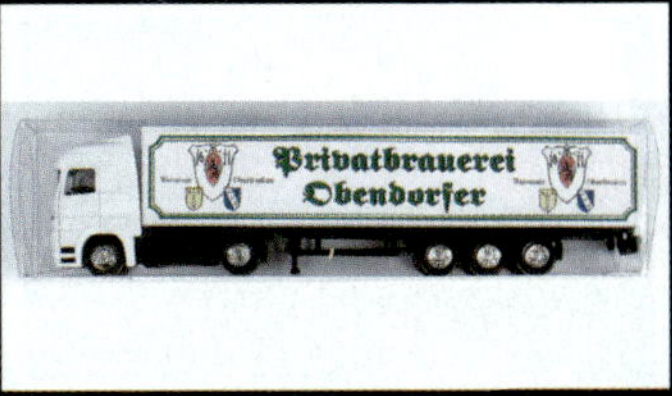

Oberndorfer 15 €

Hersteller	Amon
Jahr	2002 (Aufl.: 100)
Packung	Plastikschachtel
Vorbild	MB Actros Auflieger
Sonst.	
Molter Nr.	6184

Oberndorfer 15 €

Hersteller	dgd
Jahr	2000
Packung	Blister
Vorbild	Kenworth T2000 Auflieger
Sonst.	
Molter Nr.	1396

Odenwald Quelle 12 €

Hersteller	Hümmer
Jahr	1999
Packung	Blister
Vorbild	MB Actros Hängerzug
Sonst.	
Molter Nr.	1397

Oechsner 12 €

Hersteller	dgd
Jahr	2000
Packung	Blister
Vorbild	MB Actros Auflieger
Sonst.	
Molter Nr.	1398

O

Oechsner	10 €
Hersteller	dgd
Jahr	2001
Packung	Blister
Vorbild	MB Actros Auflieger
Sonst.	
Molter Nr.	3257

Oechsner	9 €
Hersteller	dgd
Jahr	2001
Packung	Blister
Vorbild	MAN TG-A Auflieger
Sonst.	
Molter Nr.	3262

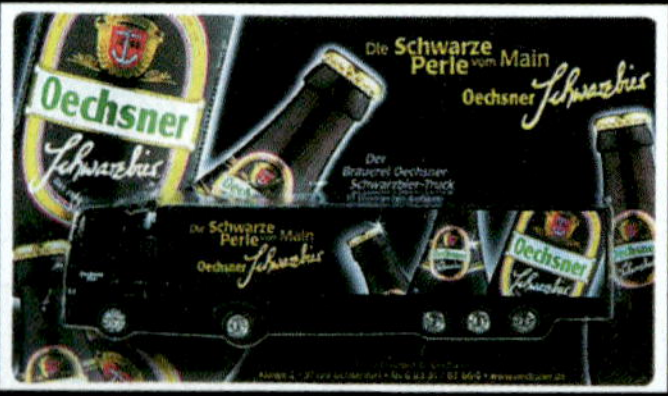

Oechsner	8 €
Hersteller	dgd
Jahr	2001
Packung	Blister
Vorbild	MAN TG-A Auflieger
Sonst.	
Molter Nr.	3261

Oechsner	8 €
Hersteller	dgd
Jahr	2002
Packung	Blister
Vorbild	Renault Magnum Tankzug
Sonst.	
Molter Nr.	5625

Oechsner	8 €
Hersteller	dgd
Jahr	2002
Packung	Blister
Vorbild	MB Axor Auflieger
Sonst.	mit Stabler
Molter Nr.	5964

Oechsner — 8 €

Hersteller	dgd
Jahr	2003
Packung	Blister
Vorbild	MAN F2000 Hängerzug
Sonst.	mit Schankwagen
Molter Nr.	6487

Oelschlegel-Pils — 8 €

Hersteller	dgd
Jahr	2000 (Aufl.: 2500)
Packung	Blister
Vorbild	MB Actros Auflieger
Sonst.	
Molter Nr.	1399

Oelschlegel-Pils — 8 €

Hersteller	dgd
Jahr	2000 (Aufl.: 2500)
Packung	Blister
Vorbild	MAN F2000 Auflieger
Sonst.	
Molter Nr.	1400

Oelschlegel-Pils — 8 €

Hersteller	dgd
Jahr	2000 (Aufl.: 2500)
Packung	Blister
Vorbild	Kenworth T2000 Auflieger
Sonst.	
Molter Nr.	1401

Oelschlegel-Pils — 8 €

Hersteller	dgd
Jahr	2000 (Aufl.: 2500)
Packung	Blister
Vorbild	US Auflieger
Sonst.	
Molter Nr.	1402

Oelschlegel-Pils — 8 €

Hersteller	dgd
Jahr	2000 (Aufl.: 2500)
Packung	Blister
Vorbild	Volvo Auflieger
Sonst.	
Molter Nr.	1403

Oelschlegel-Pils — 8 €

Hersteller	dgd
Jahr	2001 (Aufl.: 2500)
Packung	Blister
Vorbild	Scania Tankzug
Sonst.	
Molter Nr.	4111

Oelschlegel-Pils — 7 €

Hersteller	Grell
Jahr	2001 (Aufl.: 2500)
Packung	Blister
Vorbild	Freightliner FLD Auflieger
Sonst.	
Molter Nr.	4479

Oelschlegel-Pils — 8 €

Hersteller	Top-Style
Jahr	2002 (Aufl.: 2500)
Packung	Blister
Vorbild	MB Actros Tankzug
Sonst.	
Molter Nr.	5982

Oelschlegel-Pils — 8 €

Hersteller	Top-Style
Jahr	2002 (Aufl.: 2500)
Packung	Blister
Vorbild	MB Actros Tankzug
Sonst.	
Molter Nr.	5988

Olbernhauer	25 €
Hersteller	Grell
Jahr	1998
Packung	Blister
Vorbild	Mack Auflieger
Sonst.	
Molter Nr.	1404

Olbernhauer	20 €
Hersteller	Grell
Jahr	1999
Packung	Blister
Vorbild	MB Actros Auflieger
Sonst.	
Molter Nr.	1405

Olbernhauer	18 €
Hersteller	Grell
Jahr	1999
Packung	Blister
Vorbild	MB Actros Auflieger
Sonst.	
Molter Nr.	1406

Olbernhauer	15 €
Hersteller	Grell
Jahr	2000
Packung	Blister
Vorbild	IFA W50 Hängerzug
Sonst.	
Molter Nr.	1407

Olbernhauer	15 €
Hersteller	Grell
Jahr	2000
Packung	Blister
Vorbild	Ford 9000 Auflieger
Sonst.	
Molter Nr.	1408

Olbernhauer — 15 €

Hersteller	Grell
Jahr	2000
Packung	Blister
Vorbild	Ford 9000 Auflieger
Sonst.	
Molter Nr.	1409

Olbernhauer — 10 €

Hersteller	Grell
Jahr	2001
Packung	Blister
Vorbild	Scania Auflieger
Sonst.	
Molter Nr.	1410

Olbernhauer — 10 €

Hersteller	Grell
Jahr	2001
Packung	Blister
Vorbild	MAN F2000 Auflieger
Sonst.	
Molter Nr.	3266

Olbernhauer — 8 €

Hersteller	Grell
Jahr	2003
Packung	Blister
Vorbild	Mack Auflieger
Sonst.	Modell 2165
Molter Nr.	7846

Olympia — 10 €

Hersteller	Hümmer
Jahr	2000
Packung	Blister
Vorbild	MB Actros Auflieger
Sonst.	
Molter Nr.	1411

O

Omira Milch — 8 €

Hersteller	Vinke
Jahr	2003
Packung	Blister
Vorbild	MB Actros Auflieger
Sonst.	
Molter Nr.	7083

Oppacher Mineralquelle — 12 €

Hersteller	Hümmer
Jahr	1999
Packung	Blister
Vorbild	MB Actros Hängerzug
Sonst.	
Molter Nr.	1413

Oppacher Mineralquelle — 10 €

Hersteller	Hümmer
Jahr	2000
Packung	Blister
Vorbild	MB Actros Auflieger
Sonst.	
Molter Nr.	1414

Oppacher Mineralquelle — 10 €

Hersteller	Hümmer
Jahr	2000
Packung	Blister
Vorbild	MB Actros Hängerzug
Sonst.	
Molter Nr.	3269

Original Bayerisch Malz — 8 €

Hersteller	dgd
Jahr	2001
Packung	Blister
Vorbild	MAN TG-A Auflieger
Sonst.	
Molter Nr.	3271

Original Bayerisch Malz — 8 €

Hersteller	Lauterbach
Jahr	2002
Packung	Blister
Vorbild	Renault Magnum Tankzug
Sonst.	
Molter Nr.	4530

Osser Bier — 15 €

Hersteller	Dickie
Jahr	2000
Packung	Blister
Vorbild	MB Actros Auflieger
Sonst.	
Molter Nr.	1418

Osser Bier — 12 €

Hersteller	dgd
Jahr	2001
Packung	Blister
Vorbild	MB Actros Hängerzug
Sonst.	
Molter Nr.	4235

Osta Cola — 15 €

Hersteller	Grell
Jahr	1999
Packung	Blister
Vorbild	Mack Auflieger
Sonst.	
Molter Nr.	1420

Osta Cola — 25 €

Hersteller	Hümmer
Jahr	2002
Packung	Blister
Vorbild	Kenworth Aerolyne Aufl.
Sonst.	
Molter Nr.	7628

O

Osta Cola — 8 €

Hersteller	Grell
Jahr	2003
Packung	Blister
Vorbild	Kraz Tankcontainer
Sonst.	
Molter Nr.	6681

Ott Brauerei — 10 €

Hersteller	Eurosun
Jahr	2000
Packung	Blister
Vorbild	MB Actros Auflieger
Sonst.	
Molter Nr.	1419

Palmbräu — 40 €

Hersteller	Hümmer
Jahr	
Packung	Blister
Vorbild	MAN F90 LKW
Sonst.	
Molter Nr.	1421

Park Brauerei — 9 €

Hersteller	Grell
Jahr	2001
Packung	Blister
Vorbild	Freightliner Auflieger
Sonst.	
Molter Nr.	7737

Park Brauerei — 8 €

Hersteller	Grell
Jahr	2002
Packung	Blister
Vorbild	Büssing Hängerzug
Sonst.	Park
Molter Nr.	4890

P

Patrizier Bräu — 60 €

Hersteller	Ottmüller
Jahr	
Packung	ohne
Vorbild	Oldtimer
Sonst.	
Molter Nr.	7505

Paulaner — 10 €

Hersteller	Hümmer
Jahr	2000
Packung	Blister
Vorbild	MB Actros Hängerzug
Sonst.	original Münchner
Molter Nr.	1422

Paulaner — 10 €

Hersteller	Hümmer
Jahr	2000
Packung	Blister
Vorbild	MB Actros Auflieger
Sonst.	
Molter Nr.	1423

P

Paulaner — 10 €

Hersteller	Hümmer
Jahr	2000
Packung	Blister
Vorbild	MB Actros LKW
Sonst.	
Molter Nr.	1424

Paulaner — 35 €

Hersteller	Aindesig
Jahr	2000
Packung	Blister
Vorbild	IFA W50 Auflieger
Sonst.	
Molter Nr.	3279

Paulaner — 9 €

Hersteller	Hümmer
Jahr	2001
Packung	Blister
Vorbild	MAN TG-A Hängerzug
Sonst.	
Molter Nr.	3278

Paulaner — 9 €

Hersteller	Hümmer
Jahr	2001
Packung	Blister
Vorbild	MAN TG-A Hängerzug
Sonst.	Hefe-Weissbier
Molter Nr.	4441

Paulaner — 10 €

Hersteller	Hümmer
Jahr	2001
Packung	Blister
Vorbild	Mack Auflieger
Sonst.	
Molter Nr.	3276

Paulaner — 9 €

Hersteller	Grell
Jahr	2001
Packung	Blister
Vorbild	Ford 9000 Auflieger
Sonst.	
Molter Nr.	3274

Paulaner — 9 €

Hersteller	Hümmer
Jahr	2001
Packung	Blister
Vorbild	MAN Diesel Hängerzug
Sonst.	
Molter Nr.	7607

P

Paulaner — 8 €

Hersteller	Hümmer
Jahr	2001
Packung	Blister
Vorbild	MAN TG-A Hängerzug
Sonst.	
Molter Nr.	3275

Paulaner — 8 €

Hersteller	Hümmer
Jahr	2002
Packung	Blister
Vorbild	Renault Magnum Tankzug
Sonst.	
Molter Nr.	7229

Paulaner — 8 €

Hersteller	Gefra
Jahr	2002
Packung	Blister
Vorbild	Renault Magnum Tankzug
Sonst.	
Molter Nr.	7114

Paulaner — 8 €

Hersteller	Hümmer
Jahr	2002
Packung	Blister
Vorbild	MB Oldtimer Hängerzug
Sonst.	
Molter Nr.	7228

Paulaner — 8 €

Hersteller	Gefra
Jahr	2002
Packung	Blister
Vorbild	Scania Auflieger
Sonst.	
Molter Nr.	5803

P

Paulaner — 8 €

Hersteller	Hümmer
Jahr	2002
Packung	Blister
Vorbild	Scania Tankzug
Sonst.	
Molter Nr.	4831

Paulaner — 25 €

Hersteller	Grell
Jahr	2002
Packung	Plastikschachtel
Vorbild	Freightliner FLD Auflieger
Sonst.	Markgrafen XXL
Molter Nr.	4681

Paulaner — 8 €

Hersteller	Gefra
Jahr	2002
Packung	Blister
Vorbild	Scania 124L Auflieger
Sonst.	
Molter Nr.	7113

Peniger — 65 €

Hersteller	Hümmer
Jahr	
Packung	Blister
Vorbild	US Auflieger
Sonst.	
Molter Nr.	1425

Peniger — 22 €

Hersteller	Hümmer
Jahr	1999
Packung	Blister
Vorbild	US Auflieger
Sonst.	
Molter Nr.	1426

P

Peniger	20 €
Hersteller	Hümmer
Jahr	1999
Packung	Blister
Vorbild	US Auflieger
Sonst.	
Molter Nr.	1427

Peniger	20 €
Hersteller	Hümmer
Jahr	1999
Packung	Blister
Vorbild	US Auflieger
Sonst.	
Molter Nr.	1428

Peniger	12 €
Hersteller	Hümmer
Jahr	2000
Packung	Blister
Vorbild	MB Actros Auflieger
Sonst.	
Molter Nr.	1430

P

Peniger	11 €
Hersteller	Hümmer
Jahr	2000
Packung	Blister
Vorbild	MB Actros Auflieger
Sonst.	
Molter Nr.	1429

Peniger	11 €
Hersteller	Hümmer
Jahr	2000
Packung	Blister
Vorbild	MB Actros Auflieger
Sonst.	
Molter Nr.	1431

Peniger — 10 €

Hersteller	Hümmer
Jahr	2001
Packung	Blister
Vorbild	MB Actros Auflieger
Sonst.	
Molter Nr.	3280

Peniger — 9 €

Hersteller	Hümmer
Jahr	2001
Packung	Blister
Vorbild	MB Actros Auflieger
Sonst.	Augustusburg
Molter Nr.	7644

Peniger — 9 €

Hersteller	Hümmer
Jahr	2001
Packung	Blister
Vorbild	MB Actros Auflieger
Sonst.	Rochsburg
Molter Nr.	3283

Peniger — 8 €

Hersteller	Hümmer
Jahr	2001
Packung	Blister
Vorbild	MB Actros Auflieger
Sonst.	Gnandstein
Molter Nr.	7645

Peniger — 9 €

Hersteller	Hümmer
Jahr	2001
Packung	Blister
Vorbild	MB Actros Auflieger
Sonst.	Schwarzer Miskus
Molter Nr.	7646

P

Peniger	9 €
Hersteller	Hümmer
Jahr	2001
Packung	Blister
Vorbild	MB Actros Auflieger
Sonst.	
Molter Nr.	5987

Peniger	8 €
Hersteller	Hümmer
Jahr	2002
Packung	Blister
Vorbild	MB Actros Auflieger
Sonst.	Kriebstein
Molter Nr.	7647

Peniger	8 €
Hersteller	Grell
Jahr	2002
Packung	Blister
Vorbild	MAN TG-A Tankzug
Sonst.	
Molter Nr.	5262

P

Peniger	8 €
Hersteller	Grell
Jahr	2002
Packung	Blister
Vorbild	Scania 124L Tankzug
Sonst.	mit Silo
Molter Nr.	4677

Peniger	8 €
Hersteller	Allround Service
Jahr	2002
Packung	Plastikschachtel
Vorbild	Ford Auflieger
Sonst.	Zugmaschine rot, Sondered
Molter Nr.	5405

Peniger — 8 €

Hersteller	Allround Service
Jahr	2002
Packung	Plastikschachtel
Vorbild	Ford Auflieger
Sonst.	Zugmaschine braun, Sondered.
Molter Nr.	5404

Peniger — 8 €

Hersteller	Allround-Servive
Jahr	2003
Packung	Blister
Vorbild	MB Actros Auflieger
Sonst.	
Molter Nr.	7608

Peniger — 8 €

Hersteller	dgd
Jahr	2002
Packung	Blister
Vorbild	Renault Magnum Tankzug
Sonst.	
Molter Nr.	5878

Peniger — 8 €

Hersteller	Allround-Servive
Jahr	2002
Packung	Blister
Vorbild	MB Actros Tankzug
Sonst.	
Molter Nr.	7609

Peniger — 8 €

Hersteller	Grell
Jahr	2002
Packung	Blister
Vorbild	MB Atego Hängerzug
Sonst.	mit Tank
Molter Nr.	6292

P

Penninger — 9 €

Hersteller	Grell
Jahr	2001
Packung	Blister
Vorbild	Ford 9000 Auflieger
Sonst.	
Molter Nr.	3992

Penzkofer´s — 8 €

Hersteller	Lauterbach
Jahr	2001 (Aufl.: 2500)
Packung	Blister
Vorbild	MAN M2000 Auflieger
Sonst.	
Molter Nr.	3337

Pepsi Cola — 65 €

Hersteller	Elasto Form
Jahr	
Packung	Plastikschachtel
Vorbild	US Auflieger
Sonst.	
Molter Nr.	1432

P

Pepsi Cola — 65 €

Hersteller	Elasto Form
Jahr	
Packung	Plastikschachtel
Vorbild	US Auflieger
Sonst.	
Molter Nr.	1433

Pepsi Cola — 100 €

Hersteller	
Jahr	
Packung	Plastikschachtel
Vorbild	MB klein Auflieger
Sonst.	
Molter Nr.	3284

Pepsi Cola — 100 €

Hersteller	
Jahr	
Packung	Plastikschachtel
Vorbild	US Auflieger
Sonst.	Fehldruck
Molter Nr.	3286

Pepsi Cola — 25 €

Hersteller	Copyright
Jahr	1997
Packung	Blister
Vorbild	Mack Auflieger
Sonst.	
Molter Nr.	1437

Pepsi Cola — 25 €

Hersteller	Copyright
Jahr	1997
Packung	Blister
Vorbild	Mack Auflieger
Sonst.	
Molter Nr.	1438

Pepsi Cola — 25 €

Hersteller	Copyright
Jahr	1997
Packung	Blister
Vorbild	Mack Auflieger
Sonst.	
Molter Nr.	1439

Pepsi Cola — 20 €

Hersteller	
Jahr	1999
Packung	Plastikschachtel
Vorbild	Mack Auflieger
Sonst.	
Molter Nr.	1434

P

Pepsi Cola	25 €
Hersteller	HK Marketing
Jahr	1999
Packung	Plastikschachtel
Vorbild	Mack Auflieger
Sonst.	
Molter Nr.	1435

Pepsi Cola	12 €
Hersteller	Tramondi
Jahr	2000
Packung	Blister
Vorbild	US Auflieger
Sonst.	
Molter Nr.	1436

Pepsi Cola	15 €
Hersteller	Tramondi
Jahr	2000 (Aufl.: 10000)
Packung	Blister
Vorbild	US Auflieger
Sonst.	
Molter Nr.	1441

Pepsi Cola	10 €
Hersteller	Hümmer
Jahr	2000
Packung	Blister
Vorbild	MB Actros Hängerzug
Sonst.	Wedi
Molter Nr.	4457

Pepsi Cola	12 €
Hersteller	Grell
Jahr	2001
Packung	Blister
Vorbild	Freightliner FLD Auflieger
Sonst.	Rivaldo
Molter Nr.	3287

P

Pepsi Cola — 12 €

Hersteller	Grell
Jahr	2001
Packung	Blister
Vorbild	Freightliner FLD Auflieger
Sonst.	Carlos
Molter Nr.	3288

Pepsi Cola — 12 €

Hersteller	Grell
Jahr	2001
Packung	Blister
Vorbild	Freightliner FLD Auflieger
Sonst.	Davids
Molter Nr.	3289

Pepsi Cola — 12 €

Hersteller	Grell
Jahr	2001
Packung	Blister
Vorbild	Freightliner FLD Auflieger
Sonst.	Beckham
Molter Nr.	3290

Pepsi Cola — 11 €

Hersteller	Tramondi
Jahr	2001
Packung	Blister
Vorbild	Mack Auflieger
Sonst.	Tomb Raider
Molter Nr.	3292

Pepsi Cola — 9 €

Hersteller	Tramondi
Jahr	2001
Packung	Blister
Vorbild	Mack Auflieger
Sonst.	
Molter Nr.	3297

P

Pepsi Cola	10 €
Hersteller	FGI
Jahr	2001
Packung	Blister
Vorbild	Scania Auflieger
Sonst.	
Molter Nr.	3296

Pepsi Cola	10 €
Hersteller	Grell
Jahr	2001 (Aufl.: 30000)
Packung	Blister
Vorbild	Freightliner FLD Auflieger
Sonst.	Britney Spears
Molter Nr.	4387

Pepsi Cola	10 €
Hersteller	Grell
Jahr	2001
Packung	Blister
Vorbild	Freightliner FLD Auflieger
Sonst.	Britney Spears
Molter Nr.	4388

P

Pepsi Cola	9 €
Hersteller	Grell
Jahr	2002
Packung	Blister
Vorbild	Freightliner FLD Auflieger
Sonst.	
Molter Nr.	4934

Pepsi Cola	9 €
Hersteller	Tramondi
Jahr	2002
Packung	Blister
Vorbild	Mack Auflieger
Sonst.	
Molter Nr.	4913

Pepsi Cola — 9 €

Hersteller	Grell
Jahr	2002
Packung	Blister
Vorbild	Freightliner FLD Auflieger
Sonst.	
Molter Nr.	4926

Pepsi Cola — 9 €

Hersteller	Grell
Jahr	2002
Packung	Blister
Vorbild	Mack Auflieger
Sonst.	
Molter Nr.	5243

Pepsi Cola — 20 €

Hersteller	
Jahr	
Packung	Plastikschachtel
Vorbild	Leyland
Sonst.	
Molter Nr.	6612

Pepsi Cola — 9 €

Hersteller	easy
Jahr	2002
Packung	Blister
Vorbild	Freightliner FLD Auflieger
Sonst.	
Molter Nr.	4858

Pepsi Cola — 9 €

Hersteller	easy
Jahr	2002
Packung	Blister
Vorbild	Freightliner FLD Auflieger
Sonst.	
Molter Nr.	4860

P

Pepsi Cola	8 €
Hersteller	Albedo
Jahr	2002
Packung	Blister
Vorbild	Freightliner Auflieger
Sonst.	
Molter Nr.	8043

Pepsi Cola	10 €
Hersteller	easy
Jahr	2002
Packung	Blister
Vorbild	Freightliner FLD Auflieger
Sonst.	Michael Ballack
Molter Nr.	5567

Pepsi Cola	8 €
Hersteller	Albedo
Jahr	2003
Packung	Blister
Vorbild	Ford Auflieger
Sonst.	
Molter Nr.	6652

P

Pepsi Cola	8 €
Hersteller	Albedo
Jahr	2003
Packung	Blister
Vorbild	Ford Auflieger
Sonst.	
Molter Nr.	6653

Pepsi Cola	8 €
Hersteller	Albedo
Jahr	2003
Packung	Blister
Vorbild	Ford Auflieger
Sonst.	
Molter Nr.	6654

Pepsi Cola — 8 €

Hersteller	Albedo
Jahr	2003
Packung	Blister
Vorbild	Ford Auflieger
Sonst.	
Molter Nr.	6655

Pepsi Cola — 8 €

Hersteller	Albedo
Jahr	2003
Packung	Blister
Vorbild	Ford Auflieger
Sonst.	
Molter Nr.	6656

Pepsi Cola — 8 €

Hersteller	Albedo
Jahr	2003
Packung	Blister
Vorbild	Ford Auflieger
Sonst.	
Molter Nr.	6657

Pepsi Cola — 8 €

Hersteller	Albedo
Jahr	2003
Packung	Blister
Vorbild	Ford Auflieger
Sonst.	
Molter Nr.	6658

Pepsi Cola — 8 €

Hersteller	easy
Jahr	2003
Packung	Blister
Vorbild	Freightliner FLD Auflieger
Sonst.	Shakira
Molter Nr.	6875

P

Pepsi Cola — 8 €

Hersteller	Gefra
Jahr	2003
Packung	Blister
Vorbild	Mack Auflieger
Sonst.	Michael Ballack
Molter Nr.	6362

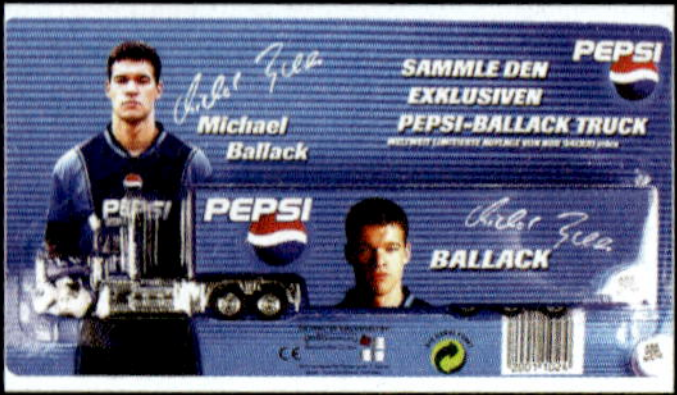

Pepsi Cola — 8 €

Hersteller	Gefra
Jahr	2003
Packung	Blister
Vorbild	US Auflieger
Sonst.	Michael Ballack
Molter Nr.	6532

Perrier — 25 €

Hersteller	
Jahr	
Packung	Plastikschachtel
Vorbild	MAN LKW
Sonst.	
Molter Nr.	3295

P

Peschl Bräu — 8 €

Hersteller	Bergmann
Jahr	2002
Packung	
Vorbild	MB Actros Auflieger
Sonst.	
Molter Nr.	7697

Peters & Bambeck — 9 €

Hersteller	dgd
Jahr	2001
Packung	Blister
Vorbild	MB Actros Hängerzug
Sonst.	
Molter Nr.	3298

Pfanner — 9 €

Hersteller	Hümmer
Jahr	2001
Packung	Blister
Vorbild	US Auflieger
Sonst.	
Molter Nr.	3338

Pfister — 15 €

Hersteller	Amon
Jahr	2002 (Aufl.: 100)
Packung	Plastikschachtel
Vorbild	Renault Auflieger
Sonst.	
Molter Nr.	6223

Pfungstädter — 20 €

Hersteller	Gack
Jahr	1999 (Aufl.: 10000)
Packung	Blister
Vorbild	MB Actros Auflieger
Sonst.	
Molter Nr.	1443

Pfungstädter — 12 €

Hersteller	Hümmer
Jahr	1999
Packung	Blister
Vorbild	MB Actros Auflieger
Sonst.	
Molter Nr.	1444

Pfungstädter — 11 €

Hersteller	Hümmer
Jahr	2000
Packung	Blister
Vorbild	MB Actros Auflieger
Sonst.	
Molter Nr.	1445

P

Pfungstädter	10 €
Hersteller	Hümmer
Jahr	2001
Packung	Blister
Vorbild	MB Actros Auflieger
Sonst.	
Molter Nr.	7616

Pfungstädter	9 €
Hersteller	Hümmer
Jahr	2001
Packung	Blister
Vorbild	MB Actros Auflieger
Sonst.	
Molter Nr.	3300

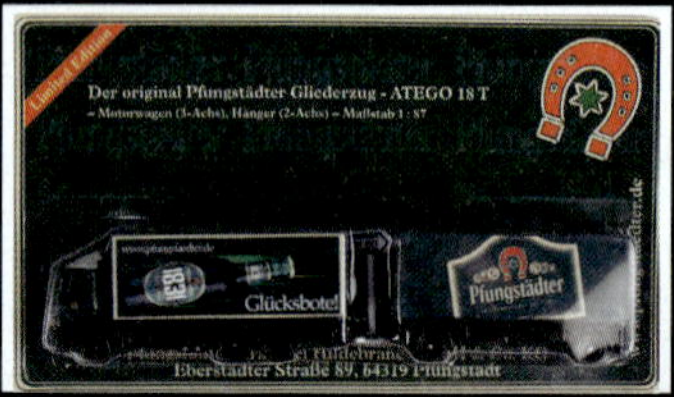

Pfungstädter	8 €
Hersteller	Gabotex
Jahr	2002
Packung	Blister
Vorbild	MB Atego Hängerzug
Sonst.	
Molter Nr.	4796

Pfungstädter	8 €
Hersteller	Hümmer
Jahr	2003
Packung	Blister
Vorbild	MB Actros Auflieger
Sonst.	mit Flasche
Molter Nr.	6850

Pfungstädter	8 €
Hersteller	Hümmer
Jahr	2003
Packung	Blister
Vorbild	MB Actros Auflieger
Sonst.	Mit Flasche
Molter Nr.	7550

Pichlerbräu	8 €
Hersteller	
Jahr	2002
Packung	Blister
Vorbild	MB Actros Hängerzug
Sonst.	
Molter Nr.	6924

Pill's Bräu	18 €
Hersteller	Müller Chemnitz
Jahr	
Packung	Plastikschachtel
Vorbild	Mack Auflieger
Sonst.	
Molter Nr.	1449

Pilsner Urquell	20 €
Hersteller	Grell
Jahr	1998
Packung	Blister
Vorbild	Mack Auflieger
Sonst.	
Molter Nr.	1446

Pilsner Urquell	25 €
Hersteller	Grell
Jahr	1999
Packung	Blister
Vorbild	Mack Auflieger
Sonst.	
Molter Nr.	1447

Pilsner Urquell	12 €
Hersteller	Grell
Jahr	2000
Packung	Blister
Vorbild	Mack Auflieger
Sonst.	
Molter Nr.	1448

P

Pilsner Urquell	10 €
Hersteller	Grell
Jahr	2001
Packung	Blister
Vorbild	Mack Auflieger
Sonst.	
Molter Nr.	3303

Pilsner Urquell	10 €
Hersteller	Grell
Jahr	2001
Packung	Blister
Vorbild	Mack Auflieger
Sonst.	
Molter Nr.	3302

Pilsner Urquell	9 €
Hersteller	Grell
Jahr	2001
Packung	Blister
Vorbild	Ford 9000 Auflieger
Sonst.	
Molter Nr.	3304

P

Pilsner Urquell	8 €
Hersteller	Grell
Jahr	2001
Packung	Blister
Vorbild	Mack Auflieger
Sonst.	
Molter Nr.	3308

Pilsner Urquell	9 €
Hersteller	Grell
Jahr	2001
Packung	Blister
Vorbild	Ford 9000 Auflieger
Sonst.	Eurotrink
Molter Nr.	4256

Pilsner Urquell — 8 €

Hersteller	Gabotex
Jahr	2002
Packung	Blister
Vorbild	MB Actros Tankzug
Sonst.	
Molter Nr.	4899

Pilsner Urquell — 8 €

Hersteller	Gabotex
Jahr	2003
Packung	Blister
Vorbild	MB Actros Hängerzug
Sonst.	
Molter Nr.	7240

Pinkus — 10 €

Hersteller	Müller Chemnitz
Jahr	1999
Packung	Plastikschachtel
Vorbild	Majorette Auflieger
Sonst.	
Molter Nr.	1451

Plank Bier — 9 €

Hersteller	Allround Service
Jahr	2001
Packung	Blister
Vorbild	MB Actros Hängerzug
Sonst.	
Molter Nr.	2172

Plank Bier — 9 €

Hersteller	dgd
Jahr	2001
Packung	Blister
Vorbild	MB Actros Auflieger
Sonst.	
Molter Nr.	3310

P

Plank Bier	9 €
Hersteller	dgd
Jahr	2001
Packung	Blister
Vorbild	MAN F2000 Auflieger
Sonst.	
Molter Nr.	3311

Plank Bier	8 €
Hersteller	dgd
Jahr	2001
Packung	Blister
Vorbild	MAN TG-A Auflieger
Sonst.	
Molter Nr.	3312

Plank Bier	8 €
Hersteller	dgd
Jahr	2001
Packung	Blister
Vorbild	MAN TG-A Auflieger
Sonst.	
Molter Nr.	3313

Plank Bier	8 €
Hersteller	Top-Style
Jahr	2001
Packung	Blister
Vorbild	Renault Tankzug
Sonst.	
Molter Nr.	3314

Plank Bier	8 €
Hersteller	dgd
Jahr	2002
Packung	Blister
Vorbild	Renault Magnum Tankzug
Sonst.	
Molter Nr.	5763

Plassenburg — 9 €

Hersteller	Dgd
Jahr	2002
Packung	Blister
Vorbild	MAN F2000 Hängerzug
Sonst.	
Molter Nr.	8012

Plochinger — 150 €

Hersteller	
Jahr	
Packung	Blister
Vorbild	MB klein Auflieger
Sonst.	Aufkleber auf
Molter Nr.	3320

Plochinger — 125 €

Hersteller	Hümmer
Jahr	
Packung	Blister
Vorbild	US Auflieger
Sonst.	
Molter Nr.	1450

Plochinger — 8 €

Hersteller	Dgd
Jahr	2002
Packung	Blister
Vorbild	Freightliner FLD Auflieger
Sonst.	Mit Gabelstapler
Molter Nr.	7629

Pöllinger — 10 €

Hersteller	Hümmer
Jahr	2001
Packung	Blister
Vorbild	MB Oldtimer LKW
Sonst.	
Molter Nr.	3321

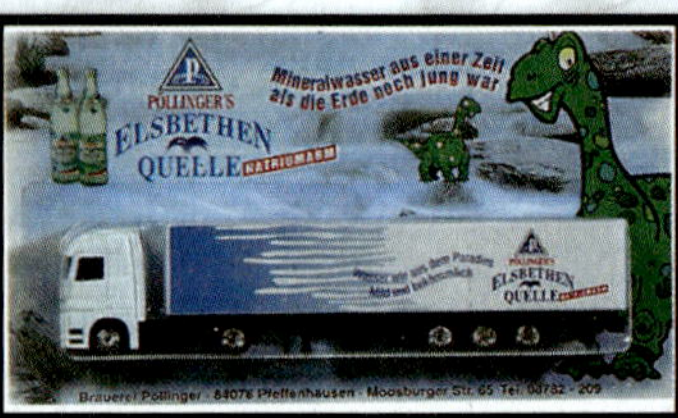

Pöllinger — 9 €

Hersteller	Hümmer
Jahr	2001
Packung	Blister
Vorbild	MB Actros Auflieger
Sonst.	
Molter Nr.	3326

Pöllinger — 8 €

Hersteller	Grell
Jahr	2002
Packung	Blister
Vorbild	MAN TG-A
Sonst.	Mit Schankwagen
Molter Nr.	7611

Pöllinger — 8 €

Hersteller	Grell
Jahr	2002
Packung	Blister
Vorbild	MAN TG-A Hängerzug
Sonst.	mit Schankwagen
Molter Nr.	5101

P

Pöllingerbräu — 15 €

Hersteller	EKGB
Jahr	2002
Packung	Blister
Vorbild	Freightliner FLD Auflieger
Sonst.	XXL
Molter Nr.	6372

Pollmüller — 8 €

Hersteller	Grell
Jahr	2001 (Aufl.: 2500)
Packung	Blister
Vorbild	Ford 9000 Auflieger
Sonst.	
Molter Nr.	3316

Pollmüller — 8 €

Hersteller	Grell
Jahr	2001 (Aufl.: 2500)
Packung	Blister
Vorbild	Ford 9000 Auflieger
Sonst.	
Molter Nr.	3317

Pölz — 8 €

Hersteller	Allroundservice
Jahr	2001
Packung	Blister
Vorbild	MB Actros Hängerzug
Sonst.	
Molter Nr.	8020

Porst — 15 €

Hersteller	Amon
Jahr	2002 (Aufl.: 100)
Packung	Plastikschachtel
Vorbild	DAF 95 XF Auflieger
Sonst.	
Molter Nr.	6105

Porst — 10 €

Hersteller	Amon
Jahr	2003 (Aufl.: 200)
Packung	Plastikschachtel
Vorbild	DAF 95 XF Auflieger
Sonst.	
Molter Nr.	6897

Pörze — 75 €

Hersteller	
Jahr	
Packung	Plastikschachtel
Vorbild	US Auflieger
Sonst.	
Molter Nr.	1452

P

P

Pörze — 75 €

Hersteller	
Jahr	
Packung	Plastikschachtel
Vorbild	US Auflieger
Sonst.	
Molter Nr.	1453

Pörze — 15 €

Hersteller	Grell
Jahr	2000
Packung	Blister
Vorbild	IFA W50 Hängerzug
Sonst.	
Molter Nr.	1454

Possmann — 9 €

Hersteller	Hümmer
Jahr	2001
Packung	Blister
Vorbild	MB Oldtimer Hängerzug
Sonst.	
Molter Nr.	4237

Post Brauerei Weiler — 10 €

Hersteller	dgd
Jahr	2001
Packung	Blister
Vorbild	MB Actros Hängerzug
Sonst.	
Molter Nr.	3327

Postbräu Thannhausen — 10 €

Hersteller	dgd
Jahr	2001
Packung	Blister
Vorbild	Kenworth T2000 Auflieger
Sonst.	
Molter Nr.	4404

Postbrauerei Nesselwang 30 €

Hersteller	
Jahr	1999
Packung	Blister
Vorbild	Bierwagen
Sonst.	
Molter Nr.	1379

Postbrauerei Nesselwang 12 €

Hersteller	dgd
Jahr	2001
Packung	Blister
Vorbild	MB Actros Auflieger
Sonst.	
Molter Nr.	3243

Postbrauerei Nesselwang 8 €

Hersteller	dgd
Jahr	2002
Packung	Blister
Vorbild	Renault Tankzug
Sonst.	
Molter Nr.	4801

Pott´s Brauerei 20 €

Hersteller	Müller Chemnitz
Jahr	1999
Packung	Plastikschachtel
Vorbild	Mack Auflieger
Sonst.	
Molter Nr.	1456

Pott´s Brauerei 20 €

Hersteller	Müller Chemnitz
Jahr	1999
Packung	Plastikschachtel
Vorbild	Mack Auflieger
Sonst.	
Molter Nr.	4185

Pott´s Brauerei — 20 €

Hersteller	Müller Chemnitz
Jahr	2000
Packung	Plastikschachtel
Vorbild	Majorette Auflieger
Sonst.	
Molter Nr.	1457

Pott´s Brauerei — 20 €

Hersteller	Müller Chemnitz
Jahr	
Packung	Plastikschachtel
Vorbild	Volvo Auflieger
Sonst.	
Molter Nr.	3341

Pott´s Brauerei — 20 €

Hersteller	Müller Chemnitz
Jahr	
Packung	Plastikschachtel
Vorbild	MB groß Auflieger
Sonst.	
Molter Nr.	1455

Pott´s Brauerei — 15 €

Hersteller	dgd
Jahr	2000
Packung	Blister
Vorbild	MB Actros Hängerzug
Sonst.	
Molter Nr.	1458

Pott´s Brauerei — 15 €

Hersteller	dgd
Jahr	2000
Packung	Blister
Vorbild	MB Actros Hängerzug
Sonst.	
Molter Nr.	1459

Pott´s Brauerei — 10 €

Hersteller	Wörlein
Jahr	2001
Packung	Blister
Vorbild	MAN F2000 Auflieger
Sonst.	
Molter Nr.	3329

Pott´s Brauerei — 10 €

Hersteller	Wörlein
Jahr	2001
Packung	Blister
Vorbild	MAN F2000 Auflieger
Sonst.	
Molter Nr.	3330

Pott´s Brauerei — 10 €

Hersteller	Wörlein
Jahr	2001
Packung	Blister
Vorbild	MAN F2000 Auflieger
Sonst.	
Molter Nr.	3331

Pott´s Brauerei — 10 €

Hersteller	Wörlein
Jahr	2001
Packung	Blister
Vorbild	MAN F2000 Auflieger
Sonst.	
Molter Nr.	3332

Potz-Blitz — 10 €

Hersteller	Müller Chemnitz
Jahr	2001
Packung	Plastikschachtel
Vorbild	Majorette Auflieger
Sonst.	
Molter Nr.	3328

P

Präsidenten — 8 €

Hersteller	Top-Style
Jahr	
Packung	Plastikschachtel
Vorbild	Mack Auflieger
Sonst.	
Molter Nr.	6415

Premium — 9 €

Hersteller	dgd
Jahr	2001 (Aufl.: 2500)
Packung	Blister
Vorbild	MAN F2000 Tankzug
Sonst.	
Molter Nr.	4109

Premium — 9 €

Hersteller	dgd
Jahr	2001 (Aufl.: 2500)
Packung	Blister
Vorbild	MAN TG-A Auflieger
Sonst.	
Molter Nr.	4110

Premium — 9 €

Hersteller	Grell
Jahr	2001 (Aufl.: 2500)
Packung	Blister
Vorbild	Freightliner FLD Auflieger
Sonst.	
Molter Nr.	4480

Premium — 8 €

Hersteller	Top Style
Jahr	2001
Packung	Blister
Vorbild	MB Actros Tankzug
Sonst.	
Molter Nr.	7652

Premium	8 €
Hersteller	Top Style
Jahr	2001
Packung	Blister
Vorbild	MB Actros Tankzug
Sonst.	
Molter Nr.	7651

Premium	8 €
Hersteller	Grell
Jahr	2002
Packung	Blister
Vorbild	Pferdekutsche
Sonst.	
Molter Nr.	7612

Premium	8 €
Hersteller	dgd
Jahr	2002
Packung	Blister
Vorbild	IFA W50 Auflieger
Sonst.	
Molter Nr.	7092

Premium	8 €
Hersteller	Gabotex
Jahr	2002
Packung	Blister
Vorbild	Scania Tankzug
Sonst.	
Molter Nr.	5744

Premium	8 €
Hersteller	Hümmer
Jahr	2003
Packung	Blister
Vorbild	Scania 124L Auflieger
Sonst.	mit Flasche
Molter Nr.	6856

P

Prenzlauer	8 €
Hersteller	Grell
Jahr	2001
Packung	Blister
Vorbild	Freightliner FLD Tankzug
Sonst.	
Molter Nr.	4485

Prenzlauer	8 €
Hersteller	Grell
Jahr	2001
Packung	Blister
Vorbild	IFA W50 Hängerzug
Sonst.	
Molter Nr.	6151

Prenzlauer	10 €
Hersteller	WMS
Jahr	2002
Packung	Blister
Vorbild	MB Axor Auflieger
Sonst.	XL
Molter Nr.	4742

Prenzlauer	10 €
Hersteller	dgd
Jahr	2002
Packung	Blister
Vorbild	MB Axor Tieflader
Sonst.	mit Silo
Molter Nr.	7104

Prenzlauer	8 €
Hersteller	Grell
Jahr	2002
Packung	Blister
Vorbild	Freightliner FLD Tankzug
Sonst.	mit Silo
Molter Nr.	6873

P

Preussen Pils	15 €
Hersteller	Grell
Jahr	2000
Packung	Blister
Vorbild	Mack Auflieger
Sonst.	
Molter Nr.	1462

Preussen Pils	12 €
Hersteller	Grell
Jahr	2001
Packung	Blister
Vorbild	Mack Auflieger
Sonst.	
Molter Nr.	3334

Preussen Pils	12 €
Hersteller	Grell
Jahr	2000
Packung	Blister
Vorbild	Mack Auflieger
Sonst.	Bärenquell
Molter Nr.	4015

Preussen Pils	10 €
Hersteller	Grell
Jahr	2001
Packung	Blister
Vorbild	Ford 9000 Auflieger
Sonst.	Bärenquell
Molter Nr.	2276

Preussen Pils	8 €
Hersteller	Grell
Jahr	2001
Packung	Blister
Vorbild	Freightliner FLD Auflieger
Sonst.	
Molter Nr.	3340

P

Preussen Pils — 8 €

Hersteller	Hümmer
Jahr	2001
Packung	Blister
Vorbild	MB Actros Auflieger
Sonst.	Bärenquell
Molter Nr.	4050

Preussen Pils — 8 €

Hersteller	Grell
Jahr	2001
Packung	Blister
Vorbild	MB Actros Auflieger
Sonst.	
Molter Nr.	3335

Preussen Pils — 8 €

Hersteller	Grell
Jahr	2002
Packung	Blister
Vorbild	Büssing 8000 Hängerzug
Sonst.	
Molter Nr.	7727

Preussen Pils — 8 €

Hersteller	Grell
Jahr	2003
Packung	Blister
Vorbild	MB Actros Tankzug
Sonst.	
Molter Nr.	7864

Preussen Pils — 8 €

Hersteller	Grell
Jahr	2003
Packung	Blister
Vorbild	MB Actros Tankzug
Sonst.	Brandenburger
Molter Nr.	7876

Primátor — 25 €

Hersteller	Lauterbach
Jahr	1999
Packung	Blister
Vorbild	MB groß Auflieger
Sonst.	
Molter Nr.	1463

Primátor — 20 €

Hersteller	Lauterbach
Jahr	1999
Packung	Blister
Vorbild	MB groß Auflieger
Sonst.	
Molter Nr.	1464

Prinzenburger — 12 €

Hersteller	Grell
Jahr	2001
Packung	Blister
Vorbild	Mack Auflieger
Sonst.	
Molter Nr.	3336

Prinzenburger — 8 €

Hersteller	Grell
Jahr	2002
Packung	Blister
Vorbild	Ford 9000 Auflieger
Sonst.	
Molter Nr.	7613

Privatbrauerei Kraus — 8 €

Hersteller	Top-Style
Jahr	2002
Packung	Blister
Vorbild	MB Actros Hängerzug
Sonst.	
Molter Nr.	8013

P

Privatbrauerei Peter — 8 €

Hersteller	Brauerei
Jahr	2002
Packung	Blister
Vorbild	MB Actros Auflieger
Sonst.	
Molter Nr.	6482

Privatbrauerei Sauer — 10 €

Hersteller	Eurosun
Jahr	2001
Packung	Blister
Vorbild	MB Actros Auflieger
Sonst.	
Molter Nr.	2161

Punica — 20 €

Hersteller	Hümmer
Jahr	
Packung	Blister
Vorbild	MB Actros Hängerzug
Sonst.	
Molter Nr.	1470

Punica — 18 €

Hersteller	Grell
Jahr	1999
Packung	Blister
Vorbild	MB Actros Auflieger
Sonst.	
Molter Nr.	1471

Punica — 10 €

Hersteller	Giraraway
Jahr	2000
Packung	Blister
Vorbild	MB Actros Auflieger
Sonst.	
Molter Nr.	1472

Punica	8 €
Hersteller	Grell
Jahr	2001
Packung	Blister
Vorbild	MAN TG-A Auflieger
Sonst.	
Molter Nr.	3345

Punica	8 €
Hersteller	Kamloth
Jahr	2001
Packung	Blister
Vorbild	MB Actros Auflieger
Sonst.	
Molter Nr.	3350

Punica	8 €
Hersteller	Kamloth
Jahr	2001
Packung	Blister
Vorbild	MB Actros Auflieger
Sonst.	Heckseite m. Gtr.land
Molter Nr.	7665

Punica	8 €
Hersteller	Giveaway
Jahr	2002
Packung	Plastikschachtel
Vorbild	MB Actros Auflieger
Sonst.	andere Seite mit Punica
Molter Nr.	7141

Punica	8 €
Hersteller	Kamloth
Jahr	2002
Packung	Blister
Vorbild	MB Actros Auflieger
Sonst.	
Molter Nr.	7271

P

Punica	8 €
Hersteller	Kanloth
Jahr	2002
Packung	Blister
Vorbild	MB Actros Auflieger
Sonst.	
Molter Nr.	5142

Punica	8 €
Hersteller	Kamloth
Jahr	2003
Packung	Blister
Vorbild	US Auflieger
Sonst.	mit Flasche
Molter Nr.	7668

Puschkin	9 €
Hersteller	Hümmer
Jahr	2002
Packung	Blister
Vorbild	MB Actros Auflieger
Sonst.	
Molter Nr.	7703

P

Puschkin	8 €
Hersteller	Hümmer
Jahr	2003
Packung	Blister
Vorbild	MB Actros Auflieger
Sonst.	
Molter Nr.	6471

Püttner Bräu	15 €
Hersteller	Grell
Jahr	2000
Packung	Blister
Vorbild	MB Actros Hängerzug
Sonst.	
Molter Nr.	252

Pyraser	40 €
Hersteller	Hümmer
Jahr	1998
Packung	Blister
Vorbild	US Auflieger
Sonst.	
Molter Nr.	1473

Pyraser	12 €
Hersteller	dgd
Jahr	2000
Packung	Blister
Vorbild	MAN F2000 Auflieger
Sonst.	
Molter Nr.	1474

Pyraser	12 €
Hersteller	dgd
Jahr	2000
Packung	Blister
Vorbild	MAN F2000 Auflieger
Sonst.	
Molter Nr.	1475

Pyraser	20 €
Hersteller	dgd
Jahr	2001 (Aufl.: 200)
Packung	Blister
Vorbild	MB Actros Hängerzug
Sonst.	
Molter Nr.	3348

Pyraser	10 €
Hersteller	dgd
Jahr	2001 (Aufl.: 1500)
Packung	Blister
Vorbild	MB Actros Hängerzug
Sonst.	
Molter Nr.	3351

P

Pyraser	8 €
Hersteller	dgd
Jahr	2001
Packung	Blister
Vorbild	Scania Auflieger
Sonst.	
Molter Nr.	7614

Pyraser	8 €
Hersteller	dgd
Jahr	2001
Packung	Blister
Vorbild	MAN F2000 Auflieger
Sonst.	
Molter Nr.	3352

Pyraser	8 €
Hersteller	dgd
Jahr	2002
Packung	Blister
Vorbild	DAF 95 XF Auflieger
Sonst.	
Molter Nr.	5581

Pyraser	8 €
Hersteller	dgd
Jahr	2002
Packung	Blister
Vorbild	Renault Tankzug
Sonst.	
Molter Nr.	4808

Quenzer Bräu	10 €
Hersteller	Top-Style
Jahr	2001
Packung	Blister
Vorbild	MB Actros Hängerzug
Sonst.	
Molter Nr.	4238

P

Raab Pils — 40 €

Hersteller	
Jahr	2000 (Aufl.: 500)
Packung	Plastikschachtel
Vorbild	Volvo Auflieger
Sonst.	
Molter Nr.	1476

Raab Pils — 25 €

Hersteller	Amon
Jahr	2001
Packung	Plastikschachtel
Vorbild	MB Actros Hängerzug
Sonst.	
Molter Nr.	3357

Raab Pils — 25 €

Hersteller	Amon
Jahr	2001
Packung	Plastikschachtel
Vorbild	MB Actros Auflieger
Sonst.	
Molter Nr.	3358

Raab Pils — 25 €

Hersteller	Amon
Jahr	2001
Packung	Plastikschachtel
Vorbild	MB Actros LKW
Sonst.	
Molter Nr.	3359

Rabold — 8 €

Hersteller	Grell
Jahr	2001
Packung	Blister
Vorbild	Ford 9000 Auflieger
Sonst.	
Molter Nr.	3356

R

Radeberger — 15 €

Hersteller	dgd
Jahr	1999
Packung	in Box
Vorbild	MB Actros Auflieger
Sonst.	
Molter Nr.	1480

Radeberger — LHP

Hersteller	dgd
Jahr	1999
Packung	Plastikschachtel
Vorbild	MB Actros Auflieger
Sonst.	blau bzw. rot
Molter Nr.	1481

Radeberger — LHP

Hersteller	dgd
Jahr	1999
Packung	Plastikschachtel
Vorbild	MB Actros Auflieger
Sonst.	lila bzw. grün
Molter Nr.	1482

Radeberger — LHP

Hersteller	
Jahr	
Packung	Plastikschachtel
Vorbild	US Auflieger
Sonst.	
Molter Nr.	4313

Radeberger — 15 €

Hersteller	Grell
Jahr	2000
Packung	Blister
Vorbild	MB Actros Auflieger
Sonst.	
Molter Nr.	1478

R

Radeberger

15 €

Hersteller	Grell
Jahr	2000
Packung	Blister
Vorbild	MB Actros Hängerzug
Sonst.	
Molter Nr.	1479

Radeberger

18 €

Hersteller	WMS
Jahr	2001
Packung	Blister
Vorbild	MB Actros Auflieger
Sonst.	
Molter Nr.	1477

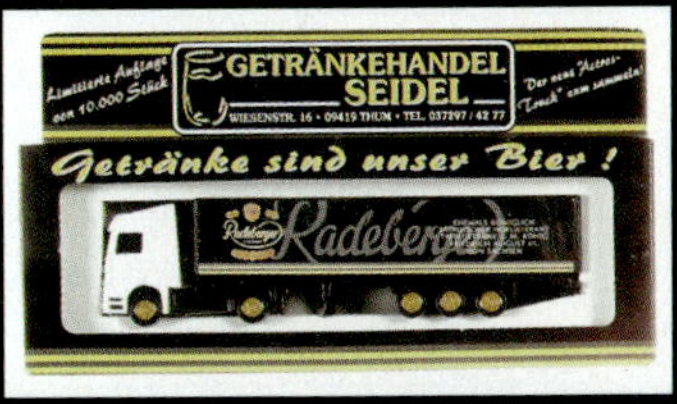

Radeberger

15 €

Hersteller	Grell
Jahr	2001
Packung	Blister
Vorbild	MAN F2000 Hängerzug
Sonst.	Getränke Gelos
Molter Nr.	1483

R

Radeberger

10 €

Hersteller	Grell
Jahr	2003
Packung	Blister
Vorbild	MAN TG-A Hängerzug
Sonst.	Huster Getränke
Molter Nr.	7107

Radeberger Bitter

8 €

Hersteller	Gefra
Jahr	2003
Packung	Blister
Vorbild	MAN TG-A Hängerzug
Sonst.	
Molter Nr.	6977

Rammbock — 8 €

Hersteller	dgd
Jahr	2002
Packung	Blister
Vorbild	IFA W50 Auflieger
Sonst.	
Molter Nr.	7237

Rammbock — 8 €

Hersteller	Hümmer
Jahr	2002
Packung	Blister
Vorbild	Goliath
Sonst.	
Molter Nr.	7238

Rapp — 9 €

Hersteller	dgd
Jahr	2001
Packung	Blister
Vorbild	MAN TG-A Auflieger
Sonst.	
Molter Nr.	4427

Rapp´s Fruchtsäfte — 10 €

Hersteller	Hümmer
Jahr	2000
Packung	Blister
Vorbild	MB Actros Auflieger
Sonst.	
Molter Nr.	1484

Ratskrone — 8 €

Hersteller	Woerlein
Jahr	2003
Packung	Blister
Vorbild	MAN TG-A Hängerzug
Sonst.	mit Edeka
Molter Nr.	7285

R

Rauh & Ploss — 25 €

Hersteller	Amon
Jahr	2002 (Aufl.: 200)
Packung	Plastikschachtel
Vorbild	MAN TG-A Auflieger
Sonst.	
Molter Nr.	6146

Rechenberger — 15 €

Hersteller	Grell
Jahr	1999
Packung	Blister
Vorbild	MB Actros Hängerzug
Sonst.	
Molter Nr.	1485

Rechenberger — 15 €

Hersteller	Grell
Jahr	1999
Packung	Blister
Vorbild	MB Actros Auflieger
Sonst.	
Molter Nr.	1486

Rechenberger — 15 €

Hersteller	Grell
Jahr	1999
Packung	Blister
Vorbild	Mack Auflieger
Sonst.	
Molter Nr.	1487

Rechenberger — 15 €

Hersteller	Grell
Jahr	2000
Packung	Blister
Vorbild	IFA W50 Hängerzug
Sonst.	
Molter Nr.	1488

R

Rechenberger 10 €

Hersteller	Grell
Jahr	2000
Packung	Blister
Vorbild	Ford Oldtimer
Sonst.	
Molter Nr.	1490

Rechenberger 10 €

Hersteller	Grell
Jahr	2000
Packung	Blister
Vorbild	Ford 9000 Auflieger
Sonst.	
Molter Nr.	1489

Rechenberger 9 €

Hersteller	Grell
Jahr	2001
Packung	Blister
Vorbild	Ford Oldtimer
Sonst.	
Molter Nr.	3363

Rechenberger 9 €

Hersteller	Grell
Jahr	2001
Packung	Blister
Vorbild	Pferdekutsche
Sonst.	
Molter Nr.	3364

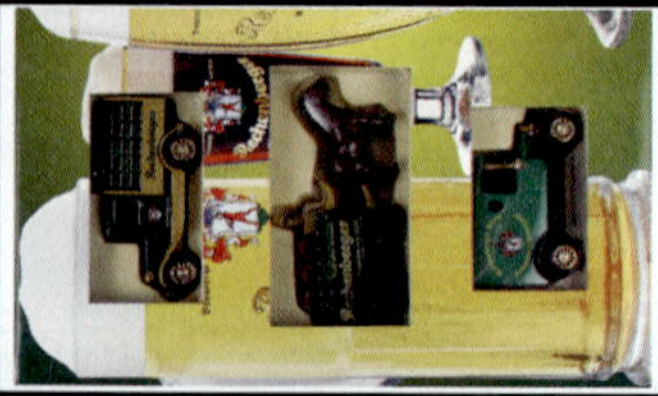

Rechenberger 25 €

Hersteller	Grell
Jahr	2002
Packung	Pappschachtel
Vorbild	3-er Set
Sonst.	
Molter Nr.	5077

R

Rechenberger	8 €
Hersteller	Grell
Jahr	2002
Packung	Blister
Vorbild	Freightliner FLD Tankzug
Sonst.	
Molter Nr.	4711

Rechenberger	8 €
Hersteller	Gefra
Jahr	2002
Packung	Blister
Vorbild	MAN TG-A Auflieger
Sonst.	
Molter Nr.	5582

Recken Bier	18 €
Hersteller	Grell
Jahr	1999
Packung	Blister
Vorbild	MB Actros Hängerzug
Sonst.	
Molter Nr.	1491

Recken Bier	10 €
Hersteller	dgd
Jahr	2001
Packung	Blister
Vorbild	MAN TG-A Auflieger
Sonst.	
Molter Nr.	3366

Recken Bier	8 €
Hersteller	dgd
Jahr	2002
Packung	Blister
Vorbild	Renault Tankzug
Sonst.	
Molter Nr.	8021

Red Beer — 8 €

Hersteller	Top-Style
Jahr	2002
Packung	Blister
Vorbild	MB Actros Tankzug
Sonst.	
Molter Nr.	7191

Red Beer — 8 €

Hersteller	WMS
Jahr	2002
Packung	Blister
Vorbild	Volvo Tankzug
Sonst.	
Molter Nr.	4645

Red Beer — 8 €

Hersteller	Top-Style
Jahr	2003
Packung	Blister
Vorbild	MB Actros Tankzug
Sonst.	mit Flüssigkeit
Molter Nr.	6866

R

Reh Bier — 100 €

Hersteller	
Jahr	
Packung	Plastikschachtel
Vorbild	US Auflieger
Sonst.	
Molter Nr.	606

Reh Bier — 10 €

Hersteller	Grell
Jahr	2001
Packung	Blister
Vorbild	MB Actros Auflieger
Sonst.	
Molter Nr.	3362

Reichenbrander 40 €

Hersteller	
Jahr	
Packung	Plastikschachtel
Vorbild	MAN F90 LKW
Sonst.	
Molter Nr.	1500

Reichenbrander 25 €

Hersteller	
Jahr	
Packung	Plastikschachtel
Vorbild	Volvo Auflieger
Sonst.	
Molter Nr.	1498

Reichenbrander 25 €

Hersteller	
Jahr	
Packung	Plastikschachtel
Vorbild	MB groß Auflieger
Sonst.	5 Achsen
Molter Nr.	1499

Reichenbrander 25 €

Hersteller	
Jahr	
Packung	Plastikschachtel
Vorbild	Mack Auflieger
Sonst.	
Molter Nr.	1497

Reichenbrander 25 €

Hersteller	
Jahr	
Packung	Plastikschachtel
Vorbild	MAN F90 LKW
Sonst.	
Molter Nr.	1501

Reichenbrander	20 €
Hersteller	
Jahr	
Packung	Plastikschachtel
Vorbild	MB groß Auflieger
Sonst.	4 Achsen
Molter Nr.	1502

Reichenbrander	12 €
Hersteller	Müller Chemnitz
Jahr	
Packung	Plastikschachtel
Vorbild	Majorette Auflieger
Sonst.	
Molter Nr.	1505

Reichenbrander	10 €
Hersteller	Grell
Jahr	2000 (Aufl.: 5000)
Packung	Blister
Vorbild	Scania Hängerzug
Sonst.	
Molter Nr.	1503

R

Reichenbrander	8 €
Hersteller	Grell
Jahr	2000 (Aufl.: 5000)
Packung	Blister
Vorbild	Scania Auflieger
Sonst.	
Molter Nr.	1504

Reichenbrander	8 €
Hersteller	dgd
Jahr	2002
Packung	Blister
Vorbild	MB Actros Auflieger
Sonst.	mit Stabler
Molter Nr.	5360

Reichenbrander 8 €

Hersteller	
Jahr	2002
Packung	Blister
Vorbild	MB Actros Auflieger
Sonst.	
Molter Nr.	5777

Reichenbrander 8 €

Hersteller	dgd
Jahr	2002
Packung	Blister
Vorbild	DAF 95 XF Auflieger
Sonst.	
Molter Nr.	7552

Reichold 10 €

Hersteller	Wörlein
Jahr	2000 (Aufl.: 5000)
Packung	Blister
Vorbild	MB Actros Auflieger
Sonst.	R01a, goldene Felgen
Molter Nr.	1495

R

Reichold 10 €

Hersteller	Wörlein
Jahr	2000 (Aufl.: 5000)
Packung	Blister
Vorbild	MB Actros Auflieger
Sonst.	R02a, goldene Felgen
Molter Nr.	1493

Reichold 10 €

Hersteller	Wörlein
Jahr	1999 (Aufl.: 4000)
Packung	Blister
Vorbild	MB Actros Auflieger
Sonst.	R03a, goldene Felgen
Molter Nr.	1492

Reichold	10 €
Hersteller	Wörlein
Jahr	2000 (Aufl.: 3000)
Packung	Blister
Vorbild	MB Actros Auflieger
Sonst.	R04a, goldene Felgen
Molter Nr.	1496

Reichold	9 €
Hersteller	
Jahr	2000 (Aufl.: 1500)
Packung	Blister
Vorbild	MB Actros Auflieger
Sonst.	R05a,Fe. gold,Führerh.blau
Molter Nr.	1494

Reichold	8 €
Hersteller	Grell
Jahr	2001 (Aufl.: 10000)
Packung	Blister
Vorbild	Ford 9000 Auflieger
Sonst.	R06
Molter Nr.	3377

Reichold	10 €
Hersteller	Grell
Jahr	2001 (Aufl.: 10000)
Packung	Blister
Vorbild	MAN F2000 Auflieger
Sonst.	R07
Molter Nr.	1332

Reichold	10 €
Hersteller	Grell
Jahr	2001 (Aufl.: 10000)
Packung	Blister
Vorbild	MAN F2000 Auflieger
Sonst.	R08
Molter Nr.	892

Reichold — 8 €

Hersteller	Grell
Jahr	2001 (Aufl.: 10000)
Packung	Blister
Vorbild	Freightliner FLD Auflieger
Sonst.	R09a (goldene Felgen)
Molter Nr.	3376

Reichold — 8 €

Hersteller	Grell
Jahr	2001 (Aufl.: 10000)
Packung	Blister
Vorbild	Scania Auflieger
Sonst.	R09b (matte Felgen)
Molter Nr.	3369

Reichold — 8 €

Hersteller	Grell
Jahr	2001 (Aufl.: 10000)
Packung	Blister
Vorbild	Freightliner FLD Auflieger
Sonst.	R10
Molter Nr.	3374

Reichold — 8 €

Hersteller	Grell
Jahr	2001 (Aufl.: 10000)
Packung	Blister
Vorbild	Scania Tankzug
Sonst.	R11
Molter Nr.	3370

Reichold — 10 €

Hersteller	Grell
Jahr	(Aufl.: 2500)
Packung	
Vorbild	
Sonst.	R01b (matte Felgen)
Molter Nr.	7762

R

Reichold — 8 €

Hersteller	Grell
Jahr	2001 (Aufl.: 2500)
Packung	Blister
Vorbild	Scania Auflieger
Sonst.	R02b (rote Felgen)
Molter Nr.	3375

Reichold

Hersteller	Grell
Jahr	2001 (Aufl.: 2500)
Packung	Blister
Vorbild	MB Actros Auflieger
Sonst.	R03b (matte Felgen)
Molter Nr.	7763

Reichold — 8 €

Hersteller	Grell
Jahr	2001 (Aufl.: 2500)
Packung	Blister
Vorbild	MB Actros Auflieger
Sonst.	R04b (matte Felgen)
Molter Nr.	3371

Reichold — 12 €

Hersteller	Grell
Jahr	2002
Packung	Blister
Vorbild	MB Actros Auflieger
Sonst.	R05b, beige Felgen+Führerhaus
Molter Nr.	5813

Reichold — 8 €

Hersteller	Grell
Jahr	2001 (Aufl.: 10000)
Packung	Blister
Vorbild	Scania Tankzug
Sonst.	R12
Molter Nr.	3372

Reichold 8 €

Hersteller	Grell
Jahr	2001 (Aufl.: 7500)
Packung	Blister
Vorbild	Freightliner FLD Tankzug
Sonst.	R13a
Molter Nr.	3367

Reichold 8 €

Hersteller	Grell
Jahr	2001 (Aufl.: 7500)
Packung	Blister
Vorbild	MAN TG-A Tankzug
Sonst.	R13b
Molter Nr.	3378

Reichold 8 €

Hersteller	Grell
Jahr	2001 (Aufl.: 7500)
Packung	Blister
Vorbild	Freightliner FLD Tankzug
Sonst.	R14a
Molter Nr.	4241

Reichold 8 €

Hersteller	Grell
Jahr	2001 (Aufl.: 7500)
Packung	Blister
Vorbild	MAN TG-A Tankzug
Sonst.	R14b
Molter Nr.	3373

Reichold 8 €

Hersteller	Grell
Jahr	2001 (Aufl.: 7500)
Packung	Blister
Vorbild	Freightliner FLD Tankzug
Sonst.	R15a
Molter Nr.	4242

R

Reichold	8 €
Hersteller	Grell
Jahr	2001 (Aufl.: 7500)
Packung	Blister
Vorbild	Freightliner FLD Tankzug
Sonst.	R15b
Molter Nr.	4243

Reichold	8 €
Hersteller	Grell
Jahr	2002 (Aufl.: 5000)
Packung	Blister
Vorbild	Scania Hauber Auflieger
Sonst.	R16, m. Tankcontainer
Molter Nr.	7631

R

Reichold	8 €
Hersteller	Grell
Jahr	2002 (Aufl.: 5000)
Packung	Blister
Vorbild	Scania 124 L Tankzug
Sonst.	R17
Molter Nr.	7300

Reichold	8 €
Hersteller	Grell
Jahr	2002 (Aufl.: 5000)
Packung	Blister
Vorbild	Freightliner FLD Tankzug
Sonst.	R18a
Molter Nr.	5966

Reichold	8 €
Hersteller	Grell
Jahr	2002 (Aufl.: 5000)
Packung	Blister
Vorbild	MAN TG-A Hängerzug
Sonst.	R18b, mit Schankwagen
Molter Nr.	5928

Reichold — 8 €

Hersteller	Grell
Jahr	2002 (Aufl.: 5000)
Packung	Blister
Vorbild	Scania 124L Auflieger
Sonst.	R19, mit Sudkessel
Molter Nr.	5384

Reichold — 8 €

Hersteller	Grell
Jahr	2002 (Aufl.: 5000)
Packung	Blister
Vorbild	Büssing Holzgaser HZ
Sonst.	R20
Molter Nr.	5084

Reichold — 8 €

Hersteller	Grell
Jahr	2002 (Aufl.: 5000)
Packung	Blister
Vorbild	MB Atego Tank-HZ
Sonst.	R21
Molter Nr.	5083

Reichold — 8 €

Hersteller	Grell
Jahr	2002 (Aufl.: 5000)
Packung	Blister
Vorbild	Freightliner FLD Auflieger
Sonst.	R22, mit Dose
Molter Nr.	5430

Reichold — 8 €

Hersteller	Grell
Jahr	2002 (Aufl.: 5000)
Packung	Blister
Vorbild	Freightliner FLD Tieflader
Sonst.	R23, mit Dose
Molter Nr.	5886

R

Reichold — 8 €

Hersteller	Grell
Jahr	2002 (Aufl.: 5000)
Packung	Blister
Vorbild	Freightliner FLD Tieflader
Sonst.	R24, mit Sudkessel
Molter Nr.	5885

Reichold — 25 €

Hersteller	
Jahr	2001 (Aufl.: 310)
Packung	Plastikschachtel
Vorbild	Scania Tankzug
Sonst.	SE 1
Molter Nr.	4112

Reichold — 20 €

Hersteller	WMS
Jahr	2002 (Aufl.: 160)
Packung	Plastikschachtel
Vorbild	Scania 124L Tankzug
Sonst.	SE 1a, Erotik
Molter Nr.	7531

Reichold — 20 €

Hersteller	WMS
Jahr	2002 (Aufl.: 320)
Packung	Plastikschachtel
Vorbild	Scania Tankzug
Sonst.	SE 2, Erotik
Molter Nr.	5588

Reichold — 20 €

Hersteller	WMS
Jahr	2002 (Aufl.: 320)
Packung	Plastikschachtel
Vorbild	Scania 164L Tankzug
Sonst.	SE 3, Erotik
Molter Nr.	7532

R

Reichold — 10 €

Hersteller	Amon
Jahr	2002 (Aufl.: 300)
Packung	Plastikschachtel
Vorbild	DAF 95 XF Auflieger
Sonst.	
Molter Nr.	7534

Reichold — 15 €

Hersteller	Amon
Jahr	2002 (Aufl.: 300)
Packung	Plastikschachtel
Vorbild	MB Actros Tankzug
Sonst.	
Molter Nr.	6066

Reichold — 15 €

Hersteller	Amon
Jahr	2002 (Aufl.: 300)
Packung	Plastikschachtel
Vorbild	MB Actros Tankzug
Sonst.	
Molter Nr.	6209

Reichold — 15 €

Hersteller	Amon
Jahr	2002 (Aufl.: 50)
Packung	Plastikschachtel
Vorbild	DAF 95 XF Auflieger
Sonst.	
Molter Nr.	6190

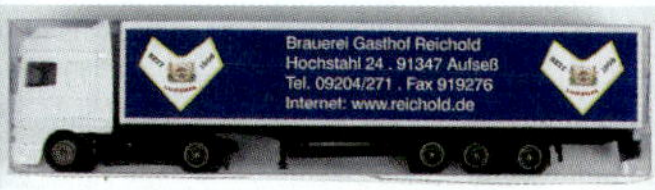

Reichold — 15 €

Hersteller	Amon
Jahr	2002 (Aufl.: 300)
Packung	Plastikschachtel
Vorbild	Scania Auflieger
Sonst.	
Molter Nr.	6042

R

Reichold	15 €
Hersteller	Amon
Jahr	2002 (Aufl.: 300)
Packung	Plastikschachtel
Vorbild	MB Actros Auflieger
Sonst.	
Molter Nr.	6098

Reichold	12 €
Hersteller	Amon
Jahr	2003
Packung	Plastikschachtel
Vorbild	DAF Auflieger
Sonst.	
Molter Nr.	7265

Reichold	20 €
Hersteller	Amon
Jahr	2003 (Aufl.: 100)
Packung	Plastikschachtel
Vorbild	DAF Auflieger
Sonst.	SE 4
Molter Nr.	7261

Reichold	20 €
Hersteller	Amon
Jahr	2003 (Aufl.: 100)
Packung	Plastikschachtel
Vorbild	DAF Auflieger
Sonst.	SE 5
Molter Nr.	7262

Reichold	20 €
Hersteller	Amon
Jahr	2003 (Aufl.: 100)
Packung	Plastikschachtel
Vorbild	MB Actros Auflieger
Sonst.	SE 6
Molter Nr.	7263

R

Reichold — 20 €

Hersteller	Amon
Jahr	2003 (Aufl.: 100)
Packung	Plastikschachtel
Vorbild	DAF Auflieger
Sonst.	SE 7
Molter Nr.	7264

Reichold — 8 €

Hersteller	Grell
Jahr	2003
Packung	Blister
Vorbild	MAN TG-A Hängerzug
Sonst.	mit Glas
Molter Nr.	7270

Reichold — 10 €

Hersteller	Grell
Jahr	2003 (Aufl.: 5000)
Packung	Blister
Vorbild	MB Actros Hängerzug
Sonst.	R25a, mit Schankwagen
Molter Nr.	5874

Reichold — 10 €

Hersteller	Grell
Jahr	2003 (Aufl.: 5000)
Packung	Blister
Vorbild	Bus
Sonst.	R25b
Molter Nr.	5873

Reichold — 8 €

Hersteller	Grell
Jahr	2003 (Aufl.: 5000)
Packung	Blister
Vorbild	Ballon
Sonst.	R26
Molter Nr.	6699

R

Reichold	10 €
Hersteller	Grell
Jahr	2003 (Aufl.: 5000)
Packung	Blister
Vorbild	Freightliner FLD HZ
Sonst.	R27, mit Flasche
Molter Nr.	6541

Reichold	8 €
Hersteller	Grell
Jahr	2003 (Aufl.: 5000)
Packung	Blister
Vorbild	Freightliner FLD HZ
Sonst.	R28, mit Flasche
Molter Nr.	6543

R

Reichold	8 €
Hersteller	Grell
Jahr	2003 (Aufl.: 5000)
Packung	Blister
Vorbild	Freightliner FLD Auflieger
Sonst.	R29, mit Reklameschild
Molter Nr.	6544

Reichold	20 €
Hersteller	Grell
Jahr	2003 (Aufl.: 3000)
Packung	Blister
Vorbild	Freightliner FLD Auflieger
Sonst.	R30, 18 Karat vergoldet
Molter Nr.	6538

Reichold	8 €
Hersteller	Grell
Jahr	2003 (Aufl.: 5000)
Packung	Blister
Vorbild	MAN TG-A Hängerzug
Sonst.	R31, mit Glas
Molter Nr.	6884

Reichold — 8 €

Hersteller	Grell
Jahr	2003 (Aufl.: 5000)
Packung	Blister
Vorbild	Magirus Deutz Oldtimer
Sonst.	R32
Molter Nr.	6542

Reichold — 8 €

Hersteller	Grell
Jahr	2003 (Aufl.: 5000)
Packung	Blister
Vorbild	Bus
Sonst.	R33
Molter Nr.	6887

Reichold — 8 €

Hersteller	Grell
Jahr	2003 (Aufl.: 5000)
Packung	Blister
Vorbild	Freightliner FLD Auflieger
Sonst.	R34, mit Krug
Molter Nr.	6882

Reinert — 8 €

Hersteller	Grell
Jahr	2003
Packung	Blister
Vorbild	Büssing Hängerzug
Sonst.	
Molter Nr.	7004

Renkl´s Postbier — 10 €

Hersteller	dgd
Jahr	2002 (Aufl.: 2688)
Packung	Blister
Vorbild	MB L322 Hängerzug
Sonst.	
Molter Nr.	4537

R

Rennsteig — 8 €

Hersteller	dgd
Jahr	2002
Packung	Blister
Vorbild	MB Actros Hängerzug
Sonst.	
Molter Nr.	4771

Residenz Quelle — 8 €

Hersteller	Gefra
Jahr	2002
Packung	Blister
Vorbild	MB Actros Hängerzug
Sonst.	
Molter Nr.	7615

R

Retter Bier — 12 €

Hersteller	Grell
Jahr	1999
Packung	Blister
Vorbild	Mack Auflieger
Sonst.	
Molter Nr.	1508

Retter Bier — 12 €

Hersteller	Grell
Jahr	1999
Packung	Blister
Vorbild	Mack Auflieger
Sonst.	
Molter Nr.	1509

Retter Bier — 12 €

Hersteller	Grell
Jahr	1999
Packung	Blister
Vorbild	Mack Auflieger
Sonst.	
Molter Nr.	1510

Retter Bier	10 €
Hersteller	Grell
Jahr	2000
Packung	Blister
Vorbild	Mack Auflieger
Sonst.	
Molter Nr.	1507

Retter Bier	10 €
Hersteller	Grell
Jahr	2000
Packung	Blister
Vorbild	Mack Auflieger
Sonst.	
Molter Nr.	1506

Retter Bier	10 €
Hersteller	Grell
Jahr	2000
Packung	Blister
Vorbild	Mack Auflieger
Sonst.	
Molter Nr.	8045

R

Retter Bier	9 €
Hersteller	Grell
Jahr	2001
Packung	Blister
Vorbild	Mack Auflieger
Sonst.	
Molter Nr.	8050

Retter Bier	8 €
Hersteller	Grell
Jahr	2001
Packung	Blister
Vorbild	Mack Auflieger
Sonst.	
Molter Nr.	8036

Reudnitzer — 60 €

Hersteller	Hümmer
Jahr	
Packung	Pappschachtel
Vorbild	US Auflieger
Sonst.	
Molter Nr.	1511

Reudnitzer — 25 €

Hersteller	Grell
Jahr	1998
Packung	Blister
Vorbild	Mack Auflieger
Sonst.	
Molter Nr.	1515

Reudnitzer — 25 €

Hersteller	Grell
Jahr	1998
Packung	Blister
Vorbild	Mack Auflieger
Sonst.	
Molter Nr.	1516

R

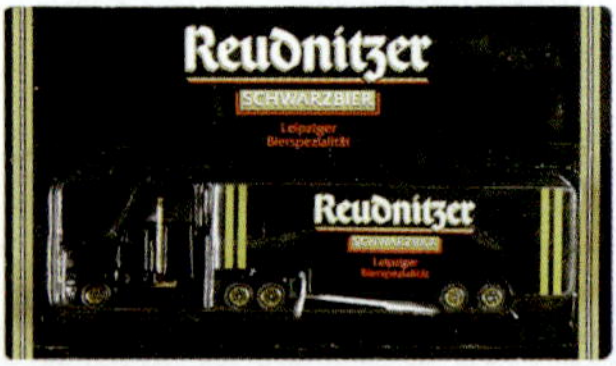

Reudnitzer — 25 €

Hersteller	Grell
Jahr	1998
Packung	Blister
Vorbild	Mack Auflieger
Sonst.	
Molter Nr.	1514

Reudnitzer — 30 €

Hersteller	Hümmer
Jahr	
Packung	Pappschachtel
Vorbild	Volvo Auflieger
Sonst.	4 Achsen
Molter Nr.	1512

Reudnitzer — 30 €

Hersteller	Hümmer
Jahr	
Packung	Plastikschachtel
Vorbild	Volvo Auflieger
Sonst.	5 Achsen
Molter Nr.	1513

Reudnitzer — 40 €

Hersteller	
Jahr	
Packung	Plastikschachtel
Vorbild	US Auflieger
Sonst.	
Molter Nr.	3390

Reudnitzer — 40 €

Hersteller	
Jahr	
Packung	Plastikschachtel
Vorbild	MB groß Auflieger
Sonst.	
Molter Nr.	4114

R

Reudnitzer — 20 €

Hersteller	
Jahr	1999
Packung	Plastikschachtel
Vorbild	MB groß Auflieger
Sonst.	Sternfelgen
Molter Nr.	1517

Reudnitzer — 15 €

Hersteller	Müller Chemnitz
Jahr	1999
Packung	Plastikschachtel
Vorbild	MB groß Auflieger
Sonst.	
Molter Nr.	1519

Reudnitzer — 20 €

Hersteller	
Jahr	
Packung	Plastikschachtel
Vorbild	MB groß Auflieger
Sonst.	
Molter Nr.	6430

Reudnitzer — 12 €

Hersteller	Grell
Jahr	2000
Packung	Blister
Vorbild	MB Actros Hängerzug
Sonst.	
Molter Nr.	1518

Reudnitzer — 10 €

Hersteller	Grell
Jahr	2001
Packung	Blister
Vorbild	Scania Auflieger
Sonst.	
Molter Nr.	3384

Reudnitzer — 8 €

Hersteller	Grell
Jahr	2001
Packung	Blister
Vorbild	Ford 9000 Auflieger
Sonst.	
Molter Nr.	3391

Reudnitzer — 10 €

Hersteller	Grell
Jahr	2001
Packung	Blister
Vorbild	Ford 9000 Auflieger
Sonst.	
Molter Nr.	3385

Reudnitzer — 8 €

Hersteller	Grell
Jahr	2002
Packung	Blister
Vorbild	Ford 9000 Tankzug
Sonst.	
Molter Nr.	4805

Reudnitzer — 8 €

Hersteller	Grell
Jahr	2002
Packung	Blister
Vorbild	Ford Oldtimer
Sonst.	
Molter Nr.	4877

Reudnitzer — 8 €

Hersteller	Grell
Jahr	2002
Packung	Blister
Vorbild	MAN F2000 Hängerzug
Sonst.	mit Schankwagen
Molter Nr.	5484

Reudnitzer — 8 €

Hersteller	Hümmer
Jahr	2002
Packung	Blister
Vorbild	MAN TG-A Auflieger
Sonst.	mit Flasche
Molter Nr.	5040

Reudnitzer — 8 €

Hersteller	Hümmer
Jahr	2003
Packung	Blister
Vorbild	MAN TG-A Auflieger
Sonst.	mit Flasche
Molter Nr.	6645

R

Reuendorfen — 10 €

Hersteller	Müller Chemnitz
Jahr	
Packung	Plastikschachtel
Vorbild	Mack Auflieger
Sonst.	
Molter Nr.	1380

Rex Pils — LHP

Hersteller	
Jahr	
Packung	Plastikschachtel
Vorbild	MB Actros Auflieger
Sonst.	
Molter Nr.	3389

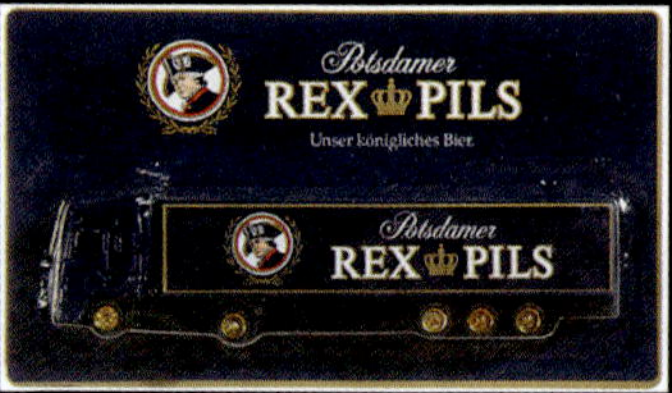

Rex Pils — 11 €

Hersteller	dgd
Jahr	2001
Packung	Blister
Vorbild	MAN TG-A Auflieger
Sonst.	
Molter Nr.	3386

Rhanerbräu — 8 €

Hersteller	Bürkle
Jahr	2002
Packung	Blister
Vorbild	MB Actros Hängerzug
Sonst.	
Molter Nr.	7717

Rheinfels Quelle — 10 €

Hersteller	Grell
Jahr	2000
Packung	Blister
Vorbild	Mack Auflieger
Sonst.	
Molter Nr.	1521

Rhreinsbeck Privatbrauerei 15 €

Hersteller	Müller Chemnitz
Jahr	1999
Packung	Plastikschachtel
Vorbild	Majorette Auflieger
Sonst.	
Molter Nr.	1520

Rhenania Alt 20 €

Hersteller	Grell
Jahr	1998
Packung	Blister
Vorbild	Mack Auflieger
Sonst.	
Molter Nr.	1522

Rhenania Alt 10 €

Hersteller	Grell
Jahr	2001
Packung	Blister
Vorbild	MB Actros Hängerzug
Sonst.	
Molter Nr.	7070

Rhenania Alt 8 €

Hersteller	Grell
Jahr	2003
Packung	Blister
Vorbild	Scania 164L Auflieger
Sonst.	
Molter Nr.	6932

Rhenser Mineralwasser 8 €

Hersteller	Lauterbach
Jahr	2001
Packung	Plastikschachtel
Vorbild	MAN M2000 Auflieger
Sonst.	
Molter Nr.	4314

R

Rhodius	8 €
Hersteller	Grell
Jahr	2002
Packung	Blister
Vorbild	MB Actros Hängerzug
Sonst.	
Molter Nr.	4758

Rhön Sprudel	11 €
Hersteller	Hümmer
Jahr	2000
Packung	Blister
Vorbild	MB Actros Auflieger
Sonst.	
Molter Nr.	1524

Rhön Sprudel	12 €
Hersteller	Grell
Jahr	1999
Packung	Blister
Vorbild	Mack Auflieger
Sonst.	
Molter Nr.	1415

Rhön Sprudel	8 €
Hersteller	dgd
Jahr	2000
Packung	Blister
Vorbild	Kenworth T2000 Auflieger
Sonst.	
Molter Nr.	1416

Rhön Sprudel	11 €
Hersteller	Hümmer
Jahr	1999
Packung	Blister
Vorbild	MB Actros Auflieger
Sonst.	
Molter Nr.	1523

Rhön Sprudel — 8 €

Hersteller	dgd
Jahr	2000
Packung	Blister
Vorbild	Kenworth T2000 Auflieger
Sonst.	
Molter Nr.	1417

Rhön Sprudel — 10 €

Hersteller	Hümmer
Jahr	2000
Packung	Blister
Vorbild	MB Actros Auflieger
Sonst.	
Molter Nr.	1525

Rhön Sprudel — 8 €

Hersteller	dgd
Jahr	2001
Packung	Blister
Vorbild	MAN TG-A Auflieger
Sonst.	
Molter Nr.	3995

Rhön Sprudel — 10 €

Hersteller	Hümmer
Jahr	2000
Packung	Blister
Vorbild	MB Actros Auflieger
Sonst.	
Molter Nr.	1526

Rhön Sprudel — 45 €

Hersteller	Hümmer
Jahr	2000
Packung	Blister
Vorbild	Freightliner FLD Auflieger
Sonst.	XXL
Molter Nr.	6030

R

Rhön Sprudel	8 €
Hersteller	Grell
Jahr	2000
Packung	Blister
Vorbild	Scania Auflieger
Sonst.	
Molter Nr.	3393

Rhön Sprudel	8 €
Hersteller	Grell
Jahr	2001
Packung	Blister
Vorbild	Scania Auflieger
Sonst.	Markgrafen
Molter Nr.	4266

Rhön Sprudel	8 €
Hersteller	Grell
Jahr	2001
Packung	Blister
Vorbild	Scania Auflieger
Sonst.	
Molter Nr.	3394

Rhön Sprudel	8 €
Hersteller	Hümmer
Jahr	2000
Packung	Blister
Vorbild	MB Actros Auflieger
Sonst.	
Molter Nr.	4187

Rhön Sprudel	8 €
Hersteller	Grell
Jahr	2001
Packung	Blister
Vorbild	Scania 164L Auflieger
Sonst.	mit Logo
Molter Nr.	7120

R

Rhön Sprudel — 8 €

Hersteller	Grell
Jahr	2003
Packung	Blister
Vorbild	Scania 164L Auflieger
Sonst.	Eurotrink
Molter Nr.	7060

Rhöner — 20 €

Hersteller	Grell
Jahr	1999
Packung	Blister
Vorbild	Mack Auflieger
Sonst.	
Molter Nr.	1527

Rhöner — 15 €

Hersteller	dgd
Jahr	2000
Packung	Blister
Vorbild	MB Actros Hängerzug
Sonst.	
Molter Nr.	1528

Rhöner — 15 €

Hersteller	dgd
Jahr	2000
Packung	Blister
Vorbild	IFA W50 Auflieger
Sonst.	
Molter Nr.	1529

Rhöner — 10 €

Hersteller	dgd
Jahr	2000
Packung	Blister
Vorbild	MB Actros Auflieger
Sonst.	
Molter Nr.	1530

Rhöner — 9 €

Hersteller	dgd
Jahr	2001
Packung	Blister
Vorbild	MB Actros Auflieger
Sonst.	
Molter Nr.	3397

Rhöner — 8 €

Hersteller	Top-Style
Jahr	2002
Packung	Blister
Vorbild	MB Actros Tankzug
Sonst.	
Molter Nr.	4921

Rhöner — 8 €

Hersteller	dgd
Jahr	2002
Packung	Blister
Vorbild	MAN TG-A Auflieger
Sonst.	
Molter Nr.	5605

Rhöner — 8 €

Hersteller	Top-Style
Jahr	2002
Packung	Blister
Vorbild	MB Actros Hängerzug
Sonst.	
Molter Nr.	4622

Rhöner — 8 €

Hersteller	Top-Style
Jahr	2002
Packung	Blister
Vorbild	MB Actros Auflieger
Sonst.	
Molter Nr.	5898

Richzenhainer 17 €

Hersteller	Grell
Jahr	1999
Packung	Blister
Vorbild	Mack Auflieger
Sonst.	
Molter Nr.	1531

Ricklinger 15 €

Hersteller	Müller Chemnitz
Jahr	1999
Packung	Plastikschachtel
Vorbild	Majorette Auflieger
Sonst.	
Molter Nr.	1532

Riebeck 20 €

Hersteller	dgd
Jahr	2000
Packung	Blister
Vorbild	MB Actros Auflieger
Sonst.	
Molter Nr.	1539

R

Riebeck 10 €

Hersteller	Grell
Jahr	2001
Packung	Blister
Vorbild	Freightliner FLD Auflieger
Sonst.	
Molter Nr.	3398

Riebeck 8 €

Hersteller	Grell
Jahr	2001
Packung	Blister
Vorbild	Scania Auflieger
Sonst.	
Molter Nr.	4188

Riebeck	8 €
Hersteller	Grell
Jahr	2001
Packung	Blister
Vorbild	Ford 9000 Auflieger
Sonst.	
Molter Nr.	3399

Riebeck	8 €
Hersteller	Grell
Jahr	2002
Packung	Blister
Vorbild	Scania 124L Auflieger
Sonst.	
Molter Nr.	5248

Riebeck	8 €
Hersteller	Grell
Jahr	2002
Packung	Blister
Vorbild	Büssing NAG 500 HZ
Sonst.	
Molter Nr.	7622

R

Riebeck	8 €
Hersteller	Grell
Jahr	2002
Packung	Blister
Vorbild	MAN TG-A Hängerzug
Sonst.	mit Schankwagen
Molter Nr.	4787

Riebeck	8 €
Hersteller	Grell
Jahr	2002
Packung	Blister
Vorbild	Scania 124L Tankzug
Sonst.	mit Silo
Molter Nr.	5123

Riebeck — 8 €

Hersteller	Grell
Jahr	2002
Packung	Blister
Vorbild	Kraz Hängerzug
Sonst.	
Molter Nr.	5488

Riebeck — 8 €

Hersteller	Grell
Jahr	2003
Packung	Blister
Vorbild	Krupp Mustang Silo-Zug
Sonst.	
Molter Nr.	7731

Riebeck — 8 €

Hersteller	Grell
Jahr	2003
Packung	Blister
Vorbild	Krupp Mustang Auflieger
Sonst.	mit Silo
Molter Nr.	7838

Riedenburger Brauhaus — 15 €

Hersteller	NWA
Jahr	2000
Packung	Blister
Vorbild	MAN F2000 Auflieger
Sonst.	
Molter Nr.	1537

Rieder — 8 €

Hersteller	dgd
Jahr	2002
Packung	Blister
Vorbild	MAN TG-A Auflieger
Sonst.	
Molter Nr.	5072

R

Riegele Augsburg	25 €
Hersteller	Hümmer
Jahr	1999
Packung	Blister
Vorbild	US Auflieger
Sonst.	
Molter Nr.	1533

Riegele Augsburg	11 €
Hersteller	Hümmer
Jahr	2000
Packung	Blister
Vorbild	MB Actros Auflieger
Sonst.	
Molter Nr.	1534

Riegele Augsburg	8 €
Hersteller	
Jahr	2002
Packung	Plastikschachtel
Vorbild	Mack Auflieger
Sonst.	
Molter Nr.	6239

R

Riegeler	25 €
Hersteller	Hümmer
Jahr	1999
Packung	Blister
Vorbild	US Auflieger
Sonst.	Sternfelgen
Molter Nr.	1535

Riegeler	12 €
Hersteller	Hümmer
Jahr	2000
Packung	Blister
Vorbild	US Auflieger
Sonst.	neue Felgen
Molter Nr.	1535a

Riegeler	10 €
Hersteller	Hümmer
Jahr	2000
Packung	Blister
Vorbild	MB Actros Hängerzug
Sonst.	
Molter Nr.	1536

Riegeler	8 €
Hersteller	dgd
Jahr	2002
Packung	Blister
Vorbild	MB Actros Hängerzug
Sonst.	
Molter Nr.	4502

Riegeler	8 €
Hersteller	Grell
Jahr	2002
Packung	Blister
Vorbild	MAN TG-A
Sonst.	Mit Schankwagen
Molter Nr.	7618

Riegeler	8 €
Hersteller	dgd
Jahr	2003
Packung	Blister
Vorbild	MB Actros Auflieger
Sonst.	Spezial Export
Molter Nr.	7224

Riegeler	8 €
Hersteller	dgd
Jahr	2003
Packung	Blister
Vorbild	MB Actros Auflieger
Sonst.	Felsen Pils
Molter Nr.	7675

R

Riemhofer — 90 €

Hersteller	Hümmer
Jahr	
Packung	Plastikschachtel
Vorbild	MB klein Auflieger
Sonst.	
Molter Nr.	1538

Riemhofer — 9 €

Hersteller	Allround Service
Jahr	2001
Packung	Blister
Vorbild	MAN TG-A Auflieger
Sonst.	
Molter Nr.	4446

Riesenbräu — 15 €

Hersteller	NWA
Jahr	1999
Packung	Plastikschachtel
Vorbild	Volvo Auflieger
Sonst.	
Molter Nr.	1540

Rietenauer — 8 €

Hersteller	Active Promotion
Jahr	2002
Packung	Plastikschachtel
Vorbild	MAN M2000 Auflieger
Sonst.	
Molter Nr.	5712

Rilchinger — 8 €

Hersteller	Hümmer
Jahr	2001
Packung	Blister
Vorbild	MB Actros Auflieger
Sonst.	
Molter Nr.	2921

Ritter 15 €

Hersteller	
Jahr	2001 (Aufl.: 100)
Packung	Plastikschachtel
Vorbild	MAN M2000 Auflieger
Sonst.	
Molter Nr.	3400

Ritter 15 €

Hersteller	
Jahr	2001 (Aufl.: 100)
Packung	Plastikschachtel
Vorbild	MAN M2000 Auflieger
Sonst.	
Molter Nr.	3401

Ritter 15 €

Hersteller	
Jahr	2001 (Aufl.: 100)
Packung	Plastikschachtel
Vorbild	MAN M2000 Auflieger
Sonst.	
Molter Nr.	3402

Ritter 15 €

Hersteller	
Jahr	2001 (Aufl.: 100)
Packung	Plastikschachtel
Vorbild	MAN M2000 Auflieger
Sonst.	
Molter Nr.	3403

Ritter 15 €

Hersteller	
Jahr	2001
Packung	Blister
Vorbild	MB Actros Tankzug
Sonst.	
Molter Nr.	7619

R

Rittmayer — 9 €

Hersteller	Allround-Service
Jahr	2001
Packung	Blister
Vorbild	MB Actros Hängerzug
Sonst.	
Molter Nr.	8051

Rittmayer — 8 €

Hersteller	Top-Style
Jahr	2001
Packung	Blister
Vorbild	MB Actros Hängerzug
Sonst.	
Molter Nr.	3404

Rittmayer — 8 €

Hersteller	Top-Style
Jahr	2001
Packung	Blister
Vorbild	Renault Tankzug
Sonst.	
Molter Nr.	4213

Rittweger — 10 €

Hersteller	Lauterbach
Jahr	2000
Packung	Blister
Vorbild	MB groß Auflieger
Sonst.	
Molter Nr.	1544

Rittweger — 9 €

Hersteller	Lauterbach
Jahr	2000
Packung	Blister
Vorbild	Volvo Auflieger
Sonst.	
Molter Nr.	1545

Rix Bier — 10 €

Hersteller	Müller Chemnitz
Jahr	1999
Packung	Plastikschachtel
Vorbild	Mack Auflieger
Sonst.	
Molter Nr.	1546

Röhrl Bräu — 70 €

Hersteller	
Jahr	
Packung	Pappschachtel
Vorbild	Mack Auflieger
Sonst.	
Molter Nr.	1782

Röhrl Bräu — 70 €

Hersteller	
Jahr	
Packung	Pappschachtel
Vorbild	Mack Auflieger
Sonst.	
Molter Nr.	1783

Röhrl Bräu — 30 €

Hersteller	Stechl
Jahr	1999
Packung	Plastikschachtel
Vorbild	Ford Cargo LKW
Sonst.	
Molter Nr.	1784

Röhrl Bräu — 30 €

Hersteller	Stechl
Jahr	1999
Packung	Pappschachtel
Vorbild	US Auflieger
Sonst.	
Molter Nr.	1785

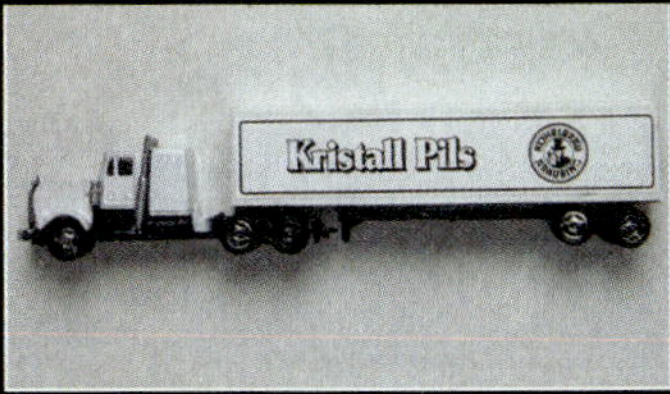

Röhrl Bräu — 15 €

Hersteller	Lauterbach
Jahr	2000
Packung	Blister
Vorbild	MB groß Auflieger
Sonst.	
Molter Nr.	1786

Röhrl Bräu — 15 €

Hersteller	Lauterbach
Jahr	2000
Packung	Blister
Vorbild	Volvo Auflieger
Sonst.	
Molter Nr.	1787

Röhrl Bräu — 10 €

Hersteller	Lauterbach
Jahr	2001
Packung	Blister
Vorbild	MAN M2000 Auflieger
Sonst.	
Molter Nr.	3631

Röhrl Bräu — 9 €

Hersteller	dgd
Jahr	2001
Packung	Blister
Vorbild	MAN TG-A Auflieger
Sonst.	
Molter Nr.	4115

Röhrl Bräu — 8 €

Hersteller	dgd
Jahr	2001
Packung	Blister
Vorbild	Scania Tankzug
Sonst.	
Molter Nr.	4116

R

Röhrl Bräu — 8 €

Hersteller	Hümmer
Jahr	2001
Packung	Plastikschachtel
Vorbild	MB Actros LKW
Sonst.	
Molter Nr.	4117

Röhrl Bräu — 8 €

Hersteller	dgd
Jahr	2003
Packung	Blister
Vorbild	Auflieger
Sonst.	BILD KAPUTT
Molter Nr.	7069

Römerwall — 8 €

Hersteller	dgd
Jahr	2001
Packung	Blister
Vorbild	MB Actros Auflieger
Sonst.	
Molter Nr.	3408

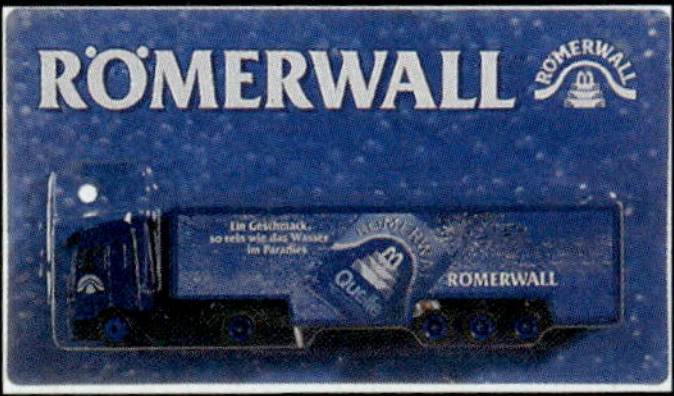

Romina Quellen — 8 €

Hersteller	dgd
Jahr	2001
Packung	Blister
Vorbild	Scania Hängerzug
Sonst.	Eiszeit Quell
Molter Nr.	4239

Romina Quellen — 8 €

Hersteller	Grell
Jahr	2002
Packung	Blister
Vorbild	Scania Hängerzug
Sonst.	
Molter Nr.	4669

R

Romina Quellen — 8 €

Hersteller	Grell
Jahr	2002
Packung	Blister
Vorbild	Scania Auflieger
Sonst.	
Molter Nr.	4517

Roppelt-Bräu — 12 €

Hersteller	Amon
Jahr	2002 (Aufl.: 200)
Packung	Plastikschachtel
Vorbild	MB Actros Auflieger
Sonst.	
Molter Nr.	6054

Roppelt-Bräu — 15 €

Hersteller	Amon
Jahr	2002 (Aufl.: 100)
Packung	Plastikschachtel
Vorbild	MAN F2000 Hängerzug
Sonst.	
Molter Nr.	6180

Roppelt-Bräu — 15 €

Hersteller	Amon
Jahr	2002 (Aufl.: 100)
Packung	Plastikschachtel
Vorbild	DAF 95 XF Auflieger
Sonst.	
Molter Nr.	6181

Rosbacher — 9 €

Hersteller	Hümmer
Jahr	2000
Packung	Blister
Vorbild	MB Actros Auflieger
Sonst.	
Molter Nr.	1568

R

Rosbacher	LHP €
Hersteller	
Jahr	2002
Packung	Plastikschachtel
Vorbild	Mack Auflieger
Sonst.	Muster 5 St.
Molter Nr.	6240

Rosen Brauerei	100 €
Hersteller	FS
Jahr	
Packung	Plastikschachtel
Vorbild	3-er Set
Sonst.	
Molter Nr.	6459

Rosen Brauerei	75 €
Hersteller	
Jahr	
Packung	Pappschachtel
Vorbild	Pferdewagen
Sonst.	
Molter Nr.	6452

Rosen Brauerei	LHP €
Hersteller	
Jahr	
Packung	Plastikschachtel
Vorbild	MAN F90 Hängerzug
Sonst.	ohne Genehmigung
Molter Nr.	2695

Rosen Brauerei	LHP €
Hersteller	
Jahr	
Packung	Plastikschachtel
Vorbild	Majorette Tankzug
Sonst.	ohne Genehmigung
Molter Nr.	6617

R

Rosen Brauerei	200 €
Hersteller	Hümmer
Jahr	(Aufl.: 100)
Packung	Plastikschachtel
Vorbild	MAN F90 Hängerzug
Sonst.	
Molter Nr.	1547

Rosen Brauerei	200 €
Hersteller	Hümmer
Jahr	(Aufl.: 100)
Packung	Plastikschachtel
Vorbild	MAN F90 Hängerzug
Sonst.	
Molter Nr.	1548

Rosen Brauerei	130 €
Hersteller	Hümmer
Jahr	
Packung	Blister
Vorbild	MB klein Auflieger
Sonst.	Fünflochfelgen
Molter Nr.	1549

R

Rosen Brauerei	50 €
Hersteller	Grell
Jahr	
Packung	Blister
Vorbild	Mack Auflieger
Sonst.	Nr. 2
Molter Nr.	1550

Rosen Brauerei	40 €
Hersteller	Grell
Jahr	
Packung	Blister
Vorbild	Mack Auflieger
Sonst.	Nr. 3
Molter Nr.	1551

Rosen Brauerei — 40 €

Hersteller	Grell
Jahr	
Packung	Blister
Vorbild	Mack Auflieger
Sonst.	Nr. 4
Molter Nr.	1552

Rosen Brauerei — 25 €

Hersteller	Grell
Jahr	1998
Packung	Blister
Vorbild	Mack Auflieger
Sonst.	Nr. 5
Molter Nr.	1553

Rosen Brauerei — 20 €

Hersteller	Grell
Jahr	1999
Packung	Blister
Vorbild	MB Actros Auflieger
Sonst.	Nr. 6
Molter Nr.	1554

Rosen Brauerei — 20 €

Hersteller	dgd
Jahr	1999
Packung	Blister
Vorbild	MB Actros Auflieger
Sonst.	Nr. 7
Molter Nr.	1555

Rosen Brauerei — 17 €

Hersteller	dgd
Jahr	1999
Packung	Blister
Vorbild	MB Actros Auflieger
Sonst.	Nr. 8
Molter Nr.	1556

Rosen Brauerei — 15 €

Hersteller	dgd
Jahr	2000
Packung	Blister
Vorbild	MB Actros Auflieger
Sonst.	Nr. 9
Molter Nr.	1557

Rosen Brauerei — 75 €

Hersteller	dgd
Jahr	2000 (Aufl.: 2000)
Packung	Blister
Vorbild	Kenworth T2000 Auflieger
Sonst.	Nr. 10
Molter Nr.	1558

Rosen Brauerei — 75 €

Hersteller	Hümmer
Jahr	2000 (Aufl.: 1000)
Packung	Blister
Vorbild	MB klein Auflieger
Sonst.	Tiefbettfelgen, Nr. 1a
Molter Nr.	1559

R

Rosen Brauerei — 17 €

Hersteller	dgd
Jahr	2000 (Aufl.: 2000)
Packung	Blister
Vorbild	Kenworth T2000 Auflieger
Sonst.	Nr. 7a
Molter Nr.	1560

Rosen Brauerei — 17 €

Hersteller	dgd
Jahr	2000 (Aufl.: 2000)
Packung	Blister
Vorbild	Kenworth T2000 Auflieger
Sonst.	Nr. 8a
Molter Nr.	1561

Rosen Brauerei 17 €

Hersteller	dgd
Jahr	2000 (Aufl.: 2000)
Packung	Blister
Vorbild	Kenworth T2000 Auflieger
Sonst.	Nr. 9a
Molter Nr.	1562

Rosen Brauerei 12 €

Hersteller	dgd
Jahr	2000
Packung	Blister
Vorbild	MB Actros Auflieger
Sonst.	Nr. 11
Molter Nr.	1563

Rosen Brauerei 17 €

Hersteller	dgd
Jahr	2000 (Aufl.: 2000)
Packung	Blister
Vorbild	Kenworth T2000 Auflieger
Sonst.	Nr. 11a
Molter Nr.	1564

R

Rosen Brauerei LHP €

Hersteller	dgd
Jahr	2000
Packung	Blister
Vorbild	MB Actros Auflieger
Sonst.	
Molter Nr.	1565

Rosen Brauerei 12 €

Hersteller	Dgd
Jahr	2000
Packung	Blister
Vorbild	MB Actros Auflieger
Sonst.	Nr. 12
Molter Nr.	7627

Rosen Brauerei	17 €
Hersteller	dgd
Jahr	2001
Packung	Blister
Vorbild	Kenworth T2000 Auflieger
Sonst.	Nr. 12a
Molter Nr.	1567

Rosen Brauerei	10 €
Hersteller	Grell
Jahr	2001
Packung	Blister
Vorbild	Ford 9000 Auflieger
Sonst.	Nr. 13
Molter Nr.	2174

Rosen Brauerei	10 €
Hersteller	Grell
Jahr	2001
Packung	Blister
Vorbild	Ford 9000 Auflieger
Sonst.	Nr. 14
Molter Nr.	3412

R

Rosen Brauerei	10 €
Hersteller	Grell
Jahr	2001
Packung	Blister
Vorbild	Ford 9000 Auflieger
Sonst.	Nr. 15
Molter Nr.	4440

Rosen Brauerei	10 €
Hersteller	Grell
Jahr	2001
Packung	Blister
Vorbild	Ford 9000 Auflieger
Sonst.	Nr. 16
Molter Nr.	3418

Rosen Brauerei — 100 €

Hersteller	Hümmer
Jahr	2001
Packung	Blister
Vorbild	Peterbilt Auflieger
Sonst.	Nr. 1, XXL
Molter Nr.	7634

Rosen Brauerei — 40 €

Hersteller	Grell
Jahr	2001 (Aufl.: 2000)
Packung	Blister
Vorbild	Ford 9000 Auflieger
Sonst.	Nr. 10a
Molter Nr.	3417

Rosen Brauerei — 50 €

Hersteller	Hümmer
Jahr	2001
Packung	Blister
Vorbild	Peterbilt
Sonst.	Nr. 2, XXL
Molter Nr.	7635

Rosen Brauerei — 50 €

Hersteller	Hümmer
Jahr	2001
Packung	Blister
Vorbild	Peterbilt Auflieger
Sonst.	Nr. 3, XXL
Molter Nr.	7638

Rosen Brauerei — 10 €

Hersteller	Grell
Jahr	2001
Packung	Blister
Vorbild	Ford 9000 Auflieger
Sonst.	Nr. 17
Molter Nr.	3416

R

Rosen Brauerei	9 €
Hersteller	Grell
Jahr	2001
Packung	Blister
Vorbild	Freightliner FLD Auflieger
Sonst.	Nr. 18
Molter Nr.	3414

Rosen Brauerei	40 €
Hersteller	
Jahr	2002 (Aufl.: 1000)
Packung	Blister
Vorbild	Peterbilt Auflieger
Sonst.	XXL Nr.4
Molter Nr.	6028

Rosen Brauerei	40 €
Hersteller	Hümmer
Jahr	2002 (Aufl.: 1000)
Packung	Blister
Vorbild	Peterbilt Auflieger
Sonst.	XXL Nr.5
Molter Nr.	5001

Rosen Brauerei	9 €
Hersteller	Grell
Jahr	2002
Packung	Blister
Vorbild	Scania Hauber Tankzug
Sonst.	
Molter Nr.	7620

Rosen Brauerei	10 €
Hersteller	Grell
Jahr	2002
Packung	Blister
Vorbild	Freightliner FLD Tankzug
Sonst.	Nr. 20
Molter Nr.	4662

R

Rosen Brauerei	8 €
Hersteller	Grell
Jahr	2002
Packung	Blister
Vorbild	Kraz Tankzug
Sonst.	Nr. 21
Molter Nr.	4524

Rosen Brauerei	35 €
Hersteller	Hümmer
Jahr	2002 (Aufl.: 1000)
Packung	Blister
Vorbild	Peterbilt Auflieger
Sonst.	XXL Nr.6
Molter Nr.	5002

Rosen Brauerei	35 €
Hersteller	Hümmer
Jahr	2002 (Aufl.: 1000)
Packung	Blister
Vorbild	Peterbilt Auflieger
Sonst.	XXL Nr. 7
Molter Nr.	5009

Rosen Brauerei	8 €
Hersteller	Grell
Jahr	2002
Packung	Blister
Vorbild	Büssing Holzgaser HZ
Sonst.	Nr. 22
Molter Nr.	5408

Rosen Brauerei	40 €
Hersteller	Hümmer
Jahr	2002 (Aufl.: 1000)
Packung	Blister
Vorbild	MB klein Auflieger
Sonst.	1B Silberner Grill
Molter Nr.	4794

R

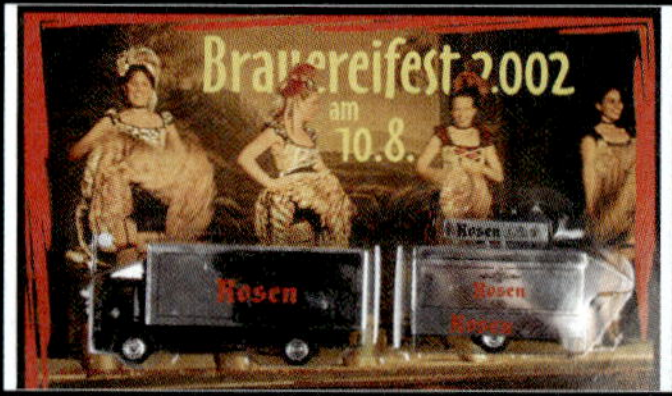

Rosen Brauerei — 25 €

Hersteller	Grell
Jahr	2002 (Aufl.: 2000)
Packung	Blister
Vorbild	MB Atego Hängerzug
Sonst.	mit Schankwagen, Nr. 10b
Molter Nr.	4800

Rosen Brauerei — 30 €

Hersteller	Hümmer
Jahr	2002 (Aufl.: 1000)
Packung	Blister
Vorbild	Peterbilt Auflieger
Sonst.	XXL Nr.8
Molter Nr.	5010

Rosen Brauerei — 30 €

Hersteller	Hümmer
Jahr	2002 (Aufl.: 1000)
Packung	Blister
Vorbild	Peterbilt Auflieger
Sonst.	XXL Nr. 9
Molter Nr.	5011

R

Rosen Brauerei — 8 €

Hersteller	Grell
Jahr	2002
Packung	Blister
Vorbild	Krupp Mustang Hängerzug
Sonst.	Nr. 23
Molter Nr.	4777

Rosen Brauerei — 8 €

Hersteller	Grell
Jahr	2002
Packung	Blister
Vorbild	Freightliner FLD Hängerzug
Sonst.	m. Flasche und Glas, Nr. 24
Molter Nr.	4647

Rosen Brauerei — 8 €

Hersteller	Grell
Jahr	2003
Packung	Blister
Vorbild	MB Atego Hängerzug
Sonst.	mit Flasche, Nr. 25
Molter Nr.	6361

Rosen Brauerei — 8 €

Hersteller	Grell
Jahr	2003
Packung	Blister
Vorbild	Freightliner FLD Tieflader
Sonst.	mit Flasche, Nr. 26
Molter Nr.	7088

Rosenstein — 8 €

Hersteller	dgd
Jahr	2001
Packung	Blister
Vorbild	MB Actros Auflieger
Sonst.	
Molter Nr.	3410

Rossdorfer — €

Hersteller	
Jahr	2002
Packung	Plastikschachtel
Vorbild	MB Actros Auflieger
Sonst.	
Molter Nr.	4571

Rossdorfer — 8 €

Hersteller	
Jahr	2002
Packung	Plastikschachtel
Vorbild	MB Actros Hängerzug
Sonst.	
Molter Nr.	5209

R

Rostocker	75 €
Hersteller	
Jahr	
Packung	Plastikschachtel
Vorbild	Ford Oldtimer
Sonst.	
Molter Nr.	6500

Rostocker	20 €
Hersteller	Grell
Jahr	1999
Packung	Blister
Vorbild	Mack Auflieger
Sonst.	
Molter Nr.	1569

Rostocker	12 €
Hersteller	Grell
Jahr	2000
Packung	Blister
Vorbild	MB Actros Auflieger
Sonst.	
Molter Nr.	1571

Rostocker	12 €
Hersteller	Grell
Jahr	2000
Packung	Blister
Vorbild	MB Actros Auflieger
Sonst.	
Molter Nr.	1570

Rostocker	9 €
Hersteller	Grell
Jahr	2001
Packung	Blister
Vorbild	Scania Auflieger
Sonst.	
Molter Nr.	7621

Rostocker — 8 €

Hersteller	Vierke
Jahr	2001
Packung	Blister
Vorbild	Mack neu Auflieger
Sonst.	
Molter Nr.	7623

Rostocker — 8 €

Hersteller	Gabotex
Jahr	2002
Packung	Blister
Vorbild	DAF 95 XF Auflieger
Sonst.	
Molter Nr.	4729

Rostocker — 8 €

Hersteller	Grell
Jahr	2002
Packung	Blister
Vorbild	Freightliner FLD Auflieger
Sonst.	
Molter Nr.	7882

Roter Eber — 8 €

Hersteller	Eurosun
Jahr	2001 (Aufl.: 2500)
Packung	Blister
Vorbild	MAN F2000 Auflieger
Sonst.	
Molter Nr.	3955

Roth Bier — 20 €

Hersteller	Grell
Jahr	1998 (Aufl.: 10000)
Packung	Blister
Vorbild	MB Actros Hängerzug
Sonst.	
Molter Nr.	1573

Roth Bier	25 €
Hersteller	Grell
Jahr	1999 (Aufl.: 1000)
Packung	Blister
Vorbild	MB Actros Auflieger
Sonst.	
Molter Nr.	1572

Roth Bier	10 €
Hersteller	Top-Style
Jahr	2000
Packung	Blister
Vorbild	MB Actros Hängerzug
Sonst.	
Molter Nr.	1574

Roth Bier	10 €
Hersteller	Top-Style
Jahr	2000
Packung	Blister
Vorbild	MB Actros Hängerzug
Sonst.	
Molter Nr.	1575

R

Roth Bier	10 €
Hersteller	Top-Style
Jahr	2000
Packung	Blister
Vorbild	MB Actros Hängerzug
Sonst.	
Molter Nr.	1576

Roth Bier	10 €
Hersteller	Top-Style
Jahr	2000
Packung	Blister
Vorbild	MB Actros Hängerzug
Sonst.	
Molter Nr.	1577

Roth Bier	10 €
Hersteller	Top-Style
Jahr	2000
Packung	Blister
Vorbild	MB Actros Hängerzug
Sonst.	
Molter Nr.	1578

Roth Bier	10 €
Hersteller	Top-Style
Jahr	2000
Packung	Blister
Vorbild	MB Actros Hängerzug
Sonst.	
Molter Nr.	4190

Roth Bier	8 €
Hersteller	Top-Style
Jahr	2001
Packung	Blister
Vorbild	MB Actros Tankzug
Sonst.	
Molter Nr.	3420

Roth Bier	8 €
Hersteller	Top-Style
Jahr	2001
Packung	Blister
Vorbild	Mack Tankzug
Sonst.	
Molter Nr.	3421

Roth Bier	12 €
Hersteller	EKBG
Jahr	2002
Packung	Blister
Vorbild	Freightliner FLD Auflieger
Sonst.	XL
Molter Nr.	4655

R

Roth Bier — 12 €

Hersteller	EKBG
Jahr	2002
Packung	Blister
Vorbild	Freightliner FLD Auflieger
Sonst.	XL
Molter Nr.	5454

Roth Bier — 8 €

Hersteller	Gabotex
Jahr	2002
Packung	Blister
Vorbild	US classic Tankzug
Sonst.	
Molter Nr.	7624

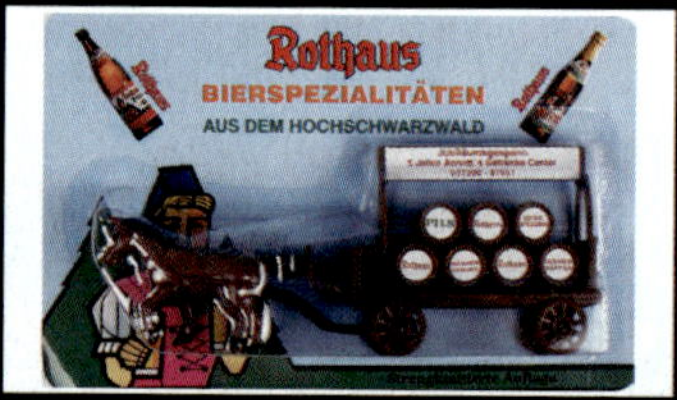

Rothaus — 8 €

Hersteller	Lauterbach
Jahr	2002
Packung	Blister
Vorbild	Pferdewagen
Sonst.	
Molter Nr.	5393

Rothenburger Landwehr Br. — 35 €

Hersteller	Müller Chemnitz
Jahr	(Aufl.: 200)
Packung	Plastikschachtel
Vorbild	Mack Auflieger
Sonst.	
Molter Nr.	1585

Rothenburger Landwehr Br. — 35 €

Hersteller	Müller Chemnitz
Jahr	(Aufl.: 200)
Packung	Plastikschachtel
Vorbild	Volvo Auflieger
Sonst.	
Molter Nr.	1584

Rothenburger Landwehr Br. 35 €

Hersteller	Müller Chemnitz
Jahr	(Aufl.: 200)
Packung	Plastikschachtel
Vorbild	Mack Auflieger
Sonst.	
Molter Nr.	1586

Rothenburger Landwehr Br. 35 €

Hersteller	Müller Chemnitz
Jahr	(Aufl.: 200)
Packung	Plastikschachtel
Vorbild	Mack Auflieger
Sonst.	
Molter Nr.	1587

Rothenburger Landwehr Br. 35 €

Hersteller	Müller Chemnitz
Jahr	(Aufl.: 200)
Packung	Plastikschachtel
Vorbild	Volvo Auflieger
Sonst.	
Molter Nr.	1588

Rothenburger Landwehr Br. 25 €

Hersteller	
Jahr	2001
Packung	Plastikschachtel
Vorbild	MB Actros Auflieger
Sonst.	
Molter Nr.	3428

Rothenburger Landwehr Br. 25 €

Hersteller	
Jahr	2001
Packung	Plastikschachtel
Vorbild	MB Actros Auflieger
Sonst.	
Molter Nr.	3431

R

Rothenburger Landwehr Br.	25 €
Hersteller	
Jahr	2001
Packung	Plastikschachtel
Vorbild	MB Actros Auflieger
Sonst.	
Molter Nr.	3432

Rother Bräu	20 €
Hersteller	Grell
Jahr	1999
Packung	Blister
Vorbild	Mack Auflieger
Sonst.	
Molter Nr.	1579

Rother Bräu	12 €
Hersteller	Grell
Jahr	1999
Packung	Blister
Vorbild	MB Actros Auflieger
Sonst.	
Molter Nr.	7632

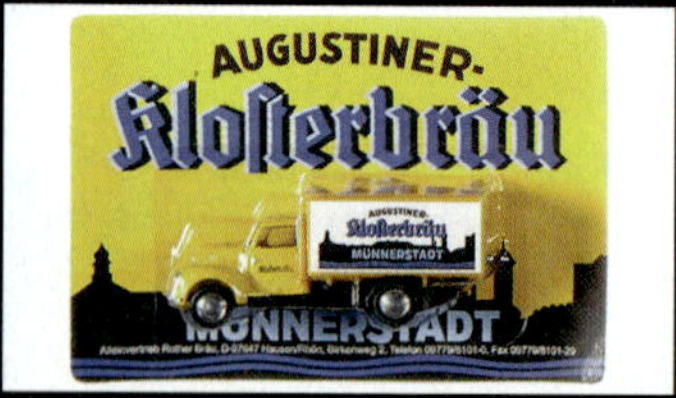

Rother Bräu	12 €
Hersteller	Eurosun
Jahr	2000
Packung	Blister
Vorbild	Framo
Sonst.	
Molter Nr.	1581

Rother Bräu	12 €
Hersteller	Eurosun
Jahr	2000
Packung	Blister
Vorbild	Framo
Sonst.	
Molter Nr.	1583

R

Rother Bräu	10 €
Hersteller	dgd
Jahr	2000 (Aufl.: 2500)
Packung	Blister
Vorbild	Volvo Auflieger
Sonst.	
Molter Nr.	1582

Rother Bräu	10 €
Hersteller	Grell
Jahr	2000
Packung	Blister
Vorbild	Ford 9000 Auflieger
Sonst.	
Molter Nr.	3423

Rother Bräu	15 €
Hersteller	dgd
Jahr	2000 (Aufl.: 2500)
Packung	Blister
Vorbild	MB Actros Tankzug
Sonst.	
Molter Nr.	3424

Rother Bräu	10 €
Hersteller	Grell
Jahr	2001
Packung	Blister
Vorbild	MAN Tanklastzug
Sonst.	
Molter Nr.	3425

Rother Bräu	8 €
Hersteller	Grell
Jahr	2000
Packung	Blister
Vorbild	Scania Auflieger
Sonst.	
Molter Nr.	3422

R

Rother Bräu	8 €
Hersteller	Grell
Jahr	2001
Packung	Blister
Vorbild	MAN TG-A Auflieger
Sonst.	
Molter Nr.	3427

Rother Bräu	8 €
Hersteller	Grell
Jahr	2002
Packung	Blister
Vorbild	Renault Magnum Tankzug
Sonst.	
Molter Nr.	6003

Rother Bräu	8 €
Hersteller	Grell
Jahr	2002
Packung	Blister
Vorbild	MB Atego
Sonst.	Mit Schankwagen
Molter Nr.	7630

Rother Bräu	8 €
Hersteller	dgd
Jahr	2002
Packung	Blister
Vorbild	MB Axor Auflieger
Sonst.	mit Gabelstapler
Molter Nr.	4707

Rother Bräu	10 €
Hersteller	dgd
Jahr	2002
Packung	Blister
Vorbild	Volvo Auflieger
Sonst.	mit Melodie
Molter Nr.	5237

Rother Bräu — 8 €

Hersteller	Grell
Jahr	2003
Packung	Blister
Vorbild	Scania 124L Auflieger
Sonst.	mit Sudkessel
Molter Nr.	7119

Rotkäppchen — 8 €

Hersteller	Grell
Jahr	2003
Packung	Blister
Vorbild	MAN F2000 Auflieger
Sonst.	
Molter Nr.	7879

Rückel — 20 €

Hersteller	Amon
Jahr	2002 (Aufl.: 200)
Packung	Plastikschachtel
Vorbild	MAN TG-A Auflieger
Sonst.	
Molter Nr.	6055

Rückel — 20 €

Hersteller	Amon
Jahr	2002 (Aufl.: 200)
Packung	Plastikschachtel
Vorbild	MAN TG-A Auflieger
Sonst.	
Molter Nr.	6067

Rufenstein — 8 €

Hersteller	EKBG
Jahr	2002
Packung	Plastikschachtel
Vorbild	MAN TG-A Auflieger
Sonst.	
Molter Nr.	6309

Runkel-Bräu — 8 €

Hersteller	WMS
Jahr	2002
Packung	Blister
Vorbild	Steyr Tankzug
Sonst.	
Molter Nr.	5784

Runkel-Bräu — 8 €

Hersteller	Grell
Jahr	2002
Packung	Blister
Vorbild	Scania 124L Hängerzug
Sonst.	mit Silo
Molter Nr.	5774

Rychtár — 9 €

Hersteller	dgd
Jahr	2001
Packung	Blister
Vorbild	MAN F2000 Auflieger
Sonst.	
Molter Nr.	4472

Saalfelder — 40 €

Hersteller	Hümmer
Jahr	1998
Packung	Blister
Vorbild	MAN F90 Hängerzug
Sonst.	schwarzer Grill
Molter Nr.	1589

Saalfelder — 30 €

Hersteller	Hümmer
Jahr	1998
Packung	Plastikschachtel
Vorbild	MAN F90 Hängerzug
Sonst.	weißer Grill
Molter Nr.	3429

Saalfelder 15 €

Hersteller	Grell
Jahr	1999
Packung	Blister
Vorbild	Mack Auflieger
Sonst.	
Molter Nr.	1590

Saalfelder 15 €

Hersteller	Grell
Jahr	1999
Packung	Blister
Vorbild	Mack Auflieger
Sonst.	
Molter Nr.	1591

Saalfelder 15 €

Hersteller	Grell
Jahr	1999
Packung	Blister
Vorbild	Mack Auflieger
Sonst.	
Molter Nr.	1592

Saalfelder 10 €

Hersteller	Grell
Jahr	2001
Packung	Blister
Vorbild	Scania Auflieger
Sonst.	
Molter Nr.	3430

Saalfelder 10 €

Hersteller	Grell
Jahr	2001
Packung	Blister
Vorbild	Scania Auflieger
Sonst.	
Molter Nr.	3433

S

Saalfelder	10 €
Hersteller	Grell
Jahr	2001
Packung	Blister
Vorbild	Scania Auflieger
Sonst.	
Molter Nr.	3434

Saalfelder	10 €
Hersteller	Grell
Jahr	2001
Packung	Blister
Vorbild	Ford 9000 Auflieger
Sonst.	
Molter Nr.	7633

Saalfelder	10 €
Hersteller	Grell
Jahr	2001
Packung	Blister
Vorbild	Ford 9000 Auflieger
Sonst.	
Molter Nr.	3437

Saalfelder	10 €
Hersteller	Grell
Jahr	2001
Packung	Blister
Vorbild	Ford 9000 Auflieger
Sonst.	
Molter Nr.	3438

Saalfelder	12 €
Hersteller	Grell
Jahr	2001
Packung	Blister
Vorbild	Ford 9000 Auflieger
Sonst.	
Molter Nr.	3436

Saalfelder — 8 €

Hersteller	Grell
Jahr	2002
Packung	Blister
Vorbild	Freightliner FLD Auflieger
Sonst.	
Molter Nr.	4952

Saalfelder — 8 €

Hersteller	Grell
Jahr	2002
Packung	Blister
Vorbild	Freightliner FLD Auflieger
Sonst.	
Molter Nr.	7625

Saalfelder — 8 €

Hersteller	Grell
Jahr	2002
Packung	Blister
Vorbild	Freightliner FLD Auflieger
Sonst.	
Molter Nr.	5558

Saalfelder — 8 €

Hersteller	Grell
Jahr	2002
Packung	Blister
Vorbild	Krupp Mustang HZ
Sonst.	
Molter Nr.	4543

Saalfelder — 12 €

Hersteller	dgd
Jahr	2002
Packung	Blister
Vorbild	Renault Tankzug
Sonst.	
Molter Nr.	4751

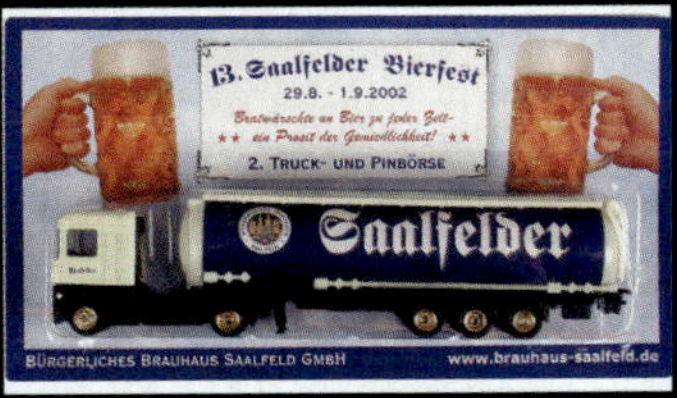

S

Saalfelder — 8 €

Hersteller	dgd
Jahr	2002
Packung	Blister
Vorbild	Renault Tankzug
Sonst.	
Molter Nr.	4759

Saalfelder — 8 €

Hersteller	Hümmer
Jahr	2002
Packung	Blister
Vorbild	MAN TG-A Auflieger
Sonst.	mit Flasche
Molter Nr.	5491

Saalfelder — 8 €

Hersteller	Hümmer
Jahr	2003
Packung	Blister
Vorbild	MB Actros Auflieger
Sonst.	mit Flasche
Molter Nr.	6975

Saalfelder — 8 €

Hersteller	Grell
Jahr	2003
Packung	Blister
Vorbild	Freightliner FLD Tieflader
Sonst.	
Molter Nr.	7850

Saarbrücker — 12 €

Hersteller	Mülller Chemnitz
Jahr	1999
Packung	Plastikschachtel
Vorbild	Majorette Auflieger
Sonst.	
Molter Nr.	1593

S

Saarfuerst — 8 €

Hersteller	Hümmer
Jahr	2002
Packung	Blister
Vorbild	MB Oldtimer Hängerzug
Sonst.	
Molter Nr.	5934

Sachsen Obst — 15 €

Hersteller	Grell
Jahr	1999
Packung	Blister
Vorbild	MB Actros Auflieger
Sonst.	
Molter Nr.	1603

Sachsen Obst — 10 €

Hersteller	Grell
Jahr	2000
Packung	Blister
Vorbild	MB Actros Auflieger
Sonst.	
Molter Nr.	1604

Sachsen Obst — 9 €

Hersteller	Grell
Jahr	2001
Packung	Blister
Vorbild	MAN F2000 Auflieger
Sonst.	
Molter Nr.	3468

Sachsen Obst — 8 €

Hersteller	Grell
Jahr	2001
Packung	Blister
Vorbild	MAN TG-A Auflieger
Sonst.	
Molter Nr.	4246

S

Sachsen Obst — 8 €

Hersteller	Grell
Jahr	2002
Packung	Blister
Vorbild	MAN TG-A Tankzug
Sonst.	
Molter Nr.	4529

Sachsen Obst — 8 €

Hersteller	Grell
Jahr	2002
Packung	Blister
Vorbild	IFA G5 Tankzug
Sonst.	
Molter Nr.	7662

S

Sachsen Pils — 8 €

Hersteller	
Jahr	1999
Packung	Plastikschachtel
Vorbild	MB Actros Auflieger
Sonst.	
Molter Nr.	1597

Sachsen Pils — 8 €

Hersteller	Grell
Jahr	2000 (Aufl.: 5000)
Packung	Blister
Vorbild	Scania Auflieger
Sonst.	
Molter Nr.	1598

Sachsen Pils — 8 €

Hersteller	dgd
Jahr	2000 (Aufl.: 5000)
Packung	Blister
Vorbild	MAN F2000 Auflieger
Sonst.	
Molter Nr.	1599

Sachsen Pils — 8 €

Hersteller	dgd
Jahr	2000
Packung	Blister
Vorbild	Kenworth T2000 Auflieger
Sonst.	
Molter Nr.	1600

Sachsen Pils — 8 €

Hersteller	WMS
Jahr	2000
Packung	Blister
Vorbild	MAN F2000 Auflieger
Sonst.	
Molter Nr.	1601

Sachsen Pils — 8 €

Hersteller	WMS
Jahr	2000
Packung	Blister
Vorbild	IFA H6 Hängerzug
Sonst.	
Molter Nr.	1602

Sachsen Pils — 9 €

Hersteller	Mülller Chemnitz
Jahr	2000
Packung	Plastikschachtel
Vorbild	Mack Auflieger
Sonst.	
Molter Nr.	4062

Sachsen Pils — 10 €

Hersteller	WMS
Jahr	2001
Packung	Blister
Vorbild	MAN F2000 Auflieger
Sonst.	
Molter Nr.	3439

Sachsen Pils	10 €
Hersteller	WMS
Jahr	2001
Packung	Blister
Vorbild	MAN F2000 Auflieger
Sonst.	
Molter Nr.	3440

Sachsen Pils	10 €
Hersteller	WMS
Jahr	2001
Packung	Blister
Vorbild	Scania Auflieger
Sonst.	
Molter Nr.	3442

Sachsen Pils	8 €
Hersteller	WMS
Jahr	2001
Packung	Blister
Vorbild	MB Actros Auflieger
Sonst.	
Molter Nr.	3444

Sachsen Pils	8 €
Hersteller	Grell
Jahr	2001
Packung	Blister
Vorbild	Ford Oldtimer
Sonst.	
Molter Nr.	3447

Sachsen Pils	8 €
Hersteller	WMS
Jahr	2001
Packung	Blister
Vorbild	DAF 95 XF Auflieger
Sonst.	
Molter Nr.	3448

S

Sachsen Pils — 8 €

Hersteller	WMS
Jahr	2001
Packung	Blister
Vorbild	Feuerwehr
Sonst.	
Molter Nr.	3449

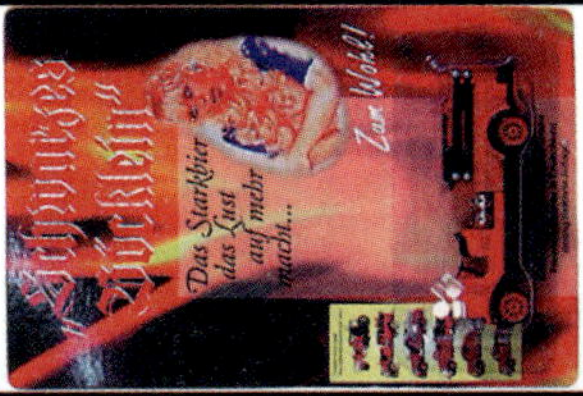

Sachsen Pils — 8 €

Hersteller	WMS
Jahr	2001
Packung	Blister
Vorbild	Feuerwehr
Sonst.	
Molter Nr.	3453

Sachsen Pils — 8 €

Hersteller	WMS
Jahr	2001
Packung	Blister
Vorbild	Feuerwehr
Sonst.	
Molter Nr.	3454

Sachsen Pils — 8 €

Hersteller	WMS
Jahr	2001
Packung	Blister
Vorbild	Feuerwehr
Sonst.	
Molter Nr.	3455

Sachsen Pils — 8 €

Hersteller	WMS
Jahr	2001
Packung	Blister
Vorbild	Feuerwehr
Sonst.	
Molter Nr.	3457

S

Sachsen Pils	8 €
Hersteller	WMS
Jahr	2001
Packung	Blister
Vorbild	Feuerwehr
Sonst.	
Molter Nr.	3458

Sachsen Pils	10 €
Hersteller	WMS
Jahr	2001
Packung	Blister
Vorbild	MAN F2000 Auflieger
Sonst.	
Molter Nr.	3441

S

Sachsen Pils	8 €
Hersteller	WMS
Jahr	2001
Packung	Blister
Vorbild	Feuerwehr
Sonst.	
Molter Nr.	3459

Sachsen Pils	8 €
Hersteller	WMS
Jahr	2001
Packung	Blister
Vorbild	Feuerwehr
Sonst.	
Molter Nr.	3461

Sachsen Pils	8 €
Hersteller	WMS
Jahr	2001
Packung	Blister
Vorbild	MAN TG-A Auflieger
Sonst.	
Molter Nr.	4119

Sachsen Pils — 8 €

Hersteller	Grell
Jahr	2002
Packung	Blister
Vorbild	Pferdewagen
Sonst.	2 Pferde
Molter Nr.	4574

Sachsen Pils — 8 €

Hersteller	WMS
Jahr	2002
Packung	Blister
Vorbild	Pferdewagen
Sonst.	2 Pferde
Molter Nr.	4841

Sachsen Pils — 8 €

Hersteller	WMS
Jahr	2002
Packung	Pappschachtel
Vorbild	Motorrad
Sonst.	
Molter Nr.	4842

Sachsen Pils — 8 €

Hersteller	Grell
Jahr	2002
Packung	Blister
Vorbild	IFA W50 Hängerzug
Sonst.	
Molter Nr.	5138

Sachsen Pils — 8 €

Hersteller	WMS
Jahr	2002
Packung	Blister
Vorbild	Renault Auflieger
Sonst.	mit Stapler
Molter Nr.	5245

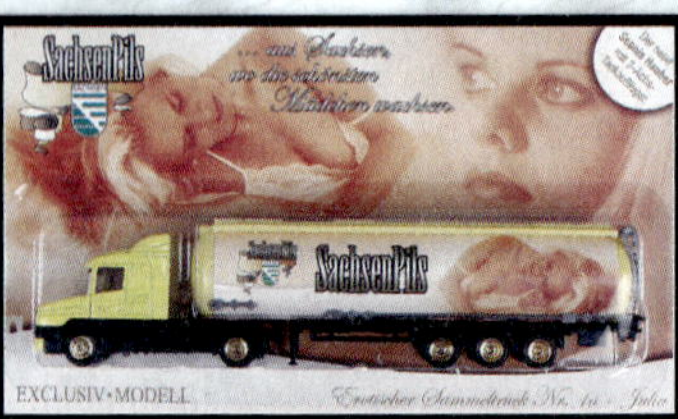

Sachsen Pils — 8 €

Hersteller	WMS
Jahr	2002
Packung	Blister
Vorbild	Scania 124L Tankzug
Sonst.	
Molter Nr.	5280

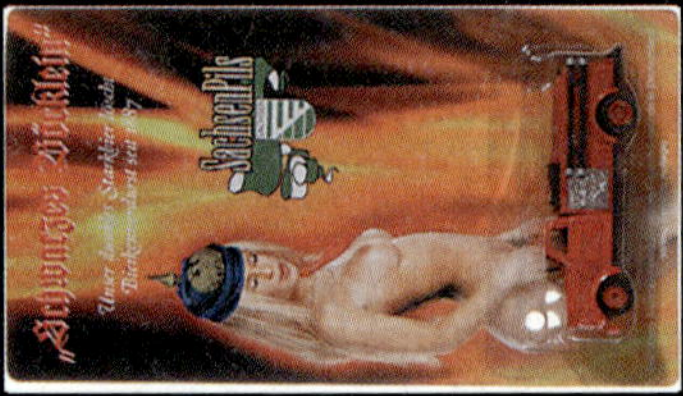

Sachsen Pils — 8 €

Hersteller	WMS
Jahr	2002
Packung	Blister
Vorbild	Feuerwehr
Sonst.	
Molter Nr.	3464

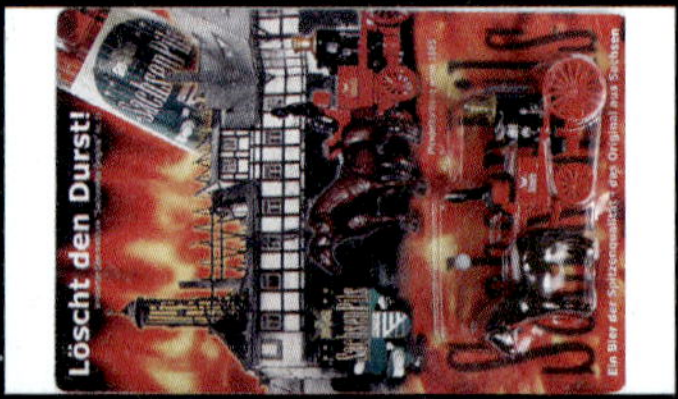

Sachsen Pils — 8 €

Hersteller	WMS
Jahr	2002
Packung	Blister
Vorbild	Feuerwehr Pferdewagen
Sonst.	
Molter Nr.	4827

Sachsen Pils — 10 €

Hersteller	WMS
Jahr	2002
Packung	Blister
Vorbild	MB Actros Tankzug
Sonst.	mit Flüssigkeit
Molter Nr.	4651

Sachsen Pils — 8 €

Hersteller	WMS
Jahr	2002
Packung	Blister
Vorbild	Steyr Auflieger
Sonst.	
Molter Nr.	7010

S

Sachsen Pils	8 €
Hersteller	Grell
Jahr	2002 (Aufl.: 2500)
Packung	Blister
Vorbild	IFA W50 Hängerzug
Sonst.	
Molter Nr.	7235

Sachsen Pils	8 €
Hersteller	WMS
Jahr	2002
Packung	Blister
Vorbild	IFA W50 Hängerzug
Sonst.	
Molter Nr.	4868

Sachsen Pils	8 €
Hersteller	Hümmer
Jahr	2002
Packung	Blister
Vorbild	MAN TG-A Auflieger
Sonst.	mit Flasche
Molter Nr.	6530

Sachsen Pils	10 €
Hersteller	WMS
Jahr	2002
Packung	Papschachtel
Vorbild	Steyr Auflieger
Sonst.	
Molter Nr.	7273

Sachsen Pils	12 €
Hersteller	WMS
Jahr	2002
Packung	Blister
Vorbild	DAF Tieflader
Sonst.	mit Silo
Molter Nr.	5007

S

Sachsen Pils	12 €
Hersteller	WMS
Jahr	2002
Packung	Blister
Vorbild	MB Axor Auflieger
Sonst.	XL
Molter Nr.	5004

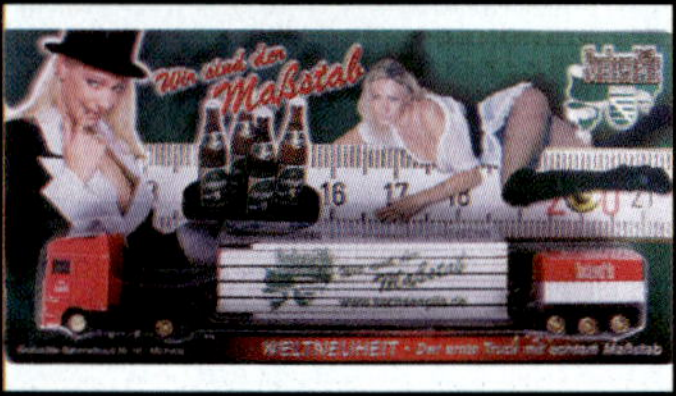

Sachsen Pils	8 €
Hersteller	dgd
Jahr	2003
Packung	Blister
Vorbild	DAF Tieflader
Sonst.	mit Zollstock
Molter Nr.	6623

Sachsen Pils	8 €
Hersteller	dgd
Jahr	2003
Packung	Blister
Vorbild	Colani Tankzug
Sonst.	
Molter Nr.	6877

Sachsen Pils	8 €
Hersteller	dgd
Jahr	2003
Packung	Blister
Vorbild	Colani Tankzug
Sonst.	
Molter Nr.	6968

Sachsenland	8 €
Hersteller	Grell
Jahr	2001
Packung	Blister
Vorbild	MB Atego LKW
Sonst.	
Molter Nr.	3465

Sachsenland — 8 €

Hersteller	WMS
Jahr	2001
Packung	Blister
Vorbild	IFA H6 Hängerzug
Sonst.	
Molter Nr.	3466

Sachsenquell — 250 €

Hersteller	
Jahr	
Packung	Plastikschachtel
Vorbild	US Auflieger
Sonst.	Grün
Molter Nr.	1605

Sachsenquell — 250 €

Hersteller	
Jahr	
Packung	Plastikschachtel
Vorbild	US Auflieger
Sonst.	Hellgrün
Molter Nr.	1606

Sachsenquell — 250 €

Hersteller	
Jahr	
Packung	Plastikschachtel
Vorbild	US Auflieger
Sonst.	Orange
Molter Nr.	1607

Sachsenquell — 250 €

Hersteller	
Jahr	
Packung	Plastikschachtel
Vorbild	US Auflieger
Sonst.	Pink
Molter Nr.	1608

S

Sachsenquell — 250 €

Hersteller	
Jahr	
Packung	Plastikschachtel
Vorbild	US Auflieger
Sonst.	Blau
Molter Nr.	1609

Sachsenquell — 250 €

Hersteller	
Jahr	
Packung	Plastikschachtel
Vorbild	US Auflieger
Sonst.	
Molter Nr.	3682

S

Sachsenquell — 250 €

Hersteller	
Jahr	
Packung	Plastikschachtel
Vorbild	US Auflieger
Sonst.	
Molter Nr.	7502

Sagasser — 15 €

Hersteller	Grell
Jahr	2002
Packung	Blister
Vorbild	Edition 50 Jahre
Sonst.	
Molter Nr.	5000

Sagasser — 8 €

Hersteller	Grell
Jahr	2002
Packung	Blister
Vorbild	MB Actros LKW
Sonst.	50 Jahre
Molter Nr.	5132

Sahler Brunnen — 8 €

Hersteller	Grell
Jahr	2002 (Aufl.: 2500)
Packung	Blister
Vorbild	IFA W50 Hängerzug
Sonst.	
Molter Nr.	7854

Salvus Mineral Wasser — 10 €

Hersteller	dgd
Jahr	2000
Packung	Blister
Vorbild	MB Actros Auflieger
Sonst.	
Molter Nr.	1610

Sandra´s Getränkemarkt — 8 €

Hersteller	Melco
Jahr	2000
Packung	Plastikschachtel
Vorbild	MB groß Auflieger
Sonst.	
Molter Nr.	3474

Sanwald — 9 €

Hersteller	Grell
Jahr	2001
Packung	Blister
Vorbild	Ford 9000 Auflieger
Sonst.	
Molter Nr.	3475

Sanwald — 8 €

Hersteller	Grell
Jahr	2002
Packung	Blister
Vorbild	Ford 9000 Auflieger
Sonst.	
Molter Nr.	6947

Schäffler Bräu 150 €

Hersteller	
Jahr	
Packung	Plastikschachtel
Vorbild	MB klein Auflieger
Sonst.	
Molter Nr.	3477

Schäffler Bräu 50 €

Hersteller	Hümmer
Jahr	
Packung	Plastikschachtel
Vorbild	MAN F90 LKW
Sonst.	
Molter Nr.	1612

Schäffler Bräu 30 €

Hersteller	Hümmer
Jahr	
Packung	Plastikschachtel
Vorbild	MAN F90 LKW
Sonst.	
Molter Nr.	1611

Schäffler Bräu 15 €

Hersteller	Lauterbach
Jahr	1999
Packung	Blister
Vorbild	MB groß Auflieger
Sonst.	
Molter Nr.	1613

Schäffler Bräu 10 €

Hersteller	Lauterbach
Jahr	2001
Packung	Blister
Vorbild	MAN M2000 Auflieger
Sonst.	
Molter Nr.	3470

Schäffler Bräu — 10 €

Hersteller	Grell
Jahr	2002
Packung	Blister
Vorbild	Freightliner FLD Auflieger
Sonst.	
Molter Nr.	4760

Schäffler Bräu — 8 €

Hersteller	Hümmer
Jahr	2002
Packung	Blister
Vorbild	Scania Auflieger
Sonst.	
Molter Nr.	5621

Schattenhofer Bräu — 8 €

Hersteller	Grell
Jahr	2003
Packung	Blister
Vorbild	Scania 124L Auflieger
Sonst.	
Molter Nr.	6851

Schaumburger — 15 €

Hersteller	Hümmer
Jahr	1998
Packung	Blister
Vorbild	US Auflieger
Sonst.	
Molter Nr.	1615

Schaumburger — 15 €

Hersteller	Hümmer
Jahr	2000
Packung	Blister
Vorbild	MAN F90 Hängerzug
Sonst.	
Molter Nr.	1616

S

S

Schaumburger — 8 €

Hersteller	Hümmer
Jahr	2000
Packung	Blister
Vorbild	MB Actros Hängerzug
Sonst.	
Molter Nr.	2147

Scheidmantel — 8 €

Hersteller	Top-Style
Jahr	2002
Packung	Blister
Vorbild	MB Actros Auflieger
Sonst.	
Molter Nr.	5725

Schellenhorst — 8 €

Hersteller	dgd
Jahr	2001 (Aufl.: 2500)
Packung	Blister
Vorbild	MAN F2000 Auflieger
Sonst.	
Molter Nr.	3952

Schels Bräu — 15 €

Hersteller	Lauterbach
Jahr	2000
Packung	Blister
Vorbild	MB groß Auflieger
Sonst.	
Molter Nr.	1617

Schels Bräu — 8 €

Hersteller	Lauterbach
Jahr	2003
Packung	Blister
Vorbild	Scania Hauber Tankzug
Sonst.	
Molter Nr.	8033

Scherdel — 50 €

Hersteller	Hümmer
Jahr	
Packung	Plastikschachtel
Vorbild	MB klein Auflieger
Sonst.	
Molter Nr.	1618

Scherdel — 50 €

Hersteller	Hümmer
Jahr	
Packung	Blister
Vorbild	US Auflieger
Sonst.	
Molter Nr.	1619

Scherdel — 70 €

Hersteller	Hümmer
Jahr	
Packung	Blister
Vorbild	US Auflieger
Sonst.	
Molter Nr.	1620

S

Scherdel — 20 €

Hersteller	Hümmer
Jahr	1998
Packung	Blister
Vorbild	MAN F90 Hängerzug
Sonst.	
Molter Nr.	1621

Scherdel — 12 €

Hersteller	Hümmer
Jahr	1999
Packung	Blister
Vorbild	MB Actros LKW
Sonst.	
Molter Nr.	1622

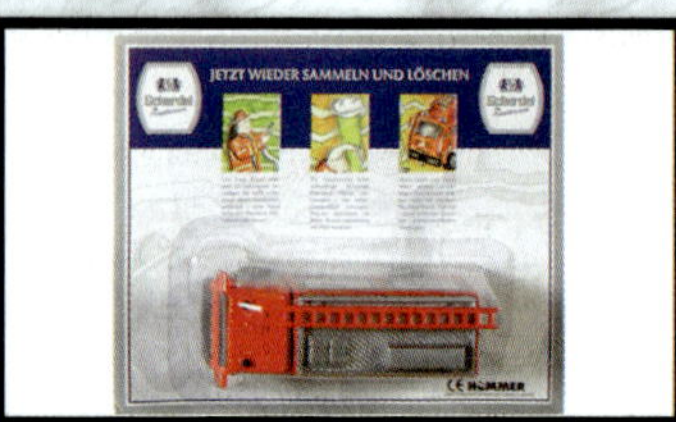

Scherdel — 22 €

Hersteller	Hümmer
Jahr	1999
Packung	Blister
Vorbild	MB Feuerwehr
Sonst.	
Molter Nr.	1623

Scherdel — 12 €

Hersteller	Hümmer
Jahr	2000
Packung	Blister
Vorbild	MB Actros Auflieger
Sonst.	
Molter Nr.	1624

Scherdel — 12 €

Hersteller	Hümmer
Jahr	2000
Packung	Blister
Vorbild	MB Actros Auflieger
Sonst.	
Molter Nr.	1625

Scherdel — 12 €

Hersteller	Hümmer
Jahr	2000
Packung	Blister
Vorbild	MB Actros Auflieger
Sonst.	
Molter Nr.	1626

Scherdel — 12 €

Hersteller	Hümmer
Jahr	2000
Packung	Blister
Vorbild	MB Actros Auflieger
Sonst.	
Molter Nr.	1627

Scherdel	12 €
Hersteller	Hümmer
Jahr	2000
Packung	Blister
Vorbild	MB Actros Auflieger
Sonst.	
Molter Nr.	1628

Scherdel	LHP
Hersteller	
Jahr	
Packung	Plastikfolie
Vorbild	Mack Auflieger
Sonst.	Muster
Molter Nr.	6454

Scherdel	12 €
Hersteller	Hümmer
Jahr	2000
Packung	Blister
Vorbild	US Auflieger
Sonst.	
Molter Nr.	1629

Scherdel	10 €
Hersteller	Hümmer
Jahr	2001
Packung	Blister
Vorbild	MAN TG-A Auflieger
Sonst.	
Molter Nr.	3480

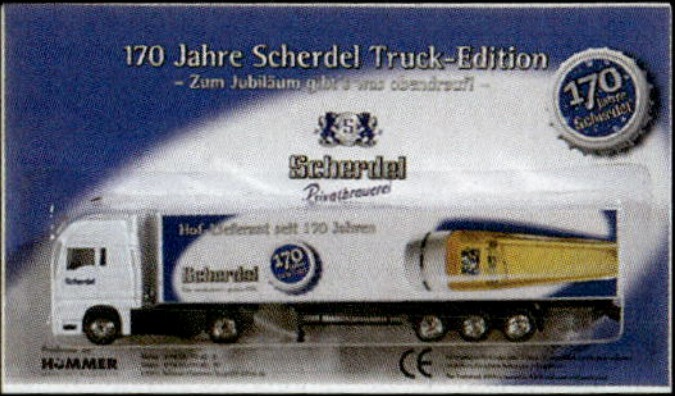

Scherdel	9 €
Hersteller	dgd
Jahr	2001
Packung	Blister
Vorbild	MAN TG-A Auflieger
Sonst.	
Molter Nr.	4438

S

Scherdel	9 €
Hersteller	Hümmer
Jahr	2001
Packung	Blister
Vorbild	MAN TG-A Auflieger
Sonst.	
Molter Nr.	3481

Scherdel	9 €
Hersteller	Hümmer
Jahr	2001
Packung	Blister
Vorbild	MAN TG-A Auflieger
Sonst.	
Molter Nr.	3479

S

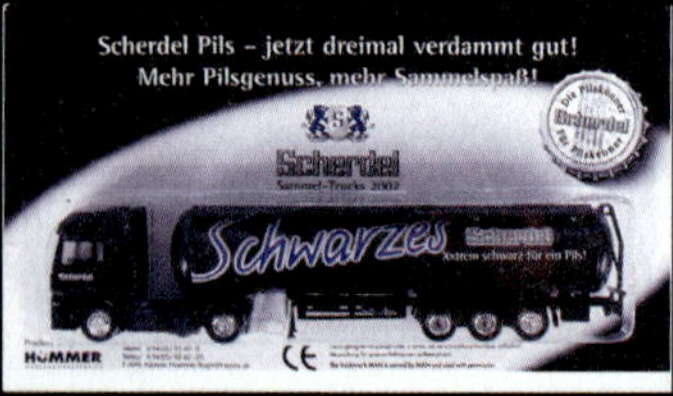

Scherdel	8 €
Hersteller	Hümmer
Jahr	2002
Packung	Blister
Vorbild	MAN TG-A
Sonst.	
Molter Nr.	8015

Scherdel	8 €
Hersteller	Hümmer
Jahr	2002
Packung	Blister
Vorbild	MB Oldtimer Hängerzug
Sonst.	
Molter Nr.	4679

Scherdel	8 €
Hersteller	Hümmer
Jahr	2002
Packung	Blister
Vorbild	Iveco Auflieger
Sonst.	mit Flasche
Molter Nr.	6396

Schierker Feuerstein — 8 €

Hersteller	Top Style
Jahr	2003
Packung	Blister
Vorbild	MB Actros Hängerzug
Sonst.	
Molter Nr.	6537

Schimpf — 7 €

Hersteller	Vierke
Jahr	2001
Packung	Blister
Vorbild	MB Atego Hängerzug
Sonst.	
Molter Nr.	4475

Schimpfle — 10 €

Hersteller	Grell
Jahr	2001
Packung	Blister
Vorbild	Ford 9000 Auflieger
Sonst.	Lösch-Zwerg
Molter Nr.	3079

Schimpfle — 10 €

Hersteller	Grell
Jahr	2001
Packung	Blister
Vorbild	MB Actros Auflieger
Sonst.	
Molter Nr.	3482

S

Schimpfle — 8 €

Hersteller	Grell
Jahr	2002
Packung	Blister
Vorbild	Freightliner FLD Auflieger
Sonst.	
Molter Nr.	4620

Schimpfle — 10 €

Hersteller	Grell
Jahr	2002
Packung	Blister
Vorbild	MB Actros Hängerzug
Sonst.	Lösch-Zwerg
Molter Nr.	4504

Schinner Brauhaus — 20 €

Hersteller	Gack
Jahr	1999
Packung	Blister
Vorbild	MB Actros Auflieger
Sonst.	
Molter Nr.	1631

Schinner Brauhaus — 12 €

Hersteller	Gack
Jahr	2000
Packung	Blister
Vorbild	MB Actros Auflieger
Sonst.	
Molter Nr.	1632

Schinner Brauhaus — 8 €

Hersteller	dgd
Jahr	2001
Packung	Blister
Vorbild	MAN TG-A Auflieger
Sonst.	
Molter Nr.	3485

Schinner Brauhaus	8 €
Hersteller	dgd
Jahr	2001
Packung	Blister
Vorbild	MAN TG-A Auflieger
Sonst.	
Molter Nr.	3486

Schinner Brauhaus	8 €
Hersteller	dgd
Jahr	2001
Packung	Blister
Vorbild	MAN TG-A Auflieger
Sonst.	
Molter Nr.	3487

Schinner Brauhaus	8 €
Hersteller	dgd
Jahr	2001
Packung	Blister
Vorbild	MAN TG-A Auflieger
Sonst.	
Molter Nr.	3488

Schinner Brauhaus	8 €
Hersteller	dgd
Jahr	2001
Packung	Blister
Vorbild	MAN TG-A Auflieger
Sonst.	
Molter Nr.	3493

Schinner Brauhaus	8 €
Hersteller	Dgd
Jahr	2002
Packung	Blister
Vorbild	Scania Tanker
Sonst.	
Molter Nr.	8048

S

Schinner Brauhaus — 8 €

Hersteller	Grell
Jahr	2003
Packung	Blister
Vorbild	MAN TG-A Hängerzug
Sonst.	m. Bierkisten+Tankcontainer
Molter Nr.	7681

Schladminger — 10 €

Hersteller	Müller Chemnitz
Jahr	2001
Packung	Plastikschachtel
Vorbild	Majorette Auflieger
Sonst.	
Molter Nr.	3492

Schlaubetal — 8 €

Hersteller	Lauterbach
Jahr	2002
Packung	Blister
Vorbild	Renault Tankzug
Sonst.	
Molter Nr.	4712

Schleicher — 15 €

Hersteller	Grell
Jahr	2000
Packung	Blister
Vorbild	MB Actros Auflieger
Sonst.	
Molter Nr.	1633

Schleicher — 12 €

Hersteller	Grell
Jahr	2001
Packung	Blister
Vorbild	MAN F2000 Auflieger
Sonst.	
Molter Nr.	3490

S

Schleicher — 8 €

Hersteller	Lauterbach
Jahr	2002
Packung	Blister
Vorbild	Renault Magnum Auflieger
Sonst.	
Molter Nr.	4546

Schlenkerhof — 8 €

Hersteller	dgd
Jahr	2003
Packung	Blister
Vorbild	MB Actros Hängerzug
Sonst.	
Molter Nr.	7030

Schlör — 9 €

Hersteller	Grell
Jahr	2000
Packung	Blister
Vorbild	MB Actros LKW
Sonst.	
Molter Nr.	1634

Schlör — 12 €

Hersteller	Grell
Jahr	1999 (Aufl.: 1000)
Packung	Blister
Vorbild	MB Actros LKW
Sonst.	
Molter Nr.	8000

Schlör — 8 €

Hersteller	Grell
Jahr	2002
Packung	Blister
Vorbild	MB Actros Tankzug
Sonst.	Thüringen
Molter Nr.	4556

S

Schlör — 8 €

Hersteller	Grell
Jahr	2002
Packung	Blister
Vorbild	MB Actros Tankzug
Sonst.	Bodensee Schorle
Molter Nr.	5281

Schloss Quelle Friedrichroda — 17 €

Hersteller	Hümmer
Jahr	1998
Packung	Blister
Vorbild	US Auflieger
Sonst.	
Molter Nr.	1641

Schloss Quelle Friedrichroda — 17 €

Hersteller	Hümmer
Jahr	1999
Packung	Blister
Vorbild	US Auflieger
Sonst.	
Molter Nr.	1642

Schloss Ramelsberg — 8 €

Hersteller	Grell
Jahr	2002
Packung	Blister
Vorbild	Ford 9000 Auflieger
Sonst.	
Molter Nr.	5578

Schloss Saarstein — 8 €

Hersteller	Hümmer
Jahr	2002
Packung	Blister
Vorbild	Goliath
Sonst.	
Molter Nr.	7676

S

Schloss Trier — 8 €

Hersteller	Grell
Jahr	2002
Packung	Blister
Vorbild	Ford 9000 Auflieger
Sonst.	Sekt
Molter Nr.	5650

Schloss Veldenz — 8 €

Hersteller	
Jahr	2002
Packung	Blister
Vorbild	MB Actros Hängerzug
Sonst.	
Molter Nr.	5727

Schlossbitter — 8 €

Hersteller	Grell
Jahr	2000
Packung	Blister
Vorbild	MB Actros Auflieger
Sonst.	
Molter Nr.	2114

Schlossbrauerei Au-Hallertau — 8 €

Hersteller	dgd
Jahr	2003
Packung	Blister
Vorbild	Scania 164L Auflieger
Sonst.	
Molter Nr.	7073

Schlossbrauerei Fattigau — 9 €

Hersteller	Grell
Jahr	1999
Packung	Blister
Vorbild	MB Actros Auflieger
Sonst.	
Molter Nr.	1643

S

Schlossbrauerei Fattigau 10 €

Hersteller	Grell
Jahr	2000
Packung	Blister
Vorbild	Ford 9000 Auflieger
Sonst.	
Molter Nr.	1644

Schlossbrauerei Fattigau 10 €

Hersteller	dgd
Jahr	2000 (Aufl.: 2500)
Packung	Blister
Vorbild	Kenworth T2000 Auflieger
Sonst.	
Molter Nr.	1645

Schlossbrauerei Fattigau 9 €

Hersteller	dgd
Jahr	2000 (Aufl.: 2500)
Packung	Blister
Vorbild	US Auflieger
Sonst.	
Molter Nr.	1652

Schlossbrauerei Fattigau 9 €

Hersteller	dgd
Jahr	2000 (Aufl.: 2500)
Packung	Blister
Vorbild	MAN F2000 Auflieger
Sonst.	
Molter Nr.	1646

Schlossbrauerei Fattigau 9 €

Hersteller	dgd
Jahr	2000 (Aufl.: 2500)
Packung	Blister
Vorbild	MB Actros Auflieger
Sonst.	
Molter Nr.	1647

Schlossbrauerei Fattigau	9 €
Hersteller	dgd
Jahr	2000 (Aufl.: 2500)
Packung	Blister
Vorbild	MB Actros Auflieger
Sonst.	
Molter Nr.	1650

Schlossbrauerei Fattigau	9 €
Hersteller	dgd
Jahr	2000 (Aufl.: 2500)
Packung	Blister
Vorbild	MAN F2000 Auflieger
Sonst.	
Molter Nr.	1648

Schlossbrauerei Fattigau	9 €
Hersteller	dgd
Jahr	2000 (Aufl.: 2500)
Packung	Blister
Vorbild	MB Actros Auflieger
Sonst.	
Molter Nr.	1649

S

Schlossbrauerei Fattigau	9 €
Hersteller	dgd
Jahr	2000 (Aufl.: 2500)
Packung	Blister
Vorbild	Volvo Auflieger
Sonst.	
Molter Nr.	1651

Schlossbrauerei Fattigau	9 €
Hersteller	dgd
Jahr	2000 (Aufl.: 2500)
Packung	Blister
Vorbild	Büssing Hängerzug
Sonst.	
Molter Nr.	1655

Schlossbrauerei Fattigau	7 €
Hersteller	dgd
Jahr	2000 (Aufl.: 2500)
Packung	Blister
Vorbild	US Auflieger
Sonst.	
Molter Nr.	1653

Schlossbrauerei Fattigau	9 €
Hersteller	dgd
Jahr	2000 (Aufl.: 2500)
Packung	Blister
Vorbild	Büssing Hängerzug
Sonst.	
Molter Nr.	1654

S

Schlossbrauerei Fattigau	9 €
Hersteller	dgd
Jahr	2000 (Aufl.: 2500)
Packung	Blister
Vorbild	MB L322 Hängerzug
Sonst.	
Molter Nr.	1656

Schlossbrauerei Fattigau	8 €
Hersteller	dgd
Jahr	2000 (Aufl.: 2500)
Packung	Blister
Vorbild	MB L322 Hängerzug
Sonst.	
Molter Nr.	1659

Schlossbrauerei Fattigau	9 €
Hersteller	Allround Service
Jahr	2000 (Aufl.: 2500)
Packung	Blister
Vorbild	MB Actros Hängerzug
Sonst.	
Molter Nr.	1657

Schlossbrauerei Fattigau	8 €
Hersteller	Allround Service
Jahr	2001 (Aufl.: 2500)
Packung	Blister
Vorbild	MB Actros Hängerzug
Sonst.	
Molter Nr.	2175

Schlossbrauerei Fattigau	8 €
Hersteller	Allround Service
Jahr	2001 (Aufl.: 2500)
Packung	Blister
Vorbild	MB Actros Hängerzug
Sonst.	
Molter Nr.	2176

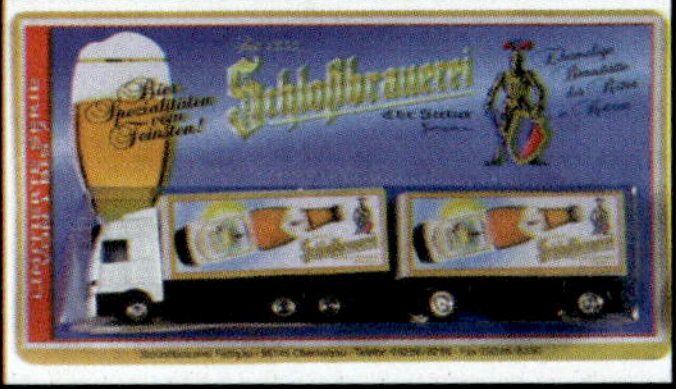

Schlossbrauerei Fattigau	8 €
Hersteller	Allround Service
Jahr	2001 (Aufl.: 2500)
Packung	Blister
Vorbild	MB Actros Hängerzug
Sonst.	
Molter Nr.	2177

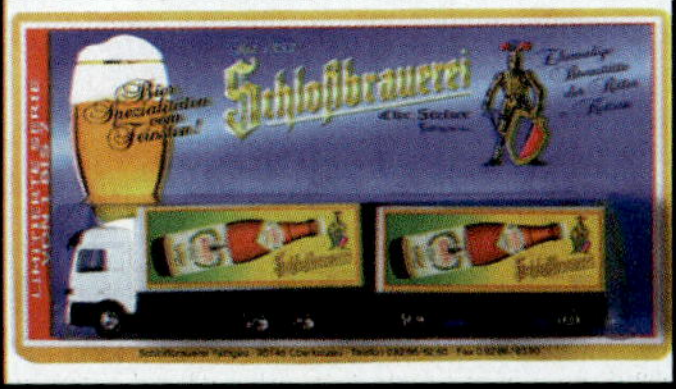

S

Schlossbrauerei Fattigau	8 €
Hersteller	Allround Service
Jahr	2001 (Aufl.: 2500)
Packung	Blister
Vorbild	MB Actros Hängerzug
Sonst.	
Molter Nr.	2178

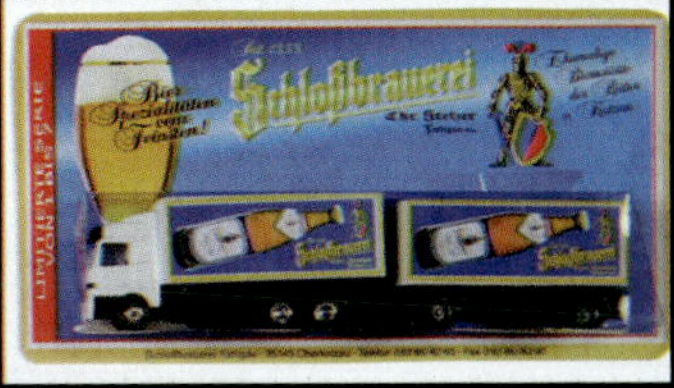

Schlossbrauerei Fattigau	8 €
Hersteller	Allround Service
Jahr	2001 (Aufl.: 2500)
Packung	Blister
Vorbild	MB Actros Hängerzug
Sonst.	
Molter Nr.	2179

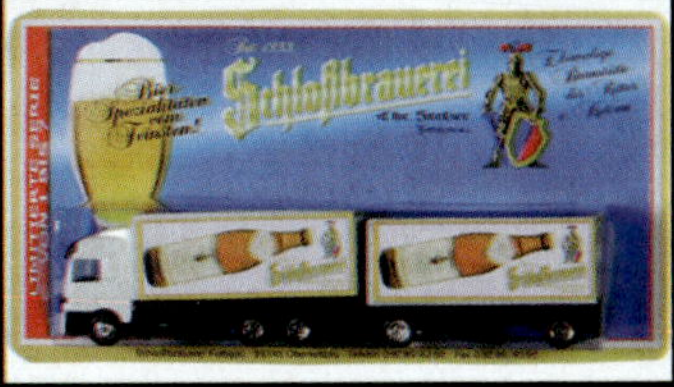

Schlossbrauerei Fattigau	8 €
Hersteller	Allround Service
Jahr	2001 (Aufl.: 2500)
Packung	Blister
Vorbild	MB Actros Hängerzug
Sonst.	
Molter Nr.	2180

Schlossbrauerei Fattigau	8 €
Hersteller	Allround Service
Jahr	2001 (Aufl.: 2500)
Packung	Blister
Vorbild	MB Actros Hängerzug
Sonst.	
Molter Nr.	2181

Schlossbrauerei Fattigau	10 €
Hersteller	dgd
Jahr	2001
Packung	Blister
Vorbild	MAN F2000 Tankzug
Sonst.	
Molter Nr.	3502

Schlossbrauerei Fattigau	8 €
Hersteller	WMS
Jahr	2001
Packung	Blister
Vorbild	Scania Auflieger
Sonst.	
Molter Nr.	3504

Schlossbrauerei Fattigau	8 €
Hersteller	WMS
Jahr	2001
Packung	Blister
Vorbild	Scania Auflieger
Sonst.	
Molter Nr.	3505

Schlossbrauerei Fattigau 8 €

Hersteller	Top-Style
Jahr	2001
Packung	Blister
Vorbild	MB Actros Hängerzug
Sonst.	
Molter Nr.	4123

Schlossbrauerei Fattigau 8 €

Hersteller	dgd
Jahr	2001 (Aufl.: 2500)
Packung	Blister
Vorbild	MAN Phönix Auflieger
Sonst.	
Molter Nr.	4491

Schlossbrauerei Fattigau 10 €

Hersteller	dgd
Jahr	2001
Packung	Blister
Vorbild	Framo
Sonst.	
Molter Nr.	3510

Schlossbrauerei Fattigau 10 €

Hersteller	dgd
Jahr	2001
Packung	Blister
Vorbild	Framo
Sonst.	
Molter Nr.	3509

Schlossbrauerei Fattigau 8 €

Hersteller	Grell
Jahr	2002 (Aufl.: 2500)
Packung	Blister
Vorbild	Freightliner FLD Auflieger
Sonst.	
Molter Nr.	7555

S

Schlossbrauerei Fattigau — 8 €

Hersteller	Top-Style
Jahr	2002 (Aufl.: 2500)
Packung	Blister
Vorbild	MB Actros Tankzug
Sonst.	
Molter Nr.	5981

Schlossbrauerei Fattigau — 8 €

Hersteller	Grell
Jahr	2002 (Aufl.: 2500)
Packung	Blister
Vorbild	IFA W50 Hängerzug
Sonst.	
Molter Nr.	7236

Schlossbrauerei Fattigau — 8 €

Hersteller	Hümmer
Jahr	2003
Packung	Blister
Vorbild	Scania Auflieger
Sonst.	mit Flasche
Molter Nr.	6861

Schlossbrauerei Fattigau — 8 €

Hersteller	dgd
Jahr	2003
Packung	Blister
Vorbild	Scania 124 L Tankzug
Sonst.	
Molter Nr.	7290

Schlossbrauerei Fürsteneck — 8 €

Hersteller	EKBG
Jahr	2002 (Aufl.: 3000)
Packung	Blister
Vorbild	MB Actros Auflieger
Sonst.	mit Zollstock
Molter Nr.	6263

Schlossbrauerei Fürstlich-D. 25 €

Hersteller	Grell
Jahr	1998
Packung	Blister
Vorbild	Mack Auflieger
Sonst.	
Molter Nr.	1660

Schlossbrauerei Fürstlich-D. 20 €

Hersteller	Grell
Jahr	1999
Packung	Blister
Vorbild	Mack Auflieger
Sonst.	
Molter Nr.	5814

Schlossbrauerei Herreng. 8 €

Hersteller	Top-Style
Jahr	2002
Packung	Blister
Vorbild	MB Actros Tankzug
Sonst.	
Molter Nr.	7211

Schlossbrauerei Reuth 12 €

Hersteller	Dickie
Jahr	2000
Packung	Blister
Vorbild	MB Actros Auflieger
Sonst.	
Molter Nr.	1661

Schlossbrauerei Rheden 8 €

Hersteller	Grell
Jahr	2002
Packung	Blister
Vorbild	MB Atego LKW
Sonst.	
Molter Nr.	4704

S

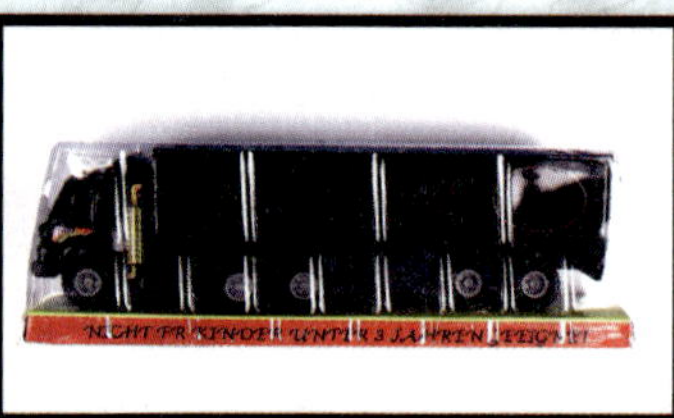

Schlossbrauerei Sandersdorf 8 €

Hersteller	
Jahr	2003
Packung	Blister
Vorbild	
Sonst.	
Molter Nr.	6598

Schlossbrauerei Schwarzb. 35 €

Hersteller	Grell
Jahr	
Packung	Blister
Vorbild	Mack Auflieger
Sonst.	
Molter Nr.	1639

Schlossbrauerei Schwarzb. 25 €

Hersteller	Grell
Jahr	1999
Packung	Blister
Vorbild	MB Actros Auflieger
Sonst.	
Molter Nr.	1640

Schlossbrauerei Schwarzb. 20 €

Hersteller	dgd
Jahr	2001
Packung	Blister
Vorbild	IFA W50 Auflieger
Sonst.	
Molter Nr.	3500

Schlossbrauerei Schwarzb. 15 €

Hersteller	Grell
Jahr	2002
Packung	Blister
Vorbild	Krupp Mustang HZ
Sonst.	
Molter Nr.	5279

Schlossbrauerei Schwarzb. 10 €

Hersteller	Grell
Jahr	2002
Packung	Blister
Vorbild	MAN TG-A Auflieger
Sonst.	
Molter Nr.	5395

Schloßbrauerei Stein 12 €

Hersteller	Hümmer
Jahr	2000
Packung	Blister
Vorbild	MB Actros Auflieger
Sonst.	
Molter Nr.	1042

Schlösser Alt 50 €

Hersteller	Hümmer
Jahr	
Packung	Plastikschachtel
Vorbild	US Auflieger
Sonst.	Unterfahrschutz
Molter Nr.	1635

Schlösser Alt 50 €

Hersteller	Hümmer
Jahr	
Packung	Plastikschachtel
Vorbild	US Auflieger
Sonst.	mit Türen
Molter Nr.	1636

Schlösser Alt 20 €

Hersteller	Hümmer
Jahr	
Packung	Blister
Vorbild	Volvo Auflieger
Sonst.	
Molter Nr.	1637

S

Schlösser Alt	20 €
Hersteller	Hümmer
Jahr	
Packung	Blister
Vorbild	MB klein Auflieger
Sonst.	Sternfelgen
Molter Nr.	1638

Schlösser Alt	€
Hersteller	Hümmer
Jahr	2001
Packung	Blister
Vorbild	MB klein Auflieger
Sonst.	volle Felgen
Molter Nr.	1638

Schlösser Alt	10 €
Hersteller	dgd
Jahr	2001
Packung	Blister
Vorbild	Framo
Sonst.	
Molter Nr.	3498

Schlösser Alt	9 €
Hersteller	Grell
Jahr	2002
Packung	Blister
Vorbild	Freightliner FLD Auflieger
Sonst.	
Molter Nr.	4900

Schlösser Alt	10 €
Hersteller	Grell
Jahr	2002
Packung	Blister
Vorbild	Freightliner FLD Tieflader
Sonst.	DEG
Molter Nr.	5199

Schlösser Alt — 8 €

Hersteller	Grell
Jahr	2002
Packung	Blister
Vorbild	Freightliner FLD Auflieger
Sonst.	
Molter Nr.	4687

Schlösser Alt — 8 €

Hersteller	Grell
Jahr	2002
Packung	Blister
Vorbild	Freightliner FLD Auflieger
Sonst.	
Molter Nr.	4688

Schlösser Alt — 8 €

Hersteller	Grell
Jahr	2002
Packung	Blister
Vorbild	Freightliner FLD Auflieger
Sonst.	
Molter Nr.	4689

Schmidt Bräu — 8 €

Hersteller	Gabotex
Jahr	2002
Packung	Blister
Vorbild	MB Actros Flachtankzug
Sonst.	
Molter Nr.	8035

Schmidt Bräu — 8 €

Hersteller	Gabotex
Jahr	2002
Packung	Blister
Vorbild	MB Actros Flachtankzug
Sonst.	
Molter Nr.	8044

S

Schmidt Bräu — 8 €

Hersteller	Hümmer
Jahr	2003
Packung	Blister
Vorbild	MB Actros Auflieger
Sonst.	mit Flasche
Molter Nr.	6980

Schmidt Bräu Schwandorf — 8 €

Hersteller	Top-Style
Jahr	2002
Packung	Blister
Vorbild	MB Actros Auflieger
Sonst.	
Molter Nr.	5746

Schmiedefelder — 10 €

Hersteller	Eurosun
Jahr	2001
Packung	Plastikschachtel
Vorbild	MB Actros Auflieger
Sonst.	
Molter Nr.	3511

Schmitgen — 8 €

Hersteller	Hümmer
Jahr	2002
Packung	Blister
Vorbild	MAN Oldtimer Hängerzug
Sonst.	
Molter Nr.	5895

Schmitgen — 8 €

Hersteller	Hümmer
Jahr	2002
Packung	Blister
Vorbild	MB Oldtimer Hängerzug
Sonst.	
Molter Nr.	5932

Schmitt Bräu — 20 €

Hersteller	
Jahr	2000 (Aufl.: 300)
Packung	Plastikschachtel
Vorbild	MB Actros Auflieger
Sonst.	
Molter Nr.	1663

Schmucker — 20 €

Hersteller	Reno
Jahr	1998
Packung	Plastikschachtel
Vorbild	MB groß Auflieger
Sonst.	
Molter Nr.	1665

Schmucker — 20 €

Hersteller	Reno
Jahr	1998
Packung	Plastikschachtel
Vorbild	Mack Auflieger
Sonst.	
Molter Nr.	1666

Schmucker — 20 €

Hersteller	Reno
Jahr	1998
Packung	Plastikschachtel
Vorbild	Volvo Auflieger
Sonst.	
Molter Nr.	1667

Schmucker — 20 €

Hersteller	Reno
Jahr	1998
Packung	Plastikschachtel
Vorbild	MB groß Auflieger
Sonst.	
Molter Nr.	1668

S

Schmucker — 12 €

Hersteller	Reno
Jahr	2000
Packung	Plastikschachtel
Vorbild	MB Actros Auflieger
Sonst.	
Molter Nr.	1669

Schmucker — 10 €

Hersteller	
Jahr	2001
Packung	Blister
Vorbild	MB Actros Auflieger
Sonst.	
Molter Nr.	3513

S

Schnatterbacher — 8 €

Hersteller	WMS
Jahr	2001
Packung	Blister
Vorbild	MAN F2000 Tankzug
Sonst.	
Molter Nr.	3516

Schnatterbacher — 8 €

Hersteller	WMS
Jahr	2001
Packung	Blister
Vorbild	MAN Phönix Auflieger
Sonst.	
Molter Nr.	3517

Schnatterbacher — 8 €

Hersteller	WMS
Jahr	2001
Packung	Blister
Vorbild	MAN Phönix Auflieger
Sonst.	
Molter Nr.	3519

Schnatterbacher	20 €
Hersteller	WMS
Jahr	2001
Packung	Plastikschachtel
Vorbild	MAN F2000 Tankzug
Sonst.	
Molter Nr.	3521

Schnatterbacher	8 €
Hersteller	WMS
Jahr	2001
Packung	Blister
Vorbild	Scania Tanker
Sonst.	
Molter Nr.	8047

Schnatterbacher	8 €
Hersteller	WMS
Jahr	2001
Packung	Blister
Vorbild	MAN F2000 Tankzug
Sonst.	mit Licht
Molter Nr.	3518

Schnatterbacher	8 €
Hersteller	WMS
Jahr	2002
Packung	Blister
Vorbild	Renault Tankzug
Sonst.	
Molter Nr.	8006

Schnatterbacher	8 €
Hersteller	WMS
Jahr	2002
Packung	Blister
Vorbild	Volvo Tankzug
Sonst.	
Molter Nr.	5122

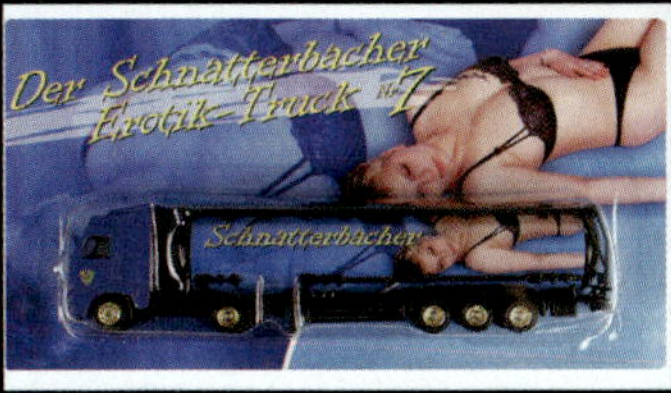

S

Schnatterbacher — 8 €

Hersteller	Grell
Jahr	2002
Packung	Blister
Vorbild	Freightliner FLD Auflieger
Sonst.	Mit Dose
Molter Nr.	5881

Schnatterbacher — 8 €

Hersteller	Grell
Jahr	2003
Packung	Blister
Vorbild	MB Atego Hängerzug
Sonst.	
Molter Nr.	6557

Schnee Weisse — 15 €

Hersteller	Müller Chemnitz
Jahr	2001
Packung	Plastikschachtel
Vorbild	Majorette Auflieger
Sonst.	
Molter Nr.	3520

Schneider Bräu — 15 €

Hersteller	Amon
Jahr	2002 (Aufl.: 100)
Packung	Plastikschachtel
Vorbild	MB Axor Auflieger
Sonst.	Helles
Molter Nr.	6034

Schneider Bräu — 15 €

Hersteller	Amon
Jahr	2002 (Aufl.: 100)
Packung	Plastikschachtel
Vorbild	MB Axor Auflieger
Sonst.	Märzen
Molter Nr.	6035

Schneider Bräu — 15 €

Hersteller	Amon
Jahr	2002 (Aufl.: 100)
Packung	Plastikschachtel
Vorbild	MB Axor Auflieger
Sonst.	Bock
Molter Nr.	6036

Schneider Bräu — 15 €

Hersteller	Amon
Jahr	2002 (Aufl.: 100)
Packung	Plastikschachtel
Vorbild	MB Axor Auflieger
Sonst.	Weizen
Molter Nr.	6037

Schneider Bräu — 15 €

Hersteller	Amon
Jahr	2002 (Aufl.: 50)
Packung	Plastikschachtel
Vorbild	MB Axor Auflieger
Sonst.	Helles
Molter Nr.	6038

Schneider Bräu — 15 €

Hersteller	Amon
Jahr	2002 (Aufl.: 50)
Packung	Plastikschachtel
Vorbild	MB Axor Auflieger
Sonst.	Pils
Molter Nr.	6039

Schneider Bräu — 15 €

Hersteller	Amon
Jahr	2002 (Aufl.: 50)
Packung	Plastikschachtel
Vorbild	Renault Auflieger
Sonst.	Bock
Molter Nr.	6040

Schneider Weisse	20 €
Hersteller	Hümmer
Jahr	1999
Packung	Plastikschachtel
Vorbild	US Auflieger
Sonst.	
Molter Nr.	1671

Schneider Weisse	20 €
Hersteller	Hümmer
Jahr	1999
Packung	Plastikschachtel
Vorbild	MAN F90 Hängerzug
Sonst.	
Molter Nr.	1672

S

Schneider Weisse	20 €
Hersteller	Hümmer
Jahr	1999
Packung	Plastikschachtel
Vorbild	MB Actros Auflieger
Sonst.	
Molter Nr.	1673

Schneider Weisse	12 €
Hersteller	Hümmer
Jahr	2000
Packung	Blister
Vorbild	MB Oldtimer Hängerzug
Sonst.	
Molter Nr.	1674

Schneider Weisse	8 €
Hersteller	
Jahr	2002
Packung	Blister
Vorbild	MB Actros Auflieger
Sonst.	
Molter Nr.	4964

Schöll — 10 €

Hersteller	dgd
Jahr	2002 (Aufl.: 2500)
Packung	Blister
Vorbild	Renault Magnum Tankzug
Sonst.	
Molter Nr.	5644

Schöll — 8 €

Hersteller	dgd
Jahr	2002 (Aufl.: 2500)
Packung	Blister
Vorbild	MAN F2000 Auflieger
Sonst.	
Molter Nr.	5984

Schöll — 8 €

Hersteller	dgd
Jahr	2003 (Aufl.: 2500)
Packung	Blister
Vorbild	Peterbilt Tieflader
Sonst.	mit Dose
Molter Nr.	6695

Schönbach — 10 €

Hersteller	
Jahr	
Packung	Plastikschachtel
Vorbild	Scania 124L Auflieger
Sonst.	
Molter Nr.	6429

Schönberger — 55 €

Hersteller	Hümmer
Jahr	
Packung	Plastikschachtel
Vorbild	MB klein Auflieger
Sonst.	
Molter Nr.	1675

Schönberger — 40 €

Hersteller	Hümmer
Jahr	
Packung	Plastikschachtel
Vorbild	US Auflieger
Sonst.	
Molter Nr.	1676

Schönbuch — 20 €

Hersteller	Müller Chemnitz
Jahr	1998
Packung	Plastikschachtel
Vorbild	Mack Auflieger
Sonst.	
Molter Nr.	1677

Schönbuch — 10 €

Hersteller	dgd
Jahr	2001
Packung	Plastikschachtel
Vorbild	US Auflieger
Sonst.	
Molter Nr.	3526

Schönherr Getränke — 50 €

Hersteller	
Jahr	
Packung	Plastikschachtel
Vorbild	MB klein Auflieger
Sonst.	
Molter Nr.	609

Schönherr Getränke — 26 €

Hersteller	
Jahr	
Packung	Plastikschachtel
Vorbild	Volvo Auflieger
Sonst.	
Molter Nr.	610

Schönherr Getränke — 8 €

Hersteller	Grell
Jahr	2003
Packung	Blister
Vorbild	Krupp Hängerzug
Sonst.	
Molter Nr.	7147

Schönherr Getränke — 8 €

Hersteller	Grell
Jahr	2003
Packung	Blister
Vorbild	Krupp Hängerzug
Sonst.	
Molter Nr.	7148

Schönramer — 15 €

Hersteller	Hümmer
Jahr	2000
Packung	Plastikschachtel
Vorbild	MB Actros Hängerzug
Sonst.	
Molter Nr.	1678

Schöre Hausbrauerei — 10 €

Hersteller	Tramondi
Jahr	2002 (Aufl.: 1500)
Packung	Blister
Vorbild	US Auflieger
Sonst.	
Molter Nr.	7658

Schotter-Bräu — 8 €

Hersteller	Top-Style
Jahr	2002
Packung	Blister
Vorbild	MB Actros Tankzug
Sonst.	
Molter Nr.	4911

Schotter-Bräu — 8 €

Hersteller	Top-Style
Jahr	2002
Packung	Blister
Vorbild	MB Actros Tankzug
Sonst.	
Molter Nr.	4914

Schotter-Bräu — 8 €

Hersteller	WMS
Jahr	2002
Packung	Blister
Vorbild	Volvo Tankzug
Sonst.	
Molter Nr.	6298

Schotter-Bräu — 8 €

Hersteller	Grell
Jahr	2003
Packung	Blister
Vorbild	Freightliner FLD Auflieger
Sonst.	mit Sudkessel
Molter Nr.	7292

Schozachtaler — 8 €

Hersteller	Grell
Jahr	2001
Packung	Blister
Vorbild	Ford 9000 Auflieger
Sonst.	
Molter Nr.	3983

Schremser — 10 €

Hersteller	Müller Chemnitz
Jahr	2001
Packung	Plastikschachtel
Vorbild	Majorette Auflieger
Sonst.	
Molter Nr.	3525

Schroll — 8 €

Hersteller	Grell
Jahr	2001 (Aufl.: 10000)
Packung	Blister
Vorbild	MAN F2000 Auflieger
Sonst.	
Molter Nr.	3524

Schroll — 8 €

Hersteller	Grell
Jahr	2001 (Aufl.: 10000)
Packung	Blister
Vorbild	Ford 9000 Auflieger
Sonst.	
Molter Nr.	3528

Schroll — 8 €

Hersteller	Grell
Jahr	2001 (Aufl.: 10000)
Packung	Blister
Vorbild	Scania Auflieger
Sonst.	
Molter Nr.	2173

Schroll — 8 €

Hersteller	Grell
Jahr	2001 (Aufl.: 7500)
Packung	Blister
Vorbild	Freightliner FLD Auflieger
Sonst.	
Molter Nr.	3527

Schroll — 8 €

Hersteller	Grell
Jahr	2001 (Aufl.: 7500)
Packung	Blister
Vorbild	Scania Auflieger
Sonst.	
Molter Nr.	4209

Schroll	8 €
Hersteller	Grell
Jahr	2001 (Aufl.: 7500)
Packung	Blister
Vorbild	Scania Tankzug
Sonst.	
Molter Nr.	3529

Schroll	8 €
Hersteller	Grell
Jahr	2001 (Aufl.: 7500)
Packung	Blister
Vorbild	Scania Tankzug
Sonst.	
Molter Nr.	3530

Schroll	8 €
Hersteller	Grell
Jahr	2002
Packung	Blister
Vorbild	Scania Hauber Tankzug
Sonst.	
Molter Nr.	8007

Schroll	8 €
Hersteller	Grell
Jahr	2002
Packung	Blister
Vorbild	Scania 124L Tankzug
Sonst.	mit Silo
Molter Nr.	5825

Schroll	12 €
Hersteller	Amon
Jahr	2002 (Aufl.: 200)
Packung	Plastikschachtel
Vorbild	MB Actros Auflieger
Sonst.	
Molter Nr.	6070

Schroll — 25 €

Hersteller	Amon
Jahr	2002 (Aufl.: 320)
Packung	Plastikschachtel
Vorbild	DAF 95 XF Auflieger
Sonst.	
Molter Nr.	4871

Schroll — 20 €

Hersteller	Amon
Jahr	2002
Packung	Plastikschachtel
Vorbild	DAF 95 XF Auflieger
Sonst.	
Molter Nr.	5643

Schroll — 15 €

Hersteller	Amon
Jahr	2002 (Aufl.: 200)
Packung	Plastikschachtel
Vorbild	DAF 95 XF Auflieger
Sonst.	
Molter Nr.	5667

Schroll — 12 €

Hersteller	Amon
Jahr	2002 (Aufl.: 300)
Packung	Plastikschachtel
Vorbild	MB Actros Tankzug
Sonst.	
Molter Nr.	6131

Schroll — 12 €

Hersteller	Amon
Jahr	2002 (Aufl.: 200)
Packung	Plastikschachtel
Vorbild	DAF 95 XF Auflieger
Sonst.	
Molter Nr.	6185

S

Schroll	15 €
Hersteller	Amon
Jahr	2002 (Aufl.: 100)
Packung	Plastikschachtel
Vorbild	Scania Auflieger
Sonst.	
Molter Nr.	6211

Schroll	15 €
Hersteller	Amon
Jahr	2002
Packung	Plastikschachtel
Vorbild	MB Actros Tankzug
Sonst.	
Molter Nr.	6231

S

Schroll	8 €
Hersteller	Grell
Jahr	2002
Packung	Blister
Vorbild	Scania 124L Auflieger
Sonst.	Mit Sudkessel
Molter Nr.	7557

Schroll	8 €
Hersteller	Grell
Jahr	2002
Packung	Blister
Vorbild	Scania 124L Auflieger
Sonst.	Tieflader mit Container
Molter Nr.	5884

Schroll	8 €
Hersteller	Grell
Jahr	2003
Packung	Blister
Vorbild	Freightliner FLD Hängerzug
Sonst.	mit Flasche
Molter Nr.	6888

Schübel — 10 €

Hersteller	Amon
Jahr	2001 (Aufl.: 200)
Packung	Plastikschachtel
Vorbild	MB Actros Hängerzug
Sonst.	
Molter Nr.	3531

Schübel — 10 €

Hersteller	
Jahr	2001
Packung	Plastikschachtel
Vorbild	MB Actros Auflieger
Sonst.	
Molter Nr.	4005

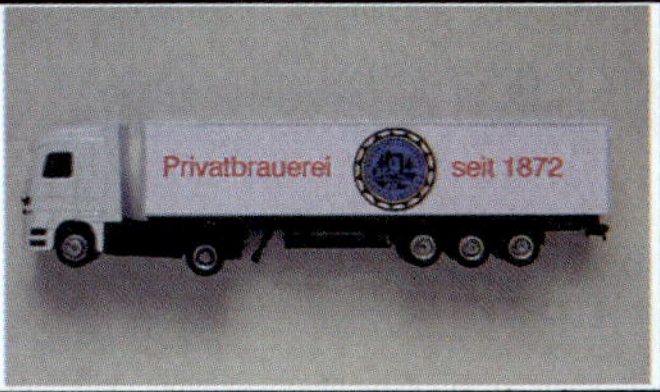

Schübel — 15 €

Hersteller	Amon
Jahr	2002 (Aufl.: 100)
Packung	Plastikschachtel
Vorbild	MB Actros LKW
Sonst.	
Molter Nr.	6219

Schuck Getränkemarkt — 15 €

Hersteller	
Jahr	
Packung	Plastikschachtel
Vorbild	US Auflieger
Sonst.	
Molter Nr.	6599

Schuffenhauer Getränke — 7 €

Hersteller	WMS
Jahr	2000
Packung	Blister
Vorbild	MB Actros Auflieger
Sonst.	
Molter Nr.	616

S

Schultheiss	80 €
Hersteller	
Jahr	
Packung	Blister
Vorbild	US Auflieger
Sonst.	
Molter Nr.	1682

Schultheiss	40 €
Hersteller	Grell
Jahr	
Packung	Blister
Vorbild	Mack Auflieger
Sonst.	Siebdruck
Molter Nr.	1683

Schultheiss	40 €
Hersteller	Grell
Jahr	
Packung	Blister
Vorbild	Mack Auflieger
Sonst.	Goldene Streifen
Molter Nr.	1684

Schultheiss	30 €
Hersteller	Grell
Jahr	
Packung	Blister
Vorbild	Mack Auflieger
Sonst.	
Molter Nr.	1685

Schultheiss	20 €
Hersteller	Grell
Jahr	
Packung	Blister
Vorbild	Mack Auflieger
Sonst.	Überklebter Ocean Cargo
Molter Nr.	1685

Schultheiss — 30 €

Hersteller	Grell
Jahr	
Packung	Blister
Vorbild	Mack Auflieger
Sonst.	überklebter Uni Royal
Molter Nr.	1687

Schultheiss — 30 €

Hersteller	Grell
Jahr	
Packung	Blister
Vorbild	Mack Auflieger
Sonst.	überklebter Freeport Cargo
Molter Nr.	1687

Schultheiss — 50 €

Hersteller	Grell
Jahr	
Packung	Blister
Vorbild	Mack Auflieger
Sonst.	Siebdruck, 1 Logo auf Blister
Molter Nr.	1686

Schultheiss — 50 €

Hersteller	Grell
Jahr	
Packung	Blister
Vorbild	Mack Auflieger
Sonst.	Siebdruck, 2 Logos a. Blister
Molter Nr.	4193

Schultheiss — 25 €

Hersteller	Grell
Jahr	
Packung	Blister
Vorbild	Mack Auflieger
Sonst.	
Molter Nr.	1686

S

Schultheiss — 15 €

Hersteller	Grell
Jahr	1999
Packung	Blister
Vorbild	MB Actros Auflieger
Sonst.	
Molter Nr.	1688

Schultheiss — 15 €

Hersteller	Grell
Jahr	1999
Packung	Blister
Vorbild	MB Actros Auflieger
Sonst.	
Molter Nr.	1690

Schultheiss — 10 €

Hersteller	Grell
Jahr	1999
Packung	Blister
Vorbild	MB Actros Auflieger
Sonst.	
Molter Nr.	1689

Schultheiss — 10 €

Hersteller	dgd
Jahr	2000
Packung	Blister
Vorbild	MB Actros Auflieger
Sonst.	
Molter Nr.	1691

Schultheiss — 10 €

Hersteller	Grell
Jahr	2000
Packung	Blister
Vorbild	MB Actros Auflieger
Sonst.	
Molter Nr.	1692

Schultheiss	10 €
Hersteller	Grell
Jahr	2000
Packung	Blister
Vorbild	Ford 9000 Auflieger
Sonst.	
Molter Nr.	1693

Schultheiss	9 €
Hersteller	Grell
Jahr	2001
Packung	Blister
Vorbild	Ford 9000 Auflieger
Sonst.	
Molter Nr.	1670

Schultheiss	8 €
Hersteller	Grell
Jahr	2001
Packung	Blister
Vorbild	MB Actros Auflieger
Sonst.	
Molter Nr.	1691

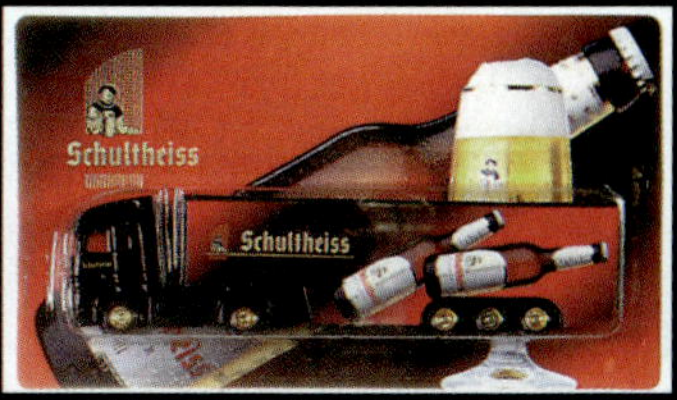

Schultheiss	10 €
Hersteller	Grell
Jahr	2002
Packung	Blister
Vorbild	Pferdewagen
Sonst.	
Molter Nr.	4575

Schultheiss	10 €
Hersteller	Grell
Jahr	2002
Packung	Blister
Vorbild	Ford Oldtimer
Sonst.	
Molter Nr.	4703

S

Schultheiss — 10 €

Hersteller	Grell
Jahr	2002
Packung	Blister
Vorbild	Ford Oldtimer
Sonst.	
Molter Nr.	4812

Schultheiss — 8 €

Hersteller	Grell
Jahr	2002
Packung	Blister
Vorbild	Scania Hauber
Sonst.	mit Tankcontainer
Molter Nr.	7720

Schultheiss — 8 €

Hersteller	Grell
Jahr	2003
Packung	Blister
Vorbild	Freightliner FLD Auflieger
Sonst.	
Molter Nr.	7337

Schultheiss — 25 €

Hersteller	Amon
Jahr	2002 (Aufl.: 50)
Packung	Plastikschachtel
Vorbild	MAN TG-A Auflieger
Sonst.	
Molter Nr.	6125

Schussenrieder — 25 €

Hersteller	Grell
Jahr	1999
Packung	Blister
Vorbild	Mack Auflieger
Sonst.	
Molter Nr.	1679

Schussenrieder 15 €

Hersteller	Grell
Jahr	1999
Packung	Blister
Vorbild	MB Actros LKW
Sonst.	
Molter Nr.	1680

Schussenrieder 15 €

Hersteller	Grell
Jahr	2000
Packung	Blister
Vorbild	MB Actros LKW
Sonst.	
Molter Nr.	1681

Schussenrieder 15 €

Hersteller	Grell
Jahr	2000
Packung	Blister
Vorbild	MB Actros LKW
Sonst.	
Molter Nr.	3535

Schussenrieder 10 €

Hersteller	Grell
Jahr	2000
Packung	Blister
Vorbild	Freightliner FLD Auflieger
Sonst.	
Molter Nr.	3536

Schussenrieder 9 €

Hersteller	Grell
Jahr	2000
Packung	Blister
Vorbild	Pferdekutsche
Sonst.	
Molter Nr.	3537

S

Schussenrieder — 9 €

Hersteller	Grell
Jahr	2000
Packung	Blister
Vorbild	Ford Oldtimer
Sonst.	
Molter Nr.	3538

Schussenrieder — 9 €

Hersteller	Grell
Jahr	2000
Packung	Blister
Vorbild	Ford Oldtimer
Sonst.	
Molter Nr.	3539

Schützenberger — 9 €

Hersteller	Grell
Jahr	2001
Packung	Blister
Vorbild	Freightliner FLD Auflieger
Sonst.	
Molter Nr.	3540

Schwaben Bräu — 50 €

Hersteller	
Jahr	
Packung	Plastikschachtel
Vorbild	MB Auflieger
Sonst.	
Molter Nr.	6619

Schwaben Bräu — 50 €

Hersteller	
Jahr	
Packung	Showbox
Vorbild	Ford Oldtimer
Sonst.	
Molter Nr.	4394

S

Schwaben Bräu — 45 €

Hersteller	Hümmer
Jahr	
Packung	Blister
Vorbild	MB klein Auflieger
Sonst.	
Molter Nr.	1694

Schwaben Bräu — 35 €

Hersteller	
Jahr	
Packung	Plastikschachtel
Vorbild	Volvo Auflieger
Sonst.	
Molter Nr.	3545

Schwaben Bräu — 10 €

Hersteller	Grell
Jahr	2001
Packung	Blister
Vorbild	Ford 9000 Auflieger
Sonst.	
Molter Nr.	3541

Schwaben Bräu — 8 €

Hersteller	Grell
Jahr	2003
Packung	Blister
Vorbild	MAN TG-A Auflieger
Sonst.	mit Flasche
Molter Nr.	6703

Schwälbchen — 8 €

Hersteller	Pro-Innovation
Jahr	2002
Packung	Blister
Vorbild	MB Actros Auflieger
Sonst.	
Molter Nr.	7137

Schwanen Bräu, Ebermanns 8 €

Hersteller	Allroundservice
Jahr	2002
Packung	Blister
Vorbild	Renault Tankzug
Sonst.	
Molter Nr.	8005

Schwanenbräu Ebensfeld 12 €

Hersteller	dgd
Jahr	2000
Packung	Blister
Vorbild	MAN F2000 Auflieger
Sonst.	
Molter Nr.	1696

Schwanenbräu Ebensfeld 12 €

Hersteller	dgd
Jahr	2000
Packung	Blister
Vorbild	MB Actros Auflieger
Sonst.	
Molter Nr.	1697

Schwanenbräu Wertingen 8 €

Hersteller	Vierke
Jahr	2001
Packung	Blister
Vorbild	MB Atego Hängerzug
Sonst.	
Molter Nr.	4124

Schwarzbräu 11 €

Hersteller	Grell
Jahr	2000
Packung	Blister
Vorbild	MAN F2000 Auflieger
Sonst.	
Molter Nr.	1695

S

Schwarzenberger 20 €

Hersteller	
Jahr	
Packung	Plastikschachtel
Vorbild	MB Actros Auflieger
Sonst.	
Molter Nr.	1699

Schwarzenberger 20 €

Hersteller	
Jahr	
Packung	Plastikschachtel
Vorbild	MB Actros Auflieger
Sonst.	
Molter Nr.	3546

S

Schwarzenberger 10 €

Hersteller	WMS
Jahr	2001
Packung	Blister
Vorbild	Kenworth T2000 Auflieger
Sonst.	
Molter Nr.	3547

Schwarzenberger 10 €

Hersteller	Grell
Jahr	2001
Packung	Blister
Vorbild	Ford 9000 Auflieger
Sonst.	
Molter Nr.	3548

Schwarzenberger 20 €

Hersteller	Grell
Jahr	2002
Packung	Blister
Vorbild	Freightliner FLD Tankzug
Sonst.	
Molter Nr.	5409

S

Schwarzenberger	10 €
Hersteller	Grell
Jahr	2002
Packung	Blister
Vorbild	Freightliner FLD Auflieger
Sonst.	
Molter Nr.	5410

Schwarzenberger	8 €
Hersteller	WMS
Jahr	2002
Packung	Blister
Vorbild	IFA H6 Hängerzug
Sonst.	
Molter Nr.	7189

Schwarzer Steiger	12 €
Hersteller	Hümmer
Jahr	2000
Packung	Blister
Vorbild	US Auflieger
Sonst.	
Molter Nr.	1781

Schwarzer Steiger	9 €
Hersteller	Rathert Creativ
Jahr	2001
Packung	Blister
Vorbild	US Auflieger
Sonst.	
Molter Nr.	3550

Schwarzer Steiger	8 €
Hersteller	Rathert Creativ
Jahr	2002
Packung	Blister
Vorbild	MB Actros Auflieger
Sonst.	
Molter Nr.	5160

Schwarzer Steiger — 8 €

Hersteller	Hümmer
Jahr	2003
Packung	Blister
Vorbild	Iveco Auflieger
Sonst.	mit Flasche
Molter Nr.	7562

Schwarzwald Sprudel — 140 €

Hersteller	Hümmer
Jahr	
Packung	Pappschachtel
Vorbild	US Auflieger
Sonst.	
Molter Nr.	1698

Schwarzwald Sprudel — 80 €

Hersteller	
Jahr	
Packung	Plastikschachtel
Vorbild	Ford Cargo LKW
Sonst.	
Molter Nr.	3544

Schweiger — 40 €

Hersteller	Hümmer
Jahr	
Packung	Plastikschachtel
Vorbild	MAN F90 Hängerzug
Sonst.	
Molter Nr.	1700

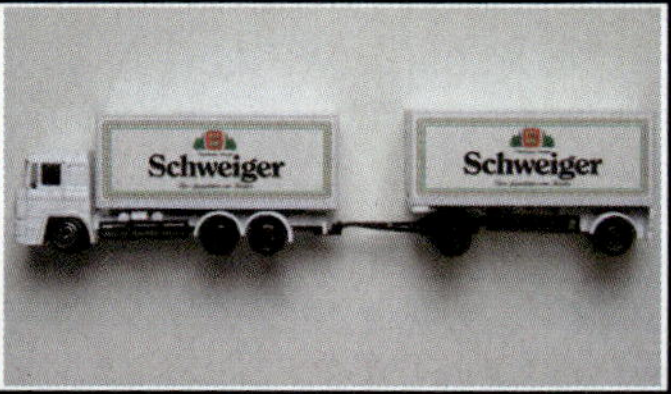

Schweiger — 11 €

Hersteller	Hümmer
Jahr	2000
Packung	Blister
Vorbild	MB Actros Auflieger
Sonst.	
Molter Nr.	1701

S

Schweiger	11 €
Hersteller	Hümmer
Jahr	2000
Packung	Blister
Vorbild	MB Oldtimer Hängerzug
Sonst.	
Molter Nr.	1702

Schweiger	10 €
Hersteller	Eurosun
Jahr	2001
Packung	Blister
Vorbild	MAN F2000 LKW
Sonst.	
Molter Nr.	3552

Schweinfurter	50 €
Hersteller	Hümmer
Jahr	1997
Packung	Plastikschachtel
Vorbild	US Auflieger
Sonst.	
Molter Nr.	1707

Schweinfurter	40 €
Hersteller	Hümmer
Jahr	1998
Packung	Plastikschachtel
Vorbild	MB groß Auflieger
Sonst.	
Molter Nr.	1708

Schweinfurter	30 €
Hersteller	Hümmer
Jahr	1999
Packung	Plastikschachtel
Vorbild	MB groß Auflieger
Sonst.	4 Achsen
Molter Nr.	1709

Schweinfurter 25 €

Hersteller	Hümmer
Jahr	1999
Packung	Plastikschachtel
Vorbild	MB groß Auflieger
Sonst.	5 Achsen
Molter Nr.	1710

Schweinfurter 20 €

Hersteller	Hümmer
Jahr	1999
Packung	Plastikschachtel
Vorbild	US Auflieger
Sonst.	
Molter Nr.	1711

Schweinfurter 12 €

Hersteller	Hümmer
Jahr	2000
Packung	Blister
Vorbild	US Auflieger
Sonst.	
Molter Nr.	1712

Schweinfurter 10 €

Hersteller	Hümmer
Jahr	2000
Packung	Blister
Vorbild	MB Actros Auflieger
Sonst.	
Molter Nr.	1713

Schweinfurter 10 €

Hersteller	Hümmer
Jahr	2000
Packung	Blister
Vorbild	MB Actros Auflieger
Sonst.	
Molter Nr.	1714

S

Schweinfurter	10 €
Hersteller	Hümmer
Jahr	2000
Packung	Blister
Vorbild	MB 6600 Nostalgie HZ
Sonst.	
Molter Nr.	8016

Schweinfurter	9 €
Hersteller	Hümmer
Jahr	2001
Packung	Blister
Vorbild	Mack Auflieger
Sonst.	
Molter Nr.	3555

Schweinfurter	9 €
Hersteller	Hümmer
Jahr	2001
Packung	Blister
Vorbild	MAN TG-A Auflieger
Sonst.	
Molter Nr.	3557

Schweinfurter	9 €
Hersteller	Hümmer
Jahr	2001
Packung	Blister
Vorbild	MAN TG-A Auflieger
Sonst.	
Molter Nr.	3556

Schweinfurter	8 €
Hersteller	Hümmer
Jahr	2001
Packung	Blister
Vorbild	Scania Auflieger
Sonst.	
Molter Nr.	3558

Schweinfurter 8 €

Hersteller	Dr. Lichtenberg Gmbh
Jahr	2002
Packung	Blister
Vorbild	Mack Auflieger
Sonst.	
Molter Nr.	4973

Schweinfurter 8 €

Hersteller	Grell
Jahr	2002
Packung	Blister
Vorbild	Freightliner FLD Tankzug
Sonst.	
Molter Nr.	5309

Schweinfurter 8 €

Hersteller	Grell
Jahr	2002
Packung	Blister
Vorbild	Scania 124L Tankzug
Sonst.	
Molter Nr.	5970

Schweinfurter 8 €

Hersteller	Grell
Jahr	2002
Packung	Blister
Vorbild	Freightliner FLD Tankzug
Sonst.	
Molter Nr.	5505

Schweinfurter 8 €

Hersteller	Grell
Jahr	2002
Packung	Blister
Vorbild	MB Atego Hängerzug
Sonst.	
Molter Nr.	5504

S

S

Schweinfurter — 8 €

Hersteller	Hümmer
Jahr	2003
Packung	Blister
Vorbild	MAN TG-A Auflieger
Sonst.	mit Flasche
Molter Nr.	6687

Schwendl — 8 €

Hersteller	Top-Style
Jahr	2002
Packung	Blister
Vorbild	MB Actros Hängerzug
Sonst.	
Molter Nr.	7155

Schwendl — 8 €

Hersteller	Top-Style
Jahr	2002
Packung	Blister
Vorbild	MB Actros Hängerzug
Sonst.	
Molter Nr.	7156

Schweppes — 10 €

Hersteller	dgd
Jahr	2000
Packung	Blister
Vorbild	US Auflieger
Sonst.	
Molter Nr.	1706

Schweriner — 50 €

Hersteller	Hümmer
Jahr	
Packung	Plastikschachtel
Vorbild	Volvo Auflieger
Sonst.	
Molter Nr.	731

Schweriner 10 €

Hersteller	Grell
Jahr	2001
Packung	Blister
Vorbild	MB Actros Auflieger
Sonst.	
Molter Nr.	3553

Schwollener 9 €

Hersteller	Grell
Jahr	2001
Packung	Blister
Vorbild	MAN F2000 Hängerzug
Sonst.	
Molter Nr.	3565

Schwollener 9 €

Hersteller	Grell
Jahr	2001
Packung	Blister
Vorbild	MB Actros Hängerzug
Sonst.	
Molter Nr.	3566

Seethaler-Bräu 18 €

Hersteller	Gabotex
Jahr	2003 (Aufl.: 1000)
Packung	Blister
Vorbild	MB Actros Auflieger
Sonst.	
Molter Nr.	6903

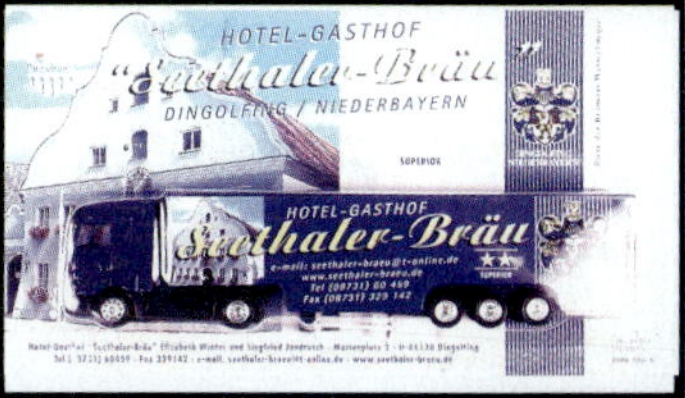

Selters 8 €

Hersteller	Hümmer
Jahr	2001
Packung	Blister
Vorbild	MB Actros Hängerzug
Sonst.	
Molter Nr.	3559

S

Selters — 8 €

Hersteller	Grell
Jahr	2001
Packung	Blister
Vorbild	Scania Auflieger
Sonst.	
Molter Nr.	4247

Senger — 10 €

Hersteller	Amon
Jahr	2001
Packung	Plastikschachtel
Vorbild	MAN TG-A Auflieger
Sonst.	
Molter Nr.	3561

Senger — 8 €

Hersteller	Amon
Jahr	2001
Packung	Plastikschachtel
Vorbild	Scania Auflieger
Sonst.	
Molter Nr.	3562

Senger — 8 €

Hersteller	Amon
Jahr	2001
Packung	Plastikschachtel
Vorbild	MAN TG-A Auflieger
Sonst.	
Molter Nr.	3563

Senger — 8 €

Hersteller	Amon
Jahr	2001
Packung	Plastikschachtel
Vorbild	Scania Auflieger
Sonst.	
Molter Nr.	3564

Serengeti-Beer — 10 €

Hersteller	Müller Chemnitz
Jahr	2002
Packung	Plastikschachtel
Vorbild	Majorette Auflieger
Sonst.	
Molter Nr.	4560

Seven Up — 15 €

Hersteller	Tramondi
Jahr	2000
Packung	Blister
Vorbild	US Auflieger
Sonst.	Sternfelge
Molter Nr.	1440

Seven Up — 8 €

Hersteller	Tramondi
Jahr	2002
Packung	Blister
Vorbild	Mack Auflieger
Sonst.	
Molter Nr.	7346

Seven Up — 10 €

Hersteller	easy
Jahr	2002
Packung	Blister
Vorbild	Freightliner FLD Auflieger
Sonst.	BMW Williams F1 Team
Molter Nr.	5397

Severin Kölsch — 8 €

Hersteller	Vierke
Jahr	2001
Packung	Blister
Vorbild	MB Atego Hängerzug
Sonst.	
Molter Nr.	3560

S

S

Siegel Pils — 50 €

Hersteller	Hümmer
Jahr	
Packung	Pappschachtel
Vorbild	US Auflieger
Sonst.	
Molter Nr.	1715

Siegel Pils — 50 €

Hersteller	Hümmer
Jahr	
Packung	Pappschachtel
Vorbild	US Auflieger
Sonst.	
Molter Nr.	1716

Siegsdorfer Petrusquelle — 12 €

Hersteller	Hümmer
Jahr	1999
Packung	Blister
Vorbild	MB Actros Auflieger
Sonst.	
Molter Nr.	1442

Siegsdorfer Petrusquelle — 9 €

Hersteller	Hümmer
Jahr	2001
Packung	Blister
Vorbild	MAN TG-A Auflieger
Sonst.	
Molter Nr.	3567

Silberquell Mineralbrunnen — 8 €

Hersteller	Grell
Jahr	2001 (Aufl.: 10000)
Packung	Blister
Vorbild	MAN F2000 Auflieger
Sonst.	
Molter Nr.	3568

Simonbräu 9 €

Hersteller	Hümmer
Jahr	2001
Packung	Blister
Vorbild	MB Actros LKW
Sonst.	
Molter Nr.	8046

Simonbräu 8 €

Hersteller	Grell
Jahr	2002
Packung	Blister
Vorbild	Freightliner FLD Auflieger
Sonst.	
Molter Nr.	5071

Simonbräu 8 €

Hersteller	Grell
Jahr	2002
Packung	Blister
Vorbild	Renault Magnum Auflieger
Sonst.	
Molter Nr.	4528

Sinalco 10 €

Hersteller	Top-Style
Jahr	2000
Packung	Blister
Vorbild	MB Actros Hängerzug
Sonst.	
Molter Nr.	4194

Sinalco 8 €

Hersteller	Grell
Jahr	2000
Packung	Blister
Vorbild	MB Actros Hängerzug
Sonst.	
Molter Nr.	1717

Sinalco — 15 €

Hersteller	Eurosun
Jahr	2001
Packung	Blister
Vorbild	VW Beetle
Sonst.	
Molter Nr.	1718

Sinalco — 8 €

Hersteller	Grell
Jahr	2002
Packung	Blister
Vorbild	Mack Auflieger
Sonst.	
Molter Nr.	5830

Singer — 25 €

Hersteller	Merchandising Jena
Jahr	1999
Packung	Plastikschachtel
Vorbild	Mack Auflieger
Sonst.	
Molter Nr.	1719

Singer — 25 €

Hersteller	Grell
Jahr	1999
Packung	Blister
Vorbild	Mack Auflieger
Sonst.	
Molter Nr.	1725

Singer — 12 €

Hersteller	Wörlein
Jahr	2000
Packung	Plastikschachtel
Vorbild	MB Actros Auflieger
Sonst.	
Molter Nr.	1720

Singer — 12 €

Hersteller	Wörlein
Jahr	2000
Packung	Plastikschachtel
Vorbild	MB Actros Auflieger
Sonst.	
Molter Nr.	1721

Singer — 12 €

Hersteller	Grell
Jahr	2000
Packung	Blister
Vorbild	MB Actros Hängerzug
Sonst.	
Molter Nr.	1722

Singer — 12 €

Hersteller	Wörlein
Jahr	2000
Packung	Plastikschachtel
Vorbild	MB Actros Hängerzug
Sonst.	
Molter Nr.	1723

Singer — 12 €

Hersteller	Wörlein
Jahr	2000
Packung	Plastikschachtel
Vorbild	MB Actros Hängerzug
Sonst.	
Molter Nr.	1724

Singer — 9 €

Hersteller	Grell
Jahr	2001
Packung	Blister
Vorbild	Scania Tankzug
Sonst.	
Molter Nr.	4118

S

Singer	8 €
Hersteller	Grell
Jahr	2001
Packung	Blister
Vorbild	Ford 9000 Auflieger
Sonst.	
Molter Nr.	4122

Singer	8 €
Hersteller	Grell
Jahr	2002
Packung	Blister
Vorbild	Scania Tankzug
Sonst.	
Molter Nr.	5545

S

Sinziger	85 €
Hersteller	Hümmer
Jahr	
Packung	Plastikschachtel
Vorbild	US Auflieger
Sonst.	
Molter Nr.	1726

Sion Kölsch	100 €
Hersteller	
Jahr	
Packung	Plastikschachtel
Vorbild	LKW
Sonst.	
Molter Nr.	6456

Sion Kölsch	100 €
Hersteller	
Jahr	2002
Packung	Plastikschachtel
Vorbild	US Auflieger
Sonst.	
Molter Nr.	5444

S

Sion Kölsch — 80 €

Hersteller	
Jahr	
Packung	Plastikschachtel
Vorbild	Ford Oldtimer
Sonst.	
Molter Nr.	6445

Smithers Beer — 8 €

Hersteller	Grell
Jahr	2001
Packung	Blister
Vorbild	Freightliner FLD Sattelzug
Sonst.	
Molter Nr.	8019

Smither's Beer — 10 €

Hersteller	Grell
Jahr	2001 (Aufl.: 1000)
Packung	Blister
Vorbild	Freightliner FLD Auflieger
Sonst.	
Molter Nr.	3718

Sodenthaler — 8 €

Hersteller	ID Marketing
Jahr	2002
Packung	Blister
Vorbild	MAN TG-A Hängerzug
Sonst.	
Molter Nr.	5523

Sodenthaler — 8 €

Hersteller	Hümmer
Jahr	2003
Packung	Blister
Vorbild	Goliath
Sonst.	
Molter Nr.	7525

Söders	8 €
Hersteller	Lauterbach
Jahr	2002
Packung	Blister
Vorbild	MAN M2000 Hängerzug
Sonst.	
Molter Nr.	5141

Sonnen Bräu Mürsbach	12 €
Hersteller	Grell
Jahr	2000
Packung	Blister
Vorbild	MB Actros Auflieger
Sonst.	
Molter Nr.	1727

Sonnenbräu Lichtenberg	40 €
Hersteller	
Jahr	1998
Packung	Blister
Vorbild	Mack Auflieger
Sonst.	
Molter Nr.	1728

Sonnenbräu Lichtenberg	20 €
Hersteller	
Jahr	2001 (Aufl.: 300)
Packung	Blister
Vorbild	MB Actros Auflieger
Sonst.	
Molter Nr.	3571

Sonnenbräu Lichtenberg	20 €
Hersteller	
Jahr	2001 (Aufl.: 300)
Packung	Blister
Vorbild	MB Actros Auflieger
Sonst.	
Molter Nr.	3572

Soul's Lake Bud — 8 €

Hersteller	Grell
Jahr	2001
Packung	Blister
Vorbild	Scania Auflieger
Sonst.	
Molter Nr.	4026

Spalt Brauerei — 11 €

Hersteller	dgd
Jahr	2000
Packung	Blister
Vorbild	MB Actros Hängerzug
Sonst.	
Molter Nr.	1734

Spalter — 9 €

Hersteller	dgd
Jahr	2001
Packung	Blister
Vorbild	MAN TG-A Auflieger
Sonst.	
Molter Nr.	3574

Spandau Brauhaus — 10 €

Hersteller	Müller Chemnitz
Jahr	2000
Packung	Plastikschachtel
Vorbild	Majorette Auflieger
Sonst.	
Molter Nr.	1733

Spaten — 30 €

Hersteller	Hümmer
Jahr	
Packung	Plastikschachtel
Vorbild	US Auflieger
Sonst.	
Molter Nr.	1729

S

Spaten	22 €
Hersteller	
Jahr	1999
Packung	Blister
Vorbild	Trambahn
Sonst.	
Molter Nr.	1730

Spaten	11 €
Hersteller	dgd
Jahr	2000
Packung	Plastikschachtel
Vorbild	MB Actros Auflieger
Sonst.	
Molter Nr.	1731

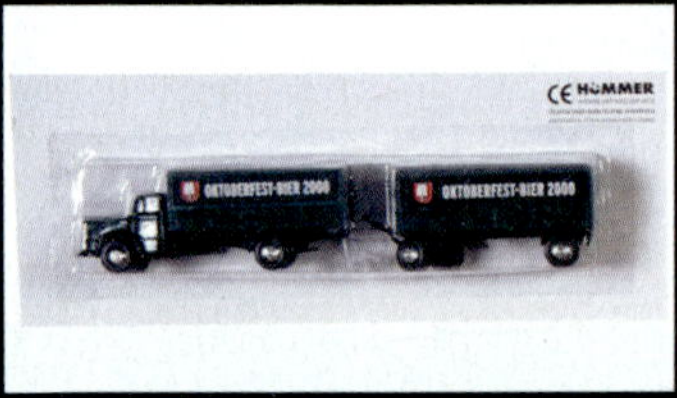

Spaten	11 €
Hersteller	Hümmer
Jahr	2000
Packung	Blister
Vorbild	MB Oldtimer Hängerzug
Sonst.	
Molter Nr.	1732

Spaten	10 €
Hersteller	Hümmer
Jahr	2001
Packung	Blister
Vorbild	MAN TG-A Auflieger
Sonst.	
Molter Nr.	3576

Spaten	10 €
Hersteller	Hümmer
Jahr	2001
Packung	Blister
Vorbild	MAN TG-A Auflieger
Sonst.	
Molter Nr.	3577

Spaten 10 €

Hersteller	Hümmer
Jahr	2001
Packung	Blister
Vorbild	MAN TG-A Auflieger
Sonst.	
Molter Nr.	3581

Spaten 10 €

Hersteller	Hümmer
Jahr	2001
Packung	Blister
Vorbild	MAN TG-A Auflieger
Sonst.	
Molter Nr.	3578

Spaten 8 €

Hersteller	Hümmer
Jahr	2001
Packung	Blister
Vorbild	DAF 95 XF Auflieger
Sonst.	
Molter Nr.	3575

Spaten 8 €

Hersteller	dgd
Jahr	2002
Packung	Blister
Vorbild	Framo
Sonst.	
Molter Nr.	4944

Spaten 8 €

Hersteller	dgd
Jahr	2003
Packung	Blister
Vorbild	Iveco Hängerzug
Sonst.	mit Schankwagen
Molter Nr.	6531

Spaten	8 €
Hersteller	dgd
Jahr	2002
Packung	Blister
Vorbild	Scania Oldtimer Hängerzug
Sonst.	
Molter Nr.	5155

Spaten	8 €
Hersteller	Dgd
Jahr	2002
Packung	Blister
Vorbild	Renault Auflieger
Sonst.	
Molter Nr.	8028

Specht	18 €
Hersteller	Grell
Jahr	1999
Packung	Blister
Vorbild	Mack Auflieger
Sonst.	
Molter Nr.	1735

Specht	11 €
Hersteller	Grell
Jahr	2000
Packung	Blister
Vorbild	MAN F2000 Auflieger
Sonst.	
Molter Nr.	1736

Specht	10 €
Hersteller	
Jahr	2001
Packung	Blister
Vorbild	Mack Auflieger
Sonst.	
Molter Nr.	3580

Specht	8 €
Hersteller	Grell
Jahr	2001
Packung	Blister
Vorbild	MAN F2000 Auflieger
Sonst.	
Molter Nr.	3582

Specht	8 €
Hersteller	Grell
Jahr	2000
Packung	Blister
Vorbild	MAN F2000 Auflieger
Sonst.	
Molter Nr.	4195

Specht	8 €
Hersteller	Grell
Jahr	2002
Packung	Blister
Vorbild	Ford 9000 Tankzug
Sonst.	
Molter Nr.	4917

Specht	8 €
Hersteller	Grell
Jahr	2002
Packung	Blister
Vorbild	Scania 124L Tankzug
Sonst.	mit Silo
Molter Nr.	5383

Specht	8 €
Hersteller	Lauterbach
Jahr	2003 (Aufl.: 3000)
Packung	Plastikschachtel
Vorbild	Renault Magnum Auflieger
Sonst.	
Molter Nr.	7084

S

Spezi	15 €
Hersteller	Hümmer
Jahr	1999
Packung	Blister
Vorbild	US Auflieger
Sonst.	
Molter Nr.	1737

Spezi	8 €
Hersteller	Hümmer
Jahr	2003
Packung	Blister
Vorbild	MB Actros Auflieger
Sonst.	mit Flasche
Molter Nr.	6974

S

Spezial	8 €
Hersteller	Amon
Jahr	2001
Packung	Plastikschachtel
Vorbild	MB Actros Hängerzug
Sonst.	
Molter Nr.	3588

Spezial	25 €
Hersteller	Amon
Jahr	2002 (Aufl.: 100)
Packung	Plastikschachtel
Vorbild	MAN F2000 LKW
Sonst.	
Molter Nr.	6220

Spital	10 €
Hersteller	dgd
Jahr	2001
Packung	Blister
Vorbild	MAN TG-A Auflieger
Sonst.	
Molter Nr.	3583

Spree Quell	75 €
Hersteller	Hümmer
Jahr	2001
Packung	Pappschachtel
Vorbild	US Auflieger
Sonst.	
Molter Nr.	3584

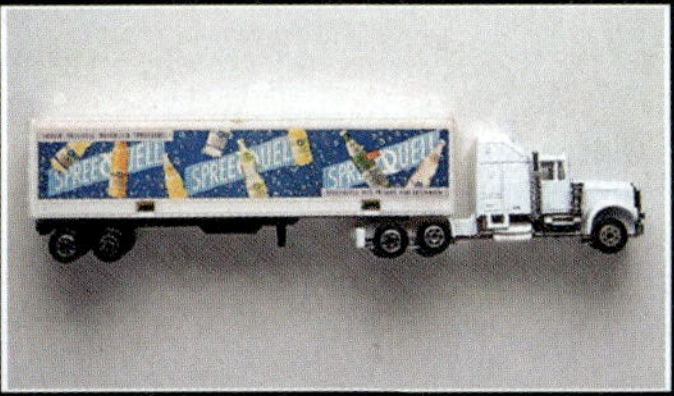

Spree Quell	10 €
Hersteller	Hümmer
Jahr	2000
Packung	Blister
Vorbild	MB Actros Auflieger
Sonst.	
Molter Nr.	1743

Spree Quell	8 €
Hersteller	Hümmer
Jahr	2001
Packung	Blister
Vorbild	MB Actros Auflieger
Sonst.	
Molter Nr.	3586

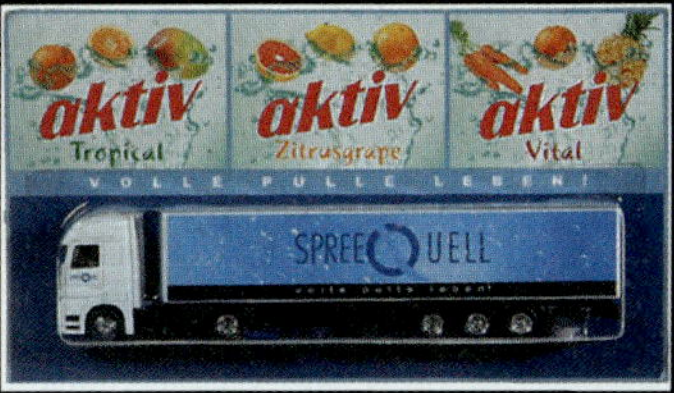

S

Spree Quell	8 €
Hersteller	Hümmer
Jahr	2002
Packung	Blister
Vorbild	MB Actros Auflieger
Sonst.	
Molter Nr.	4527

Spreewälder Säfte	12 €
Hersteller	Grell
Jahr	1999
Packung	Blister
Vorbild	Mack Auflieger
Sonst.	
Molter Nr.	1744

Spreewälder Säfte — 10 €

Hersteller	Grell
Jahr	2001
Packung	Blister
Vorbild	IFA W50 Hängerzug
Sonst.	
Molter Nr.	3587

Spreewälder Säfte — 8 €

Hersteller	Grell
Jahr	2002
Packung	Blister
Vorbild	MB Actros Auflieger
Sonst.	
Molter Nr.	5300

St. Georg Brauerei — 9 €

Hersteller	MaHug
Jahr	2000
Packung	Blister
Vorbild	MAN F2000 Auflieger
Sonst.	
Molter Nr.	1746

St. Georg Brauerei — 8 €

Hersteller	Allround Service
Jahr	2000
Packung	Blister
Vorbild	MB Actros Hängerzug
Sonst.	
Molter Nr.	1747

St. Georg Brauerei — 8 €

Hersteller	Allround Service
Jahr	2000
Packung	Blister
Vorbild	MB Actros Hängerzug
Sonst.	
Molter Nr.	1748

St. Georg Brauerei — 8 €

Hersteller	Allround Service
Jahr	2000
Packung	Blister
Vorbild	MB Actros Hängerzug
Sonst.	
Molter Nr.	4196

St. Georg Brauerei — 8 €

Hersteller	Top-Style
Jahr	2001
Packung	Blister
Vorbild	MB Actros Hängerzug
Sonst.	
Molter Nr.	3590

St. Georg Brauerei — 8 €

Hersteller	Top-Style
Jahr	2001
Packung	Blister
Vorbild	Renault Hängerzug
Sonst.	
Molter Nr.	3591

St. Georg Brauerei — 8 €

Hersteller	Top-Style
Jahr	2001
Packung	Blister
Vorbild	Renault Hängerzug
Sonst.	
Molter Nr.	3592

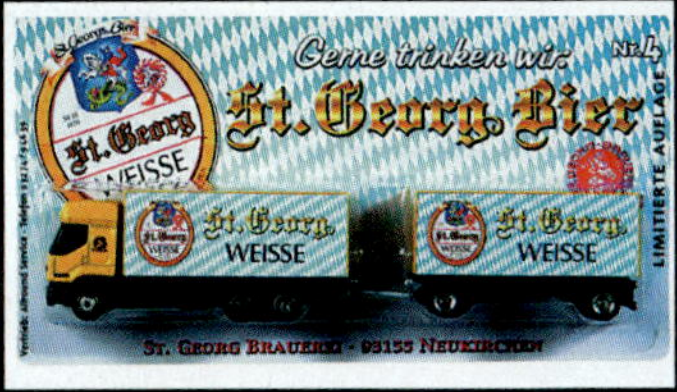

St. Georg Brauerei — 8 €

Hersteller	Top-Style
Jahr	2001
Packung	Blister
Vorbild	Mack Auflieger
Sonst.	
Molter Nr.	4988

St. Georg Brauerei — 8 €

Hersteller	Top-Style
Jahr	2001
Packung	Blister
Vorbild	Ford Auflieger
Sonst.	
Molter Nr.	5289

St. Georg Brauerei — 8 €

Hersteller	Allroundservice
Jahr	2001
Packung	Blister
Vorbild	US Classic Auflieger
Sonst.	
Molter Nr.	8027

St. Georgen Bräu — 15 €

Hersteller	Hümmer
Jahr	2000
Packung	Blister
Vorbild	MB Actros Auflieger
Sonst.	
Molter Nr.	1750

St. Georgen Bräu — 15 €

Hersteller	Hümmer
Jahr	2000
Packung	Blister
Vorbild	MB Actros Auflieger
Sonst.	
Molter Nr.	1751

St. Georgen Bräu — 10 €

Hersteller	Hümmer
Jahr	2000
Packung	Blister
Vorbild	MAN F2000 Auflieger
Sonst.	
Molter Nr.	1752

St. Georgen Bräu 10 €

Hersteller	Hümmer
Jahr	2001
Packung	Blister
Vorbild	MB Actros Auflieger
Sonst.	
Molter Nr.	1753

St. Georgen Bräu 10 €

Hersteller	Hümmer
Jahr	2000
Packung	Blister
Vorbild	MAN F2000 Auflieger
Sonst.	
Molter Nr.	4197

St. Georgen Bräu 9 €

Hersteller	dgd
Jahr	2001
Packung	Blister
Vorbild	Volvo Auflieger
Sonst.	
Molter Nr.	3596

St. Georgen Bräu 10 €

Hersteller	dgd
Jahr	2001
Packung	Blister
Vorbild	MAN F2000 Tankzug
Sonst.	
Molter Nr.	3597

St. Georgen Bräu 9 €

Hersteller	dgd
Jahr	2001
Packung	Blister
Vorbild	Scania Tankzug
Sonst.	
Molter Nr.	3598

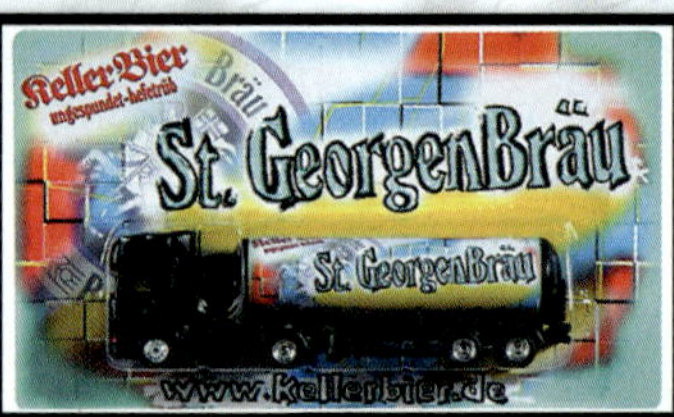

St. Georgen Bräu — 8 €

Hersteller	dgd
Jahr	2001
Packung	Blister
Vorbild	Scania Tankzug
Sonst.	
Molter Nr.	3600

St. Georgen Bräu — 8 €

Hersteller	dgd
Jahr	2001
Packung	Blister
Vorbild	MAN Phönix Auflieger
Sonst.	
Molter Nr.	4248

St. Georgen Bräu — 8 €

Hersteller	dgd
Jahr	2002
Packung	Blister
Vorbild	Scania 164L Auflieger
Sonst.	
Molter Nr.	5976

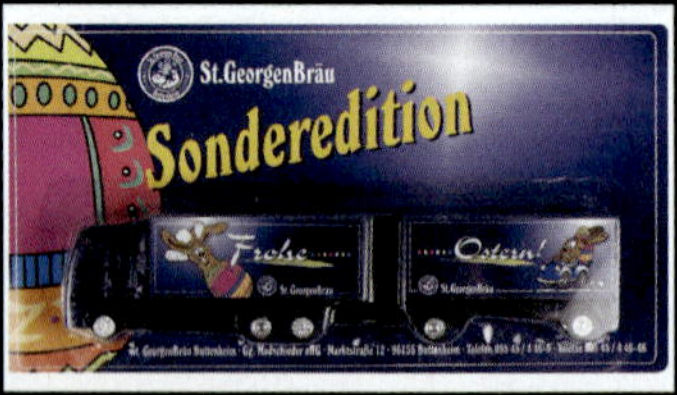

St. Georgen Bräu — 8 €

Hersteller	dgd
Jahr	2001
Packung	Blister
Vorbild	MAN TG-A Hängerzug
Sonst.	
Molter Nr.	6152

St. Georgen Bräu — 8 €

Hersteller	dgd
Jahr	2002
Packung	Blister
Vorbild	Renault Tankzug
Sonst.	
Molter Nr.	5185

S

St. Georgen Bräu — 8 €

Hersteller	Dgd
Jahr	2002
Packung	Blister
Vorbild	Renault Tankzug
Sonst.	
Molter Nr.	8003

St. Georgen Bräu — 8 €

Hersteller	dgd
Jahr	2002
Packung	Blister
Vorbild	MB Axor Tankzug
Sonst.	
Molter Nr.	4840

St. Georgen Bräu — 8 €

Hersteller	dgd
Jahr	2002
Packung	Blister
Vorbild	DAF Tankzug
Sonst.	
Molter Nr.	4636

St. Georgen Bräu — 10 €

Hersteller	EKBG
Jahr	2002
Packung	Blister
Vorbild	Freightliner FLD Auflieger
Sonst.	XL
Molter Nr.	5456

St. Georgen Bräu — 8 €

Hersteller	dgd
Jahr	2003
Packung	Blister
Vorbild	MB Axor Tankzug
Sonst.	
Molter Nr.	6533

St. Georgen Bräu — 8 €

Hersteller	dgd
Jahr	2003
Packung	Blister
Vorbild	Volvo Tankzug
Sonst.	
Molter Nr.	6920

St. Georgen Bräu — 8 €

Hersteller	dgd
Jahr	2003
Packung	Blister
Vorbild	Iveco Tankzug
Sonst.	Pop Art Edition
Molter Nr.	7521

St. Martin Brauerei — 8 €

Hersteller	dgd
Jahr	2001 (Aufl.: 2500)
Packung	Blister
Vorbild	MAN TG-A Auflieger
Sonst.	
Molter Nr.	3601

St. Martin Brauerei — 8 €

Hersteller	dgd
Jahr	2001 (Aufl.: 2500)
Packung	Blister
Vorbild	MAN TG-A Auflieger
Sonst.	
Molter Nr.	3602

St. Martin Brauerei — 8 €

Hersteller	dgd
Jahr	2001 (Aufl.: 2500)
Packung	Blister
Vorbild	MAN Oldtimer Hängerzug
Sonst.	
Molter Nr.	3603

St. Martin Brauerei	8 €
Hersteller	dgd
Jahr	2001 (Aufl.: 2500)
Packung	Blister
Vorbild	Büssing Hängerzug
Sonst.	
Molter Nr.	3604

St. Martin Brauerei	8 €
Hersteller	dgd
Jahr	2001 (Aufl.: 2500)
Packung	Blister
Vorbild	MAN Oldtimer Hängerzug
Sonst.	
Molter Nr.	3605

St. Martin Brauerei	8 €
Hersteller	dgd
Jahr	2001 (Aufl.: 2500)
Packung	Blister
Vorbild	MAN Phönix Tankzug
Sonst.	
Molter Nr.	3606

St. Martin Brauerei	8 €
Hersteller	dgd
Jahr	2001 (Aufl.: 2500)
Packung	Blister
Vorbild	Scania Auflieger
Sonst.	
Molter Nr.	3607

St. Martin Brauerei	8 €
Hersteller	dgd
Jahr	2001 (Aufl.: 2500)
Packung	Blister
Vorbild	MB Oldtimer Hängerzug
Sonst.	
Molter Nr.	3609

S

St. Medardus Quelle — 8 €

Hersteller	Hümmer
Jahr	2001
Packung	Blister
Vorbild	St. Medarolus
Sonst.	
Molter Nr.	3610

St. Michaelsberg — 12 €

Hersteller	Hümmer
Jahr	2000
Packung	Blister
Vorbild	US Auflieger
Sonst.	
Molter Nr.	1754

Staatl. Fachingen — 8 €

Hersteller	dgd
Jahr	2002
Packung	Blister
Vorbild	MAN Phönix Auflieger
Sonst.	
Molter Nr.	5095

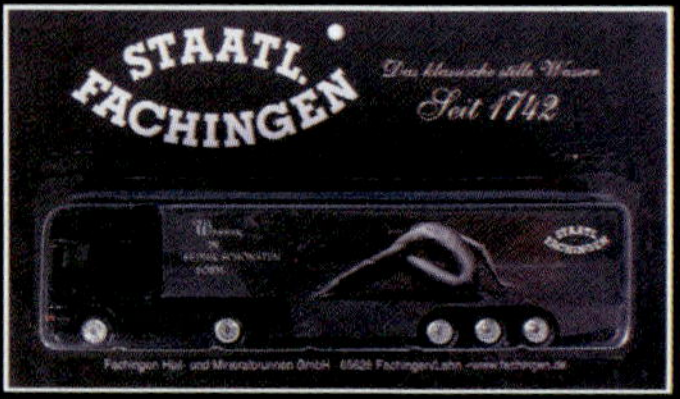

Staatl. Fachingen — 8 €

Hersteller	DGD
Jahr	2003
Packung	Blister
Vorbild	Scania Auflieger
Sonst.	
Molter Nr.	7663

Stadtbrauerei Roth — 12 €

Hersteller	dgd
Jahr	2000
Packung	Blister
Vorbild	MAN F2000 Auflieger
Sonst.	
Molter Nr.	1755

Stadter	8 €
Hersteller	Grell
Jahr	2001
Packung	Blister
Vorbild	Freightliner FLD Auflieger
Sonst.	
Molter Nr.	3611

Stadter	8 €
Hersteller	Grell
Jahr	2001
Packung	Blister
Vorbild	Freightliner FLD Auflieger
Sonst.	
Molter Nr.	3612

Stadter	8 €
Hersteller	Grell
Jahr	2001
Packung	Blister
Vorbild	Scania Auflieger
Sonst.	
Molter Nr.	3613

Stadter	8 €
Hersteller	Grell
Jahr	2001
Packung	Blister
Vorbild	Scania Auflieger
Sonst.	
Molter Nr.	3975

Stadter	8 €
Hersteller	Grell
Jahr	2003
Packung	Blister
Vorbild	Scania 124L Auflieger
Sonst.	
Molter Nr.	5875

Stadter — 8 €

Hersteller	Grell
Jahr	2003
Packung	Blister
Vorbild	MB Actros LKW mit Hänger
Sonst.	mit Flasche
Molter Nr.	6886

Staffelberg-Bräu — 26 €

Hersteller	
Jahr	2000 (Aufl.: 100)
Packung	Plastikschachtel
Vorbild	Volvo Auflieger
Sonst.	
Molter Nr.	1745

Staffelberg-Bräu — 25 €

Hersteller	Amon
Jahr	2002 (Aufl.: 100)
Packung	Plastikschachtel
Vorbild	MB Actros Hängerzug
Sonst.	
Molter Nr.	6126

Staffelberg-Bräu — 25 €

Hersteller	Amon
Jahr	2002 (Aufl.: 150)
Packung	Plastikschachtel
Vorbild	MAN TG-A Auflieger
Sonst.	
Molter Nr.	6137

Staffelberg-Bräu — 25 €

Hersteller	Amon
Jahr	2002 (Aufl.: 100)
Packung	Plastikschachtel
Vorbild	MB Actros Hängerzug
Sonst.	
Molter Nr.	6140

S

Staffelberg-Bräu 25 €

Hersteller	Amon
Jahr	2002 (Aufl.: 100)
Packung	Plastikschachtel
Vorbild	MB Actros Hängerzug
Sonst.	
Molter Nr.	6141

Staffelberg-Bräu 25 €

Hersteller	Amon
Jahr	2002 (Aufl.: 50)
Packung	Plastikschachtel
Vorbild	MB Actros Auflieger
Sonst.	
Molter Nr.	6143

Staffelberg-Bräu 25 €

Hersteller	Amon
Jahr	2002
Packung	Plastikschachtel
Vorbild	MB Actros Hängerzug
Sonst.	
Molter Nr.	6170

Staffelberg-Bräu 8 €

Hersteller	EKBG
Jahr	2003 (Aufl.: 5000)
Packung	Blister
Vorbild	MAN TG-A Tankzug
Sonst.	
Molter Nr.	6521

Starkmann´s 8 €

Hersteller	Eurosun
Jahr	2003
Packung	Blister
Vorbild	MB Actros Auflieger
Sonst.	
Molter Nr.	6464

S

Starlight	15 €
Hersteller	Hümmer
Jahr	
Packung	Plastikschachtel
Vorbild	
Sonst.	
Molter Nr.	1749

Starobrno	10 €
Hersteller	Grell
Jahr	2000
Packung	Blister
Vorbild	MB Actros Auflieger
Sonst.	
Molter Nr.	1760

Starobrno	8 €
Hersteller	Grell
Jahr	2001
Packung	Blister
Vorbild	Freightliner Auflieger
Sonst.	
Molter Nr.	8030

Staropramen	35 €
Hersteller	Hümmer
Jahr	
Packung	Blister
Vorbild	US Auflieger
Sonst.	
Molter Nr.	1756

Staropramen	22 €
Hersteller	Lauterbach
Jahr	1999
Packung	Blister
Vorbild	MB groß Auflieger
Sonst.	
Molter Nr.	1757

Staropramen 18 €

Hersteller	Lauterbach
Jahr	1999
Packung	Blister
Vorbild	Mack Auflieger
Sonst.	
Molter Nr.	1758

Staropramen 11 €

Hersteller	Grell
Jahr	2000
Packung	Blister
Vorbild	MB Actros Auflieger
Sonst.	
Molter Nr.	1759

Staropramen 10 €

Hersteller	Grell
Jahr	2000
Packung	Blister
Vorbild	Ford 9000 Auflieger
Sonst.	
Molter Nr.	3615

Staropramen 8 €

Hersteller	Grell
Jahr	2001
Packung	Blister
Vorbild	Freightliner FLD Auflieger
Sonst.	
Molter Nr.	3616

Staropramen 8 €

Hersteller	dgd
Jahr	2001
Packung	Blister
Vorbild	DAF 95 XF Auflieger
Sonst.	
Molter Nr.	4405

S

Staropramen 8 €

Hersteller	Lauterbach
Jahr	2002
Packung	Blister
Vorbild	Renault Tankzug
Sonst.	
Molter Nr.	4664

Staropramen 8 €

Hersteller	Lauterbach
Jahr	2002
Packung	Blister
Vorbild	Scania 124L Auflieger
Sonst.	
Molter Nr.	7206

Staropramen 8 €

Hersteller	Grell
Jahr	2003
Packung	Blister
Vorbild	Freightliner FLD Auflieger
Sonst.	XXL
Molter Nr.	7177

Stauder 40 €

Hersteller	Grell
Jahr	
Packung	Blister
Vorbild	Mack Auflieger
Sonst.	
Molter Nr.	1761

Stauder 25 €

Hersteller	Grell
Jahr	
Packung	Blister
Vorbild	Mack Auflieger
Sonst.	
Molter Nr.	1762

Stauder — 12 €

Hersteller	Grell
Jahr	1999
Packung	Blister
Vorbild	MB Actros Auflieger
Sonst.	
Molter Nr.	1763

Steffens — 25 €

Hersteller	Müller Chemnitz
Jahr	
Packung	Plastikschachtel
Vorbild	Volvo Auflieger
Sonst.	
Molter Nr.	1765

Steffens — 25 €

Hersteller	Müller Chemnitz
Jahr	
Packung	Plastikschachtel
Vorbild	MB groß Auflieger
Sonst.	
Molter Nr.	1766

Steffens — 25 €

Hersteller	Müller Chemnitz
Jahr	
Packung	Plastikschachtel
Vorbild	Mack Auflieger
Sonst.	
Molter Nr.	1767

Steffens — 40 €

Hersteller	Zündholz Riesa
Jahr	1998
Packung	Blister
Vorbild	Hino LKW
Sonst.	
Molter Nr.	1764

S

Steffens	15 €
Hersteller	Grell
Jahr	1999
Packung	Blister
Vorbild	MB Actros Auflieger
Sonst.	
Molter Nr.	1769

Steffens	13 €
Hersteller	Müller Chemnitz
Jahr	1999
Packung	Plastikschachtel
Vorbild	Majorette Auflieger
Sonst.	
Molter Nr.	1768

Steffens	10 €
Hersteller	Grell
Jahr	2001
Packung	Blister
Vorbild	Ford 9000 Auflieger
Sonst.	
Molter Nr.	1768a

Steffens	10 €
Hersteller	Grell
Jahr	2001
Packung	Blister
Vorbild	Ford 9000 Auflieger
Sonst.	
Molter Nr.	3617

Steffens	10 €
Hersteller	Grell
Jahr	2001
Packung	Blister
Vorbild	Ford 9000 Auflieger
Sonst.	
Molter Nr.	3619

S

Steflinger Regenbräu — 8 €

Hersteller	Top-Style
Jahr	2002
Packung	Blister
Vorbild	Renault Tankzug
Sonst.	
Molter Nr.	5290

Steinach Gold — 10 €

Hersteller	dgd
Jahr	2000 (Aufl.: 3000)
Packung	Blister
Vorbild	MB Actros Auflieger
Sonst.	
Molter Nr.	1778

Steiner — 8 €

Hersteller	WMS
Jahr	2002
Packung	Blister
Vorbild	MB Actros Tankzug
Sonst.	
Molter Nr.	4640

Steiner — 8 €

Hersteller	WMS
Jahr	2002
Packung	Blister
Vorbild	Volvo Tankzug
Sonst.	
Molter Nr.	5116

Stern — 9 €

Hersteller	Grell
Jahr	2001
Packung	Blister
Vorbild	Ford 9000 Auflieger
Sonst.	
Molter Nr.	3628

Stern	8 €
Hersteller	Grell
Jahr	2002
Packung	Blister
Vorbild	Freightliner FLD Tankzug
Sonst.	
Molter Nr.	5370

Sternburg	20 €
Hersteller	Müller Chemnitz
Jahr	
Packung	Plastikschachtel
Vorbild	Mack Auflieger
Sonst.	
Molter Nr.	1770

Sternburg	10 €
Hersteller	Grell
Jahr	2001
Packung	Blister
Vorbild	Krupp Mustang HZ
Sonst.	
Molter Nr.	3622

Sternquell	18 €
Hersteller	Grell
Jahr	1999
Packung	Blister
Vorbild	MAN F2000 Auflieger
Sonst.	
Molter Nr.	1771

Sternquell	15 €
Hersteller	dgd
Jahr	1999
Packung	Blister
Vorbild	Kenworth T2000 Auflieger
Sonst.	
Molter Nr.	1772

Sternquell 13 €

Hersteller	Grell
Jahr	2000
Packung	Blister
Vorbild	MB Atego LKW
Sonst.	
Molter Nr.	1774

Sternquell 12 €

Hersteller	Grell
Jahr	1999
Packung	Blister
Vorbild	IFA W50 Hängerzug
Sonst.	
Molter Nr.	1773

Sternquell 10 €

Hersteller	Grell
Jahr	2000
Packung	Blister
Vorbild	MAN F2000 Auflieger
Sonst.	
Molter Nr.	1775

Sternquell 11 €

Hersteller	Grell
Jahr	2000
Packung	Blister
Vorbild	Scania Auflieger
Sonst.	
Molter Nr.	1776

Sternquell 10 €

Hersteller	Grell
Jahr	2001
Packung	Blister
Vorbild	Ford 9000 Auflieger
Sonst.	
Molter Nr.	1777

Sternquell	9 €
Hersteller	Grell
Jahr	2001
Packung	Blister
Vorbild	MAN TG-A Auflieger
Sonst.	
Molter Nr.	4198

Sternquell	8 €
Hersteller	Grell
Jahr	2001
Packung	Blister
Vorbild	Freightliner FLD Auflieger
Sonst.	Sonderausgabe
Molter Nr.	3624

Sternquell	15 €
Hersteller	Grell
Jahr	2001
Packung	Blister
Vorbild	Freightliner FLD Auflieger
Sonst.	Sonderausgabe
Molter Nr.	4199

Sternquell	9 €
Hersteller	Grell
Jahr	2001
Packung	Blister
Vorbild	MAN TG-A Auflieger
Sonst.	
Molter Nr.	8018

Sternquell	10 €
Hersteller	Grell
Jahr	2001
Packung	Blister
Vorbild	MAN TG-A Auflieger
Sonst.	
Molter Nr.	3625

S

Sternquell — 9 €

Hersteller	Grell
Jahr	2001
Packung	Blister
Vorbild	MAN TG-A Tankzug
Sonst.	
Molter Nr.	4121

Sternquell — 10 €

Hersteller	Grell
Jahr	2001
Packung	Blister
Vorbild	MAN TG-A Tankzug
Sonst.	
Molter Nr.	3623

Sternquell — 10 €

Hersteller	Grell
Jahr	2001
Packung	Blister
Vorbild	MAN TG-A Sattelzug
Sonst.	
Molter Nr.	8112

S

Sternquell — 8 €

Hersteller	Grell
Jahr	2001
Packung	Blister
Vorbild	MAN TG-A Auflieger
Sonst.	
Molter Nr.	3626

Sternquell — 8 €

Hersteller	dgd
Jahr	2001
Packung	Blister
Vorbild	Scania Auflieger
Sonst.	
Molter Nr.	3627

S

Sterngquell 8 €

Hersteller	Grell
Jahr	2001
Packung	Blister
Vorbild	MAN TG-A Hängerzug
Sonst.	
Molter Nr.	8111

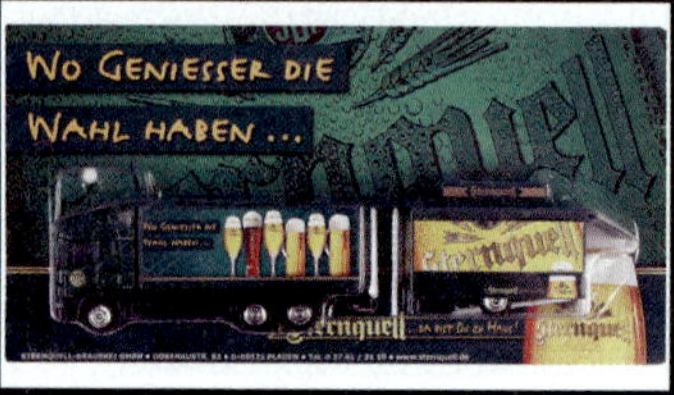

Sternquell 8 €

Hersteller	Grell
Jahr	2002
Packung	Blister
Vorbild	Scania Hängerzug
Sonst.	mit Schankwagen
Molter Nr.	5180

Sternquell 8 €

Hersteller	Grell
Jahr	2002
Packung	Blister
Vorbild	MB Actros Hängerzug
Sonst.	
Molter Nr.	8100

Sternquell 8 €

Hersteller	Grell
Jahr	2002
Packung	Blister
Vorbild	Scania 124L Auflieger
Sonst.	mit Sudkessel
Molter Nr.	5399

Sternquell 10 €

Hersteller	dgd
Jahr	2002
Packung	Blister
Vorbild	MB Axor Tieflader
Sonst.	mit Dose
Molter Nr.	4749

Sternquell	25 €
Hersteller	dgd
Jahr	2002
Packung	Pappschachtel
Vorbild	MB Axor Auflieger
Sonst.	Brauereifest 2002, XL
Molter Nr.	5958

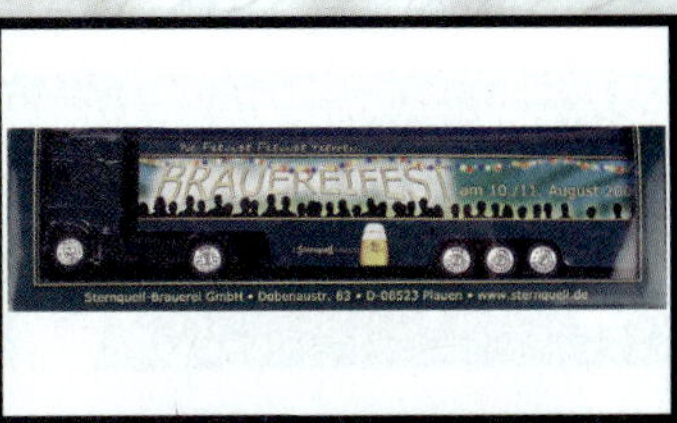

Sternquell	25 €
Hersteller	Grell
Jahr	2002
Packung	Pappschachtel
Vorbild	3-er Set
Sonst.	
Molter Nr.	4743

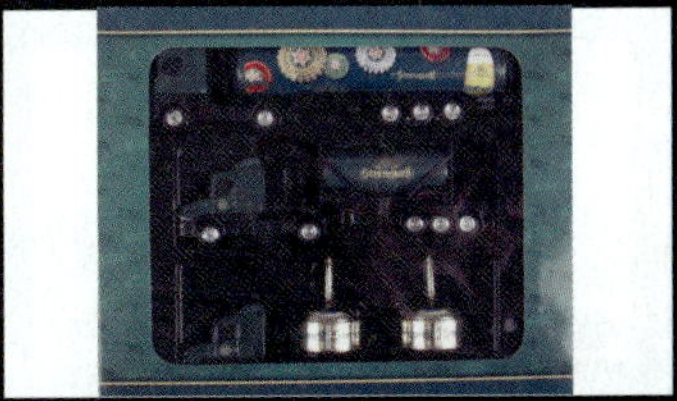

Sternquell	9 €
Hersteller	Grell
Jahr	2002
Packung	Blister
Vorbild	Freightliner FLD Tankzug
Sonst.	mit Silo
Molter Nr.	5926

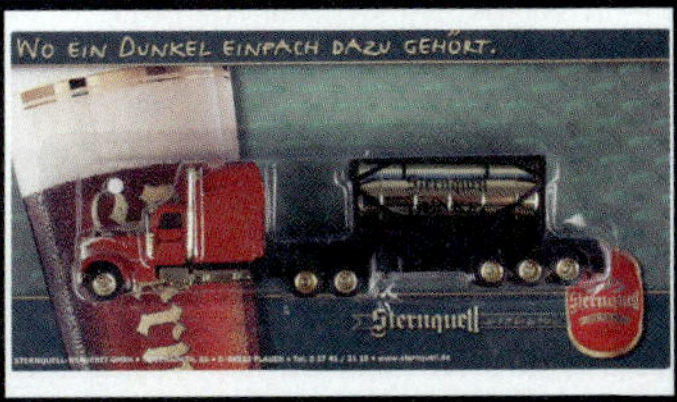

Sternquell	8 €
Hersteller	Grell
Jahr	2002
Packung	Blister
Vorbild	Freightliner FLD Hängerzug
Sonst.	mit Tannenbaum
Molter Nr.	5362

Sternquell	8 €
Hersteller	Dgd
Jahr	2003
Packung	Blister
Vorbild	Volvo Flachtankzug
Sonst.	
Molter Nr.	8099

Sternquell	8 €
Hersteller	Grell
Jahr	2003
Packung	Blister
Vorbild	Freightliner FLD Tieflader
Sonst.	mit Pyramide
Molter Nr.	7118

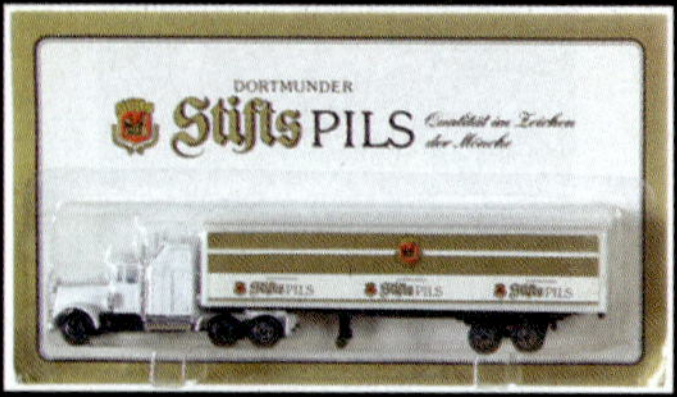

Stifts	75 €
Hersteller	Hümmer
Jahr	
Packung	Blister
Vorbild	US Auflieger
Sonst.	
Molter Nr.	1779

S

Stingel	8 €
Hersteller	Gefra
Jahr	2003
Packung	Blister
Vorbild	MB Actros Hängerzug
Sonst.	
Molter Nr.	6937

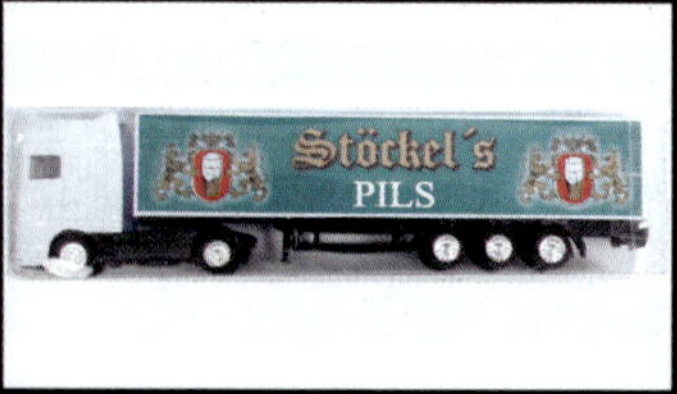

Stöckel	25 €
Hersteller	Amon
Jahr	2002 (Aufl.: 100)
Packung	Plastikschachtel
Vorbild	DAF 95 XF Auflieger
Sonst.	
Molter Nr.	6083

Stöckel	20 €
Hersteller	Amon
Jahr	2002 (Aufl.: 200)
Packung	Plastikschachtel
Vorbild	MAN TG-A Auflieger
Sonst.	
Molter Nr.	6193

Stöckel 25 €

Hersteller	Amon
Jahr	2002 (Aufl.: 100)
Packung	Plastikschachtel
Vorbild	MAN TG-A Auflieger
Sonst.	
Molter Nr.	6215

Stolz 10 €

Hersteller	Bürkle
Jahr	2002
Packung	Plastikschachtel
Vorbild	MAN F2000 Auflieger
Sonst.	
Molter Nr.	4725

Stolzenbacher 12 €

Hersteller	Müller Kaufbeuren
Jahr	2002 (Aufl.: 100)
Packung	Plastikschachtel
Vorbild	MAN M2000 Auflieger
Sonst.	
Molter Nr.	6118

Störtebeker 8 €

Hersteller	Grell
Jahr	2003
Packung	Blister
Vorbild	DAF Auflieger
Sonst.	
Molter Nr.	7886

S

Stöttner	9 €
Hersteller	Hümmer
Jahr	2001
Packung	Blister
Vorbild	MAN TG-A Auflieger
Sonst.	
Molter Nr.	3293

Stöttner	8 €
Hersteller	Allround Service
Jahr	2001
Packung	Blister
Vorbild	MAN TG-A Tankzug
Sonst.	
Molter Nr.	4376

Stöttner	8 €
Hersteller	Grell
Jahr	2002
Packung	Blister
Vorbild	Scania Auflieger
Sonst.	
Molter Nr.	5610

Stöttner	8 €
Hersteller	Grell
Jahr	2002
Packung	Blister
Vorbild	MB Atego Hängerzug
Sonst.	Gtr.Fleischmann, Schankwagen
Molter Nr.	7673

Stöttner	8 €
Hersteller	Hümmer
Jahr	2003
Packung	Blister
Vorbild	MAN TG-A Tankzug
Sonst.	
Molter Nr.	6595

S

Stralsunder — 12 €

Hersteller	Grell
Jahr	2000
Packung	Blister
Vorbild	MB Actros Auflieger
Sonst.	
Molter Nr.	1780

Streck — 10 €

Hersteller	dgd
Jahr	2001
Packung	Blister
Vorbild	MAN TG-A Auflieger
Sonst.	
Molter Nr.	3633

Strup — 8 €

Hersteller	Grell
Jahr	2002
Packung	Blister
Vorbild	Scania 164L Auflieger
Sonst.	KHG
Molter Nr.	5977

Strup — 8 €

Hersteller	Grell
Jahr	2002
Packung	Blister
Vorbild	Scania 164L Auflieger
Sonst.	KHG
Molter Nr.	5978

Strup — 8 €

Hersteller	Grell
Jahr	2002
Packung	Blister
Vorbild	Scania 164L Auflieger
Sonst.	KHG
Molter Nr.	5979

Strup — 8 €

Hersteller	Grell
Jahr	2002
Packung	Blister
Vorbild	Scania 164L Auflieger
Sonst.	
Molter Nr.	5980

Strup — 8 €

Hersteller	Grell
Jahr	2002
Packung	Blister
Vorbild	Feuerwehr
Sonst.	
Molter Nr.	6908

Strup — 8 €

Hersteller	Grell
Jahr	2002
Packung	Blister
Vorbild	Feuerwehr
Sonst.	
Molter Nr.	6909

Strup — 8 €

Hersteller	Grell
Jahr	2002
Packung	Blister
Vorbild	Feuerwehr
Sonst.	
Molter Nr.	6910

Strup — 8 €

Hersteller	Grell
Jahr	2002
Packung	Blister
Vorbild	Feuerwehr
Sonst.	
Molter Nr.	6911

Strup — 8 €

Hersteller	Grell
Jahr	2002
Packung	Blister
Vorbild	Feuerwehr
Sonst.	
Molter Nr.	6912

Strup — 8 €

Hersteller	Grell
Jahr	2002
Packung	Blister
Vorbild	Feuerwehr
Sonst.	
Molter Nr.	6913

Strup — 8 €

Hersteller	Grell
Jahr	2002
Packung	Blister
Vorbild	Feuerwehr
Sonst.	
Molter Nr.	6914

S

Strup — 9 €

Hersteller	Grell
Jahr	2003
Packung	Blister
Vorbild	Freightliner FLD Roadtrain
Sonst.	
Molter Nr.	6528

Stüble — 8 €

Hersteller	dgd
Jahr	2002 (Aufl.: 2500)
Packung	Blister
Vorbild	MAN Oldtimer Hängerzug
Sonst.	
Molter Nr.	4903

Sturm´s	25 €
Hersteller	Grell
Jahr	1999 (Aufl.: 10000)
Packung	Blister
Vorbild	Mack Auflieger
Sonst.	
Molter Nr.	1788

Sturm´s	20 €
Hersteller	Grell
Jahr	2000 (Aufl.: 10000)
Packung	Blister
Vorbild	MB Actros Hängerzug
Sonst.	
Molter Nr.	1789

Sturm´s	18 €
Hersteller	Grell
Jahr	2000 (Aufl.: 10000)
Packung	Blister
Vorbild	Scania Auflieger
Sonst.	
Molter Nr.	1791

Sturm´s	10 €
Hersteller	Top-Style
Jahr	2001 (Aufl.: 15000)
Packung	Blister
Vorbild	MB Actros Hängerzug
Sonst.	
Molter Nr.	3634

Sturm´s	10 €
Hersteller	Top-Style
Jahr	2001 (Aufl.: 5000)
Packung	Blister
Vorbild	MB Actros Hängerzug
Sonst.	
Molter Nr.	3635

Sturm´s	10 €
Hersteller	Top-Style
Jahr	2001 (Aufl.: 12000)
Packung	Blister
Vorbild	Ford 9000 Auflieger
Sonst.	
Molter Nr.	3636

Sturm´s	10 €
Hersteller	dgd
Jahr	2001 (Aufl.: 5000)
Packung	Blister
Vorbild	MAN Oldtimer Hängerzug
Sonst.	
Molter Nr.	3637

Sturm´s	10 €
Hersteller	Top-Style
Jahr	2002 (Aufl.: 12000)
Packung	Blister
Vorbild	MB Actros Tankzug
Sonst.	
Molter Nr.	3638

Sturm´s	10 €
Hersteller	dgd
Jahr	2002 (Aufl.: 5000)
Packung	Blister
Vorbild	MB Actros Auflieger
Sonst.	mit Gabelstabler
Molter Nr.	4326

Sturm´s	10 €
Hersteller	dgd
Jahr	2002 (Aufl.: 10000)
Packung	Blister
Vorbild	MAN F2000 Hängerzug
Sonst.	mit Schankwagen
Molter Nr.	6154

Sturm´s — 8 €

Hersteller	Top-Style
Jahr	2002
Packung	Blister
Vorbild	MB Actros Auflieger
Sonst.	Wanderfreunde SV Weidach
Molter Nr.	8034

Sturms — 20 €

Hersteller	Grell
Jahr	2003 (Aufl.: 3000)
Packung	Blister
Vorbild	MAN TG-A Hängerzug
Sonst.	18 Krt. verg. Schankwagen
Molter Nr.	6898

S

Stuttgarter Hofbräu — 40 €

Hersteller	Hümmer
Jahr	
Packung	Blister
Vorbild	MB klein Auflieger
Sonst.	
Molter Nr.	1790

Stuttgarter Hofbräu — 40 €

Hersteller	
Jahr	
Packung	Plastikschachtel
Vorbild	Ford Oldtimer
Sonst.	
Molter Nr.	3642

Stuttgarter Hofbräu — 35 €

Hersteller	HL Werbung
Jahr	1998
Packung	Blister
Vorbild	Mack Auflieger
Sonst.	
Molter Nr.	1792

Stuttgarter Hofbräu — 12 €

Hersteller	Hümmer
Jahr	2000
Packung	Blister
Vorbild	MB Actros Hängerzug
Sonst.	
Molter Nr.	1793

Stuttgarter Hofbräu — 10 €

Hersteller	Hümmer
Jahr	2001
Packung	Blister
Vorbild	MB Actros Auflieger
Sonst.	
Molter Nr.	3640

Stuttgarter Hofbräu — 8 €

Hersteller	dgd
Jahr	2002
Packung	Blister
Vorbild	MB Actros Tankzug
Sonst.	
Molter Nr.	4822

Stuttgarter Hofbräu — 8 €

Hersteller	dgd
Jahr	2002
Packung	Blister
Vorbild	MB Actros Auflieger
Sonst.	
Molter Nr.	5322

Stuttgarter Hofbräu — 8 €

Hersteller	dgd
Jahr	2002
Packung	Blister
Vorbild	Renault Magnum Auflieger
Sonst.	
Molter Nr.	5529

Stuttgarter Hofbräu — 8 €

Hersteller	
Jahr	2002
Packung	Blister
Vorbild	MB Axor Auflieger
Sonst.	
Molter Nr.	5097

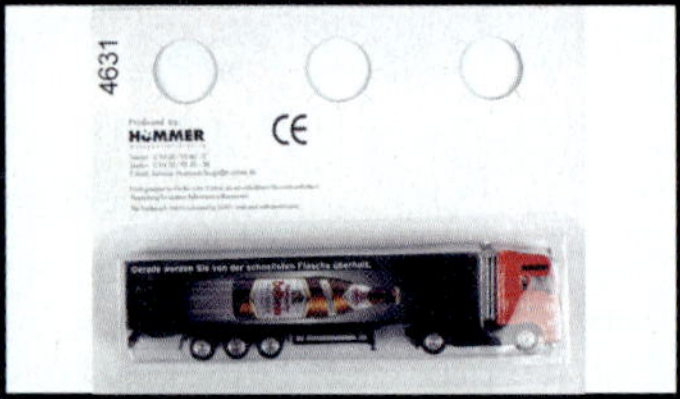

Stuttgarter Hofbräu — 8 €

Hersteller	Hümmer
Jahr	2002
Packung	Blister
Vorbild	MAN TG-A Auflieger
Sonst.	
Molter Nr.	4631

Stuttgarter Hofbräu — 8 €

Hersteller	
Jahr	2003
Packung	Blister
Vorbild	MAN TG-A Auflieger
Sonst.	
Molter Nr.	6928

Stuttgarter Hofbräu — 8 €

Hersteller	Hümmer
Jahr	2003
Packung	Blister
Vorbild	Iveco Auflieger
Sonst.	
Molter Nr.	6946

Stuttgarter Hofbräu — 8 €

Hersteller	Hümmer
Jahr	2003
Packung	Blister
Vorbild	Iveco Auflieger
Sonst.	
Molter Nr.	7134

Stuttgarter Hofbräu — 8 €

Hersteller	Hümmer
Jahr	2003
Packung	
Vorbild	Iveco Stralis Auflieger
Sonst.	
Molter Nr.	7670

Sun-0 — 60 €

Hersteller	
Jahr	
Packung	Plastikschachtel
Vorbild	
Sonst.	
Molter Nr.	7506

Sünner — 90 €

Hersteller	
Jahr	
Packung	Plastikschachtel
Vorbild	LKW
Sonst.	
Molter Nr.	7341

S

Sünner — 11 €

Hersteller	Hümmer
Jahr	2001
Packung	Blister
Vorbild	MB Actros Auflieger
Sonst.	
Molter Nr.	3639

Sünner — 10 €

Hersteller	Hümmer
Jahr	2001
Packung	Blister
Vorbild	MB Actros Hängerzug
Sonst.	
Molter Nr.	3641

S

Sünner	8 €
Hersteller	Hümmer
Jahr	2002
Packung	Blister
Vorbild	MB Actros LKW
Sonst.	
Molter Nr.	6162

Sünner	8 €
Hersteller	Hümmer
Jahr	2003
Packung	Blister
Vorbild	MB Actros Auflieger
Sonst.	mit Flasche
Molter Nr.	7125

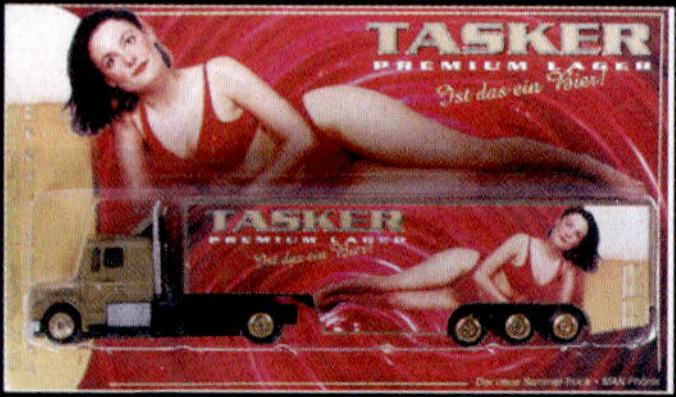

Tasker	8 €
Hersteller	WMS
Jahr	2001
Packung	Blister
Vorbild	MAN Phoenix
Sonst.	
Molter Nr.	8014

Tasker	8 €
Hersteller	WMS
Jahr	2002
Packung	Blister
Vorbild	Volvo Tankzug
Sonst.	
Molter Nr.	7539

Tasker	8 €
Hersteller	WMS
Jahr	2003
Packung	Blister
Vorbild	Volvo Flachtankzug
Sonst.	
Molter Nr.	8097

Tasker — 8 €

Hersteller	Grell
Jahr	2003
Packung	Blister
Vorbild	Freightliner FLD Auflieger
Sonst.	
Molter Nr.	7316

Taufkirchner — 8 €

Hersteller	Bürkle
Jahr	2001
Packung	Plastikschachtel
Vorbild	MAN F2000 Hängerzug
Sonst.	
Molter Nr.	3644

Tayler Beer — 8 €

Hersteller	Grell
Jahr	2000
Packung	Blister
Vorbild	Scania 164L Hängerzug
Sonst.	
Molter Nr.	7541

Teinacher — 50 €

Hersteller	
Jahr	
Packung	Showbox
Vorbild	MB klein Auflieger
Sonst.	
Molter Nr.	6441

Teinacher — 8 €

Hersteller	dgd
Jahr	2001
Packung	Blister
Vorbild	MAN F2000 Auflieger
Sonst.	
Molter Nr.	3643

Teinacher — 8 €

Hersteller	dgd
Jahr	2002
Packung	Blister
Vorbild	Scania Hängerzug
Sonst.	
Molter Nr.	8032

Terminal — 8 €

Hersteller	dgd
Jahr	2001
Packung	Blister
Vorbild	MAN F2000 Hängerzug
Sonst.	
Molter Nr.	3663

T

Tettnanger — 10 €

Hersteller	Müller Chemnitz
Jahr	2000
Packung	Plastikschachtel
Vorbild	Majorette Auflieger
Sonst.	
Molter Nr.	1794

The World of Beer — 8 €

Hersteller	Grell
Jahr	2001 (Aufl.: 2500)
Packung	Blister
Vorbild	Scania Auflieger
Sonst.	
Molter Nr.	3647

The World of Beer — 8 €

Hersteller	Grell
Jahr	2001 (Aufl.: 2500)
Packung	Blister
Vorbild	Scania Auflieger
Sonst.	
Molter Nr.	3651

The World of Beer 8 €

Hersteller	Grell
Jahr	2001 (Aufl.: 2500)
Packung	Blister
Vorbild	Scania Auflieger
Sonst.	
Molter Nr.	3652

The World of Beer 8 €

Hersteller	Grell
Jahr	2001 (Aufl.: 2500)
Packung	Blister
Vorbild	MAN F2000 Auflieger
Sonst.	
Molter Nr.	3682

The World of Beer 8 €

Hersteller	Grell
Jahr	2001 (Aufl.: 2500)
Packung	Blister
Vorbild	Scania Auflieger
Sonst.	
Molter Nr.	3687

The World of Beer 8 €

Hersteller	Grell
Jahr	2001 (Aufl.: 2500)
Packung	Blister
Vorbild	Scania Auflieger
Sonst.	
Molter Nr.	3688

The World of Beer 8 €

Hersteller	Grell
Jahr	2001
Packung	Blister
Vorbild	Scania Auflieger
Sonst.	
Molter Nr.	3701

The World of Beer	8 €
Hersteller	Grell
Jahr	2001
Packung	Blister
Vorbild	Scania Auflieger
Sonst.	
Molter Nr.	3715

The World of Beer	8 €
Hersteller	Grell
Jahr	2001
Packung	Blister
Vorbild	Scania Auflieger
Sonst.	
Molter Nr.	3985

The World of Beer	8 €
Hersteller	Grell
Jahr	2001
Packung	Blister
Vorbild	Scania Auflieger
Sonst.	
Molter Nr.	3986

The World of Beer	8 €
Hersteller	Grell
Jahr	2001
Packung	Blister
Vorbild	Scania Auflieger
Sonst.	
Molter Nr.	3988

Thein - Bräu	20 €
Hersteller	Amon
Jahr	2002 (Aufl.: 200)
Packung	Plastikschachtel
Vorbild	Renault Auflieger
Sonst.	
Molter Nr.	6045

Thereser Lammsbräu — 9 €

Hersteller	Lauterbach
Jahr	2000
Packung	Blister
Vorbild	MAN M2000 Auflieger
Sonst.	
Molter Nr.	1119

Thereser Lammsbräu — 8 €

Hersteller	Lauterbach
Jahr	2002
Packung	Blister
Vorbild	Renault Tankzug
Sonst.	
Molter Nr.	7728

Thier Pils — 65 €

Hersteller	Hümmer
Jahr	
Packung	Blister
Vorbild	US Auflieger
Sonst.	
Molter Nr.	1795

Thier Pils — 40 €

Hersteller	Grell
Jahr	
Packung	Blister
Vorbild	Mack Auflieger
Sonst.	
Molter Nr.	1796

Thier Pils — 45 €

Hersteller	Grell
Jahr	
Packung	Blister
Vorbild	Mack Auflieger
Sonst.	
Molter Nr.	1797

Thier Pils — 12 €

Hersteller	Grell
Jahr	2000
Packung	Blister
Vorbild	MB Actros Auflieger
Sonst.	
Molter Nr.	1798

Thier Pils — 11 €

Hersteller	Grell
Jahr	2000
Packung	Blister
Vorbild	MB Actros Auflieger
Sonst.	Waldhoff
Molter Nr.	1799

Thier Pils — 10 €

Hersteller	Grell
Jahr	2001
Packung	Blister
Vorbild	MB Actros Auflieger
Sonst.	
Molter Nr.	3645

Thier Pils — 9 €

Hersteller	Grell
Jahr	2001
Packung	Blister
Vorbild	Ford 9000 Auflieger
Sonst.	
Molter Nr.	4249

Thomas — 70 €

Hersteller	
Jahr	
Packung	Plastikschachtel
Vorbild	MAN F90 Hängerzug
Sonst.	
Molter Nr.	3664

Thonberg — 11 €

Hersteller	MaHug
Jahr	2001
Packung	Blister
Vorbild	Framo
Sonst.	
Molter Nr.	3646

Thorbräu — 20 €

Hersteller	Grell
Jahr	1999
Packung	Blister
Vorbild	Mack Auflieger
Sonst.	
Molter Nr.	1804

Thorbräu — 18 €

Hersteller	Grell
Jahr	1999
Packung	Blister
Vorbild	Mack Auflieger
Sonst.	
Molter Nr.	1805

Thorbräu — 13 €

Hersteller	Grell
Jahr	2000
Packung	Blister
Vorbild	Mack Auflieger
Sonst.	
Molter Nr.	1806

Thorbräu — 8 €

Hersteller	Grell
Jahr	2002
Packung	Blister
Vorbild	MB Atego LKW
Sonst.	
Molter Nr.	4584

Thum	8 €
Hersteller	Hümmer
Jahr	2001
Packung	Blister
Vorbild	IFA H6 Hängerzug
Sonst.	
Molter Nr.	4250

Thum	8 €
Hersteller	Grell
Jahr	2002
Packung	Blister
Vorbild	Ford Oldtimer
Sonst.	
Molter Nr.	5656

Thum	8 €
Hersteller	Grell
Jahr	2002
Packung	Blister
Vorbild	IFA W50 Hängerzug
Sonst.	
Molter Nr.	7730

Thum	8 €
Hersteller	Grell
Jahr	2002
Packung	Blister
Vorbild	Pferdekutsche
Sonst.	
Molter Nr.	7732

Thum	8 €
Hersteller	WMS
Jahr	2002
Packung	Blister
Vorbild	IFA H6 Hängerzug
Sonst.	ohne Plane
Molter Nr.	4638

Thum	12 €
Hersteller	WMS
Jahr	2002
Packung	Blister
Vorbild	Volvo Tieflader
Sonst.	mit Dose
Molter Nr.	5006

Thum	10 €
Hersteller	WMS
Jahr	2002
Packung	Blister
Vorbild	MB Actros Tankzug
Sonst.	
Molter Nr.	4650

Thüringer Wald Quell	8 €
Hersteller	dgd
Jahr	2002
Packung	Blister
Vorbild	MB Actros Hängerzug
Sonst.	
Molter Nr.	4706

Thuringia Brauerei	40 €
Hersteller	
Jahr	
Packung	Plastikschachtel
Vorbild	MAN F90 LKW
Sonst.	
Molter Nr.	1817

Thuringia Brauerei	30 €
Hersteller	
Jahr	
Packung	Plastikschachtel
Vorbild	MB groß Auflieger
Sonst.	
Molter Nr.	1818

Thuringia Brauerei	30 €
Hersteller	
Jahr	
Packung	Plastikschachtel
Vorbild	Mack Auflieger
Sonst.	
Molter Nr.	1819

Thurn und Taxis	30 €
Hersteller	
Jahr	
Packung	Blister
Vorbild	Oldtimer
Sonst.	
Molter Nr.	1807

Thurn und Taxis	30 €
Hersteller	
Jahr	
Packung	Blister
Vorbild	Oldtimer
Sonst.	
Molter Nr.	1808

Thurn und Taxis	30 €
Hersteller	
Jahr	
Packung	Blister
Vorbild	Oldtimer
Sonst.	
Molter Nr.	1809

Thurn und Taxis	30 €
Hersteller	
Jahr	
Packung	Blister
Vorbild	Oldtimer
Sonst.	
Molter Nr.	1810

Thurn und Taxis	30 €
Hersteller	
Jahr	
Packung	Blister
Vorbild	Oldtimer
Sonst.	
Molter Nr.	1811

Thurn und Taxis	45 €
Hersteller	Hümmer
Jahr	1997
Packung	Blister
Vorbild	US Auflieger
Sonst.	
Molter Nr.	1812

T

Thurn und Taxis	35 €
Hersteller	
Jahr	
Packung	Pappschachtel
Vorbild	Rennwagen
Sonst.	
Molter Nr.	4469

Thurn und Taxis	18 €
Hersteller	Hümmer
Jahr	1999
Packung	Blister
Vorbild	US Auflieger
Sonst.	
Molter Nr.	1813

Thurn und Taxis	11 €
Hersteller	Hümmer
Jahr	2000
Packung	Blister
Vorbild	MB Actros Hängerzug
Sonst.	
Molter Nr.	1814

Thurn und Taxis	11 €
Hersteller	Hümmer
Jahr	2000
Packung	Blister
Vorbild	MB Actros Auflieger
Sonst.	
Molter Nr.	1815

Thurn und Taxis	10 €
Hersteller	Hümmer
Jahr	2000
Packung	Blister
Vorbild	MB Actros Auflieger
Sonst.	
Molter Nr.	1816

Thurn und Taxis	9 €
Hersteller	Hümmer
Jahr	2001
Packung	Blister
Vorbild	MB Actros Hängerzug
Sonst.	Hell
Molter Nr.	3665

Thurn und Taxis	9 €
Hersteller	Hümmer
Jahr	2001
Packung	Blister
Vorbild	MB Actros Hängerzug
Sonst.	Pilsener
Molter Nr.	3666

Thurn und Taxis	15 €
Hersteller	Hümmer
Jahr	
Packung	Blister
Vorbild	US Auflieger (neu)
Sonst.	
Molter Nr.	3660

Thurn und Taxis — 8 €

Hersteller	Hümmer
Jahr	2002
Packung	Blister
Vorbild	MAN TG-A Tankzug
Sonst.	
Molter Nr.	4955

Thurn und Taxis — 8 €

Hersteller	Hümmer
Jahr	2002
Packung	Blister
Vorbild	US Auflieger
Sonst.	
Molter Nr.	4714

Thurn und Taxis — 8 €

Hersteller	Hümmer
Jahr	2002
Packung	Blister
Vorbild	Scania Auflieger
Sonst.	mit Flasche
Molter Nr.	8026

Thüsa — 8 €

Hersteller	Grell
Jahr	2000
Packung	Blister
Vorbild	MB Atego Hängerzug
Sonst.	mit seperatem Hänger
Molter Nr.	1803

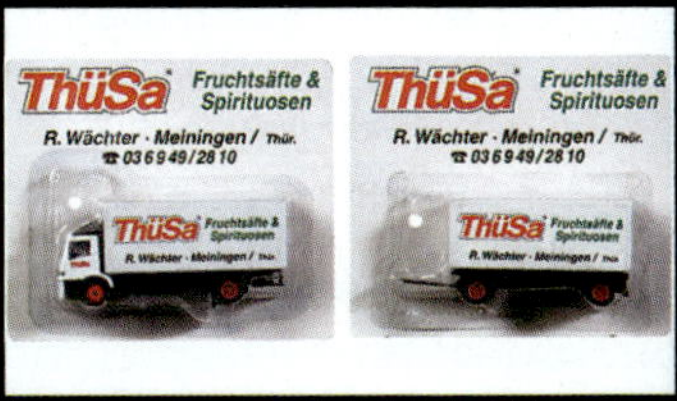

Tobbräu — 25 €

Hersteller	
Jahr	
Packung	Plastikschachtel
Vorbild	MB groß Auflieger
Sonst.	
Molter Nr.	1825

T

Tobbräu	25 €
Hersteller	
Jahr	
Packung	Plastikschachtel
Vorbild	MB groß Auflieger
Sonst.	
Molter Nr.	1826

Tobbräu	25 €
Hersteller	
Jahr	
Packung	Plastikschachtel
Vorbild	Volvo Auflieger
Sonst.	
Molter Nr.	1827

Tobbräu	25 €
Hersteller	
Jahr	
Packung	Plastikschachtel
Vorbild	Mack Auflieger
Sonst.	
Molter Nr.	1828

Tönissteiner	8 €
Hersteller	dgd
Jahr	2002
Packung	Blister
Vorbild	MB Actros Hängerzug
Sonst.	
Molter Nr.	4757

Toom Getränkemarkt	8 €
Hersteller	
Jahr	2001
Packung	Plastikschachtel
Vorbild	MB Actros Auflieger
Sonst.	
Molter Nr.	4311

Torgau — 20 €

Hersteller	Hümmer
Jahr	1998
Packung	Blister
Vorbild	US Auflieger
Sonst.	
Molter Nr.	1820

Torgau — 15 €

Hersteller	Hümmer
Jahr	1999
Packung	Blister
Vorbild	MB Actros Auflieger
Sonst.	
Molter Nr.	1821

T

Torgau — 12 €

Hersteller	Hümmer
Jahr	2000
Packung	Blister
Vorbild	MB Actros Hängerzug
Sonst.	
Molter Nr.	1822

Torgau — 12 €

Hersteller	Hümmer
Jahr	2000
Packung	Blister
Vorbild	US Auflieger
Sonst.	
Molter Nr.	1824

Torgau — 10 €

Hersteller	Hümmer
Jahr	2000
Packung	Blister
Vorbild	MB Actros Auflieger
Sonst.	
Molter Nr.	1823

Torgau	8 €
Hersteller	Hümmer
Jahr	2001
Packung	Blister
Vorbild	US Auflieger
Sonst.	neuer US
Molter Nr.	3667

Torgau	8 €
Hersteller	Hümmer
Jahr	2001
Packung	Blister
Vorbild	MAN TG-A Auflieger
Sonst.	
Molter Nr.	8017

Torgau	8 €
Hersteller	Hümmer
Jahr	2001
Packung	Blister
Vorbild	IFA H6 Hängerzug
Sonst.	
Molter Nr.	3669

Torgau	8 €
Hersteller	Grell
Jahr	2002
Packung	Blister
Vorbild	Scania 124L Tankzug
Sonst.	mit Silo
Molter Nr.	5358

Torgau	8 €
Hersteller	Grell
Jahr	2002
Packung	Blister
Vorbild	Scania Tieflader
Sonst.	mit Sudkesseln
Molter Nr.	7664

Trachtler 12 €

Hersteller	Dgd
Jahr	2001
Packung	Plastikhülle
Vorbild	MB Actros Tanker
Sonst.	
Molter Nr.	8101

Trachtler 12 €

Hersteller	Allroundservice
Jahr	2001 (Aufl.: 100)
Packung	Blister
Vorbild	IFA W50 Auflieger
Sonst.	
Molter Nr.	8022

T

Trassl-Bräu 40 €

Hersteller	Lauterbach
Jahr	1997
Packung	Blister
Vorbild	Mack Auflieger
Sonst.	
Molter Nr.	1829

Trassl-Bräu 35 €

Hersteller	Lauterbach
Jahr	1997
Packung	Blister
Vorbild	MB groß Auflieger
Sonst.	
Molter Nr.	1830

Trassl-Bräu 18 €

Hersteller	Grell
Jahr	1998
Packung	Blister
Vorbild	Mack Auflieger
Sonst.	
Molter Nr.	1831

Trassl-Bräu — 15 €

Hersteller	Grell
Jahr	1999
Packung	Blister
Vorbild	MB Actros Auflieger
Sonst.	
Molter Nr.	1832

Trassl-Bräu — 15 €

Hersteller	Grell
Jahr	1999
Packung	Blister
Vorbild	MB Actros Hängerzug
Sonst.	
Molter Nr.	1833

Trassl-Bräu — 15 €

Hersteller	Grell
Jahr	1999
Packung	Blister
Vorbild	MB Actros Hängerzug
Sonst.	
Molter Nr.	1834

Trassl-Bräu — 12 €

Hersteller	Grell
Jahr	1999
Packung	Blister
Vorbild	Mack Auflieger
Sonst.	
Molter Nr.	1835

Trassl-Bräu — 11 €

Hersteller	Grell
Jahr	2000
Packung	Blister
Vorbild	MB Actros Auflieger
Sonst.	
Molter Nr.	1836

Trassl-Bräu — 15 €

Hersteller	Grell
Jahr	2000
Packung	Blister
Vorbild	IFA W50 Hängerzug
Sonst.	
Molter Nr.	1837

Trassl-Bräu — 11 €

Hersteller	Grell
Jahr	2000
Packung	Blister
Vorbild	IFA W50 Hängerzug
Sonst.	
Molter Nr.	1838

Trassl-Bräu — 13 €

Hersteller	Grell
Jahr	2000
Packung	Blister
Vorbild	Ford 9000 Auflieger
Sonst.	
Molter Nr.	1839

Trassl-Bräu — 11 €

Hersteller	Grell
Jahr	2000
Packung	Blister
Vorbild	Ford 9000 Auflieger
Sonst.	
Molter Nr.	1840

Trassl-Bräu — 10 €

Hersteller	Grell
Jahr	2000
Packung	Blister
Vorbild	MB Atego LKW
Sonst.	
Molter Nr.	1841

T

Trassl-Bräu	9 €
Hersteller	Grell
Jahr	2001
Packung	Blister
Vorbild	Scania Auflieger
Sonst.	
Molter Nr.	3670

Trassl-Bräu	9 €
Hersteller	Grell
Jahr	2001
Packung	Blister
Vorbild	MAN F2000 Hängerzug
Sonst.	
Molter Nr.	3671

Trassl-Bräu	9 €
Hersteller	Grell
Jahr	2001
Packung	Blister
Vorbild	Scania 164L LKW
Sonst.	
Molter Nr.	3672

Trassl-Bräu	9 €
Hersteller	Grell
Jahr	2001
Packung	Blister
Vorbild	Ford 9000 Auflieger
Sonst.	
Molter Nr.	3673

Trassl-Bräu	9 €
Hersteller	Grell
Jahr	2001
Packung	Blister
Vorbild	Ford 9000 Auflieger
Sonst.	
Molter Nr.	3674

Trassl-Bräu — 9 €

Hersteller	Grell
Jahr	2001
Packung	Blister
Vorbild	MAN F2000 Auflieger
Sonst.	
Molter Nr.	7729

Trassl-Bräu — 9 €

Hersteller	Grell
Jahr	2001
Packung	Blister
Vorbild	MAN F2000 Hängerzug
Sonst.	
Molter Nr.	4017

Trassl-Bräu — 10 €

Hersteller	Grell
Jahr	2001
Packung	Blister
Vorbild	Krupp Mustang Hängerzug
Sonst.	
Molter Nr.	3677

Trassl-Bräu — 10 €

Hersteller	Grell
Jahr	2001
Packung	Blister
Vorbild	Krupp Mustang Hängerzug
Sonst.	
Molter Nr.	3676

Trassl-Bräu — 9 €

Hersteller	Grell
Jahr	2001
Packung	Blister
Vorbild	Scania Auflieger
Sonst.	
Molter Nr.	7741

T

Trassl-Bräu	8 €
Hersteller	Grell
Jahr	2001
Packung	Blister
Vorbild	Freightliner FLD Auflieger
Sonst.	
Molter Nr.	3678

Trassl-Bräu	8 €
Hersteller	Grell
Jahr	2001
Packung	Blister
Vorbild	MAN TG-A Auflieger
Sonst.	
Molter Nr.	3679

Trassl-Bräu	8 €
Hersteller	Grell
Jahr	2001
Packung	Blister
Vorbild	MAN TG-A Tankzug
Sonst.	
Molter Nr.	3680

Trassl-Bräu	8 €
Hersteller	Grell
Jahr	2002
Packung	Blister
Vorbild	Büssing Hängerzug
Sonst.	
Molter Nr.	4554

Trassl-Bräu	8 €
Hersteller	Grell
Jahr	2002
Packung	Blister
Vorbild	Renault Magnum Tankzug
Sonst.	
Molter Nr.	4552

Trassl-Bräu — 8 €

Hersteller	Grell
Jahr	2002
Packung	Blister
Vorbild	Freightliner FLD Tieflader
Sonst.	
Molter Nr.	4549

Trassl-Bräu — 8 €

Hersteller	Grell
Jahr	2002
Packung	Blister
Vorbild	MB Atego Hängerzug
Sonst.	mit Schankwagen
Molter Nr.	4892

Trassl-Bräu — 8 €

Hersteller	Grell
Jahr	2002
Packung	Blister
Vorbild	Scania 124L Tankzug
Sonst.	mit Silo
Molter Nr.	5566

Trassl-Bräu — 8 €

Hersteller	Grell
Jahr	2002
Packung	Blister
Vorbild	Büssing Holzgaser HZ
Sonst.	
Molter Nr.	4553

Trassl-Bräu — 8 €

Hersteller	Grell
Jahr	2002
Packung	Blister
Vorbild	Krupp Mustang Hängerzug
Sonst.	
Molter Nr.	4535

T

Trassl-Bräu — 8 €

Hersteller	Grell
Jahr	2002
Packung	Blister
Vorbild	Renault Magnum Hängerzug
Sonst.	
Molter Nr.	4538

Trassl-Bräu — 8 €

Hersteller	Grell
Jahr	2002
Packung	Blister
Vorbild	MAN F2000 Hängerzug
Sonst.	mit Schankwagen
Molter Nr.	5400

Trassl-Bräu — 8 €

Hersteller	Grell
Jahr	2002
Packung	Blister
Vorbild	Scania 124L Auflieger
Sonst.	
Molter Nr.	5401

Trassl-Bräu — 8 €

Hersteller	Grell
Jahr	2002
Packung	Blister
Vorbild	MB Bus
Sonst.	
Molter Nr.	7719

Trassl-Bräu — 8 €

Hersteller	Grell
Jahr	2002
Packung	Blister
Vorbild	MB Atego Hängerzug
Sonst.	mit Tankanhänger
Molter Nr.	7718

Trassl-Bräu — 8 €

Hersteller	Grell
Jahr	2002
Packung	Blister
Vorbild	Kraz Tankzug
Sonst.	
Molter Nr.	5389

Trassl-Bräu — 8 €

Hersteller	Grell
Jahr	2002
Packung	Blister
Vorbild	Kraz Hangerzug
Sonst.	
Molter Nr.	5388

Trassl-Bräu — 8 €

Hersteller	Grell
Jahr	2002
Packung	Blister
Vorbild	Kraz Auflieger
Sonst.	
Molter Nr.	6377

Trassl-Bräu — 8 €

Hersteller	Grell
Jahr	2002
Packung	Blister
Vorbild	Kraz Hängerzug
Sonst.	
Molter Nr.	6159

Trassl-Bräu — 8 €

Hersteller	Grell
Jahr	2003
Packung	Blister
Vorbild	Scania 124L Auflieger
Sonst.	mit Dose
Molter Nr.	6647

Trassl-Bräu — 8 €

Hersteller	Grell
Jahr	2003
Packung	Blister
Vorbild	Freightliner FLD Hängerzug
Sonst.	
Molter Nr.	6646

Trassl-Bräu — 8 €

Hersteller	Grell
Jahr	2003
Packung	Blister
Vorbild	Magius Hängerzug
Sonst.	
Molter Nr.	7040

Trassl-Bräu — 8 €

Hersteller	Grell
Jahr	2003
Packung	Blister
Vorbild	Freightliner FLD Tieflader
Sonst.	mit Sudkessel
Molter Nr.	7085

Trassl-Bräu — 8 €

Hersteller	Grell
Jahr	2003
Packung	Blister
Vorbild	Freightliner Tieflader
Sonst.	
Molter Nr.	8038

Trassl-Bräu — 8 €

Hersteller	Grell
Jahr	2003
Packung	Blister
Vorbild	GML Hängerzug
Sonst.	mit Bierkisten
Molter Nr.	8040

Traugott Simon — 9 €

Hersteller	Hümmer
Jahr	2001
Packung	Blister
Vorbild	MB Actros Auflieger
Sonst.	
Molter Nr.	3681

Tretenburger — 8 €

Hersteller	Grell
Jahr	2001
Packung	Blister
Vorbild	Freightliner Tankzug
Sonst.	
Molter Nr.	7742

Tretenburger — 25 €

Hersteller	Hümmer
Jahr	2002
Packung	Blister
Vorbild	Freightliner FLD Auflieger
Sonst.	XXL
Molter Nr.	6029

Tretenburger — 8 €

Hersteller	Grell
Jahr	2002
Packung	Blister
Vorbild	Renault Tankzug
Sonst.	
Molter Nr.	4826

Tretenburger — 8 €

Hersteller	Grell
Jahr	2002
Packung	Blister
Vorbild	Büssing Hängerzug
Sonst.	
Molter Nr.	5302

Tretenburger	8 €
Hersteller	Grell
Jahr	2002
Packung	Blister
Vorbild	Ford 9000 Tankzug
Sonst.	
Molter Nr.	5316

Tretenburger	8 €
Hersteller	Grell
Jahr	2002
Packung	Blister
Vorbild	Krupp Mustang Hängerzug
Sonst.	
Molter Nr.	7109

Tretenburger	8 €
Hersteller	Grell
Jahr	2002
Packung	Blister
Vorbild	Büssing 8000 Hängerzug
Sonst.	
Molter Nr.	7746

Tretenburger	8 €
Hersteller	Grell
Jahr	2002
Packung	Blister
Vorbild	MB Actros Hängerzug
Sonst.	mit Schankwagen
Molter Nr.	5175

Tretenburger	8 €
Hersteller	Grell
Jahr	2002
Packung	Blister
Vorbild	Ford 9000 Tankzug
Sonst.	
Molter Nr.	5178

T

Tretenburger 8 €

Hersteller	Grell
Jahr	2002
Packung	Blister
Vorbild	MB Atego Tankhängerzug
Sonst.	
Molter Nr.	4810

Tretenburger 8 €

Hersteller	Grell
Jahr	2002
Packung	Blister
Vorbild	Kraz Tankzug
Sonst.	
Molter Nr.	7096

Tretenburger 8 €

Hersteller	Grell
Jahr	2002
Packung	Blister
Vorbild	Freightliner Tankzug
Sonst.	
Molter Nr.	7745

Tretenburger 8 €

Hersteller	Grell
Jahr	2002
Packung	Blister
Vorbild	Büssing Holzgaser HZ
Sonst.	Hänger mit Bierkästen
Molter Nr.	5031

Tretenburger 10 €

Hersteller	Top-Style
Jahr	2002
Packung	Blister
Vorbild	Renault Tankzug
Sonst.	mit Flüssigkeit
Molter Nr.	4657

Tretenburger	10 €
Hersteller	Top-Style
Jahr	2002
Packung	Blister
Vorbild	Renault Tanker
Sonst.	mit Flüssigkeit
Molter Nr.	4654

Tretenburger	8 €
Hersteller	Hümmer
Jahr	2002
Packung	Blister
Vorbild	MAN TG-A Auflieger
Sonst.	mit Flasche
Molter Nr.	5496

Tretenburger	8 €
Hersteller	Hümmer
Jahr	2002
Packung	Blister
Vorbild	MAN TG-A Auflieger
Sonst.	mit Flasche
Molter Nr.	5497

Truck of the World	8 €
Hersteller	Grell
Jahr	1999
Packung	Blister
Vorbild	Kenworth T2000 Auflieger
Sonst.	
Molter Nr.	2117

Truck of the World	8 €
Hersteller	Lauterbach
Jahr	1999
Packung	Blister
Vorbild	Kenworth T2000 Auflieger
Sonst.	
Molter Nr.	2118

Truck of the World	8 €
Hersteller	dgd
Jahr	1999
Packung	Blister
Vorbild	Volvo Auflieger
Sonst.	
Molter Nr.	2119

Truck of the World	8 €
Hersteller	dgd
Jahr	2000
Packung	Blister
Vorbild	MB Actros Auflieger
Sonst.	
Molter Nr.	2120

Truck of the World	8 €
Hersteller	dgd
Jahr	2000
Packung	Blister
Vorbild	Kenworth T2000 Auflieger
Sonst.	
Molter Nr.	2121

Truck of the World	8 €
Hersteller	dgd
Jahr	2000
Packung	Blister
Vorbild	US Auflieger
Sonst.	
Molter Nr.	2122

Truck of the World	8 €
Hersteller	dgd
Jahr	2000
Packung	Blister
Vorbild	MAN F2000 Auflieger
Sonst.	
Molter Nr.	2126

Truck of the World — 8 €

Hersteller	dgd
Jahr	2000
Packung	Blister
Vorbild	MB Actros Auflieger
Sonst.	
Molter Nr.	2124

Truck of the World — 8 €

Hersteller	dgd
Jahr	2000
Packung	Blister
Vorbild	Kenworth T2000 Auflieger
Sonst.	
Molter Nr.	2125

Truck of the World — 8 €

Hersteller	dgd
Jahr	2000
Packung	Blister
Vorbild	MAN F2000 Auflieger
Sonst.	
Molter Nr.	2127

Truck of the World — 8 €

Hersteller	dgd
Jahr	2000
Packung	Blister
Vorbild	Kenworth T2000 Auflieger
Sonst.	
Molter Nr.	2123

Truck of the World — 8 €

Hersteller	dgd
Jahr	2000
Packung	Blister
Vorbild	US Auflieger
Sonst.	
Molter Nr.	2128

T

Truck of the World — 8 €

Hersteller	dgd
Jahr	2000
Packung	Blister
Vorbild	US Auflieger
Sonst.	
Molter Nr.	2129

Truck of the World — 8 €

Hersteller	dgd
Jahr	2000
Packung	Blister
Vorbild	MB Actros Auflieger
Sonst.	
Molter Nr.	2131

Truck of the World — 8 €

Hersteller	dgd
Jahr	2000
Packung	Blister
Vorbild	MB Actros Auflieger
Sonst.	
Molter Nr.	2130

Truck of the World — 8 €

Hersteller	dgd
Jahr	2000
Packung	Blister
Vorbild	Kenworth T2000 Auflieger
Sonst.	
Molter Nr.	2132

Truck of the World — 8 €

Hersteller	dgd
Jahr	2000
Packung	Blister
Vorbild	MB Actros Hängerzug
Sonst.	
Molter Nr.	2133

Truck of the World	8 €
Hersteller	dgd
Jahr	2000
Packung	Blister
Vorbild	MAN F2000 Auflieger
Sonst.	
Molter Nr.	2134

Truck of the World	8 €
Hersteller	dgd
Jahr	2000
Packung	Blister
Vorbild	Volvo Auflieger
Sonst.	
Molter Nr.	2135

Truck of the World	8 €
Hersteller	dgd
Jahr	2000
Packung	Blister
Vorbild	MAN F2000 Auflieger
Sonst.	
Molter Nr.	2136

Truck of the World	8 €
Hersteller	dgd
Jahr	2000
Packung	Blister
Vorbild	MAN F2000 Auflieger
Sonst.	
Molter Nr.	2137

Truck of the World	8 €
Hersteller	Grell
Jahr	2001 (Aufl.: 2500)
Packung	Blister
Vorbild	Scania Auflieger
Sonst.	
Molter Nr.	3653

Truck of the World	8 €
Hersteller	Grell
Jahr	2001
Packung	Blister
Vorbild	Scania Hängerzug
Sonst.	
Molter Nr.	4016

Truck of the World	8 €
Hersteller	Grell
Jahr	2001 (Aufl.: 2500)
Packung	Blister
Vorbild	MAN F2000 Hängerzug
Sonst.	
Molter Nr.	3692

Truck of the World	8 €
Hersteller	Grell
Jahr	2001 (Aufl.: 2500)
Packung	Blister
Vorbild	Ford 9000 Auflieger
Sonst.	
Molter Nr.	3690

Truck of the World	8 €
Hersteller	dgd
Jahr	2001
Packung	Blister
Vorbild	MAN F2000 Auflieger
Sonst.	
Molter Nr.	4206

Truck of the World	8 €
Hersteller	Grell
Jahr	2001 (Aufl.: 2500)
Packung	Blister
Vorbild	Ford 9000 Auflieger
Sonst.	
Molter Nr.	3691

T

Truck of the World	8 €
Hersteller	Grell
Jahr	2001 (Aufl.: 2500)
Packung	Blister
Vorbild	Ford 9000 Auflieger
Sonst.	
Molter Nr.	3684

Truck of the World	8 €
Hersteller	Grell
Jahr	2001 (Aufl.: 2500)
Packung	Blister
Vorbild	Scania Hängerzug
Sonst.	
Molter Nr.	4021

Truck of the World	8 €
Hersteller	Grell
Jahr	2001 (Aufl.: 2500)
Packung	Blister
Vorbild	MAN F2000 Hängerzug
Sonst.	
Molter Nr.	3693

Truck of the World	8 €
Hersteller	Grell
Jahr	2001 (Aufl.: 2500)
Packung	Blister
Vorbild	MB Actros Hängerzug
Sonst.	
Molter Nr.	3694

Truck of the World	8 €
Hersteller	Grell
Jahr	2001 (Aufl.: 2500)
Packung	Blister
Vorbild	Ford 9000 Auflieger
Sonst.	
Molter Nr.	3689

Truck of the World — 8 €

Hersteller	Grell
Jahr	2001
Packung	Blister
Vorbild	Ford 9000 Auflieger
Sonst.	
Molter Nr.	3723

Truck of the World — 8 €

Hersteller	Grell
Jahr	2001
Packung	Blister
Vorbild	Ford 9000 Auflieger
Sonst.	
Molter Nr.	3716

T

Truck of the World — 8 €

Hersteller	Grell
Jahr	2001
Packung	Blister
Vorbild	Scania Auflieger
Sonst.	
Molter Nr.	4024

Truck of the World — 8 €

Hersteller	Grell
Jahr	2001
Packung	Blister
Vorbild	Ford 9000 Auflieger
Sonst.	
Molter Nr.	3709

Truck of the World — 8 €

Hersteller	Grell
Jahr	2001
Packung	Blister
Vorbild	Ford 9000 Auflieger
Sonst.	
Molter Nr.	3713

Truck of the World — 8 €

Hersteller	Grell
Jahr	2001
Packung	Blister
Vorbild	Freightliner FLD Auflieger
Sonst.	
Molter Nr.	3719

Truck of the World — 8 €

Hersteller	Grell
Jahr	2001 (Aufl.: 2500)
Packung	Blister
Vorbild	Ford 9000 Auflieger
Sonst.	
Molter Nr.	3683

Truck of the World — 8 €

Hersteller	Grell
Jahr	2001
Packung	Blister
Vorbild	Freightliner Auflieger
Sonst.	
Molter Nr.	3725

Truck of the World — 8 €

Hersteller	Grell
Jahr	2001
Packung	Blister
Vorbild	Ford 9000 Auflieger
Sonst.	
Molter Nr.	3697

Truck of the World — 8 €

Hersteller	Grell
Jahr	2001
Packung	Blister
Vorbild	Ford Oldtimer
Sonst.	
Molter Nr.	4019

Truck of the World	8 €
Hersteller	Grell
Jahr	2001
Packung	Blister
Vorbild	Ford Oldtimer
Sonst.	
Molter Nr.	4023

Truck of the World	8 €
Hersteller	Grell
Jahr	2001
Packung	Blister
Vorbild	Ford Oldtimer
Sonst.	
Molter Nr.	4018

Truck of the World	8 €
Hersteller	Grell
Jahr	2001
Packung	Blister
Vorbild	Scania 124L Hängerzug
Sonst.	Modell 2046
Molter Nr.	4022

Truck of the World	8 €
Hersteller	Grell
Jahr	2001
Packung	Blister
Vorbild	Ford 9000 Auflieger
Sonst.	
Molter Nr.	3722

Truck of the World	8 €
Hersteller	Grell
Jahr	2001
Packung	Blister
Vorbild	Freightliner FLD Auflieger
Sonst.	
Molter Nr.	3700

T

Truck of the World	8 €
Hersteller	Grell
Jahr	2001
Packung	Blister
Vorbild	Ford 9000 Auflieger
Sonst.	
Molter Nr.	4138

Truck of the World	8 €
Hersteller	Grell
Jahr	2001
Packung	Blister
Vorbild	Scania Tankzug
Sonst.	
Molter Nr.	4270

Truck of the World	8 €
Hersteller	Grell
Jahr	2001
Packung	Blister
Vorbild	Freightliner Tankzug
Sonst.	
Molter Nr.	2667

Truck of the World	8 €
Hersteller	Grell
Jahr	2001
Packung	Blister
Vorbild	Scania Tankzug
Sonst.	
Molter Nr.	4129

Truck of the World	8 €
Hersteller	Grell
Jahr	2002 (Aufl.: 2000)
Packung	Blister
Vorbild	Freightliner FLD Tankzug
Sonst.	Modell 2136
Molter Nr.	4610

Truck of the World — 8 €

Hersteller	Grell
Jahr	2002
Packung	Blister
Vorbild	MAN F2000 Tankzug
Sonst.	
Molter Nr.	3704

Tuborg — 75 €

Hersteller	Efsi
Jahr	
Packung	Plastikschachtel
Vorbild	Ford Oldtimer
Sonst.	
Molter Nr.	6431

Tuborg — 20 €

Hersteller	Grell
Jahr	1999
Packung	Blister
Vorbild	Mack Auflieger
Sonst.	
Molter Nr.	1842

Tuborg — 18 €

Hersteller	Grell
Jahr	1999
Packung	Blister
Vorbild	MB Actros Auflieger
Sonst.	
Molter Nr.	1843

Tuborg — 12 €

Hersteller	Grell
Jahr	2000
Packung	Blister
Vorbild	Scania Auflieger
Sonst.	
Molter Nr.	1844

Tuborg — 12 €

Hersteller	
Jahr	2000
Packung	Blister
Vorbild	Mack Auflieger
Sonst.	
Molter Nr.	1845

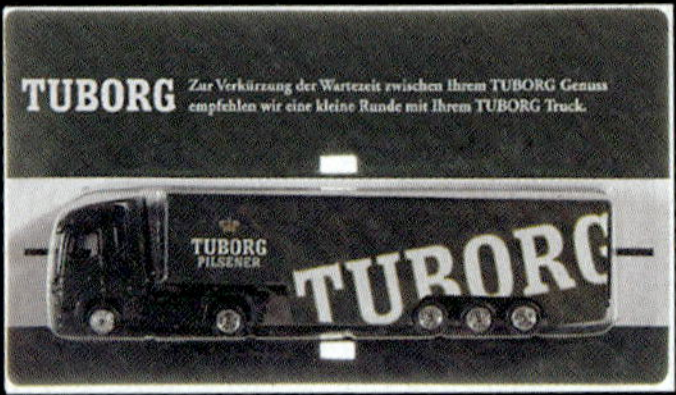

Tuborg — 9 €

Hersteller	Gabotex VIP
Jahr	2001
Packung	Blister
Vorbild	MB Actros Auflieger
Sonst.	
Molter Nr.	3732

Tuborg — 9 €

Hersteller	
Jahr	2001
Packung	Blister
Vorbild	MB Atego Hängerzug
Sonst.	
Molter Nr.	3731

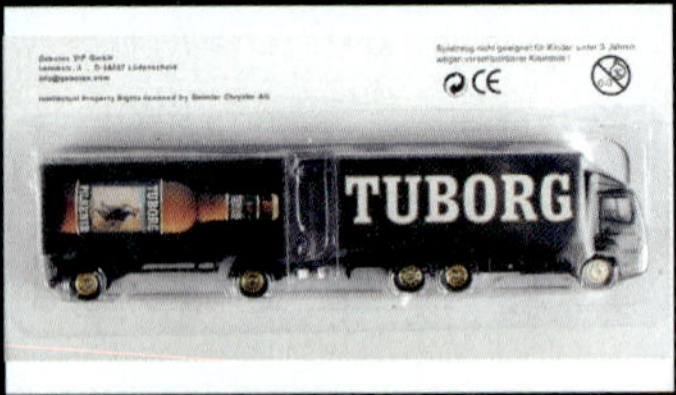

Tuborg — 8 €

Hersteller	Gabotex
Jahr	2002
Packung	Blister
Vorbild	MB Atego Hängerzug
Sonst.	
Molter Nr.	4770

Tuborg — 8 €

Hersteller	Gabotex
Jahr	2002
Packung	Blister
Vorbild	Kaelble Nostalgik LKW
Sonst.	
Molter Nr.	5374

Tuborg	8 €
Hersteller	Hümmer
Jahr	2003
Packung	Blister
Vorbild	MB Actros Auflieger
Sonst.	mit Flasche
Molter Nr.	7034

Tucher	120 €
Hersteller	Hümmer
Jahr	
Packung	Plastikschachtel
Vorbild	MB klein Auflieger
Sonst.	
Molter Nr.	1848

Tucher	40 €
Hersteller	Hümmer
Jahr	
Packung	Pappschachtel
Vorbild	Mack Auflieger
Sonst.	
Molter Nr.	1849

Tucher	40 €
Hersteller	Hümmer
Jahr	
Packung	Blister
Vorbild	MAN LKW
Sonst.	
Molter Nr.	1850

Tucher	25 €
Hersteller	Hümmer
Jahr	1997
Packung	Blister
Vorbild	US Auflieger
Sonst.	
Molter Nr.	1851

T

Tucher	20 €
Hersteller	Hümmer
Jahr	1998
Packung	Blister
Vorbild	US Auflieger
Sonst.	
Molter Nr.	1852

Tucher	20 €
Hersteller	Hümmer
Jahr	1998
Packung	Blister
Vorbild	US Auflieger
Sonst.	
Molter Nr.	1853

Tucher	8 €
Hersteller	Hümmer
Jahr	1999
Packung	Blister
Vorbild	MAN F90 Hängerzug
Sonst.	einzeln verpackt
Molter Nr.	1856

Tucher	8 €
Hersteller	Hümmer
Jahr	1999
Packung	Blister
Vorbild	MB Actros Auflieger
Sonst.	
Molter Nr.	1855

Tucher	15 €
Hersteller	Hümmer
Jahr	1999
Packung	Blister
Vorbild	MB Actros Auflieger
Sonst.	4 Achser
Molter Nr.	1854

T

Tucher	10 €
Hersteller	Wörlein
Jahr	2000
Packung	Blister
Vorbild	MB Actros Auflieger
Sonst.	5 Achser, volle Felgen
Molter Nr.	1859

Tucher	12 €
Hersteller	Wörlein
Jahr	2000
Packung	Blister
Vorbild	MB Actros Auflieger
Sonst.	
Molter Nr.	1858

Tucher	12 €
Hersteller	Wörlein
Jahr	2000
Packung	Blister
Vorbild	MB Actros Auflieger
Sonst.	
Molter Nr.	1860

Tucher	12 €
Hersteller	Wörlein
Jahr	2000
Packung	Blister
Vorbild	MB Actros Auflieger
Sonst.	
Molter Nr.	1857

Tucher	10 €
Hersteller	dgd
Jahr	2000
Packung	Blister
Vorbild	BMW Z3
Sonst.	
Molter Nr.	1861

T

Tucher 12 €

Hersteller	dgd
Jahr	2000
Packung	Blister
Vorbild	MB Actros Auflieger
Sonst.	
Molter Nr.	1865

Tucher 12 €

Hersteller	dgd
Jahr	2000
Packung	Blister
Vorbild	MB Actros Auflieger
Sonst.	
Molter Nr.	1866

Tucher 12 €

Hersteller	dgd
Jahr	2000
Packung	Blister
Vorbild	MAN F2000 Auflieger
Sonst.	
Molter Nr.	1867

Tucher 12 €

Hersteller	dgd
Jahr	2000
Packung	Blister
Vorbild	MAN F2000 Auflieger
Sonst.	
Molter Nr.	3749

Tucher 60 €

Hersteller	dgd
Jahr	2000 (Aufl.: 1000)
Packung	Plastikschachtel
Vorbild	MAN F2000 Auflieger
Sonst.	
Molter Nr.	1863

Tucher 25 €

Hersteller	dgd
Jahr	2000
Packung	Plastikschachtel
Vorbild	MB Actros Auflieger
Sonst.	
Molter Nr.	1862

Tucher 11 €

Hersteller	dgd
Jahr	2000
Packung	Blister
Vorbild	MB Actros Auflieger
Sonst.	
Molter Nr.	1869

Tucher 11 €

Hersteller	dgd
Jahr	2000
Packung	Blister
Vorbild	MB Actros Auflieger
Sonst.	
Molter Nr.	1870

Tucher 20 €

Hersteller	Wörlein
Jahr	2001
Packung	Blister
Vorbild	MAN F2000 Auflieger
Sonst.	
Molter Nr.	3733

Tucher 20 €

Hersteller	Wörlein
Jahr	2001
Packung	Blister
Vorbild	MAN F2000 Auflieger
Sonst.	
Molter Nr.	3738

Tucher	13 €
Hersteller	Wörlein
Jahr	2001
Packung	Blister
Vorbild	MAN F2000 Tankzug
Sonst.	
Molter Nr.	3736

Tucher	13 €
Hersteller	Wörlein
Jahr	2001
Packung	Blister
Vorbild	MAN F2000 Tankzug
Sonst.	
Molter Nr.	3735

Tucher	11 €
Hersteller	dgd
Jahr	2000
Packung	Blister
Vorbild	MAN TG-A Auflieger
Sonst.	
Molter Nr.	1868

Tucher	11 €
Hersteller	dgd
Jahr	2000
Packung	Blister
Vorbild	MAN F2000 Auflieger
Sonst.	
Molter Nr.	4200

Tucher	8 €
Hersteller	Grell
Jahr	2000 (Aufl.: 3000)
Packung	Blister
Vorbild	MB Actros Auflieger
Sonst.	Markgrafen
Molter Nr.	4178

T

Tucher	15 €
Hersteller	Dgd
Jahr	2001
Packung	Plastikschachtel
Vorbild	MAN TG-A Auflieger
Sonst.	Bardentreffen 2001
Molter Nr.	8041

Tucher	15 €
Hersteller	Wörlein
Jahr	2001
Packung	Plastikschachtel
Vorbild	MAN TG-A Auflieger
Sonst.	Tucher Beachcup
Molter Nr.	3740

Tucher	15 €
Hersteller	Wörlein
Jahr	2001
Packung	Plastikschachtel
Vorbild	MAN TG-A Auflieger
Sonst.	Erlangener Kirchweih
Molter Nr.	3745

Tucher	10 €
Hersteller	Wörlein
Jahr	2001
Packung	Plastikschachtel
Vorbild	MAN TG-A Auflieger
Sonst.	Franken Nights
Molter Nr.	3747

Tucher	10 €
Hersteller	Wörlein
Jahr	2001
Packung	Plastikschachtel
Vorbild	MAN TG-A Auflieger
Sonst.	Weidefestival 2001
Molter Nr.	3748

Tucher	15 €
Hersteller	Wörlein
Jahr	2001
Packung	Plastikschachtel
Vorbild	MAN TG-A Auflieger
Sonst.	Fürth Festival
Molter Nr.	3750

Tucher	15 €
Hersteller	Wörlein
Jahr	2001
Packung	Plastikschachtel
Vorbild	MAN TG-A Auflieger
Sonst.	Norisring Nürnberg
Molter Nr.	3751

Tucher	15 €
Hersteller	Wörlein
Jahr	2001
Packung	Plastikschachtel
Vorbild	MAN TG-A Auflieger
Sonst.	Nürnberger Altstadtfest
Molter Nr.	3744

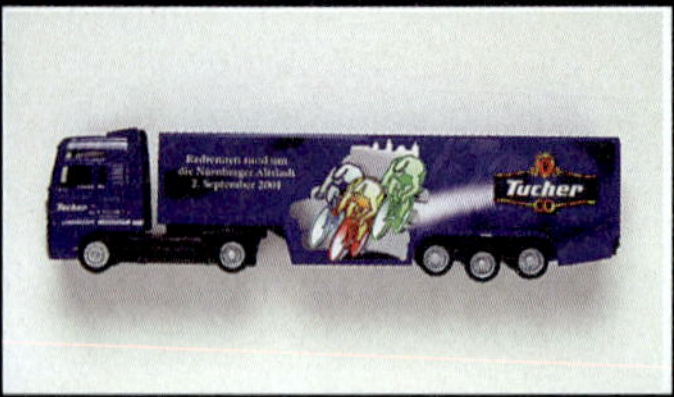

Tucher	15 €
Hersteller	Wörlein
Jahr	2001
Packung	Plastikschachtel
Vorbild	MAN TG-A Auflieger
Sonst.	Radrennen am Nürnberg
Molter Nr.	3752

Tucher	20 €
Hersteller	Wörlein
Jahr	2001
Packung	Plastikschachtel
Vorbild	MAN TG-A Auflieger
Sonst.	1.FCN, 1. Liga wir kommen
Molter Nr.	3746

Tucher — 15 €

Hersteller	Wörlein
Jahr	2001
Packung	Plastikschachtel
Vorbild	MAN TG-A Auflieger
Sonst.	Ritterspiele Nürnberg
Molter Nr.	3742

Tucher — 15 €

Hersteller	Wörlein
Jahr	2001
Packung	Plastikschachtel
Vorbild	MAN TG-A Auflieger
Sonst.	Rock im Park
Molter Nr.	3739

Tucher — 15 €

Hersteller	Wörlein
Jahr	2001
Packung	Plastikschachtel
Vorbild	MAN TG-A Auflieger
Sonst.	We are cool, we are Tigers
Molter Nr.	3743

Tucher — 10 €

Hersteller	Wörlein
Jahr	2001
Packung	Blister
Vorbild	MAN TG-A Auflieger
Sonst.	
Molter Nr.	3741

Tucher — 10 €

Hersteller	Wörlein
Jahr	2001
Packung	Blister
Vorbild	MAN TG-A Auflieger
Sonst.	
Molter Nr.	3737

T

T

Tucher — 10 €

Hersteller	Wörlein
Jahr	2001
Packung	Blister
Vorbild	MAN TG-A Auflieger
Sonst.	
Molter Nr.	3734

Tucher — 10 €

Hersteller	Wörlein
Jahr	2001
Packung	Blister
Vorbild	MAN TG-A Auflieger
Sonst.	
Molter Nr.	3753

Tucher — 47 €

Hersteller	Tucher
Jahr	2001
Packung	Blister
Vorbild	MAN F2000 Hängerzug
Sonst.	
Molter Nr.	4377

Tucher — 10 €

Hersteller	Tucher
Jahr	2001
Packung	Blister
Vorbild	MAN F2000 Hängerzug
Sonst.	
Molter Nr.	4378

Tucher — 10 €

Hersteller	Tucher
Jahr	2001
Packung	Blister
Vorbild	MAN F2000 Hängerzug
Sonst.	
Molter Nr.	4379

Tucher	10 €
Hersteller	Tucher
Jahr	2001
Packung	Blister
Vorbild	MAN F2000 Hängerzug
Sonst.	
Molter Nr.	4380

Tucher	10 €
Hersteller	Tucher
Jahr	2002
Packung	Blister
Vorbild	Renault Auflieger
Sonst.	Ice-Tigers
Molter Nr.	5020

Tucher	10 €
Hersteller	Tucher
Jahr	2002
Packung	Blister
Vorbild	Scania Tankzug
Sonst.	
Molter Nr.	4383

Tucher	10 €
Hersteller	Tucher
Jahr	2002
Packung	Blister
Vorbild	Renault Tankzug
Sonst.	
Molter Nr.	4382

Tucher	10 €
Hersteller	Tucher
Jahr	2002
Packung	Blister
Vorbild	MAN F2000 Hängerzug
Sonst.	
Molter Nr.	4384

Tucher	10 €
Hersteller	dgd
Jahr	2002
Packung	Plastikschachtel
Vorbild	MAN F2000 Auflieger
Sonst.	Grüne Woche Berlin
Molter Nr.	5187

Tucher	10 €
Hersteller	Tucher
Jahr	2002
Packung	Blister
Vorbild	Scania Tankzug
Sonst.	1. FCN
Molter Nr.	5023

Tucher	10 €
Hersteller	Tucher
Jahr	2002
Packung	Blister
Vorbild	Scania Tankzug
Sonst.	1. FCN
Molter Nr.	5022

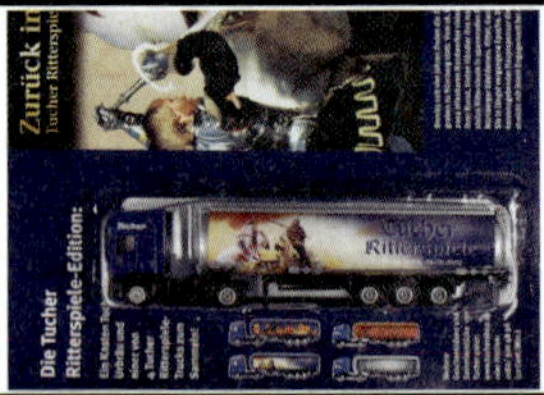

Tucher	10 €
Hersteller	Tucher
Jahr	2002
Packung	Blister
Vorbild	Scania Tankzug
Sonst.	Ritterspiele
Molter Nr.	5024

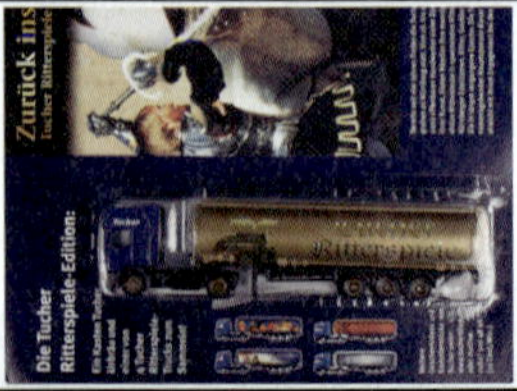

Tucher	10 €
Hersteller	Tucher
Jahr	2002
Packung	Blister
Vorbild	Scania Tankzug
Sonst.	Ritterspiele
Molter Nr.	5025

Tucher	10 €
Hersteller	Tucher
Jahr	2002
Packung	Blister
Vorbild	Scania Tankzug
Sonst.	Ritterspiele
Molter Nr.	5026

Tucher	10 €
Hersteller	Tucher
Jahr	2002
Packung	Blister
Vorbild	Renault Tankzug
Sonst.	Ritterspiele
Molter Nr.	5027

T

Tucher	12 €
Hersteller	
Jahr	2002
Packung	Blister
Vorbild	Renault Auflieger
Sonst.	
Molter Nr.	5221

Tucher	12 €
Hersteller	
Jahr	2002
Packung	Blister
Vorbild	Scania Tankzug
Sonst.	
Molter Nr.	5222

Tucher	12 €
Hersteller	
Jahr	2002
Packung	Blister
Vorbild	Renault Auflieger
Sonst.	
Molter Nr.	5223

Tucher	12 €
Hersteller	
Jahr	2002
Packung	Blister
Vorbild	Scania Tankzug
Sonst.	
Molter Nr.	5224

Tucher	15 €
Hersteller	dgd
Jahr	2002
Packung	Blister
Vorbild	MB Axor Auflieger
Sonst.	XL
Molter Nr.	5420

Tucher	15 €
Hersteller	Tucher
Jahr	2002
Packung	Blister
Vorbild	MB Axor Auflieger
Sonst.	XL
Molter Nr.	4997

Tucher	8 €
Hersteller	Tucher
Jahr	2002
Packung	Blister
Vorbild	Renault Magnum Auflieger
Sonst.	
Molter Nr.	5564

Tucher	8 €
Hersteller	Brauerei
Jahr	2002
Packung	Blister
Vorbild	Renault Magnum Auflieger
Sonst.	
Molter Nr.	5795

T

Tucher	8 €
Hersteller	Brauerei
Jahr	2002
Packung	Blister
Vorbild	Scania 164L Tankzug
Sonst.	
Molter Nr.	5817

Tucher	10 €
Hersteller	Tucher
Jahr	2002
Packung	Blister
Vorbild	Renault Auflieger
Sonst.	Ice-Tigers
Molter Nr.	4979

Tucher	8 €
Hersteller	Brauerei
Jahr	2002
Packung	Blister
Vorbild	Scania 164L Tankzug
Sonst.	
Molter Nr.	5794

Tucher	15 €
Hersteller	Tucher
Jahr	2002
Packung	Blister
Vorbild	MB Axor Auflieger
Sonst.	1:64 XL Nr. 1
Molter Nr.	5103

Tucher	15 €
Hersteller	Tucher
Jahr	2002
Packung	Blister
Vorbild	MB Axor Auflieger
Sonst.	1:64 XL Nr. 2
Molter Nr.	5106

T

Tucher	15 €
Hersteller	Tucher
Jahr	2002
Packung	Blister
Vorbild	MB Axor Auflieger
Sonst.	1:64 XL Nr. 3
Molter Nr.	5104

Tucher	15 €
Hersteller	Tucher
Jahr	2002
Packung	Blister
Vorbild	MB Axor Auflieger
Sonst.	1:64 XL Nr. 4
Molter Nr.	5105

Tucher	12 €
Hersteller	Tucher
Jahr	2002
Packung	Blister
Vorbild	MB Axor Auflieger
Sonst.	Nr. 6
Molter Nr.	4995

Tucher	12 €
Hersteller	Tucher
Jahr	2002
Packung	Blister
Vorbild	MB Axor Auflieger
Sonst.	Nr. 5
Molter Nr.	4996

Tucher	10 €
Hersteller	Tucher
Jahr	2002
Packung	Blister
Vorbild	Scania 124L Auflieger
Sonst.	
Molter Nr.	7144

Tucher	10 €
Hersteller	Tucher
Jahr	2002
Packung	Blister
Vorbild	Scania 124L Auflieger
Sonst.	
Molter Nr.	5565

Tucher	12 €
Hersteller	Tucher
Jahr	2002
Packung	Blister
Vorbild	Volvo Tieflader
Sonst.	Ice-Tigers, m. Container
Molter Nr.	4897

Tucher	12 €
Hersteller	Tucher
Jahr	2002
Packung	Blister
Vorbild	DAF Tieflader
Sonst.	Ice-Tigers, m. Container
Molter Nr.	4896

Tucher	12 €
Hersteller	Tucher
Jahr	2002
Packung	Blister
Vorbild	MB Axor Tieflader
Sonst.	Ice-Tigers, m. Container
Molter Nr.	4893

Tucher	12 €
Hersteller	Tucher
Jahr	2002
Packung	Blister
Vorbild	MAN TG-A Tieflader
Sonst.	Ice-Tigers, m. Container
Molter Nr.	4894

T

Tucher	100 €
Hersteller	Brauerei
Jahr	2003 (Aufl.: 1000)
Packung	Papschachtel
Vorbild	4-er Set
Sonst.	
Molter Nr.	6386

Tucher	8 €
Hersteller	Brauerei
Jahr	2003
Packung	Blister
Vorbild	Scania Oldtimer Hängerzug
Sonst.	
Molter Nr.	7304

Tucher	8 €
Hersteller	Brauerei
Jahr	2003
Packung	Blister
Vorbild	MAN Oldtimer Hängerzug
Sonst.	
Molter Nr.	7305

Tucher	8 €
Hersteller	Brauerei
Jahr	2003
Packung	Blister
Vorbild	Büssing Holzgaser HZ
Sonst.	
Molter Nr.	7306

Tucher	8 €
Hersteller	Brauerei
Jahr	2003
Packung	Blister
Vorbild	MB Axor Auflieger
Sonst.	
Molter Nr.	7307

Tucher — 80 €

Hersteller	Brauerei
Jahr	2003
Packung	Papschachtel
Vorbild	Set
Sonst.	
Molter Nr.	7308

Grosses Bild s. Anhang

Tucher — 8 €

Hersteller	Tucher
Jahr	2003
Packung	Blister
Vorbild	Ateco Tankhängerzug
Sonst.	
Molter Nr.	7865

Turmherren — 12 €

Hersteller	dgd
Jahr	2000
Packung	Blister
Vorbild	US Auflieger
Sonst.	von Kaiser Veldenstein
Molter Nr.	975

Turmherren — 8 €

Hersteller	Hümmer
Jahr	2003
Packung	Blister
Vorbild	Mack Tankzug
Sonst.	von Kaiser Veldenstein
Molter Nr.	6524

Tyskie Polskie — 8 €

Hersteller	MaHug
Jahr	2000
Packung	Blister
Vorbild	MAN F2000 Hängerzug
Sonst.	
Molter Nr.	1871

U

Überkinger — 8 €

Hersteller	dgd
Jahr	2001
Packung	Blister
Vorbild	MAN F2000 Auflieger
Sonst.	
Molter Nr.	4251

Überkinger — 8 €

Hersteller	Dgd
Jahr	2002
Packung	Blister
Vorbild	Scania Hängerzug
Sonst.	
Molter Nr.	8104

Uhr-Zeit Bier — 8 €

Hersteller	Grell
Jahr	2000
Packung	Blister
Vorbild	Mack Auflieger
Sonst.	Nr. 1/12
Molter Nr.	1872

Uhr-Zeit Bier — 8 €

Hersteller	Grell
Jahr	2000
Packung	Blister
Vorbild	Mack Auflieger
Sonst.	Nr. 2/12
Molter Nr.	1873

Uhr-Zeit Bier — 8 €

Hersteller	Grell
Jahr	2000
Packung	Blister
Vorbild	Mack Auflieger
Sonst.	Nr. 3/12
Molter Nr.	1874

Uhr-Zeit Bier — 8 €

Hersteller	Grell
Jahr	2000
Packung	Blister
Vorbild	Mack Auflieger
Sonst.	Nr. 4/12
Molter Nr.	1875

Uhr-Zeit Bier — 8 €

Hersteller	Grell
Jahr	2000
Packung	Blister
Vorbild	Mack Auflieger
Sonst.	Nr. 5/12
Molter Nr.	1876

U

Uhr-Zeit Bier — 8 €

Hersteller	Grell
Jahr	2000
Packung	Blister
Vorbild	Mack Auflieger
Sonst.	Nr. 6/12
Molter Nr.	1877

Uhr-Zeit Bier — 8 €

Hersteller	Grell
Jahr	2000
Packung	Blister
Vorbild	Mack Auflieger
Sonst.	Nr. 7/12
Molter Nr.	1878

Uhr-Zeit Bier — 8 €

Hersteller	Grell
Jahr	2000
Packung	Blister
Vorbild	Mack Auflieger
Sonst.	Nr. 8/12
Molter Nr.	1879

Uhr-Zeit Bier	8 €
Hersteller	Grell
Jahr	2000
Packung	Blister
Vorbild	Mack Auflieger
Sonst.	Nr. 9/12
Molter Nr.	1880

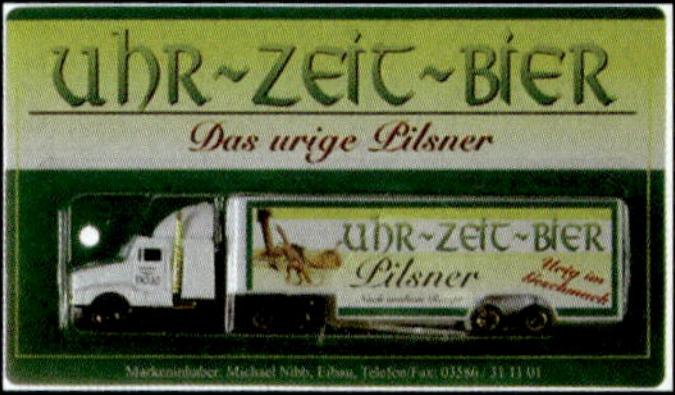

Uhr-Zeit Bier	8 €
Hersteller	Grell
Jahr	2000
Packung	Blister
Vorbild	Mack Auflieger
Sonst.	Nr. 10/12
Molter Nr.	1881

Uhr-Zeit Bier	8 €
Hersteller	Grell
Jahr	2000
Packung	Blister
Vorbild	Mack Auflieger
Sonst.	Nr. 11/12
Molter Nr.	1882

Uhr-Zeit Bier	8 €
Hersteller	Grell
Jahr	2000
Packung	Blister
Vorbild	Mack Auflieger
Sonst.	Nr. 12/12
Molter Nr.	1883

Ulmer Münster Bier	10 €
Hersteller	Hümmer
Jahr	2001
Packung	Blister
Vorbild	MB Actros Sattelzug
Sonst.	Fasnetsbier
Molter Nr.	8094

Ulmer Münster Bier — 10 €

Hersteller	Top Style
Jahr	2001
Packung	Blister
Vorbild	MB Actros Hängerzug
Sonst.	
Molter Nr.	8095

Ulmer Münster Bier — 8 €

Hersteller	Grell
Jahr	2002
Packung	Blister
Vorbild	Büssing Hängerzug
Sonst.	
Molter Nr.	5092

Ultsch — 8 €

Hersteller	Hümmer
Jahr	2001
Packung	Plastikschachtel
Vorbild	MB Actros Auflieger
Sonst.	
Molter Nr.	3761

Unser Wasser — 9 €

Hersteller	Grell
Jahr	2001
Packung	Blister
Vorbild	MB Actros Hängerzug
Sonst.	
Molter Nr.	5570

Unser Wasser — 8 €

Hersteller	Grell
Jahr	2002
Packung	Blister
Vorbild	MB Atego Hängerzug
Sonst.	mit Schankwagen
Molter Nr.	5075

Unser Wasser — 8 €

Hersteller	Grell
Jahr	2003
Packung	Blister
Vorbild	Bus
Sonst.	
Molter Nr.	6943

Unterbaarer Schlossbrauerei — 12 €

Hersteller	Grell
Jahr	2000
Packung	Blister
Vorbild	MB Actros Auflieger
Sonst.	
Molter Nr.	1884

Urbacher — 8 €

Hersteller	dgd
Jahr	2002
Packung	Blister
Vorbild	MB Actros Hängerzug
Sonst.	
Molter Nr.	4663

Urbacher — 8 €

Hersteller	dgd
Jahr	2003
Packung	Blister
Vorbild	MB Actros Hängerzug
Sonst.	
Molter Nr.	7021

Urbanus — 8 €

Hersteller	Müller Chemnitz
Jahr	
Packung	Plastikschachtel
Vorbild	MB groß Auflieger
Sonst.	
Molter Nr.	1893

Urbanus 8 €

Hersteller	Grell
Jahr	2000
Packung	Blister
Vorbild	MB Actros Hängerzug
Sonst.	einzeln verpackt
Molter Nr.	1894

Urbanus 10 €

Hersteller	Grell
Jahr	2001
Packung	Blister
Vorbild	MB Actros Auflieger
Sonst.	
Molter Nr.	3763

Urbanus 8 €

Hersteller	Grell
Jahr	2002
Packung	Blister
Vorbild	Ford 9000 Auflieger
Sonst.	
Molter Nr.	4906

Urbanus 8 €

Hersteller	Grell
Jahr	2002
Packung	Blister
Vorbild	Scania Tankzug
Sonst.	
Molter Nr.	7671

Urbanus 8 €

Hersteller	Grell
Jahr	2002
Packung	Blister
Vorbild	MB Actros Auflieger
Sonst.	
Molter Nr.	5176

Urbanus — 8 €

Hersteller	Hümmer
Jahr	2003
Packung	Blister
Vorbild	Mack Auflieger
Sonst.	mit Flasche
Molter Nr.	7077

Ur-Krostitzer — 40 €

Hersteller	Hümmer
Jahr	
Packung	Blister
Vorbild	US Auflieger
Sonst.	
Molter Nr.	1885

Ur-Krostitzer — 30 €

Hersteller	Grell
Jahr	
Packung	Blister
Vorbild	Mack Auflieger
Sonst.	
Molter Nr.	1886

Ur-Krostitzer — €

Hersteller	
Jahr	
Packung	Plastikschachtel
Vorbild	MB Actros Auflieger
Sonst.	Liebhaberpreis
Molter Nr.	3768

Ur-Krostitzer — €

Hersteller	
Jahr	
Packung	Plastikschachtel
Vorbild	MAN F90 Hängerzug
Sonst.	Liebhaberpreis
Molter Nr.	3769

U

Ur-Krostitzer €

Hersteller	
Jahr	
Packung	Plastikschachtel
Vorbild	MB Actros LKW
Sonst.	Liebhaberpreis
Molter Nr.	3770

Ur-Krostitzer €

Hersteller	
Jahr	
Packung	Plastikschachtel
Vorbild	MAN F90 Hängerzug
Sonst.	Liebhaberpreis
Molter Nr.	3771

U

Ur-Krostitzer €

Hersteller	
Jahr	
Packung	Plastikschachtel
Vorbild	MAN F90 Hängerzug
Sonst.	Liebhaberpreis
Molter Nr.	3772

Ur-Krostitzer €

Hersteller	
Jahr	
Packung	Plastikschachtel
Vorbild	MAN F90 Hängerzug
Sonst.	Liebhaberpreis
Molter Nr.	3773

Ur-Krostitzer €

Hersteller	
Jahr	
Packung	Plastikschachtel
Vorbild	MB Actros Auflieger
Sonst.	Liebhaberpreis
Molter Nr.	3774

Ur-Krostitzer	€
Hersteller	
Jahr	
Packung	Plastikschachtel
Vorbild	Mack Auflieger
Sonst.	Liebhaberpreis
Molter Nr.	3775

Ur-Krostitzer	€
Hersteller	
Jahr	
Packung	Plastikschachtel
Vorbild	Mack Auflieger
Sonst.	Liebhaberpreis
Molter Nr.	3776

Ur-Krostitzer	€
Hersteller	
Jahr	
Packung	Plastikschachtel
Vorbild	US Auflieger
Sonst.	Liebhaberpreis
Molter Nr.	3777

Ur-Krostitzer	18 €
Hersteller	Grell
Jahr	1999
Packung	Blister
Vorbild	MB Actros Auflieger
Sonst.	dünne Streifen
Molter Nr.	1887

Ur-Krostitzer	8 €
Hersteller	Grell
Jahr	1999
Packung	Blister
Vorbild	MB Actros Auflieger
Sonst.	dicke Streifen
Molter Nr.	1888

Ur-Krostitzer — 40 €

Hersteller	
Jahr	2000
Packung	Plastikschachtel
Vorbild	MAN F90 Hängerzug
Sonst.	
Molter Nr.	1889

Ur-Krostitzer — 10 €

Hersteller	Grell
Jahr	2000
Packung	Blister
Vorbild	MB Actros Auflieger
Sonst.	
Molter Nr.	1890

Ur-Krostitzer — 11 €

Hersteller	Hümmer
Jahr	2000
Packung	Blister
Vorbild	MB Actros Auflieger
Sonst.	
Molter Nr.	1891

Ur-Krostitzer — 9 €

Hersteller	Hümmer
Jahr	2001
Packung	Blister
Vorbild	MB Actros Auflieger
Sonst.	
Molter Nr.	1892

Ur-Krostitzer — 9 €

Hersteller	Hümmer
Jahr	2001
Packung	Blister
Vorbild	MB Actros Sattelzug
Sonst.	
Molter Nr.	8105

Ur-Krostitzer — 8 €

Hersteller	Hümmer
Jahr	2001
Packung	Blister
Vorbild	MB Actros Auflieger
Sonst.	
Molter Nr.	3766

Ur-Krostitzer — 9 €

Hersteller	Grell
Jahr	2001
Packung	Blister
Vorbild	IFA W50 Hängerzug
Sonst.	Sonderedition
Molter Nr.	3767

Ur-Krostitzer — 50 €

Hersteller	Hümmer
Jahr	2001
Packung	Blister
Vorbild	US Auflieger
Sonst.	XXL-Truck
Molter Nr.	8054

Ur-Krostitzer — 8 €

Hersteller	Hümmer
Jahr	2001
Packung	Blister
Vorbild	MB Actros Auflieger
Sonst.	
Molter Nr.	3765

Ur-Krostitzer — 8 €

Hersteller	Grell
Jahr	2002
Packung	Blister
Vorbild	Scania 124L Tankzug
Sonst.	
Molter Nr.	5996

Ur-Krostitzer — 8 €

Hersteller	
Jahr	2002
Packung	Plastikschachtel
Vorbild	Mack Auflieger
Sonst.	
Molter Nr.	6241

Ur-Krostitzer — 8 €

Hersteller	Grell
Jahr	2002
Packung	Blister
Vorbild	MB Atego Hängerzug
Sonst.	
Molter Nr.	8102

Ur-Krostitzer — 8 €

Hersteller	Grell
Jahr	2002
Packung	Blister
Vorbild	Scania 124L Tankzug
Sonst.	
Molter Nr.	4613

Ur-Krostitzer — 8 €

Hersteller	Grell
Jahr	2003
Packung	Blister
Vorbild	Büssing Hängerzug
Sonst.	
Molter Nr.	6337

Ur-Krostitzer — 8 €

Hersteller	Grell
Jahr	2003
Packung	Blister
Vorbild	Büssing Hängerzug
Sonst.	
Molter Nr.	7086

Urtyp Pils	8 €
Hersteller	dgd
Jahr	2001
Packung	Blister
Vorbild	Framo
Sonst.	von: Kaiserhof Kronach
Molter Nr.	3778

Urtyp Pils	8 €
Hersteller	Top-Style
Jahr	2001
Packung	Blister
Vorbild	MB Actros Hängerzug
Sonst.	von: Kaiserhof Kronach
Molter Nr.	3779

Urtyp Pils	8 €
Hersteller	dgd
Jahr	2001
Packung	Blister
Vorbild	MB Actros Tankzug
Sonst.	von: Kaiserhof Kronach
Molter Nr.	3780

Urtyp Pils	8 €
Hersteller	dgd
Jahr	2001
Packung	Blister
Vorbild	DAF 95 XF Auflieger
Sonst.	von: Kaiserhof Kronach
Molter Nr.	3781

Urtyp Pils	8 €
Hersteller	dgd
Jahr	2001
Packung	Blister
Vorbild	Scania Tankzug
Sonst.	von: Kaiserhof Kronach
Molter Nr.	3782

Urtyp Pils	7 €
Hersteller	dgd
Jahr	2001 (Aufl.: 2500)
Packung	Blister
Vorbild	MAN Phönix Auflieger
Sonst.	
Molter Nr.	4483

Urtyp Pils	7 €
Hersteller	Grell
Jahr	2001 (Aufl.: 2500)
Packung	Blister
Vorbild	Freightliner FLD Auflieger
Sonst.	
Molter Nr.	4484

U

Usterbacher	18 €
Hersteller	Grell
Jahr	1999
Packung	Blister
Vorbild	MB Actros Auflieger
Sonst.	
Molter Nr.	1895

Usterbacher	12 €
Hersteller	Eurosun
Jahr	2000
Packung	Blister
Vorbild	MB Actros Auflieger
Sonst.	
Molter Nr.	1897

Usterbacher	11 €
Hersteller	Eurosun
Jahr	2000
Packung	Blister
Vorbild	MB Actros Auflieger
Sonst.	
Molter Nr.	1896

U

Usterbacher — 8 €

Hersteller	dgd
Jahr	2002
Packung	Blister
Vorbild	MB Axor Auflieger
Sonst.	
Molter Nr.	4696

Uttrodt — 8 €

Hersteller	Lauterbach
Jahr	2002
Packung	Blister
Vorbild	DAF 95 XF Auflieger
Sonst.	
Molter Nr.	4744

Uttrodt — 8 €

Hersteller	Lauterbach
Jahr	2002
Packung	Blister
Vorbild	MAN M2000 Hängerzug
Sonst.	
Molter Nr.	4752

Vasold & Schitt — 11 €

Hersteller	dgd
Jahr	2000 (Aufl.: 2500)
Packung	Blister
Vorbild	MB Actros Hängerzug
Sonst.	
Molter Nr.	1902

Vasold & Schitt — 11 €

Hersteller	dgd
Jahr	2000 (Aufl.: 2500)
Packung	Blister
Vorbild	MB Actros Hängerzug
Sonst.	
Molter Nr.	1903

U

Vasold & Schitt	12 €
Hersteller	dgd
Jahr	2000 (Aufl.: 2500)
Packung	Blister
Vorbild	MAN F2000 Auflieger
Sonst.	
Molter Nr.	1904

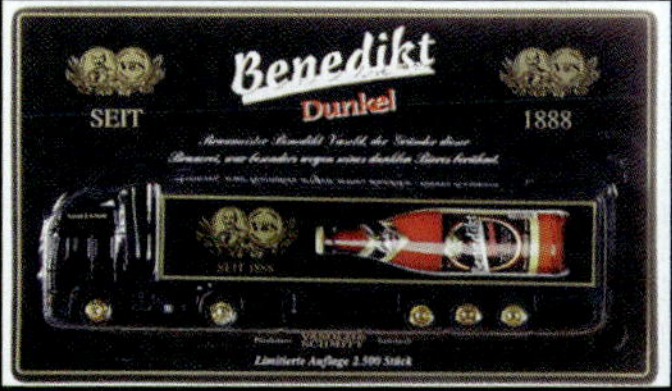

Vasold & Schitt	13 €
Hersteller	dgd
Jahr	2000 (Aufl.: 2500)
Packung	Blister
Vorbild	MAN F2000 Auflieger
Sonst.	
Molter Nr.	1905

Veltins	50 €
Hersteller	MB
Jahr	
Packung	Showbox
Vorbild	MB groß Auflieger
Sonst.	
Molter Nr.	1906

Veltins	35 €
Hersteller	Grell
Jahr	1998
Packung	Blister
Vorbild	Mack Auflieger
Sonst.	
Molter Nr.	1907

Veltins	20 €
Hersteller	Grell
Jahr	1999
Packung	Blister
Vorbild	MB Actros Auflieger
Sonst.	
Molter Nr.	1908

Veltins	15 €
Hersteller	Grell
Jahr	2000
Packung	Blister
Vorbild	MB Actros Hängerzug
Sonst.	
Molter Nr.	1909

Veltins	18 €
Hersteller	Grell
Jahr	2000
Packung	Blister
Vorbild	MB Actros Auflieger
Sonst.	
Molter Nr.	1910

Veltins	15 €
Hersteller	Grell
Jahr	2001
Packung	Blister
Vorbild	Scania Auflieger
Sonst.	
Molter Nr.	3788

Veltins	LHP
Hersteller	
Jahr	2001 (Aufl.: 2)
Packung	Blister
Vorbild	US Auflieger
Sonst.	Liebhaberpreis
Molter Nr.	3790

Veltins	10 €
Hersteller	Grell
Jahr	2001
Packung	Blister
Vorbild	Scania Hängerzug
Sonst.	
Molter Nr.	4453

Veltins	12 €
Hersteller	Grell
Jahr	2002
Packung	Blister
Vorbild	Scania Sattelzug
Sonst.	
Molter Nr.	8096

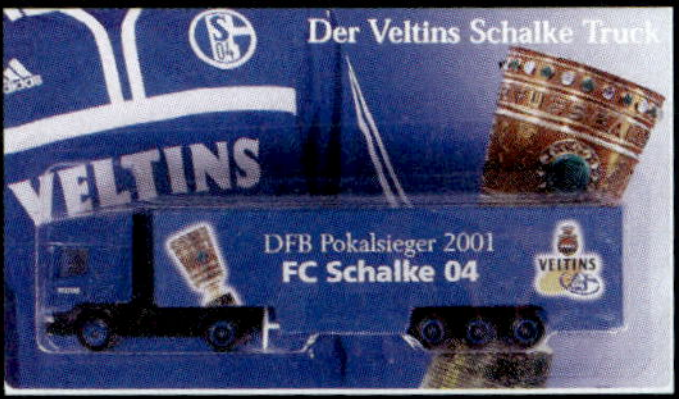

Veltins	10 €
Hersteller	Grell
Jahr	2001
Packung	Blister
Vorbild	Scania Auflieger
Sonst.	
Molter Nr.	4454

Veltins	10 €
Hersteller	Grell
Jahr	2002
Packung	Blister
Vorbild	MAN TG-A Auflieger
Sonst.	
Molter Nr.	4844

Veltins	8 €
Hersteller	Grell
Jahr	2002
Packung	Blister
Vorbild	MAN TGA Hängerzug
Sonst.	mit Schankwagen
Molter Nr.	5922

Veltins	30 €
Hersteller	Grell
Jahr	2002
Packung	Pappschachtel
Vorbild	Arena-Set 2002
Sonst.	804 Pokal
Molter Nr.	4598

V

Victoria	100 €
Hersteller	Hümmer
Jahr	
Packung	Plastikschachtel
Vorbild	US Auflieger
Sonst.	
Molter Nr.	1117

Victorinox	8 €
Hersteller	MK
Jahr	2002
Packung	Blister
Vorbild	Scania Auflieger
Sonst.	Edition 1
Molter Nr.	5844

Victorinox	8 €
Hersteller	MK
Jahr	2002
Packung	Blister
Vorbild	Scania Auflieger
Sonst.	Edition 2
Molter Nr.	5845

Victorinox	8 €
Hersteller	MK
Jahr	2002
Packung	Blister
Vorbild	Scania Auflieger
Sonst.	Edition 3
Molter Nr.	5846

Victorinox	8 €
Hersteller	MK
Jahr	2002
Packung	Blister
Vorbild	Scania Auflieger
Sonst.	Edition 4
Molter Nr.	5847

Victorinox — 8 €

Hersteller	MK
Jahr	2002
Packung	Blister
Vorbild	Scania Auflieger
Sonst.	Edition 5
Molter Nr.	5848

Victorinox — 8 €

Hersteller	MK
Jahr	2002
Packung	Blister
Vorbild	Scania Auflieger
Sonst.	Edition 6
Molter Nr.	5849

V

Victorinox — 8 €

Hersteller	MK
Jahr	2002
Packung	Blister
Vorbild	Scania Auflieger
Sonst.	Edition 7
Molter Nr.	5850

Victorinox — 8 €

Hersteller	MK
Jahr	2002
Packung	Blister
Vorbild	Scania Auflieger
Sonst.	Edition 8
Molter Nr.	5851

Victorinox — 8 €

Hersteller	MK
Jahr	2002
Packung	Blister
Vorbild	Scania Auflieger
Sonst.	Edition 4
Molter Nr.	5852

Victorinox — 8 €

Hersteller	MK
Jahr	2002
Packung	
Vorbild	Scania Auflieger
Sonst.	Edition 10
Molter Nr.	5853

Victorinox — 8 €

Hersteller	MK
Jahr	2002
Packung	
Vorbild	Scania Auflieger
Sonst.	Edition 11
Molter Nr.	5854

Victorinox — 8 €

Hersteller	MK
Jahr	2002
Packung	
Vorbild	Scania Auflieger
Sonst.	Edition 12
Molter Nr.	5855

Victorinox — 8 €

Hersteller	MK
Jahr	2002
Packung	Blister
Vorbild	Scania 164L Auflieger
Sonst.	Ed.1
Molter Nr.	7165

Victorinox — 8 €

Hersteller	MK
Jahr	2002
Packung	Blister
Vorbild	Scania 164L Auflieger
Sonst.	Ed.2
Molter Nr.	7166

Victorinox — 8 €

Hersteller	MK
Jahr	2002
Packung	Blister
Vorbild	Scania 164L Auflieger
Sonst.	Ed.3
Molter Nr.	7167

Victorinox — 8 €

Hersteller	MK
Jahr	2002
Packung	Blister
Vorbild	Scania 164L Auflieger
Sonst.	Ed.4
Molter Nr.	7168

Victorinox — 8 €

Hersteller	MK
Jahr	2002
Packung	Blister
Vorbild	Scania 164L Auflieger
Sonst.	Ed.5
Molter Nr.	7169

Victorinox — 8 €

Hersteller	MK
Jahr	2002
Packung	Blister
Vorbild	Scania 164L Auflieger
Sonst.	Ed.6
Molter Nr.	7170

Victorinox — 8 €

Hersteller	MK
Jahr	2002
Packung	Blister
Vorbild	Scania 164L Auflieger
Sonst.	Ed.7
Molter Nr.	7171

V

Victorinox	8 €
Hersteller	MK
Jahr	2002
Packung	Blister
Vorbild	Scania 164L Auflieger
Sonst.	Ed.8
Molter Nr.	7172

Victorinox	8 €
Hersteller	MK
Jahr	2002
Packung	Blister
Vorbild	Scania 164L Auflieger
Sonst.	Ed.9
Molter Nr.	7173

Victorinox	8 €
Hersteller	MK
Jahr	2002
Packung	Blister
Vorbild	Scania 164L Auflieger
Sonst.	Ed.10
Molter Nr.	7174

Victorinox	8 €
Hersteller	MK
Jahr	2002
Packung	Blister
Vorbild	Scania 164L Auflieger
Sonst.	Ed.11
Molter Nr.	7175

Victorinox	8 €
Hersteller	MK
Jahr	2002
Packung	Blister
Vorbild	Scania 164L Auflieger
Sonst.	
Molter Nr.	7176

Vifra Getränkegrosshandel 30 €

Hersteller	
Jahr	
Packung	Plastikschachtel
Vorbild	US Auflieger
Sonst.	
Molter Nr.	3798

Vilsa Brunnen 8 €

Hersteller	dgd
Jahr	2000
Packung	Blister
Vorbild	MB Actros Hängerzug
Sonst.	
Molter Nr.	1914

Vina Santa Rita 8 €

Hersteller	Hümmer
Jahr	2000
Packung	Blister
Vorbild	US Auflieger
Sonst.	
Molter Nr.	2115

Vita Cola 8 €

Hersteller	dgd
Jahr	1999
Packung	Blister
Vorbild	MB Actros Hängerzug
Sonst.	grüne Sonnenblende
Molter Nr.	1911

Vita Cola 8 €

Hersteller	Grell
Jahr	2000
Packung	Blister
Vorbild	MB Actros Hängerzug
Sonst.	schwarze Sonnenblende
Molter Nr.	1912

Vita Cola — 8 €

Hersteller	
Jahr	2001
Packung	Blister
Vorbild	MB Actros Hängerzug
Sonst.	
Molter Nr.	3791

Vitamalz — 10 €

Hersteller	Eurosun
Jahr	2000
Packung	Blister
Vorbild	MAN F2000 Auflieger
Sonst.	
Molter Nr.	1913

Vogel Haus Bräu — 15 €

Hersteller	Müller Chemnitz
Jahr	1999
Packung	Plastikschachtel
Vorbild	Volvo Auflieger
Sonst.	
Molter Nr.	1916

Vogel Haus Bräu — 12 €

Hersteller	Müller Chemnitz
Jahr	2000
Packung	Plastikschachtel
Vorbild	Mack Auflieger
Sonst.	
Molter Nr.	1917

Vogt Bier — €

Hersteller	
Jahr	
Packung	Plastikschachtel
Vorbild	Kenworth T2000 Auflieger
Sonst.	
Molter Nr.	3794

Vogtland Fahrzeugfestival — 10 €

Hersteller	dgd
Jahr	2001
Packung	Blister
Vorbild	IFA H6 Hängerzug
Sonst.	Bad Brambacher
Molter Nr.	3795

Vogtland Fahrzeugfestival — 10 €

Hersteller	dgd
Jahr	2001
Packung	Blister
Vorbild	IFA H6 Hängerzug
Sonst.	Sternquell
Molter Nr.	3796

Vogtland Fahrzeugfestival — 10 €

Hersteller	dgd
Jahr	2001
Packung	Blister
Vorbild	IFA H6 Hängerzug
Sonst.	Gtr.kombinat Karl-Marx-Stadt
Molter Nr.	3797

Vogtlandgold — 8 €

Hersteller	Top-Style
Jahr	2002
Packung	Blister
Vorbild	MB Actros Tankzug
Sonst.	
Molter Nr.	5773

Völklinger Hütte — 8 €

Hersteller	Hümmer
Jahr	2002
Packung	Blister
Vorbild	MB Actros Auflieger
Sonst.	Weltkulturerbe
Molter Nr.	5741

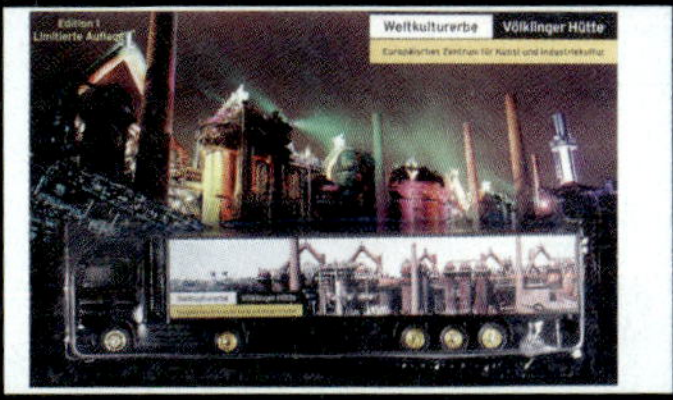

Volman Getränke — 10 €

Hersteller	
Jahr	
Packung	Plastikschachtel
Vorbild	Volvo Auflieger
Sonst.	
Molter Nr.	622

Vruhten Fruchtsaft — 12 €

Hersteller	Grell
Jahr	1999
Packung	Blister
Vorbild	Mack Auflieger
Sonst.	
Molter Nr.	1915

Wächtersbacher — 18 €

Hersteller	Grell
Jahr	1999
Packung	Blister
Vorbild	MB Actros Auflieger
Sonst.	
Molter Nr.	1918

Wächtersbacher — 12 €

Hersteller	dgd
Jahr	1999
Packung	Plastikschachtel
Vorbild	MB Actros Auflieger
Sonst.	
Molter Nr.	1919

Wächtersbacher — 10 €

Hersteller	dgd
Jahr	2000
Packung	in Folie eingeschweißt
Vorbild	Ford Oldtimer
Sonst.	
Molter Nr.	1920

W

Wächtersbacher	9 €
Hersteller	dgd
Jahr	2001
Packung	Blister
Vorbild	Scania Auflieger
Sonst.	
Molter Nr.	3799

Wächtersbacher	8 €
Hersteller	Dgd
Jahr	2002
Packung	Blister
Vorbild	Scania Tanker
Sonst.	
Molter Nr.	8010

Wächtersbacher	8 €
Hersteller	dgd
Jahr	2002
Packung	Blister
Vorbild	Iveco Hängerzug
Sonst.	mit Schankwagen
Molter Nr.	5743

Wächtersbacher	8 €
Hersteller	Hümmer
Jahr	2003
Packung	Blister
Vorbild	MAN TG-A Auflieger
Sonst.	Mit Flasche
Molter Nr.	7519

Wagner Bräu Kemmern	15 €
Hersteller	Allround Service
Jahr	2000 (Aufl.: 300)
Packung	Plastikschachtel
Vorbild	Scania Auflieger
Sonst.	
Molter Nr.	1921

Wagner Bräu Kemmern 15 €

Hersteller	Allround Service
Jahr	2000 (Aufl.: 250)
Packung	Plastikschachtel
Vorbild	MB Actros Auflieger
Sonst.	
Molter Nr.	1922

Wagner Bräu Kemmern 20 €

Hersteller	Allround Service
Jahr	2000 (Aufl.: 100)
Packung	Plastikschachtel
Vorbild	Scania Auflieger
Sonst.	
Molter Nr.	1923

Wagner Bräu Kemmern 15 €

Hersteller	Allround Service
Jahr	2000 (Aufl.: 250)
Packung	Plastikschachtel
Vorbild	MB Actros Auflieger
Sonst.	
Molter Nr.	1924

Wagner Bräu Kemmern 15 €

Hersteller	Allround Service
Jahr	2000 (Aufl.: 250)
Packung	Plastikschachtel
Vorbild	MAN F2000 Auflieger
Sonst.	
Molter Nr.	1925

Wagner Bräu Kemmern 10 €

Hersteller	Amon
Jahr	2001 (Aufl.: 200)
Packung	Plastikschachtel
Vorbild	MB Actros Hängerzug
Sonst.	
Molter Nr.	3803

Wagner Bräu Kemmern — 20 €

Hersteller	Amon
Jahr	2002 (Aufl.: 200)
Packung	Plastikschachtel
Vorbild	MB Actros Auflieger
Sonst.	
Molter Nr.	6044

Wagner Bräu Kemmern — 8 €

Hersteller	Hümmer
Jahr	2002
Packung	Blister
Vorbild	MB Actros Auflieger
Sonst.	m. Flasche
Molter Nr.	6643

Wagner Merkendorf — 50 €

Hersteller	
Jahr	1998 (Aufl.: 800)
Packung	ohne
Vorbild	MB groß LKW
Sonst.	mit Schwungrad
Molter Nr.	1926

Wagner Merkendorf — 25 €

Hersteller	
Jahr	1999 (Aufl.: 500)
Packung	Plastikschachtel
Vorbild	Volvo Auflieger
Sonst.	
Molter Nr.	1927

Wagner Merkendorf — 25 €

Hersteller	
Jahr	1999 (Aufl.: 500)
Packung	Plastikschachtel
Vorbild	Volvo Auflieger
Sonst.	
Molter Nr.	1928

Wagner Merkendorf — 20 €

Hersteller	
Jahr	2001
Packung	Plastikschachtel
Vorbild	Volvo Auflieger
Sonst.	
Molter Nr.	3801

Wagner Merkendorf — 15 €

Hersteller	
Jahr	2001
Packung	Plastikschachtel
Vorbild	Iveco LKW
Sonst.	
Molter Nr.	3802

Wagner-Bräu Roßstadt — 8 €

Hersteller	Grell
Jahr	2003
Packung	Blister
Vorbild	Büssing Hängerzug
Sonst.	
Molter Nr.	6648

Waidbauer — 20 €

Hersteller	
Jahr	1999
Packung	Plastikschachtel
Vorbild	MB Actros Auflieger
Sonst.	
Molter Nr.	1970

Waidbauer — 12 €

Hersteller	WMS
Jahr	1999
Packung	Blister
Vorbild	MB Actros Auflieger
Sonst.	
Molter Nr.	1929

Waidbauer 10 €

Hersteller	Grell
Jahr	2000
Packung	Blister
Vorbild	Ford 9000 Auflieger
Sonst.	
Molter Nr.	1933

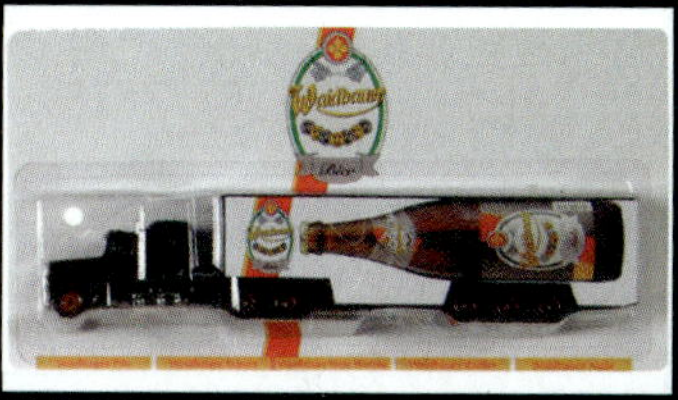

Waidbauer 10 €

Hersteller	Grell
Jahr	2000
Packung	Blister
Vorbild	MB Actros Hängerzug
Sonst.	
Molter Nr.	1931

Waidbauer 10 €

Hersteller	Grell
Jahr	2000
Packung	Blister
Vorbild	MAN F2000 Auflieger
Sonst.	
Molter Nr.	1934

Waidbauer 10 €

Hersteller	Grell
Jahr	2000
Packung	Blister
Vorbild	MB Actros Auflieger
Sonst.	
Molter Nr.	1932

Waidbauer 9 €

Hersteller	WMS
Jahr	2000
Packung	Blister
Vorbild	MB Actros Auflieger
Sonst.	
Molter Nr.	1930

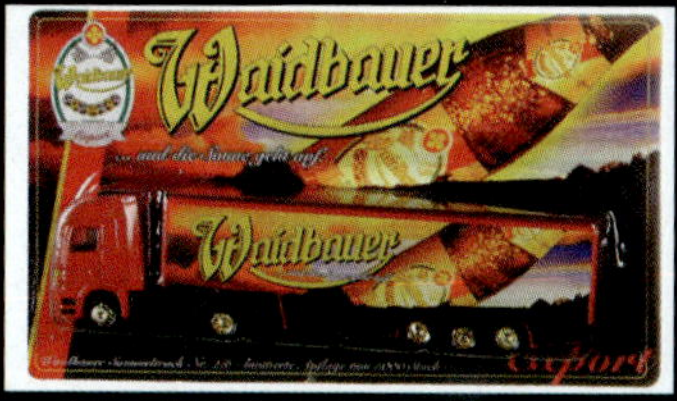

Waidbauer — 5 €

Hersteller	Grell
Jahr	2000
Packung	Blister
Vorbild	MAN F2000 Hängerzug
Sonst.	
Molter Nr.	1935

Waidbauer — 9 €

Hersteller	WMS
Jahr	2001
Packung	Blister
Vorbild	MAN TG-A Auflieger
Sonst.	
Molter Nr.	3804

Waldberg Fruchtsäfte — 8 €

Hersteller	Hümmer
Jahr	2001
Packung	Blister
Vorbild	MB Actros Auflieger
Sonst.	
Molter Nr.	634

Waldershofer — 8 €

Hersteller	Grell
Jahr	1999 (Aufl.: 5000)
Packung	Blister
Vorbild	MB Actros Auflieger
Sonst.	
Molter Nr.	1942

Waldershofer — 8 €

Hersteller	Grell
Jahr	2000 (Aufl.: 5000)
Packung	Blister
Vorbild	MB Actros Hängerzug
Sonst.	
Molter Nr.	1943

Waldershofer 9 €

Hersteller	Grell
Jahr	2001
Packung	Blister
Vorbild	Freightliner FLD Auflieger
Sonst.	
Molter Nr.	3806

Waldershofer 8 €

Hersteller	Grell
Jahr	2003 (Aufl.: 4000)
Packung	Blister
Vorbild	MB Atego Tankhängerzug
Sonst.	
Molter Nr.	6492

Waldershofer 8 €

Hersteller	Grell
Jahr	2003 (Aufl.: 4000)
Packung	Blister
Vorbild	Scania 124L Auflieger
Sonst.	mit Sudkessel
Molter Nr.	6493

Waldershofer 8 €

Hersteller	Grell
Jahr	2003 (Aufl.: 4000)
Packung	Blister
Vorbild	Kraz Hängerzug
Sonst.	
Molter Nr.	6494

Waldershofer 8 €

Hersteller	Grell
Jahr	2003 (Aufl.: 4000)
Packung	Blister
Vorbild	MB Atego Hängerzug
Sonst.	
Molter Nr.	6495

W

Waldershofer — 8 €

Hersteller	Grell
Jahr	2003 (Aufl.: 4000)
Packung	Blister
Vorbild	Freightliner FLD Auflieger
Sonst.	mit Sudkessel
Molter Nr.	6496

Waldhaus — 9 €

Hersteller	Grell
Jahr	2001
Packung	Blister
Vorbild	Ford 9000 Auflieger
Sonst.	
Molter Nr.	4004

Waldhoff Getränke — 12 €

Hersteller	Grell
Jahr	1999 (Aufl.: 2500)
Packung	Blister
Vorbild	Mack Auflieger
Sonst.	
Molter Nr.	1800

Waldhoff Getränke — 10 €

Hersteller	Grell
Jahr	2000
Packung	Blister
Vorbild	Ford 9000 Auflieger
Sonst.	
Molter Nr.	617

Waldhoff Getränke — 10 €

Hersteller	Grell
Jahr	2000
Packung	Blister
Vorbild	Ford 9000 Auflieger
Sonst.	
Molter Nr.	618

Waldhoff Getränke	8 €
Hersteller	Grell
Jahr	2000
Packung	Blister
Vorbild	MB Actros Auflieger
Sonst.	
Molter Nr.	619

Waldhoff Getränke	8 €
Hersteller	Grell
Jahr	2000
Packung	Blister
Vorbild	Scania Auflieger
Sonst.	
Molter Nr.	620

Waldhoff Getränke	8 €
Hersteller	Grell
Jahr	2000
Packung	Blister
Vorbild	MB Actros Auflieger
Sonst.	
Molter Nr.	1801

Waldhoff Getränke	8 €
Hersteller	Grell
Jahr	2000
Packung	Blister
Vorbild	MB Actros Hängerzug
Sonst.	
Molter Nr.	1802

Waldhoff Getränke	8 €
Hersteller	Grell
Jahr	2001
Packung	Blister
Vorbild	Scania Hängerzug
Sonst.	
Molter Nr.	3812

W

Waldhoff Getränke — 8 €

Hersteller	Grell
Jahr	2001
Packung	Blister
Vorbild	Freightliner FLD Auflieger
Sonst.	
Molter Nr.	3813

Waldhoff Getränke — 8 €

Hersteller	Grell
Jahr	2001
Packung	Blister
Vorbild	Ford 9000 Auflieger
Sonst.	
Molter Nr.	3815

Waldhoff Getränke — 8 €

Hersteller	Grell
Jahr	2002
Packung	Blister
Vorbild	MB Atego Hängerzug
Sonst.	mit Schankwagen
Molter Nr.	4823

Wald-Quelle — 8 €

Hersteller	
Jahr	2001
Packung	Plastikschachtel
Vorbild	MB Actros Hängerzug
Sonst.	
Molter Nr.	4095

Waldschloss-Bräu — 12 €

Hersteller	dgd
Jahr	2000
Packung	Blister
Vorbild	MAN F2000 Auflieger
Sonst.	
Molter Nr.	1944

W

Waldschloss-Bräu — 8 €

Hersteller	dgd
Jahr	2002
Packung	Blister
Vorbild	Scania Auflieger
Sonst.	
Molter Nr.	5580

Walther´s — 10 €

Hersteller	Dochin
Jahr	2000
Packung	Blister
Vorbild	MAN F2000 Hängerzug
Sonst.	
Molter Nr.	1954

Wappenbräu — 8 €

Hersteller	Top-Style
Jahr	2002
Packung	Blister
Vorbild	MB Actros Tankzug
Sonst.	
Molter Nr.	4939

Wappenbräu — 8 €

Hersteller	WMS
Jahr	2002
Packung	Blister
Vorbild	MB Actros Tankzug
Sonst.	
Molter Nr.	5776

Wappenbräu — 8 €

Hersteller	WMS
Jahr	2002
Packung	Blister
Vorbild	MB Actros Tankzug
Sonst.	Nr. 2
Molter Nr.	5764

Wappenbräu	8 €
Hersteller	Grell
Jahr	2003
Packung	Blister
Vorbild	MB Atego Hängerzug
Sonst.	mit Flasche
Molter Nr.	8089

Warsteiner	50 €
Hersteller	Hümmer
Jahr	
Packung	Blister
Vorbild	MB klein Auflieger
Sonst.	schwarzer Unterbau,Sternfelge
Molter Nr.	1936

Warsteiner	50 €
Hersteller	Hümmer
Jahr	
Packung	Blister
Vorbild	MB klein Auflieger
Sonst.	beiger Unterbau, Sternfelgen
Molter Nr.	1937

Warsteiner	50 €
Hersteller	Hümmer
Jahr	
Packung	Blister
Vorbild	MB klein Auflieger
Sonst.	beiger Unterbau, Spritzschutz
Molter Nr.	3817

Warsteiner	50 €
Hersteller	Hümmer
Jahr	
Packung	Blister
Vorbild	MB klein Auflieger
Sonst.	12-Loch-Felgen
Molter Nr.	1938

Warsteiner — 15 €

Hersteller	Hümmer
Jahr	
Packung	Blister
Vorbild	MB klein Auflieger
Sonst.	volle Felgen
Molter Nr.	1939

Warsteiner — 12 €

Hersteller	Warsteiner
Jahr	1999
Packung	Blister
Vorbild	MB Actros Hängerzug
Sonst.	
Molter Nr.	1940

Warsteiner — 11 €

Hersteller	Warsteiner
Jahr	2000
Packung	Blister
Vorbild	MB Actros Auflieger
Sonst.	
Molter Nr.	1941

Warsteiner — 12 €

Hersteller	
Jahr	2001
Packung	Blister
Vorbild	MB Actros Auflieger
Sonst.	AMG Mercedes
Molter Nr.	3807

Warsteiner — 8 €

Hersteller	
Jahr	2001
Packung	Blister
Vorbild	MB Actros Auflieger
Sonst.	F1 McLaren
Molter Nr.	3816

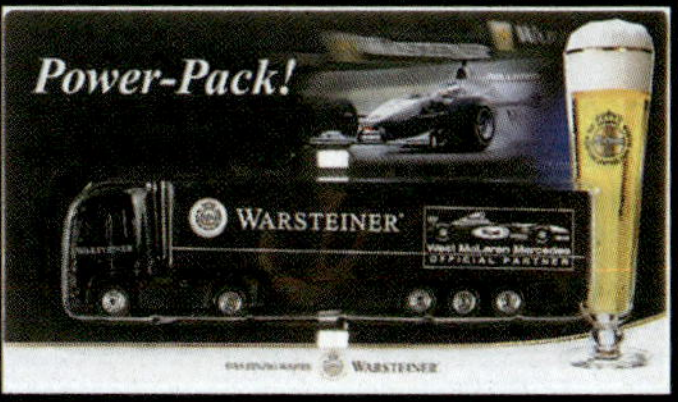

Warsteiner	8 €
Hersteller	Brauerei
Jahr	2002
Packung	Blister
Vorbild	MB Axor Auflieger
Sonst.	
Molter Nr.	5691

Warsteiner	9 €
Hersteller	Warsteiner
Jahr	2002
Packung	Blister
Vorbild	MB Actros Auflieger
Sonst.	David
Molter Nr.	4525

Warsteiner	80 €
Hersteller	dgd
Jahr	2002
Packung	Blister
Vorbild	MB Actros Auflieger
Sonst.	
Molter Nr.	5226

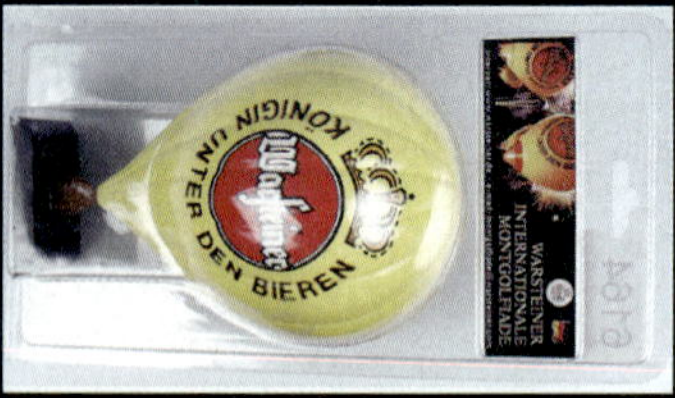

Warsteiner	10 €
Hersteller	
Jahr	2002
Packung	Blister verschweißt
Vorbild	Ballon
Sonst.	
Molter Nr.	6164

Warsteiner	8 €
Hersteller	Warsteiner
Jahr	2002
Packung	Blister
Vorbild	MB Atego Hängerzug
Sonst.	mit Schankwagen
Molter Nr.	4811

Watzdorfer 40 €

Hersteller	Grell
Jahr	
Packung	Blister
Vorbild	Mack Auflieger
Sonst.	helleres grün
Molter Nr.	1946

Watzdorfer 30 €

Hersteller	Grell
Jahr	
Packung	Blister
Vorbild	Mack Auflieger
Sonst.	dunkelgrün
Molter Nr.	1945

Watzdorfer 15 €

Hersteller	Grell
Jahr	1999
Packung	Blister
Vorbild	MB Actros Hängerzug
Sonst.	
Molter Nr.	1947

Watzdorfer 15 €

Hersteller	Grell
Jahr	2000
Packung	Blister
Vorbild	IFA W50 Hängerzug
Sonst.	
Molter Nr.	1948

Watzdorfer 12 €

Hersteller	Grell
Jahr	2000
Packung	Blister
Vorbild	MB Actros Auflieger
Sonst.	
Molter Nr.	1949

Watzdorfer 11 €

Hersteller	Grell
Jahr	2000
Packung	Blister
Vorbild	Ford 9000 Auflieger
Sonst.	
Molter Nr.	1950

Watzdorfer 10 €

Hersteller	Grell
Jahr	2001
Packung	Blister
Vorbild	Scania Auflieger
Sonst.	
Molter Nr.	3819

Watzdorfer 10 €

Hersteller	Grell
Jahr	2001
Packung	Blister
Vorbild	Freightliner FLD Auflieger
Sonst.	
Molter Nr.	3825

Watzdorfer 9 €

Hersteller	Grell
Jahr	2001
Packung	Blister
Vorbild	MAN F2000 Tankzug
Sonst.	
Molter Nr.	3821

Watzdorfer 9 €

Hersteller	Grell
Jahr	2001
Packung	Blister
Vorbild	Scania Auflieger
Sonst.	
Molter Nr.	3820

Watzdorfer 8 €

Hersteller	Grell
Jahr	2002
Packung	Blister
Vorbild	Scania 124L Tankzug
Sonst.	mit Silo
Molter Nr.	5305

Watzdorfer 8 €

Hersteller	Grell
Jahr	2002
Packung	Blister
Vorbild	Krupp Mustang Hängerzug
Sonst.	
Molter Nr.	5624

Watzdorfer 8 €

Hersteller	Grell
Jahr	2002
Packung	Blister
Vorbild	Büssing Holzgaser HZ
Sonst.	
Molter Nr.	5572

Watzdorfer 8 €

Hersteller	Grell
Jahr	2002
Packung	Blister
Vorbild	Ford Oldtimer
Sonst.	
Molter Nr.	4671

Watzdorfer 8 €

Hersteller	Grell
Jahr	2002
Packung	Blister
Vorbild	Pferdewagen
Sonst.	4 Pferde
Molter Nr.	5136

W

Watzdorfer — 8 €

Hersteller	Grell
Jahr	2003
Packung	Blister
Vorbild	MAN Oldtimer Hängerzug
Sonst.	
Molter Nr.	6594

Watzdorfer — 8 €

Hersteller	Grell
Jahr	2003
Packung	Blister
Vorbild	Freightliner FLD Auflieger
Sonst.	mit Werbeschild
Molter Nr.	7284

Weidmannsheil — 35 €

Hersteller	Hümmer
Jahr	2002 (Aufl.: 1000)
Packung	Blister
Vorbild	Freightliner FLD Auflieger
Sonst.	XXL
Molter Nr.	6024

Weidmannsheil — 35 €

Hersteller	Hümmer
Jahr	2002 (Aufl.: 1000)
Packung	Blister
Vorbild	Mack Auflieger
Sonst.	XXL
Molter Nr.	6026

Weihenstephan — 20 €

Hersteller	Grell
Jahr	2000
Packung	Blister
Vorbild	MB Actros Auflieger
Sonst.	
Molter Nr.	1955

Weihenstephan 15 €

Hersteller	Grell
Jahr	2000
Packung	Blister
Vorbild	MB Actros Auflieger
Sonst.	
Molter Nr.	1956

Weihenstephan 10 €

Hersteller	Hümmer
Jahr	2001
Packung	Blister
Vorbild	MAN Oldtimer Hängerzug
Sonst.	
Molter Nr.	3829

Weihenstephan 8 €

Hersteller	Hümmer
Jahr	2002
Packung	Blister
Vorbild	IFA H6 Hängerzug
Sonst.	mit Fässern
Molter Nr.	5313

Weihenstephan 8 €

Hersteller	Hümmer
Jahr	2002
Packung	Blister
Vorbild	MAN Oldtimer Hängerzug
Sonst.	
Molter Nr.	5325

Weihenstephan 8 €

Hersteller	Hümmer
Jahr	2002
Packung	Blister
Vorbild	Goliath
Sonst.	
Molter Nr.	5161

Weihenstephan — 8 €

Hersteller	Hümmer
Jahr	2002
Packung	Blister
Vorbild	US Auflieger
Sonst.	
Molter Nr.	5090

Weihenstephan — 8 €

Hersteller	Hümmer
Jahr	2003
Packung	Blister
Vorbild	MAN TG-A Tankzug
Sonst.	
Molter Nr.	7672

Weika Bräu — 10 €

Hersteller	Müller Chemnitz
Jahr	2001
Packung	Plastikschachtel
Vorbild	Majorette Auflieger
Sonst.	
Molter Nr.	7726

Weilburger — 9 €

Hersteller	dgd
Jahr	2001
Packung	Blister
Vorbild	MB Actros Hängerzug
Sonst.	
Molter Nr.	4421

Weilburger — 8 €

Hersteller	Top-Style
Jahr	2002
Packung	Blister
Vorbild	MB Actros Auflieger
Sonst.	
Molter Nr.	4975

Weimar Getränke — 8 €

Hersteller	Weimar
Jahr	2001
Packung	Plastikschachtel
Vorbild	Volvo Auflieger
Sonst.	
Molter Nr.	3830

Weingärtner — 8 €

Hersteller	Top-Style
Jahr	2002
Packung	Blister
Vorbild	MB Actros Hängerzug
Sonst.	
Molter Nr.	5728

Weingärtner — 8 €

Hersteller	Grell
Jahr	2003
Packung	Blister
Vorbild	MB Actros Auflieger
Sonst.	
Molter Nr.	7044

Weingärtner — 8 €

Hersteller	Grell
Jahr	2003
Packung	Blister
Vorbild	MB Actros Auflieger
Sonst.	
Molter Nr.	7837

Weisenbach — 8 €

Hersteller	dgd
Jahr	2001
Packung	Blister
Vorbild	MB Actros Auflieger
Sonst.	
Molter Nr.	3882

Weismainer Püls Bräu 40 €

Hersteller	Hümmer
Jahr	1998
Packung	Blister
Vorbild	Ford Oldtimer
Sonst.	
Molter Nr.	1465

Weismainer Püls Bräu 18 €

Hersteller	Hümmer
Jahr	1999
Packung	Blister
Vorbild	MB Actros Auflieger
Sonst.	
Molter Nr.	1466

Weismainer Püls Bräu 15 €

Hersteller	Hümmer
Jahr	1999
Packung	Blister
Vorbild	MB Actros Hängerzug
Sonst.	
Molter Nr.	1467

Weismainer Püls Bräu 10 €

Hersteller	Hümmer
Jahr	2000
Packung	Blister
Vorbild	MB Actros Auflieger
Sonst.	
Molter Nr.	1468

Weismainer Püls Bräu 12 €

Hersteller	Hümmer
Jahr	2001
Packung	Blister
Vorbild	Ford Oldtimer
Sonst.	
Molter Nr.	1469

Weismainer Püls Bräu 9 €

Hersteller	Hümmer
Jahr	2000
Packung	Blister
Vorbild	MB Actros Auflieger
Sonst.	
Molter Nr.	4186

Weismainer Püls Bräu 9 €

Hersteller	Hümmer
Jahr	2001
Packung	Blister
Vorbild	Scania Auflieger
Sonst.	
Molter Nr.	3344

Weismainer Püls Bräu 8 €

Hersteller	Hümmer
Jahr	2002
Packung	Blister
Vorbild	Scania Auflieger
Sonst.	
Molter Nr.	5287

Weismainer Püls Bräu 8 €

Hersteller	Hümmer
Jahr	2002
Packung	Blister
Vorbild	Renault Magnum Tankzug
Sonst.	
Molter Nr.	7190

Weismainer Püls Bräu 8 €

Hersteller	Hümmer
Jahr	2002
Packung	Blister
Vorbild	Volvo Auflieger
Sonst.	
Molter Nr.	4720

Weismainer Püls Bräu — 8 €

Hersteller	Hümmer
Jahr	2003
Packung	Blister
Vorbild	Volvo Auflieger
Sonst.	
Molter Nr.	6297

Weismainer Püls Bräu — 8 €

Hersteller	dgd
Jahr	2002
Packung	Blister
Vorbild	Scania Auflieger
Sonst.	
Molter Nr.	5229

Weiss Rössl — 20 €

Hersteller	dgd
Jahr	1998
Packung	Blister
Vorbild	MB Actros Auflieger
Sonst.	
Molter Nr.	1966

Weiss Rössl — 60 €

Hersteller	Hümmer
Jahr	
Packung	Blister
Vorbild	Ferrari
Sonst.	
Molter Nr.	6404

Weiss Rössl — 60 €

Hersteller	Hümmer
Jahr	
Packung	Blister
Vorbild	Mercedes Benz PKW
Sonst.	
Molter Nr.	6408

Weiss Rössl — 60 €

Hersteller	Hümmer
Jahr	
Packung	Blister
Vorbild	Porsche 911
Sonst.	
Molter Nr.	6401

Weiss Rössl — 60 €

Hersteller	Hümmer
Jahr	
Packung	Blister
Vorbild	Porsche 911
Sonst.	
Molter Nr.	6405

Weiss Rössl — 60 €

Hersteller	Hümmer
Jahr	
Packung	Blister
Vorbild	VW Käfer
Sonst.	
Molter Nr.	6406

Weiss Rössl — 60 €

Hersteller	Hümmer
Jahr	
Packung	Blister
Vorbild	Mercedes Benz PKW
Sonst.	
Molter Nr.	6407

Weiss Rössl — 60 €

Hersteller	Hümmer
Jahr	
Packung	Blister
Vorbild	BMW
Sonst.	
Molter Nr.	6399

W

Weiss Rössl	60 €
Hersteller	Hümmer
Jahr	
Packung	Blister
Vorbild	BMW
Sonst.	
Molter Nr.	6409

Weiss Rössl	40 €
Hersteller	Triplex
Jahr	1997
Packung	Blister
Vorbild	US Auflieger
Sonst.	runde Schrift
Molter Nr.	1964

Weiss Rössl	30 €
Hersteller	Hümmer
Jahr	1998
Packung	Blister
Vorbild	US Auflieger
Sonst.	eckige Schrift
Molter Nr.	1965

Weiss Rössl	11 €
Hersteller	dgd
Jahr	2000 (Aufl.: 10000)
Packung	Blister
Vorbild	MAN F2000 Auflieger
Sonst.	
Molter Nr.	1967

Weiss Rössl	10 €
Hersteller	Eurosun
Jahr	2000
Packung	Blister
Vorbild	Volvo Auflieger
Sonst.	
Molter Nr.	1968

Weiss Rössl 10 €

Hersteller	Eurosun
Jahr	2000
Packung	Blister
Vorbild	MAN F2000 Hängerzug
Sonst.	
Molter Nr.	1969

Weiss Rössl 9 €

Hersteller	Grell
Jahr	2001
Packung	Blister
Vorbild	Freightliner FLD Tankzug
Sonst.	
Molter Nr.	4424

Weiss Rössl 8 €

Hersteller	Grell
Jahr	2002
Packung	Blister
Vorbild	Scania Hauber Tankzug
Sonst.	
Molter Nr.	8009

Weiss Rössl 8 €

Hersteller	Hümmer
Jahr	2002
Packung	Blister
Vorbild	MB Actros Auflieger
Sonst.	mit Flasche
Molter Nr.	5048

Weiss Rössl 8 €

Hersteller	Grell
Jahr	2003
Packung	Blister
Vorbild	MB Atego Hängerzug
Sonst.	mit Schankwagen
Molter Nr.	6667

Weissbräu Deisenhofen	8 €
Hersteller	Gefra
Jahr	2002
Packung	Blister
Vorbild	Scania 124L Tankzug
Sonst.	
Molter Nr.	6901

Weißenfelser	20 €
Hersteller	Müller Chemnitz
Jahr	2000
Packung	Plastikschachtel
Vorbild	Mack Auflieger
Sonst.	
Molter Nr.	1958

Weißenfelser	25 €
Hersteller	Müller Chemnitz
Jahr	2000
Packung	Plastikschachtel
Vorbild	Majorette Auflieger
Sonst.	
Molter Nr.	1960

Weißenfelser	18 €
Hersteller	Müller Chemnitz
Jahr	2000
Packung	Plastikschachtel
Vorbild	Majorette Auflieger
Sonst.	
Molter Nr.	1961

Weißenfelser	15 €
Hersteller	Hümmer
Jahr	2000
Packung	Blister
Vorbild	MB Actros Auflieger
Sonst.	
Molter Nr.	1959

Weißenfelser 10 €

Hersteller	Allround Service
Jahr	2000
Packung	Blister
Vorbild	MB Actros Hängerzug
Sonst.	
Molter Nr.	1962

Weißenfelser 8 €

Hersteller	Allround Service
Jahr	2000
Packung	Blister
Vorbild	MB Actros Hängerzug
Sonst.	
Molter Nr.	1963

Weißer Hirsch 15 €

Hersteller	
Jahr	
Packung	Plastikschachtel
Vorbild	MB Actros Auflieger
Sonst.	
Molter Nr.	6425

Weißer Hirsch 15 €

Hersteller	
Jahr	
Packung	Plastikschachtel
Vorbild	MB Actros Hängerzug
Sonst.	
Molter Nr.	6426

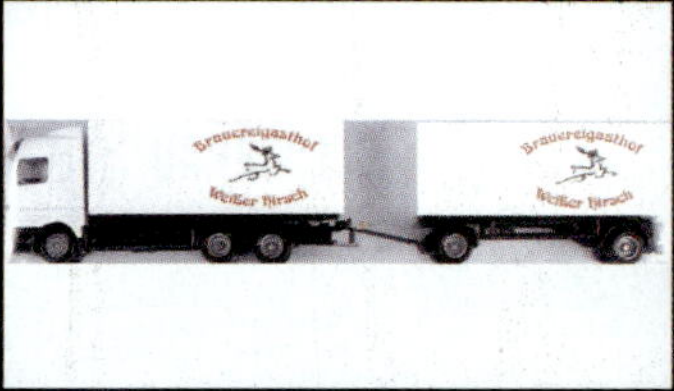

Weißes Brauhaus 8 €

Hersteller	Hümmer
Jahr	2002
Packung	Blister
Vorbild	MB Actros Auflieger
Sonst.	mit Flasche
Molter Nr.	6167

W

Weizle	8 €
Hersteller	Grell
Jahr	2001
Packung	Blister
Vorbild	Ford 9000 Auflieger
Sonst.	
Molter Nr.	4074

Weizle	8 €
Hersteller	Grell
Jahr	2001
Packung	Blister
Vorbild	Scania Tankzug
Sonst.	
Molter Nr.	4075

Weizle	8 €
Hersteller	Grell
Jahr	2001
Packung	Blister
Vorbild	MB Actros Auflieger
Sonst.	
Molter Nr.	4077

Weldebräu	125 €
Hersteller	
Jahr	(Aufl.: 200)
Packung	Plastikschachtel
Vorbild	MB klein Auflieger
Sonst.	
Molter Nr.	1974

Weldebräu	125 €
Hersteller	
Jahr	(Aufl.: 200)
Packung	Plastikschachtel
Vorbild	MB klein Auflieger
Sonst.	
Molter Nr.	1975

W

Weldebräu	LHP
Hersteller	
Jahr	
Packung	Plastikschachtel
Vorbild	US Auflieger
Sonst.	
Molter Nr.	1976

Weldebräu	12 €
Hersteller	Grell
Jahr	2000
Packung	Blister
Vorbild	Ford 9000 Auflieger
Sonst.	
Molter Nr.	3838

Weldebräu	8 €
Hersteller	Grell
Jahr	2002
Packung	Blister
Vorbild	Pferdewagen
Sonst.	2 Pferde Nr. 1
Molter Nr.	4832

Weldebräu	8 €
Hersteller	Grell
Jahr	2002
Packung	Blister
Vorbild	Ford A Oldtimer
Sonst.	250 Jahre, Jubiläumsed. 2/3
Molter Nr.	7747

Weldebräu	8 €
Hersteller	Grell
Jahr	2002
Packung	Blister
Vorbild	MB Atego LKW
Sonst.	250 Jahre, Jubiläumsed. 3/3
Molter Nr.	7749

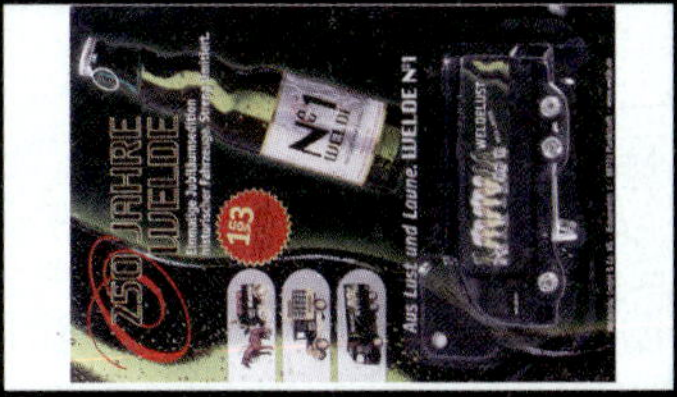

Weltbierserie	8 €
Hersteller	Grell
Jahr	2001
Packung	Blister
Vorbild	MAN TG-A Auflieger
Sonst.	
Molter Nr.	4146

Weltbierserie	8 €
Hersteller	Grell
Jahr	2001
Packung	Blister
Vorbild	Freightliner FLD Auflieger
Sonst.	
Molter Nr.	4136

Weltbierserie	8 €
Hersteller	Grell
Jahr	2001
Packung	Blister
Vorbild	Ford 9000 Auflieger
Sonst.	
Molter Nr.	4143

Weltbierserie	8 €
Hersteller	Grell
Jahr	2001
Packung	Blister
Vorbild	MB Actros Auflieger
Sonst.	
Molter Nr.	4277

Weltbierserie	8 €
Hersteller	Grell
Jahr	2001
Packung	Blister
Vorbild	Freightliner FLD Auflieger
Sonst.	
Molter Nr.	4137

Weltbierserie	8 €
Hersteller	Grell
Jahr	2001
Packung	Blister
Vorbild	Framo
Sonst.	
Molter Nr.	3705

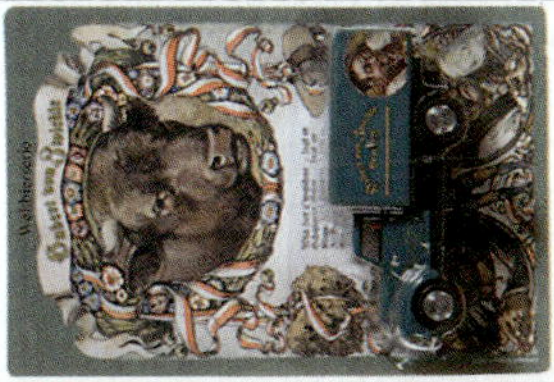

Weltbierserie	8 €
Hersteller	Grell
Jahr	2001
Packung	Blister
Vorbild	Krupp Mustang Hängerzug
Sonst.	
Molter Nr.	4274

Weltbierserie	8 €
Hersteller	Grell
Jahr	2001
Packung	Blister
Vorbild	MB Actros Hängerzug
Sonst.	
Molter Nr.	4275

Weltbierserie	8 €
Hersteller	Grell
Jahr	2001
Packung	Blister
Vorbild	Freightliner Tankzug
Sonst.	
Molter Nr.	4140

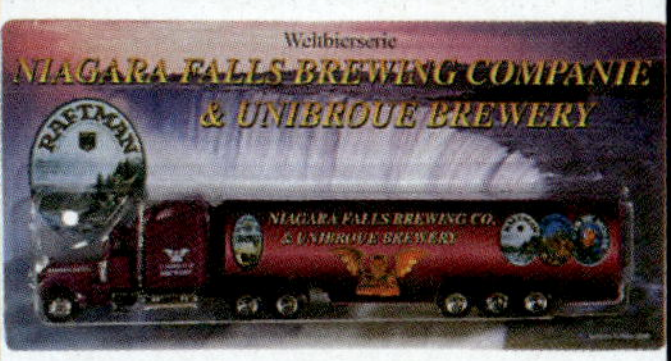

Weltbierserie	8 €
Hersteller	Grell
Jahr	2001
Packung	Blister
Vorbild	Freightliner auflieger
Sonst.	
Molter Nr.	4153

W

Weltbierserie	8 €
Hersteller	Grell
Jahr	2001
Packung	Blister
Vorbild	Framo
Sonst.	
Molter Nr.	4148

Weltbierserie	8 €
Hersteller	Grell
Jahr	2001
Packung	Blister
Vorbild	Ford Oldtimer
Sonst.	Modell 2061
Molter Nr.	5913

Weltbierserie	8 €
Hersteller	Grell
Jahr	2001
Packung	Blister
Vorbild	Freightliner FLD Auflieger
Sonst.	
Molter Nr.	4131

Weltbierserie	8 €
Hersteller	Grell
Jahr	2001
Packung	Blister
Vorbild	Freightliner FLD Tankzug
Sonst.	
Molter Nr.	4127

Weltbierserie	8 €
Hersteller	Grell
Jahr	2001
Packung	Blister
Vorbild	Freightliner Auflieger
Sonst.	
Molter Nr.	4126

W

Weltbierserie — 8 €

Hersteller	Grell
Jahr	2001
Packung	Blister
Vorbild	Ford 9000 Auflieger
Sonst.	
Molter Nr.	4147

Weltbierserie — 8 €

Hersteller	Grell
Jahr	2001
Packung	Blister
Vorbild	Krupp Mustang Hängerzug
Sonst.	
Molter Nr.	4272

Weltbierserie — 8 €

Hersteller	Grell
Jahr	2001
Packung	Blister
Vorbild	IFA W50 Hängerzug
Sonst.	
Molter Nr.	4125

Weltbierserie — 8 €

Hersteller	Grell
Jahr	2001
Packung	Blister
Vorbild	Freightliner Auflieger
Sonst.	
Molter Nr.	4139

Weltbierserie — 8 €

Hersteller	Grell
Jahr	2001
Packung	Blister
Vorbild	Pferdekutsche
Sonst.	
Molter Nr.	4145

Weltbierserie — 8 €

Hersteller	Grell
Jahr	2001
Packung	Blister
Vorbild	MB Actros Tankzug
Sonst.	
Molter Nr.	4149

Weltbierserie — 8 €

Hersteller	Grell
Jahr	2001
Packung	Blister
Vorbild	IFA W50 Hängerzug
Sonst.	
Molter Nr.	4269

Weltbierserie — 8 €

Hersteller	Grell
Jahr	2001
Packung	Blister
Vorbild	Ford 9000 Tankzug
Sonst.	
Molter Nr.	4281

Weltbierserie — 8 €

Hersteller	Grell
Jahr	2001
Packung	Blister
Vorbild	Ford 9000 Auflieger
Sonst.	
Molter Nr.	4268

Weltbierserie — 8 €

Hersteller	Grell
Jahr	2001
Packung	Blister
Vorbild	Freightliner Tankzug
Sonst.	
Molter Nr.	4141

W

Weltbierserie 8 €

Hersteller	Grell
Jahr	2001 (Aufl.: 3000)
Packung	Blister
Vorbild	MB Actros Auflieger
Sonst.	Modell 2081
Molter Nr.	4154

Weltbierserie 8 €

Hersteller	Grell
Jahr	2001
Packung	Blister
Vorbild	IFA W50 Hängerzug
Sonst.	
Molter Nr.	4271

Weltbierserie 8 €

Hersteller	Grell
Jahr	2002
Packung	Blister
Vorbild	Ford 9000 Tankzug
Sonst.	
Molter Nr.	5734

Weltbierserie 8 €

Hersteller	Grell
Jahr	2002 (Aufl.: 2000)
Packung	Blister
Vorbild	Freightliner FLD Auflieger
Sonst.	
Molter Nr.	5649

Weltbierserie 8 €

Hersteller	Grell
Jahr	2002
Packung	Blister
Vorbild	Freightliner FLD Tankzug
Sonst.	Model 2094
Molter Nr.	5652

W

Weltbierserie	8 €
Hersteller	Grell
Jahr	2002 (Aufl.: 2500)
Packung	Blister
Vorbild	Ford 9000 Tankzug
Sonst.	Nr. 2095
Molter Nr.	4984

Weltbierserie	8 €
Hersteller	Grell
Jahr	2002 (Aufl.: 2500)
Packung	Blister
Vorbild	Ford Freight-L. Tankzug
Sonst.	Model 2096
Molter Nr.	5657

Weltbierserie	8 €
Hersteller	Grell
Jahr	2002 (Aufl.: 2500)
Packung	Blister
Vorbild	Scania Tankzug
Sonst.	Model 2097
Molter Nr.	5654

Weltbierserie	8 €
Hersteller	Grell
Jahr	2002 (Aufl.: 2000)
Packung	Blister
Vorbild	Scania 164L Tankzug
Sonst.	Modell 2097
Molter Nr.	7873

Weltbierserie	8 €
Hersteller	Grell
Jahr	2002 (Aufl.: 2500)
Packung	Blister
Vorbild	MAN F2000 Tankzug
Sonst.	
Molter Nr.	5646

Weltbierserie	8 €
Hersteller	Grell
Jahr	2002 (Aufl.: 2000)
Packung	Blister
Vorbild	Ford 9000 Tankzug
Sonst.	Modell 2102
Molter Nr.	7861

Weltbierserie	18 €
Hersteller	Grell
Jahr	2002 (Aufl.: 2500)
Packung	Blister
Vorbild	Ford 9000 Tankzug
Sonst.	Nr. 2103
Molter Nr.	5054

Weltbierserie	8 €
Hersteller	Grell
Jahr	2002 (Aufl.: 2000)
Packung	Blister
Vorbild	Renault Magnum Tankzug
Sonst.	Modell 2106
Molter Nr.	7885

Weltbierserie	8 €
Hersteller	Grell
Jahr	2002
Packung	Blister
Vorbild	Renault Magnum Tankzug
Sonst.	Model 2107
Molter Nr.	5619

Weltbierserie	8 €
Hersteller	Grell
Jahr	2002 (Aufl.: 2000)
Packung	Blister
Vorbild	Ford Tankzug
Sonst.	Modell 2109
Molter Nr.	7867

W

Weltbierserie	8 €
Hersteller	Grell
Jahr	2003 (Aufl.: 2000)
Packung	Blister
Vorbild	Ford 9000 Tankzug
Sonst.	
Molter Nr.	7859

Weltbierserie	8 €
Hersteller	Grell
Jahr	2002 (Aufl.: 200)
Packung	Blister
Vorbild	Renault Tankzug
Sonst.	Nr. 2111
Molter Nr.	5043

Weltbierserie	8 €
Hersteller	Grell
Jahr	2002
Packung	Blister
Vorbild	Ford 9000 Tankzug
Sonst.	Dos Equis
Molter Nr.	5177

Weltbierserie	8 €
Hersteller	Grell
Jahr	2002 (Aufl.: 2000)
Packung	Blister
Vorbild	Freightliner FLD Tankzug
Sonst.	Modell 2113
Molter Nr.	6694

Weltbierserie	8 €
Hersteller	Grell
Jahr	2002
Packung	Blister
Vorbild	Ford 9000 Tankzug
Sonst.	Model 2114, Kilkenny Irish Beer
Molter Nr.	5618

Weltbierserie 8 €

Hersteller	Grell
Jahr	2002 (Aufl.: 2000)
Packung	Blister
Vorbild	MB Actros Tankzug
Sonst.	Modell 2115
Molter Nr.	4604

Weltbierserie 8 €

Hersteller	Grell
Jahr	2002 (Aufl.: 5000)
Packung	Blister
Vorbild	Freightliner FLD Auflieger
Sonst.	
Molter Nr.	4601

Weltbierserie 8 €

Hersteller	Grell
Jahr	2002 (Aufl.: 2000)
Packung	Blister
Vorbild	Büssing Hängerzug
Sonst.	Modell 2117
Molter Nr.	4602

Weltbierserie 8 €

Hersteller	Grell
Jahr	2002 (Aufl.: 2000)
Packung	Blister
Vorbild	Ford 9000 Tankzug
Sonst.	Modell 2118
Molter Nr.	7862

Weltbierserie 8 €

Hersteller	Grell
Jahr	2002 (Aufl.: 2000)
Packung	Blister
Vorbild	Ford 9000 Tankzug
Sonst.	Modell 2119
Molter Nr.	4611

Weltbierserie	8 €
Hersteller	Grell
Jahr	2002 (Aufl.: 2000)
Packung	Blister
Vorbild	Scania 124L Tankzug
Sonst.	Nr. 2120
Molter Nr.	5032

Weltbierserie	8 €
Hersteller	Grell
Jahr	2002 (Aufl.: 2000)
Packung	Blister
Vorbild	Scania 124L Tankzug
Sonst.	Sondermodell 01
Molter Nr.	5562

Weltbierserie	10 €
Hersteller	Grell
Jahr	2002 (Aufl.: 2000)
Packung	Blister
Vorbild	DAF 95XF Tankzug
Sonst.	Sondermodell Nr. 06
Molter Nr.	5051

Weltbierserie	8 €
Hersteller	Grell
Jahr	2002
Packung	Blister
Vorbild	Ford 9000 Auflieger
Sonst.	
Molter Nr.	4142

Weltbierserie	8 €
Hersteller	Grell
Jahr	2002 (Aufl.: 2000)
Packung	Blister
Vorbild	MB Actros Hängerzug
Sonst.	So. Modell 13,m.Schankwagen
Molter Nr.	4541

Weltbierserie — 8 €

Hersteller	Grell
Jahr	2002 (Aufl.: 2000)
Packung	Blister
Vorbild	Scania 124L Tankzug
Sonst.	Sondermodell 29
Molter Nr.	6697

Weltbierserie — 10 €

Hersteller	Grell
Jahr	2002 (Aufl.: 2000)
Packung	Blister
Vorbild	MB Atego Tankhängerzug
Sonst.	Sondermodell 45
Molter Nr.	5052

Weltbierserie — 8 €

Hersteller	Grell
Jahr	2002 (Aufl.: 2000)
Packung	Blister
Vorbild	Ford 9000 Tankzug
Sonst.	mit Silo, Modell 2122
Molter Nr.	7868

Weltbierserie — 8 €

Hersteller	Grell
Jahr	2002 (Aufl.: 2000)
Packung	Blister
Vorbild	Scania 124L Tankzug
Sonst.	mit Silo
Molter Nr.	4518

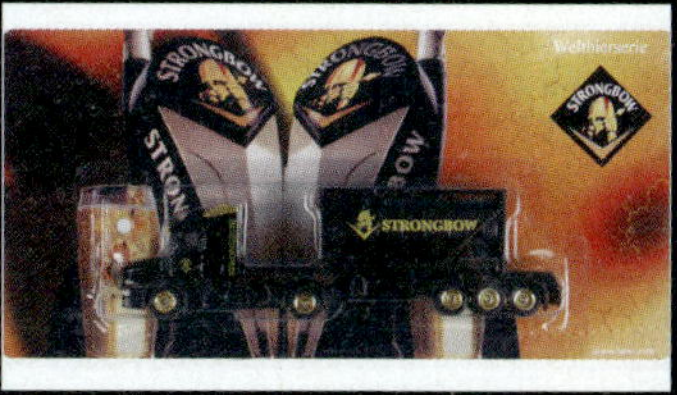

Weltbierserie — 8 €

Hersteller	Grell
Jahr	2002 (Aufl.: 2000)
Packung	Blister
Vorbild	Büssing Holzgaser HZ
Sonst.	Modell 2124
Molter Nr.	7860

W

W

Weltbierserie	8 €
Hersteller	Grell
Jahr	2003 (Aufl.: 2000)
Packung	Blister
Vorbild	Ford 9000 Auflieger
Sonst.	m. T. Container Modell 2125
Molter Nr.	4519

Weltbierserie	8 €
Hersteller	Grell
Jahr	2002 (Aufl.: 2000)
Packung	Blister
Vorbild	Ford 9000 Tankzug
Sonst.	mit Silo
Molter Nr.	4520

Weltbierserie	8 €
Hersteller	Grell
Jahr	2002 (Aufl.: 2000)
Packung	Blister
Vorbild	MAN TG-A Hängerzug
Sonst.	Modell 2128, mit Schankwagen
Molter Nr.	4609

Weltbierserie	8 €
Hersteller	Grell
Jahr	2002
Packung	Blister
Vorbild	Scania 124L Tankzug
Sonst.	Modell 2131
Molter Nr.	5866

Weltbierserie	8 €
Hersteller	Grell
Jahr	2003 (Aufl.: 2000)
Packung	Blister
Vorbild	Scania 124L Auflieger
Sonst.	m. T. Container Modell 2133
Molter Nr.	6628

Weltbierserie 8 €

Hersteller	Grell
Jahr	2003 (Aufl.: 2000)
Packung	Blister
Vorbild	IFA W50 Hängerzug
Sonst.	Modell 2135
Molter Nr.	6632

Weltbierserie 8 €

Hersteller	Grell
Jahr	2002
Packung	Blister
Vorbild	Ford 9000 Tankzug
Sonst.	Modell 2137
Molter Nr.	6332

Weltbierserie 8 €

Hersteller	Grell
Jahr	2002 (Aufl.: 2000)
Packung	Blister
Vorbild	Ford Freight-L. Tankzug
Sonst.	Nr. 2139
Molter Nr.	5029

Weltbierserie 8 €

Hersteller	Grell
Jahr	2002 (Aufl.: 2000)
Packung	Blister
Vorbild	Ford Freight-L. Tankzug
Sonst.	Modell 2140, mit Silo
Molter Nr.	4691

Weltbierserie 8 €

Hersteller	Grell
Jahr	2002
Packung	Blister
Vorbild	Ford 9000 Tankzug
Sonst.	
Molter Nr.	6338

W

Weltbierserie 8 €

Hersteller	Grell
Jahr	2002 (Aufl.: 2000)
Packung	Blister
Vorbild	Ford Freightliner Tankzug
Sonst.	Sondermodell 31
Molter Nr.	7319

Weltbierserie 8 €

Hersteller	Grell
Jahr	2003 (Aufl.: 2000)
Packung	Blister
Vorbild	Ford 9000 Auflieger
Sonst.	Sondermodell 33, mit Silo
Molter Nr.	6664

Weltbierserie 8 €

Hersteller	Grell
Jahr	2002 (Aufl.: 2000)
Packung	Blister
Vorbild	Freightliner FLD Tankzug
Sonst.	Sondermodell 37
Molter Nr.	5867

Weltbierserie 8 €

Hersteller	Grell
Jahr	2002 (Aufl.: 2000)
Packung	Blister
Vorbild	Ford 9000 Tanker
Sonst.	Sondermodell 38, m. Container
Molter Nr.	7329

Weltbierserie 8 €

Hersteller	Grell
Jahr	2003 (Aufl.: 2000)
Packung	Blister
Vorbild	Freightliner FLD Tankzug
Sonst.	Sondermodell 41
Molter Nr.	6631

Weltbierserie	10 €
Hersteller	Grell
Jahr	2002 (Aufl.: 2002)
Packung	Blister
Vorbild	Kraz Silo Tankzug
Sonst.	Sondermodell 44
Molter Nr.	5042

Weltbierserie	8 €
Hersteller	Grell
Jahr	2002 (Aufl.: 2000)
Packung	Blister
Vorbild	MB Atego Tankhängerzug
Sonst.	Modell 2146
Molter Nr.	4603

Weltbierserie	8 €
Hersteller	Grell
Jahr	2002 (Aufl.: 2000)
Packung	Blister
Vorbild	MB Atego Tankhängerzug
Sonst.	Nr. 2147
Molter Nr.	5030

Weltbierserie	8 €
Hersteller	Grell
Jahr	2002 (Aufl.: 2000)
Packung	Blister
Vorbild	Kraz LKW
Sonst.	Modell 2148, m. Wechselaufbau
Molter Nr.	5864

Weltbierserie	8 €
Hersteller	Grell
Jahr	2002 (Aufl.: 2000)
Packung	Blister
Vorbild	Kraz Hängerzug
Sonst.	Modell 2149
Molter Nr.	5861

W

Weltbierserie	8 €
Hersteller	Grell
Jahr	2002 (Aufl.: 2000)
Packung	Blister
Vorbild	Kraz Tankzug
Sonst.	Modell 2150
Molter Nr.	5865

Weltbierserie	8 €
Hersteller	Grell
Jahr	2002 (Aufl.: 2000)
Packung	Blister
Vorbild	Scania 124L Hängerzug
Sonst.	Modell 2151, m. Schankwagen
Molter Nr.	6163

Weltbierserie	8 €
Hersteller	Grell
Jahr	2002
Packung	Blister
Vorbild	MB Actros Hängerzug
Sonst.	Modell 2152, m. Schankwagen
Molter Nr.	5868

Weltbierserie	8 €
Hersteller	Grell
Jahr	2002 (Aufl.: 2000)
Packung	Blister
Vorbild	Ford Freight-L. Tankzug
Sonst.	Sondermodell, mit Silo
Molter Nr.	5860

Weltbierserie	8 €
Hersteller	Grell
Jahr	2002 (Aufl.: 2000)
Packung	Blister
Vorbild	Ford 9000 Auflieger
Sonst.	m.T.Container Sondermodell 47
Molter Nr.	6629

W

Weltbierserie	8 €
Hersteller	Grell
Jahr	2002 (Aufl.: 2000)
Packung	Blister
Vorbild	Ford 9000 Silo Tanker
Sonst.	Sondermodell 49
Molter Nr.	7320

Weltbierserie	8 €
Hersteller	Grell
Jahr	2002 (Aufl.: 2000)
Packung	Blister
Vorbild	Ford Freightliner Auflieger
Sonst.	Sondermodell 53
Molter Nr.	7323

Weltbierserie	8 €
Hersteller	Grell
Jahr	2002 (Aufl.: 2000)
Packung	Blister
Vorbild	Ford 9000 Tankzug
Sonst.	Sondermodell 54, mit Sudkesse
Molter Nr.	5858

Weltbierserie	8 €
Hersteller	Grell
Jahr	2002 (Aufl.: 2000)
Packung	Blister
Vorbild	Büssing Holzvergaser HZ
Sonst.	Modell 2153
Molter Nr.	5863

Weltbierserie	8 €
Hersteller	Grell
Jahr	2002 (Aufl.: 2000)
Packung	Blister
Vorbild	MB Atego Hängerzug
Sonst.	Nr. 2154 mit Kästen UND Tank
Molter Nr.	5053

W

Weltbierserie — 8 €

Hersteller	Grell
Jahr	2002 (Aufl.: 2000)
Packung	Blister
Vorbild	Ford 9000 Auflieger
Sonst.	Modell 2155, mit Sudkesse
Molter Nr.	5857

Weltbierserie — 8 €

Hersteller	Grell
Jahr	2002 (Aufl.: 2000)
Packung	Blister
Vorbild	Ford 9000 Tankzug
Sonst.	Modell 2156, mit Sudkesse
Molter Nr.	5856

Weltbierserie — 8 €

Hersteller	Grell
Jahr	2002 (Aufl.: 2000)
Packung	Blister
Vorbild	MB Atego Tankhängerzug
Sonst.	Modell 2158
Molter Nr.	6160

Weltbierserie — 8 €

Hersteller	Grell
Jahr	2003 (Aufl.: 2000)
Packung	Blister
Vorbild	Ford Freight-L. Auflieger
Sonst.	Modell 2161, mit Container
Molter Nr.	6651

Weltbierserie — 8 €

Hersteller	Grell
Jahr	2003 (Aufl.: 2000)
Packung	Blister
Vorbild	Bus
Sonst.	Modell 2162
Molter Nr.	6876

Weltbierserie	8 €
Hersteller	Grell
Jahr	2003 (Aufl.: 2000)
Packung	Blister
Vorbild	Büssing Holzvergaser HZ
Sonst.	Modell 2164
Molter Nr.	6675

Weltbierserie	8 €
Hersteller	Grell
Jahr	2003 (Aufl.: 2000)
Packung	Blister
Vorbild	MB Atego LKW mit Hänger
Sonst.	Modell 2165, m. Fussballhänger
Molter Nr.	6555

Weltbierserie	8 €
Hersteller	Grell
Jahr	2003 (Aufl.: 2000)
Packung	Blister
Vorbild	Freightliner
Sonst.	Modell 2166, mit Container
Molter Nr.	6551

Weltbierserie	8 €
Hersteller	Grell
Jahr	2003 (Aufl.: 2000)
Packung	Blister
Vorbild	Ford Oldtimer
Sonst.	Modell 2167
Molter Nr.	6560

Weltbierserie	8 €
Hersteller	Grell
Jahr	2003 (Aufl.: 2000)
Packung	Blister
Vorbild	Ford Freight-L Auflieger
Sonst.	Modell 2168, mit Container
Molter Nr.	6547

Weltbierserie	8 €
Hersteller	Grell
Jahr	2003 (Aufl.: 2000)
Packung	Blister
Vorbild	Büssing mit Holzvergaser
Sonst.	Modell 2169
Molter Nr.	6552

Weltbierserie	8 €
Hersteller	Grell
Jahr	2003 (Aufl.: 2000)
Packung	Blister
Vorbild	Ford 9000 Auflieger
Sonst.	Modell 2170, mit Container
Molter Nr.	6553

Weltbierserie	8 €
Hersteller	Grell
Jahr	2002 (Aufl.: 2000)
Packung	Blister
Vorbild	Ford Freightliner Auflieger
Sonst.	Modell 2172, Australien
Molter Nr.	7286

Weltbierserie	8 €
Hersteller	Grell
Jahr	2003 (Aufl.: 2000)
Packung	Blister
Vorbild	Freightliner FLD Tankzug
Sonst.	Modell 2173
Molter Nr.	6971

Weltbierserie	8 €
Hersteller	Grell
Jahr	2003 (Aufl.: 2000)
Packung	Blister
Vorbild	MB Atego Hängerzug
Sonst.	Modell 2174, m. Kisten und Tank
Molter Nr.	6962

Weltbierserie	8 €
Hersteller	Grell
Jahr	2003 (Aufl.: 2000)
Packung	Blister
Vorbild	Scania 124L Tankzug
Sonst.	Modell 2175, mit Silo
Molter Nr.	6967

Weltbierserie	8 €
Hersteller	Grell
Jahr	2003 (Aufl.: 2000)
Packung	Blister
Vorbild	Magirus
Sonst.	Modell 2176
Molter Nr.	6963

Weltbierserie	8 €
Hersteller	Grell
Jahr	2003 (Aufl.: 2000)
Packung	Blister
Vorbild	Scania 124 L Tankzug
Sonst.	Modell 2177
Molter Nr.	7321

Weltbierserie	8 €
Hersteller	Grell
Jahr	2003 (Aufl.: 2000)
Packung	Blister
Vorbild	Kraz LKW
Sonst.	Modell 2178
Molter Nr.	7325

Weltbierserie	8 €
Hersteller	Grell
Jahr	2003 (Aufl.: 2000)
Packung	Blister
Vorbild	Renault Magnum Tankzug
Sonst.	Modell 2179
Molter Nr.	7322

Weltbierserie	8 €
Hersteller	Grell
Jahr	2003 (Aufl.: 2000)
Packung	Blister
Vorbild	Ford 9000 Auflieger
Sonst.	Modell 2180, mit Dose
Molter Nr.	7848

Weltbierserie	8 €
Hersteller	Grell
Jahr	2003 (Aufl.: 2000)
Packung	Blister
Vorbild	MB Atego LKW
Sonst.	Modell 2181, m. Fußballhänger
Molter Nr.	7849

Weltbierserie	8 €
Hersteller	Grell
Jahr	2003 (Aufl.: 2000)
Packung	Blister
Vorbild	Freightliner FLD Tankzug
Sonst.	Modell 2182, mit Silo
Molter Nr.	7324

Weltbierserie	8 €
Hersteller	Grell
Jahr	2003 (Aufl.: 2000)
Packung	Blister
Vorbild	Ford 9000 Auflieger
Sonst.	Sondermodell 57, m. Container
Molter Nr.	6546

Weltbierserie	8 €
Hersteller	Grell
Jahr	2003 (Aufl.: 2000)
Packung	Blister
Vorbild	Bus
Sonst.	Sondermodell 58
Molter Nr.	6633

Weltbierserie	8 €
Hersteller	Grell
Jahr	2003 (Aufl.: 2000)
Packung	Blister
Vorbild	Bus
Sonst.	Sondermodell 60
Molter Nr.	6650

Weltbierserie	8 €
Hersteller	Grell
Jahr	2003 (Aufl.: 2000)
Packung	Blister
Vorbild	Scania 164L Hängerzug
Sonst.	S.Modell 61, m. Fussballhänger
Molter Nr.	6670

Weltbierserie	8 €
Hersteller	Grell
Jahr	2003 (Aufl.: 2000)
Packung	Blister
Vorbild	Freightliner Auflieger
Sonst.	S.Modell 62, mit Sudkessel
Molter Nr.	6545

Weltbierserie	8 €
Hersteller	Top-Style
Jahr	2003 (Aufl.: 2000)
Packung	Blister
Vorbild	MB Actros Tankzug
Sonst.	S. Modell 64, mit Flasche
Molter Nr.	6865

Weltbierserie	8 €
Hersteller	Grell
Jahr	2003 (Aufl.: 2000)
Packung	Blister
Vorbild	GMC
Sonst.	S. Modell 65, m. T. Container
Molter Nr.	6634

W

Weltbierserie	8 €
Hersteller	Grell
Jahr	2003 (Aufl.: 2000)
Packung	Blister
Vorbild	Ford 9000 Auflieger
Sonst.	Sondermodell 66, mit Dose
Molter Nr.	6548

Weltbierserie	8 €
Hersteller	Grell
Jahr	2003 (Aufl.: 2000)
Packung	Blister
Vorbild	IFA G5 Tankzug
Sonst.	Sondermodell 67
Molter Nr.	6554

Weltbierserie	8 €
Hersteller	Grell
Jahr	2003 (Aufl.: 2000)
Packung	Blister
Vorbild	Freightliner FLD Auflieger
Sonst.	Sondermodell 68, mit Dose
Molter Nr.	6550

Weltbierserie	8 €
Hersteller	Grell
Jahr	2003 (Aufl.: 2000)
Packung	Blister
Vorbild	Peter Bilt 377
Sonst.	Sondermodell 69, mit Sudkesse
Molter Nr.	6879

Weltbierserie	8 €
Hersteller	Grell
Jahr	2003 (Aufl.: 2000)
Packung	Blister
Vorbild	Ford 9000 Tankzug
Sonst.	Sondermodell 71
Molter Nr.	6965

Weltbierserie	8 €
Hersteller	Grell
Jahr	2003 (Aufl.: 2000)
Packung	Blister
Vorbild	GMC
Sonst.	Sondermodell 72, mit Dose
Molter Nr.	6964

Weltbierserie	8 €
Hersteller	Grell
Jahr	2003 (Aufl.: 2000)
Packung	Blister
Vorbild	Peter Bilt 377
Sonst.	Sondermodell 73, mit Flasche
Molter Nr.	6970

Weltbierserie	8 €
Hersteller	Grell
Jahr	2003 (Aufl.: 2000)
Packung	Blister
Vorbild	Renault Magnum Tieflader
Sonst.	Sondermodell 74, mit Flasche
Molter Nr.	6957

Weltbierserie	8 €
Hersteller	Grell
Jahr	2003 (Aufl.: 2000)
Packung	Blister
Vorbild	Scania 124L Tieflader
Sonst.	Sondermodell 75, mit Flasche
Molter Nr.	6878

Weltbierserie	8 €
Hersteller	Grell
Jahr	2003 (Aufl.: 2000)
Packung	Blister
Vorbild	Ford 9000 Auflieger
Sonst.	Sondermodell 76, mit Dose
Molter Nr.	6972

Weltbierserie	8 €
Hersteller	Grell
Jahr	2003 (Aufl.: 2000)
Packung	Blister
Vorbild	MB Atego Hängerzug
Sonst.	S. Modell 77, mit Kisten u. Tank
Molter Nr.	6961

Weltbierserie	8 €
Hersteller	Grell
Jahr	2003 (Aufl.: 2000)
Packung	Blister
Vorbild	Ford Freight-L. Tieflader
Sonst.	S. Modell 78, mit Flasche
Molter Nr.	6969

Weltbierserie	8 €
Hersteller	Grell
Jahr	2003 (Aufl.: 2000)
Packung	Blister
Vorbild	GMC
Sonst.	S. Modell 79, mit Flasche
Molter Nr.	6881

Weltbierserie	8 €
Hersteller	Grell
Jahr	2003 (Aufl.: 2000)
Packung	Blister
Vorbild	Ford Freight-L. Tieflader
Sonst.	S. Modell 80, mit Flasche
Molter Nr.	6880

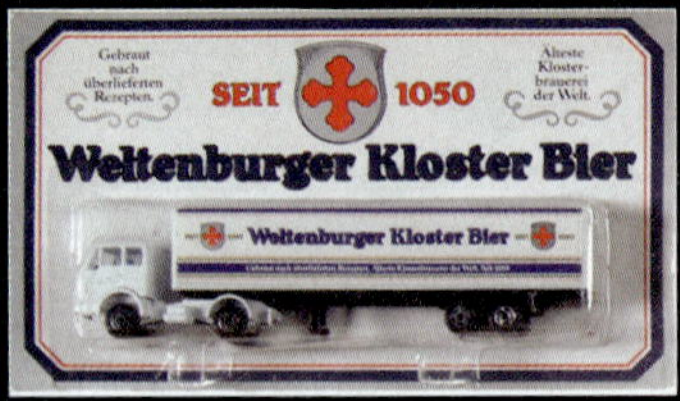

Weltenburger Kloster Bier	60 €
Hersteller	Hümmer
Jahr	
Packung	Blister
Vorbild	MB klein Auflieger
Sonst.	
Molter Nr.	1972

Weltenburger Kloster Bier — 18 €

Hersteller	Hümmer
Jahr	1999
Packung	Blister
Vorbild	MB Actros Auflieger
Sonst.	
Molter Nr.	1973

Weltenburger Kloster Bier — 10 €

Hersteller	Hümmer
Jahr	2001
Packung	Blister
Vorbild	MB Oldtimer Hängerzug
Sonst.	
Molter Nr.	3839

Weltenburger Kloster Bier — 8 €

Hersteller	Hümmer
Jahr	2002
Packung	Blister
Vorbild	MB Actros Auflieger
Sonst.	mit Flasche
Molter Nr.	8088

Wernecker — 30 €

Hersteller	Hümmer
Jahr	1998
Packung	Plastikschachtel
Vorbild	MAN F90 LKW
Sonst.	
Molter Nr.	1989

Wernecker — 40 €

Hersteller	
Jahr	1998
Packung	Plastikschachtel
Vorbild	Ford Cargo LKW
Sonst.	
Molter Nr.	6620

Wernecker — 22 €

Hersteller	Hümmer
Jahr	1999
Packung	Blister
Vorbild	US Auflieger
Sonst.	
Molter Nr.	1990

Wernecker — 15 €

Hersteller	Hümmer
Jahr	1999
Packung	Blister
Vorbild	MB Actros Auflieger
Sonst.	
Molter Nr.	1991

Wernecker — 15 €

Hersteller	dgd
Jahr	1999
Packung	Blister
Vorbild	MB Actros Auflieger
Sonst.	
Molter Nr.	1992

Wernecker — 15 €

Hersteller	dgd
Jahr	1999
Packung	Blister
Vorbild	MB Actros Auflieger
Sonst.	
Molter Nr.	1993

Wernecker — 15 €

Hersteller	dgd
Jahr	1999
Packung	Blister
Vorbild	MB Actros Auflieger
Sonst.	
Molter Nr.	1994

Wernecker — 11 €

Hersteller	dgd
Jahr	2000
Packung	Blister
Vorbild	Kenworth T2000 Auflieger
Sonst.	
Molter Nr.	1995

Wernecker — 11 €

Hersteller	dgd
Jahr	2000
Packung	Blister
Vorbild	Kenworth T2000 Auflieger
Sonst.	
Molter Nr.	1996

Wernecker — 11 €

Hersteller	dgd
Jahr	2000
Packung	Blister
Vorbild	Kenworth T2000 Auflieger
Sonst.	
Molter Nr.	1997

Wernecker — 10 €

Hersteller	Hümmer
Jahr	2000
Packung	Blister
Vorbild	MAN F90 LKW
Sonst.	
Molter Nr.	1998

Wernecker — 10 €

Hersteller	Hümmer
Jahr	2000
Packung	Blister
Vorbild	MAN F90 LKW
Sonst.	
Molter Nr.	1999

Wernecker — 10 €

Hersteller	Hümmer
Jahr	2000
Packung	Blister
Vorbild	MAN F90 LKW
Sonst.	
Molter Nr.	2000

Wernecker — 10 €

Hersteller	Hümmer
Jahr	2000
Packung	Blister
Vorbild	MAN F90 Hängerzug
Sonst.	
Molter Nr.	2001

Wernecker — 10 €

Hersteller	Hümmer
Jahr	2000
Packung	Blister
Vorbild	MAN F90 Hängerzug
Sonst.	
Molter Nr.	2002

Wernecker — 10 €

Hersteller	Hümmer
Jahr	2000
Packung	Blister
Vorbild	MAN F90 Hängerzug
Sonst.	
Molter Nr.	2003

Wernecker — 18 €

Hersteller	Hümmer
Jahr	2001 (Aufl.: 150)
Packung	Plastikschachtel
Vorbild	MB Actros Auflieger
Sonst.	
Molter Nr.	3845

Wernecker — 9 €

Hersteller	Grell
Jahr	2001
Packung	Blister
Vorbild	Freightliner FLD Auflieger
Sonst.	
Molter Nr.	3849

Wernecker — 9 €

Hersteller	Grell
Jahr	2001
Packung	Blister
Vorbild	Freightliner FLD Auflieger
Sonst.	
Molter Nr.	3850

Wernecker — 9 €

Hersteller	Grell
Jahr	2001
Packung	Blister
Vorbild	Freightliner FLD Auflieger
Sonst.	
Molter Nr.	3851

Wernecker — 8 €

Hersteller	Grell
Jahr	2002
Packung	Blister
Vorbild	Peterbilt GMC
Sonst.	
Molter Nr.	5707

Wernecker — 8 €

Hersteller	Grell
Jahr	2002
Packung	Blister
Vorbild	Peterbilt GMC
Sonst.	
Molter Nr.	5708

Wernecker — 8 €

Hersteller	Grell
Jahr	2002
Packung	Blister
Vorbild	Peterbilt GMC
Sonst.	
Molter Nr.	5716

Wernecker — 8 €

Hersteller	Grell
Jahr	2002
Packung	Blister
Vorbild	Peterbilt GMC
Sonst.	
Molter Nr.	5717

Wernecker — 8 €

Hersteller	Grell
Jahr	2002
Packung	Blister
Vorbild	Peterbilt GMC
Sonst.	
Molter Nr.	5718

Wernecker — 8 €

Hersteller	Grell
Jahr	2002
Packung	Blister
Vorbild	Freightliner Tanker
Sonst.	
Molter Nr.	8011

Wernecker — 8 €

Hersteller	Grell
Jahr	2003
Packung	Blister
Vorbild	MAN TG-A Auflieger
Sonst.	
Molter Nr.	7063

Wernecker — 8 €

Hersteller	Grell
Jahr	2003
Packung	Blister
Vorbild	DAF 95 XF Auflieger
Sonst.	
Molter Nr.	7064

Werner Bräu — 50 €

Hersteller	Hümmer
Jahr	
Packung	Plastikschachtel
Vorbild	MAN F90 LKW
Sonst.	
Molter Nr.	1984

Werner Bräu — 45 €

Hersteller	Grell
Jahr	
Packung	Blister
Vorbild	Mack Auflieger
Sonst.	
Molter Nr.	1982

Werner Bräu — 25 €

Hersteller	Grell
Jahr	
Packung	Blister
Vorbild	Mack Auflieger
Sonst.	
Molter Nr.	1983

Werner Bräu — 20 €

Hersteller	Grell
Jahr	1999
Packung	Blister
Vorbild	MB Actros Auflieger
Sonst.	
Molter Nr.	1985

W

Werner Bräu 13 €

Hersteller	Grell
Jahr	2000
Packung	Blister
Vorbild	MB Actros Hängerzug
Sonst.	
Molter Nr.	1986

Werner Bräu 15 €

Hersteller	Grell
Jahr	2000
Packung	Blister
Vorbild	IFA W50 Hängerzug
Sonst.	
Molter Nr.	1987

Werner Bräu 10 €

Hersteller	dgd
Jahr	2000
Packung	Blister
Vorbild	MAN F2000 Auflieger
Sonst.	
Molter Nr.	1988

Werner Bräu 10 €

Hersteller	dgd
Jahr	2001
Packung	in Folie
Vorbild	Ford Oldtimer
Sonst.	
Molter Nr.	3840

Werner Bräu 9 €

Hersteller	dgd
Jahr	2001
Packung	Blister
Vorbild	MB Actros Auflieger
Sonst.	
Molter Nr.	3841

Werner Bräu	9 €
Hersteller	dgd
Jahr	2001
Packung	Blister
Vorbild	MAN TG-A Auflieger
Sonst.	
Molter Nr.	3844

Werner Bräu	10 €
Hersteller	dgd
Jahr	2001
Packung	Blister
Vorbild	MAN TG-A Auflieger
Sonst.	Aufsteiger des Jahres
Molter Nr.	4439

Werner Bräu	9 €
Hersteller	dgd
Jahr	2001
Packung	Blister
Vorbild	Ford Tankzug
Sonst.	
Molter Nr.	4919

Werner Bräu	9 €
Hersteller	Dgd
Jahr	2002
Packung	Blister
Vorbild	Scania Sattelzug
Sonst.	
Molter Nr.	8091

Werner Bräu	8 €
Hersteller	dgd
Jahr	2002
Packung	Blister
Vorbild	Ford Tankzug
Sonst.	
Molter Nr.	4675

Werner Bräu — 8 €

Hersteller	dgd
Jahr	2002
Packung	Blister
Vorbild	MB Axor Auflieger
Sonst.	mit Stapler
Molter Nr.	5767

Werner Bräu — 8 €

Hersteller	Hümmer
Jahr	2003
Packung	Blister
Vorbild	MAN TG-A Auflieger
Sonst.	mit Flasche
Molter Nr.	6688

Wernesgrüner — 18 €

Hersteller	dgd
Jahr	1999
Packung	Blister
Vorbild	US Auflieger
Sonst.	
Molter Nr.	1978

Wernesgrüner — 60 €

Hersteller	dgd
Jahr	1999
Packung	Blister
Vorbild	MB Actros LKW
Sonst.	
Molter Nr.	1979

Wernesgrüner — 20 €

Hersteller	Grell
Jahr	1999 (Aufl.: 2000)
Packung	Blister
Vorbild	MB Actros Auflieger
Sonst.	Getränke Winkler
Molter Nr.	3853

W

Wernesgrüner 13 €

Hersteller	dgd
Jahr	1999
Packung	Blister
Vorbild	Framo
Sonst.	
Molter Nr.	1980

Wernesgrüner 8 €

Hersteller	Grell
Jahr	2001 (Aufl.: 2000)
Packung	Blister
Vorbild	Scania Auflieger
Sonst.	Getränke Winkler
Molter Nr.	3853

Wernesgrüner 10 €

Hersteller	Hümmer
Jahr	2000
Packung	Blister
Vorbild	Goliath
Sonst.	
Molter Nr.	3852

Wernesgrüner 13 €

Hersteller	
Jahr	
Packung	Plastikschachtel
Vorbild	MB Actros Auflieger
Sonst.	
Molter Nr.	1981

Wernesgrüner 13 €

Hersteller	
Jahr	
Packung	Plastikschachtel
Vorbild	Mack Auflieger
Sonst.	von Schuffenhauer Gtr.
Molter Nr.	4319

Wernesgrüner — 8 €

Hersteller	Grell
Jahr	2001
Packung	Blister
Vorbild	MB Actros Auflieger
Sonst.	
Molter Nr.	3855

Wernesgrüner — 8 €

Hersteller	Hümmer
Jahr	2001
Packung	Blister
Vorbild	US Auflieger
Sonst.	
Molter Nr.	3854

Wernesgrüner — 8 €

Hersteller	Hümmer
Jahr	2002
Packung	Blister
Vorbild	Garant
Sonst.	
Molter Nr.	4943

Wernesgrüner — 8 €

Hersteller	Grell
Jahr	2003
Packung	Blister
Vorbild	MB Axor Tankzug
Sonst.	
Molter Nr.	6393

Werntal — 10 €

Hersteller	dgd
Jahr	2001
Packung	Blister
Vorbild	Büssing Hängerzug
Sonst.	
Molter Nr.	3859

Werra Gold — 12 €

Hersteller	Grell
Jahr	1999
Packung	Blister
Vorbild	MB Actros Hängerzug
Sonst.	
Molter Nr.	1977

Wertinger Schwanen Bräu — 8 €

Hersteller	Lauterbach
Jahr	2003
Packung	Blister
Vorbild	Renault Magnum Auflieger
Sonst.	
Molter Nr.	6904

Weser Gold — 9 €

Hersteller	Vierke
Jahr	2001 (Aufl.: 2499)
Packung	Blister
Vorbild	MB Actros Auflieger
Sonst.	
Molter Nr.	3860

Weser Gold — 9 €

Hersteller	Vierke
Jahr	2001 (Aufl.: 2499)
Packung	Blister
Vorbild	MB Actros Auflieger
Sonst.	
Molter Nr.	3861

Westheimer — 100 €

Hersteller	Hümmer
Jahr	
Packung	Blister
Vorbild	MB klein Auflieger
Sonst.	
Molter Nr.	2004

Westheimer — 75 €

Hersteller	Hümmer
Jahr	
Packung	Blister
Vorbild	US Auflieger
Sonst.	
Molter Nr.	2005

Westheimer — 30 €

Hersteller	Grell
Jahr	
Packung	Blister
Vorbild	Mack Auflieger
Sonst.	
Molter Nr.	2006

Westheimer — 25 €

Hersteller	Grell
Jahr	
Packung	Blister
Vorbild	Mack Auflieger
Sonst.	
Molter Nr.	2007

Westheimer — 12 €

Hersteller	Grell
Jahr	2000 (Aufl.: 2500)
Packung	Blister
Vorbild	MB Actros Auflieger
Sonst.	
Molter Nr.	2008

Westheimer — 15 €

Hersteller	Grell
Jahr	2000
Packung	Blister
Vorbild	MB Actros Auflieger
Sonst.	
Molter Nr.	2009

Westheimer 12 €

Hersteller	Grell
Jahr	2000 (Aufl.: 2500)
Packung	Blister
Vorbild	MB Actros Auflieger
Sonst.	Getränke Schön
Molter Nr.	2010

Westheimer 10 €

Hersteller	Grell
Jahr	2001
Packung	Blister
Vorbild	MB Actros Auflieger
Sonst.	
Molter Nr.	3863

Westheimer 9 €

Hersteller	Vierke
Jahr	2001 (Aufl.: 3000 Stück)
Packung	Blister
Vorbild	MB Atego Hängerzug
Sonst.	
Molter Nr.	4425

Westheimer 9 €

Hersteller	Grell
Jahr	2001
Packung	Blister
Vorbild	MB Actros Auflieger
Sonst.	
Molter Nr.	7666

Westheimer 8 €

Hersteller	Grell
Jahr	2002
Packung	Blister
Vorbild	Ford 9000 Auflieger
Sonst.	
Molter Nr.	6682

Westheimer
8 €

Hersteller	Grell
Jahr	2002
Packung	Blister
Vorbild	Ford 9000 Auflieger
Sonst.	
Molter Nr.	6683

Westheimer
8 €

Hersteller	Grell
Jahr	2002
Packung	Blister
Vorbild	Ford 9000 Auflieger
Sonst.	
Molter Nr.	6684

Westheimer
8 €

Hersteller	Grell
Jahr	2003
Packung	Blister
Vorbild	Ford 9000 Auflieger
Sonst.	
Molter Nr.	6890

Wichert
15 €

Hersteller	Amon
Jahr	2001 (Aufl.: 300)
Packung	Plastikschachtel
Vorbild	MB Actros Hängerzug
Sonst.	
Molter Nr.	3864

Wicküler
9 €

Hersteller	Grell
Jahr	2001
Packung	Blister
Vorbild	Scania Sattelzug
Sonst.	
Molter Nr.	8090

W

Wicküler	10 €
Hersteller	Grell
Jahr	2001
Packung	Blister
Vorbild	Scania Auflieger
Sonst.	mit Logo Getr.
Molter Nr.	4157

Wicküler	9 €
Hersteller	Grell
Jahr	2001
Packung	Blister
Vorbild	Freightliner FLD Auflieger
Sonst.	
Molter Nr.	4258

Wicküler	8 €
Hersteller	Grell
Jahr	2002
Packung	Blister
Vorbild	Scania 124L Auflieger
Sonst.	
Molter Nr.	5686

Wicküler	8 €
Hersteller	Grell
Jahr	2002
Packung	Blister
Vorbild	Freightliner FLD Tieflader
Sonst.	
Molter Nr.	5535

Wicküler	8 €
Hersteller	Grell
Jahr	2003
Packung	Blister
Vorbild	MAN TG-A Hängerzug
Sonst.	
Molter Nr.	6659

Wicküler — 8 €

Hersteller	Grell
Jahr	2003
Packung	Blister
Vorbild	MAN TG-A Hängerzug
Sonst.	mit Logo
Molter Nr.	7121

Wicküler — 8 €

Hersteller	Grell
Jahr	2003
Packung	Blister
Vorbild	Freightliner FLD Hängerzug
Sonst.	mit Tankcontainer
Molter Nr.	6691

Wieninger — 15 €

Hersteller	Lauterbach
Jahr	1999
Packung	Blister
Vorbild	MB groß Auflieger
Sonst.	
Molter Nr.	2014

Wieninger — 9 €

Hersteller	Hümmer
Jahr	2001
Packung	Blister
Vorbild	MB Actros Hängerzug
Sonst.	
Molter Nr.	4006

Wieninger — 30 €

Hersteller	Hümmer
Jahr	2002
Packung	Blister
Vorbild	Peterbilt Auflieger
Sonst.	XXL
Molter Nr.	6023

W

Wieninger — 8 €

Hersteller	dgd
Jahr	2002
Packung	Blister
Vorbild	Framo
Sonst.	
Molter Nr.	5796

Wieninger — 30 €

Hersteller	Hümmer
Jahr	2002
Packung	Blister
Vorbild	Peterbilt Auflieger
Sonst.	XXL
Molter Nr.	6022

Wiesener — 40 €

Hersteller	
Jahr	
Packung	Plastikschachtel
Vorbild	MAN F90 LKW
Sonst.	
Molter Nr.	2011

Wiesener — 30 €

Hersteller	
Jahr	
Packung	Plastikschachtel
Vorbild	MAN F90 Hängerzug
Sonst.	
Molter Nr.	3866

Wiesener — 15 €

Hersteller	Grell
Jahr	2000
Packung	Blister
Vorbild	MB Actros Hängerzug
Sonst.	
Molter Nr.	2012

Wiesener — 10 €

Hersteller	Eurosun
Jahr	2001
Packung	Plastikschachtel
Vorbild	Scania Auflieger
Sonst.	
Molter Nr.	3867

Wiesener — 8 €

Hersteller	dgd
Jahr	2002
Packung	Blister
Vorbild	Büssing Hängerzug
Sonst.	
Molter Nr.	5329

Wieser — 11 €

Hersteller	dgd
Jahr	2000
Packung	Blister
Vorbild	Büssing Hängerzug
Sonst.	
Molter Nr.	2013

Wiethaler — 30 €

Hersteller	
Jahr	1998 (Aufl.: 200)
Packung	Plastikschachtel
Vorbild	Volvo Auflieger
Sonst.	
Molter Nr.	3868

Wildbadquelle — 8 €

Hersteller	Tri Plex
Jahr	2002
Packung	Blister
Vorbild	MB Actros Auflieger
Sonst.	
Molter Nr.	4957

Wildbadquelle	8 €
Hersteller	Tri Plex
Jahr	2002
Packung	Blister
Vorbild	MB Actros Auflieger
Sonst.	
Molter Nr.	5240

Wildbräu Grafing	25 €
Hersteller	
Jahr	
Packung	Plastikschachtel
Vorbild	MB groß Auflieger
Sonst.	
Molter Nr.	2017

Wildbräu Grafing	25 €
Hersteller	
Jahr	
Packung	Plastikschachtel
Vorbild	Volvo Auflieger
Sonst.	
Molter Nr.	2018

Wildbräu Grafing	25 €
Hersteller	
Jahr	
Packung	Plastikschachtel
Vorbild	Mack Auflieger
Sonst.	
Molter Nr.	2016

Wildbräu Grafing	20 €
Hersteller	Grell
Jahr	1998
Packung	Blister
Vorbild	Mack Auflieger
Sonst.	
Molter Nr.	2015

Wildbräu Grafing — 9 €

Hersteller	Lauterbach
Jahr	2001
Packung	Blister
Vorbild	MAN M2000 Auflieger
Sonst.	
Molter Nr.	3869

Wildbräu Grafing — 8 €

Hersteller	Dgd
Jahr	2002
Packung	Blister
Vorbild	Renault Tankzug
Sonst.	
Molter Nr.	8004

Wildbräu Grafing — 8 €

Hersteller	dgd
Jahr	2002
Packung	Blister
Vorbild	MB Axor Auflieger
Sonst.	mit Gabelstapler
Molter Nr.	4724

Wilke Getränke — 11 €

Hersteller	Grell
Jahr	1998
Packung	Blister
Vorbild	Mack Auflieger
Sonst.	
Molter Nr.	1971

Will Bräu — 25 €

Hersteller	
Jahr	
Packung	Plastikschachtel
Vorbild	Mack Auflieger
Sonst.	
Molter Nr.	2019

W

Will Bräu	25 €
Hersteller	
Jahr	
Packung	Plastikschachtel
Vorbild	Volvo Auflieger
Sonst.	
Molter Nr.	2020

Will Bräu	25 €
Hersteller	
Jahr	
Packung	Plastikschachtel
Vorbild	MB groß Auflieger
Sonst.	
Molter Nr.	2021

Will Bräu	25 €
Hersteller	
Jahr	
Packung	Plastikschachtel
Vorbild	MB groß Auflieger
Sonst.	
Molter Nr.	2022

Will Bräu	10 €
Hersteller	MaHug
Jahr	2000
Packung	Blister
Vorbild	MAN F2000
Sonst.	weißer Auflieger
Molter Nr.	8093

Will Bräu	8 €
Hersteller	dgd
Jahr	2001
Packung	Blister
Vorbild	MB Actros Auflieger
Sonst.	
Molter Nr.	3872

W

Will Bräu	8 €
Hersteller	Eurosun
Jahr	2001
Packung	Blister
Vorbild	MB Actros Auflieger
Sonst.	gelber Auflieger
Molter Nr.	3871

Will Bräu	8 €
Hersteller	MaHug
Jahr	2003
Packung	Blister
Vorbild	Scania 164 L Tankzug
Sonst.	
Molter Nr.	7315

Will Rhön	8 €
Hersteller	MaHug
Jahr	2001
Packung	Blister
Vorbild	MAN TG-A Auflieger
Sonst.	
Molter Nr.	3870

Willinger Brauhaus	8 €
Hersteller	Lauterbach
Jahr	2001
Packung	Blister
Vorbild	MAN M2000 Auflieger
Sonst.	
Molter Nr.	3873

Willinger Brauhaus	8 €
Hersteller	Lauterbach
Jahr	2002
Packung	Blister
Vorbild	Renault Sattelzug
Sonst.	
Molter Nr.	8103

Wilthener	8 €
Hersteller	Grell
Jahr	2001
Packung	Blister
Vorbild	Freightliner FLD Auflieger
Sonst.	
Molter Nr.	3145

Wilthener	8 €
Hersteller	Grell
Jahr	2001
Packung	Blister
Vorbild	Scania Auflieger
Sonst.	
Molter Nr.	3960

Wilthener	8 €
Hersteller	Grell
Jahr	2001
Packung	Blister
Vorbild	MB Actros Auflieger
Sonst.	
Molter Nr.	4066

Wilthener	8 €
Hersteller	dgd
Jahr	2001
Packung	Blister
Vorbild	MB Actros Hängerzug
Sonst.	
Molter Nr.	4067

Wilthener	8 €
Hersteller	Grell
Jahr	2001
Packung	Blister
Vorbild	MB Actros Auflieger
Sonst.	
Molter Nr.	4068

W

Wilthener — 8 €

Hersteller	Grell
Jahr	2002
Packung	Blister
Vorbild	MB Actros Auflieger
Sonst.	
Molter Nr.	4780

Wilthener — 8 €

Hersteller	Grell
Jahr	2002
Packung	Blister
Vorbild	MB Actros Auflieger
Sonst.	
Molter Nr.	4781

Winkler Amberg — 10 €

Hersteller	Grell
Jahr	2001
Packung	Blister
Vorbild	MB Actros Auflieger
Sonst.	
Molter Nr.	4041

Winkler Bräu — 12 €

Hersteller	Grell
Jahr	2002 (Aufl.: 1000)
Packung	Blister
Vorbild	Framo Nostalgie
Sonst.	
Molter Nr.	7748

Winkler Bräu Vilseck — 8 €

Hersteller	Dgd
Jahr	2002
Packung	Blister
Vorbild	MB Actros Hängerzug
Sonst.	
Molter Nr.	8098

W

Winkler Getränke — 8 €

Hersteller	dgd
Jahr	2001
Packung	Blister
Vorbild	MB Actros Hängerzug
Sonst.	
Molter Nr.	4259

Winkler Melkendorf — 12 €

Hersteller	Amon
Jahr	2001
Packung	Plastikschachtel
Vorbild	MB Actros Tankzug
Sonst.	
Molter Nr.	3875

Winkler Melkendorf — 12 €

Hersteller	Amon
Jahr	2001
Packung	Plastikschachtel
Vorbild	MAN M2000 Auflieger
Sonst.	
Molter Nr.	3876

Winkler Melkendorf — 12 €

Hersteller	Amon
Jahr	2001
Packung	Plastikschachtel
Vorbild	MB Actros Hängerzug
Sonst.	
Molter Nr.	3877

Winkler Melkendorf — 10 €

Hersteller	Amon
Jahr	2001
Packung	Plastikschachtel
Vorbild	MB Actros Auflieger
Sonst.	
Molter Nr.	3878

Winkler Melkendorf	10 €
Hersteller	Amon
Jahr	2001
Packung	Plastikschachtel
Vorbild	MAN F2000 Tankzug
Sonst.	
Molter Nr.	3879

Winkler Melkendorf	10 €
Hersteller	Amon
Jahr	2001
Packung	Plastikschachtel
Vorbild	Majorette Auflieger
Sonst.	
Molter Nr.	3880

Winkler Melkendorf	10 €
Hersteller	Amon
Jahr	2001
Packung	Plastikschachtel
Vorbild	MAN F2000 Hängerzug
Sonst.	
Molter Nr.	3881

Wittichenauer	30 €
Hersteller	Grell
Jahr	1998
Packung	Blister
Vorbild	Mack Auflieger
Sonst.	
Molter Nr.	2025

Wittichenauer	25 €
Hersteller	Grell
Jahr	1999
Packung	Blister
Vorbild	Mack Auflieger
Sonst.	
Molter Nr.	2026

W

Wittichenauer — 15 €

Hersteller	Grell
Jahr	
Packung	Blister
Vorbild	Mack Auflieger
Sonst.	
Molter Nr.	2024

Wittichenauer — 11 €

Hersteller	Grell
Jahr	2000
Packung	Blister
Vorbild	MB Actros Auflieger
Sonst.	
Molter Nr.	2027

Wittichenauer — 9 €

Hersteller	Grell
Jahr	2001
Packung	Blister
Vorbild	MB Actros Auflieger
Sonst.	
Molter Nr.	3884

Wittichenauer — 8 €

Hersteller	dgd
Jahr	2001
Packung	Blister
Vorbild	MAN TG-A Auflieger
Sonst.	
Molter Nr.	3886

Wittichenauer — 8 €

Hersteller	Grell
Jahr	2001
Packung	Blister
Vorbild	Scania Auflieger
Sonst.	
Molter Nr.	3883

Wittichenauer	8 €
Hersteller	Grell
Jahr	2002
Packung	Blister
Vorbild	Freightliner FLD Tankzug
Sonst.	
Molter Nr.	4747

Wittichenauer	8 €
Hersteller	dgd
Jahr	2003
Packung	Blister
Vorbild	MB Ateco Hängerzug
Sonst.	mit Schankwagen
Molter Nr.	7878

Wittinger	10 €
Hersteller	Eurosun
Jahr	2001
Packung	Blister
Vorbild	MB Actros Auflieger
Sonst.	kleine Logos
Molter Nr.	4854

Wittinger	9 €
Hersteller	Eurosun
Jahr	2001
Packung	Blister
Vorbild	MB Actros Auflieger
Sonst.	große Logos
Molter Nr.	7734

Wittman	13 €
Hersteller	Hümmer
Jahr	2000
Packung	Blister
Vorbild	MB Actros Hängerzug
Sonst.	
Molter Nr.	2023

Wittman 9 €

Hersteller	Eurosun
Jahr	2001
Packung	Blister
Vorbild	MAN TG-A Auflieger
Sonst.	
Molter Nr.	3885

Wittmann 8 €

Hersteller	Hümmer
Jahr	2002
Packung	Blister
Vorbild	Scania Hängerzug
Sonst.	
Molter Nr.	5431

Wodka Energy 7 €

Hersteller	Lauterbach
Jahr	2001
Packung	Blister
Vorbild	MB Actros Auflieger
Sonst.	
Molter Nr.	4489

Wohn-Bier (Nailaer) 40 €

Hersteller	Hümmer
Jahr	1998
Packung	Blister
Vorbild	MB klein Auflieger
Sonst.	
Molter Nr.	2028

Wohn-Bier (Nailaer) 20 €

Hersteller	Grell
Jahr	1999
Packung	Blister
Vorbild	Mack Auflieger
Sonst.	
Molter Nr.	2029

Wohn-Bier (Nailaer) 10 €

Hersteller	Grell
Jahr	2000
Packung	Blister
Vorbild	MB Actros LKW
Sonst.	
Molter Nr.	251

Wohn-Bier (Nailaer) 11 €

Hersteller	Grell
Jahr	2000
Packung	Blister
Vorbild	MB Actros Auflieger
Sonst.	
Molter Nr.	2030

Wohn-Bier (Nailaer) 10 €

Hersteller	Hümmer
Jahr	2001
Packung	Blister
Vorbild	MB Actros Hängerzug
Sonst.	einzeln verpackt
Molter Nr.	2361

Wohn-Bier (Nailaer) 8 €

Hersteller	Grell
Jahr	2001
Packung	Blister
Vorbild	MAN TG-A Tankzug
Sonst.	
Molter Nr.	4234

Wohn-Bier (Nailaer) 8 €

Hersteller	Grell
Jahr	2002
Packung	Blister
Vorbild	Büssing Hängerzug
Sonst.	
Molter Nr.	5941

Wohn-Bier (Nailaer) 8 €

Hersteller	Grell
Jahr	2002
Packung	Blister
Vorbild	Scania 124L Tankzug
Sonst.	mit Silo
Molter Nr.	5377

Wohn-Bier (Nailaer) 8 €

Hersteller	Grell
Jahr	2003
Packung	Blister
Vorbild	MB Artero LKW mit Hänger
Sonst.	mit Glas
Molter Nr.	7130

Woinemer 9 €

Hersteller	Vierke
Jahr	2001
Packung	Blister
Vorbild	MB Atego Hängerzug
Sonst.	
Molter Nr.	4426

Wolf, Fuchstadt 20 €

Hersteller	Hümmer
Jahr	1999
Packung	Blister
Vorbild	MB Actros Hängerzug
Sonst.	einzeln verpackt
Molter Nr.	2046

Wolf, Fuchstadt 8 €

Hersteller	Top-Style
Jahr	2002
Packung	Blister
Vorbild	MB Actros Hängerzug
Sonst.	
Molter Nr.	5747

W

Wolf, Fuchstadt — 8 €

Hersteller	Top-Style
Jahr	2002
Packung	Blister
Vorbild	MB Actros Hängerzug
Sonst.	
Molter Nr.	5748

Wolf, Fuchstadt — 8 €

Hersteller	Top-Style
Jahr	2002
Packung	Blister
Vorbild	MB Actros Hängerzug
Sonst.	
Molter Nr.	5749

Wolf, Fuchstadt — 8 €

Hersteller	Top-Style
Jahr	2002
Packung	Blister
Vorbild	MB Actros Hängerzug
Sonst.	
Molter Nr.	5939

Wolf, Fuchstadt — 8 €

Hersteller	Top-Style
Jahr	2002
Packung	Blister
Vorbild	MB Actros Hängerzug
Sonst.	
Molter Nr.	7143

Wolf, Fuchstadt — 8 €

Hersteller	Top-Style
Jahr	2002
Packung	Blister
Vorbild	MB Actros Hängerzug
Sonst.	
Molter Nr.	7153

W

Wolf, Fuchstadt — 8 €

Hersteller	Top-Style
Jahr	2002
Packung	Blister
Vorbild	MB Actros Hängerzug
Sonst.	
Molter Nr.	7154

Wolf, Fuchstadt — 8 €

Hersteller	Top-Style
Jahr	2002
Packung	Blister
Vorbild	MB Actros Hängerzug
Sonst.	
Molter Nr.	7218

Wolferstetter — 15 €

Hersteller	dgd
Jahr	1999
Packung	Blister
Vorbild	MB Actros Hängerzug
Sonst.	
Molter Nr.	2045

Wolferstetter — 18 €

Hersteller	dgd
Jahr	2000
Packung	Blister
Vorbild	MB Actros Tankzug
Sonst.	der erste Tankzug
Molter Nr.	2044

Wolferstetter — 8 €

Hersteller	Hümmer
Jahr	2001
Packung	Blister
Vorbild	US Auflieger
Sonst.	
Molter Nr.	3911

W

Wolferstetter — 8 €

Hersteller	Hümmer
Jahr	2001
Packung	Blister
Vorbild	Mack Classic Sattelzug
Sonst.	
Molter Nr.	8109

Wolferstetter — 8 €

Hersteller	Hümmer
Jahr	2001
Packung	Blister
Vorbild	Mack Classic Auflieger
Sonst.	
Molter Nr.	8108

Wolferstetter — 8 €

Hersteller	Hümmer
Jahr	2001
Packung	Blister
Vorbild	Mack Classic Auflieger
Sonst.	
Molter Nr.	8110

Wolferstetter — 8 €

Hersteller	Hümmer
Jahr	2002
Packung	Blister
Vorbild	MB Actros Sattelzug
Sonst.	
Molter Nr.	8107

Wolferstetter — 8 €

Hersteller	Hümmer
Jahr	2002
Packung	Blister
Vorbild	MB Actros Tankzug
Sonst.	
Molter Nr.	7232

W

Wolfgang 8 €

Hersteller	WMS
Jahr	2002
Packung	Blister
Vorbild	Volvo Tankzug
Sonst.	
Molter Nr.	4646

Wolfgang 8 €

Hersteller	Top-Style
Jahr	2003
Packung	Blister
Vorbild	MB Actros Tankzug
Sonst.	mit Flüssigkeit
Molter Nr.	6864

Wolfgang 8 €

Hersteller	Grell
Jahr	2003
Packung	Blister
Vorbild	Ballon
Sonst.	
Molter Nr.	6891

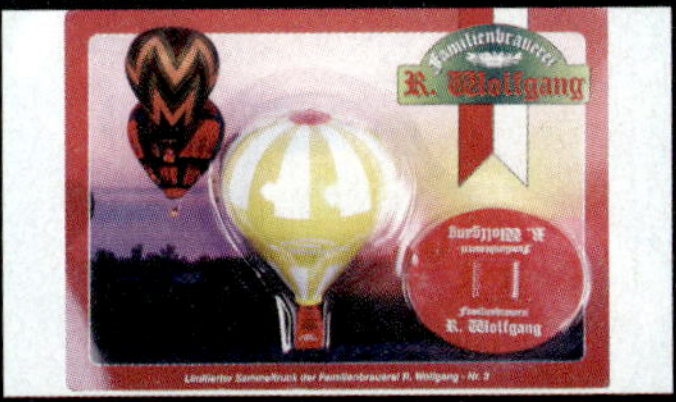

Wolfra Fruchtsäfte 10 €

Hersteller	Hümmer
Jahr	2000
Packung	Blister
Vorbild	MB Actros Auflieger
Sonst.	
Molter Nr.	2033

Wolfram Kemnath 8 €

Hersteller	Allround Service
Jahr	2002
Packung	Blister
Vorbild	Scania Tankzug
Sonst.	
Molter Nr.	5255

Wolfram Kemnath	8 €
Hersteller	Allround Service
Jahr	2002 (Aufl.: 3000)
Packung	Blister
Vorbild	Renault Tankzug
Sonst.	
Molter Nr.	4629

Wolfram Kemnath	8 €
Hersteller	Gabotex
Jahr	2003
Packung	Blister
Vorbild	MB Actros Auflieger
Sonst.	mit Flasche
Molter Nr.	7074

Wolfram Kemnath	8 €
Hersteller	Grell
Jahr	2003 (Aufl.: 6000)
Packung	Blister
Vorbild	Freightliner FLD Hängerzug
Sonst.	und Flasche
Molter Nr.	7268

Wolfshöher	40 €
Hersteller	Hümmer
Jahr	
Packung	Plastikschachtel
Vorbild	MAN F90 LKW
Sonst.	
Molter Nr.	2034

Wolfshöher	35 €
Hersteller	Hümmer
Jahr	
Packung	Blister
Vorbild	MAN F90 LKW
Sonst.	
Molter Nr.	2035

Wolfshöher	35 €
Hersteller	Hümmer
Jahr	
Packung	Blister
Vorbild	US Auflieger
Sonst.	
Molter Nr.	2036

Wolfshöher	18 €
Hersteller	dgd
Jahr	1999
Packung	Blister
Vorbild	MB Actros Auflieger
Sonst.	
Molter Nr.	2037

Wolfshöher	11 €
Hersteller	dgd
Jahr	2000
Packung	Blister
Vorbild	Kenworth T2000 Auflieger
Sonst.	
Molter Nr.	2038

Wolfshöher	11 €
Hersteller	dgd
Jahr	2000
Packung	Blister
Vorbild	Kenworth T2000 Auflieger
Sonst.	
Molter Nr.	2039

Wolfshöher	15 €
Hersteller	dgd
Jahr	2000
Packung	Blister
Vorbild	MAN F2000 Auflieger
Sonst.	
Molter Nr.	2040

Wolfshöher	10 €
Hersteller	dgd
Jahr	2000
Packung	Blister
Vorbild	MAN F2000 Auflieger
Sonst.	
Molter Nr.	2041

Wolfshöher	10 €
Hersteller	dgd
Jahr	2000
Packung	Blister
Vorbild	MAN F2000 Auflieger
Sonst.	
Molter Nr.	2042

Wolfshöher	9 €
Hersteller	dgd
Jahr	2001
Packung	Blister
Vorbild	MAN F2000 Auflieger
Sonst.	
Molter Nr.	4203

Wolfshöher	9 €
Hersteller	dgd
Jahr	2001
Packung	Blister
Vorbild	MAN F2000 Auflieger
Sonst.	
Molter Nr.	3903

Wolfshöher	9 €
Hersteller	dgd
Jahr	2001
Packung	Blister
Vorbild	MAN F2000 Auflieger
Sonst.	
Molter Nr.	3904

W

Wolfshöher 9 €

Hersteller	dgd
Jahr	2001
Packung	Blister
Vorbild	MAN F2000 Auflieger
Sonst.	
Molter Nr.	4202

Wolfshöher 12 €

Hersteller	EKBG
Jahr	2002
Packung	Blister
Vorbild	Peterbilt Auflieger
Sonst.	XL
Molter Nr.	6490

Wolfshöher 12 €

Hersteller	EKBG
Jahr	2002
Packung	Blister
Vorbild	Peterbilt Auflieger
Sonst.	XL
Molter Nr.	6491

Wolfshöher 12 €

Hersteller	EKBG
Jahr	2003
Packung	Blister
Vorbild	Peterbuilt Sattelzug
Sonst.	
Molter Nr.	8053

Wolkenberger 8 €

Hersteller	WMS
Jahr	2002
Packung	Blister
Vorbild	Volvo Tankzug
Sonst.	
Molter Nr.	5110

W

Wolkenburger Schlosspils	8 €
Hersteller	WMS
Jahr	2002
Packung	Blister
Vorbild	Volvo Tankzug
Sonst.	
Molter Nr.	4641

Wolkenburger Schlosspils	8 €
Hersteller	Grell
Jahr	2003
Packung	Blister
Vorbild	Kraz Auflieger
Sonst.	Mit Sudkessel
Molter Nr.	7553

Wolters	50 €
Hersteller	
Jahr	
Packung	Plastikschachtel
Vorbild	Ford Oldtimer
Sonst.	
Molter Nr.	2031

Wolters	15 €
Hersteller	Grell
Jahr	1999
Packung	Blister
Vorbild	MB Actros Auflieger
Sonst.	einzeln verpackt
Molter Nr.	2032

Wolters	9 €
Hersteller	Grell
Jahr	2001
Packung	Blister
Vorbild	MAN F2000 Auflieger
Sonst.	
Molter Nr.	3907

Wolters	10 €
Hersteller	dgd
Jahr	2001
Packung	Blister
Vorbild	MAN F2000 Auflieger
Sonst.	
Molter Nr.	4044

Wolters	9 €
Hersteller	Eurosun
Jahr	2001
Packung	Blister
Vorbild	MAN F2000 Hängerzug
Sonst.	
Molter Nr.	8106

Wolters	8 €
Hersteller	Grell
Jahr	2001
Packung	Blister
Vorbild	MAN TG-A Tankzug
Sonst.	
Molter Nr.	4296

Wolters	8 €
Hersteller	Grell
Jahr	2002
Packung	Blister
Vorbild	Ford Oldtimer
Sonst.	
Molter Nr.	4579

Wolters	8 €
Hersteller	Grell
Jahr	2002
Packung	Blister
Vorbild	MAN TG-A Tankzug
Sonst.	
Molter Nr.	8025

W

Wolters	8 €
Hersteller	Grell
Jahr	2002
Packung	Blister
Vorbild	MAN TG-A Hängerzug
Sonst.	
Molter Nr.	4789

Wolters	8 €
Hersteller	Grell
Jahr	2002
Packung	Blister
Vorbild	IFA W50 Hängerzug
Sonst.	
Molter Nr.	7674

Wolters	8 €
Hersteller	Grell
Jahr	2002
Packung	Blister
Vorbild	MB Atego Tankhängerzug
Sonst.	
Molter Nr.	4847

Wolters	8 €
Hersteller	Grell
Jahr	2002
Packung	Blister
Vorbild	Bus
Sonst.	
Molter Nr.	5120

Wolters	8 €
Hersteller	Vierke
Jahr	2003
Packung	Blister
Vorbild	MB 332 Hängerzug
Sonst.	
Molter Nr.	7016

Wörlitzer Bier 18 €

Hersteller	Müller Chemnitz
Jahr	
Packung	Plastikschachtel
Vorbild	Volvo Auflieger
Sonst.	
Molter Nr.	2043

Wulle 8 €

Hersteller	DGD
Jahr	2002
Packung	Blister
Vorbild	MB Actros Auflieger
Sonst.	
Molter Nr.	7744

Wüllner´s 15 €

Hersteller	Hümmer
Jahr	1999
Packung	Blister
Vorbild	MB Actros Auflieger
Sonst.	
Molter Nr.	2047

Wüllner´s 15 €

Hersteller	Hümmer
Jahr	1999
Packung	Blister
Vorbild	MB Actros Auflieger
Sonst.	
Molter Nr.	2048

Wüllner´s — 15 €

Hersteller	Hümmer
Jahr	1999
Packung	Blister
Vorbild	MB Actros Auflieger
Sonst.	
Molter Nr.	2049

Wüllner´s — 12 €

Hersteller	dgd
Jahr	2000
Packung	Blister
Vorbild	Büssing Hängerzug
Sonst.	
Molter Nr.	2050

Wüllner´s — 8 €

Hersteller	Hümmer
Jahr	2003
Packung	Blister
Vorbild	Scania Tankzug
Sonst.	
Molter Nr.	7712

Wüllner´s — 12 €

Hersteller	WMS
Jahr	2000
Packung	Blister
Vorbild	Framo
Sonst.	
Molter Nr.	2051

Wüllner´s — 9 €

Hersteller	Hümmer
Jahr	2001
Packung	Blister
Vorbild	MB Actros Auflieger
Sonst.	
Molter Nr.	3912

Wüllner´s — 9 €

Hersteller	Hümmer
Jahr	2001
Packung	Blister
Vorbild	MB Actros Auflieger
Sonst.	
Molter Nr.	3913

Wüllner´s — 8 €

Hersteller	Hümmer
Jahr	2003
Packung	Blister
Vorbild	Scania Tankzug
Sonst.	
Molter Nr.	7679

Würzburger Hofbräu — 50 €

Hersteller	Hümmer
Jahr	
Packung	Blister
Vorbild	MB klein Auflieger
Sonst.	
Molter Nr.	2052

Würzburger Hofbräu — 40 €

Hersteller	Hümmer
Jahr	
Packung	Blister
Vorbild	US Auflieger
Sonst.	
Molter Nr.	2054

Würzburger Hofbräu — 40 €

Hersteller	Hümmer
Jahr	
Packung	Blister
Vorbild	MAN F90 Hängerzug
Sonst.	
Molter Nr.	2055

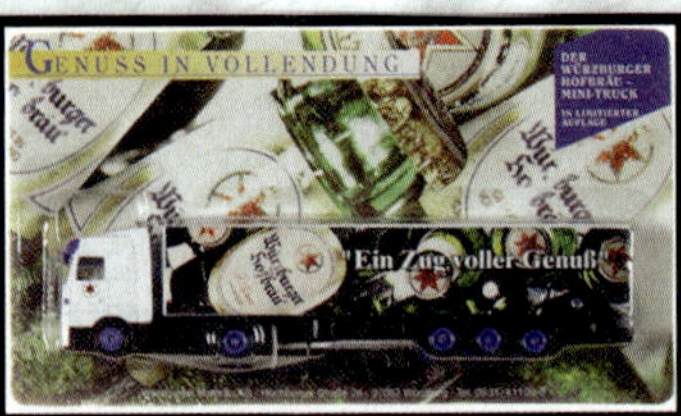

Würzburger Hofbräu 15 €

Hersteller	Grell
Jahr	1999
Packung	Blister
Vorbild	MB Actros Auflieger
Sonst.	
Molter Nr.	2057

Würzburger Hofbräu 15 €

Hersteller	Grell
Jahr	1999
Packung	Blister
Vorbild	MB Actros Auflieger
Sonst.	
Molter Nr.	2056

Würzburger Hofbräu 13 €

Hersteller	Grell
Jahr	1999
Packung	Blister
Vorbild	MB Actros Auflieger
Sonst.	
Molter Nr.	2058

Würzburger Hofbräu 13 €

Hersteller	dgd
Jahr	1999
Packung	Plastikschachtel
Vorbild	MB Actros Auflieger
Sonst.	
Molter Nr.	2059

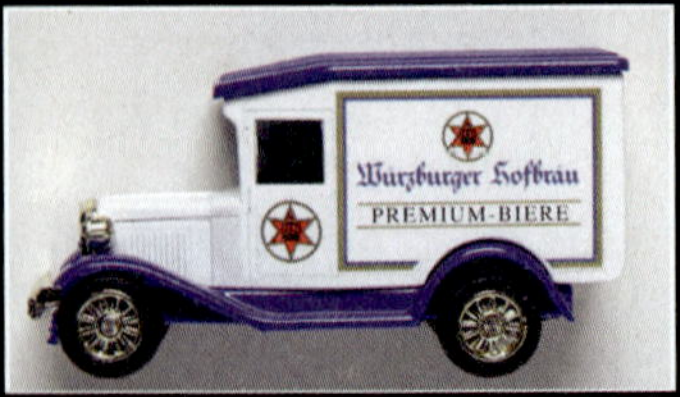

Würzburger Hofbräu 12 €

Hersteller	dgd
Jahr	2000
Packung	ohne
Vorbild	Ford Oldtimer
Sonst.	
Molter Nr.	2060

Würzburger Hofbräu — 11 €

Hersteller	dgd
Jahr	2000
Packung	Blister
Vorbild	MB Actros Auflieger
Sonst.	
Molter Nr.	2061

Würzburger Hofbräu — 10 €

Hersteller	dgd
Jahr	2000
Packung	Blister
Vorbild	MB Actros Auflieger
Sonst.	
Molter Nr.	4204

Würzburger Hofbräu — 10 €

Hersteller	dgd
Jahr	2001
Packung	Blister
Vorbild	MAN TG-A Auflieger
Sonst.	
Molter Nr.	3915

Würzburger Hofbräu — 9 €

Hersteller	dgd
Jahr	2001
Packung	Blister
Vorbild	MAN Phönix Auflieger
Sonst.	
Molter Nr.	3916

Würzburger Hofbräu — 9 €

Hersteller	dgd
Jahr	2001
Packung	Blister
Vorbild	Scania Auflieger
Sonst.	
Molter Nr.	3917

Würzburger Hofbräu — 8 €

Hersteller	dgd
Jahr	2002
Packung	Blister
Vorbild	Freightliner FLD Tankzug
Sonst.	
Molter Nr.	5719

Würzburger Hofbräu — 8 €

Hersteller	dgd
Jahr	2002
Packung	Blister
Vorbild	Freightliner FLD Tankzug
Sonst.	
Molter Nr.	5833

Würzburger Hofbräu — 8 €

Hersteller	dgd
Jahr	2002
Packung	Blister
Vorbild	Iveco Hängerzug
Sonst.	mit Schankwagen
Molter Nr.	5957

Würzburger Hofbräu — 8 €

Hersteller	dgd
Jahr	2002
Packung	Blister
Vorbild	Freightliner FLD Tankzug
Sonst.	
Molter Nr.	5438

Würzburger Hofbräu — 8 €

Hersteller	Hümmer
Jahr	2003
Packung	Blister
Vorbild	MAN TG-A Auflieger
Sonst.	mit Flasche
Molter Nr.	6689

Würzburger Hofbräu — 8 €

Hersteller	Hümmer
Jahr	2003
Packung	Blister
Vorbild	MAN TG-A Auflieger
Sonst.	mit Flasche
Molter Nr.	6690

Zabel — 30 €

Hersteller	
Jahr	
Packung	Plastikschachtel
Vorbild	US Auflieger
Sonst.	
Molter Nr.	3919

Zahnaer — 40 €

Hersteller	
Jahr	
Packung	Plastikschachtel
Vorbild	MAN F90 LKW
Sonst.	
Molter Nr.	3921

Zahnaer — 8 €

Hersteller	Hümmer
Jahr	
Packung	Blister
Vorbild	MB Actros LKW
Sonst.	
Molter Nr.	3920

Zaunbier — 8 €

Hersteller	Grell
Jahr	2002
Packung	Blister
Vorbild	Freightliner FLD Auflieger
Sonst.	
Molter Nr.	4862

Zedersdorfer 18 €

Hersteller	dgd
Jahr	2000 (Aufl.: 500)
Packung	Blister
Vorbild	MAN F2000 Auflieger
Sonst.	
Molter Nr.	2101

Zedersdorfer 11 €

Hersteller	dgd
Jahr	2000 (Aufl.: 2500)
Packung	Blister
Vorbild	MAN F2000 Auflieger
Sonst.	
Molter Nr.	2102

Zedersdorfer 11 €

Hersteller	dgd
Jahr	2000 (Aufl.: 2500)
Packung	Blister
Vorbild	MAN F2000 Auflieger
Sonst.	
Molter Nr.	2103

Zedersdorfer 11 €

Hersteller	dgd
Jahr	2000 (Aufl.: 5000)
Packung	Blister
Vorbild	MB L322 Hängerzug
Sonst.	
Molter Nr.	2104

Zedersdorfer 9 €

Hersteller	dgd
Jahr	2001 (Aufl.: 5000)
Packung	Blister
Vorbild	Scania Auflieger
Sonst.	
Molter Nr.	3924

Zedersdorfer — 9 €

Hersteller	dgd
Jahr	2001 (Aufl.: 2500)
Packung	Blister
Vorbild	MAN Phönix Auflieger
Sonst.	
Molter Nr.	3925

Zedersdorfer — 9 €

Hersteller	dgd
Jahr	2001 (Aufl.: 2500)
Packung	Blister
Vorbild	MAN F2000 Tankzug
Sonst.	
Molter Nr.	3926

Zedersdorfer — 8 €

Hersteller	Top-Style
Jahr	2001 (Aufl.: 4000)
Packung	Blister
Vorbild	MB Actros Hängerzug
Sonst.	
Molter Nr.	3929

Zeller Münster — 11 €

Hersteller	Hümmer
Jahr	2000
Packung	Blister
Vorbild	MB Actros Auflieger
Sonst.	
Molter Nr.	2064

Zeller Münster — 9 €

Hersteller	Allround Service
Jahr	2001
Packung	Blister
Vorbild	MB Actros Hängerzug
Sonst.	
Molter Nr.	2065

Zeller Münster — 9 €

Hersteller	Allround Service
Jahr	2001
Packung	Blister
Vorbild	MB Actros Hängerzug
Sonst.	
Molter Nr.	2066

Zeller Münster — 8 €

Hersteller	Grell
Jahr	2001
Packung	Blister
Vorbild	Scania Auflieger
Sonst.	
Molter Nr.	7743

Zeller Münster — 8 €

Hersteller	
Jahr	2002
Packung	Plastikschachtel
Vorbild	Mack Auflieger
Sonst.	
Molter Nr.	6236

Zeller Münster — 8 €

Hersteller	Allround Service
Jahr	2002
Packung	Blister
Vorbild	MB Actros Tankzug
Sonst.	
Molter Nr.	7714

Zeltbräu — 15 €

Hersteller	Grell
Jahr	1999
Packung	Blister
Vorbild	MB Actros Auflieger
Sonst.	
Molter Nr.	2062

Zeltbräu

11 €

Hersteller	Grell
Jahr	2000
Packung	Blister
Vorbild	MB Actros Auflieger
Sonst.	
Molter Nr.	2063

Zeltbräu

9 €

Hersteller	Grell
Jahr	2001
Packung	Blister
Vorbild	Scania Tankzug
Sonst.	
Molter Nr.	3932

Zeltbräu

8 €

Hersteller	Grell
Jahr	2002
Packung	Blister
Vorbild	Büssing Hängerzug
Sonst.	
Molter Nr.	5557

Zeltbräu

8 €

Hersteller	Grell
Jahr	2002
Packung	Blister
Vorbild	Scania 124L Auflieger
Sonst.	
Molter Nr.	5460

Zillertal

10 €

Hersteller	
Jahr	2000
Packung	Plastikschachtel
Vorbild	MB Actros Auflieger
Sonst.	
Molter Nr.	2067

Z

Zillertal — 10 €

Hersteller	
Jahr	2000
Packung	Plastikschachtel
Vorbild	MB Actros Hängerzug
Sonst.	
Molter Nr.	2068

Zillertal — 9 €

Hersteller	Hümmer
Jahr	2001
Packung	Blister
Vorbild	MB Actros LKW
Sonst.	
Molter Nr.	3933

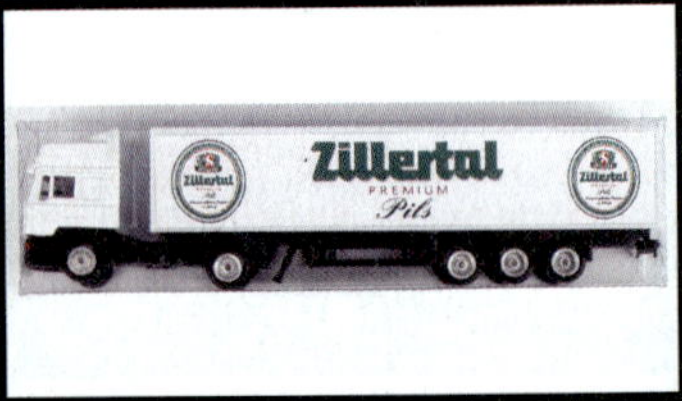

Zillertal — 25 €

Hersteller	Amon
Jahr	2002 (Aufl.: 50)
Packung	Plastikschachtel
Vorbild	MAN F2000 Auflieger
Sonst.	
Molter Nr.	6175

Zindorfer — 8 €

Hersteller	dgd
Jahr	2002
Packung	Plastikschachtel
Vorbild	Iveco Hängerzug
Sonst.	
Molter Nr.	5045

Zipfer — 18 €

Hersteller	Grell
Jahr	1999
Packung	Blister
Vorbild	MB Actros Auflieger
Sonst.	
Molter Nr.	2100

Zipfer — 10 €

Hersteller	Grell
Jahr	2001
Packung	Blister
Vorbild	Ford 9000 Auflieger
Sonst.	
Molter Nr.	3934

Zipfer — 8 €

Hersteller	Grell
Jahr	2002
Packung	Blister
Vorbild	Freightliner FLD Tankzug
Sonst.	
Molter Nr.	7277

Zittauer — 20 €

Hersteller	Behn
Jahr	
Packung	Plastikschachtel
Vorbild	Garant
Sonst.	
Molter Nr.	2069

Zittauer — 250 €

Hersteller	
Jahr	
Packung	Plastikschachtel
Vorbild	US Auflieger
Sonst.	
Molter Nr.	2070

Zittauer — 250 €

Hersteller	
Jahr	
Packung	Plastikschachtel
Vorbild	US Auflieger
Sonst.	
Molter Nr.	2071

Z

Zittauer — 250 €

Hersteller	
Jahr	
Packung	Plastikschachtel
Vorbild	US Auflieger
Sonst.	
Molter Nr.	2072

Zittauer — 250 €

Hersteller	
Jahr	
Packung	Plastikschachtel
Vorbild	US Auflieger
Sonst.	
Molter Nr.	2073

Zittauer — 250 €

Hersteller	
Jahr	
Packung	Plastikschachtel
Vorbild	US Auflieger
Sonst.	
Molter Nr.	2074

Zittauer — 60 €

Hersteller	
Jahr	
Packung	Plastikschachtel
Vorbild	MAN F90 LKW
Sonst.	
Molter Nr.	2075

Zittauer — 25 €

Hersteller	Grell
Jahr	
Packung	Blister
Vorbild	Mack Auflieger
Sonst.	
Molter Nr.	2076

Zittauer 15 €

Hersteller	Grell
Jahr	2000
Packung	Blister
Vorbild	MB Actros Auflieger
Sonst.	
Molter Nr.	2077

Zittauer 100 €

Hersteller	
Jahr	
Packung	Plastikschachtel
Vorbild	US Auflieger
Sonst.	
Molter Nr.	3935

Zittauer 15 €

Hersteller	Grell
Jahr	2000
Packung	Blister
Vorbild	MB Actros Auflieger
Sonst.	
Molter Nr.	2078

Zittauer 13 €

Hersteller	Grell
Jahr	2000
Packung	Blister
Vorbild	MB Actros Auflieger
Sonst.	
Molter Nr.	2079

Zittauer 15 €

Hersteller	Grell
Jahr	2000
Packung	Blister
Vorbild	IFA W50 Hängerzug
Sonst.	
Molter Nr.	2080

Zittauer — 10 €

Hersteller	Hümmer
Jahr	2001
Packung	Blister
Vorbild	IFA H6 LKW
Sonst.	
Molter Nr.	5701

Zlatopramen — 13 €

Hersteller	Grell
Jahr	2000 (Aufl.: 2500)
Packung	Blister
Vorbild	MB Actros Auflieger
Sonst.	
Molter Nr.	7740

Zlatopramen — 8 €

Hersteller	Grell
Jahr	2001
Packung	Blister
Vorbild	Scania Auflieger
Sonst.	
Molter Nr.	3950

Zlatopramen — 8 €

Hersteller	Grell
Jahr	2002
Packung	Blister
Vorbild	Renault Magnum Hängerzug
Sonst.	
Molter Nr.	5573

Zoller-Hof Bier — 100 €

Hersteller	
Jahr	
Packung	Plastikschachtel
Vorbild	MB klein Auflieger
Sonst.	
Molter Nr.	3937

Zoller-Hof Bier — 60 €

Hersteller	
Jahr	
Packung	Plastikschachtel
Vorbild	MAN F90 LKW
Sonst.	
Molter Nr.	6605

Zoller-Hof Bier — 60 €

Hersteller	Hümmer
Jahr	
Packung	Plastikschachtel
Vorbild	MB klein Auflieger
Sonst.	
Molter Nr.	2081

Zoller-Hof Bier — 50 €

Hersteller	Hümmer
Jahr	
Packung	Plastikschachtel
Vorbild	MAN F90 Hängerzug
Sonst.	
Molter Nr.	2082

Zoller-Hof Bier — 10 €

Hersteller	Hümmer
Jahr	1999
Packung	Blister
Vorbild	MB Actros Hängerzug
Sonst.	
Molter Nr.	2083

Zoller-Hof Bier — 8 €

Hersteller	Hümmer
Jahr	2002
Packung	Blister
Vorbild	MAN TG-A Hängerzug
Sonst.	
Molter Nr.	7007

Zötler Bier — 40 €

Hersteller	Hümmer
Jahr	
Packung	Plastikschachtel
Vorbild	US Auflieger
Sonst.	
Molter Nr.	2084

Zötler Bier — 13 €

Hersteller	Hümmer
Jahr	1999
Packung	Blister
Vorbild	MB Actros Auflieger
Sonst.	
Molter Nr.	2085

Zötler Bier — 10 €

Hersteller	Hümmer
Jahr	2001
Packung	Blister
Vorbild	MB Actros Auflieger
Sonst.	
Molter Nr.	3936

Zum Lehngericht — 8 €

Hersteller	WMS
Jahr	2002
Packung	Blister
Vorbild	MB Actros Tankzug
Sonst.	
Molter Nr.	7158

Zum Lehngericht — 8 €

Hersteller	WMS
Jahr	2002
Packung	Blister
Vorbild	MB Actros Tankzug
Sonst.	
Molter Nr.	5778

Zum Lehngericht — 8 €

Hersteller	WMS
Jahr	2002
Packung	Blister
Vorbild	MB Actros Tankzug
Sonst.	
Molter Nr.	7159

Zum Lehngericht — 8 €

Hersteller	Grell
Jahr	2002
Packung	Blister
Vorbild	Freightliner FLD Auflieger
Sonst.	mit Dose
Molter Nr.	5880

Zum Lehngericht — 8 €

Hersteller	Top-Style
Jahr	2003
Packung	Blister
Vorbild	MB Actros Tankzug
Sonst.	mit Flüssigkeit
Molter Nr.	6862

Zum Schlüssel — 30 €

Hersteller	Grell
Jahr	2001
Packung	Blister
Vorbild	Ford Oldtimer
Sonst.	
Molter Nr.	3512

Zum Schlüssel — 10 €

Hersteller	Grell
Jahr	2002
Packung	Blister
Vorbild	Ford Oldtimer
Sonst.	
Molter Nr.	4814

Zum Schwarzen Bären — 25 €

Hersteller	Amon
Jahr	2002 (Aufl.: 100)
Packung	Plastikschachtel
Vorbild	Scania Auflieger
Sonst.	
Molter Nr.	6115

Zum Schwarzen Bären — 25 €

Hersteller	Amon
Jahr	2002 (Aufl.: 100)
Packung	Plastikschachtel
Vorbild	MB Actros Auflieger
Sonst.	
Molter Nr.	6149

Zunft Kölsch — 8 €

Hersteller	dgd
Jahr	2001
Packung	Blister
Vorbild	MB Actros Hängerzug
Sonst.	
Molter Nr.	2502

Zunft Kölsch — 8 €

Hersteller	Grell
Jahr	2002
Packung	Blister
Vorbild	Scania Auflieger
Sonst.	
Molter Nr.	4766

Zunft Kölsch — 8 €

Hersteller	Kamm
Jahr	2002
Packung	Blister
Vorbild	MB Actros Hängerzug
Sonst.	
Molter Nr.	4804

Z

Zwettler — 8 €

Hersteller	Vierke
Jahr	2001
Packung	Blister
Vorbild	MB Atego Hängerzug
Sonst.	
Molter Nr.	5983

Zwicker Getränke — 12 €

Hersteller	Grell
Jahr	1999 (Aufl.: 2500)
Packung	Blister
Vorbild	Mack Auflieger
Sonst.	
Molter Nr.	2090

Zwicker Getränke — 12 €

Hersteller	Grell
Jahr	1999 (Aufl.: 2500)
Packung	Blister
Vorbild	MB Actros Hängerzug
Sonst.	
Molter Nr.	2091

Zwicker Getränke — 10 €

Hersteller	Grell
Jahr	2000
Packung	Blister
Vorbild	MB Actros Auflieger
Sonst.	
Molter Nr.	2092

Zwicker Getränke — 10 €

Hersteller	Grell
Jahr	2000
Packung	Blister
Vorbild	IFA W50 Hängerzug
Sonst.	
Molter Nr.	2093

Zwicker Getränke	10 €
Hersteller	Grell
Jahr	2000
Packung	Blister
Vorbild	MB Actros Auflieger
Sonst.	
Molter Nr.	2094

Zwicker Getränke	10 €
Hersteller	Grell
Jahr	2000
Packung	Blister
Vorbild	Ford 9000 Auflieger
Sonst.	
Molter Nr.	2095

Zwicker Getränke	10 €
Hersteller	Grell
Jahr	2000
Packung	Blister
Vorbild	MB Actros Hängerzug
Sonst.	
Molter Nr.	2096

Zwicker Getränke	10 €
Hersteller	Grell
Jahr	2000
Packung	Blister
Vorbild	MAN F2000 Auflieger
Sonst.	
Molter Nr.	2098

Zwiefalter	18 €
Hersteller	HDT-Trucks
Jahr	1999
Packung	Blister
Vorbild	MB groß Auflieger
Sonst.	
Molter Nr.	2087

Zwiefalter — 11 €

Hersteller	
Jahr	2000
Packung	Blister
Vorbild	MB Actros Auflieger
Sonst.	
Molter Nr.	3947

Zwiefalter — 8 €

Hersteller	dgd
Jahr	2001
Packung	Blister
Vorbild	MB Actros Hängerzug
Sonst.	
Molter Nr.	4158

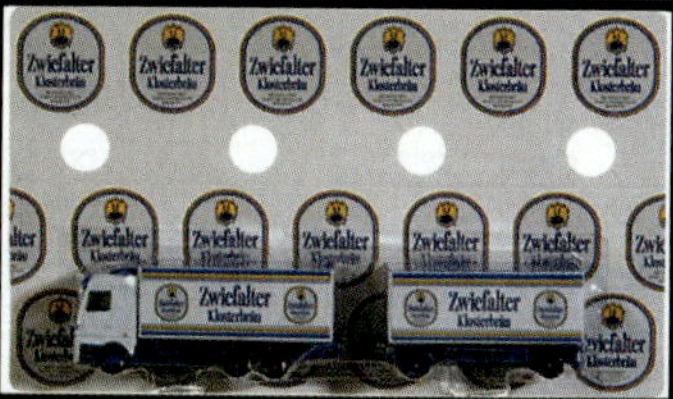

Zwönitzer — 18 €

Hersteller	Grell
Jahr	1999
Packung	Blister
Vorbild	Mack Auflieger
Sonst.	
Molter Nr.	2088

Zwönitzer — 10 €

Hersteller	Müller Chemnitz
Jahr	2000
Packung	Plastikschachtel
Vorbild	Majorette Auflieger
Sonst.	
Molter Nr.	2144

Zwönitzer — 8 €

Hersteller	Top-Style
Jahr	2002
Packung	Blister
Vorbild	MB Actros Auflieger
Sonst.	
Molter Nr.	4991

Zwönitzer	8 €
Hersteller	Grell
Jahr	2003
Packung	Blister
Vorbild	Scania 124L Auflieger
Sonst.	mit Sudkessel
Molter Nr.	6497

Zywiec	8 €
Hersteller	MaHug
Jahr	2000
Packung	Plastikschachtel
Vorbild	MAN F2000 Auflieger
Sonst.	
Molter Nr.	2099

TEIL II

Werbetrucks (ohne Bier & Getränke)

1. FC Union Berlin — 12 €

Hersteller	Müller Chemnitz
Jahr	2002
Packung	Plastikschachtel
Vorbild	Majorette Auflieger
Sonst.	
Molter Nr.	4562

100 Jahre Eisfeld — 8 €

Hersteller	Grell
Jahr	2002
Packung	Blister
Vorbild	Freightliner FLD Tieflader
Sonst.	
Molter Nr.	5546

Agip — 8 €

Hersteller	Allround Service
Jahr	2001
Packung	Blister
Vorbild	MB Actros Auflieger
Sonst.	
Molter Nr.	5805

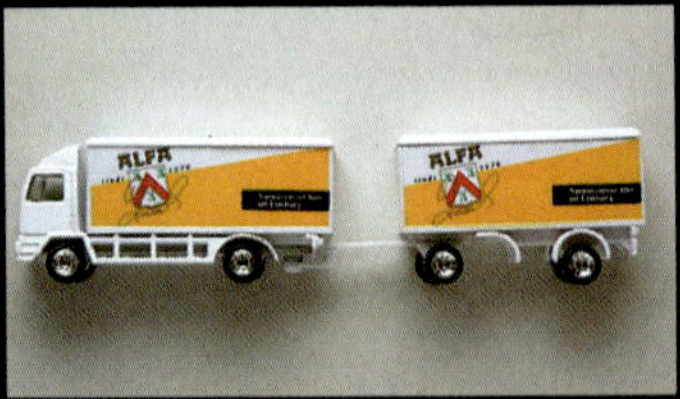

Alfa — 20 €

Hersteller	
Jahr	
Packung	Plastikschachtel
Vorbild	Iveco Hängerzug
Sonst.	
Molter Nr.	2201

Alfa — 15 €

Hersteller	Premium Connection
Jahr	
Packung	Plastikschachtel
Vorbild	Gabelstapler
Sonst.	
Molter Nr.	6422

Alfred Wedlich	8 €
Hersteller	Top-Style
Jahr	2002
Packung	Blister
Vorbild	Renault Auflieger
Sonst.	
Molter Nr.	6244

Allround Service	7 €
Hersteller	Allround Service
Jahr	2002
Packung	Blister
Vorbild	Scania Auflieger
Sonst.	
Molter Nr.	5811

Allround Service	7 €
Hersteller	Allround Service
Jahr	2002
Packung	Blister
Vorbild	Scania Hängerzug
Sonst.	
Molter Nr.	5812

AMC	8 €
Hersteller	Gefra
Jahr	2002
Packung	Blister
Vorbild	DAF 95 XF Hängerzug
Sonst.	
Molter Nr.	4773

Auto - Scholz	15 €
Hersteller	Amon
Jahr	2002 (Aufl.: 50)
Packung	Plastikschachtel
Vorbild	MB Actros Auflieger
Sonst.	
Molter Nr.	6084

Autohaus Müller — 8 €

Hersteller	Gack
Jahr	2001
Packung	Blister
Vorbild	Mack Auflieger
Sonst.	
Molter Nr.	5871

Autohaus Müller — 8 €

Hersteller	Gack
Jahr	2001
Packung	Blister
Vorbild	Mack Auflieger
Sonst.	
Molter Nr.	5872

AvD — 8 €

Hersteller	MaHug
Jahr	2002
Packung	Plastikschachtel
Vorbild	Volvo Auflieger
Sonst.	
Molter Nr.	5829

AXA Colonia — 8 €

Hersteller	Pro-Innovation GmbH
Jahr	2003
Packung	Blister
Vorbild	MB Actros Auflieger
Sonst.	
Molter Nr.	6478

B. Heiße Blitzer — 10 €

Hersteller	Müller Chemnitz
Jahr	2002
Packung	Plastikschachtel
Vorbild	Majorette Auflieger
Sonst.	
Molter Nr.	4568

B. Hexenfeuer — 10 €

Hersteller	Müller Chemnitz
Jahr	2002
Packung	Plastikschachtel
Vorbild	Majorette Auflieger
Sonst.	
Molter Nr.	4567

Bäko — 7 €

Hersteller	Hümmer
Jahr	2001
Packung	Blister
Vorbild	MB Actros Auflieger
Sonst.	
Molter Nr.	2150

Bäko — 8 €

Hersteller	Hümmer
Jahr	2002
Packung	Blister
Vorbild	MB Actros LKW
Sonst.	
Molter Nr.	7883

Bäko — 8 €

Hersteller	Hümmer
Jahr	2003
Packung	Blister
Vorbild	MB Actros Auflieger
Sonst.	
Molter Nr.	7866

Bauer — 8 €

Hersteller	Hümmer
Jahr	2002
Packung	Blister
Vorbild	MB Actros Hängerzug
Sonst.	
Molter Nr.	5628

Beate Uhse
10 €

Hersteller	Albedo
Jahr	2002
Packung	Blister
Vorbild	Scania 164L Auflieger
Sonst.	
Molter Nr.	5889

Beckett's
8 €

Hersteller	MaHug
Jahr	2000
Packung	Blister
Vorbild	MAN F2000 Hängerzug
Sonst.	
Molter Nr.	152

Berg & Bau
8 €

Hersteller	
Jahr	2001
Packung	Plastikschachtel
Vorbild	MB Actros Auflieger
Sonst.	
Molter Nr.	5556

Bergader
8 €

Hersteller	Grell
Jahr	2001
Packung	Blister
Vorbild	MAN F2000 Auflieger
Sonst.	
Molter Nr.	5156

Bergader
8 €

Hersteller	Grell
Jahr	2002
Packung	Blister
Vorbild	MAN F2000 Hängerzug
Sonst.	
Molter Nr.	5166

Bergader 8 €

Hersteller	Grell
Jahr	2002
Packung	Blister
Vorbild	MAN F2000 Tankzug
Sonst.	
Molter Nr.	5201

Bergader 8 €

Hersteller	Grell
Jahr	2002
Packung	Blister
Vorbild	MAN F2000 Hängerzug
Sonst.	
Molter Nr.	7047

Bergader 8 €

Hersteller	Grell
Jahr	2002
Packung	Blister
Vorbild	MAN F2000 Hängerzug
Sonst.	
Molter Nr.	7048

Bergader 8 €

Hersteller	Grell
Jahr	2002
Packung	Blister
Vorbild	MAN F2000 Hängerzug
Sonst.	
Molter Nr.	7049

Bergader 8 €

Hersteller	Grell
Jahr	2002
Packung	Blister
Vorbild	MAN F2000 Hängerzug
Sonst.	
Molter Nr.	7050

Bergader — 8 €

Hersteller	Grell
Jahr	2002
Packung	Blister
Vorbild	MAN F2000 Hängerzug
Sonst.	
Molter Nr.	7051

Bergader — 8 €

Hersteller	Grell
Jahr	2002
Packung	Blister
Vorbild	MAN F2000 Hängerzug
Sonst.	
Molter Nr.	7052

Bergader — 8 €

Hersteller	Grell
Jahr	2002
Packung	Blister
Vorbild	MAN F2000 Hängerzug
Sonst.	
Molter Nr.	7053

Bielefelder Tauschbörse — 20 €

Hersteller	
Jahr	2001 (Aufl.: 100)
Packung	Blister
Vorbild	Volvo Auflieger
Sonst.	
Molter Nr.	6925

Bielefelder Tauschbörse — 10 €

Hersteller	
Jahr	2002
Packung	Blister
Vorbild	MAN F2000 Tankzug
Sonst.	
Molter Nr.	5192

Bierbörse — 8 €

Hersteller	dgd
Jahr	2001
Packung	Blister
Vorbild	MAN TG-A Auflieger
Sonst.	
Molter Nr.	4049

Bounty — 8 €

Hersteller	Giveaway
Jahr	2002
Packung	Blister
Vorbild	DAF 95 XF Auflieger
Sonst.	
Molter Nr.	5630

Brasilien — 15 €

Hersteller	Müller Chemnitz
Jahr	2002
Packung	Blister
Vorbild	Majorette Auflieger
Sonst.	
Molter Nr.	4853

Campa Biodiesel — 8 €

Hersteller	Top-Style
Jahr	2002
Packung	Blister
Vorbild	MB Actros Tankzug
Sonst.	
Molter Nr.	5772

Cargo — 8 €

Hersteller	Grell
Jahr	2002
Packung	Blister
Vorbild	Scania Auflieger
Sonst.	
Molter Nr.	5638

Chemnitz
10 €

Hersteller	Müller Chemnitz
Jahr	2002
Packung	Plastikschachtel
Vorbild	Majorette Auflieger
Sonst.	
Molter Nr.	6179

Chemnitz
10 €

Hersteller	Müller Chemnitz
Jahr	2002
Packung	Plastikschachtel
Vorbild	Majorette Auflieger
Sonst.	
Molter Nr.	6186

Christkindl Feuer
15 €

Hersteller	Müller Chemnitz
Jahr	2000
Packung	Plastikschachtel
Vorbild	Majorette Auflieger
Sonst.	
Molter Nr.	2143

Clever Rasten
8 €

Hersteller	dgd
Jahr	2003
Packung	Blister
Vorbild	MAN F2000 Auflieger
Sonst.	
Molter Nr.	6563

co op Schleswig Holstein
8 €

Hersteller	Gabotex
Jahr	2002
Packung	Blister
Vorbild	MB Actros Hängerzug
Sonst.	Sky
Molter Nr.	5234

co op Schleswig Holstein — 8 €

Hersteller	Gabotex
Jahr	2002
Packung	Blister
Vorbild	MB Actros Hängerzug
Sonst.	
Molter Nr.	5235

Country Club — 10 €

Hersteller	Man
Jahr	2002
Packung	Blister
Vorbild	Mack Auflieger
Sonst.	Neubad/Coburg
Molter Nr.	5569

Der Jahreswagen 2001 — 10 €

Hersteller	Müller Chemnitz
Jahr	2001
Packung	Plastikschachtel
Vorbild	Majorette Auflieger
Sonst.	
Molter Nr.	6187

Dresden — 10 €

Hersteller	Müller Chemnitz
Jahr	2002
Packung	Plastikschachtel
Vorbild	Majorette Auflieger
Sonst.	
Molter Nr.	4559

Edeka — 10 €

Hersteller	dgd
Jahr	2001
Packung	Blister
Vorbild	Framo
Sonst.	
Molter Nr.	5967

Edeka	8 €
Hersteller	Grell
Jahr	2002
Packung	Blister
Vorbild	MB Actros Hängerzug
Sonst.	75 Jahre Edeka
Molter Nr.	4753

Edeka	8 €
Hersteller	Pro
Jahr	2002
Packung	Blister
Vorbild	MB Axor Hängerzug
Sonst.	
Molter Nr.	5424

Edeka	8 €
Hersteller	Top-Style
Jahr	2002
Packung	Blister
Vorbild	MB Actros Auflieger
Sonst.	
Molter Nr.	5602

Edeka	8 €
Hersteller	Grell
Jahr	2002
Packung	Blister
Vorbild	Freightliner FLD Auflieger
Sonst.	
Molter Nr.	6346

Edeka	8 €
Hersteller	Wörlein
Jahr	2002
Packung	Blister
Vorbild	MB Actros Auflieger
Sonst.	
Molter Nr.	6349

Edeka	8 €
Hersteller	Wörlein
Jahr	2002
Packung	Blister
Vorbild	MB Actros Auflieger
Sonst.	
Molter Nr.	6350

Edeka	8 €
Hersteller	Wörlein
Jahr	2002
Packung	Blister
Vorbild	MB Actros Auflieger
Sonst.	
Molter Nr.	6351

Edeka	8 €
Hersteller	Wörlein
Jahr	2002
Packung	Blister
Vorbild	MB Actros Auflieger
Sonst.	
Molter Nr.	6352

Edeka	8 €
Hersteller	Wörlein
Jahr	2002
Packung	Blister
Vorbild	MB Auflieger
Sonst.	
Molter Nr.	6353

Edeka	8 €
Hersteller	Top-Style
Jahr	2002
Packung	Blister
Vorbild	MB Actros Auflieger
Sonst.	
Molter Nr.	7185

Edeka — 8 €

Hersteller	Top-Style
Jahr	2002
Packung	Blister
Vorbild	MB Actros Auflieger
Sonst.	
Molter Nr.	7212

Elch — 10 €

Hersteller	Müller Chemnitz
Jahr	2002
Packung	Blister
Vorbild	Majorette Auflieger
Sonst.	
Molter Nr.	5059

Erdgas — 8 €

Hersteller	Elasto Form
Jahr	2002
Packung	Blister
Vorbild	Mack Auflieger
Sonst.	
Molter Nr.	7233

Erotic-Line — 10 €

Hersteller	
Jahr	2002
Packung	Plastikschachtel
Vorbild	Bus
Sonst.	
Molter Nr.	5352

Erotik Mai 2002 — 12 €

Hersteller	Müller Chemnitz
Jahr	2002
Packung	Blister
Vorbild	Majorette Auflieger
Sonst.	
Molter Nr.	4566

Erotik-Truck	10 €
Hersteller	Müller Chemnitz
Jahr	2001
Packung	Plastikschachtel
Vorbild	Majorette Auflieger
Sonst.	
Molter Nr.	4355

Erotik-Truck	9 €
Hersteller	Müller Chemnitz
Jahr	2001
Packung	Plastikschachtel
Vorbild	Majorette Auflieger
Sonst.	
Molter Nr.	4467

F. Hexenfeuer	12 €
Hersteller	Müller Chemnitz
Jahr	2001
Packung	Plastikschachtel
Vorbild	Majorette Auflieger
Sonst.	
Molter Nr.	4558

F. Nestwärme	15 €
Hersteller	Müller Chemnitz
Jahr	2002
Packung	Plastikschachtel
Vorbild	Majorette Auflieger
Sonst.	
Molter Nr.	5531

Fantasy	8 €
Hersteller	Allround Service
Jahr	2001 (Aufl.: 5000)
Packung	Blister
Vorbild	MB Actros Hängerzug
Sonst.	
Molter Nr.	2183

Fantasy	8 €
Hersteller	Allround Service
Jahr	2001 (Aufl.: 5000)
Packung	Blister
Vorbild	MB Actros Hängerzug
Sonst.	
Molter Nr.	2184

Fantasy	8 €
Hersteller	Allround Service
Jahr	2001 (Aufl.: 5000)
Packung	Blister
Vorbild	MB Actros Hängerzug
Sonst.	
Molter Nr.	2185

Fantasy	8 €
Hersteller	Allround Service
Jahr	2001 (Aufl.: 5000)
Packung	Blister
Vorbild	MB Actros Hängerzug
Sonst.	
Molter Nr.	2186

Fantasy	8 €
Hersteller	Allround Service
Jahr	2001 (Aufl.: 5000)
Packung	Blister
Vorbild	MB Actros Hängerzug
Sonst.	
Molter Nr.	2187

Fantasy	8 €
Hersteller	Allround Service
Jahr	2001 (Aufl.: 5000)
Packung	Blister
Vorbild	MB Actros Hängerzug
Sonst.	
Molter Nr.	2188

FC Hansa Rostock — 12 €

Hersteller	Müller Chemnitz
Jahr	2002
Packung	Plastikschachtel
Vorbild	Majorette Auflieger
Sonst.	
Molter Nr.	4564

FC Kirchlein — 10 €

Hersteller	
Jahr	
Packung	Plastikschachtel
Vorbild	US Auflieger
Sonst.	
Molter Nr.	6129

Feengrotte — 10 €

Hersteller	Grell
Jahr	2002
Packung	Blister
Vorbild	Ford 9000 Auflieger
Sonst.	
Molter Nr.	6376

Feenrausch-Truck — 10 €

Hersteller	
Jahr	2000
Packung	Plastikschachtel
Vorbild	Majorette Auflieger
Sonst.	
Molter Nr.	2142

Fiedler Tankstelle — 10 €

Hersteller	
Jahr	
Packung	Plastikschachtel
Vorbild	Volvo Auflieger
Sonst.	
Molter Nr.	6618

Force 4 — 35 €

Hersteller	Müller Chemnitz
Jahr	
Packung	Plastikschachtel
Vorbild	Majorette Auflieger
Sonst.	
Molter Nr.	521

Frankonia-Samen — 8 €

Hersteller	Hümmer
Jahr	2002
Packung	Blister
Vorbild	US Auflieger
Sonst.	
Molter Nr.	5241

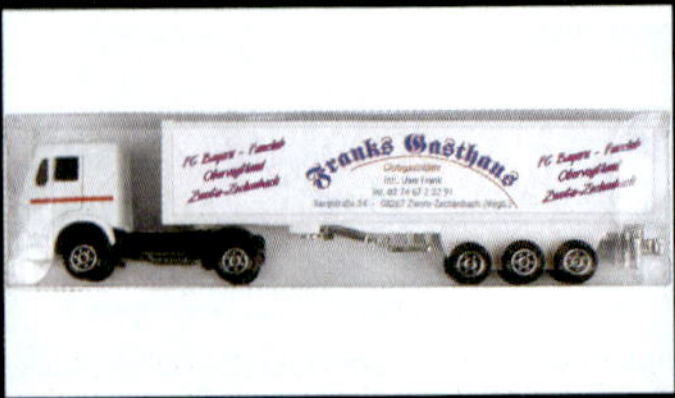

Franks Gasthaus — 8 €

Hersteller	
Jahr	2002
Packung	Plastikschachtel
Vorbild	MB groß Auflieger
Sonst.	FC-Bayern Fanclub
Molter Nr.	5586

Freie Presse — 8 €

Hersteller	Amon
Jahr	2002
Packung	Plastikschachtel
Vorbild	MB Actros Hängerzug
Sonst.	
Molter Nr.	6232

Fritt — 8 €

Hersteller	Wörlein
Jahr	2003
Packung	Blister
Vorbild	MAN TG-A Hängerzug
Sonst.	
Molter Nr.	6936

Fritt — 8 €

Hersteller	Wörlein
Jahr	2003
Packung	Blister
Vorbild	Volvo Auflieger
Sonst.	
Molter Nr.	6938

Girisch on Tour — 10 €

Hersteller	MaHug
Jahr	2002 (Aufl.: 500)
Packung	Plastikschachtel
Vorbild	MB Actros Auflieger
Sonst.	
Molter Nr.	6091

Girisch on Tour — 10 €

Hersteller	MaHug
Jahr	2002 (Aufl.: 500)
Packung	Plastikschachtel
Vorbild	MAN TG-A Auflieger
Sonst.	
Molter Nr.	6092

Halloween — 10 €

Hersteller	Müller Chemnitz
Jahr	2002
Packung	Plastikschachtel
Vorbild	Majorette Auflieger
Sonst.	
Molter Nr.	6177

Haribo — 8 €

Hersteller	Wörlein
Jahr	2001
Packung	Blister
Vorbild	MAN TG-A Auflieger
Sonst.	
Molter Nr.	5256

Haribo	8 €
Hersteller	Wörlein
Jahr	2001
Packung	Blister
Vorbild	Volvo Auflieger
Sonst.	
Molter Nr.	6498

Haribo	10 €
Hersteller	dgd
Jahr	2002
Packung	Blister
Vorbild	MAN TG-A Auflieger
Sonst.	
Molter Nr.	5785

Haribo	10 €
Hersteller	dgd
Jahr	2002
Packung	Blister
Vorbild	Scania 164L Auflieger
Sonst.	
Molter Nr.	5786

Haribo	10 €
Hersteller	dgd
Jahr	2002
Packung	Blister
Vorbild	MB Axor Auflieger
Sonst.	
Molter Nr.	5787

Haribo	10 €
Hersteller	dgd
Jahr	2002
Packung	Blister
Vorbild	Scania 164L Auflieger
Sonst.	
Molter Nr.	5788

Haribo	10 €
Hersteller	Albedo
Jahr	2002
Packung	Blister
Vorbild	MB Axor Auflieger
Sonst.	
Molter Nr.	5789

Haribo	10 €
Hersteller	Albedo
Jahr	2002
Packung	Blister
Vorbild	MAN TG-A Auflieger
Sonst.	
Molter Nr.	5790

Haribo	10 €
Hersteller	Albedo
Jahr	2002
Packung	Blister
Vorbild	MB Axor Auflieger
Sonst.	
Molter Nr.	5791

Haribo	8 €
Hersteller	dgd
Jahr	2003
Packung	Blister
Vorbild	Scania 164L Auflieger
Sonst.	
Molter Nr.	6383

Heiße Blitzer	10 €
Hersteller	
Jahr	2002
Packung	Plastikschachtel
Vorbild	Bus
Sonst.	
Molter Nr.	5353

Heller — 8 €

Hersteller	dgd
Jahr	2001
Packung	Blister
Vorbild	IFA H6 Hängerzug
Sonst.	
Molter Nr.	2727

Herkules — 8 €

Hersteller	Grell
Jahr	2001
Packung	Blister
Vorbild	Freightliner FLD Auflieger
Sonst.	
Molter Nr.	6345

Herkules — 8 €

Hersteller	Grell
Jahr	2002
Packung	Blister
Vorbild	Freightliner FLD Auflieger
Sonst.	
Molter Nr.	5634

Hexenzauber — 12 €

Hersteller	Müller Chemnitz
Jahr	2002
Packung	Plastikschachtel
Vorbild	Majorette Tankzug
Sonst.	
Molter Nr.	4817

Hexenzauber — 10 €

Hersteller	Müller Chemnitz
Jahr	2002
Packung	Plastikschachtel
Vorbild	Majorette Tankzug
Sonst.	
Molter Nr.	6227

Hexenzauber — 10 €

Hersteller	Müller Chemnitz
Jahr	2002
Packung	Plastikschachtel
Vorbild	Majorette Tankzug
Sonst.	
Molter Nr.	6373

Hexenzauber — 10 €

Hersteller	Müller Chemnitz
Jahr	2002
Packung	Plastikschachtel
Vorbild	Majorette Tankzug
Sonst.	
Molter Nr.	6374

Hexenzauber — 10 €

Hersteller	Müller Chemnitz
Jahr	2002
Packung	Plastikschachtel
Vorbild	Majorette Tankzug
Sonst.	
Molter Nr.	6375

Hilti — 8 €

Hersteller	Kreyer
Jahr	2002
Packung	Blister
Vorbild	MB Actros Auflieger
Sonst.	
Molter Nr.	6243

Hofmann Fahrzeugbau — 20 €

Hersteller	MaHug
Jahr	
Packung	Blister
Vorbild	US Auflieger
Sonst.	
Molter Nr.	6859

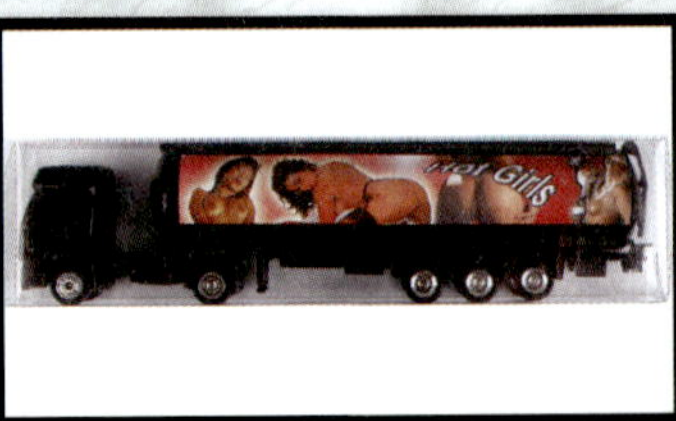

Hot Girl — 15 €

Hersteller	
Jahr	2002
Packung	Plastikschachtel
Vorbild	Renault Tankzug
Sonst.	
Molter Nr.	5539

Humana — 8 €

Hersteller	Eurosun
Jahr	2002
Packung	Plastikschachtel
Vorbild	MB Actros Auflieger
Sonst.	
Molter Nr.	5615

Hümmer — 20 €

Hersteller	Hümmer
Jahr	2002
Packung	Blister
Vorbild	Mack Auflieger
Sonst.	m. gold. Flasche 18 Karat
Molter Nr.	5061

Imbiss — 8 €

Hersteller	Allround Service
Jahr	2002
Packung	Plastikschachtel
Vorbild	Mack Auflieger
Sonst.	
Molter Nr.	5585

Int. Biermeile — 10 €

Hersteller	Müller Chemnitz
Jahr	1999
Packung	Plastikschachtel
Vorbild	Mack Auflieger
Sonst.	
Molter Nr.	932

Int. Biermeile — 10 €

Hersteller	Müller Chemnitz
Jahr	1999
Packung	Plastikschachtel
Vorbild	Volvo Auflieger
Sonst.	
Molter Nr.	933

Int. Biermeile — 10 €

Hersteller	Müller Chemnitz
Jahr	2000
Packung	Plastikschachtel
Vorbild	Majorette Auflieger
Sonst.	
Molter Nr.	934

Int. Biermeile — 8 €

Hersteller	Müller Chemnitz
Jahr	2000
Packung	Plastikschachtel
Vorbild	Majorette Auflieger
Sonst.	
Molter Nr.	935

Jahrtausendflut 2002 — 8 €

Hersteller	
Jahr	2002
Packung	Blister
Vorbild	MB Actros Auflieger
Sonst.	
Molter Nr.	5124

Kräuter-Hexe — 10 €

Hersteller	Müller Chemnitz
Jahr	2002
Packung	Blister
Vorbild	Majorette Auflieger
Sonst.	mit Schnaps
Molter Nr.	5060

Kroniche Fousanacht — 10 €

Hersteller	Amon
Jahr	2002
Packung	Plastikschachtel
Vorbild	MAN TG-A Auflieger
Sonst.	
Molter Nr.	5687

Kroniche Fousanacht — 20 €

Hersteller	Amon
Jahr	2002 (Aufl.: 300)
Packung	Plastikschachtel
Vorbild	MAN F2000 Auflieger
Sonst.	
Molter Nr.	6079

KÜS — 8 €

Hersteller	Hümmer
Jahr	2002
Packung	Blister
Vorbild	Renault Magnum Auflieger
Sonst.	Saarland - Rallye
Molter Nr.	5930

Lauterbacher Werbekunst — 8 €

Hersteller	Lauterbach
Jahr	2002
Packung	Plastikschachtel
Vorbild	Renault Magnum Auflieger
Sonst.	
Molter Nr.	6926

Lauterbacher Werbekunst — 8 €

Hersteller	Lauterbach
Jahr	2001
Packung	Plastikschachtel
Vorbild	MAN M2000 Auflieger
Sonst.	
Molter Nr.	4316

Loko Getränke — 8 €

Hersteller	
Jahr	2001
Packung	Plastikschachtel
Vorbild	Kenworth T2000 Auflieger
Sonst.	
Molter Nr.	4072

Lorenz Snack-World — 8 €

Hersteller	Connect
Jahr	2002
Packung	Blister
Vorbild	MB Actros Hängerzug
Sonst.	
Molter Nr.	5434

Lufthansa — 10 €

Hersteller	Albedo
Jahr	2002
Packung	Blister
Vorbild	MB Actros Auflieger
Sonst.	
Molter Nr.	7181

Magdeburg — 10 €

Hersteller	Müller Chemnitz
Jahr	2002
Packung	Plastikschachtel
Vorbild	Majorette Auflieger
Sonst.	
Molter Nr.	6192

Magnus — 9 €

Hersteller	dgd
Jahr	2001
Packung	Blister
Vorbild	MB Actros Auflieger
Sonst.	
Molter Nr.	3117

Maître Truffout — 8 €

Hersteller	Top Style
Jahr	2003
Packung	Blister
Vorbild	MB Actros Hängerzug
Sonst.	
Molter Nr.	6540

Männer Geist — 15 €

Hersteller	Müller Chemnitz
Jahr	2000 (Aufl.: 100)
Packung	Plastikschachtel
Vorbild	Majorette Auflieger
Sonst.	
Molter Nr.	4320

Männer Geist — 8 €

Hersteller	Müller Chemnitz
Jahr	2001
Packung	Plastikschachtel
Vorbild	Majorette Auflieger
Sonst.	
Molter Nr.	3956

Männer Geist — 10 €

Hersteller	Müller Chemnitz
Jahr	2001
Packung	Plastikschachtel
Vorbild	Majorette Tankzug
Sonst.	
Molter Nr.	4322

Mein Leipzig — 10 €

Hersteller	Albedo
Jahr	2002
Packung	Blister
Vorbild	MB Actros Auflieger
Sonst.	
Molter Nr.	7180

Melitta

8 €

Hersteller	Wörlein
Jahr	2002
Packung	Blister
Vorbild	Scania Auflieger
Sonst.	
Molter Nr.	4733

Metro

8 €

Hersteller	Dickie
Jahr	2002
Packung	Blister
Vorbild	MB Actros Auflieger
Sonst.	
Molter Nr.	7338

Milka

8 €

Hersteller	Albedo
Jahr	2000
Packung	Blister
Vorbild	MB Actros Auflieger
Sonst.	
Molter Nr.	5903

Milka

8 €

Hersteller	dgd
Jahr	2001
Packung	Blister
Vorbild	MB Actros Auflieger
Sonst.	mit Nachauflage
Molter Nr.	3206

Milka

8 €

Hersteller	dgd
Jahr	2001
Packung	Blister
Vorbild	MB Actros Auflieger
Sonst.	
Molter Nr.	3207

Milka	13 €
Hersteller	dgd
Jahr	2001
Packung	Blister
Vorbild	MB Actros Auflieger
Sonst.	
Molter Nr.	3208

Milka	8 €
Hersteller	dgd
Jahr	2001
Packung	Blister
Vorbild	MB Actros Auflieger
Sonst.	
Molter Nr.	3209

Milka	8 €
Hersteller	dgd
Jahr	2002
Packung	Blister
Vorbild	MB Actros Auflieger
Sonst.	Ostern 2002
Molter Nr.	5655

Milka	8 €
Hersteller	Albedo
Jahr	2002
Packung	Blister
Vorbild	MAN TG-A Hängerzug
Sonst.	
Molter Nr.	5832

Milka	8 €
Hersteller	Albedo
Jahr	2002
Packung	Blister
Vorbild	MB Actros Auflieger
Sonst.	
Molter Nr.	5902

Milka — 8 €

Hersteller	Albedo
Jahr	2002
Packung	Blister
Vorbild	MB Actros Auflieger
Sonst.	
Molter Nr.	5904

Milka — 8 €

Hersteller	Albedo
Jahr	2002
Packung	Blister
Vorbild	MB Actros Auflieger
Sonst.	
Molter Nr.	5905

Milka — 8 €

Hersteller	Albedo
Jahr	2002
Packung	Blister
Vorbild	MB Actros Auflieger
Sonst.	
Molter Nr.	5906

Milka — 8 €

Hersteller	Albedo
Jahr	2002
Packung	Blister
Vorbild	MB Actros Auflieger
Sonst.	mit Stabler
Molter Nr.	5962

Milka — 8 €

Hersteller	Albedo
Jahr	2002
Packung	Blister
Vorbild	MAN TG-A Hängerzug
Sonst.	Erdnuss - Krokant
Molter Nr.	5963

Milka

8 €

Hersteller	Albedo
Jahr	2002
Packung	Blister
Vorbild	Scania 164L Auflieger
Sonst.	
Molter Nr.	6153

Milka

8 €

Hersteller	dgd
Jahr	2003
Packung	Blister
Vorbild	Renault Magnum Auflieger
Sonst.	
Molter Nr.	6384

Motorsport

8 €

Hersteller	Müller Chemnitz
Jahr	2001
Packung	Plastikschachtel
Vorbild	Majorette Auflieger
Sonst.	
Molter Nr.	3974

Mozart

8 €

Hersteller	
Jahr	2002
Packung	Blister
Vorbild	MAN TG-A Auflieger
Sonst.	
Molter Nr.	4834

Neon

10 €

Hersteller	G+S
Jahr	2003
Packung	Plastikschachtel
Vorbild	MB Actros Auflieger
Sonst.	
Molter Nr.	6991

Neon — 10 €

Hersteller	G+S
Jahr	2003
Packung	Plastikschachtel
Vorbild	MB Actros Auflieger
Sonst.	
Molter Nr.	6992

Neon — 10 €

Hersteller	G+S
Jahr	2003
Packung	Plastikschachtel
Vorbild	MB Actros Auflieger
Sonst.	
Molter Nr.	6993

Neon — 10 €

Hersteller	G+S
Jahr	2003
Packung	Plastikschachtel
Vorbild	MB Actros Auflieger
Sonst.	
Molter Nr.	6994

Neon — 10 €

Hersteller	G+S
Jahr	2003
Packung	Plastikschachtel
Vorbild	MB Actros Auflieger
Sonst.	
Molter Nr.	6995

Neon — 10 €

Hersteller	G+S
Jahr	2003
Packung	Plastikschachtel
Vorbild	MB Actros Auflieger
Sonst.	
Molter Nr.	6996

Neon — 10 €

Hersteller	G+S
Jahr	2003
Packung	Plastikschachtel
Vorbild	MB Actros Auflieger
Sonst.	
Molter Nr.	6997

Neon — 10 €

Hersteller	G+S
Jahr	2003
Packung	Plastikschachtel
Vorbild	MB Actros Auflieger
Sonst.	
Molter Nr.	6998

Neon — 10 €

Hersteller	G+S
Jahr	2003
Packung	Plastikschachtel
Vorbild	MB Actros Auflieger
Sonst.	
Molter Nr.	6999

Neon — 10 €

Hersteller	G+S
Jahr	2003
Packung	Plastikschachtel
Vorbild	MB Actros Auflieger
Sonst.	
Molter Nr.	7000

Noris — 8 €

Hersteller	Grell
Jahr	2001
Packung	Blister
Vorbild	Ford 9000 Auflieger
Sonst.	
Molter Nr.	3251

Norma — 8 €

Hersteller	Wörlein
Jahr	2002
Packung	Blister
Vorbild	Iveco Hängerzug
Sonst.	
Molter Nr.	4721

Norma — 8 €

Hersteller	Wörlein
Jahr	2003
Packung	Blister
Vorbild	MAN TG-A Hängerzug
Sonst.	
Molter Nr.	7066

Oberwern Truck Börse — 8 €

Hersteller	Thomas Philipp
Jahr	2002
Packung	Plastikschachtel
Vorbild	MB Actros Auflieger
Sonst.	
Molter Nr.	5541

Oberwern Truck Börse — 12 €

Hersteller	Thomas Philipp
Jahr	2002
Packung	Plastikschachtel
Vorbild	MB Actros Tankzug
Sonst.	
Molter Nr.	5542

Oktoberfest — 10 €

Hersteller	Hümmer
Jahr	2000
Packung	Blister
Vorbild	MB Actros Auflieger
Sonst.	
Molter Nr.	3267

Oktoberfest — 8 €

Hersteller	Hümmer
Jahr	2001
Packung	Blister
Vorbild	MB Actros Auflieger
Sonst.	
Molter Nr.	3268

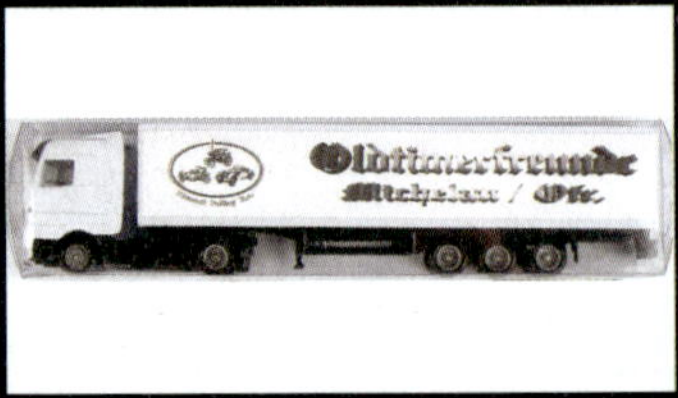

Oldtimertreffen 2001 — 8 €

Hersteller	A.L.H.
Jahr	2001
Packung	Plastikschachtel
Vorbild	MB Actros Auflieger
Sonst.	Michelau
Molter Nr.	5614

Oster Truck — 8 €

Hersteller	Müller Chemnitz
Jahr	2001
Packung	Plastikschachtel
Vorbild	Majorette Auflieger
Sonst.	
Molter Nr.	2499

Pantene — 8 €

Hersteller	Giveaway
Jahr	2002
Packung	Blister
Vorbild	Scania 124L Auflieger
Sonst.	
Molter Nr.	5631

Phantasy Truck — 10 €

Hersteller	dgd
Jahr	2000 (Aufl.: 3000)
Packung	Blister
Vorbild	MAN F2000 Auflieger
Sonst.	Surreal Nr. 1/6
Molter Nr.	2138

Phantasy Truck — 10 €

Hersteller	dgd
Jahr	2000 (Aufl.: 3000)
Packung	Blister
Vorbild	MB Actros Auflieger
Sonst.	Surreal Nr. 2/6
Molter Nr.	2139

Phantasy Truck — 15 €

Hersteller	dgd
Jahr	2000 (Aufl.: 3000)
Packung	Blister
Vorbild	MAN Phönix Auflieger
Sonst.	Surreal Nr. 3/6
Molter Nr.	2141

Phantasy Truck — 15 €

Hersteller	dgd
Jahr	2001 (Aufl.: 3000)
Packung	Blister
Vorbild	MAN TG-A Auflieger
Sonst.	Surreal Nr. 4/6
Molter Nr.	3305

Phantasy Truck — 12 €

Hersteller	dgd
Jahr	2002
Packung	Blister
Vorbild	Scania 164L Auflieger
Sonst.	XL
Molter Nr.	7129

Phantasy Truck — 10 €

Hersteller	dgd
Jahr	2002
Packung	Blister
Vorbild	Scania 164L Auflieger
Sonst.	Surreal Nr. 6/6
Molter Nr.	5771

Phantasy Truck — 10 €

Hersteller	dgd
Jahr	2000 (Aufl.: 3000)
Packung	Blister
Vorbild	MAN F2000 Auflieger
Sonst.	Real, Nr. 1/6
Molter Nr.	2140

Phantasy Truck — 13 €

Hersteller	dgd
Jahr	2001 (Aufl.: 3000)
Packung	Blister
Vorbild	MAN TG-A Auflieger
Sonst.	Real, Nr. 2/6
Molter Nr.	3306

Phantasy Truck — 10 €

Hersteller	dgd
Jahr	2002
Packung	Blister
Vorbild	Peterbilt Auflieger
Sonst.	Real, Nr. 4/6
Molter Nr.	7202

Phantasy Truck — 10 €

Hersteller	dgd
Jahr	2002
Packung	Blister
Vorbild	Scania 124L Auflieger
Sonst.	Real, Nr. 5/6
Molter Nr.	7201

Phantasy Truck — 12 €

Hersteller	dgd
Jahr	2002
Packung	Blister
Vorbild	MB Axor Auflieger
Sonst.	Real, Nr. 6/6
Molter Nr.	5770

Phantasy Truck — 15 €

Hersteller	dgd
Jahr	2002
Packung	Blister
Vorbild	Peterbilt Auflieger
Sonst.	XXL
Molter Nr.	5017

Phantasy Truck — 15 €

Hersteller	dgd
Jahr	2002
Packung	Blister
Vorbild	MB Axor Auflieger
Sonst.	XL
Molter Nr.	7161

Phantasy Truck — 12 €

Hersteller	dgd
Jahr	2002
Packung	Blister
Vorbild	MB Axor Auflieger
Sonst.	XL
Molter Nr.	4741

Pirna — 10 €

Hersteller	Müller Chemnitz
Jahr	2001
Packung	Plastikschachtel
Vorbild	Majorette Auflieger
Sonst.	
Molter Nr.	3315

Pringles — 8 €

Hersteller	Giveaway
Jahr	2002
Packung	Blister
Vorbild	MAN TG-A Auflieger
Sonst.	
Molter Nr.	5629

Pringles — 8 €

Hersteller	Kamloth
Jahr	2002
Packung	Blister
Vorbild	MB Axor Auflieger
Sonst.	
Molter Nr.	6940

Rasthof Wörth — 8 €

Hersteller	Vierke
Jahr	2002
Packung	Blister
Vorbild	Mack Auflieger
Sonst.	
Molter Nr.	5242

Rausch — 8 €

Hersteller	dgd
Jahr	2002
Packung	Blister
Vorbild	Scania 124L Auflieger
Sonst.	
Molter Nr.	6905

Rausch — 8 €

Hersteller	dgd
Jahr	2002
Packung	Blister
Vorbild	MAN TG-A Auflieger
Sonst.	
Molter Nr.	6906

Reinhardshain-Süd — 8 €

Hersteller	
Jahr	2002
Packung	Plastikschachtel
Vorbild	MB groß Auflieger
Sonst.	
Molter Nr.	6397

Renault — 8 €

Hersteller	Top-Style
Jahr	2002
Packung	Blister
Vorbild	MB Actros Tankzug
Sonst.	
Molter Nr.	6247

Rewe — 15 €

Hersteller	Melco
Jahr	2000
Packung	Blister
Vorbild	MB groß Auflieger
Sonst.	Siebdruck
Molter Nr.	6359

Rewe — 12 €

Hersteller	
Jahr	2002
Packung	Blister
Vorbild	MB Actros Hängerzug
Sonst.	75 Jahre Rewe
Molter Nr.	5307

Rewe — 8 €

Hersteller	Grell
Jahr	2003
Packung	Blister
Vorbild	Büssing Holzgaser Hänger-zug
Sonst.	
Molter Nr.	[illegible]

Ritter Sport — 8 €

Hersteller	Business & Fun
Jahr	2002
Packung	Blister
Vorbild	MB Actros Auflieger
Sonst.	Knusperkeks
Molter Nr.	5948

Ritter Sport — 8 €

Hersteller	Business & Fun
Jahr	2002
Packung	Blister
Vorbild	Scania Auflieger
Sonst.	Vollmilch
Molter Nr.	5949

Ritter Sport — 8 €

Hersteller	Business & Fun
Jahr	2002
Packung	Blister
Vorbild	Iveco Auflieger
Sonst.	Trueffel
Molter Nr.	5950

Ritter Sport — 8 €

Hersteller	Business & Fun
Jahr	2002
Packung	Blister
Vorbild	Scania Auflieger
Sonst.	
Molter Nr.	5951

Ritter Sport — 8 €

Hersteller	Business & Fun
Jahr	2002
Packung	Blister
Vorbild	MB Actros Auflieger
Sonst.	
Molter Nr.	5952

Ritter Sport — 8 €

Hersteller	Business & Fun
Jahr	2002
Packung	Blister
Vorbild	Iveco Auflieger
Sonst.	
Molter Nr.	5953

Sachsen Lotto — 8 €

Hersteller	Hümmer
Jahr	2001
Packung	Blister
Vorbild	MB Actros Auflieger
Sonst.	
Molter Nr.	6093

Sammüller — 10 €

Hersteller	Amon
Jahr	2002 (Aufl.: 100)
Packung	Plastikschachtel
Vorbild	Scania Auflieger
Sonst.	
Molter Nr.	6085

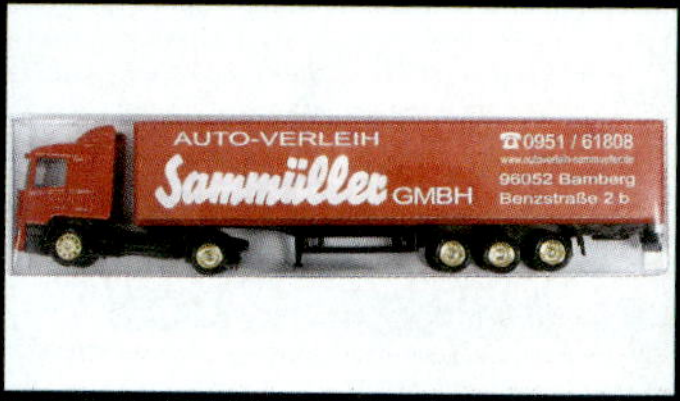

Sarotti — 8 €

Hersteller	Grell
Jahr	2003
Packung	Blister
Vorbild	MB Actros Auflieger
Sonst.	
Molter Nr.	6945

Schapfenmühle — 8 €

Hersteller	dgd
Jahr	2002
Packung	Blister
Vorbild	MB Actros Auflieger
Sonst.	
Molter Nr.	5057

Schlecker — 8 €

Hersteller	Gabotex
Jahr	2002
Packung	Blister
Vorbild	MB Atego Hängerzug
Sonst.	
Molter Nr.	5548

Schlecker — 8 €

Hersteller	Gabotex
Jahr	2003
Packung	Blister
Vorbild	MB Actros Auflieger
Sonst.	
Molter Nr.	7065

Schleuder Max — 8 €

Hersteller	Grell
Jahr	2002
Packung	Blister
Vorbild	Freightliner FLD Auflieger
Sonst.	
Molter Nr.	6226

Schöller — 10 €

Hersteller	
Jahr	2002
Packung	Plastikschachtel
Vorbild	Scania Auflieger
Sonst.	
Molter Nr.	6139

Schrag — 8 €

Hersteller	Top-Style
Jahr	2001
Packung	Blister
Vorbild	MB Actros Hängerzug
Sonst.	
Molter Nr.	4290

Schumacher Michael — 12 €

Hersteller	MSM
Jahr	2002
Packung	Blister
Vorbild	Iveco Auflieger
Sonst.	
Molter Nr.	5907

Schumacher Michael 12 €

Hersteller	MSM
Jahr	2002
Packung	Blister
Vorbild	Iveco Auflieger
Sonst.	Monza
Molter Nr.	5908

Schumacher Michael 12 €

Hersteller	MSM
Jahr	2002
Packung	Blister
Vorbild	Mack Auflieger
Sonst.	Indianapolis
Molter Nr.	5909

Schumacher Michael 12 €

Hersteller	MSM
Jahr	2002
Packung	Blister
Vorbild	Freightliner FLD Auflieger
Sonst.	
Molter Nr.	5910

Spar 25 €

Hersteller	Melco
Jahr	
Packung	Plastikschachtel
Vorbild	MB groß Auflieger
Sonst.	
Molter Nr.	6609

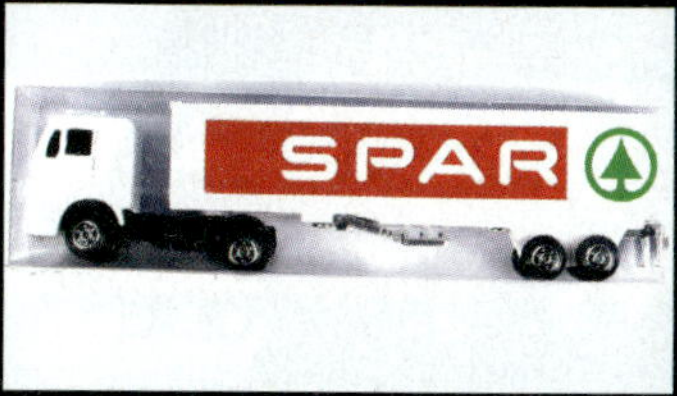

Spitzer Silo 10 €

Hersteller	dgd
Jahr	
Packung	Plastikschachtel
Vorbild	Colani Tankzug
Sonst.	
Molter Nr.	6616

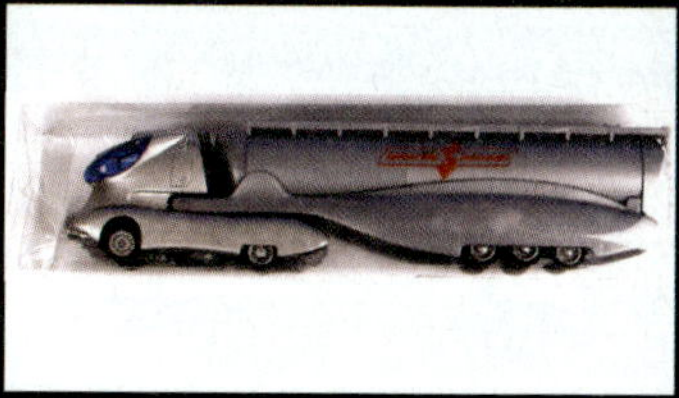

Stella Entertainment — 8 €

Hersteller	
Jahr	2002
Packung	Blister
Vorbild	MAN TG-A Auflieger
Sonst.	
Molter Nr.	5423

Stella Entertainment — 8 €

Hersteller	
Jahr	2002
Packung	Blister
Vorbild	MAN TG-A Auflieger
Sonst.	
Molter Nr.	7220

Stella Entertainment — 8 €

Hersteller	
Jahr	2002
Packung	Blister
Vorbild	MAN TG-A Auflieger
Sonst.	
Molter Nr.	6567

Stollwerk — 8 €

Hersteller	Grell
Jahr	2003
Packung	Blister
Vorbild	MB Actros Auflieger
Sonst.	
Molter Nr.	7061

Strup — 8 €

Hersteller	Grell
Jahr	2001
Packung	Blister
Vorbild	Scania Auflieger
Sonst.	
Molter Nr.	4128

Sweet Girls — 15 €

Hersteller	
Jahr	2002
Packung	Plastikschachtel
Vorbild	Renault Tanker
Sonst.	
Molter Nr.	4628

Tengelmann — 7 €

Hersteller	Pro-Innovation GmbH
Jahr	2002
Packung	Blister
Vorbild	MB Actros Auflieger
Sonst.	
Molter Nr.	6499

Truck-Shop-Nittenau — 8 €

Hersteller	
Jahr	2002
Packung	Blister
Vorbild	MB Actros Hängerzug
Sonst.	
Molter Nr.	6922

TSV 1860 München — 12 €

Hersteller	dgd
Jahr	2002
Packung	Blister
Vorbild	MAN TG-A Auflieger
Sonst.	
Molter Nr.	6463

Vita — 8 €

Hersteller	Hümmer
Jahr	2002
Packung	Blister
Vorbild	MB Actros Auflieger
Sonst.	
Molter Nr.	5108

Wanderfreunde Kronach — 8 €

Hersteller	Hümmer
Jahr	2002
Packung	Blister
Vorbild	US Auflieger
Sonst.	
Molter Nr.	5543

Wanderfreunde Mittenteich — 8 €

Hersteller	Top-Style
Jahr	2002
Packung	Blister
Vorbild	MB Actros Auflieger
Sonst.	
Molter Nr.	5326

Wanderfreunde Rodach — 8 €

Hersteller	Top-Style
Jahr	2002
Packung	Blister
Vorbild	Mack Auflieger
Sonst.	Rodach
Molter Nr.	5616

Weihnachten — 10 €

Hersteller	Müller Chemnitz
Jahr	2002
Packung	Plastikschachtel
Vorbild	Majorette Auflieger
Sonst.	
Molter Nr.	5046

Wich Näherei — 10 €

Hersteller	Grell
Jahr	2000
Packung	Blister
Vorbild	MB Actros Auflieger
Sonst.	
Molter Nr.	6130

Wieselbirger 10 €

Hersteller	Grell
Jahr	2000
Packung	Blister
Vorbild	MB Actros Auflieger
Sonst.	
Molter Nr.	3857

Wittenberger Tauschbörse 8 €

Hersteller	Grell
Jahr	2002
Packung	Blister
Vorbild	Bus
Sonst.	
Molter Nr.	5205

WM 2002 Fußball 8 €

Hersteller	Hümmer
Jahr	2000
Packung	Blister
Vorbild	MB Actros Auflieger
Sonst.	
Molter Nr.	5893

WM 2002 Fußball 8 €

Hersteller	Vierke
Jahr	2001
Packung	Blister
Vorbild	MB Actros Hängerzug
Sonst.	
Molter Nr.	5891

WM 2002 Fußball 8 €

Hersteller	Grell
Jahr	2002
Packung	Blister
Vorbild	Bus
Sonst.	
Molter Nr.	5892

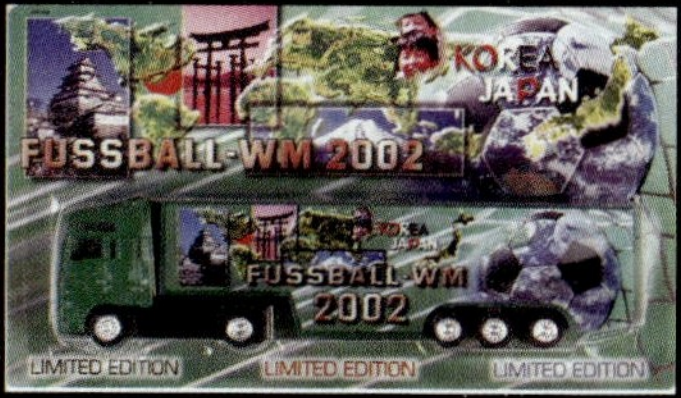

WM 2002 Fußball — 8 €

Hersteller	Hümmer
Jahr	2003
Packung	Blister
Vorbild	MB Actros LKW
Sonst.	
Molter Nr.	5890

www.minitruckboerse.de — 8 €

Hersteller	EKBG
Jahr	2002 (Aufl.: 3000)
Packung	Blister
Vorbild	MB Actros Auflieger
Sonst.	mit Flaschen
Molter Nr.	6858

Zahna — 8 €

Hersteller	EKBG
Jahr	2002
Packung	Blister
Vorbild	MB Axor Auflieger
Sonst.	mit Krügen
Molter Nr.	5613

Zum Bräuwirt — 35 €

Hersteller	Grell
Jahr	
Packung	Blister
Vorbild	Mack Auflieger
Sonst.	
Molter Nr.	6233

Anhang

Großbilder

Werbetrucksets

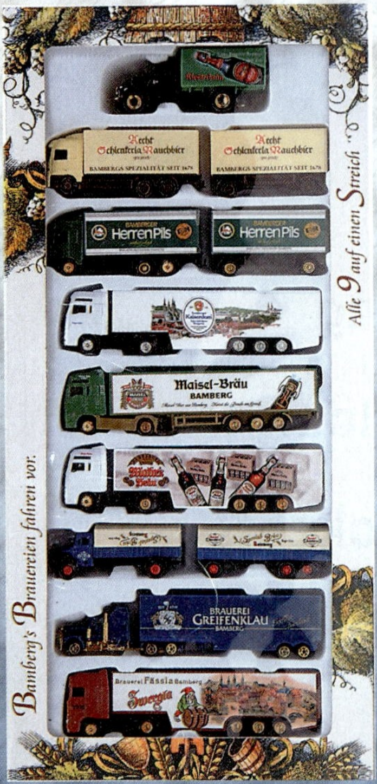

Bamberger Braumeisterset

9-er Set

Molter Nr. 4324

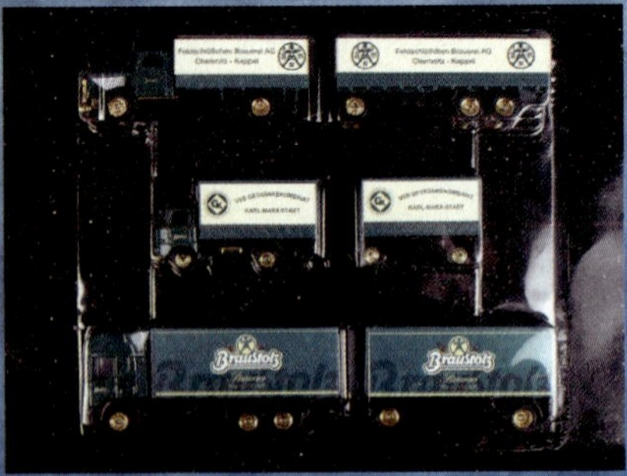

Braustolz

3-er Set

Molter Nr. 4716

Fellmeyer

4-er Set
Molter Nr. 4065

Krombacher

4-er Set
Molter Nr. 4325

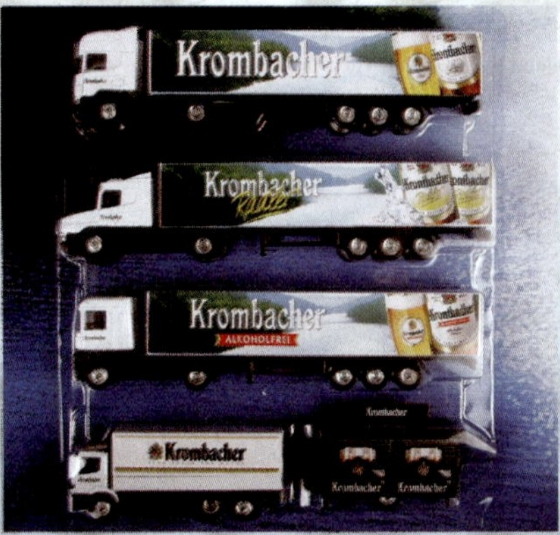

Krombacher

4-er Set
Molter Nr. 6168

Krombacher

3-er Set
Molter Nr. 6915

Kulmbacher

3-er Set
Molter Nr. 6593

Rechenberger

3-er Set
Molter Nr. 5077

Rosen Brauerei

3-er Set
Molter Nr. 6459

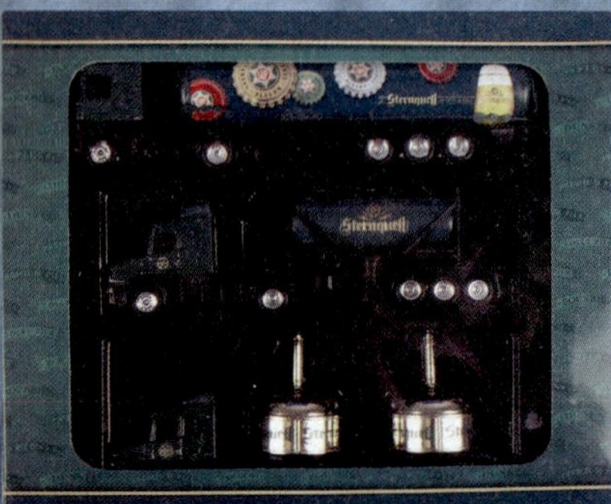

Sternquell

3-er Set
Molter Nr. 4743

Tucher

4-er Set
Molter Nr. 6386

Tucher

4-er Set
Molter Nr. 7308

Veltins

3-er Set (Arena-Set 2002)
Molter Nr. 4598

Notizen

Molter im Internet

Wir bauen gerade unsere Internetpräsenz auf!

www.sammlerkatalog.de

Auszug aus dem Inhalt:

- **Teilnahme am Katalog Gewinnspiel**
- **Katalogmitarbeiter gesucht**
- **diesen Katalog beurteilen**
- **Molter's Truck-News**
- **Molter's Sammlerliste**
- **Molter's Händlerliste**
- **Besucher Gewinnspiel**
- **und vieles mehr**

In regelmäßigen Abständen sollte diese Seite besucht werden, um immer auf dem Laufenden zu sein.

Unser Motto:

Man muss mit der Zeit gehen,
sonst kann man mit der Zeit gehen.

Molter's Empfehlungen

• Bitte beachten Sie die Händler-Werbeanzeigen am Ende des Kataloges.

• Für Sammler als auch Händler gibt es eine gute Internetadresse mit einem Spezialauktionshaus, sowie dem Prüfsiegelbuch unter

www.minitruckboerse.de

• Fragen rund um das Thema „Brauerei- und Werbetrucks“, ob es den Einkauf, den Tausch oder auch allgemeine Fragen betrifft, werden von mir persönlich beantwortet.

Telefonisch unter:
09561/54373 oder 0170/244 76 22 oder per FAX 09561/54373
Oder per Post an:
Firma Molter • Weimarerstraße 35 • 96487 Dörfles-Esbach

Molter
ein Name für Vertrauen

Molter's Gewinnspiel • Molter's Gewinnspiel • Molter's Gewinnspiel • Molter's Gew

Molter's Gewinnspiel

1. Preis 100 Trucks
2. Preis 50 Trucks
3. Preis 30 Trucks

Es muss nur eine Frage beantwortet werden:

Wie viele Händler haben, eine Reklame, in unserem Katalog geschaltet?

Wer diese Frage beantworten kann, sollte mitmachen.

Im Internet unter: www.sammlerkatalog.de
Oder per Post an: Firma Molter
Abt. Gewinnspiel 2003
Weimarerstraße 35
96487 Dörfles-Esbach

Wer nicht mitspielt, kann nicht gewinnen!

Einsendeschluss ist der 31.12.2003. Die Gewinner werden benachrichtigt.
Der Rechtsweg ist ausgeschlossen.

• Molter's Gewinnspiel • Molter's Gewinnspiel • Molter's Gewinnspiel • Molter's Gewi

COUPON

Deutschland und EU:
Fantasia Verlag GmbH
Postfach 301142 · D-63274 Dreieich
Info-Line: ++49(0)6103 699503 · Fax: ++49(0)6103 697072

Bestellkonditionen:
Bitte füllen Sie diesen Bestellschein in Blockbuchstaben leserlich aus. In die unten stehenden Kästchen tragen Sie die gewünschte Anzahl von Exemplaren ein. Möchten Sie z.B. ein Exemplar des "Spielzeug aus dem Ei, Hardcover" bestellen schreiben Sie in das Kästchen links neben dem Buchtitel die Zahl "1". Die Bezahlung erfolgt per Kreditkarte, in Deutschland auch mit Scheck oder per Einzugsermächtigung. Lieferung per Nachnahme oder Rechnung ist nicht möglich. Berücksichtigen Sie bei Zahlung per Scheck die Versandkosten: BRD: Euro 2,50 · Europa: Euro 8,- USA: US$ 5.- · Asien: US$ 20.-
Vergessen Sie bitte nicht Ihre komplette Adresse anzugeben und Ihre Unterschrift unten auf dem Bestellcoupon.

Molter's Brauerei mini Trucks Sammlerkatalog 2003/2004

Euro 18,90

Stückzahl ____________________

Name ____________________

Strasse
Street ____________________

PLZ/Ort
ZIP/City ____________________

Land
Country ____________________

Telefon
Phone ____________________ E-Mail ____________________

Bezahlung per / Payment Type

☐ ☐ VISA ☐ MasterCard No ____________________ valid tru ____________________

☐ Bankeinzug (nur BRD)
Only available in Germany Kontonummer ____________________

BLZ ____________________ Bank ____________________

Datum/Date ____________________ Unterschrift / Signature ____________________

Sammler-Hit!®
Ob die Figuren
aus den Serien "Herr der Ringe II",
Cybertop oder Snoopy aus Japan -
- bei uns bekommen Sie immer
die aktuellsten Artikel aus dem
Sammelgebiet Überraschungseier!
Aktuelle Angebote
unter
www.fantoys.de
oder am Telefon
0 26 30/ 96 27-0
NICI, PIMBOLI
DIDDL, STEIFF, ZAPF,
BOYDS und Vieles mehr
finden Sie unter
www.toysandtrends.de
BOYDS,
das neue
Sammelgebiet
für Bärenfans
Anfragen
& Bestellungen:
Aschenbrenner Verlags GmbH • Postfach 11 23 · 56207 Mülheim-Kärlich
Tel. 0 26 30/ 96 27-0 · Fax 96 27-27
info@fantoys.de

Truckhandel Bernburg
Brauerei-, Werbetrucks
und Ü-Eier
Raritäten und Aktuelles!
Verkauf über Märkte und Online
www.truckhandel-bernburg.de
Riesige Auswahl!
Preisgünstig!
Andreas Isberner
Tel: 03471/ 622686
E-mail: isys@truckhandel-bernburg.de